国家社科基金
GUOJIA SHEKE JIJIN HOUQI ZIZHU XIANGMU
后期资助项目

西方马克思主义的
存在论视域及其批判

A Critical Study of the
Ontological Foundations of
Western Marxism

吴晓明　姜佑福　等著

北京师范大学出版集团
BEIJING NORMAL UNIVERSITY PUBLISHING GROUP
北京师范大学出版社

图书在版编目（CIP）数据

西方马克思主义的存在论视域及其批判 / 吴晓明，姜佑福等著.
—北京：北京师范大学出版社，2021.1
ISBN 978-7-303-25550-4

Ⅰ.①西…　Ⅱ.①吴…②姜…　Ⅲ.①西方马克思主义—研究
Ⅳ.①B089.1

中国版本图书馆 CIP 数据核字（2020）第 016369 号

营 销 中 心 电 话　010-58805385
北 京 师 范 大 学 出 版 社　http://xueda.bnup.com
主题出版与重大项目策划部

XIFANG MAKESIZHUYI DE CUNZAILUN SHIYU JIQI PIPAN
出版发行：北京师范大学出版社　www.bnup.com
　　　　　北京市西城区新街口外大街 12-3 号
　　　　　邮政编码：100088
印　　刷：北京京师印务有限公司
经　　销：全国新华书店
开　　本：787 mm×1092 mm　1/16
印　　张：29.25
字　　数：470 千字
版　　次：2021 年 1 月第 1 版
印　　次：2021 年 1 月第 1 次印刷
定　　价：128.00 元

策划编辑：郭　珍　　　　　责任编辑：祁传华　郭　珍
美术编辑：王齐云　　　　　装帧设计：王齐云
责任校对：陈　民　　　　　责任印制：陈　涛

国家社科基金后期资助项目
出 版 说 明

后期资助项目是国家社科基金设立的一类重要项目，旨在鼓励广大社科研究者潜心治学，支持基础研究多出优秀成果。它是经过严格评审，从接近完成的科研成果中遴选立项的。为扩大后期资助项目的影响，更好地推动学术发展，促进成果转化，全国哲学社会科学工作办公室按照"统一设计、统一标识、统一版式、形成系列"的总体要求，组织出版国家社科基金后期资助项目成果。

全国哲学社会科学工作办公室

目　　录

绪论：马克思的哲学革命与西方马克思主义存在论的初始定向

在 20 世纪的哲学运动中，西方马克思主义有着重要的地位和突出的影响。这不仅表现为当代哲学的几乎每一种思潮都伴随有所谓"马克思主义"的衍生物，而且表现为西方马克思主义的研究领域几乎遍及人文和社会科学的各个分支。然而，对于西方马克思主义的存在论（ontology，一译本体论）视域，至今仍缺乏全面或总体的探讨，而这种探讨正是批判地检审西方马克思主义的哲学前提及其理论界限的基础。不言而喻，这种探讨还将从根本上——从存在论的根基上——牵涉到对马克思主义哲学本身的理解，以及对马克思所发动的哲学革命及其当代意义的理解。正是在这样一种重要的理论关联中，我们这里把重估马克思哲学革命的性质与意义、概要阐述马克思在存在论中所实现的根本变革，以及考察西方马克思主义存在论视域的初始定向作为先行的任务而加以课题化。

一、重估马克思哲学革命的性质与意义

事实上，阐扬马克思哲学的当代性或揭示其当代意义，是一个恒久的主题。几乎每一代马克思主义的主要理论家和实践家都首先切近地关注并力图充分地把握这一主题。然而长久以来，马克思哲学革命的性质及意义却在很大程度上被遮蔽了；这种遮蔽特别地在于使马克思哲学的阐说陷于现代性意识形态的晦暗之中，即陷于现代（modern，近代）哲学的理解框架和解释框架之中。在这种情形下，虽说马克思哲学的当代性仍然可以在表面上或口头上被承认，甚至可以被相当夸张地加以承认，但这种承认在哲学上却根本不可能是真正深入的和内在巩固的；同样，在这种情形下，虽说马克思哲学对现代社会之本质的经典批判也仍然可以由某种方式被道说和发挥，但这样的道说和发挥却是缺失原则高度的，并因而是终归于混淆妥协的。因此，在概要论述我们对马克思哲学存在论革命的基本理解之前，首先还需要特别地提出重估马克思哲学革命的性质与意义这一任务。

（一）

对马克思的哲学变革做出过重要阐述并且产生持久影响的观点，依其典型的代表性及其在路径上的定向作用，大体可以被区分为两个主要方面，

即以第二国际的理论家为代表的一个路向和以西方马克思主义的早期领袖为代表的另一个路向。一般说来，这两个路向的阐释对于马克思所引发的哲学革命都是给予充分认可的，并且也都一力指证马克思哲学的当代性或当代意义是与这一哲学革命最为密切地联系在一起的。但是真正说来，这样的认可和指证在哲学的根本上却是空疏散宕的；我们的意思是说，由于那些在表面上或形式上得到承认的东西并未在哲学的根基处获得实质性的澄清，也未获得内在巩固的阐明，所以马克思的哲学革命以及它作为"革命"由以生成的当代意义，实际上却是湮没不彰的。这里的情形类似于马克思在《博士论文》中对德谟克利特原子论的批评：尽管德谟克利特一再谈论原子的"灵魂"方面，但是由于其理论中内在巩固的唯一原则乃是"直线降落"，所以原子的形式规定（即"灵魂"）在他那里还从未真正出现过。

　　问题的实质在于：如果说马克思的哲学革命首先意味着同整个近代哲学立足的基础——近代形而上学的根本前提、出发点与路径等，一句话，它的基本建制——批判的脱离，那么很显然，只有在近代形而上学的基本建制能够在实质上趋于瓦解或崩溃的地方，马克思的哲学革命及其真实意义才有可能"出场"并同我们真正照面。如果事情不是这样的话，那么，或者"革命"从来就未曾发生过；或者，这一革命及其意义确实是历史地被湮没了——那场在形式上得到认可的哲学革命实际上却被湮没于革命发生之前的基地与建制中了。从根本上来说，即由存在论的根基上来说，无论是第二国际理论家的阐释定向，还是西方马克思主义早期领袖的阐释定向，都未曾真正脱出近代形而上学的基地和建制；两者都是在近代哲学的框架内就马克思的哲学或哲学革命来进行言说和阐述的：就像前者主要依循近代哲学之某种粗糙的或混合的形式一样，后者主要依循近代哲学之完成了的形式。

　　我们的这一基本判断在由存在论基础入手的分析中应该说是不难显现的。第二国际最重要的理论家在阐释马克思的哲学变革时，把这一变革所导致的后果（即马克思哲学的唯物主义基础）直接理解为费尔巴哈已然提供的立脚点，并且通过费尔巴哈大踏步地退却至18世纪的唯物主义基地上去——这确实是一种实质性的理解，尽管伴随着这种理解总是附带有某些完全形式上的区分和"补充"。例如，在梅林看来，"机械唯物主义在自然科学范围里是科学研究的原则，一如历史唯物主义在社会科学范围里一样"①。马克思和恩格斯只是否定了机械唯物主义在"历史范围"

① ［德］梅林：《保卫马克思主义》，北京，人民出版社，1982，第99页。

中的权利，而绝没有否定它在自然科学范围中的权利。在这种判断中，历史唯物主义与机械唯物主义在实质上毋宁说是完全同一的，二者的区别仅只是纯然形式地涉及学科范围或学科领域。因此，梅林一力抨击把历史唯物主义与自然科学唯物主义隔离开来或对立起来的企图，并且声称历史唯物主义不过是"对于自然科学唯物主义的'补充'，代表这种自然科学唯物主义的就是与黑格尔斩断一切关系之后的费尔巴哈"①。在这里，我们姑且不论费尔巴哈是否并且能否"与黑格尔斩断一切关系"（即是否并且能否从现代形而上学的完成形式中真正解脱出来），这里的要点首先是，马克思哲学唯物主义基础的本质性直接被导回到费尔巴哈。

这样一种阐释的基本立场在普列汉诺夫那里获得了更加明确的和充分的表达。在《马克思主义的基本问题》一文中，他指称马克思的哲学变革实质上完全立足于费尔巴哈的唯物主义基础之上，二者的立脚点毋宁说是同一的："马克思的认识论是直接从费尔巴哈的认识论发生出来的，或者要是你愿意的话，也可以说马克思的认识论实际就是费尔巴哈的认识论，只不过因为马克思做了天才的修正而更加深刻化罢了。"②这样的说法并不是普列汉诺夫的偶然意见或一时兴起的夸张，它实际上代表着一条非常确切的理解阐释路线。这条路线是退行性的：正像马克思哲学唯物主义的本质性被还原为费尔巴哈一样，费尔巴哈的立场又被归并到18世纪中去了；而这一退行性理解的现代源头乃是斯宾诺莎，所以普列汉诺夫在许多场合声称，马克思、恩格斯和费尔巴哈，以及霍布斯、拉美特利和狄德罗，统统属于"斯宾诺莎的类"。正是依循这样一条阐释路线，普列汉诺夫称"费尔巴哈、马克思、恩格斯的唯物主义"为"最新的唯物主义"③。

但是，这种理解方案对于说明马克思的哲学变革显然是不充分的，它势必需要某种附加或补充，即需要对马克思的"天才的修正"予以指证。为此，普列汉诺夫一方面和梅林一样，提示了"应用领域"的改变或扩大，另一方面强调了辩证法的意义。然而真正说来，由于前者实质上不可能触及哲学基础的性质，所以重点就转移到了后者：马克思和恩格斯在唯物主义方面最伟大的功绩就在于他们"制订了正确的方法"。但是，在已经预设费尔巴哈的哲学基地不被触动的前提下，如何有可能使思辨的辩

---

① ［德］梅林：《保卫马克思主义》，北京，人民出版社，1982，第146页。
② ［俄］普列汉诺夫等：《普列汉诺夫哲学著作选集》第2卷，北京，生活·读书·新知三联书店，1961，第146～147页。
③ 同上书，第148页。

证法脱开黑格尔哲学的存在论基础并且被现成地转移过来，唯一的路径就是使辩证法抽象化、形式化和中立化。这样一来，对于已然被抽象化、形式化和中立化的辩证法来说，它的存在论基础也就变成任意的或完全无关紧要的了。所以普列汉诺夫引用赫尔岑的说法称黑格尔的方法是"真正的革命代数学"，并把重要的方面归结为应用：黑格尔的问题在于他"并没有把这个代数学应用于实际生活的迫切问题上"①。在这种理解背景下，马克思的哲学革命实际上是以这样一种方式被构成的，即在费尔巴哈的哲学唯物主义基础之上附加或补充被抽象地中性化的辩证法。即使撇开这种抽象化本身与辩证法的主旨相悖这一点不谈，上述理解阐释方案的构成也仍然是单纯的补充或附加，而且仅仅是纯粹形式上的补充或附加；更加重要的是，那构成补充或附加的两端，无论是作为其实质性的基础方面，还是作为其赋予特征的形式方面，都因此而不可避免地从属于近代哲学的统摄性框架，即从属于现代形而上学的主导原则和基本建制。

对马克思哲学之本质进而对马克思的哲学革命的这样一种理解方式和阐释方式，在 20 世纪 20 年代遭遇了其强劲对手的袭击与反驳。1923年，卢卡奇的《历史与阶级意识》和柯尔施的《马克思主义和哲学》不约而同地开启了这一重要转向：正像前者主要针对"梅林—普列汉诺夫正统"一样，后者猛烈抨击了第二国际的"庸俗马克思主义"。在这轮颇有威力的攻势中，西方马克思主义的早期领袖确实牢牢抓住了这样一点，即在第二国际理论家的正统阐释方案中，真正实质性的东西乃是费尔巴哈以及 18 世纪的唯物主义，而黑格尔哲学的"活动原则"（自我意识）及其辩证法充其量不过是纯粹外在的和表面的文饰罢了；不仅如此，当黑格尔的辩证法被形式化和中立化从而丧失其实质的和整体的意义之际，费尔巴哈的或 18 世纪的唯物主义基础就将不可避免地导向经济决定论，即导向完全无批判的实证主义或完全被庸俗化的马克思主义。

正因为如此，所以卢卡奇在突出地阐述无产阶级的"自我意识"（即无产阶级的阶级意识）时便把马克思取自黑格尔的"总体"范畴与所谓的经济首要性对立起来："不是经济动机在历史解释中的首要地位（Vorherrschaft），而是总体的观点，使马克思主义同资产阶级科学有决定性的区别。……总体范畴的统治地位，是科学中的革命原则的支

①　［俄］普列汉诺夫等：《普列汉诺夫哲学著作选集》第 2 卷，北京，生活·读书·新知三联书店，1961，第 158、162 页。

柱（Träger）。"①这一对立的要义首先在于区分知性科学的实证主义与马克思的"全新科学的基础的方法的本质"；如果说前者是完全无批判的，那么后者依其本质来说就是否定的、批判的和革命的。在大体上类似而本质上一致的意义上，柯尔施猛烈地抨击了第二国际理论家的实证主义方向，并指证这一方向使马克思主义完全丧失了其实践的、批判的和革命的特征：他们庸俗地"把马克思主义废除哲学解释为用抽象的和非辩证的实证科学的体系去取代这种哲学。……马克思的科学社会主义与全部资产阶级的哲学和科学之间的真正矛盾，完全在于科学社会主义是革命过程的理论表现，这个过程将随着这些资产阶级哲学和科学的全部废除，以及在它们之中找到了其意识形态表现的物质关系的废除而终结"②。

应当承认，西方马克思主义的早期代表敏锐地发现了"梅林—普列汉诺夫正统"之阐释定向的实证主义，以及这种无批判的实证主义在哲学上同前康德的唯物主义基础的内在联系；他们正确地看到，在第二国际的理论阐释中，由德国唯心主义发展起来的"主观方面"完全落到了"基础"之外，而从外部附加的辩证法也根本无济于事：它绝对没有也不可能触动"基础"本身，相反，这种辩证法由于自身被形式化和中立化而成为纯全非辩证的东西。然而，当我们进一步追究构成卢卡奇、柯尔施等人对庸俗马克思主义之批判与反拨的基地本身时，虽说看起来颇为隐晦曲折，但这一基地之确凿无疑的黑格尔主义性质便不可避免地显现出来。正像卢卡奇特别地发挥了无产阶级的"自我意识"以标识马克思哲学的批判性质一样，柯尔施试图从马克思的著作中决定性地引申其潜在的"革命意志"以对抗使之实证主义庸俗化的图谋。③ 如果说他们两人不约而同地使"自我意识"或"革命意志"建基于"总体"之上，那么这个"总体"对于他们自身的哲学基地进而对于他们的马克思哲学阐释来说就具有决定性的意义了。

虽说这一总体不被称为"绝对"或"上帝"，虽说它主要地被表述为"历史社会过程的总体"或作为这种总体的"无产阶级"，但这一哲学上的总体却处于一种匿名状态中，而这种匿名状态是与其存在论基础的未经澄清最为密切地联系在一起的。在这样的情形下，或者是将总体把握为停留于"相互作用"之中的主体客体辩证法，或者是使之隐晦地成为变相的"绝

---

① ［匈］卢卡奇：《历史与阶级意识》，北京，商务印书馆，1992，第76页。
② ［德］柯尔施：《马克思主义和哲学》，重庆，重庆出版社，1989，第32页。
③ 参见［匈］卢卡奇：《历史与阶级意识》，北京，商务印书馆，1992，第104～107页；
　　［德］柯尔施：《马克思主义和哲学》，重庆，重庆出版社，1989，第25页。

对"或"上帝";然而无论如何,这两者都将不可避免地成为黑格尔哲学的片断,即成为现代形而上学之完成形式的片断。一句话,只要作为总体的"总体"未在其存在论根基处做最彻底的澄清,只要构成其统摄理解的现代形而上学建制未被真正触动和瓦解,它的基本性质就不能不是黑格尔主义的。因此,卢卡奇在1967年关于其早期思想的下述说法是真确的:《历史与阶级意识》对问题的讨论方式"是用纯粹黑格尔的精神进行的。尤其是,它的最终哲学基础是在历史过程中自我实现的同一的主体客体"。这样一种基础还引申出"抽象的、唯心主义的实践概念",它表现为一种"夸张的高调",并且更接近于当时在共产主义左派中流行的"以救世主自居的乌托邦主义"①。

由此可见,从根本上来说,就事情的实质来说,对马克思主义哲学进行阐释的两个基本路向都未能真正摆脱近代哲学的主导框架,即都从属于现代形而上学的基本建制。就像第二国际的理论家把马克思哲学的本质性导回到前康德的唯物主义基础中去一样,西方马克思主义的早期领袖依循黑格尔主义(或是其整体,或是其主观片断)来为重新阐释制订方向。在这种情形下,马克思的哲学革命在实际上并且在本质上完全湮没无闻了;就其理论阐释之内在巩固的方面来说,这一革命就退化或弱化为现代形而上学框架之内可以容纳的东西——其残存下来的点滴意义至多就像费希特纠正康德或黑格尔纠正谢林一样。

(二)

在非马克思主义的阵营中,那些对20世纪的哲学做出过重要贡献和重要阐述的思想家们又如何评价马克思的哲学革命呢?大体说来,那些表面上对之评价甚高但于哲学之根基未有涉及或无从涉及者,虽不在少数(例如,罗素对唯物史观的好评,萨特称"马克思主义是当代唯一不可超越的哲学"等),但对我们的主题来说,其意义却颇为有限。因此,我们理当更加关注于那些在存在论基础上能够形成性质判断或引申出与这样的性质判断有所勾连的见解。

伽达默尔在其1962年的《20世纪的哲学基础》一文中,极为扼要且颇为精审地描述了19世纪和20世纪在哲学基础上的本质联系与区别。在伽达默尔看来,这样的联系和区别都是突出地围绕着黑格尔哲学来展开的,其基本主题是对主观意识或主观精神的批判。这是一个甚得要领的判断,因为正像黑格尔哲学作为现代形而上学的完成者不能不成为一

---

① [匈]卢卡奇:《历史与阶级意识》,北京,商务印书馆,1992,第12~13、17页。

个枢轴一样，对于主观精神的批判的继续方开启并且成就了 20 世纪的哲学基础。因此，从联系的一面来说，20 世纪对"意识本身的异化"的批判乃承继着黑格尔对主观精神的批判；从区别的一面来说，20 世纪之批判的任务、目标、问题以及整个方式都发生了根本的改观。这种根本的改观若从思想史上来加以描述的话，那么首先可以说它是以尼采为后盾的："尼采是一个伟大的、预言性的人物，他从根本上改变了本世纪批判主观精神的任务。"其次可以说它经由胡塞尔和舍勒的现象学而在海德格尔的"本体论批判"中达到顶峰。① 不仅如此，伽达默尔还由存在论的基础方面指证了上述批判在性质上的根本改变：尽管没有人比德国唯心主义者（事实上是谢林和黑格尔）更清楚地知道，意识和它的对象并不是两个相互分离的世界（所谓"同一哲学"），但 20 世纪对主观精神的批判之赋有特征的东西却在于："当代思想"揭露并且否弃了德国唯心主义的三个"天真的假设"，即（1）断言的天真；（2）反思的天真；（3）概念的天真。②

那么，在上述关于现代形而上学的完成形式和"当代思想"之本质重要的划界中，马克思的哲学变革居于何种位置呢？在伽达默尔看来，一方面，马克思确实在哲学领域实现了某种变革；经由这一变革，马克思大体上与尼采相一致：就像尼采从"自我"身上剥下一张又一张伪装从而使之崩溃一样，马克思的意识形态批判揭示了虚假观念的秘密并使之趋于瓦解。在这个意义上，马克思的哲学变革同样构成 20 世纪的"出发点"，就此可以相提并论的有："无意识（弗洛伊德），生产关系及其对社会现实所具有的决定性意义（马克思），生命概念和它'构造思想的工作'（狄尔泰和历史决定论），以及由基尔凯郭尔用来反对黑格尔的存在概念——所有这一切都是本世纪提出的出发点，以超越主观意识所指的东西，并对其作出解释。"③但是另一方面，按照伽达默尔的阐释，马克思哲学的问题域几乎和黑格尔处于同一个基准线上，只是应答的方式和研究的对象有所区别。这个问题域即是"主观精神同客观精神的和解将在何处发生"，于此间并列着相继出现的是黑格尔、德罗伊森和马克思。此外，"异化本身"的问题以一种完全仿照着黑格尔的方式出现：正像自然在黑格尔那里表现为精神的他者一样，马克思使历史和社会现实的整体不再表现为精神，而是处在其"顽固的现实"中，处在其"不可理解性"之

---

① ［德］伽达默尔：《哲学解释学》，上海，上海译文出版社，1994，第 115～118 页。

② 参见同上书，第 118～119 页。

③ 同上书，第 117 页。

中(货币、资本、人的自我异化等);于是历史便和自然一样,构成了"知识的客体"。①

在这里,没有必要去过分追究细节,问题的核心在于对马克思哲学变革的基本估价和性质判断。虽然伽达默尔并未明确做出这样的判断,但他所给出的那个意义区域却是清楚明白的:这个区域在黑格尔和尼采之间,从而马克思的哲学变革乃具有一种过渡的性质和意义;它可以和尼采的激进否定一起构成20世纪哲学的"出发点",但却并不属于"当代思想"的主体或主要承当者。并且正因为如此,德国唯心主义的存在论基础——"同一哲学"立足其上的三重天真——便也不可能在马克思的哲学变革中真正瓦解。这一判断对我们在上文所论及的那两种阐释路向来说也许是正确的,因为无论是依循"实体"还是依循"自我意识"来制订方向,最终都不能本质地脱离为黑格尔完成了的"同一哲学"的存在论基地;但是,这一判断对于马克思哲学革命之真正彻底的阐述来说也是正确的吗?

为了对事情的本质形成判断,我们须得把握尼采在整个现代形而上学的历史中所处的地位。如果说伽达默尔把马克思哲学变革的意义区域标识在黑格尔与尼采之间的话,那么海德格尔就确实将马克思和尼采相提并论了:"形而上学就是柏拉图主义。尼采把自己的哲学标示为颠倒了的柏拉图主义。随着这一已经由卡尔·马克思完成了地对形而上学的颠倒,哲学达到了最极端的可能性。哲学进入其终结阶段了。"②根据这样的评判,尼采在哲学上的真正变革就在于其实现了对形而上学的全面"颠倒",而这一颠倒事实上已经先行地为马克思所完成。因此,马克思和尼采在哲学变革上大体归属于同一个平面,在这个平面上,哲学形而上学与其说被全面倾覆,毋宁说乃是达到了其"最极端的可能性";正是这种最极端的可能性,意味着哲学(大写的"哲学",即哲学形而上学)进入其终结阶段了。

对于马克思哲学变革的这样一种基本的领会方式,立即意味着并且提示出以下两个主要方面:第一,这个变革的积极后果及其所开展出来的前景;第二,此一"颠倒"的基本性质及其必然趋势。就前一方面而言,海德格尔给予马克思很高的评价:"因为马克思在体会到异化的时候深入到历史的本质性的一度中去了,所以马克思主义关于历史的观点比其余

---

① [德]伽达默尔:《哲学解释学》,上海,上海译文出版社,1994,第115~116页。
② [德]海德格尔:《海德格尔选集》下卷,上海,上海三联书店,1996,第1244页。

的历史学优越。但因为胡塞尔没有，据我看来，萨特也没有在存在中认识到历史事物的本质性，所以现象学没有、存在主义也没有达到这样的一度中，在此一度中才有可能有资格和马克思主义交谈。"①在这里，如果说马克思对"异化"的领会就像伽达默尔所述在某种意义上直接衔接着黑格尔的话，那么，其哲学上的重大变革则使之能够深入到"历史的本质性的一度"中去；此种深入的前景，按照海德格尔的看法，未必一定与20世纪的现象学运动相连接，或者更加广泛地说来，现象学环节也可能依别种方式而得到领会与把握。总而言之，"当代思想"的某种高度通过马克思的哲学变革而被达成了——这一高度甚至对于20世纪的众多思想探索来说都是难以企及的。

　　然而，更加重要的是，当马克思的哲学革命从根本上被标示为"颠倒"——作为柏拉图主义的形而上学的颠倒——之际，其基本性质和必然趋势又如何呢？关于这种性质，海德格尔在《尼采的话"上帝死了"》一文中说得至为简洁清楚："上帝死了"意味着超感性世界的腐烂和崩塌，意味着哲学形而上学的终结；从而，尼采把自己的哲学看作对整个柏拉图主义的反动。"然而，作为单纯的反动，尼采的哲学必然如同所有的'反……'（Anti-）一样，还拘执于它所反对的东西的本质之中。作为对形而上学的单纯颠倒，尼采对于形而上学的反动绝望地陷入形而上学中了，而且情形是，这种形而上学实际上并没有自绝于它的本质，并且作为形而上学，它从来就不能思考自己的本质。"②约言之，单纯的"颠倒"即单纯的"反动"，而单纯的反动仍滞留于其反对者的本质之中——把一个形而上学命题颠倒过来依然还是一个形而上学命题，而一切"关于形而上学的形而上学"总是最稳当地落到形而上学下面。一句话，尼采的哲学变革，作为单纯的颠倒，其基本性质是对形而上学的反动，而依此种性质而来的必然趋势则是向形而上学的大踏步回返。

　　应当承认，海德格尔的这一基本见地从原则上来说不仅是完全正确的，而且是非常深刻的；但问题在于他把马克思哲学革命的本质性也完全导向尼采，并且大体上就是在尼采的平面——单纯"颠倒"或单纯"反动"——上来阐说马克思的哲学。因此，海德格尔一方面说，现今的"哲学"仅只满足于跟在知性科学后面亦步亦趋，这种哲学误解了这个时代的两重独特现实——经济发展及其所需之"架构"，与此相反，马克思主义

---

　　① ［德］海德格尔：《海德格尔选集》上卷，上海，上海三联书店，1996，第383页。
　　② 同上书，第771页。

却懂得这双重的现实；但是另一方面，海德格尔又指认马克思所谓"改变世界"的"实践"仍然是不折不扣的形而上学观念，因为它仍然植根于一个关于人的"理论想法"，而这个想法作为基础包含在黑格尔哲学之中。这里的情形和尼采十分类似：一开始是彻底的颠倒，"马克思以他的方式颠倒了黑格尔的观念论，这样他就要求给予存在先于意识的优先地位"。但接踵而至的就是向黑格尔哲学，从而向一般形而上学的回返："对于马克思来说，存在就是生产过程。这个想法是马克思从形而上学那里，从黑格尔把生命解释为过程那里接收来的。生产之实践性概念只能立足在一种源于形而上学的存在概念上。"为了特别强调马克思的"颠倒"具有向形而上学回返的性质，海德格尔还补充道："如果没有黑格尔，马克思是不可能改变世界的。"这句话显然不是就马克思哲学之渊源来说的，而是就其基本性质来说的；全部马克思主义都以下述论题为依据："所谓彻底，就是抓住事情的根本，而人的根本就是人本身。"按照海德格尔的解释，这并非一个政治命题，而是一个形而上学命题，即一个关于人的相当确切的"理论想法"，一个从本质上来说其基础包含在黑格尔哲学之中的形而上学命题。并且正因为如此，所以和尼采的理论终局相类似，"马克思达到了虚无主义的极致"[①]。

　　虽然我们完全不能同意海德格尔对马克思哲学变革的这种解释，但我们必须承认，它在 20 世纪的哲学运动中仍然是相当有代表性的。按照这样一种解释方案，马克思哲学变革的意义领域大体就在黑格尔和尼采之间，只是随着解释倾向或侧重的不同会在这一连续的光谱中更多地显现某种特殊的色彩。以这种解释方案作基础，马克思的哲学变革就具有一种过渡的性质或二重的性质。例如，在罗蒂看来，"马克思哲学一方面属于'启迪哲学'，即后哲学文化——它坚持历史主义意识，主张实践的优先性；另一方面它仍然具有某种形而上学性质，马克思仍属于大写的哲学家——他试图深入到现象背后的实在，试图为政治寻找理论基础"[②]。然而，撇开种种色彩上、视角上或细节上的差别，构成这种理解之本质的核心在于：马克思的哲学变革始于反对一切形而上学，而终归于一种特殊形式的（处于形而上学之最遥远的对立面的）形而上学；并且就此一本质的核心而言，马克思与尼采并列，或在稍有差别的意义上，马克思与猛烈地袭击了黑格尔哲学的费尔巴哈、克尔凯郭尔或孔德相并列。

————————

①　[法]F. 费迪耶等辑录、丁耘摘译：《晚期海德格尔的三天讨论班纪要》，载《哲学译丛》，2001 年第 3 期。

②　[美]理查德·罗蒂：《后哲学文化》，上海，上海译文出版社，1992，第 4 页。

（三）

大体说来，对马克思哲学革命的现有阐释，主要依循着上述那样一些方式——依循费尔巴哈、黑格尔或尼采——来获得发挥与展开。虽说这样一些方式之间存在着差别，甚至存在着重大差别，但从根本上来说却仍然是一致的：马克思的哲学变革滞留于近代哲学的框架内、从属于现代形而上学的基本建制，并且最终复归于形而上学之完成形式（并因而作为"形而上学之一切"）的黑格尔哲学。从区别的方面来说，第二国际理论家直接地并且实证地仿照费尔巴哈（并且退行性地经由18世纪而达于斯宾诺莎）来阐说马克思的哲学革命，从而公开了其哲学基础方面的天真性和幼稚性；为了从这种天真性和幼稚性中摆脱出来，西方马克思主义的早期领袖试图撇开费尔巴哈而从"马克思与黑格尔的直接联系"中来揭示这一哲学革命的本质发生，但由于"绝对者"的运行机制要在它的实体性质被去除的情况下保留下来，所以这一解释方案的哲学基础本身就变成晦暗的和可疑的了（尽管它本质上从属于黑格尔的规范，这一点是不容置疑的）。

至于伽达默尔和海德格尔等当代思想家对马克思哲学变革的解释，应该说本质上包含着两个环节：首先是与现代形而上学（甚或是与整个形而上学、整个柏拉图主义）的批判的脱离，其次是在其最极端的对立面上向形而上学的复归或回返。若要就这种解释作出基本判断的话，那么我们的观点是：它对马克思哲学革命的整个理解包含着误解，甚至是很严重的误解；然而尽管如此，这种理解方案在其挑明问题方面仍然提示着某种较为深刻的东西，这些较为深刻的提示包括：（1）由马克思哲学变革所引导的决定性的基础不可能现成地寓居于近代哲学的规范之内，因而对这一基础的根本性理解不可能实证地从此一规范之片断或全体中来获取；（2）如果马克思的哲学革命从本质上来说仅只是达于形而上学之最遥远的或最极端的对立面，那么，它向形而上学的复归或回返就是不可避免的；同样，如果对这一哲学革命的理解仅只从属于单纯的"颠倒"或"反动"，那么，这种理解之令马克思哲学最终落入形而上学之下就是不可移易的；（3）如果说这里的核心之点乃在于现代形而上学的基本建制，乃在于这一基本建制的持存或者瓦解，那么对事情的根本判断就将立即引出这样一个问题：马克思的哲学革命是否真正触动到现代形而上学的基本建制，它以何种方式并且在何种程度上触动到这一建制，此种触动究竟在存在论的基础上引导出怎样的实质性后果？

对于海德格尔来说，这样一些问题也许根本没有被认真提出来过，也许只是匆忙地做出结论而没有就马克思本人的著述审慎地研究过。既然尼采在 20 世纪初对现代形而上学和现代意识形态如此猛烈的袭击尚且不得不屈从并借重其对手本身的力量，那么，半个多世纪以前的马克思难道有可能规避这样的命运吗？马克思在 1843 年的《〈黑格尔法哲学批判〉导言》中确实写道："所谓彻底，就是抓住事情的根本，但人的根本就是人本身。"但是，当海德格尔说"全部马克思主义都以这个论题为依据"时，这样一种说法所意味着的东西难道是正确的吗？第一，在某种非常确定的意义上，即对于 1843 年的马克思来说，上述命题确实可以被完全恰当地理解为"形而上学命题"，或者干脆就是一个费尔巴哈的命题，因为马克思在该文中所称"人是人的最高本质"的学说，正是费尔巴哈的学说；就此而言，海德格尔说得对，马克思的命题——实则是费尔巴哈的命题——把黑格尔"颠倒"了过来："对于黑格尔来说，知识的事情是处于其辩证生成中的绝对。通过把人而非绝对做成知识的事情，费尔巴哈颠倒了黑格尔。"①这说得十分准确，而事实上马克思也发表过类似的见解。但是第二，要根据此说而推论以马克思的名字命名的哲学纯全立足于"人的根本就是人本身"这个形而上学命题之上，那就必须证明马克思的哲学思想止于 1843 年，更加确切地说，止于费尔巴哈或止于费尔巴哈对黑格尔的单纯颠倒；从而也就必须证明，马克思自 1845 年春开始对费尔巴哈实施的清算本质地说来是无关紧要的，并且从根本上来说是不触动其存在论基础的。如果不能精确地证明这一点，那么，依上述形而上学命题来解析马克思的"改变世界"之说，并且先行地将其设置在"理论与实践之间的狭隘联系"中，就会是一种完全不合法的——或者至少是十分可疑的——做法。第三，倘若马克思本人并不能包揽"全部马克思主义"并因而并不能对之全盘负责（就像马克思曾经有一次说过"我只知道我不是马克思主义者"），那么，其间是否经历过一个命运般的转折，即马克思哲学在其基础上再度被近代化了，我们的意思是说，它再度被现代形而上学化了。如果确曾有过这样的转折，那么它缘何而起？如果未曾有过这样的转折，那么马克思的哲学在本质上是否就应当被直接理解为费尔巴哈哲学，或径直就是黑格尔哲学（按马克思的最终看法，费尔巴哈哲学不过是黑格尔主义的"支脉"）？

---

① ［法］F. 费迪耶等辑录、丁耘摘译：《晚期海德格尔的三天讨论班纪要》，载《哲学译丛》，2001 年第 3 期。

　　在我们上面分别予以论述的三个层面的问题中，海德格尔对第一个问题的应答在某种确定的意义上是正确的，而第三个问题根本没有被提出来，因为他对第二个问题（确实，这是中心问题）的解答使之不可能或不必要被提出来。然而核心问题恰恰在于：马克思的思想是否止于1843年？以马克思的名字命名的哲学是否始于那个形而上学命题？马克思哲学的真正奠基是否一本于费尔巴哈的单纯颠倒？即使是提出这些问题本身已经意味着我们根本不同意海德格尔的应答方式，但我们这里的目标不是论战而是提出任务，所以重要的事情乃是使真正的问题成为问题并且切近地同我们照面。但上述的所谓核心问题果然是真正的问题吗？在海德格尔看来也许不是，因为它们似乎已经被理所当然地解决了。然而，如此这般的解决难道不是匆匆越过了马克思的1844年和1845年，匆匆越过了马克思"对黑格尔辩证法和全部哲学的批判"，并且还匆匆越过了马克思对费尔巴哈的决定性的全面清算？这样的追问固然不足以构成对海德格尔所下之判断的实际反驳，但却能够使如此这般的判断成为可疑的或成问题的。诚然，也许有更多的人认为他们已有的判断（无论是哪一种判断，也许是和海德格尔正好相反的判断）同样是理所当然的，并且因此没有什么比要回答上述所谓核心问题更加简单的事了，对于此类想法所要提醒的是：我们所下之判断是否在哲学的根基处是内在巩固的？这些判断在对马克思的哲学革命有所言说时，实际上是否仍仅只依循费尔巴哈或黑格尔来制订方向（或至多使之具有尼采式"颠覆"的外观）？而只要这样的言说无意于居留在非批判的肤浅性之中，难道它们就能够不遭遇到真正的问题吗？

　　形成真正的问题意味着提出一个任务，这个任务就是重估马克思哲学革命的性质与意义。如果有人明确地指认马克思哲学之从属于或最终复归于现代形而上学，那么这里的问题是：事情真正说来是否如此并且缘何如此？如果另一些人声言马克思已完全超越了现代形而上学并从而使其彻底终结，那么进一步的问题是：此等声言与其作声言的基础是否吻合，以及这一基础是否内在一致地建立起来并且内在巩固地得到了阐明？真正说来，这样的问题并没有最终得到解决。自以为根本不存在问题的确信经常逗留盘桓于这样一种肤浅性之中：不管他对马克思哲学作何种判断，实际上他却使这一哲学牢牢地锁闭在现代形而上学的顽固基础之中，而这又仅仅因为他自己的一双脚完全无批判地深陷于由此一基础所滋生的意识形态泥淖中。但是，伴随着整个20世纪的历史运动和哲学运动，上述那种肤浅的理解方式应该而且能够被中止了——在哲学上也许特别应当感谢海德格尔，虽然他的某个判断可能错误，但他却使肤浅表面的判断成为陈腐的东西。

二、马克思在存在论基础中所实现的根本变革

接下来，我们将在上述 20 世纪哲学运动的背景下，对马克思哲学革命的性质与意义作概略性的正面阐明。在我们看来，这一任务的开展，将不可避免地要求存在论根基处之最彻底的澄清。因为马克思的哲学革命，从而经由这一革命而在哲学上的重新奠基，从根本上来说，全发端于存在论根基处的原则变动。若取消或遮蔽这样的原则变动，则马克思的哲学革命就是不涉及根基的或者本身是完全缺失根基的，从而也就谈不上什么真正意义的"哲学革命"。也就是说，对马克思哲学革命之性质与意义的任何一种重估，都最为急迫并且也最关本质地牵涉到其存在论根基的澄清。

也许我们在这里很容易遇到的一种反对意见是：马克思要求"废除哲学"，换言之，要求拒斥全部形而上学；但存在论（ontology，本体论）难道不正是形而上学之最基本的领域或最主要的部门吗？确实如此，然而关键之处恰恰在于：如果缺乏一种存在论根基上之最彻底的澄清，那么"废除哲学"的任何一种图谋都将最可靠地栖身于别种样式的"哲学"（往往是一种更"坏"、更幼稚的哲学）之中，就像拒斥形而上学的激进反动最广泛地依赖于作为实证主义的完全无批判的形而上学一样。只要我们懂得问题的实质并不是术语学上的争论（请思考一下海德格尔使用的"基础存在论"一词的含义），那么，一种本身晦暗而不涉及存在论基础之澄清的思想难道有可能切中形而上学的中枢吗？就此而言，柯尔施说得对：把马克思主义"废除哲学"解释为用抽象的和非辩证的实证科学的体系去取代哲学，可以说是肤浅的极致；在这个意义上倒毋宁说，马克思主义就其基本性质而言，乃是"彻头彻尾的哲学"①。

当然，我们在这里不可能对马克思在存在论基础中所实现的革命性变革做出完全的论述，而仅仅是让这一任务在一些最关根本的问题上聚集起来：首先，马克思哲学的存在论基础是前康德的，还是后黑格尔的？其次，马克思哲学的存在论基础是知识论路向，还是生存论路向？最后，马克思哲学的存在论基础是"主体"之主体性，还是"对象性的本质力量的主体性"？

---

① ［德］柯尔施：《马克思主义和哲学》，重庆，重庆出版社，1989，第32～37页。

（一）

如前文所述，由于人们的观念形态普遍局限于现代性视域，或者说把马克思哲学置于现代形而上学的框架中给予理解和解释，所以，马克思哲学的存在论基础变得蔽而不明，这一基础领域所曾经历的最深刻革命之意义也就显得极其有限了。在这种情形下，马克思哲学的存在论基础似乎被分解为各种"因素"，并依这些因素之不同的比例配置，在近代哲学的框架中被"重建"。这样重建的哲学虽可徒有其表地保持其激进的、批判的外观，却不可避免地、命运般地经历着一系列的内部退却过程。

因此，作为一种标志性的划界，我们首先要澄清的一个问题是：马克思哲学的存在论基础是前康德的，还是后黑格尔的？值得注意的是，我们通过这个问题力图指证的是一种哲学性质上的根本差别，它和时间顺序无关。几乎很少会有人否认下述说法，即马克思哲学的存在论基础在性质上是后黑格尔的，而不是前康德的。然而口头上承认是一回事，在原则上给予真切的阐述却完全是另一回事。在讨论马克思哲学的存在论基础时，有必要把作为"口头饰品"的东西同构成主导原则的内在巩固的东西区分开来。如果是这样看问题的话，我们需得承认，马克思哲学的存在论基础实际上经常是被理解为前康德性质的，而在较好的情况下，是被理解为黑格尔性质的。

我们在上文提到的第二国际的理论家们，就是依前康德的方式看待马克思哲学存在论基础的代表：比如，普列汉诺夫在其 1915 年的著作中，把拉美特利、狄德罗、费尔巴哈、马克思和恩格斯统统归到"斯宾诺莎的类"，断定他们的唯物主义实质是相同的，并且说，马克思和恩格斯在所谓"哲学本身的问题"上始终保持着与费尔巴哈相同的观点，马克思的认识论实际上就是费尔巴哈的认识论；[①] 梅林更直接地说，"机械唯物主义在自然科学范围里是科学研究的原则，一如历史唯物主义在社会科学范围里一样"，同时又补充说，"不应把历史唯物主义与自然科学唯物主义隔离开来或对立起来，它们应当并存，历史唯物主义不过是对自然科学唯物主义的'补充'，而这种自然科学的唯物主义的代表就是费尔巴哈"[②]。这样一来，差别似乎仅仅涉及学科领域之分，而且由于同一位哲学家毕竟不可能在不同学科领域中贯彻两种（或更多的）不同的存在论基础，所以在这一点上将马克思和费尔巴哈归并就成为不可避免的了。需

---

① 参见［俄］普列汉诺夫等：《普列汉诺夫哲学著作选集》第 3 卷，北京，生活·读书·新知三联书店，1961，第 778～780 页。这里所谓"认识论"是指认识论的存在论基础。

② 参见［德］梅林：《保卫马克思主义》，北京，人民出版社，1982，第 99、146 页。

要指出的是，对马克思的这种归并绝不止于费尔巴哈：部分地是由于逻辑本身的驱迫，部分地是由于费尔巴哈在触到自身界限时的急剧倒退，我们在这里实际上开始面临着退向前康德的存在论基础了。

应当承认，在第二国际的理论家那里，马克思哲学的存在论基础被领会为费尔巴哈式的，并且最终是前康德性质的。在这种情况下，当我们看到马克思哲学的"基础"被拿来与 18 世纪唯物主义相比附，甚至与霍布斯混为一谈时，便没有什么可奇怪的了。顺便说说，第二国际理论家的"经济决定论"、他们在实证主义面前的妥协和退却以及为主观主义（特别是意志论）留出地盘等，都是如此这般设定或把握"基础"的结果——或者是较为切近的理论后果，或者是较为遥远的理论后果。至于种种"附加"或"补充"，从根本上来说是无关紧要的，因为在基础本身未能发生原则性变动之际，那些被输入或引进的东西便停留于基础的偶然性和外在性之中，而并不构成基础的"自身"。就像一个归纳主义者也可以时而有条件地谈论理论的范导作用一样，当梅林援引费希特、叔本华或拉萨尔时，当普列汉诺夫指证黑格尔哲学之伟大的能动性及辩证法时，他们自身的存在论基础却是完全不被触动的，因为（并且仅仅因为）这样的援引和指证不能也从未构成基础自身，而只是其外在的附加和补充。正是针对这种状况，方始出现了卢卡奇等人对"梅林—普列汉诺夫正统"的反动。

众所周知，在《关于费尔巴哈的提纲》第一条中，马克思以批判的方式提示了他的新世界观："从前的一切唯物主义——包括费尔巴哈的唯物主义——的主要缺点是：对对象、现实、感性，只是从客体的或者直观的形式去理解，而不是把它们当作人的感性活动，当作实践去理解，不是从主体方面去理解。因此，结果竟是这样，和唯物主义相反，唯心主义却发展了能动的方面，但只是抽象地发展了，因为唯心主义当然是不知道现实的、感性的活动本身的。"①这段话中应当引起高度重视的是这样一些问题：何谓客体的或直观的形式？其性质如何？从这样一种原则高度即把事物、现实、感性当作人的感性活动、当作实践并且从主观方面去理解，如何才是可能的？应当怎样理解"感性活动"本身，或后文所谓"对象性的［gegenständliche］活动"？

从哲学存在论方面来说，所谓客体的或者直观的形式首先就是斯宾诺莎的"实体"，其性质乃是"形而上学化了的脱离人的自然"，因而是双重的抽象——既是自然界与人分离（从其原初关联中脱离出来）的抽象，

---

① 《马克思恩格斯选集》第 1 卷，北京，人民出版社，1995，第 58 页。

又是其形而上学化的抽象。这种双重的抽象就是"客体的或直观的形式"，它的要害是"形式"，即思维的形式或概念，因而不是自然界本身，而是关于自然界的概念形式，一句话，是"只是自然界的思想物"①。正是在这个意义上，当费尔巴哈初始发挥其"感性—对象性"原则时，他完全正确地称斯宾诺莎为近代形而上学的"罪魁祸首"，并指出"作为物性的物性"和"作为观念的观念"是同一种东西。这正是就其作为抽象概念、作为思维形式而言的，因为费尔巴哈"想要研究跟思想客体确实不同的感性客体"。也正是在这个意义上，确实可以把拉美特利、狄德罗甚至费尔巴哈本人（确切些说，是费氏哲学的最终结果）归入"斯宾诺莎的类"；但如果把马克思也归入此"类"，那就大错特错了，其理由我们马上就要谈到。

在上述两种抽象的意义上，可以把"作为物性的物性"看作"作为观念的观念"之同类。"作为观念的观念"的近代形式，体现在费希特的"自我意识"上，其性质不外是"形而上学化了的脱离自然的人"，因而同样是双重的抽象，即主体的或活动的抽象形式。正是在这个意义上，黑格尔把费希特的"活动本身"（以及康德的"纯粹活动"）看作"主观性形式上的"自我原则，其哲学乃是"形式在自身内的发展"，即"形式的思辨推理"。在这里（标志两者的共同性之处），真正重要的是抽象的形式本身，至于这种形式是客体的和直观的，抑或是主体的和活动的，则是次一等的问题。所以黑格尔决定性地要求现实的内容以去除单纯形式的抽象性，这不离形式的内容便是"客观的思想"，它不只是"我们的思想"，而且是"事物的自身（an sich）"；并因此根本"不需要求助于外来的素质，也不需要它的活动对象。它供给它自己的营养食物，它便是它自己的工作对象"②。

黑格尔哲学的结果可以概括为"形而上学化了的人和自然的统一"，其客观的思想或绝对精神便是这种统一。因此，黑格尔以自身的方式克服了某种抽象的形式，并依这种方式消除了不同形式间的外部对立。正是在这个意义上，伽达默尔说："没有人比德国唯心主义更清楚地知道，意识和它的对象并不是两个互相分离的世界。德国唯心主义甚至杜撰出'同一哲学'这个术语来说明这个情况。"③然而十分明显的是，黑格尔仅仅克服了上述双重抽象之一种，即实体与自我意识的分离，而未曾克服形而上学化本身这一抽象。前一种抽象在某种范围内的克服甚至恰恰是

---

① 《马克思恩格斯全集》第 3 卷，北京，人民出版社，2002，第 336 页。
② ［德］黑格尔：《历史哲学》，北京，生活·读书·新知三联书店，1956，第 47 页。
③ ［德］伽达默尔：《哲学解释学》，上海，上海译文出版社，1994，第 118 页。

依赖于进一步形而上学化而完成的(所谓"成功地和富有内容地复辟 17 世纪的形而上学")。也正是在这个意义上,伽达默尔指证了德国唯心主义的三重天真,即"概念的天真""断言的天真"和"反思的天真"。不仅如此,更重要的是,进一步的形而上学化(确切些说是最高的形而上学化)只是在表面上克服了形式间的对立以及形式化的抽象本身,只是把对立移到了理论的内部,并且只是佯言把握住了内容,因为这内容仍然是完全虚假的。正如马克思所指出的那样,黑格尔的"自我活动"因为是抽象的,实际上仅仅具有"形式的性质";并且由于它是抽象的无内容的形式,"所以它的内容也只能是形式的、抽去一切内容而产生的内容。因此,这就是普遍的,抽象的,适合任何内容的,从而既超脱任何内容同时又恰恰对任何内容都有效的,脱离现实的精神和现实的自然界的抽象形式、思维形式、逻辑范畴"[1]。

于是,黑格尔哲学的结果便是这样:它是形而上学的完成,并且伴随着这种完成,保持和安顿一切其他的形而上学于自身之内。在这个意义上,黑格尔哲学不是形而上学之一种,而是形而上学之一切;从而实体作为现实的自然界的抽象形式、思维形式和逻辑范畴,就像自我意识这种抽象形式一样,是完完全全包含在黑格尔哲学之内的。如是,则普列汉诺夫的下述说法是正确的:德国唯心论乃是 18 世纪唯物主义的真理。同样,就像费尔巴哈被归结为黑格尔哲学的一个支脉一样,全部旧唯物主义就其停留于形而上学的抽象形式内而言,不过是黑格尔哲学的片断,因为"客体的或者直观的形式"无论是作为"实体"还是作为"自在的存在"等,都根本没有溢出黑格尔哲学的巨大综合体之外:就像前者被扬弃于"作为主体的实体"一样,后者被扬弃于"自在—自为的存在"之中。因此,这里所谓的"形式"根本不是通常而言的外观、方法或方式之类,也根本不可能通过外部的附加或补充而发生哪怕只是些许的改变。正是由于这一点,马克思谈到了"抽象物质"的方向乃是唯心主义的方向[2],甚至还谈到了"物性"只能是"自我意识"的对等物,因为它们只能保持在彼此或者是外部的,或者是内部的对立之中,从而物性"只是抽象物、抽象的物,而不是现实的物"[3]。所有这些,都是就存在论基础而言的。

由此可见,"客体的或者直观的形式"在一方面乃与"自我意识"即康德(和费希特)的原则——主体的或者活动的形式——形成对立,在另一

---

[1] 《马克思恩格斯全集》第 3 卷,北京,人民出版社,2002,第 333 页。

[2] 同上书,第 307 页。

[3] 同上书,第 323 页。

方面则构成黑格尔哲学的一个被扬弃了的环节。在前一种情况下，两者分享同样的存在论前提而保持其外部对立；在后一种情况下，两者在完成了的形而上学中把对立综合进理论内部，并在其最高形态中揭示自身的真正的性质。因此，正像我们的分析已表明的那样，对于马克思来说，出路根本不可能通过返回到前康德的立场去寻求，因为这样的立场在最好的情况下也只能是黑格尔哲学的一个片断，即或多或少较为幼稚的形而上学的一种样式。至于以康德为界标的"前"与"后"，可以由这样一个简要的问题作约略提示：我们的对象世界是现成地被给予我们的，还是由于我们的活动之参与而被构成的？这里真正重要的是，对于马克思来讲，只有彻底地经过康德并且从根本上越出黑格尔，才可能是一条前进的路径。

（二）

如果说"前康德"和"后黑格尔"的区分还更多地带有一种指示或象征性的意义的话，那么我们要特别阐发的第二个问题，将试图对马克思哲学的存在论性质作更为实质性的阐明：马克思哲学的存在论基础是知识论路向，还是生存论路向？这个问题仍然是就哲学的根本性质而不是就学科的部门或类别作区分，虽说这种部门或类别区分的提示作用还是在某种程度上保持着。对于马克思哲学变革的估价之所以必须充分体认到这两种路向的根本分野，不是因为它们表面看来仿佛是两种根本不同的方式，而是因为它们本质地关涉到同柏拉图主义（整个形而上学传统）的接续或是脱离，关涉到"生活世界"对于思想之事业而言的敞开或是锁闭。当伽达默尔指证德国唯心主义的"同一哲学"与当代思想的分别时，那里被提到并且被批评的三重天真正是一条预先与现代形而上学的建制有牵连的知识论路向；当海德格尔称费尔巴哈对黑格尔的颠倒乃在于"把人而非绝对做成知识的事情"时，这里被强调并且被提示的正是费尔巴哈仍被封闭在知识论的路向中从而不得不分享德国唯心主义的全部天真性。因此，在这个意义上，此种路向的分别根本不是什么外在的形式，毋宁说，它直接就是事情的本质。正像哲学上所谓"理论态度"并不是指一种偶然的主观方式，而是指一种与现代形而上学及其知识论路向内在相关的意识形态本质。

近代以来，知识论作为哲学的重镇似乎构成哲学研究的主要"氛围"和基本领地。然而不止如此，当它独立出来并且充分展开自身之际，我们能够由此识别出一种事实上构成近代存在论基础的主导路向，这种情况在德国古典哲学中表现得尤其充分——不仅表现为知识论与存在论研究领域之间的切近和重叠，而且表现为它们在性质上的同一。然而还不止如此，当这一路向在黑格尔哲学中最终完成之际（一如其《精神现象学》之"绝对知识"），知识论路向乃显现自身为一由来已久之原则、枢轴、"普照之光"，它几乎涵盖了自苏格拉底、柏拉图以来的整部西方哲学史；在这个范围内，虽说局部的例外、偏离或小规模的"叛逃"仍然是可能的，但知识论路向或原则仍然牢固地、强有力地贯彻到哲学思想之最遥远的边缘，以至于可以这样说，它几乎就是西方哲学的唯一存在方式，是形而上学（特别是存在论）构成的唯一路径；而且，如果迄至黑格尔的整个西方哲学可以恰当地称为柏拉图主义的话，那么知识论路向之哲学几乎就是柏拉图主义的代名词。

然而，知识论路向之显现并且被意识到，取决于它必须首先完成自身，其次在这完成中必须显现或标示出自身的界限，就像休谟之于经验论原则一样。达于这一路向之完成并显现其界限者，又恰是黑格尔，因为事实上，形而上学之完成与知识论路向之建构的最高阶段无非是同一回事。海德格尔曾说，形而上学过早地霸占了语言的本质；这里讲的就是知识论路向的决定性开展、它对于思想无所不在的优先权和支配权，以及在其界限显现之处被领悟到的褫夺和僭越。前面曾说过，黑格尔哲学不只是形而上学之一种而且是形而上学之一切；这里所说的"一切"，便也理所当然地就是知识论路向的全部环节及其完成。因此，要真正越出黑格尔，就意味着终结整个柏拉图主义及全部形而上学基础的革命，就必须彻底变更路向，"改弦更张"。否则，对于形而上学的任何"出离"或"叛乱"，最终都不得不返回到形而上学，因为知识论路向上的任何批评和反驳虽说是有意义的，但归根结底却依旧是在巩固形而上学的基础，而不是去瓦解它。

现在我们要问，何谓知识论路向？何谓生存论路向？两者分野究竟何在？这些问题很难明确回答，因为给不出定义——给定义正是知识论路向上的方式。卢卡奇曾经因为非理性主义者在一些基本问题上无法形成确定的和一致的同意就以为能够轻而易举地推翻他们的见解，这是站不住脚的，虽说它在知识论路向的范围内是完全合理的。然而我们还是应当给出一个简要的本质性描述，以便把两者的区分特别地提示出来：知识论路向的性质是概念的、逻辑的和反思的，而生存论路向的原则却要求自身达于前概念的、前逻辑的和前反思的。

由于概念的、逻辑的和反思的方式主要被领会为是理性的，所以生存论路向的先驱者们初始往往采取非理性主义或反理性主义的方式。这里我们只要举出克尔凯郭尔和尼采的名字就够了。然而正是因为这种"非……"或"反……"的方式，他们一方面让渡出思想，另一方面在对立的极端中反过来确证对方的独立存在而返回到同样的根据上去。在这种态势下，正如海德格尔指证尼采终归是一个形而上学家一样，萨特最后也把克尔凯郭尔归入黑格尔哲学之一脉。因此真正说来，立足于自身之上的生存论路向并不是试图取消并对立于概念的、逻辑的和反思的原则，而是要求深入到更为原始的根基中去，要求揭示使知识论路向及其内部对立得以成立和开展的发源地，或者如伽达默尔所解说的，要求去除知识论路向对于自身的全部天真性。就此而言，巴雷特的说法是大体不错的："但是非理性主义把思想领域交给了理性主义，因此也就秘而不宣地分享了论敌的假定。需要一种更加根本的思想，把这两个对立方面的根基都挖了。"①海德格尔曾宣称，唯当我们终于认识到理性已成为思想最顽固的敌人时，我们方始有可能开始思想，但这绝不意味着拒斥思想，而是要求学会思想——比理性主义者更深刻地去思想。

在对黑格尔哲学的批判中，费尔巴哈是意识到知识论路向之局限与无能的，因为它实际上所能达到和把握到的只是"思想客体"，而不是与之有别的"感性客体"。当费尔巴哈把当下直接的肯定与黑格尔的否定之否定（绝对的肯定）对立起来，把直观、感觉的直接性与概念、理性的中介过程（思辨推理）对立起来时，他所希望的正是以某种生存论的方式来触动整个知识论路向始终未曾真正触动的那个领域，即那个先在地为形而上学准备好基础，但却被形而上学所遮蔽的领域。正是在这种不同路向分野的意义上，费尔巴哈谈到了"感性的、个别的存在的实在性，对于我们来说，是一个用我们的鲜血来打图章担保的真理"②。他还谈到了"感性意识"的实在性，甚至还谈到了"实体的痛苦"：只有感到痛苦的实体才是必然的实体，而没有痛苦的实体则是一种无感觉、无物质的实体，因而是一种没有根据、没有实体的实体。③ 这是非常不同于知识论路向的方式。但是，部分地由于费尔巴哈仅仅以美文学的方式与知识论路向相对立，部分地由于其初始的生存论路向还为种种的不彻底性所包围从而无力成为内部巩固的路向，所以，他无论是在存在论立场上还是在其建构方式上都开始大踏步地退却，以至于马克思颇为惋惜地说道，费尔巴哈毕竟还

---

① ［美］巴雷特：《非理性的人》，上海，上海译文出版社，1992，第218页。
② ［德］费尔巴哈：《费尔巴哈哲学著作选集》上卷，北京，商务印书馆，1984，第68页。
③ 参见同上书，第110页。

是一位"理论家"和"哲学家"①。很显然，这正是就费尔巴哈行之未远并且终于复归形而上学及其知识论路向而言。只要看看费尔巴哈关于"类"、关于"类个体"、关于"类意识"等所说的东西，这一点就是非常明显的。

近代哲学的一个巨大而且昭彰的领域是知识论，在其富有成就的发展中，它也把那个由来已久的、作为原则的知识论路向内在化到整个哲学中去，并且在其整个展开过程中不断揭示其自身所固有的那种挥之不去的界限和障碍，虽说真正的问题实际上更深刻地隐藏在近代知识论的存在论基础中。如果说笛卡尔的二元论为谋克服不得不诉诸"神助说"，那么这种基本境况在整个近代哲学中并没有真正改变，就像荷尔德林所说的那样，"如何开端，便如何保持"。唯理论和经验论的最终成果并没有改变这种基本境况，以至于康德甚至颇为痛切地认为：始终还没有人能为"我们之外的物的定在(Dasein)"提出一个令人信服的证明，这乃是"哲学和一般人类理性的耻辱"。然而康德同样没有真正解决这个问题。也许黑格尔是近代范围内给予这一问题以最高和最佳解决方案的哲学家，但是当有人终于认出他只是在"思想当然能够把握作为事物之自身的思想"这一主题上来解决问题的时候，这种解决本身就被看成虚假的。所以费尔巴哈宣称："同一哲学"根本没有建立思维与存在的统一，黑格尔只是破坏了这种统一。同样，马克思也多次把黑格尔哲学称为"二元论"，虽说这种"二元论"乃是隐蔽的和被保持在理论内部的。直至 1907 年，胡塞尔再度明确了问题和困难的所在："内在本身是无可怀疑的。内在如何能够被认识，是可理解的，恰如超越如何能够被认识，是不可理解的一样。"②

真正说来，如此这般的问题和困难在近代哲学的范围内(更广泛地说来，在柏拉图主义的传统中)是不可能根本解决的，因为这样的哲学局限于形而上学及其知识论路向中。当马克思说，"哲学家们只是用不同的方式解释世界，而问题在于改变世界"③时，其意义首先就在于(当然不止于此)决定性地超出知识论的路向，即决定性地超出为概念、逻辑和反思所支配和统治的世界。马克思在《1844 年经济学哲学手稿》中曾谈到形而上学所建立起来的诸多对立，并且说："这种对立的解决绝不只是认识的任务，而是现实生活的任务，而哲学未能解决这个任务，正是因为哲学把这仅仅看作理论的任务。"④这里所说的局限——单纯"理论的任务"或

①　《马克思恩格斯选集》第 1 卷，北京，人民出版社，1995，第 97 页。
②　[德]胡塞尔：《现象学的观念》，上海，上海译文出版社，1986，第 72 页。
③　《马克思恩格斯选集》第 1 卷，北京，人民出版社，1995，第 57 页。
④　《马克思恩格斯全集》第 3 卷，北京，人民出版社，2002，第 306 页。

"认识的任务"以及上文之"解释世界"，其哲学根本上的偏谬，正是囿于知识论路向之不可移易的结果。这里的核心问题是真正超出知识论路向，而不是在其范围内"补充"一种现实生活的意义或"附加"一种实践的功能，因为这样的补充和附加正像我们已经提到过的那样，不是瓦解而是巩固形而上学的立脚点。传统哲学也谈"实践"，并且也对"理论"和"实践"作区分，但这种区分本身仍然是"理论的"，即知识论路向之性质的，正像其所谈论之"实践"仍然是概念或范畴即反思的规定一样。普列汉诺夫指责马克思误解了费尔巴哈，理由是费氏懂得"生活"与"实践"（确实，这两个词他用得一点都不比马克思少），这时，普列汉诺夫恰好是把马克思的"实践"一并拖入到那条终于遁入知识论路向的退化道路上去了。确实，对马克思的这种理解不在少数，甚至还包括海德格尔；尽管自身立场和路向的差别是存在的，但他们都仍然在存在论上把马克思当作费尔巴哈意义上的"理论家"和"哲学家"来谈论。

　　然而，要决定性地超出知识论路向，在哲学上当有两个步骤：第一，最坚决地消除知识论本身的独立性外观，而令其整个问题域归并到存在论的基础上去；第二，在黑格尔哲学这种知识论路向之存在论基础的完成形式中，展露并揭示全部形而上学之根本性的对立与限度，从而全面地改造和重铸这一基础本身。这种改造和重铸的路向便是生存论的，它意味着并且要求着深入于前概念、前逻辑、前反思的世界中。在具有原则高度的当代哲学中，所谓"生活世界"便意味着这样的世界，所谓"语言学转向"便提示着这一世界之生存论性质的根本特征。事实上，上述两个步骤不过是一个过程的两个方面，只是为了表述的方便我们才把两者区别开来。我们看到，在马克思那里这两个步骤都已被决定性地开启了，并且正是由于这一点，方始揭示出马克思在存在论基础上之全面变法并由以终结全部形而上学的原则高度和完整意义。在《德意志意识形态》中，马克思写道："意识在任何时候都只能是被意识到了的存在，而人们的存在就是他们的现实生活过程。"①很显然，这里的知识论问题乃是存在论基础上的问题，因为意识被归结为"被意识到了的存在"。海德格尔就此说出了类似的意思，"认识是作为在世的此在的一种形式"，是"在世的一种存在方式"②，或者，"认识是此在的植根于在世的一种样式"③。此外，舍勒也指证说，认识本身不是判断活动，而是一种"存在的关系"。作为

　①　《马克思恩格斯选集》第 1 卷，北京，人民出版社，1995，第 72 页。
　②　［德］海德格尔：《存在与时间》，北京，生活·读书·新知三联书店，1987，第 75 页。
　③　同上书，第 78 页。

"存在"本身的人们的"实际生活过程"，很显然，在马克思那里是不可能通过知识论路向而被真正触动和把握的，因为（并且仅仅因为）这个世界乃是前概念、前逻辑、前反思的。关于这一路向的特征描述，在《德意志意识形态》（当然还有其他著作）中可说比比皆是，问题只在于我们能否看得到。

因此，把事物、现实、感性当作人的感性活动、当作实践并且从主观方面去理解，这只有彻底地经过康德、超出黑格尔并且全面避开费尔巴哈的倒退途径才是可能的。进而言之，只有通过超越知识论路向的生存论路向才是真正可能的。作为"感性活动"或"对象性活动"的实践是在全部旧哲学的视野之外的，是全部旧哲学所不理解的，这种不理解的根本之点不在于它把握不了"感性"或者"活动"或者两者的拼接，而在于它整个地沉陷于知识论路向之中。我们知道，就像德国古典哲学彻底发挥了"活动"原则一样，经验论者和唯物主义感觉论者亦彻底发挥了"感性"原则。因此，在旧哲学的范围内，把两者"综合"起来虽说甚费周折却是完全可能的。然而，真正的问题在于，马克思所言之"感性—活动"乃是完全别样性质的，此种别样的性质，唯由生存论路向去领会才可能真正到达。

（三）

我们认为，对马克思哲学存在论基础的澄清工作，不仅应当涉及哲学思想的主导路径或路向，还应当围绕着现代形而上学的基本建制来开展。换句话说，此一开展的要害就是现代形而上学基本建制的持存或瓦解，是它的被保有或被击穿。这种基本建制，就其大要而言，可以被概括为"意识的内在性（Immanenz）"。我们之所以把这一建制特别地强调为检审权衡的核心，乃是因为它构成理解当代哲学变革之基本性质（以及这种性质之变动区域）的原则尺度。只要"我思"作为意识的内在性仍然被保持着，即便是以一种变相的形式被保持着，现代形而上学就没有从根本上被触动，那些仅只从外部被打碎的哲学片断就依然环绕着这个拱心石旋转，并且将再度构建成一种本质上向其核心回返的形而上学。如果说费尔巴哈、孔德，乃至于尼采和克尔凯郭尔以急进的反叛开始，而终至于复归形而上学的基地一事乃是真确的，那么这里的要义正在于，无论此等反叛或颠覆行动看起来如何惊天动地，但作为基本建制的意识的内在性却未曾被真正洞穿并从而土崩瓦解。因此，只要重估马克思哲学革命之性质与意义的任务能够坚决而真实地出场，那么这一任务在今天就根本不可能避开这个核心之点而获得其存在论基础上的澄清。因此，我们要着力阐述的第三个问题是：马克思哲学的存在论基础是"主体"之主体性，还是"对象性的本质力量的主体性"？

我们知道，西方近代哲学的真正开端和本质基础乃是"自我意识"，虽说它在不同的哲学中可以采取相当有差别的形式。黑格尔在《哲学史讲演录》中以下述方式概括了这一点："近代哲学的出发点，是古代哲学最后所达到的那个原则，即现实自我意识的立场；总之，它是以呈现在自己面前的精神为原则的。中世纪的观点认为思想中的东西与实存的宇宙有差异，近代哲学则把这个差异发展成为对立，并且以消除这一对立作为自己的任务。"①很显然，这个关于近代哲学之开端的说法同时也就是关于其本质之基础的决定性见解，于是黑格尔很正确也很深刻地把笛卡尔称为近代哲学的真正创始者；因为在笛卡尔那里，"我思"作为自由地、独立地思维着的主体开始出现了，从而哲学在思维中自由地把握自己和自然——以便理解合理的现实，即本质——的道路也被真正开辟出来了。

"意识的内在性"构成近代以来全部形而上学的主导原则和基本建制。虽说康德的"我思"不同于笛卡尔的"我思"，黑格尔的"自我意识"又不同于费希特的"自我意识"，但坚持意识的内在性却是形而上学之全部现代形式的共同基础。在这个基础上，人们把"意向性"与意识联系起来，从而使"意向客体"在意识的内在性中也一样有它的位置（费尔巴哈曾试图攻击过这个基础本身，因为他"想要研究跟思想客体确实不同的感性客体"）②。但在海德格尔看来，基本的哲学状况直到胡塞尔依旧没有根本改变，因为虽说胡塞尔的意向性概念使对象取回其"本己的存有特性"（Bestandhaftigkeit），从而挽救了对象，但他依然把意向性包含在内在性之中，"把对象嵌入意识的内在性之中"③。

在经历了近代哲学的整个发展之后，作为近代形而上学之最重要的批判者之一，海德格尔要求彻底地检审那个作为本质之基础的出发点本身，即要求彻底地检审"意识的存在特性"。如果说，在笛卡尔那里，"我思"直接就意味着我的存在（思维内在地、直接地与我在一起，而这个直

---

① ［德］黑格尔：《哲学史讲演录》第4卷，北京，商务印书馆，1978，第5页。在另一处，黑格尔写道："近代哲学并不是淳朴的，也就是说，它意识到了思维与存在的对立。必须通过思维去克服这一对立，这就意味着把握住统一。"（同上书，第7页）

② 《马克思恩格斯选集》第1卷，北京，人民出版社，1995，第54页。

③ ［法］F. 费迪耶等辑录、丁耘摘译：《晚期海德格尔的三天讨论班纪要》，载《哲学译丛》，2001年第3期。

接的东西恰恰就是所谓存在),①那么,对于海德格尔来说,在现代形而上学中,"意识之存在特性,是通过主体性(subjektivitaet)被规定的。但是这个主体性并未就其存在得到询问;自笛卡尔以来,它就是 funda-mentum inconcussum(禁地)。总之,源于笛卡尔的近代思想因而将主体性变成了一种障碍,它阻挠[人们]把对存在的追问引向正途。"②诚然,我们可以说,那个变成"障碍"的东西曾经是伟大的动力,正像那个被称为"禁地"的区域曾经构成过近代思想、知识和文明赖以滋长的基地一样。但是,如今这个作为"禁地"的主体性要受到质询,要受到追究了,因为自黑格尔哲学之后,它确实已历史地成为真正的问题了。

"意识的内在性"之所以成为真正的问题,一方面是由于它被把握为全部近代哲学的基本前提和基本状况,另一方面则是由于它同时也被了解为根本的矛盾和无法解脱的困境。这一困境被海德格尔极为概要而且精当地指证为:"只要人们从 Ego cogito[我思]出发,便根本无法再来贯穿对象领域;因为根据我思的基本建制(正如根据莱布尼茨的单子之基本建制),它根本没有某物得以进出的窗户。就此而言,我思是一个封闭的区域。'从'该封闭的区域'出来'这一想法是自相矛盾的。"③此种保持在内在性之中并由之"出来"所构成的自相矛盾的困境,在《存在与时间》中是通过这样一个尖锐的、令人必须直面的难题而得到表述的:"这个正在进行认识的主体怎么从他的内在'范围'出来并进入'一个不同的外在的'范围,认识究竟怎么能有一个对象,必须怎样来设想一个对象才能使主体认识这个对象而且不必冒跃入另一个范围之险?"(问题的一个更加简洁的表述是:"认识究竟如何能从这个'内在范围''出去',如何获得'超越'?")④

当近代形而上学的主体性——其基本建制是意识的内在性——如此这般地成为问题时,哲学事实上不得不历史地遭遇到它的严重困境,以至于我们今天完全有理由来设想:一切笛卡尔式的"神助说",难道不是源于预设意识之内在性而产生的基本困境吗?康德所谓"哲学和一般人类理性的耻辱"——始终还没有人能够真正证明"我们之外的物的定在(Dasein)",难道不也是源于这种基本困境吗?最后,当胡塞尔说,"内在本

① [德]黑格尔:《哲学史讲演录》第4卷,北京,商务印书馆,1978,第67～74页。
② [法]F.费迪耶等辑录、丁耘摘译:《晚期海德格尔的三天讨论班纪要》,载《哲学译丛》,2001年第3期。
③ [法]F.费迪耶等辑录、丁耘摘译:《晚期海德格尔的三天讨论班纪要》,载《哲学译丛》,2001年第3期。
④ [德]海德格尔:《存在与时间》,北京,生活·读书·新知三联书店,1987,第75页。

身是无可怀疑的。内在如何能够被认识，是可理解的，恰如超越如何能够被认识，是不可理解的一样"①时，难道不同样是源于这一基本困境吗？海德格尔确实非常有力地揭破了这一困境，并且通过对意识所作的存在论批判——理解被"意识"所预设的存在——击穿并瓦解了意识的内在性。按照伽达默尔的评价，这是一个划时代的哲学功绩："自那时以后，许多人都开始认为追问主体如何达到对所谓'外部世界'的知识是荒谬的、陈腐透顶的。海德格尔把坚持提出这类问题的现象称为真正的哲学'丑闻'。"②

如果说近代哲学的基本建制和主导原则乃在于意识的内在性，那么，贯穿并瓦解此种内在性便成为划界问题的枢轴。在海德格尔 1969 年的访谈录中，当被问到哲学的社会责任问题时，海德格尔答道：当今社会只是现代主体性的绝对化；而一种"已经克服了主体性之立足点的哲学，根本不应该与之同声共气"。显而易见，就哲学的根基而言，"克服主体性之立足点"，不过是"意识的内在性之被贯穿"的另一种表述而已。据此我们应该来判断，马克思哲学究竟是一种已经克服了主体性之立足点的哲学呢，还是一种与现代主体性的绝对化"同声共气"的哲学呢？

马克思哲学基本性质的判定问题，取决于马克思对黑格尔哲学的决定性批判，取决于这一批判在怎样的意义上以及在多大的程度上触动到近代形而上学的根基，并且最终取决于此种触动是否真正击穿并颠覆了"意识的内在性"。我们可以十分确定的是：马克思在《1844 年经济学哲学手稿》中对黑格尔哲学的批判，同时乃是对"一般哲学"或"整个哲学"的批判，即对整个哲学—形而上学的批判；在这个意义上，黑格尔哲学不是作为"形而上学之一种"，而是作为"形而上学之一切"遭遇到批判的。

在这样一种批判中，颠倒黑格尔的概念论，要求给予存在先于意识的优先地位，一般说来乃是一个必要的步骤或环节；在此最一般的意义上，费尔巴哈是如此，马克思是如此，海德格尔也是如此。诚然，这里所涉及的仍可以是相当表面的情形。但无论如何对于马克思来说，在对黑格尔哲学（作为近代形而上学之完成）的批判中，"意识的存在特性"是被相当深入地思考过的，正像《1844 年经济学哲学手稿》肯定已开始了一种理解被"意识"所预设的"存在"的存在论批判一样。这当然是一个过程，并且只有在这一过程发展到特殊的关节点时，马克思同费尔巴哈的原则

---

① ［德］胡塞尔：《现象学的观念》，上海，上海译文出版社，1986，第 72 页。
② ［德］伽达默尔：《哲学解释学》，上海，上海译文出版社，1994，第 118 页。

界限才开始显现出来，才成为决定性的和本质重要的。因此，当这一界限被充分意识到的时候，马克思称费尔巴哈毕竟还是一位"理论家"和"哲学家"，并因而最终仍只能被看作"黑格尔哲学的支脉"。

如我们一再重申的那样，问题的核心在于是否能够真正瓦解近代形而上学的基本建制，即在于是否能够彻底贯穿意识的内在性（从而在这个意义上"克服主体性之立足点"）。费尔巴哈想要研究跟思想客体确实不同的感性客体，这意味着他力图摆脱由意识的内在性所预设、所规定的"意向客体"；但是，当他终于不得不将人的类本质了解为所谓"类意识"的时候，这一摆脱内在性的途径就已经被决定性地堵塞了——接踵而至的只能是一连串的快速退行。在这个意义上，马克思对费尔巴哈哲学的最终清算与诀别，可以说正是由于对意识之存在特性的存在论批判而得以突出地显现的。下述比拟的说法在一定的程度上应该是具有提示作用的：在海德格尔试图比较"识—在"（Bewusst-sein，即 Bewusstsein［意识］一词之改写），与"此—在"（Da-sein）以便来探讨意识之存在特性[①]的场合，马克思则以这样一种直接的方式，道出了他对意识之存在特性的追询："意识［das Bewusstsein］在任何时候都只能是被意识到了的存在［das be-wusste Sein］，而人们的存在就是他们的现实生活过程。"[②]

在马克思的这一命题中，显而易见地包含着对黑格尔观念论的颠倒；但需要特别指证的是，此一"颠倒"乃是以洞穿并瓦解近代形而上学的基本建制（即意识的内在性）为前提的。早在 1844 年马克思就曾明确写道，黑格尔哲学的绝对——作为近代形而上学之完成的绝对，乃是"神秘的主体—客体，或笼罩在客体上的主体性，作为过程的绝对主体，作为使自己外化并且从这种外化返回到自身的、但同时又把外化收回到自身的主体，以及作为这一过程的主体；这就是在自身内部纯粹的、不停息的圆圈"[③]。根本不需作任何附带的说明，这里所谈论的就是意识的内在性，而且是以近代形而上学之完成形式所公开出来的意识的内在性。这个作为主体的主体性，这个"在自身内部的纯粹的、不停息的圆圈"，如果不是意识之内在性及其最高表现，又可能是什么呢？

不仅如此，马克思还特别指证了：这种封闭在自身内部的主体性如

---

① 参见［法］F. 费迪耶等辑录、丁耘摘译《晚期海德格尔的三天讨论班纪要》，载《哲学译丛》，2001 年第 3 期。由此海德格尔把认识了解为"此在的植根于在世的一种样式"，或"在世的一种存在方式"。（参见［德］海德格尔：《存在与时间》，北京，生活·读书·新知三联书店，1987，第 75、78 页。）

② 《马克思恩格斯选集》第 1 卷，北京，人民出版社，1995，第 72 页。

③ 《马克思恩格斯全集》第 3 卷，北京，人民出版社，2002，第 332～333 页。

何不可避免地要求从这种内在性中"出来"，而这种"出来"本身又是"奇妙而怪诞"的。由于"对自身感到无限的厌烦"，由于"对内容的渴望"，所以抽象思维者在某些"虚假的甚至还是抽象的"条件下决心放弃自身，即决心"把那只是作为抽象、作为思想物而隐藏在它里面的自然界从自身释放出去"①。易言之，在马克思看来，黑格尔所谓"自我意识的外化设定物性"，正就意味着"从自己的'纯粹的活动'转而创造对象"，而这也就意味着作为意识之内在性的主体从自身内部"出来"创造一个对象世界。海德格尔说得很对，从该封闭的区域"出来"这一想法是自相矛盾的。但马克思早就指出，从作为内在性之主体中"出来"的根本困境和全部虚妄性就在于：当作为内在性的主体性把自然界"从自身释放出去"时，那里所释放出来的只是抽象的自然界，即只是名为自然界的"思想物"；因为"自我意识通过自己的外化所能设定的只是物性，即只是抽象物、抽象的物，而不是现实的物"②。在这种情形下，一方面，那被释放出来的自然界乃是非对象性的存在物，并因而是"非存在物"（unwesen）③，正像作为设定者主体的自我意识乃是"唯灵论的存在物"一样。另一方面，作为完成了的内在性之主体性，纯粹的自我活动在"对内容的渴望"中，只不过表明其内容"也只能是形式的"，即只是"脱离现实精神和现实自然界的抽象形式、思维形式、逻辑范畴④。

　　但是，抓住了意识的内在性并懂得其虚妄性，并不直接意味着能够把它彻底贯穿从而将其瓦解，费尔巴哈哲学（在某种类似的意义上也可以包括尼采等人的哲学）的悲剧性结局很好地印证了这一点。海德格尔说，当近代形而上学的困境被决定性地揭发出来之际，一个昭彰显著的揭示就是："必须从某种与我思不同的东西出发。"这里所谓"与我思不同的东西"，是就其根据、就其性质、就其作为基本建制而言的；在这个意义上，比如说经验论者的感觉经验、费尔巴哈的感性直观、尼采的权力意志等，真正说来并不是与"我思"不同的东西，毋宁说倒恰好是与之相同的东西（因为它们最终都封闭在作为内在性的主体性之中）。于是海德格尔把其所谓"此在"的领域以下述方式标识为与"我思"根本不同的东西：此在中的存在——与意识（即"识—在"）的内在性相反——必须守护着一种"在外"（Draussen）；这种通过"出—离"被表明的此在的存在方式在《存

---

①　《马克思恩格斯全集》第 3 卷，北京，人民出版社，2002，第 334～335 页。
②　同上书，第 323 页。
③　同上书，第 325 页。
④　同上书，第 333 页。

在与时间》中是这样获得表述的："按照它本来的存在方式，此在一向已经'在外'，一向滞留于属于已被揭示世界的照面着的存在者。……此在的这种依寓于对象的'在外存在'就是真正意义上的'在内'。"从而内在性之被贯穿便意味着：我"在世界中寓于外部存在者处"①。

并不需要太多的辨析就可以看出，在马克思的《1844 年经济学哲学手稿》中，洞穿内在性之"出离"（或"一向在外"）的基本含义事实上是被反复申说的。它在何处并且以何种方式得到申说呢？是在"对象性的（gegenständliche）活动"这一原则提法中："当现实的、肉体的、站在坚实的呈圆形的地球上呼出和吸入一切自然力的人通过自己的外化把自己现实的、对象性的本质力量设定为异己的对象时，设定并不是主体；它是对象性的本质力量的主体性，因此这些本质力量的活动也必须是对象性的活动。……因此，并不是它在设定这一行动中从自己的'纯粹的活动'转而创造对象，而是它的对象性的产物仅仅证实了它的对象性活动，证实了它的活动是对象性的自然存在物的活动。"②在这里，伴随着意识之内在性的贯穿，即伴随着与作为内在性之主体性的全面脱离的，乃是存在论基础的彻底革命［或海德格尔所谓"思想之居所（Ortshaft）的革命"］。如果说在这一革命的初始发动中旧有的表达方式是不可避免的，那么不假思索地拘执于这些表达方式的理解则几乎必错无疑。既然马克思在"对象性活动"概念中的"活动"和"设定"根本不可能是黑格尔哲学（切记：这一哲学是被当作近代形而上学之完成的标记来使用的）所谓的"活动"和"设定"，那么，马克思所言之"不是主体"的"主体性"究竟可能意味着什么呢？

这个看来全是矛盾的说法提示着某种唯赖更深入的思方能有所领会的东西，说得更加明白一些，它是超出形而上学之基本建制的某种东西（并且正是由于这种"超出"，它在通行形而上学语言的地方才会被看作是矛盾的）；因而它便意味着马克思哲学存在论基础的全新境域，意味着这一区域乃在意识的内在性之外，在近代形而上学之外。当马克思说"设定"不是"主体"，而是"对象性的本质力量的主体性"时，正像前者乃指作为内在性的主体性一样，后者意味着此种主体性之被洞穿和瓦解，从而也正意味着海德格尔所言之克服"主体性之立足点的哲学"。同样，当马克思指证"纯粹的活动"与"对象性的活动"之本质差别时，正像前者乃指

---

① ［德］海德格尔：《存在与时间》，北京，生活·读书·新知三联书店，1987，第 77 页。
② 《马克思恩格斯全集》第 3 卷，北京，人民出版社，2002，第 324 页。

黑格尔式主体（一切形而上学主体）的内在性及其自相矛盾地从自身中"出来"，后者则意味着"现实的人"的存在本质地就是"出离"式的或向来已经"在外"，从而意味着内在性之被贯穿的那个境域对于马克思来说的实际开展。

总之，"感性的活动"或"对象性的活动"，以及不同于"主体"之主体性的"对象性的本质力量的主体性"，乃是构成马克思哲学存在论基础的枢轴，并且因此也构成其终结全部形而上学之哲学革命的全新地平线。

三、西方马克思主义存在论视域的初始定向

然而，对马克思哲学的阐释史来说，现代形而上学基本建制或意识内在性之被贯穿的那个境——特别是导致这一境域的积极的思想线索——却并未得到充分深入的和内在巩固的阐明。由于多种原因，尤其是由于汪洋大海般的现代性意识形态的遮蔽，马克思的哲学革命所开启的存在论视域及其当代意义便时常被弄得晦暗不清。总体上说，西方马克思主义对马克思哲学基础的理解和阐发，同样分享着这个由人类的现代性历史性处境本身所规定着的重要的思想背景。不过，应当指出的是，一般趋势的描画不能取代对西方马克思主义每一位思想家和每一部重要作品的具体剖析，而作为这些具体剖析的导引，我们这里将对西方马克思主义存在论视域的初始定向作一总体性的探讨。

（一）

上文我们已经提到，西方马克思主义的理论见解首先表现为与第二国际理论家的对立，以及对第二国际理论家所谓"正统"观点的批判。虽然西方马克思主义的早期代表在理论见解上存在着差别，但卢卡奇、柯尔施、葛兰西等人在坚决地反对第二国际的理论立场方面，却是相当一致的。正像卢卡奇的《历史与阶级意识》猛烈抨击了以"梅林—普列汉诺夫正统"为代表的"教条主义的马克思主义"一样，柯尔施的《马克思主义和哲学》不遗余力地反驳第二国际"庸俗马克思主义"的宿命论和机械论倾向，而葛兰西的《狱中札记》则把批判的目标指向"正统派"，即与实证主义和自然科学主义相联系的"庸俗的唯物主义"。

这种基本的批判立场上的一致，使得西方马克思主义的早期代表共同关注作为哲学方法论的辩证法，并且步调一致地诉诸黑格尔哲学，确切地说，诉诸"马克思的黑格尔主义传统"。因此，一方面，他们把自己的理论主题归类为方法论，例如，在卢卡奇看来，马克思主义问题中的正统仅仅在于其方法，而不是对某个论点的"信仰"或对某本"圣

书"的注解①；另一方面，他们试图通过复活黑格尔的辩证法来为已经被
庸俗化和教条化的马克思主义重新注入活力，以便恢复其批判的、革命
的和主观能动的方面。关于这一点，柯尔施指出，马克思主义者们和 19
世纪后半期的资产阶级学者一样，对黑格尔哲学极为漠视，并且"日益倾
向于忘记辩证法原则的原初意义"②；而葛兰西则声称，在某种意义上，
"实践哲学"（即马克思主义哲学）等于黑格尔加大卫·李嘉图，或者，它
就是"黑格尔学说的改革和发展"③。这些观点与卢卡奇的下述见解颇为
吻合：第二国际的理论家过高估计了费尔巴哈在黑格尔和马克思之间的
中介作用，毋宁说，马克思的哲学乃是直接衔接着黑格尔的。④

　　这样一些看似表面的说法绝不是无关紧要的。恰好相反，它们确实
构成了与第二国际理论家的尖锐对立，而在这些对立中得到表现的哲学
问题又确实是本质而重要的。虽说第二国际的理论家也可以经常谈论辩
证法，但辞令上的空话和理论上内在巩固的原则根本不是一回事。当普
列汉诺夫宣称马克思和恩格斯的唯物主义实际上就是费尔巴哈的唯物主
义时，当他把这种唯物主义进一步追溯到 18 世纪的法国唯物主义并且最
终归结为斯宾诺莎主义时，他确实轻易地越过并且完全遗忘了黑格尔的
辩证法。与之相类似，当梅林不遗余力地为机械唯物主义和自然科学唯
物主义辩护时，他也把辩证法和"实际认识"突出地对立起来："我们对于
辩证法是完全尊重的，但我们觉得，没有辩证法的实际认识，还是比没
有实际认识的辩证法更可贵。"⑤可以看出，这样的观点从根本上说与伯
恩施坦的哲学立场并不十分遥远，因为伯恩施坦就曾希望以"科学"的名
义把黑格尔辩证法的一切遗迹从马克思主义中清除出去。因此，当西方
马克思主义的早期代表试图以方法论的名义来恢复马克思理论的革命本
质时，他们也就把开掘"马克思主义的黑格尔传统"（即辩证法）当作一项
基本的哲学任务提出来了。

　　对问题的这种提法本身即表明：方法论的探讨在这里直接具有存在
论的意义和性质。之所以如此，是因为全部问题围绕着旋转的那个枢轴，
恰恰就是马克思主义哲学的存在论基础。无论是对于第二国际的理论家
还是西方马克思主义的早期代表来说，事情都是如此，并且无论他们是

---

①　[匈]卢卡奇：《历史与阶级意识》，北京，商务印书馆，1992，第 48 页。

②　[德]柯尔施：《马克思主义和哲学》，重庆，重庆出版社，1989，第 5 页。

③　[意]葛兰西：《狱中札记》，北京，人民出版社，1983，第 82、86 页。

④　[匈]卢卡奇：《历史与阶级意识》，北京，商务印书馆，1992，第 16 页。

⑤　[德]梅林：《保卫马克思主义》，北京，人民出版社，1982，第 156 页。

否自觉地意识到了这一点。尤其重要的是，就辩证法而言，方法论问题已然直接就是存在论问题，因为现代辩证法内在地要求着主体与客体、存在与本质、形式与内容的统一。也就是说，内在地关涉到所谓"存在者整体"的设定。在这个意义上，任何试图以某种抽象化、形式化和中立化的方式来取消或移易辩证法的存在论基础（即它对存在者整体的内在关涉），都不能不是反辩证法的。当黑格尔说方法是体系的灵魂时，他所要表达的正是这层意思。

在西方马克思主义的早期文献中，方法论问题与其存在论基础的紧密联系非常充分地表现出来。例如，在葛兰西看来，如果马克思主义想要成为"绝对的和永恒的真理的教条主义体系"，即成为完全非历史的或超历史的体系，那就很容易同庸俗的唯物主义、"物质"的形而上学混为一谈，因为"物质"不能不是永恒的和绝对的。① 同样，当卢卡奇要求把改变现实理解为辩证法的"中心问题"时，他力图指证历史过程中的"主体和客体之间的辩证关系"乃是最根本的相互作用，因而理所当然地应把它置于方法论的中心地位。② 很明显，这里所说的主客体之间的辩证关系必定同时是彻头彻尾的存在论问题，而这种辩证关系被赋予根本性质和中心地位，也必定是就其存在论意义而言的。

由此可见，西方马克思主义的存在论视域最初是通过与方法论问题的关系而曲折地显现出来的。它从一个方面来说是批判的和较为深刻的。它试图通过"马克思的黑格尔主义传统"来抨击第二国际理论家对马克思主义哲学的庸俗解释，并有效地瓦解了这种庸俗解释对辩证法的虚假承认：就像在主客体的辩证关系被取代、排除的地方就不可能有辩证法一样，那种以抽象化、形式化和中立化的方式从其存在论基础上剥离下来的"辩证方法"必然是形而上学的（例如，辩证法不可能被抽象地形式化从而被现成地安置到费尔巴哈或拉美特利的存在论基础之上）。这一批判确实极大地动摇了对马克思主义哲学的实证主义解释和庸俗唯物主义解释。然而，从另一个方面来说，西方马克思主义的存在论视域从一开始就是颇为隐晦和含混的。这一方面与它执马克思之名的黑格尔主义出身有关，另一方面与它对现代思潮的错综吸收有关。西方马克思主义的早期代表几乎不约而同地诉诸所谓"总体"或"整体"范畴，这并不是偶然的。它意味着其本身还是隐晦的存在论基础的藏身之所。无论是卢卡奇的"总体的

---

① ［意］葛兰西：《狱中札记》，北京，人民出版社，1983，第 89 页。

② ［匈］卢卡奇：《历史与阶级意识》，北京，商务印书馆，1992，第 50 页。

观点"，还是柯尔施的"历史过程的具体整体"或葛兰西的"历史的联盟"，都力图要求辩证法——从而其革命的和批判的本质——在马克思主义哲学中的全面贯彻，以至于卢卡奇这样声称："总体范畴的统治地位，是科学中的革命原则的支柱（Träger）。"①然而，所谓"总体"或"整体"不能不意味着这种辩证法之全面贯彻的存在论"承诺"，以及与革命的辩证法相吻合的存在论基础。但是，从根本上说，这一基础却未曾被真正言明，它在很大程度上仍滞留于晦暗之中。那么，它意味着什么呢？当然不能是费尔巴哈的自然界，也不可能是黑格尔的思辨的思维（作为主客统一的绝对者）。但是，这一存在论基础究竟应当怎样来理解呢？

（二）

西方马克思主义的存在论视域未被言明，并不是没有缘由的。从一方面来说，这起源于马克思哲学存在论基础本身所遭遇的历史性遮蔽；从另一方面来说，这种未被言明的存在论视域实际上可以在很大程度上蛰居于黑格尔主义之中。这样的哲学状况，既没有延缓第二国际理论家的理论能力在西方的历史性衰退，也没有妨碍西方马克思主义在理论领域内产生一系列的成果，就像我们在其后来的发展进程中所见到的那样。

这些理论成果中的一个积极的方面在于：当第二国际的理论家所因循的旧唯物主义的存在论基础（至多为之"附加"已然被形式化的"辩证方法"）再也不能实质地揭示并切中社会现实时，西方马克思主义者却力图通过对马克思的黑格尔主义传统的恢复，来使社会现实的发现——从而对之进行批判性的分析——重新成为可能。就此而言，在对马克思主义哲学的阐释中是以费尔巴哈优先还是以黑格尔优先的争论就绝不是无关紧要的。社会现实的首次发现是与黑格尔哲学相联系的，正如伽达默尔所说："黑格尔哲学通过对主观意识观点进行清晰的批判，开辟了一条理解人类社会现实的道路，而我们今天仍然生活在这样的社会现实中。"②然而，当费尔巴哈使唯物主义重新登上王座时，却重新锁闭了通达社会现实的道路。这可以说明为什么政治是费尔巴哈"通不过的区域"，以及在社会历史领域费尔巴哈和黑格尔比较起来为什么只是表现出"惊人的贫乏"。

为了使得现实（Wirklichkeit）本身能够真正显现出来，黑格尔对所谓

---

①　［匈］卢卡奇：《历史与阶级意识》，北京，商务印书馆，1992，第 76 页。

②　［德］伽达默尔：《哲学解释学》，上海，上海译文出版社，1994，第 111 页。

主观思想或主观意识进行了尖锐的、有时甚至是苛刻的批判，而对主观思想的这种批判同时也意味着社会现实的积极绽出。黑格尔指出，主观思想或主观意识的观点盛行于"外部反思"的哲学中。这种抽象的外部反思从来不知道如何深入于特定的内容之中，而只是作为忽此忽彼地活动着的推理能力，仅仅知道把一般的抽象原则运用到任何内容之上。在这个意义上，外部反思只是在玩弄"抽象空疏的形式"，而完全疏离于作为现实性的内容本身，即"自在自为地规定了的实质（Sache）"①。在黑格尔看来，这种外部反思不仅从属于主观思想，而且只不过是诡辩论的现代形式。因此，作为外部反思的主观思想从来不可能真正触动并揭示社会现实，相反，却使之完全被掩盖起来。

　　西方马克思主义的早期代表对第二国际理论家的全部批判，可以说一本于黑格尔对主观思想的批判。无论是对基本哲学概念的澄清，还是对方法论本身的探讨，无论是对第二国际理论家中的实证主义和庸俗唯物主义的抨击，还是对其中机械主义和形式主义的辩驳，都极大地借重于黑格尔的这一遗产。这在一定意义上是正确的。因为，第一，对马克思主义的庸俗解释确实已经使得诸多原理变成了一些抽象的原则，也就是说，变成了一些恰恰适合于外部反思的、可以被运用到任何内容之上的主观思想，即"理论公式"。主观思想——特别是以实证主义或知性科学形式表现出来的主观思想的——泛滥，确定无疑地标志着第二国际理论家在哲学方面的严重衰退。第二，社会现实的发现，是黑格尔与马克思在哲学思想上最为本质也最为切近的联系线索。无论是黑格尔哲学的积极成果，还是马克思对黑格尔哲学的决定性批判，都是依循这一线索来制定方向的。因此，为了抵御作为外部反思的主观思想并从而使社会现实能够被积极地揭示出来，黑格尔的先行意义确实是至关重要的。

　　西方马克思主义的早期代表了解这一点并力图以之作为自己从事批判的立脚点。卢卡奇指出，黑格尔殚精竭虑地同"反思哲学"（Reflexion-sphilosophie）斗争了一生，"他曾用他的整个哲学方法、过程和具体总体、辩证法和历史与之相对抗。在这种意义上，马克思对黑格尔的批判是黑格尔自己对康德和费希特的批判的直接继续和发展"②。与此相类似，在柯尔施看来，黑格尔的突出贡献在于，他指证了哲学—科学的方法不是一种可以任意地应用于任何内容的纯粹思想形式，而毋宁说是"以

---

① ［德］黑格尔：《小逻辑》，北京，商务印书馆，1980，第300～305页。
② ［匈］卢卡奇：《历史与阶级意识》，北京，商务印书馆，1992，第67页。

其纯粹本质表现的整体结构"①。葛兰西则讲得更加明确:"黑格尔在哲学思想史中占有特殊的地位,因为他的体系,这样也好那样也好,哪怕是以'哲学小说'的形式呈现出来的也好,能使我们理解什么是现实……"②总而言之,这样一些代表人物在同"第二国际的正统的庸俗马克思主义"的斗争中,试图通过对已被遗忘的黑格尔遗产的再度开发,来矫治实证主义意识形态氛围中主观思想的广为流布及其对马克思主义理论的侵蚀,从而重新取回对社会现实的揭示能力、分析能力和批判的话语权。虽说这样一种理论状况中的存在论基础问题似乎依然悬而未决,但西方马克思主义却借此开辟出一个较为广阔的理论活动领域并取得了一系列的成果。无论我们最终对这些成果如何评价,至少有一点是清晰的:在20世纪中叶的西方思想学术领域,第二国际的正统模式和理论纲领确实已经丧失活力并且很少能够有所作为了,比较起来,西方马克思主义者的理论成果要丰富、生动得多。举例来说,正像他们率先挑起并积极参与了关于异化问题、人道主义问题、意识形态领导权问题、极权主义问题以及文化工业问题等的理论争论一样,其重要著作——如卢卡奇的《历史与阶级意识》、霍克海默和阿多诺的《启蒙的辩证法》、马尔库塞的《理性与革命》、梅洛-庞蒂的《人道主义与恐怖》、萨特的《辩证理性批判》以及阿尔都塞的《读〈资本论〉》等无疑是20世纪西方思想界的杰作,并成为这一时期学术史的重要组成部分。这些成果的一时繁盛,既与西方马克思主义初始地依循黑格尔主义传统的社会取向有关("社会批判理论"这个名称颇为恰当地提示了这种取向),又与20世纪西方哲学继续着批判主观思想的任务——主要以尼采为后盾——有关。

　　然而,伴随着上述的一时繁盛,西方马克思主义的衰退迹象也开始显现出来。如果说卢卡奇的《关于社会存在的本体论》最终不免令人大失所望(由于它的庞杂和迂回,特别是在根本问题上的折中与调和),那么,我们在弗洛姆的一系列作品中可以看到越来越多的浪漫主义因素——难怪他会被称为"20世纪最伟大的梦想家"了。同样,博学程度在当今罕有匹敌的哈贝马斯虽然依旧保持着犀利批判的外观,但不仅日益滋长着妥协性的因素,而且逐渐显现出康德式的先验主义倾向。事实上,类似的情形是颇为普遍的。雷蒙·阿隆在谈到西方马克思主义的现象学—存在主义学派和结构主义学派时说,这两个学派与其说对历史实在感兴趣,

---

① [德]柯尔施:《马克思主义和哲学》,重庆,重庆出版社,1989,第49页。
② [意]葛兰西:《狱中札记》,北京,人民出版社,1983,第86页。

毋宁说对哲学的先天条件感兴趣；萨特和阿尔都塞都未曾试图把《资本论》的批判分析用于我们的时代，"他们考察的问题看来不是马克思的著作或思想和我们生活在其中的社会之间的关系，而是巴黎高等师范学校学生称之为康德的问题，恩格斯可能称之为小资产阶级的问题：马克思主义何以是可能的？"①这种情形看起来不是有点儿矛盾吗？一开始试图借重黑格尔而深入到社会中去的主张却似乎与社会现实渐行渐远。然而，还有更加矛盾的地方：一开始立足于黑格尔对主观思想的批判而袭击了第二国际理论家的西方马克思主义者，却不可避免地表现出自身固有的主观主义倾向，并且正是这种倾向导致了在其后来的发展中明显显露出来的妥协性和浪漫主义因素。毫无疑问，这样的矛盾是客观存在的。同样毫无疑问，这样的矛盾从根本上说植根于那未被言明的存在论基础之中。因此，重要的事情就在于，批判地揭示西方马克思主义的存在论视域，特别是批判地揭示其主观主义根苗是如何实际地隐匿于这一存在论视域的最初定向之中的。

（三）

　　西方马克思主义的存在论视域最初显然与黑格尔哲学——或"马克思主义的黑格尔传统"——有着最为切近的联系。但这一说法仍然是过于笼统和含混的。首先，黑格尔哲学显然与"马克思主义的黑格尔传统"有别。其次，黑格尔哲学包含不同的因素：斯宾诺莎的实体、费希特的自我，以及这二者在思辨唯心主义中的统一。最后，就所谓传统的接续而言，马克思哲学的存在论基础不可能现成地从黑格尔或费尔巴哈那里引申出来，就像黑格尔哲学的存在论基础不可能现成地从斯宾诺莎或费希特那里引申出来一样。本书在这里不可能详尽地分辨所有细节，而只是希望通过对一个问题的探究，来使西方马克思主义由以开端的存在论视域清晰地显现出来。

　　这一问题是：在怎样的一种存在论基础之上，有可能既反对外部反思的主观思想，又同时使自身表现为主观主义的行动主义？这一问题首先对于卢卡奇来说是完全适合的。上文已经指证过，西方马克思主义的早期代表倾其全力抨击第二国际理论家对马克思主义的庸俗解释，而这种庸俗解释的核心就是作为外部反思的主观思想。因此，针对这种主观思想，卢卡奇、柯尔施和葛兰西援引并且倚重黑格尔不仅是完全恰当的，而且是较为深刻的。若仅就此而言，马克思和黑格尔确实可以在相当的

---

① ［法］雷蒙·阿隆：《想象的马克思主义》，上海，上海译文出版社，2007，第98页。

范围内保持一致，尽管其本质上的差别依然存在。

毫无疑问，拒斥外部反思的主观思想并不必然地导致主观主义的行动主义，然而这种行动主义却确实在西方马克思主义的早期代表那里表现出来了。正如卢卡奇在 20 世纪 60 年代重新检讨《历史与阶级意识》时所说的那样，该书的总的思想背景是一种"革命救世主义的唯心主义和乌托邦主义"，而其理论的实际阐述则是按照"纯粹黑格尔的方式"进行的；面对第二国际庸俗唯物主义和资产阶级实证主义的强大联盟，为谋对抗计，革命行动(或"实践")的优先性被加上了"唯意志论的思想砝码"。于是，其结果就是一种主观主义的行动主义："将无产阶级看作真正人类历史的同一的主体—客体并不是一种克服唯心主义体系的唯物主义实现，而是一种想比黑格尔更加黑格尔的尝试……"①由此可以窥见的存在论框架是：一般来说，它是黑格尔主义的。进而言之，它更接近于黑格尔主义的"费希特因素"。无论就此可以有多少附加和外部调整，也无论就此可以有多少补充性的和辩护性的说法，其基本的存在论框架大体就是如此。

形成这种框架的两个决定性因素是：第一，西方马克思主义者与第二国际理论家之间的尖锐对立；第二，马克思哲学的存在论基础依然遭遇着历史性的遮蔽。柯尔施曾声称，"马克思绝没有那种关于意识与现实关系的二元论的形而上学观，而每一种辩证法的特征都必然是意识和现实的一致"②。这种见解一般来说是不错的，但除非意识和现实的一致能够在马克思哲学的存在论基础上得到真正的阐明，否则的话，在最好的情况下，就是使这种"一致"躲避到黑格尔式的思辨联系中去。如果这种思辨联系由于任何一种原因而不能持久，那么，其中的一个因素就会反对另一个因素。也就是说，那种隐蔽的二元论就会再度上演公开的对立，就像在黑格尔去世之后"实体"与"自我意识"的再度分裂和对立一样。西方马克思主义者在最初制定其存在论的方向时实际上正遭遇着这样的理论命运。由于种种原因，他们在当时不可能真正阐明马克思哲学的存在论基础，于是不得不仰仗"黑格尔的眼镜"，然而正是由于这副"眼镜"的内在结构和外部境况，他们在与第二国际理论家的斗争中就不得不始终与其保持正面的对立，并不得不依循这种对立而使自身倾向于黑格尔主义的费希特因素。

有一个例子可以很好地说明上述对立及其性质，并且说明这种对立

---

① [匈]卢卡奇：《历史与阶级意识》，北京，商务印书馆，1992，第 18 页。

② [德]柯尔施：《马克思主义和哲学》，重庆，重庆出版社，1989，第 47 页。

在存在论上的重要性。众所周知，对于马克思的存在论基础来说，最为根本、最具决定意义的原则无疑是"实践"。但对于这个原则，普列汉诺夫与卢卡奇却从内部分裂的和完全相反的两个方向去加以解释。在普列汉诺夫看来，马克思的"实践"与费尔巴哈所呼之同名者根本就是一回事："马克思指责费尔巴哈不了解'实践批判'活动，这是不对的。费尔巴哈是了解它的。"①然而，当普列汉诺夫在实践问题上把马克思和费尔巴哈混为一谈时，卢卡奇却把"实践"——作为《历史与阶级意识》的核心概念——变成了"被赋予的意识"。正如卢卡奇后来所指证的那样，这种实践概念实际上已重新陷入"唯心主义的直观"之中，成为一种"抽象的、唯心主义的实践概念"。并且由于这一概念试图解除世界的必然性，所以它实际上意味着一种"主观主义的行动主义"②。

由于"实践"概念居于马克思哲学存在论基础的核心位置，所以上述对立可以说明很多问题。第一，这样的对立虽然主要地表现为对马克思哲学的不同的理论解释，却深刻地意味着这一哲学的存在论基础从中间爆裂开来的结果。正是由于这种爆裂，才使得普列汉诺夫和卢卡奇能够各执一端，才使得"抽象的、唯心主义的实践概念"与同样抽象的、庸俗唯物主义的实践概念成为可能。而这一过程本身表现为马克思哲学的存在论基础的历史性遮蔽。第二，这样的对立可以从基本框架上来说明西方马克思主义存在论视域的最初定向，以及这种定向为什么力图排除费尔巴哈的中介作用而诉诸马克思与黑格尔的直接衔接，并且说明这种定向为什么特别倾向于黑格尔哲学中的费希特因素或主观主义。由此还可以进一步从存在论的根基上说明西方马克思主义的历史性成长和局限，以及其"重建马克思主义"之诸般努力的得失成败。第三，上述的对立将有效地说明一项重要的理论任务，这项任务只有在对立发展到高度紧张状态并且被充分把握到的时候，才有可能真正被提出来，这就是深刻地阐明马克思哲学的存在论基础的任务。如果说同样的提法在未经分化发展之前还是较为淳朴的，那么，高度紧张的对立及其转变为矛盾的过程恰恰就使这一任务的深化成为可能。正是在这样的背景中，我们要求把对西方马克思主义存在论视域的批判性考察，进一步转变为阐明马克思主义哲学存在论的理论任务。

最后仍然需要说明的是，这里对西方马克思主义存在论视域所作的

---

① [俄]普列汉诺夫等：《普列汉诺夫哲学著作选集》第3卷，上海，上海三联书店，1961，第776～777页。

② [匈]卢卡奇：《历史与阶级意识》，北京，商务印书馆，1992，第12～13页。

一般探讨仅仅是就其最初的定向以及这种定向的基本框架而言的，因此绝不可能将它无差别地运用到每一位西方马克思主义者的头上——这种运用无疑会是最坏的外部反思。它所提示出来的东西，毋宁仅仅是一些启发性的原则，而这种原则在每一个对象中的实际展开必然要求深入到对象的内容之中。也就是说，要求具体的研究，以及在这种研究过程中的多重的具体化。可以肯定，离开了具体对象的研究和研究过程中的具体化，我们就西方马克思主义存在论视域所作的每一个简单判断几乎都必错无疑。然而，这并不意味着本书所作的一般探讨就是无意义的，它力图进行的是源头的清理工作，而能够被看清的源头对于理解整个流变过程来说总是至关重要的。当阿兰·巴迪欧说阿尔都塞是"康德与斯宾诺莎的结合"时，我们便远远看到了阿尔都塞的存在论立场与其源头的隐约联系，尽管这种联系本身只有通过具体的研究才能被确定。总之，如果说差别是真正引导发展的东西，那么，只有在每一个对象的实际研究过程中，也就是说，在差别能够被实际把握到的地方，源头清理工作的意义才会开始积极地生成。

第一章　卢卡奇存在论的早期定向与晚年转向

卢卡奇是西方马克思主义的奠基性人物之一，其早期代表作《历史与阶级意识》有"20 世纪马克思主义的圣经"之誉。同时，与柯尔施、葛兰西等其他西方马克思主义的早期代表人物相比，卢卡奇著述活动的持续时间又是最长的。直到 20 世纪 60 年代末 70 年代初，卢卡奇仍倾其全部心血，留下了一部 1400 多页的长篇巨著《关于社会存在的本体论》。虽然这部著作并未最终完成，虽然学术界对这部著作褒贬不一，但就我们关心的主题而言，考察卢卡奇的存在论视域，《关于社会存在的本体论》无疑与《历史与阶级意识》一样是无法绕开的核心文本。下面我们将沿着卢卡奇本人的思想足迹，首先从讨论《历史与阶级意识》的基本主题及其存在论定向出发，其次通过简要考察卢卡奇对其一生思想历程的自我理解来揭示所谓"晚年存在论转向"的由来和旨趣，最后检审《关于社会存在的本体论》在重建马克思主义存在论方面做出的卓越努力与根本局限。

第一节　《历史与阶级意识》与卢卡奇的早期存在论定向

《历史与阶级意识》在 20 世纪哲学文献中的重要性是毋庸置疑的，尤其是在马克思哲学之解释定向方面，其重要性是昭彰显著的。但是，这部著作的性质却往往被错估了，它主要被理解为认识论，尤其是方法论性质的；甚至作者本人的提法也是如此，它的副标题即是"关于马克思主义辩证法的研究"。然而事实上，《历史与阶级意识》在今天看来，其重要性完全是在存在论的基础方面，或者用传统哲学术语来说，在形而上学方面。正像康德的第一批判，虽则往往被看作是认识论的著作，但其主旨却是为"未来形而上学"奠基的。不过，我们毕竟要承认，在《历史与阶级意识》中，卢卡奇并未直接用存在论的术语来谈论马克思主义哲学的存在论基础问题。因此，我们对其存在论定向的考察也将依循这部著作本身的两个基本主题来展开：对"正统马克思主义"的批判与对现代性及其意识形态的批判。

一、对科学实证主义的马克思主义阐释路径的批判

在对于马克思哲学之具有决定性意义的阐释方面，《历史与阶级意

识》的基本立场是有意识地针对第二国际理论家的，或者用卢卡奇的话来说，是批判性地针对"梅林—普列汉诺夫正统"的。这种差别或对立可以非常简要且富有提示性地概括在下述选言判断中：对于马克思哲学之根基的领会与理解，究竟是费尔巴哈还是黑格尔具有本质的重要性？这里的问题可以——事实上也经常——非常皮相地来理解，而皮相的理解也总是把无原则的调和当作胜人一筹的见地：费尔巴哈加上黑格尔，据说在这附加中就出现了一个马克思；当然，这里仍然允许有许多差异——那就是费尔巴哈"因素"与黑格尔"因素"的配比，仿佛一杯水中究竟应当放多少糖以及多少香精方才合适一样。

大体说来，卢卡奇对问题的提法是完全超出这种皮相理解的。他在1967年为《历史与阶级意识》所撰的新版序言中写道：普列汉诺夫等人"过高估计了费尔巴哈作为黑格尔与马克思之间的中介的作用"；因为真正说来，"马克思直接衔接着黑格尔"；或者换句话说，"马克思的理论工作直接衔接着黑格尔遗留下来的理论线索"。因而在这个意义上，"对任何想要回到马克思主义的人来说，恢复马克思主义的黑格尔传统是一项迫切的义务。《历史与阶级意识》代表了当时想要通过更新和发展黑格尔的辩证法和方法论来恢复马克思理论的革命本质的也许是最激进的尝试"①。

因此，如果说《历史与阶级意识》重点讨论的所谓"方法"问题，其正面的提法意味着"具体的、历史的辩证法"的真正出场，那么，它的否定性的意义则直接针对着科学实证主义的马克思主义阐释路向。在《什么是正统马克思主义》一文中，卢卡奇以一种斩钉截铁的口吻说道，马克思的整个学说，全在于其革命的方法，即唯物主义辩证法；因此，马克思主义问题中的"正统"唯独意味着这一方法，意味着这一方法的坚持、发展、扩大和深化。在这个意义上，正统马克思主义绝不意味着对某个论点的"信仰"或对某本"圣书"的注疏，换言之，绝不意味着"无批判地接受马克思研究的结果"；同样是在这个意义上，即便假定马克思的每一个个别结论全部被新的研究驳倒，从而每个严肃的马克思主义者在这里需得放弃这"所有全部论点"，但只要革命的辩证法始终在手，则他就仍然未曾须臾离弃其"马克思主义正统"。②

然而，在卢卡奇看来，马克思主义的这一"命脉"，即革命的辩证法，

---

① ［匈］卢卡奇：《历史与阶级意识》，北京，商务印书馆，1992，第15～16页、32页。
② 参见同上书，第47～48页。

却长久地并且从根本上被搁置、被遗忘了。这一方法的许多重要方面，甚至是在理解上带有决定性的方面，遭到了不应有的忽视，"黑格尔仍然被当作'死狗'对待"。或许是出于策略上的考虑，或许是从渊源上来加以追溯，卢卡奇声称今天要在这方面"回到恩格斯和普列汉诺夫的马克思解释传统去"，因为他注意到恩格斯和普列汉诺夫曾以某种方式强调了德国古典哲学，强调了黑格尔和辩证法的重要性。但是，真正说来，"恩格斯和普列汉诺夫的努力也未见成效"①。为什么这样说呢？因为在卢卡奇看来，一方面，马克思曾一再告诫不要把黑格尔当"死狗"来对待，但"甚至许多很好的马克思主义者都未加理睬"；另一方面，也是更加重要的方面，无论是恩格斯还是普列汉诺夫，都忽略了或者误解了辩证方法的处于中心地位的根基②，即"最根本的相互作用"——历史过程中的主体和客体之间的辩证关系。然而如果这一因素付诸阙如，则辩证法就"不再是革命的方法"。因此卢卡奇批评恩格斯未曾提到历史过程中的主体和客体之间的辩证法，更未曾把它置于与之相称的"方法论的中心地位"；如果说普列汉诺夫关于辩证法的理解和说法可以追溯到恩格斯的表述，那么，这样的表述是容易引起误解的。因为，"如果辩证方法的这一含意弄模糊了，它就必然显得是多余的累赘，是马克思主义的'社会学'或'经济学'的装饰品。甚至显得简直是阻碍对'事实'进行'实事求是''不偏不倚'研究的障碍，是马克思主义借以强奸事实的空洞结构"③。

姑且撇开卢卡奇的批评是否公允这一问题不谈，他在这里较为深刻的地方在于指出：第二国际的领袖们实质地远离或抛开了辩证法，特别是远离或抛开了辩证方法的根本之点或核心之点；在这种情况下，虽然辩证法仍然可以作为"外在方法"保留下来，但真正说来，它已经从根基上被取消了。这样一来，即便是认可辩证法，或与之相反，否认辩证法，说到底也是纯粹偶然的或无关紧要的了，正因为它仅仅是外在的或形式的方法。在认可或肯定的情况下，辩证法也不过是马克思主义社会学和经济学的"装饰品"，是纯属外部包装但在实质上显得多余的东西；而在不认可或否定的情况下，它就是阻碍对"事实"进行客观研究的障碍，是用以强制"事实"的先验的空洞结构。但是，无论在哪一种情况下，辩证法总已经先行地被当作纯粹外在的东西；更加重要的是，无论在哪一种

---

①　参见[匈]卢卡奇：《历史与阶级意识》，北京，商务印书馆，1992，第42～43页。

②　我们愿意把它称为"存在论的根基"。虽说卢卡奇本人未曾这样提出问题，虽说他只是就方法论的根本因素来谈论问题，但事情的实质就是如此。

③　[匈]卢卡奇：《历史与阶级意识》，北京，商务印书馆，1992，第51～52页。

情况下，辩证法的这种外在性质总已经先行地依赖于关于"事实"的实证主义领会方式，并且总已经先行地设定了关于"纯粹科学"的实证主义方向（反过来说也一样）。

在卢卡奇看来，对辩证法的遗忘或否弃直接意味着对现代性的主流意识形态的屈从，即屈从于以知性科学及其方法作为范式与导引的经验实证主义。卢卡奇问道：在现代世界、现代知性科学以及同样也在现代庸俗马克思主义者那里"被奉为神明的所谓事实"，在方法论上究竟意味着什么呢？很显然，这一问题乃针对着被奉为神明的"事实"，而事实之被奉为神明，已经意味着它无批判地获得了经验实证主义的定向。因此，问题不在于对现实的一切认识均需从事实出发，问题在于：生活中的何种情况，以及在采用何种方法的前提下，才能成为与认识有关的事实。卢卡奇批评说，"目光短浅的经验论者"完全忘记了，即便是对"事实"进行最简单的列举，即便对之丝毫不加说明，这种列举本身就已经是某种"解释"了；而在此等解释中，"事实"便已从原来所处的生活联系中被抽取出来，并被置放到某种理论中去，即就已为一种理论、一种方法所把握了。确实，对于熟谙（甚至大体了解）德国古典哲学的人来说，这本来是很简单的道理；因为我们从康德的时代就已经知道，经验对象并不是现成地被给予我们的（既与的），而是通过某种纯粹自发性的本源"活动"建立起来的（被构成的）。所以，当《德意志意识形态》在草创"历史科学"之际，它就不仅反对"唯心主义者"，而且同样也反对"抽象的经验论者"①。确实，卢卡奇也相当敏锐、相当准确地抓住了第二国际理论家的"庸俗马克思主义"倾向，抓住了在他们中间已然流行起来并散布开去的科学实证主义方向：他们诉诸自然科学的"纯事实"，求助于自然科学的方法，即"通过观察、抽象、实验等取得'纯'事实并找出它们的联系的办法"②。

但是，正像第二国际的理论家们用这种"理想的认识方式"来对抗辩证方法的"强制结构"一样，这样两种方法——知性科学的实证主义与革命的辩证方法——本身是对立的。卢卡奇牢牢地抓住了这一对立，并使之成为攻击"庸俗马克思主义"之阐释定向的主要入路。这一对立特别地表现为"事实"的历史性质与实践性质是否被清楚地意识到并且被充分地把握住。就前者而言，革命的辩证法"在其最内在的本质上是历史的"，并因而不断地指证"事实"及其相互联系的内部结构本质上是历史的，即

---

① 参见《马克思恩格斯选集》第 1 卷，北京，人民出版社，1995，第 73 页。
② 参见［匈］卢卡奇：《历史与阶级意识》，北京，商务印书馆，1992，第 52~53 页。

处在一种连续不断的变化过程中；与此相反，科学实证主义方法的"不科学性"，就在于它忽略甚至排除了"作为其依据的事实的历史性质"，所谓"科学的精确性"理想乃以各种因素始终不变为前提，正像伽利略在现代的开端之际就已指出的方法论要求那样。① 就后者而言，即就"事实"的实践性质而言，则对立表现为："在一切形而上学中，客体，即思考的对象，必须保持未被触动和改变，因而思考本身始终只是直观的，不能成为实践的；而对辩证方法说来，中心问题乃是改变现实。如果理论的这一中心作用被忽视，那么构造'流动的'概念的优点就会全成问题，成为纯'科学的'事情。那时方法就可能按照科学的现状而被采用或舍弃，根本不管人们对现实的基本态度如何，不管现实被认为能改变还是不能改变。"②

很显然，就这一点而言，卢卡奇是正确的——他正确地要求把事物、对象、事实等当作历史的东西、当作"实践"来理解；至于这种要求深入到何种程度，并且在何种程度上保持其正确性，我们将在下文加以讨论。无论如何，正当普列汉诺夫们在"基础"方面通过费尔巴哈的定向而热衷于知性科学的实证主义方向，并且无批判地执迷于（进而开始炫耀）"科学的精确性"时，卢卡奇直截了当地以革命的辩证法的名义对经验实证主义进行批判，并要求在历史中检审"事实"在何时产生出"更大的科学不精确性"来。

卢卡奇这一批判较为深刻的地方在于：第一，它指出庸俗马克思主义的"方法论理想"与自然科学的方法、与一切"反思科学"（Reflexions wissenschaft）是一致的，并且由于它拒不承认对象中有任何矛盾和对抗，由于它实际地以排斥历史的那一度为前提，所以它在社会的意义上是为一切现存的东西辩护的。这样一种方法论理想的"科学"的企图只会更加强化（即便它并不直接赞同）下述观点，即"现实及其在资产阶级直观唯物主义和与之有内在联系的古典经济学意义上的'规律性'是不可理解的、命定的和不可改变的"。因此，当"科学"把已经从历史中隔离出来并且被分割地孤立起来的"事实"（事实之直接表现的方式）看作自身的真实性基础时，即把此种"事实"的存在形式看成是构成科学概念的出发点时，它已经教条地、无批判地站在现存社会的基础上，并且把它的本质和客观结构、把它的规律性设定为"科学"的不变基础。因此，这种方法论的理

---

① 参见［匈］卢卡奇：《历史与阶级意识》，北京，商务印书馆，1992，第 41、54 页。

② 同上书，第 50 页。

想乃是从"拜物教的对象性形式"得出一些直接概念，而这些概念的社会作用正在于使现存社会的现象表现为"超历史的本质"。① 确实，这一点实际上构成了马克思对全部国民经济学批判的基本理由（从《1844年经济学哲学手稿》一直到《资本论》）。因为全部问题正在于：国民经济学立足其上的经济学范畴，作为直接的概念，正是以其拜物教的对象性形式确证其"客观的"和"必然的"规律性，并且因而使这样的规律性作为超历史的本质而获得其"自然的"和"永恒的"外观——作为自然必然性的"客观规律"。同样，当马克思见到德国社会主义工人党的领袖们在所谓"工资铁律"的说教中同这样一种意识形态幻想相妥协时，他立即最严厉地驳斥了这种隐蔽在实证主义科学中的概念拜物教；他以一种极富表现力但绝不容情的方式说道："铁的工资规律"中的"铁的"一词乃是正统的拉萨尔信徒们借以互相识别的标记；但是，如果历史废除了雇佣劳动，那么当然也就废除了它的规律，不管这些规律是"铁的"还是"海绵的"②。

第二，卢卡奇非常敏锐地意识到，第二国际理论家所分享的知性科学的实证主义方向，并不仅仅是他们头脑中——以及一般说来，现代人头脑中——所虚构的幻想，这种可称之为意识形态的幻想是由现代社会（资本主义）的本质决定的。所谓自然科学的"纯"事实，只要当它被作为方法论的理想运用于社会时，它就立即表现为由拜物教的对象性形式而来的"直接概念"，即表现为超历史的本质。从理论方面来讲，自然科学的"纯事实"把有机联系着的东西肢解并孤立化为"彼此偶然发生关系的、纯粹反思联系（Reflexionszusammenhang）中的东西"；而从实践的意义来讲，这种反思联系立即模糊了现代社会之历史的和暂时的性质，从而其反思规定就成为适合一切社会形态的"无时间性的永恒的范畴"，而这些范畴联系就似乎成为适合一切人类社会的"没有时间性的规律"。③ 但是，这样一种意识形态本身起源于现代社会的本质："自然科学的'纯'事实，是在现实世界的现象被放到（在实际上或思想中）能够不受外界干扰而探究其规律的环境中得出的。这一过程由于现象被归结为纯粹数量、用数和数的关系表现的本质而更加加强。机会主义者始终未认识到按这种方式来处理现象是由资本主义的本质决定的。……经济形式的拜物教性质，人的一切关系的物化，不顾直接生产者的人的能力和可能性而对生产过程作抽象合理分解的分工的不断扩大，这一切改变了社会的现象，同时

---

① 参见［匈］卢卡奇：《历史与阶级意识》，北京，商务印书馆，1992，第50、55、58、63页。

② 参见《马克思恩格斯选集》第3卷，北京，人民出版社，1995，第309～310页。

③ 参见［匈］卢卡奇：《历史与阶级意识》，北京，商务印书馆，1992，第57、59页。

也改变了理解这些现象的方式。于是出现了'孤立的'事实，'孤立的'事实群，单独的专门学科（经济学、法律等），它们的出现本身看来就为这样一种科学研究大大地开辟了道路。因此发现事实本身中所包含的倾向，并把这一活动提高到科学的地位，就显得特别科学。"①

　　卢卡奇的这一分析是颇为深入的。事实上，不仅是所谓社会科学的"事实"及其理解方式，而且自然科学本身所设定的"事实"及其理解方式，都是为现实生活的特定状况、为这一状况所具有的历史样式所决定、所支配的。正如马克思在《1844年经济学哲学手稿》中所尖锐指出的那样：说什么生活有它的一种基础，科学有它的另一种基础，这根本就是谎言。同样，在《德意志意识形态》中，马克思问道：费尔巴哈特别地诉诸自然科学的直观，但是如果没有工业和商业，哪里会有自然科学呢？甚至"纯粹的"自然科学也只是由于工业和商业，由于人们的"感性活动"才获得自己的材料并达到自己的目的的。②

　　这样的判断是正确的和深刻的，它在今天尤其正确，尤其深刻；人们耽于"科学"有其自身的基础——有其与生活不相干的、在纯粹理智上得到安排的、在逻辑上纯净的并且是"自律的"理性基础——这一幻想已经太久了。虽说卢卡奇非常坚决地指证了社会科学与现实生活的牵涉，但当他谈到自然科学时，就开始变得有点语焉不详了。但是，如果说，科学——包括自然科学——并没有一个与生活本身的基础不同的另一个基础，那么，我们究竟在何种意义上以及在何种程度上还能够来谈论科学的"价值中立"呢？这种科学之"中立性"的幻想本身（连同自然科学之抽象的合理化建制，连同这一建制对于其他科学的范导和定向作用，甚至也连同某种意欲与自然科学建制相脱离的独立化运动），难道不是从属于现代社会生活的本质，从属于现代性意识形态的虚假观念吗？卢卡奇以某种方式揭示了第二国际理论家在实证主义方向上已深陷其中的同样的幻想和虚假观念，这确实是他的重要功绩之一。

　　第三，在卢卡奇看来，科学实证主义内在地包含着宿命论倾向，而宿命论乃是与唯意志论相互补充的；这二者"只是从非辩证的和非历史的观点来看才是彼此矛盾的"。由于卢卡奇对这一问题主要是从康德哲学所包含的二元对立来加以概括和发挥，所以他特别指证了"经济宿命论"和"伦理社会主义"在本质上的两极相通，指证了现代社会的本质包含在"纯

----

① ［匈］卢卡奇：《历史与阶级意识》，北京，商务印书馆，1992，第53页。
② 参见《马克思恩格斯全集》第3卷，北京，人民出版社，2002，第307页；《马克思恩格斯选集》第1卷，北京，人民出版社，1995，第77页。

规律的宿命论"和"纯意向的伦理学"彼此对立又彼此补充的困境中。在《作为马克思主义者的罗莎·卢森堡》一文中，他指出，经济宿命论将不可避免地导向伦理社会主义，即"对社会主义的伦理改造"；而这种情形又是现代社会"在方法论上采用个人主义的结果"。由于个人与世界在本质上纯全相异的性质，因而只有当这个世界在理论上采取"永恒的自然规律"的形式，即只有当人对其采取"纯粹直观的、宿命论的态度"时，它才可能为个人所理解。在这样的情况下，行动（或改变世界）的可能性乃是完全表面的，而且仅只在于：或者是以宿命论方式被接受的不可改变的"规律"用于人的一定目的（例如技术）；或者是纯全转到向内的行动，即人在自身之内的"改变世界"（伦理学）。而这两种行动的途径之所以全然是表面的，乃因为它们都不是"真正能动的、能创造对象的"。正是在这个意义上，康德的两大批判——《纯粹理性批判》和《实践理性批判》——在方法论上的联系（原则划界、归属），乃是一种"绝对必要的和不可避免的联系"，即出自现代社会之本质的并且已被意识形态化了的联系。因此，任何一个放弃了辩证方法、站在经济宿命论立场上的"马克思主义者"，只要他提出所谓行动问题，就"必然回到康德学派抽象的要求伦理学上去"①。

　　这样一种必然性在现代性意识形态的框架内是不可能真正得到解除的。普列汉诺夫在原则上认可经济宿命论的前提而又试图补充或附加某些主观因素或个人的能动性的做法，除了表现他在很大程度上仍局限于上述框架之外，本质上是无济于事的。卢卡奇看出并且正确地指出了这种必然性，他称之为"物化意识"的必然性：这种意识将不可避免地"绝望地陷入拙劣的经验主义和抽象的空想主义这两个极端之中"。在这种情况下，意识或者绝不能干涉事物的运动，而仅成为事物之合乎规律运动的"完全被动的旁观者"，或者乃成为纯全立足于自身之上的、能够凭借自己主观愿望来"驾驭自在地无意义的事物运动的力量"。因此，卢卡奇声称，马克思早期的大部分哲学努力的目的便是驳斥各种错误的"意识学说"，其中既包括对黑格尔派的唯心主义的意识学说的批判，也包括对费尔巴哈的唯物主义的意识学说的批判，并从而提出关于意识在历史上之作用的正确观点。这种正确观点的核心在于：第一，达到所谓"意识的此岸性"，第二，将意识的此岸性上升到"实践批判活动"的高度。② 就此而

---

① 参见［匈］卢卡奇：《历史与阶级意识》，北京，商务印书馆，1992，第51、89～91页。
② 参见同上书，第137～139页。

言，卢卡奇是颇得要领的。他不仅见到了意识学说在马克思的哲学变革中以及在当代哲学中的极端重要性，而且明确指证了马克思的意识学说是相当不同于费尔巴哈的意识学说的。说到前者，则 20 世纪的哲学主题仍在很大程度上围绕着"意识"问题旋转，正如伽达默尔所说，尼采作为一个伟大的预言性的人物，从根本上改变了这个世纪批判"主观精神"的任务——其批判的目标乃是降临到我们身上的"最终最彻底的异化"，即意识本身的异化。①

就后者而言，则第二国际的领袖们几乎根本没有真正涉及马克思的意识学说，因为在他们看来，在关于意识的问题上，马克思和费尔巴哈原则上没有区别，费尔巴哈的意识学说从根本上来说是无条件地正确的。卢卡奇认为，正是这种严重的混淆，导致其深陷于"物化意识"泥潭中，并因而不得不分享这种物化意识必然导致的"拙劣的经验主义"和"抽象的空想主义"这两个极端。

二、以"物化现象"为核心的现代性批判主题

当卢卡奇把第二国际的庸俗马克思主义对辩证法的遗忘或否弃，揭示为对现代性的主流意识形态即以知性科学及其方法作为范式与导引的经验实证主义的屈从时，他对所谓"正统马克思主义"的方法论基础的批判也就直接过渡到了对现代性本身的批判，即由对"物化意识"的批判过渡到对"物化"或"物化现象"本身的批判。

在 20 世纪的思想家中，卢卡奇的现代性批判是极为重要也极其引人注目的。这不仅是因为他的《历史与阶级意识》早在 20 世纪初叶就非常集中并深入地分析了现代性问题及其哲学根基（这部著作早于海德格尔1927 年的《存在与时间》），而且还因为后来被称为"西方马克思主义"的批判几乎都直接或间接地从他那里汲取了灵感。如果说，后现代主义的兴起总是以某种方式同某些伟大思想家的现代性批判相连系，那么事实上，卢卡奇（特别是其《历史与阶级意识》）的基本定向在 21 世纪仍然是有意义的——这种意义既在于现代性在当今时代愈益强化着的主导作用，又在于这一强化过程同样不可避免地伴随着所谓"后现代"问题的揭示。

《历史与阶级意识》对现代性批判的核心概念是"物化"或"物化现象"。这个概念很显然地具有马克思分析的渊源——它特别地来自《资本论》之"商品拜物教"一节；至于《1844 年经济学哲学手稿》，则当时还未出版。

---

① 参见［德］伽达默尔：《哲学解释学》，上海，上海译文出版社，1994，第 115 页。

这个概念立足于马克思已经考察过的商品结构的本质基础，即"人与人之间的关系获得物的性质，并从而获得一种'幽灵般的对象性'，这种对象性以其严格的、仿佛十全十美和合理性的自律性（Eigenesetzlichkeit）掩盖着它的基本本质，即人与人之间关系的所有痕迹"①。而这一概念的普遍性在于：物化过程，作为商品结构的本质，表现为现代社会生活的核心结构，而不是仅仅表现为个别的现象，或仅仅表现为按专门学科理解的经济学的核心问题。因此，按卢卡奇的见解，商品在现代社会乃成为"整个社会的普遍范畴"，从而对现代性批判的任务就在于揭示或洞穿作为商品交换及其结构性后果的"物化"究竟在多大程度上深入到了现代人的整个社会生活中。

卢卡奇对现代性批判的贡献在于，他依循马克思（并且在某种程度上也依循韦伯和席美尔）所制定的基本方向，把物化现象的现代性特征主要地揭示为抽象化、形式化和合理化，并就此作了较为充分的发挥；而这种发挥在今天仍然是相当有效的。

在卢卡奇的分析中，他特别关心的是这样一个问题：商品形式的普遍性如何制约着在商品中对象化的人类劳动的抽象。换言之，抽象的、相同的、可比较的劳动（即可以越来越精确测量的社会必要劳动时间）如何形成一个这样的社会范畴形式，并从而对人们全部社会关系的对象性形式具有决定性的影响。② 虽然卢卡奇当时尚未读到《1844 年经济学哲学手稿》，但这个问题却可以用《1844 年经济学哲学手稿》中的一个更加简洁的方式来恰当地加以表述："把人类的最大部分归结为抽象劳动，这在人类发展中具有什么意义？"③

这个问题确实是至关重要的——事实上，它对于我们今天的现代性批判来说仍然至关重要，问题仅仅在于我们对于这个问题是否能够真正当代地予以把握以及究竟能够把握到何种程度。卢卡奇通过对劳动过程从手工业经由协作、手工工场到机器工业的发展历程之考察，指明抽象化、形式化和合理化的发展如何不可避免地伴随着工人的质的特性（即人的个体特性）之愈益加剧而被消除，以及这种人的个体特性如何在现代性的生产过程中成为谬误的根源。在这一抽象化的过程中，起决定作用的根本原则是："根据计算、即可计算性来加以调节的合理化的原则。在经

---

① ［匈］卢卡奇：《历史与阶级意识》，北京，商务印书馆，1992，第 143～144 页；并参见《马克思恩格斯全集》第 44 卷，北京，人民出版社，2001，第 88～89 页。
② 参见［匈］卢卡奇：《历史与阶级意识》，北京，商务印书馆，1992，第 148～149 页。
③ 《马克思恩格斯全集》第 3 卷，北京，人民出版社，2002，第 232 页。

济过程的主体和客体方面发生的决定性变化如下：第一，劳动过程的可计算性要求破坏产品本身的有机的、不合理的、始终由质所决定的统一。……第二，生产的客体被分成许多部分这种情况，必然意味着它的主体也被分成许多部分。……人无论在客观上还是在他对劳动过程的态度上都不表现为这个过程的真正的主人，而是作为机械化的一部分被结合到某一机械系统里去。"①

卢卡奇的敏锐和深刻之处在于他试图把物化现象的现代性原则——抽象化、形式化和合理化——解说为不断深入到现代社会生活各个角落的"普照之光"。所以他不仅援引马克斯·韦伯，以说明现代生产如何创造了一种同它的需要相适应的、在结构上相一致的法律和国家——首先建立在合理"计算"基础上的现代企业如何伴随着与它相适应的具有合理法律的官僚国家（一架"法律条款自动机"）②，而且还通过广义生产的概念指出，抽象的类样品以及孤立的个体如何取代了"有机生活过程的产品"，而这就意味着"合理机械化的和可计算性的原则必须遍及生活的全部表现形式"。卢卡奇把这种抽象性的普遍化过程主要描绘为人对世界之"态度"的改变，即人的活动越来越失去自主性和意志，而采取一种直观的态度。这种直观的态度具有哲学意义上的普遍性，即它把空间和时间看成是共同的东西，把时间降到空间的水平上。不消说，我们可以在牛顿的物理学中见到这种匀质的（确切些说，是无质的）时间和空间，同样不消说，这样的时间和空间在康德的哲学中被恰当地理解为"纯直观形式"。在引证了《哲学的贫困》关于抽象劳动如何把人置于次要地位并使数量完全压倒质量的一段引文之后，卢卡奇写道："这样，时间就失去了它的质的、可变的、流动的性质：它凝固成一个精确划定界限的、在量上可测定的、由在量上可测定的一些'物'（工人的物化的、机械地客体化的、同人的整个人格完全分离开的'成果'）充满的连续统一体，即凝固成一个空间。"③而这种抽象的、变成物理空间的时间使劳动者主体亦被合理地分割开来——一方面，他作为从属于机械化的局部劳动的孤立原子，被加入异己的系统中去；另一方面，它们之间的联系越来越只是通过把它们结合进去的机械过程的抽象规律来中介。

在这里，需要引起注意的有这样两点。第一，上述所谓"机械化"或"机械过程"等用词，可以更加确切地表述为"形式化"——指明这一点既

① ［匈］卢卡奇：《历史与阶级意识》，北京，商务印书馆，1992，第149～150页。
② 参见同上书，第158～159页。
③ 同上书，第151页。

是由于现代性在今天的进一步扩展方式，又是由于对整个现代性的完成形式（即黑格尔哲学）批判的必要性。第二，虽说卢卡奇最终错失了在存在论的高度上真正把握和解决问题的路径，但他毕竟在原则高度上提出了问题——因为时间的抽象化确实是现代性在哲学原则上的核心，而且也是真正的历史性之被遮蔽的核心。

因此，卢卡奇在这一点上对现代性的分析批判（强调和发挥）乃是意义重大的；而此等意义之揭示又恰好呈现出马克思的天才。因为马克思甚至在现代性生产的第一个阶段——即机器生产的阶段——就已经牢牢地把握住了现代性的物化本质，也就是说，理解了抽象化、形式化和合理化这一现代过程之不断开展的主导原则。他在《资本论》中写道："大工业的原则是，首先不管人的手怎样，把每一个生产过程本身分解成各个构成要素。从而创立了工艺学这门完全现代的科学。社会生产过程的五光十色的、似无联系的和已经固定化的形态，分解成为自然科学的自觉按计划的和为取得预期有用效果而系统分类的应用。"①也就是说，大机器生产的前提，乃是人手的抽象化、形式化和合理化，或者换句话说，是人手的分析理性化或形而上学化。不仅如此，更加重要的是，马克思由此而把这一抽象化过程把握为现代性的普遍本质，即现代生活的普遍命运。因此，虽说马克思当时还无缘遭遇泰罗制，但这一进程的基本原理已经从根本上被讲述出来了。现代性生产的第二个决定性步骤（它被德鲁克称为"生产力革命"），即泰罗制，事实上意味着现代性在生产领域中的进一步开展，意味着人的整个操作行为的抽象化、形式化和合理化；而这一分析理性化的过程引导了行为科学的管理学应用，从而管理学这门完全现代的科学乃是以泰罗制作为开端标志的。卢卡奇十分敏锐地把握住了这一发展及其本质上的现代性特征，所以他说："随着劳动过程的现代'心理'分析（泰罗制），这种合理的机械化一直推行到工人的'灵魂'里；甚至他的心理特性也同他的整个人格相分离，同这种人格相对立地被客体化，以便能够被结合到合理的专门系统里去，并在这里归入计算的概念。"②

至于现代性生产的第三个决定性步骤，即人脑的抽象化、形式化和合理化——它的标志物是计算机，它意味着计算机科学的逻辑学应用，在1923年显然还不会出现在卢卡奇的视野中，所以他把泰罗制看成是现

---

① 《马克思恩格斯全集》第44卷，北京，人民出版社，2001，第559页。
② ［匈］卢卡奇：《历史与阶级意识》，北京，商务印书馆，1992，第149页。

代性生产的最高阶段，也就完全可以理解了。但是，根据卢卡奇的现代性批判，也许他不至于误解了计算机的现代性本质；反之，他倒应当在这一标志物中看到现代性扩展形式的最高阶段，即合理机械化的和可计算性的原则表现为具有逻辑普遍性的数字化和符号化。然而，这一本质在今天却被巨大的计算机奇迹所遮蔽，使得人们几乎完全沉溺于对这一本质的无批判的实证主义（也许应当更恰当地称之为"计算机拜物教"）之中；以至于像麦克卢汉这样的思想家也寄希望于电子信息时代的"地球村"神话了。然而，所有这三个阶段或步骤，乃是现代性本质在生产领域中的渐次开展——这一开展是分析理性化的增强，是科学的生产性应用的深入；无论它是自然科学的工艺学应用，还是行为科学的管理学应用，抑或是计算机科学的逻辑学应用，都应合着马克思在《1844 年经济学哲学手稿》中关于现代自然科学之本质性的基本判断（只是现在看来不止于自然科学，而应当是全部知性科学）：它"通过工业日益在实践上进入人的生活，改造人的生活，并为人的解放作准备，尽管它不得不直接地使非人化充分发展"①。

　　比较起其他的一些批判家来说，卢卡奇对现代性之分析的优越性在于，他精通近代哲学并且大体上领会了这一哲学的基本性质。因此，在《物化和无产阶级意识》一文中，他深得要领地谈到了"近代理性主义形式体系"及其矛盾，并且把这一体系及其矛盾同整个现代性生产的本质理解为内在同一的。他说："这儿表现出来的近代理性主义形式体系的主观和客观之间的矛盾，隐藏在它们的主体和客体概念中的问题的错综复杂和模棱两可，它们的作为由'我们'创造的体系的本质和它们的与人异在的、与人疏远的宿命论必然性之间的矛盾，这一切无非是对近代社会状况所作的逻辑的、系统的阐述而已。"②这确实是一种颇为深刻的见地，由此卢卡奇不仅谈到了"敌视生活的存在机械论"和"与生活格格不入的科学形式主义"，而且谈到了作为一种形式体系的理性主义或"理性的形式主义的认识方式"，如何不可避免地与非理性原则形影相随，如何不可避免地把人的存在的最终问题禁锢在知性所不可把握的非理性之中。于是我们看到，卢卡奇在这篇论文的第二章中饶有趣味并且卓有见地地阐述了近代哲学——特别是德国古典哲学——的基本性质，以及这种性质如何逗留于并且呈现着现代性问题的本质与核心。

---

① 《马克思恩格斯全集》第 3 卷，北京，人民出版社，2002，第 307 页。
② ［匈］卢卡奇：《历史与阶级意识》，北京，商务印书馆，1992，第 200 页。

全部讨论的重点是康德哲学，这再度显示出卢卡奇的精湛识见。问题集中于近代哲学的这样一个基本倾向，即当主体的直观态度和认识对象的纯形式特征不可分割地联系起来时，解决非理性问题的理性尝试就不得不中止，从而只有从实践方向来探求解决此一问题之途径。"我们发现，又是康德对这种倾向作了最清楚的阐述。如果说，康德认为'存在很明显的不是真正的宾词，就是说不是关于可以补入物的概念的某物的概念'，那末他以此就以极其明确的形式表达了这种倾向及其所有的结论。"①这里卢卡奇想说的是，康德在此描绘了作为克服存在概念中的二律背反的途径的"真正实践的结构"，而这一结构意味着他不得不提出"变化中的概念辩证法"。这一批判的路径显然是黑格尔式的。接下来我们将主要考察这一批判路径在存在论上的意义与局限。

三、《历史与阶级意识》在存在论上的黑格尔主义定向

我们现在要回答的问题是：卢卡奇对科学实证主义的马克思主义阐释路向的批判，以及对于作为这一阐释路向之内在根据的现代性"物化意识"和"物化现象"的深刻批判，在存在论上究竟走得有多远？

我们在前面提到，无论卢卡奇在当时是否充分地意识到，也无论他在问题的提法上是否存在什么策略考虑，《历史与阶级意识》的核心问题实际上是存在论的基础问题。正是这一核心问题标示出这部著作之全部意义及重要性——它对于马克思哲学之根基阐述直至今天的意义及重要性。虽说这部著作本身对问题的提法似乎局限于方法论（时而也提到认识论），但其隐秘的核心并使一切问题围绕着旋转的那个枢轴却恰好是一般所谓方法论能够立足其上或以之作为前提的存在论基础本身。

因为，这部著作已然显现出来的意义并不是表明纯粹形式的、外在的和中性的方法如何能够立足于自身，而是恰好相反，它揭示出一种切中于历史内容的方法论（在此即是黑格尔的辩证法）的绝对必要性，并显现出这样的方法论如何不可避免地深入到并且触动到其存在论的根基处。因为，当普列汉诺夫等人刻意把一种形式化的辩证方法安排在费尔巴哈式的唯物主义基础之上时，卢卡奇认为此种安排是根本不可能的：方法论的形式化唯独对于辩证法来说是不能容忍的，因为这将是自相矛盾的。无论是对于黑格尔来说还是对于马克思来说，辩证法都意味着达到并深入内容本身，而不是实现自身为单纯的形式；意味着达到并深入真理的

---

① ［匈］卢卡奇：《历史与阶级意识》，北京，商务印书馆，1992，第198页。

具体性，而不是坚执自身为理智的抽象观念；意味着达到并深入主客之融会贯通的总体，而不是容留形而上学的二元劈分并在这两端之间往来冲突。

因此，在卢卡奇看来，终止费尔巴哈对于马克思哲学阐释之本质重要性的根据就在于：这样一种形而上学的存在论基础的原则就是"直观的"，因此根本不可能把作为一种"革命的方法"的辩证法外在地输入进去；而对于立足于所谓"自然科学的'纯'事实"以及"纯粹反思联系（Reflexionszusammenhang）"的形而上学来说，辩证法至多只可能作为外在方法——它或者显得是多余的累赘，或者只是马克思主义的"社会学"或"经济学"的装饰品。不难看出，这里所谓的形而上学，以及与之相对应的辩证法，与其说是单纯的方法论概念，毋宁更准确地说是涉及存在论基础的。

这样一种形而上学的要害是什么呢？卢卡奇深得要领地指出，是思维和存在、主体和客体、理论和实践的二元劈分和二元对立。正是这样一种存在论基础上的形而上学，导致了全部近代哲学中关于形式和内容、理性和非理性、应然和实然、相对和绝对、自由和必然等的二律背反。在《物化和无产阶级意识》这篇长文中，卢卡奇颇为深入而周详地考察了近代理性形而上学的这种基本的二元论态势，并把由此而导出的基本困境规定为"事实的不可溶化"问题，规定为"物质的非理性问题"。

卢卡奇的深刻之处在于，他是试图由此构成对全部形而上学的批判——或至少是对全部现代形而上学的批判。在这种现代的形而上学中，共同之点在于主观和客观的二元论，在于思维的主观形式和对象的客观性之间始终存在着的，甚至是日益扩大的鸿沟。存在问题及其所连带的全部二律背反在康德那里没有得到真正解决，因为在那里这个问题实际上只是从认识论中被排除出去。因此问题始终是：思维和存在之最终实质上的同一性如何才能得到证明？卢卡奇把这个问题理解为现代形而上学的核心问题，因为这种形而上学的基本任务，就是"无论如何也要通过公开的或隐蔽的神话学的中介而把思维和存在统一起来"。换句话说，它的任务就是要证明：最终的本质如何既构成思维的对象的核心，又构成思维本身的核心。这种基本态势（基本格局或体制）甚至可以被看成是现代柏拉图主义的根源。正是在这个意义上，卢卡奇意识到，单纯的"颠倒"是无济于事的，因为问题不仅牵涉到基本格局或体制内的何种安排，而且牵涉到此等格局或体制本身——旧唯物主义的根本问题在于现代形而上学本身的神话学结构："李凯尔特有一次把唯物主义称作是颠倒过来的柏拉图主义，他的说法是对的。因为只要思维和存在还保持着它们的古老的固定不变的对立的话，只要它们在它们自己的结构中及在其相互关系的结构中仍保持不变，那么认为思维是头脑的产物并因此是和经验的对象相一致的观点就同回忆说和理念世界一样，都是一种神话。"①

在这里，我们不仅看到卢卡奇开始切近地探入存在论的基础之中，而且看到他力图终止费尔巴哈在马克思哲学阐释中之本质重要性的要求实际上所具有的存在论意义。这样一种要求在特定的意义上是合理的，在反对庸俗马克思主义的斗争中尤其合理；因为若附和第二国际理论家指派给费尔巴哈的那种退行性的阐释定向，那么一切粗陋的形而上学的东西（它们甚至还未经德国唯心主义的精致化）就都会死灰复燃。事实上，不理解全部现代形而上学的这种神话学本质，马克思的哲学革命及其当代意义就势必停留在晦暗之中。我们甚至可以在这种意义上把上述理解称作把握马克思存在论基础的"入场券"；因为如果没有这张入场券，马克思哲学的唯物主义基础就往往只能是以康德为代表的近代性质的，或者是前康德性质的。于是我们看到，与前述对形而上学的批判相对应，卢卡奇的辩证法研究实际上始终具有存在论根基上的意义。正是在这个意义上，他谈到了"辩证方法的最核心的本质"，即处于辩证法之中心地位的因素——"历史过程中的主体和客体之间的辩证关系"；并且强调指出，如果没有这一因素，辩证法就根本不可能是革命的方法。根据这一点，卢卡奇甚至还大体看到：在现代形而上学意识形态的包围中，马克思哲学的基础实际上面临内在分裂的危险性。②

要而言之，当卢卡奇把庸俗马克思主义的本质概括为现代形而上学的意识形态时，他是颇得要领的；而同样颇得要领的是，他又把现代形而上学的基本处境概括为"近代理性主义形式体系"及其矛盾，并且把这一体系及其矛盾同整个现代性生产的本质理解为内在同一的。③

如前所述，在我们看来，这确实是一种颇为深刻的见地。卢卡奇不

---

① ［匈］卢卡奇：《历史与阶级意识》，北京，商务印书馆，1992，第295～296页。

② 参见同上书，第50～51页。并参见第288页的下述说法："辩证实践的统一体分裂为经验主义和空想主义，分裂为坚持（其直接性没有被消除的）'事实'和空洞的、与现实、与历史相对立的幻想，它们混杂在一起，成为一种并列的无机混合物。这种分裂日益反映出社会民主党的发展特征。"

③ 卢卡奇这样写道："这儿表现出来的近代理性主义形式体系的主观和客观之间的矛盾，隐藏在它们的主体和客体概念中的问题的错综复杂和模棱两可，它们的作为'我们'创造的体系的本质和它们的与人异在的、与人疏远的宿命论之间的矛盾，这一切无非是对近代社会状况所作的逻辑的系统的阐述而已。"（［匈］卢卡奇：《历史与阶级意识》，北京，商务印书馆，1992，第200页）

仅由此谈到了"敌视生活的存在机械论"和"与生活格格不入的科学形式主义",而且谈到了作为一种形式体系的理性主义或"理性的形式主义的认识方式",如何不可避免地与非理性原则形影相随,如何不可避免地把人的存在的最终问题禁锢在知性所不可把握的非理性之中。由此,我们便可以理解,在《物化与无产阶级意识》一文中,卢卡奇在批判地分析了现代性的"物化现象"之后,紧接着便卓有见地地阐述了近代哲学——特别是康德哲学——的基本性质,以及这种性质如何逗留于并且呈现着现代形而上学问题的本质与核心。

然而,必须指出的是,卢卡奇对以康德为代表的现代性形而上学的批判,从总体上来说立足于——并且仅仅立足于——黑格尔;至于他为这一批判所补充的关于马克思哲学的阐释,从内在巩固的存在论基础上来说则几乎是无关紧要的,或者说是模棱两可的。卢卡奇在提出问题方面几乎走到了黑格尔哲学的边缘,而且可以说是最遥远的边缘;但他却仍然在此一界限之内:只要超越近代哲学的努力未曾在存在论的根基处内在巩固地建立起来,那么在最好的情况下,就是命运般地重新跌入黑格尔主义的怀抱——因为正像我们前面已经提到过的那样,黑格尔哲学就其根本性质而言不是形而上学之一种,而是形而上学之一切,从而现代诸形而上学样式归根结底不过表现为黑格尔哲学的一个或若干个环节。

最能说明这一点的莫过于"总体"或"具体的总体"概念了。当卢卡奇使之与"经济的优先性"对立起来时,总体范畴究竟意味着什么呢?我们的意思是说,它在存在论基础方面究竟意味着什么呢?如果说,所谓总体范畴一般地意味着辩证法及其整个地贯彻与实施,那么这个说法肯定是不错的;当卢卡奇进而把辩证法的核心问题提示为"历史过程中的主体和客体之间的辩证关系"时,我们应当承认这一提法不仅切中肯綮而且具有原则高度。但是,当他把这种作为"总体"的辩证关系称为"最根本的相互作用"①时,这就颇让人感到费解了;考虑到卢卡奇精通德国古典哲学尤其是黑格尔哲学,这就更让人感到费解了:因为老黑格尔早就说过,"相互作用"还只是站在概念的门槛上。② 这种令人费解的情况看来是由"总体"的匿名状态造成的,即是同"总体"概念在存在论根基上之未经澄明的晦暗局面相连系的。卢卡奇想要否弃黑格尔的概念神话,即想要否

---

① 参见[匈]卢卡奇:《历史与阶级意识》,北京,商务印书馆,1992,第50页。
② 黑格尔的这句名言被许多人一再引用。马克思写作《博士论文》的时候,布鲁诺·鲍威尔就引用它含蓄地批评过马克思试图借"相互作用"摆脱黑格尔哲学的"实体"或"神"。后来普列汉诺夫、柯尔施等人也在不同场合引用过这句名言。

弃主客之间辩证关系在黑格尔那里的概念形式（绝对者—上帝），这是完全正确的。但是这种否弃如果不是从存在论基础上形成的真正超越，那就只能成为一种姑息性的和降格以求的理解——而对于黑格尔哲学的任何一种姑息性的和以降格的理解作基础的否弃图谋，最终都宿命般地逃脱不出它的巨大规范并不得不成为它的一个枝节或片断。诚然，卢卡奇也说过我们不能停留在相互作用这个范畴上，而要达于并深入于"总体"之中；但这个"总体"如果不能决定性地超出黑格尔哲学的一般性质，那么在缺失或去除概念形式的情况下就只能是"相互作用"。更加准确地说来，只要这种"相互作用"仍然仅仅被置放在概念形式中，那么它就仍然是黑格尔主义的；然而在以非概念方式来把握"总体"的可能性还根本没有作为存在论革命的前进运动出现之前，"相互作用"的理解方式说到底只能是退化性质的（即对于黑格尔来说乃是一种不充分或不完备的黑格尔主义方式），或者至多也只能是姑息性质的。事实上，卢卡奇在引证马克思的两段话并以此指证对黑格尔哲学的决定性超越时，他不过是在援引"相互作用"。其中的一则出自《黑格尔法哲学批判导言》："光是思想力求成为现实是不够的，现实本身应当力求趋向思想。"①对于另一段出自《博士论文》的引文，卢卡奇这样评论道："马克思在他的《博士论文》里，比黑格尔更具体、更坚决地实现了从存在问题及其意义的层次问题向历史的现实的领域，向具体的实践的领域的过渡。"②

这是一种错估，并且它不是一般思想史意义上的错估，而是一种就问题本身之性质上的错估。因为事实上这篇论文还完全处在黑格尔哲学的基本规范之下，其特点是强调了黑格尔哲学中的康德—费希特因素，并且为谋求克服分裂计，诉诸缺失概念形式的"相互作用"。而卢卡奇的这种错估本身表明，他试图超越全部形而上学以揭示马克思哲学之性质与意义的努力，终于还是一般地落到了黑格尔哲学的基地上。"相互作用"——尽管这是"最根本的相互作用"——只是使"总体"成为匿名的绝对者，而匿名的总体归根结底不能不指向去除了黑格尔名号的黑格尔主义理解基地。所以，卢卡奇本人在1967年为《历史与阶级意识》所撰之新版序言的陈述乃是真确的："我一直是根据我自己的黑格尔主义的解释来阅读马克思的"；该著作对异化问题的实际讨论方式，"是用纯粹黑格尔的精神进行的"；更加重要的是，这部著作的"最终哲学基础是在历史过程

---

① 《马克思恩格斯选集》第1卷，北京，人民出版社，1995，第11页。
② ［匈］卢卡奇：《历史与阶级意识》，北京，商务印书馆，1992，第199页。

中自我实现的同一的主体—客体";至于该著作对此"同一"本身的变更,即将《现象学》的逻辑—形而上学结构实现在所谓无产阶级的存在和意识中一事,则是一种"想比黑格尔更加黑格尔的尝试"。①

不难看出,这里所谓的"最终哲学基础",正是就存在论的根基而言;所谓"比黑格尔更加黑格尔的尝试",乃是指黑格尔哲学的费希特因素("自我意识"因素)的扩张与充盈。关于前一个方面,我们可以说,黑格尔的"在历史过程中自我实现的同一的主体—客体",就其根本性质来说,乃是在现代形而上学的范围内解决形而上学所造成的全部二元对立之最后的也是最伟大的尝试。正因如此,所以卢卡奇的批判——无论是对现代性的哲学批判还是社会批判——能够超出或对立于"梅林—普列汉诺夫正统";然而也正因如此,卢卡奇的批判仍然被封闭在现代性以之作为前提的存在论根基处。关于后一个方面,我们看到,由于重返黑格尔主义的基地,又由于从该基地出发而同"庸俗马克思主义"作战——同惰性的"物质实体"作战,同机械论的宿命论和无批判的科学实证主义作战,所以,"自我意识"的一端(当然是作为无产阶级的"自我意识"即"阶级意识")便以一种激进的费希特主义的方式发展起来并扩张开来。按照卢卡奇的说法,当现代世界以其不断增长的和盲目的力量"冲向死亡"之际,只有无产阶级的"自觉意志"才能使人类免于祸患。这意味着,在最后的决定性的关头,革命的命运,从而人类的命运,乃取决于无产阶级的"阶级意识",即无产阶级"在意识形态上的成熟程度"。而庸俗马克思主义者总是脱离了"无产阶级阶级意识的——方法论的——起点",从而总是无视"意识"在无产阶级阶级斗争中所具有的"独一无二的功能",并因而使自己处在"资产阶级的意识水平"。②

诚然,卢卡奇还是一般地谈到了黑格尔哲学的"概念神话",谈到了黑格尔的"变得抽象的、直观的方法"歪曲和糟蹋了历史,并且还——这确实又是卓有见地的——谈到黑格尔使思维重又落入主体和客体的"直观二元论"中,并且使概念重又获得了一种"康德唯心主义的意义"。③ 这一存在论见地确实是难能可贵的,因为它确乎抓住了形而上学的根本,并且烛照了作为柏拉图主义的现代完成,即作为"形而上学之一切"的黑格尔哲学的隐幽本质。此种基本的二元论,乃是全部现代形而上学立足其上并力图使之消弭,但又不断返回并且不断再生产出来的二律背反;它

① 参见[匈]卢卡奇:《历史与阶级意识》,北京,商务印书馆,1992,第34、17～18页。
② 参见同上书,第127～129页。
③ 参见同上书,第226～227页;第227页注2。

们内在地根源于现代形而上学的基本建制，从而在其范围内是不可能最终被真正消除的。一切笛卡尔式的"神助说"难道不是源于这种基本困境吗？康德所谓"哲学和一般人类理性的耻辱"——始终还没有人能够证明"我们之外的物的定在（Dasein）"，难道不也是源于这种基本困境吗？最后，在黑格尔之后，当胡塞尔说，"内在本身是无可怀疑的。内在如何能够被认识，是可理解的，恰如超越如何能够被认识，是不可理解的一样"①时，难道不是源于同样的困境吗？

然而，谈到或看到问题与能够真正解决问题并不是一回事，就像我们判断一个人并不是根据他所说的而是根据他实际所做的一样。在对于黑格尔哲学的批判方面，卢卡奇的那种几乎可以被称为悲剧性的薄弱之处就在于：他所认识到的局限性是他无力纠正的，而他已经指证出来的那些根本对立也是他无法以超出黑格尔的方式来扬弃的。在这种情况下，滞留于或者复归于形而上学的神话学——虽则黑格尔哲学乃是此种神话学之最高成果——也就成为不可避免的了。因此，《历史与阶级意识》在存在论根基方面的限度在于：它不能（或无能）决定性地超出黑格尔哲学的一般性质，从而其"最终哲学基础"不能不是黑格尔主义的——这意味着它超不出一般"哲学"或一般形而上学的基本性质；而这种态势又决定着卢卡奇对马克思哲学的富有成果和意义的解释仍然从根基上被锁闭在作为形而上学的哲学中。诚然，卢卡奇的阐释较之于那些立足于前康德的基地并对之附加无原则的补充来说要优越一些，但马克思哲学之终结全部形而上学的革命性变革及其当代意义却仍然从根本上被遮蔽着。因此，卢卡奇的最终的局限性就在于：他在对现代形而上学实施最尖锐的批判和清算时，双脚却一刻也未曾真正离开过作为完成了的形而上学的基地。这种情形在当代绝不罕见，若就其大者言之，则有意志论哲学家尼采、神学家克尔凯郭尔、实证主义哲学家孔德等。他们对黑格尔哲学所实施的颠倒、翻转、反动如何终归于形而上学一事，正如马克思把费尔巴哈最终归入黑格尔的支脉一样，或者如海德格尔力图指明的那样：一切关于形而上学的形而上学，如何最稳当地落到了形而上学下面。②

从存在论的根基上洞穿形而上学的秘密和本质并使之归于终结一事，是由马克思导其先路并决定性地予以开启的。从哲学的最根本的方面而

---

① ［德］胡塞尔：《现象学的观念》，上海，上海译文出版社，1986，第72页。

② 参见［德］海德格尔：《海德格尔选集》下卷，上海，上海三联书店，1996，第816页。

言，此一决定性的开启大体包括以下几个方面：第一，领会并克服形而上学之完成形式的根本前提及其全部天真性——即伽达默尔大略言之的所谓"断言的天真""概念的天真"以及"反思的天真"。第二，由存在论的根基处击穿意识的内在性，也就是瓦解作为主体的主体（在现代形而上学基本建制中的主体），或作为内在性的主体性。第三，由上述两端而决定性地终止存在论建构的知识论路向（或"范畴方式"），并从而引导"思"深入于前概念、前逻辑和前反思的世界中（生存论路向）。这样一些方面乃内在于马克思所发动的存在论革命中，而马克思哲学的全部当代意义是最本质地源于这一革命的。当这样一些本质重要的东西落到卢卡奇的视野之外时，虽然他仍能够激烈而有效地抨击梅林—普列汉诺夫正统，虽然他仍能够同庸俗马克思主义的立场构成对立，但马克思哲学的根本及意义对他来说就不可能内在巩固地建立起来并得到真切的估量。

第二节　卢卡奇晚年重建马克思主义哲学存在论的努力与局限

尽管《历史与阶级意识》对西方马克思主义的发展产生了巨大的影响，但当这一著作遭到共产国际的批判之后，卢卡奇本人对此也多次做出了明确的自我批评，表示放弃这种反对反映论和恩格斯自然辩证法观点的"下半截唯心主义"①。从 20 世纪 30 年代起，到 1956 年所谓"后斯大林时代"的"解冻"到来之前，卢卡奇大部分时间都生活在苏联，并在斯大林主义的背景下从事了大量的文学评论和哲学研究工作，其中包括撰写《青年黑格尔》和《理性的毁灭》等重要的哲学史研究著作。不过，一般认为，只是在 1956 年匈牙利政变失败之后，卢卡奇才彻底摆脱现实政治和意识形态的直接影响而重新转到独立的学术研究道路上来，最终成果是批判地审视其一生学术工作的两部巨著《审美特性》和《关于社会存在的本体论》。由于无论是这些著作的题材还是其规模都远远超出了我们的论述范围，因此，我们关于卢卡奇晚期哲学存在论基础的讨论，将主要以《关于社会存在的本体论》为中心来展开。这么处理的主要理由是，尽管《关于社会存在的本体论》在卢卡奇生前并未出版，并且学术界对这部著作所持的态度也褒贬不一，甚至卢卡奇本人还曾经多次预言要再写一部《伦

---

① 其中最著名的莫过于卢卡奇 1934 年 6 月 21 日在莫斯科共产主义科学院哲学研究所作的《对〈历史与阶级意识〉一书的自我批评》，载杜章智编：《卢卡奇自传》，北京，社会科学文献出版社，1986，第 216～224 页。

理学》，但按照他"口述传记"的最终说法，《关于社会存在的本体论》无疑居于真正的中心地位："《美学》实际上是对《本体论》的准备，因为在那部著作中，美感是作为存在因素、社会存在的因素来看待的"；"我实际上曾打算把《本体论》作为《伦理学》的哲学基础，但是到最后，《伦理学》被《本体论》挤掉了，因为它谈的是现实的结构，而不是一种单独的形式"①。

一、所谓晚年存在论转向的由来和旨趣

我们这里所谓卢卡奇晚年存在论的"转向"，从最直接的意义上说，指的是：仅仅在晚年即在《关于社会存在的本体论》中，卢卡奇才真正明确地提出重建马克思主义哲学本体论（存在论）的问题。但正如前文所述，在我们看来，《历史与阶级意识》这部著作就其根本的重要性方面完全是存在论性质的。因此，所谓晚年"转向"的提法并不是一开始就意味着卢卡奇前后期思想之间的某种彻底"改变"甚或"进步"，相反，这种前后期思想的关联本身恰恰是要在具体的评述中加以衡量的。下面，我们首先来考察一下卢卡奇本人关于这一"转向"之由来的基本看法，而这样的一种考察与其说是对卢卡奇自述其思想经历的完全信赖，不如说是要从中理解包含在这种自述中的卢卡奇晚年存在论转向的主观旨趣。

总的说来，卢卡奇关于其晚年存在论转向的基本看法可以分成这样两个密切相关的方面：对其自身思想历程的批判性回顾和对马克思主义哲学、哲学史以及时代问题的基本理解。从前者来说，卢卡奇把晚年重建马克思主义哲学存在论的努力看作在其一生思想历程中早已埋下伏笔的最终使命；从后者来说，卢卡奇把马克思主义哲学存在论的这样一种重建工作看作对当代世界的一切重大问题的真正解答。

根据卢卡奇《历史与阶级意识》"新版序言"（1967）和《经历过的思想（自传提纲）》（1971）中的提法，他把自己一生的思想经历大致划分为：《历史与阶级意识》之前的从"诗歌"到"散文"（以《小说理论》为代表）、从"散文"到"美学"（《海德堡艺术哲学，1912—1914》），再由"美学"到"伦理学"（《历史与阶级意识》被认为是"左翼伦理学同右翼认识论"的"结合"）的发展历程，以及在《历史与阶级意识》之后，从"对经济学和辩证法的关系的考察"（《青年黑格尔》）到"建构一种系统的马克思主义美学"（《审美特性》），再到"建立一种关于社会存在的本体论的尝试"（《关于社会存在的

---

① 参见杜章智编：《卢卡奇自传》，北京，社会科学文献出版社，1986，第195页。

本体论》)这样几个关键的发展阶段。①

在这一思想经历的自我描述中，最值得关注的一点是，卢卡奇不仅在"新版序言"中消极地即在承认它"反对马克思主义的本体论的根基"的意义上，确认了《历史与阶级意识》一书的存在论性质，② 而且甚至在"自传提纲"中把他晚年思想的"本体论"主题一直回溯到了所谓"散文时期"："从散文转向美学。（1911—1912 年冬天在佛罗伦萨的第一个草稿。）值得注意的是，我自己没有意识到，我的充满矛盾和挫折的发展从一开始就向着本体论，绕过逻辑的和认识论的问题。套用康德的话，'有艺术作品——它们是怎么可能的？'我看到不是判断的形式，而是本体论的萌芽。（当然在我看来，这种倾向已经是散文时期的基础——虽然是以原始的和歪曲的方式。）"③

当卢卡奇说在"有艺术作品——它们是怎么可能的"这一问题式中"看到的不是判断的形式，而是本体论的萌芽"时，他所要揭示的是所谓"认识论和本体论的对立"："老的认识论问题：'X 存在着……——它是怎么可能存在的？'如果按照逻辑想到底，就是'X 存在着……是什么历史必然性使它产生出来的？'是什么历史因素在社会存在的发展中过去有过，现在仍然有着真正的作用呢？"在卢卡奇看来，这种提问方式的改变，不仅包含着通向马克思主义美学的"本意很好的核心"，即依循"审美因素在社会存在中的具体特殊性"这一思想方向理解艺术作品和审美经验，而且对这一思路的充分发挥意味着"回到马克思那里去，建立起在他的意义上的历史世界观"。卢卡奇认为，20 世纪 30 年代以后，他已经在这一思路上"重新思考"了《历史与阶级意识》，得到的"结果"是："其中重要的不是反对唯物主义，而是完成马克思著作中的历史主义，从而归根结底完成马克思主义作为哲学的普遍性。"从此以后，复活一种以"（见《德意志意识形态》）历史"作为"普遍基础"的本体论，或者说确认马克思主义就是"历史本体论"，成为卢卡奇直到《关于社会存在的本体论》才得到直接处理的一种内在的思想倾向。④

所谓以"历史"为"普遍基础"的本体论或者说作为"历史主义"的马克思主义本体论究竟意味着什么？简而言之（更为具体的澄清工作我们将留

① 参见杜章智编：《卢卡奇自传》，北京，社会科学文献出版社，1986，第 25、29～30 页；[匈]卢卡奇：《历史与阶级意识》"新版序言"，北京，商务印书馆，1992，第 34～35 页。

② [匈]卢卡奇：《历史与阶级意识》"新版序言"，北京，商务印书馆，1992，第 10 页。

③ 杜章智编：《卢卡奇自传》，北京，社会科学文献出版社，1986，第 25 页。

④ 同上书，第 25～26、41～42、45 页。

到下一节来进行），就是把"历史"中的一切都看作"社会存在"的"发展形式"，把"人的人化"看作"每个人的生活中以千万种不同方式实现的历史过程的内容"，即把人的"类存在"看作"历史的普遍性"或者说"本质的认识和历史的认识"之间的"最深刻的一致"。在斯大林主义的背景下回复到马克思主义的哲学本体论，有两个未曾明言的基本理论后果：它一方面要求把所谓"自然辩证法"不再看作"社会辩证法"的"平行"而是看作它的"前史"（这一点既是对《历史与阶级意识》的确认同时也是匡正），另一方面意味着按照马克思的定义来理解"意识形态"，即不是把意识形态看作"认识论上所寻找的"虚假意识，而是看作"从经济中产生的，对存在提出的一切问题"的尝试性回答。卢卡奇认为，就其具体的写作而非发表的时间来看，无论是《青年黑格尔》《理性的毁灭》，还是《审美特性》，都已经是在这样的理论背景中展开的一系列具体的探索工作：《青年黑格尔》所要表明的是"哲学对世界的最敏锐精神反应归根到底是从适当概括对经济领域的主要生活反应中产生出来的"，《理性的毁灭》是"典型的思想反常变化的社会史"，《审美特性》则一开始就是把"美感"作为"存在的因素、社会存在的因素"来处理的，从而成为《关于社会存在的本体论》的直接的理论准备。①

以上的叙述表明，尽管卢卡奇一度甚至不再把诸如《小说理论》和《历史与阶级意识》等书列入自己的"著作"范围，但从他的"自传提纲"以及相关"访谈"记录来看，恢复到马克思主义哲学的本体论不仅被看作其晚年思想的中心，而且被看作是很早就扎根于他心中的一贯的思想主题。②

下面我们将会看到，在《关于社会存在的本体论》中，对这一思想主题由来的交代则完全超出了个人思想经历的范围，被置入到近代以来整个西方哲学和现代社会发展的大背景中。不过，就事情的实质而言，卢卡奇从哲学史和社会存在史角度出发对重建马克思主义哲学本体论的必要性的理解，在其核心之点上是与上述思想历程的自我回顾高度一致的，即都指向"认识论和本体论的对立"。

---

① 参见杜章智编：《卢卡奇自传》，北京，社会科学文献出版社，1986，第42~43、48~49、109页。

② 参见杜章智编：《卢卡奇自传》中两段看起来似乎矛盾的表白：当被问到《青年黑格尔》是否是"勃鲁姆提纲的继续"时，卢卡奇说"就我来说，任何事情都是另一件事情的继续。我想，在我的发展中没有任何非有机的成分"；而在另一处，当他谈到《小说理论》和《历史和阶级意识》未经他本人的同意在战后用德文重新出版时说，"我当时已不再把这两本书列入我的著作"（杜章智编《卢卡奇自传》，北京，社会科学文献出版社，1986，第124、177页）。

　　在卢卡奇看来，"认识论、逻辑学和方法论"自近代以来在哲学思维上占据的统治地位是成功建构本体论的关键障碍："若是试图在存在的基础上对世界进行哲学思维，就会遭到多方的反对，这大概不使任何人感到意外（而本书作者是最不感到意外的）。在上几个世纪，认识论、逻辑学和方法论一直统治着人们的哲学思维，而且就是在今天，这种统治也还远未被其他理论的统治所超越。"①并且，由于认识论所占的主导地位是如此强大，以至于这门学科的"舆论"已经完全忘记了这样一点："就主要目的而言，在康德那里得到最高体现的认识论的社会使命，曾经在于为了让自从文艺复兴时期以来得到发展的自然科学享有科学霸权而提供依据和保障，但它应该这样地完成这一使命，就是——根据一定的社会需要——让宗教本体论保留它在历史上已经占领的意识形态活动余地。"由此，卢卡奇认为，应当恰当地把贝拉明主教对伽利略事件的表态甚至更早一些的唯名论中的"双重真理"观看作现代认识论的先驱。②

　　卢卡奇的深刻之处在于，他不仅指证了认识论在其"出身"上与宗教本体论妥协的一面，而且还指出，这种妥协不仅仅是妥协同时还是共谋。在卢卡奇看来，"妥协"之为"共谋"的一个方面是：在这一"妥协"中蕴含着现代自然科学和认识论的这样一种根本而非暂时的"企图"，即"借助某种'双重真理'的变种回避在根据给定的事实对世界进行科学的考察时所能获得的最后结果"。由此，认识论便获得了这样的"双重职能"："一重职能是（首先是本着各种严格的专门科学的精神）对科学的方法进行论证；另一重职能则是把科学的方法和结果所依赖的一些本体论基础从被承认是唯一具有客观性的现实中排除出去。因为它们是无法科学地加以论证的。"③十分明显，在"资产阶级对于宗教本体论的顾虑愈来愈少，就连有唯物主义无神论倾向的人也能宣扬自己的学说而无须顾忌报复"的19世纪和20世纪，认识论的上述双重功能非但没有削弱，反而在所谓"非意识形态化"时期，在"美国生活方式"占据似乎不可动摇的统治地位的时期，以诸如现代新实证主义等思潮的形式更彻底表达出来："现代实证主义在其全盛时期，曾把人们对存在所提出的任何一个问题，甚至把人们对某物是某物抑或不是某物这种问题所作的任何一种表态，都宣布为不合时宜的、不科学的无聊之谈。"④因此，卢卡奇多次谈道，"资产阶级哲

---

① ［匈］卢卡奇：《关于社会存在的本体论》上卷，重庆，重庆出版社，1993，第1页。
② 同上书，第1页；另参见第32、385页。
③ 同上书，第33～34页。
④ 同上书，第34～36、2页。

学占统治地位的学派"事实上不但忠实于"贝拉明的妥协"（即要求"科学应该放弃对宗教的本质的论证，而满足于对现象世界的实践研究"），而且"在一种纯粹的，持久坚定的反本体论的认识论方向上深化了它"。①

事情的另一方面是，现代认识论与传统宗教本体论的"共谋"还表现在宗教本体论本身的现代转化或者说丧失其真正的本体论功能。用卢卡奇的话说，即是"本体论的内容同样在需要拯救的现实中变得黯淡了"。卢卡奇认为，这一倾向在施莱尔马赫那里获得了"决定性的和持续一个世纪之久的深远影响"，因为，施莱尔马赫"热情地否认一种现实的宗教学说能与任何物理学或心理学有矛盾"，认为"人们越是信仰宗教，就越是随处能看到奇迹。天启也包含有一种纯粹主观的感情，这种感情能够在自身中领悟到宇宙万物的任何原始和崭新的观点"。但在卢卡奇看来，"恰恰是从这种新的、很少有宗教性的立场出发，宗教的多样性被理解为带有些必然的和不可避免的东西，任何事情也不能阻止一个人依照自己的本性和所理解的意义培养一种宗教。在宗教领域里对所有在教义上有约束力的本体论的这种彻底的否定——从客观的、历史的角度来看——不仅仅是对宗教与科学或哲学的任何可能的矛盾的扬弃，而且同时也是对作为有客观约束性的产物的宗教的扬弃。"②

因此，卢卡奇认为，认识论自近代以来在哲学思维中占据支配性地位的根由，绝不仅仅是出于对传统宗教社会力量的某种暂时的屈从，而是除了试图与传统的宗教本体论达成"体面"的"妥协"之外，还另有更为真实的历史基础。在卢卡奇看来，实际上，"在资本主义发展时期，科学和科学性的蓬勃发展，还在资产阶级的某些阶层中唤起了建立一种纯粹是世界本身所固有的、或多或少有意识地以物质存在为准的本体论的倾向。"但这种本体论倾向"常常而且最初大抵总是要力图把资本主义社会的所有重要对立通通公之于众"，而当这一倾向在霍布斯"有所突破即进而承认资产阶级实践的实在本质"，霍布斯就感到"这是一件令人不快的事"了，尤其是当马基雅弗利"毫不掩饰地道出了资本主义社会的全部实践的和意识形态的结果"时，"这种令人不快的感觉就变得更加严重了"。与这种逐渐增长的"不快"相对应的是，资产阶级"力图在唯物论者面前保持自己的社会和道德'体面'，而资本主义社会的最终的道德结果，则可以在这种'体面'当中公开地和批判地表现出来"，而这一点恰恰是通过不断强

① ［匈］卢卡奇：《关于社会存在的本体论》上卷，重庆，重庆出版社，1993，第386～388、607页。

② 同上书，第387～388页。

化"从认识论上反对彻底的唯物主义的自然和社会本体论"的思想倾向来实现的。①

当然，卢卡奇在强调认识论在近代以来的哲学思想中占据着支配性的地位之外，也并不否认一直还存在着许多与这一思想倾向相反的哲学努力。比如他说："只要指出胡塞尔、舍勒尔、海德格尔等人的哲学和法国的存在主义哲学，就足以迫使人们承认：用本体论去考察世界问题的尝试是根除不了的，就是在我们这个时代的哲学思维中，这也是不容忽视的事实。"不过，在卢卡奇看来，由于这些哲学家大多"从他们所提出的问题本身当中推导出了必须以非理性主义的态度对待现实的结论"，而即使像胡塞尔这样的"例外"，也因为他"虽然有着本体论的意图，但却始终具有认识论的形质"，因而都属于卢卡奇"不打算"进行任何"批判"的观点范围。②

在对近代以来的哲学发展路向的清理中，卢卡奇特别看重的是哈特曼和黑格尔对建构哲学本体论所做出的贡献。他称赞哈特曼在同时代哲学家中"对本体论问题具有最为敏锐的感觉"，也许是第一个"发现了从日常生活经由科学而达到本体论的道路"的人。在卢卡奇看来，哈特曼本体论哲学的出发点不仅一方面与神学相对，即"完全是世俗的"，是"从人的日常生活"出发的，而且"极其坚定地摆脱了新康德主义的片面的认识论"，也"从没有受过实证主义和新实证主义的影响"③。不过，卢卡奇同时强调，"哈特曼思想的这种不合流俗性也是他不可攀越的界限"，因为，这种长处与其说是"来自对现代错误观念的批判性的彻底思考和对这种倾向的来源进行的社会—历史的揭示"，不如说是"来自于一种从真正学识上、智力上对它们的回避"。④ 由此造成的直接的理论后果是，虽然哈特曼的思想倾向的确与康德不同，他不是"从单纯的认识状况出发"，而是"从它们的存在方式出发"，他不想研究"认识的有效性"，而是面向"存在方式的分析"，却仍然"试图用认识论的思想结构来解决重要的本体论问题"，从而以"无意识地导向认识论"方式，在"寻求一种较高级形式的本体论"时，比起"那些被他不无理由地视为过时了的方法的代表人物"来说，"更进一步地偏离了本体论"。⑤

---

① ［匈］卢卡奇：《关于社会存在的本体论》上卷，重庆，重庆出版社，1993，第35页。

② 同上书，第2～3页。

③ 参见同上书，第394、376、480～481页。

④ 同上书，第499～500页。

⑤ 同上书，第507页。

但在卢卡奇看来，哈特曼哲学更为严重的理论缺陷在于：他的"社会存在本体论只处在自然本体论的水平之下"，或者说，由于他"从本体论上忽视了形成过程"，在他的本体论中"根本没有社会存在的层次"。因此，如果说要问哈特曼的著作"对阐释社会存在本体论有什么贡献"的话，回答只能是"除了基本问题上的错误以外，什么也没有"；也因此，卢卡奇说："假如有人不顾哈特曼的所有局限性，而想使他对当今现实本体论的巨大成就富有实际成果的话，那么，他必须从哈特曼出发向前，继续追寻到伟大的辩证法家，黑格尔，首先是马克思那里。"①

卢卡奇认为，与哈特曼的本体论"忽视形成过程"从而"没有社会存在的层次"恰恰相反，黑格尔的突出贡献倒是，"在方法论上是以每一种（无论何种类型的）存在的归根结底的历史的、过程性的特征这个因素占主导地位"，因此使"存在本身不必遭受认识论的歪曲"。但黑格尔哲学也有它的问题，因为在其中，"全部存在关联的各种就其内在本质而言是本体论性质的格局"被黑格尔"通通逻辑化了"，这种"格局"也就因而"被系统地逻辑至上地解释得面目全非了"。② 也就是说，尽管黑格尔是在马克思之前"唯一一位努力把存在问题当作过程而加以把握的思想家"，尤其是他明确地提出了"历史的过程性和对象性形式的整体性所具有的重要意义"的问题，但由于他在方法论上归根结底的逻辑至上主义，使得"本体论事实被挤压进逻辑形式而在本质上受到歪曲"。在卢卡奇看来，关键的一点是，"不可逆转的过程"或过程的"不可逆转性"这一"基本事实"在根本上被黑格尔忽视了，由此黑格尔才能"用归根结底是逻辑的形式来说明他毕竟熟知的那些事实"，从而建立起逻辑学与本体论的统一。因此，深入研究黑格尔的任务就在于，批判地分析"在黑格尔的本体论中，由于逻辑原则在方法论上的支配而引起的歪曲"，同时揭示他的"辩证法的本体论基础和原则"之于马克思"社会存在的本体论"的前提性意义。③

到目前为止，我们对卢卡奇晚年重建马克思主义存在论工作的来由的考察，似乎还仅仅是停留在单纯思想史（无论是他个人的还是时代的）的范围内，似乎这仅仅是一项水到渠成的"理论"工作。但事实上，卢卡奇对这项工作可能具有的"现实"意义有很高的期待。由于"认识论"在哲学思维中占据着的支配性地位是与资本主义时代人类生存的"异化"状况

---

① ［匈］卢卡奇：《关于社会存在的本体论》上卷，重庆，重庆出版社，1993，第 508、511、529～530 页。
② 同上书，第 23 页。
③ 同上书，第 127、154、159、355～356、564～566、586 页。

紧密关联在一起的——从这一点来说,《关于社会存在的本体论》对"认识论"的批判的确是《历史与阶级意识》中对资产阶级思想的二律背反批判的继续,因此,卢卡奇重建马克思主义本体论的努力具有明显的为现实地扬弃这种"异化"状况做准备的主观意图。并且,无论是在《关于社会存在的本体论》,还是在《自传提纲》以及晚年的几个"访谈"中,卢卡奇多次表达了这样一个意思:时机已经成熟。因为在他看来,无论是社会主义"体系",还是资本主义"体系",自 20 世纪 60 年代以来,都日益表现出真正的"危机",而马克思主义的社会存在本体论将向世人揭示:"人向类存在迈进是当代重大问题的答案"。①

二、"关于社会存在的本体论"的基本原则与总体架构

在具体讨论卢卡奇所建构的"关于社会存在的本体论"之前,我们先简单回答一下人们常常会提出的《关于社会存在的本体论》是否已经完成的问题。按照卢卡奇本人的解释,就个人的思想努力而言无疑是已经完成了,因为正如前文所述,即便是在《关于社会存在的本体论》中多次提到的"伦理学",在卢卡奇最后的访谈中也被认为是不必要的了②;但就卢卡奇所意谓的马克思主义的"社会存在本体论"而言,《关于社会存在的本体论》一书无疑又仅仅具有"导论"的性质。因此,他在《答英国〈新左派评论〉记者问》中说:"我这部著作的名称是《关于社会存在的本体论》(Zur Ontologie des Gesel1schaftlichen Seins),而不是《社会存在的本体论》(Ontologie des Gesellschaftlichen Seins)。你们会意识到这个差别的。我从事的这项工作要得到适当的发展,需要许多思想家的集体努力。但是我希望它会表明我所说的那种日常生活的社会主义的本体论基础。"③

这里的情形与当年康德写作《纯粹理性批判》一书时颇为相似,即在作者看来,虽然作为一个完整体系的"社会存在本体论"(对康德来说是"先验哲学")尚有许多可以进一步发挥的余地,但就其基本原则和总体架构而言,又可以说是已经完成了的。因此,我们下面的讨论也将略去许许多多的细节问题不谈,而仅仅满足于以比较简明的方式来呈现卢卡奇"关于社会存在的本体论"的基本原则和总体架构。从《关于社会存在的本

---

① 杜章智编:《卢卡奇自传》,北京,社会科学文献出版社,1986,第 48~49 页,另参见第 281、291~291 页。

② 参见同上书,第 195 页:"我实际上曾打算把《本体论》作为《伦理学》的哲学基础,但是到最后,《伦理学》被《本体论》挤掉了,因为它谈的是现实的结构,而不是一种单独的形式。"

③ 同上书,第 294~295 页。

体论》一书的结构安排来看，我们对"关于社会存在的本体论"的基本原则的讨论，将主要取材于卢卡奇最后为全书撰写的近 30 万字的"序言"和所谓"历史篇"的上卷四章，而对"关于社会存在的本体论"的总体架构的讨论，则试图把下卷所谓"系统篇"四章看作一个有着内在秩序的整体。

如前文所述，在卢卡奇看来，由于认识论、逻辑学和方法论等对人们哲学思维长达几个世纪的统治，不但建构本体论的工作变得相当困难，而且本体论的问题本身也常常被视为不合时宜和毫无意义的。马克思主义之于本体论的特殊意义在于：其一，"本体论是马克思主义的真正哲学基础"，或者说，"遵照马克思的思想"，应当"把本体论设想为哲学本身"；其二，"若是试图让人们真正重新在存在的基础上对世界进行思维，那就只有通过复苏马克思主义本体论这条途径才能完成"。① 卢卡奇这么说的理由是，在以往那些旧本体论中，"存在的本质性的东西还是完全被淡化了，甚至往往完全消失了，或者充其量也只是构成了整个考察的一个近乎消失的方面"；并且，当这些哲学家们"一谈到实际上是属于社会存在本体论的问题，大抵总是出现下面两种倾向：要么根本不把社会存在同全部存在区分开来，要么就谈论一些彻头彻尾的别的东西，它们根本不再具有存在性质。"马克思主义与此相反，不仅本来就是一种"关于社会存在的本体论"，而且是唯一可能真正建立本体论的道路，因为"从来没有人像马克思那样全面地研究过社会存在本体论"。②

在这一关于马克思主义与本体论之间关系的基本定位中，蕴含着卢卡奇所理解的"社会存在本体论"的两个相互关联的方面：其一，马克思主义作为"社会存在本体论"无疑首先是一种本体论，而本体论究其实质而言乃是要"在存在的基础上对世界进行哲学思维"；其二，马克思主义作为本体论，其重要意义绝不在于仅仅是对"一般存在"的理解，而是在于深入地研究了"社会存在"。

卢卡奇所谓"在存在的基础上对世界进行哲学思维"，或者说，哲学思维必须"回到存在本身"，其初始的含义是必须"到人们的日常生活的最简单的事实当中去寻找对社会存在进行本体论考察的第一出发点"。这意味着记起"这样一个往往已被遗忘的普通道理"，即"人们只能追猎一只存在的兔子，只能采集存在的草莓"。卢卡奇断言，"任何一种思维，它的前提和结果一旦失去这个最终的基础，它就必然在自己的整体上，必然

① 参见杜章智编：《卢卡奇自传》，北京，社会科学文献出版社，1986，第 42、203 页；以及［匈］卢卡奇：《关于社会存在的本体论》上卷，重庆，重庆出版社，1993，第 36 页。
② ［匈］卢卡奇：《关于社会存在的本体论》上卷，重庆，重庆出版社，1993，第 4、370 页。

在自己的最终结果方面，因主观主义而自行瓦解。"①

这样一种"回到存在本身"的要求，是直接针对所谓"认识论"思维倾向的。卢卡奇十分了解以康德为代表的认识论哲学转向对"对象"之客观性的消解，而"像卡尔纳普那样的新实证主义理论家"，更可以"极少引起矛盾地引证下述道理：譬如工程师们在测量一座高山时，他们在哲学上对这座高山的存在性质取何态度，对他们的测量活动的结果是毫无影响的"。然而，卢卡奇所要坚持的是，正如"在人类靠采集食物为生的时代，人只能采摘存在着的莓果"，同样，"在高度发达的技术控制时代，人只能测量现实存在着的山岭"。他甚至多次提到这样一个极端的例子："从认识论上说，人们尽可以把马路上跑的汽车说成是感觉印象、表象等；但是，如果我被一辆汽车从身上辗压，那么这时毕竟不是我的关于汽车的表象同我的关于我自己的表象发生了碰撞，而是我的作为活人的存在被一辆存在着的汽车在存在中伤害了。"②

不过，卢卡奇明确意识到，在哲学思维的整个过程中贯彻"从存在出发"或"回到存在本身"的原则绝非易事：一方面，如果"从哲学上加以一般化"，那么上述"事实"的证明力量就会"在我们认识存在时所面临的那些关系的整体(这个整体代表着我们关于自己的实践、关于自己的实践基础的理解的一般水平)面前失灵"，之所以如此，是因为随着人类社会的发展，人与自然之间已经产生了许许多多的"社会中介关系"，人们所面对的不再仅仅是诸如兔子、莓果和高山之类的直观之物。另一方面，即便是"在日常生活中，现实存在也常常以极其颠倒的方式显示出来"，而这一点是由"人类存在的这样一个基本事实"所决定的，即"人们永远不能在完全认清了自己的抉择及其后果的全部因素之后再采取行动"。因此，如果说"在人类社会的原始阶段，存在事实的影响自然直接显得更加强大"，但与此同时，"未知和误知事物的因素"也必然以"在类比基础上被投影到现实中去"的方式"对主体起了无法比较的更加强大的影响"。③

因此，卢卡奇认为，"从直接的日常生活出发"固然应当是一切本体论哲学的基本出发点，但同时又必须"超越这种直接性"，才能把握住"作为真正的自在的存在"。而"超越直接性"意味着人们"必须从自己在把握存在时所使用的那些思维手段的最简单的存在性质的基础上，不断对这些手段进行批判的考察"，并且不仅仅是"对那些高度发展的社会存在的

① ［匈］卢卡奇：《关于社会存在的本体论》上卷，重庆，重庆出版社，1993，第 4 页。
② 同上书，第 7 页，并参见第 37 页。
③ 同上书，第 4、7 页。

表现形式"，而且也"不断地对日常生活运用这种批判方法"。① 由于必须就"存在形式"的"存在性质"进行"本体论批判"的要求，被引入到对"存在"的基本理解，所谓"从存在出发"或"回到存在本身"的原则也就失去了其单纯直接性的面目而获得了更为丰富的内涵，用卢卡奇的话说，这便是："只有把存在的基本属性始终理解为是一个从本质上说是历史的发展过程的诸多方面，并且——根据处在一定存在形式之中的特定的历史特征——把这些属性置于批判的考察的核心位置，才能真正做到回归存在本身。"②

正是在这个关于"存在"以及"从存在出发"或"回到存在本身"原则的具体的表述中，提示出卢卡奇特别强调和反复申说的、他所理解的马克思主义本体论的两个核心规定：存在的"历史性"（过程性）与存在"对象性"（范畴性）——所谓"把存在的基本属性始终理解为是一个从本质上说是历史的发展过程的诸多方面"，也就是坚持存在的"历史性"原则，或者说"坚持把历史性当作每一种存在认识的基础"；而所谓"根据处在一定存在形式之中的特定的历史特征"，把存在的基本属性"置于批判的考察的核心位置"，也就是意味着建立真正马克思主义的本体论或范畴学说，因为在卢卡奇看来，"范畴"即是"存在形式、存在规定"。下面我们将会看到，这两个核心规定实际上也是内在关联在一起的。

卢卡奇认为，"根据马克思主义的正确理解，存在的历史性（这种历史性乃是存在的基本特征）构成了正确地理解所有问题的本体论出发点"，并且，"马克思早在青年时期就已把这种对于任何存在均为有效的历史性当作他的方法的核心：'我们仅仅知道一门唯一的科学，历史科学。'"不过，在卢卡奇看来，当马克思"以一种完全不受束缚的思想方式，把不可逆性视为过程最本质的标志，作为过程总体而得到保持和发展的存在就在这些过程中表达出来"，是直接从人类最基本和最无可辩驳的日常生活经验之一出发的："已经发生的事，既然已经发生，实际上就不能再被当作未发生的事看待"。但仅仅是这一基本经验，距离"认识客观存在过程的不可逆性"还相当遥远。③

如果要坚持把历史性当作每一种存在认识的基础，就不仅意味着必须把这一存在不可逆转的基本经验扩展到存在总体，即意味着必须"用整

---

① 参见［匈］卢卡奇：《关于社会存在的本体论》上卷，重庆，重庆出版社，1993，第5、37页。
② 同上书，第37页。
③ 同上书，第38、101、356页。

体在本体论上的存在优先性去取代'物性的'存在观"。更重要的是，必须"把这个命题与范畴的合乎存在性，与实践，与作为社会存在基础的目的性活动联系起来加以理解"。① 也就是说，存在的"历史性"原则必须在马克思主义的范畴学说，尤其是在关于社会存在的本体论中得到进一步的具体化。

在卢卡奇看来，这种"具体化"之所以是正当而且必须的要求，是因为"任何存在都是具体的、对象性的"，或者说，"存在"与"对象性"之间有着"本原的、无法消除的统一"，而"范畴作为特定的存在形式只不过是对象性所具有的持续、过程化的相互作用中那些存在的、变化着的一般性因素"，就其合乎存在性而言也就是对象性。因此，卢卡奇关于存在、范畴和历史性之间关联的总体理解是：一方面，就"范畴"在马克思本体论中的地位而言，"范畴的特征作为每个存在的定在形式、对象的实存规定性，作为每个存在不可分割的标志，都属于那些从每个存在的作为本体论特征的一般历史性中产生出来的基本规定"；另一方面，就"历史性对范畴学说所具有的本体论意义"而言，"历史就是范畴转变的历史"，而马克思主义的范畴学说也就是马克思主义的本体论。②

如果说坚持存在的"历史性"（不可逆转的过程性）和"范畴性"（对象性）是卢卡奇阐发马克思主义本体论的两个核心规定的话，那么，关于"三大存在类型"的学说则是卢卡奇从"一般本体论"向"社会存在本体论"的必要过渡，并且同时也可以说是对存在总体的"历史性"和"范畴性"内涵的最概括的揭示。

在卢卡奇看来，马克思主义本体论的最大贡献无疑是关于"社会存在"的学说，但即便是"要想能够哪怕只是近乎明智地表述"社会存在的本质与特性的问题，也就不应忽视"一般的存在问题"，更确切地说，就不应忽视"无机自然、有机自然和社会这三大存在类型之间的关联和差别"。也就是说，必须把握三大存在类型"在起源方面的共同关联性和在质的方面的差异性"。其中的重要内容是，就三大存在类型在质方面的分别来考察各自存在形式或范畴的联系与差异，以避免"范畴"的跨界运用，而尤其重要的是，从"因果关联与目的论"差别出发去澄清社会存在之于无机自然和有机自然的特殊性。后者恰恰是卢卡奇论述"劳动"这一社会存在本体论的基础范畴时的核心内容。③

① ［匈］卢卡奇：《关于社会存在的本体论》上卷，重庆，重庆出版社，1993，第134、282页。
② 同上书，第319～320、369页。
③ 同上书，第3、17页。

　　到此为止，尽管已经略去了许多细节问题，我们的讨论似乎还仅仅是到达了卢卡奇关于社会存在本体论的门口。但如果我们确实遵循卢卡奇本人的思路去理解的话，那么很显然，无论是"从存在出发"或"回到存在本身"的初始原则，还是"存在"的历史性问题、存在的对象性或范畴与存在的关系问题，以及三大存在类型的差异性与统一性的问题等，实际上在廓清地基的意义上已经是关于社会存在本体论的有机组成部分。接下来，我们将尝试着对卢卡奇关于社会存在本体论的正面探讨作同样非常简略的概述。

　　与《关于社会存在的本体论》一书上篇"历史"的叙述视角不同，下篇明显具有一种系统化阐述的意图。对此，卢卡奇本人也有所交代。在他看来，从《劳动》到《异化》之间的章节安排，在方法论上是追随类似于马克思《资本论》的思维结构的（间接地说也是追随黑格尔的"逻辑学"）。因此，从"劳动"到"异化"的讨论，表现为一种在思维上由抽象到具体的过程；在这个过程中，基本范畴的阐发将获得不断深入和不断丰富的内涵。[1]

　　正如黑格尔的《逻辑学》和马克思的《资本论》一样，卢卡奇"关于社会存在的本体论"的出发点也是慎重选择的结果："要想从本体论上阐明社会存在的诸多特殊范畴，阐明它们是如何从早先的存在形式中产生的，阐明它们是如何与这些形式相联系并以这些形式为基础的，阐明它们与这些存在形式的区别，那就非得从分析劳动开始不可。"[2]在卢卡奇看来，以"劳动"为起点在方法论上的便利之处是：一方面，就其本质而言，"作为存在形式的具体的社会性整体"中的所有其他范畴均已是"纯社会性"的了，也就是说，"无论它们的表现方式尚属多么原始，但它们毕竟是以业已完成的飞跃为前提的"，而"只有劳动才具有一种明显的过渡特征"；另一方面，"构成社会存在新本质的所有规定性，都总括地包含在劳动之中了"，因此，可以"把劳动当作一种原始现象，当作社会存在模式加以考察"，澄清劳动的基本规定性就会使我们获得"关于社会存在基本特征的清楚图像"。[3]

　　在卢卡奇看来，马克思关于"最蹩脚的建筑师从一开始就比最灵巧的蜜蜂高明"的那段名言，清楚地道出了"劳动"这个本体论上的核心范畴的本质："在自然中只有种种现实性以及它们的一定的具体形式的不断变

---

① 参见［匈］卢卡奇：《关于社会存在的本体论》下卷，重庆，重庆出版社，1993，第 5 页。

② 同上书，第 1 页。

③ 同上书，第 4～5 页。

化，即一定的异在。恰恰是马克思关于作为通过目的论而造出的存在物的唯一实存形式的劳动的理论，才第一次论证了社会存在的特性。"①认识到"目的论设定"就是"劳动"或"社会存在"的本质规定，其重要意义在于："我们所知道的最高级的存在形式即社会存在，只是由于目的论的东西在它内部现实地发挥作用，才能作为独特的存在结构而从它的实存赖以为基础的那种有机生命的存在阶段中形成出来，成为一种新的独立的存在类型。只有当我们理解到，社会存在的形成过程、它对自己的基础的超越以及获得独立的过程，都是以劳动，也就是说，都是以不断实现目的论设定为基础的，我们才能合理地谈论社会存在。"②

"目的论设定"之所以是"劳动"或"社会存在"的本质规定，乃在于它在人类的发展方向上产生了一系列不可逆转的本体论结果：首先，在劳动中，在目的和手段的设定中，"意识"随着自我指导的行为即目的论设定而过渡到了一个更高级的阶段，也就是"不再是本体论意义上的伴随现象"；其次，与"意识"地位发生质的变化相应的是，"在作为设定劳动目的和劳动手段的前提的、对现实的反映中，人使自己脱离了自己的环境"，"主体与客体的对立"或者说"存在及其在意识中的反映"的"二元性"成为"社会存在的一个基本事实"，因为"和社会存在相比，先前的存在类型是严格统一的"，而人恰恰就是凭着这种"二元性"而脱离于动物界的。③

出于方法论上的"科学抽象"的要求，卢卡奇在"劳动"章中把自己对"社会存在"的本体论讨论始终限制在这样几个关键点上：目的论设定之为劳动的本质规定，劳动是一切社会实践的基本模式，以及作为劳动的一个直接结果，乃是主客体关系的产生以及其中现实地发生的主体在客体面前所保持的距离等。在接下来的"再生产"和"观念的东西与意识形态"两章中，所谓"劳动"分析的"科学抽象"便被打破了。

在"再生产"一章中，卢卡奇引入的新的分析要素是"劳动"的社会性（分工和诸多存在整体的形成）以及与此密切相关的"人"与"社会"或"个体"与"类"之间的辩证关联，由此将分析领域从本来意义上的或狭义的"劳动"（人与自然之间的物质变换）扩展到整个"经济领域"。在卢卡奇看来，如果说"劳动"是自然界向社会存在转变的"跨界"因素的话，那么"经

---

① 参见[匈]卢卡奇：《关于社会存在的本体论》下卷，重庆，重庆出版社，1993，第7、25页。

② 同上书，第13页。

③ 参见同上书，第25、27、30页。

济领域"的再生产则是整个社会存在不断"社会化"过程中的"跨界"因素。因为，正如"劳动行为必然地并且不断地指示着要超出自身"一样，即使在"最简单、最基本的社会经济生活范畴"中，人们也能察觉到"它们自身包含的这样一种趋势，即它们不但被连续不断地再生产着，而且这种再生产还具有一种上升、过渡到更高级的社会经济形式的内在趋势。"这种"内在趋势"，简单来说，也就是所谓人的"合类性"的不断发展和"自然限制的不断退却"。①

与"再生产"一章的开展方向不同，卢卡奇在"观念的东西与意识形态"这一章中突出讨论的是，意识或者说观念因素在经济领域和整个社会存在中的本体论地位，以及与观念因素的本体论地位密切相关的意识形态问题。如果说，"再生产"一章是从"社会存在再生产"过程中无法扬弃的个体性与合类性的辩证关系来打破"劳动"分析的抽象的话，那么，"观念的东西与意识形态"一章则是从这同一个过程中同样无法扬弃的意识与存在的辩证关系来打破这一抽象的。当然，卢卡奇始终都在强调一点，即"人的目的论设定"是"社会存在的根本统一的结构、社会存在的诸多'要素'在存在中的最终的统一性以及社会存在的积极地运动着的力量"；但在讨论"观念因素"的本体论地位时，卢卡奇特别强调了在"人的目的论设定"中所包含的"一件事实"，即"在每个这样的设定中，出发点必然是由观念因素构成的"，并由此把"人"概括为"一种作出回答的存在物"。②因此，"意识"或"观念"作为社会存在的"要素"，其根源就在社会存在的初始形式即劳动中。之所以直到第三章才突出地讨论"观念因素"的本体论问题，固然是方法论上"科学抽象"的需要，除此之外还有一个重要理由是：尽管"意识"或"观念因素"是社会存在的源始规定，尽管人类在原始社会的种种巫术就已经是宽泛意义上的意识形态，但意识形态作为社会存在整体中的一个局部整体而获得表面上越来越独立的存在形态，却毕竟是社会存在的中介因素已经高度发展之后的事情。在卢卡奇看来，某种"意识"或"观念因素"发展为"意识形态"的前提是，它必须实际地变成"克服社会冲突的理论或实践的工具"，这意味着它从根本上说乃从属于"那些以改变他人意识为直接意图的目的论设定"，而不是"直接以社会和自然界之间的物质交换为准的目的论设定"。③

---

① 参见［匈］卢卡奇：《关于社会存在的本体论》下卷，重庆，重庆出版社，1993，第140、147、153页。

② 同上书，第410页。

③ 参见同上书，第491、411页。

《关于社会存在的本体论》"系统篇"的第四章"异化",初看起来似乎与前三章不相连续,是在单独讨论一个复杂问题。但按照卢卡奇内在的思路来看,我们会发现,只是到了"异化"这一章,卢卡奇关于"社会存在"的整个本体论讨论才算是真正从最初的"科学抽象"进入了思想中的"具体",即进入了思想中的"历史"和"当代"。因而正是在这一章,卢卡奇整个理论工作的实践旨趣也得到了最充分的表达。在卢卡奇看来,"异化"仅仅是一种社会历史现象,意思是说,"它于存在发展到一定高度时出现,尔后便在历史上获得总是不同的、日益确切的形式,所以异化现象的性质同一般'人类条件'毫不相干,更谈不上它将具有宇宙普遍性。"①"异化"的核心问题或本体论根源在于,"人与自己的、不再无声的、但在矛盾中大抵只能错误地表现出来的合类性之间的这种基本关系当中存在的这种客观的、似乎是无法扬弃和不可解决的矛盾性"。② 这种矛盾性之所以是"客观的",是因为"对象化与外化"(或者说人的"能力发展与个性发展")之间的辩证对立是人类"异化"时代的基本特征之一;而这种"客观的"矛盾之所以又仅仅是"似乎无法扬弃和不可解决的",乃是因为,"完整的个性与自为的合类性之间的联系是能够真正克服类的'无声性'",因而最终克服"异化"的,而这意味着人类"史前史"的终结。③

卢卡奇对"异化"问题探讨的深入之处,同时也使"异化"章与前三章有机关联在一起的地方是,在指证了"异化"问题的上述"本体论根源"之后,卢卡奇特别强调了"异化"现象在"经济基础"和"意识形态"方面的规定性:(1)"每一种异化都是一种以社会经济为基础的现象,除非使经济结构发生决定性的变化,否则,任何个人行动也不能根本改变这种基础";(2)"任何一种异化,无论其存在是何等坚实地取决于经济,但若没有意识形态的形式作为中介,它是永远都不能够得到相应的发展的,因而我们也就永远都不能够从理论上正确地、从实践上有效地克服它"。④最后,正是以对"异化"现象的这些基本理解为前提,卢卡奇提出了从社会存在本身出发分析马克思主义诞生以来的资本主义时代及其意识形态状况的理论任务,并花了不小的篇幅考察了法西斯主义,以及以"全面控制"和"非意识形态化"为重要特征的晚近资本主义等意识形态样式,再度重申了回到真正马克思主义道路的巨大理论意义和实践意义:在卢卡奇

---

① ［匈］卢卡奇:《关于社会存在的本体论》下卷,重庆,重庆出版社,1993,第614页。
② 同上书,第230页。
③ 同上书,第660、644页。
④ 同上书,第674～675、811页。

看来，"对于当前的资本主义危机以及摆脱这种危机的出路来说，理论上的（以及将会变成实践上的）核心问题，乃是人们在资本主义控制制度的影响下对现实所产生的错误态度以及克服这种错误态度的问题"，而真正的马克思主义的使命恰恰在于"使世界认清本身的意识，使它从迷梦中惊醒过来，向它说明它的行动的意义"①。

三、《关于社会存在的本体论》在存在论上的根本局限

卢卡奇"关于社会存在的本体论"的具体阐释，内容无疑是丰富而又纷繁复杂的。上文所做的仅仅是就其纲领性的内容作一粗略的概述。而我们所真正关心的也只是，所谓"关于社会存在的本体论"究竟在哪些方面和怎样延伸或扩展了对马克思主义哲学存在论基础的理解，以及这种引申或扩展本身的哲学性质如何？接下来我们将就这些纲领性的内容做一些粗浅的分析。

为了方便起见，我们首先要考察的是，卢卡奇建构"关于社会存在的本体论"的努力是否或在多大程度上实现了"在思想深处"纠正《历史与阶级意识》的"错误"并对其中提出的问题"作科学的马克思主义的说明"的愿望。② 若从哲学存在论基础上来说，这一考察所要追问的则是"关于社会存在的本体论"是否以及在多大程度上超越了《历史与阶级意识》或者说黑格尔哲学的基本立场？

前面我们提到，在晚年卢卡奇看来，《历史与阶级意识》最突出的特点在于，"与作者的主观意图相反，它在客观上代表了马克思主义史内部的一种倾向，这种倾向的所有各种表现形式，不论它们的哲学根源和政治影响是如何极不相同，也不论它们是愿意还是不愿意，都是反对马克思主义的本体论的根基的。"③这种"反对马克思主义的本体论的根基"的倾向，首先针对的是屈从于实证主义等流行意识形态的庸俗化的马克思主义，即一般世界观上的"机械唯物主义"、历史观上的"经济决定论"和认识论上的"摄影"式的机械反映论等。从哲学存在论基础上来看，其实质是要取消第二国际理论家赋予费尔巴哈在马克思主义阐释中的优先权，将"马克思直接衔接黑格尔"④。尽管从实际的历史效果来说，"黑格尔辩

---

① ［匈］卢卡奇：《关于社会存在的本体论》下卷，重庆，重庆出版社，1993，第904、907页。参见《马克思恩格斯全集》第47卷，北京，人民出版社，2004，第66页。
② 参见卢卡奇：《历史与阶级意识》，北京，商务印书馆，1992，第34页。
③ 同上书，第10页。
④ 同上书，第16页。

证法的复活狠狠打击了修正主义的传统”，但正如我们前面所指出的，卢卡奇将“马克思直接衔接黑格尔”的努力，最终证明不过是黑格尔哲学中费希特因素的扩大与充盈，并无可奈何地沦为黑格尔哲学的片段与支脉。

而按照卢卡奇本人的说法，上述倾向在《历史与阶级意识》中表现出来的直接的理论后果是：由于“将马克思主义仅仅看作一种关于社会的理论、社会的哲学，因而忽视或者否认它同时也是一种关于自然的理论”，认为“只有关于社会以及生活于其中的人的知识才与哲学有关”，因此“对我那里提供的经济学观点产生了直接的影响，并导致一系列根本性的混乱”，取消了“造成资产阶级世界观和社会主义世界观之间真正彻底区别”的“关于自然的唯物主义观点”，进而妨碍了对“实践”和“经济基础”等马克思主义概念做出清晰的阐发，并彻底“遗忘”了具有鲜明的马克思主义特征的、“作为社会与自然之间物质变换的中介”的“劳动”范畴。而这意味着，“马克思主义世界观的最重要的现实支柱不见了”，从而，“以最激进的方式推断马克思主义根本革命内涵的尝试失去了真正的经济基础”①。

作为回应，在《关于社会存在的本体论》中，卢卡奇不仅在本体论上恢复了“自然”（无机界和有机界）相对于“社会存在”的优先地位，而且赋予了“劳动”以“第一实践”的地位，并认为由此找到了理解和阐发“社会存在”的奠基石。但问题是，理论基础上所做出的这样的“修正”，是否就真的使卢卡奇超出了其早期存在论基础的黑格尔主义定向，从而更切近于马克思哲学的存在论境域了呢？

我们首先来看所谓“本体论上的优先地位”问题。卢卡奇认为，“如果我们说一个范畴相对丁其他范畴具有本体论上的优先地位，那么我们所指的仅仅是：一个范畴可以离开另一个范畴存在，相反的情况就存在来说是不可能的”。由此，卢卡奇说，“所有唯物主义的中心命题，即存在相对于意识，它具有本体论上优先的地位，在本体论上这无非是说：一种存在即使没有意识也可以存在，而任何意识都必须以某种存在的东西为前提和基础。”同样也可以说，“人的存在的生产和再生产”相对于人的其他实践功能具有“本体论上的优先地位”②。

卢卡奇的一个致命错误是，在性质上把所谓“社会存在本体论”中的优先地位问题和“一般本体论”之于“社会存在本体论”的优先地位问题完

①　参见［匈］卢卡奇：《历史与阶级意识》，北京，商务印书馆，1992，第10～12页。

②　［匈］卢卡奇：《关于社会存在的本体论》上卷，重庆，重庆出版社，1993，第664～665页。

全混同起来了。一般说来，马克思确实赋予了"生产"在社会存在领域中的优先地位。针对唯心主义关于人的种种歪曲理解，他写道："可以根据意识、宗教或随便别的什么来区别人和动物。一当人开始生产自己的生活资料的时候，这一步是由他们的肉体组织所决定的，人本身就开始把自己和动物区别开来。"①这里暂且按下对所谓"人的存在的生产和再生产"的具体理解不谈，而仅仅是指出：对"生产"在社会生活中的优先地位的肯定，绝不蕴含着对"一般本体论"之于"社会存在本体论"具有优先地位的肯定。

相反，马克思在《德意志意识形态》中对费尔巴哈直观唯物主义所谓的"外部自然界的优先地位"问题提出了明确的批评，指出这一问题的出现首先是以"人被看作某种与自然界不同的东西"为前提的，而"先于人类历史而存在的那个自然界，不是费尔巴哈生活其中的自然界；……因而对于费尔巴哈来说也是不存在的自然界。"坚持自然界的优先地位的唯物主义者费尔巴哈，由于"从来没有把感性世界理解为构成这一世界的个人的全部活生生的感性活动"，因而根本不能理解历史即不能理解社会存在："当费尔巴哈是一个唯物主义者的时候，历史在他的视野之外；当他去探讨历史的时候，他不是一个唯物主义者。在他那里，唯物主义和历史是彼此完全脱离的。"②

当卢卡奇一再强调"一般本体论或更具体地说是无机自然本体论"相对于"有机自然界"和"社会存在"，以及"有机自然界"相对于"社会存在"的优先地位时，无疑犯了和费尔巴哈同样的错误：这种抽象的"唯物主义"思想前提，不是通达而是从一开始就阻碍了对历史或社会存在的真正理解。这样一种抽象的唯物主义，即使是相对于卢卡奇本人的早期思想而言也是严重的衰退。

在《历史与阶级意识》中，卢卡奇已经正确地揭示了，以抽象"物质"（与人分离的自然界）为基础的、现代哲学和自然科学的"唯心主义"的或者说"资产阶级思想"的性质——恰恰由于这一"抽象"，使得它们在取得形式普遍性的"精确性"的同时必然导致无法克服的形式与内容、理性与非理性的根本对立：（1）"这些学科让最终是其根据的物质基础停留在非

---

① 《马克思恩格斯选集》第1卷，北京，人民出版社，1995，第67页。
② 参见同上书，第77~78页。关于这一问题的相关讨论，还可以参见《1844年经济学哲学手稿》中对"创世说"的批评：关于人以及自然界的发生学追问本身是一种思维上抽象的产物，这种抽象的思想方式不可能理解"自然界的和人的通过自身的存在"，不可能理解历史或社会存在的真正基础即"感性活动"。

理性('非创造性''既定性')之中，而不加触动，以便在这样形成的、封闭的、从方法论上加以净化的世界中，能不受阻挡地运用可以不成问题地加以运用的知性范畴。这些范畴将被运用于'理念的'物质，而不再运用于（甚至各学科的）真正物质基础。"（2）"而哲学——自觉地——对各学科的这一做法不加干涉。是的，它把它的这种放弃看作是一种至关重要的进步。"（3）现代哲学和自然科学体现出来的资产阶级社会发展的双重后果是，"它日益控制着资产阶级社会存在的细节，使它们服从于它所需要的形式，但同时，也日益失去了从思想上控制作为总体的社会的可能性。"①

　　与《历史与阶级意识》激进地批判现代哲学和自然科学共属一体的"资产阶级思想的二律背反"不同，《关于社会存在的本体论》转而对现代自然科学的本体论贡献赋予了过高的期望。晚年卢卡奇批评哈特曼没有充分吸收当代自然科学尤其是生物学的发展成果，认为"马克思主义实现了科学与哲学之间的新的和独特的联系"，可以通过"哲学和科学彼此从本体论上进行批判"以及通过哲学和科学对"日常生活本体论"的批判，来建立真正的"关于社会存在的本体论"②。但是，很明显，无论是卢卡奇所说的"哲学与科学"彼此之间的本体论批判，还是哲学和科学对日常生活本体论的批判，非但都没有触动反而是直接承认了马克思所揭示的、自然科学的"抽象物质的方向或者不如说是唯心主义的方向"，因为晚年卢卡奇完全信赖现代自然科学的客观性归根结底是对所谓"存在本身"的揭示，并天真地接受了现代自然科学关于无机自然、有机自然和社会存在的范畴划分以及由此而来的抽象的世界图景，从而在根本上遗忘了马克思关于"纯粹的"自然科学本身也是人类一定历史时期感性活动产物的论断。③

　　这里，或许我们可以退一步，即把卢卡奇所谓"一般本体论"之于"社会存在本体论"的优先地位问题看作他长期处于斯大林主义支配下的不得不采取的某种言说策略的遗留物，而直接来从他晚年精心建构的"关于社会存在的本体论"本身出发来判断他的存在论得失。但接下来的考察将会表明，这种划界的做法实际上是徒劳的，也就是说，卢卡奇关于"一般存在"与"社会存在"关联的理解对于他的"社会存在本体论"而言绝不是一种

---

　　①　参见［匈］卢卡奇：《历史与阶级意识》，北京，商务印书馆，1992，第189～191页。
　　②　［匈］卢卡奇：《关于社会存在的本体论》下卷，重庆，重庆出版社，1993，第607～608页。
　　③　参见《马克思恩格斯全集》第3卷，北京，人民出版社，2002，第306～307页。另参见《马克思恩格斯选集》第1卷，北京，人民出版社，1995，第77页。

外在的想法。

因为在卢卡奇看来，"作为任何一种存在物的基础，一般本体论或更具体地说是无机自然本体论之所以是一般的，乃是因为没有哪一种存在物不是以某种方式以无机界为其存在基础的。在生命中出现了新的范畴，但它们只有在一般范畴的基础上，只有在与一般范畴的相互作用中，才能发挥自己存在的影响。同样，后来又出现的新的社会存在范畴，它们与无机界和有机界的范畴关系亦如此"①。而当卢卡奇把无机界和有机界意义上的"存在"视为"社会存在"无法扬弃的基础时，意味着所谓"社会存在本体论"中的优先地位问题不仅仅在形式上与"一般本体论"和"社会存在本体论"的关系相类似，而且在核心内容上有本质的关联。也就是说，所谓"社会存在本体论"中的优先地位问题将被直接归结于社会存在内部一系列的"自然性"因素的优先地位问题。其最突出的表现是，"劳动"被理解为因果性（合规律性）和目的论因素的统一，其中因果性因素代表着"劳动"自然性方面；"人"被理解为生物学的规定性和社会性的统一，其中"生物学的"规定性被看作人的所谓"不可扬弃的"自然基础。

正是在关于"劳动"和"人"的上述基本理解的基础上，卢卡奇提出："人的生物学意义上的再生产作为人的经济活动的出发点而具有存在优先性，这种经济活动乃是人的其他一切具有越来越纯粹的社会性的活动在本体论和发生学上的基础，这两点就是使得辩证唯物主义（即马克思主义的一般哲学）与它的社会历史发展学说（即历史唯物主义）不可分割地结合起来的本体论根据。……只是在一种辩证唯物主义本体论的基础上，历史唯物主义才获得了它的内在必然性，才获得了它的坚实的科学根据。"②

十分遗憾的是，当卢卡奇把"历史唯物主义"的"科学根据"导回到"辩证唯物主义"，而所谓"辩证唯物主义"又被理解为人的"生物学意义上的"存在和人的"社会性"活动无法扬弃的对立及其辩证关联时，卢卡奇实际上已经完全远离了马克思的"历史唯物主义"。

我们上文提到，马克思确实也赋予了"生产"在社会存在领域中的优先地位。但与此同时，为了从一开始就杜绝纯粹从生物学的方面来理解"人的存在的生产和再生产"，马克思立刻强调了这种生活资料的生产本身"不应当只从它是个人肉体存在的再生产这方面加以考察"，而应当看

---

① ［匈］卢卡奇：《关于社会存在的本体论》上卷，重庆，重庆出版社，1993，第372页。
② 同上书，第181页。

到"人们生产自己的生活资料，同时间接地生产着自己的物质生活本身"①。也就是说，这种生产着人类的"物质生活本身"的"生产"活动或"劳动"，根本不意味着以自然因素和社会因素的二元对立为基础的关于"生产"（劳动）和"人"的形而上学理解，相反，其存在论内涵应当从马克思的"对象性活动"或"感性活动"得到恰当的阐明。简单说来，人之为人作为"对象性的活动"或"感性活动"，意味着"自然界的和人的通过自身的存在"，意味着"自然界的人的本质，或者说人的自然的本质"的生成过程。②

与其说通过"对象性活动"或"感性活动"来理解的"生产"或"劳动"是以"自然"和"社会"的根本对立为前提的，倒不如说这种二元对立本身以及建立在这一基础上的关于"劳动"和"人"的形而上学理解，可以也应当在人类特定历史时期的"对象性活动"或"感性活动"的基础上得到解释和说明，而不是相反把某一特定时代（实际上就是现代）关于"劳动"和"人"的抽象理解看作它们自然而永恒的规定。但不幸的是，后者恰恰是卢卡奇晚年重建马克思主义存在论的基石所在，而从"对象性活动"或"感性活动"来理解的"生产"或"劳动"则是完全落在了他的思想视野之外。

在卢卡奇的学生赫勒看来，哈贝马斯重建历史唯物主义的努力在许多方面受到了《关于社会存在的本体论》的启发。③ 但究其实质来说，这种"启发"与其说是"启发"，不如说乃是批判的对象和有待克服的理论前提。我们甚至可以说，如果不把苏联教科书体系关于"劳动"和"人"的形而上学理解以及卢卡奇在这一基本立场上所做的精致化努力，看作是哈贝马斯重建历史唯物主义实际的理论前提的话，我们就很难理解为什么哈贝马斯会把马克思的"劳动"理解为纯粹技术性的活动。

此外，卢卡奇关于马克思主义的"劳动"和"人"阐释的形而上学性质，同样可以从一般西方学者对马克思主义的误读性批评中看出来。其中，最深刻的批评无疑来自海德格尔。海德格尔不仅在《关于人道主义的书信》中指证了关于"人"＝"理性"＋"生物性"理解的"人道主义的"即"形而上学的"性质，而且指证了已经在黑格尔《精神现象学》中的得到了先行思考的"劳动的现代形而上学的本质"④。并且，他在晚年的讨论班中还特

---

① 参见《马克思恩格斯选集》第1卷，北京，人民出版社，1995，第67页。
② 参见《马克思恩格斯全集》第3卷，北京，人民出版社，2002，第309、307页。
③ 参见［匈］卢卡奇：《关于社会存在的本体论》，重庆，重庆出版社，1993，中译本序第37页。
④ 参见［德］海德格尔：《路标》，北京，商务印书馆，2000，第380～383、401～402页。

别批评了马克思关于"人"的理解具有一个完全黑格尔主义的"理论"前提，批评马克思关于"人"和"生产"的理解就是今天占据统治地位的关于"人"和"生产"的形而上学理解，即"现时代的人"和"当今之生产"①。如果从马克思本人的思想实际出发，这些深刻的批评无疑包含着同样深刻的"误解"，但如果从与海德格尔同时代的马克思主义思想状况出发，比如从卢卡奇晚年重建马克思主义存在论的最后归宿出发，那么海德格尔的上述批评无疑是切中肯綮的。

因此，尽管晚年卢卡奇在主观上有"在思想深处"纠正《历史与阶级意识》的"错误"并对其中提出的问题"作科学的马克思主义的说明"的愿望，他所谓从"存在本身"出发来重建马克思主义存在论努力，最终证明非但没有超出黑格尔哲学的基地，反而回到了几乎是"前康德"（18世纪）的"唯物主义"或者说外在的、朴素的"客观性"的基础之上。并且，建立在这个形而上学的"唯物主义"基础之上的整个建构"关于社会存在的本体论"的努力，根本不是马克思意义上的"历史科学"的延续或扩展，而是成了类似于黑格尔"逻辑学"或"应用逻辑学"意义上的关于"社会存在"的范畴论。

---

① 参见［法］F. 费迪耶等辑录、丁耘摘译：《晚期海德格尔的三天讨论班纪要》，载《哲学译丛》，2001年第3期。

第二章　柯尔施对马克思主义的
阐释定向及其存在论基础

柯尔施作为西方马克思主义的早期代表之一，其地位仅次于卢卡奇，故而常常被人们尊为西方马克思主义传统中的"亚圣"。不过，为柯尔施带来如此之高的地位和声望的，却主要是一篇短短几万字的经典论文《马克思主义和哲学》，因此大有"以孤篇压全唐"的意味。《马克思主义和哲学》在理论上的重要性在于：它与同年发表的卢卡奇的《历史与阶级意识》一起，不仅对第二国际的"庸俗马克思主义"进行了猛烈的批判与抨击，而且由此开启了一个对马克思哲学阐释定向的决定性反拨。

本章将从以下几个方面来探讨这一批判性的反拨：柯尔施指证了庸俗马克思主义的要害乃是无批判地陷入于现代形而上学的主导观念和现代意识形态的基本幻觉——科学实证主义，即在轻忽马克思主义之"哲学方面"的同时，完全从属于非辩证的知性科学立场；对马克思哲学予以重新阐释的核心定向因此就在于恢复其革命的辩证法，恢复实践批判行动和革命意志在马克思哲学基础中的本质重要性；由于柯尔施在存在论基础上的局限性，使得马克思的哲学革命之深切的存在论意义落到了他的视野之外，并从而使得他对马克思哲学的阐释就其实质而言仍不得不依循黑格尔主义的基本定向。

第一节　对第二国际庸俗马克思主义的批判

柯尔施的工作初始是独立的，我们的意思是说，并没有什么证据表明他一开始就受到卢卡奇的重要影响——也许是时代状况本身提示了具有类似性质的主题。《马克思主义和哲学》与《历史与阶级意识》相当一致的主要之点在于：同样激烈地批判了第二国际理论家的"庸俗马克思主义"，特别是批判了他们的宿命论和机械论倾向；同样强调了黑格尔辩证法和马克思哲学之间最关紧要的历史联系，并通过这种历史联系来揭示和突出无产阶级革命的"主观前提"。

一、批判的出发点："马克思主义和哲学"问题

在柯尔施看来，第二国际的马克思主义理论表现为一种历史性的衰

落，而这种衰落是与唯一地依循于费尔巴哈的理论相关连的，并因而是特别地与遗忘黑格尔的辩证法、与遗忘黑格尔同马克思哲学的直接联系这一事实相关连的。这样一种立场，显而易见地是与卢卡奇相当一致的，所以柯尔施在1923年就写道："就我已经能确定的观点而论，我很高兴基本上与作者(卢卡奇)的观点相合；若置于一个更广泛的哲学基础上来看，这些观点在许多方面与本书中所提出的问题相关。在我们之间的关于实质和方法的特定问题的意见分歧上，为以后的讨论着想，我保留一个更可理解的立场。"①

顺便说一句，在力图通过对庸俗马克思主义的批判而揭示革命的主观前提方面，在特别地要求对观念领域的积极介入方面，以及在强调文化和意识形态领域中开展斗争的必要性方面，柯尔施和葛兰西是相当一致的。因为在葛兰西看来，统治阶级的权力，在很大程度上，是依靠它的意识形态霸权和优势来维护、来巩固的；而这种意识形态则凌驾于现代社会的各阶级之上，虽然其实质乃是统治阶级的意识形态；因而意识形态领域的斗争，不能不是无产阶级革命的一个主要的并具有根本重要性的任务；由此一任务而提示出来的哲学境域，首先就是针对着第二国际所谓"正统马克思主义"理论的，因为这种理论根本未能提供关于革命的"主观前提"的任何一种适当理解的可能性。虽说柯尔施和卢卡奇、葛兰西在驳难第二国际理论家的哲学立场以及由此等立场而来的实证主义、机械论和宿命论倾向方面是步调一致的，但在问题的提法、解决方案的基点与路径等方面也确实不尽相同。

柯尔施非常尖锐地突出了自身的立场与"庸俗马克思主义"立场之间的分歧，并且非常明确地把这种分歧归结为哲学方面的或具有哲学原则高度的。换句话说，虽然不同的观点、见解和态度表现在诸多领域诸多方面，但问题的真正核心恰恰在于哲学，在于全部问题由以获得其定向的哲学基地。在柯尔施看来，正是这一点——问题的核心与本质乃关乎哲学，关乎马克思主义与哲学的真切关联——长期以来被掩盖、被遗忘，甚至完全被曲解了。而《马克思主义和哲学》这一著作的任务，首先就是辨明问题在哲学方面的聚集性质，以及该书的书名所指示出来的马克思主义和哲学的本质关联。

在柯尔施看来，问题一开始就在于对哲学的忽视，在于几乎完全无视马克思主义的哲学方面。他指证说，在一般的学院中，马克思主义仅

---

① 参见[德]柯尔施：《马克思主义和哲学》，重庆，重庆出版社，1989，第19页。

只被当作"黑格尔主义的余波",充其量不过是 19 世纪哲学史中"一个相当不重要的分支",从而实际上被排除在真正的或正统的哲学史之外而不予考虑(他不仅引证了库诺·费舍的九卷本《近代哲学史》、宇伯威格的《19 世纪初到现代的哲学史概论》,而且引证了朗格的《唯物主义史》和贝诺·爱德曼的《历史唯物主义的哲学前提》)。更加重要的是,就像朗格仅仅把马克思描述为"现存最伟大的政治经济学史专家"而完全忽视其理论方面或哲学方面一样,"马克思主义者们",甚至是许多看上去"最正统地依照导师指示行事的后来的马克思主义者",虽则出自与学院教授们完全不同的理由,却同样地轻忽了马克思主义理论的"哲学方面",并且同样以散宕随便的方式去对待黑格尔哲学乃至全部哲学。关于这种情况,柯尔施特别提到了梅林,因为梅林曾多次描述过他自己关于哲学问题的"正统的马克思主义见解",即马克思和恩格斯不朽成就的前提就在于"抛弃所有的哲学幻想";而梅林作为最彻底地研究过马克思主义哲学起源的人,极大地影响了第二国际(1889—1914)理论家在全部哲学问题上的一般见解;但真正说来,梅林对于马克思和恩格斯遗著的哲学意义实际上却"理解得如此之少"①。

　　因此,如果问题在于判断马克思主义和哲学之间的关系,那么,人们一般说来几乎全部采取"纯粹否定的观点"。也就是说,马克思主义本身不是完全没有就是相当缺乏哲学内容的;而且在这一点上,资产阶级学者和正统马克思主义者们具有"显然一致的看法"。就前者而言,哲学教授们一再互相担保,声称马克思主义没有任何属于它自己的哲学内容,并认为这是很重要的"不利于"马克思主义的东西;就后者而言,马克思主义者们同样也一再互相担保,声称马克思主义就其本性来说与哲学没有任何关系,但认为这是很重要的"有利于"马克思主义的东西。但是不管怎样,这两者在否定马克思主义和哲学具有本质重要之关联这一点上却是完全一致的。进而言之,柯尔施谈到了"从同样的观点出发的第三种倾向":"在整个这个时期内,这是唯一多少更彻底地关心社会主义的哲学方面的倾向。它由各种'研究哲学的社会主义者'所组成,他们声称他们的任务是用来自文化哲学(Kulturphilos-ophie)的观念或者用康德、狄慈根、马赫的哲学概念或别的哲学来'补充'马克思主义。然而,正是因为他们认为马克思主义体系需要哲学的

---

① 参见[德]柯尔施:《马克思主义和哲学》,重庆,重庆出版社,1989,第 1~3 页,以及注释 1~6。

补充，他们也就使人们明白了，在他们的眼里，马克思主义本身是缺乏哲学内容的。"①

在柯尔施看来，"马克思主义本身是缺乏哲学内容的"，这样的见解乃是那个时代富有特征的基本判断之一。如果说梅林的观点符合这样的判断，那么，试图为马克思主义"补充"或"附加"某种哲学基础（无论哪一种）的图谋本身同样符合这样的判断。不仅如此，即便是对马克思主义的哲学方面似乎给予高度重视并且一力加以阐述的普列汉诺夫——我们还注意到，他似乎还拒斥和反对对马克思主义的康德主义补充、狄慈根主义补充，以及马赫主义补充等，也依然符合这样的判断。因为当普列汉诺夫对马克思哲学本质的退行性理解本身，将使其丧失真正的——本己的——哲学内容：当这一哲学的本质性被导回到费尔巴哈，或者，经由费尔巴哈而被导回到斯宾诺莎时，它便不再具有或者再度丧失了自己的哲学内容；如果说在这种情况下其哲学内容毕竟还以某种方式持存的话，那么它充其量也不过是一般原则在纯粹形式上的扩张——斯宾诺莎主义或费尔巴哈主义的单纯扩张。更加重要的是，这种"扩张"现在还表现为脱离"哲学"本身，即表现为向实证主义知性科学的大踏步地逃遁；换句话说，哲学基础一经原则确定（斯宾诺莎主义或费尔巴哈主义）便不再重要，而真正重要的事情乃是成为作为知性科学的"非哲学"——在某种意义上可以说，费尔巴哈现成地铺设了这样一条道路，因为费尔巴哈自 1845 年以来在哲学上的严重衰退，正是这样一条道路的形成与开展。在这个意义上，虽说比较起来普列汉诺夫较之梅林远为强调"哲学方面"，但二者之真正的路径与意向却是相当一致的。②

也许柯尔施并没有明确地指证这一点，但他至少是含蓄地意识到了这种情况。无论如何，在柯尔施看来，第二国际的"正统马克思主义者"正是在对"哲学"的否定态度中，力图使马克思主义被实证主义地知性科学化；而这种知性科学的实证主义直接意味着消除——彻头彻尾地消除，从根基上消除——马克思主义的批判性质或革命性质，并从而使之沦落为"庸俗马克思主义"。

---

① ［德］柯尔施：《马克思主义和哲学》，重庆，重庆出版社，1989，第 4 页。
② 更具体的关于梅林和普列汉诺夫在马克思哲学阐释定向方面的特征和局限的探讨，参见吴晓明：《形而上学的没落——马克思与费尔巴哈关系的当代解读》第一章"费尔巴哈与马克思：第二国际理论家的阐释定向"，北京，人民出版社，2006。

二、"庸俗马克思主义"的意识形态幻觉

柯尔施较为深刻的地方在于，他指出，"庸俗马克思主义"在本质上完全从属于现代意识形态，即资产阶级的意识形态。在这一点上，他和卢卡奇也是高度一致的，因为后者亦曾声言，无产阶级意识不断面临着并且几乎可以说始终面临着的基本危险，就是对现代意识形态的崇拜，就是不由自主地屈从于这种意识形态。而这样的意识形态在 19 世纪下半叶关于哲学史的理解上表现为下述三个局限性：(1)所谓"纯粹哲学的"局限性——当时的那些理论家们无法看到，哲学中所含之观念，不仅能存活于哲学之中，而且能同样存活于实证科学和社会实践之中；(2)所谓"地域的"局限性——哲学家们，特别是德国的哲学教授们，几乎完全看不到在德国的界限之外还有其他哲学家这一事实；(3)哲学根本立场上的局限性——这种局限性根源于"资产阶级的阶级立场"，而这一立场又构成其"全部历史和哲学科学的先天本质"。① 如果说其中的第二项局限性在重要性方面要远逊于另外两项的话，那么，第一和第三项局限性在本质上又是合一的。我们的意思是说，正是出自上述所谓"哲学科学"的那种先天本质，哲学上的那种理论态度就是不可避免的；而在这样的理论态度中，恰恰看不到存活于实证科学和社会实践中的哲学观念，并且极其天真地落入这样一种幻想，即实证主义的知性科学实际上能够避开或中止作为形而上学的哲学本身。当第二国际的庸俗马克思主义者从属于这种幻想时，他们实际上已经不由自主地从属于构成其理论之先天本质的"资产阶级的阶级立场"了。

如果只是从一般学术范围来讨论的话，问题似乎主要是澄清概念，即纯粹从术语学的方面来展开问题。就这一方面而言，马克思和恩格斯确实(特别是在 19 世纪 40 年代)多次提出"废除哲学"的要求，并且也多次声言要以"科学"或"实证科学"来取代全部哲学。柯尔施就此做了一些必要的清理，但他进一步指出，若对马克思主义和哲学的关系进行真正严肃和认真的考察，"必须不考虑这种纯粹术语学的观点"。

柯尔施所提出的具有重要性的问题主要有两个：第一，所谓"废除哲学"是否应当被看作由马克思和恩格斯的一次思想上的行动而一劳永逸地被完成？第二，马克思和恩格斯经常使用的"科学"或"实证科学"的概念到底意指什么？② 如果这样的问题不可能仅仅局限在单纯理论的或学术

---

① 参见[德]柯尔施：《马克思主义和哲学》，重庆，重庆出版社，1989，第 8～9 页。

② 参见同上书，第 15～19 页；以及第 17 页，注 25。

的范围内得到真正深入的解答，那么，在柯尔施看来，事情的本质还特别地在于随着阶级斗争实际条件的变化，出现了马克思主义理论进入了危机阶段的"日益增长着的迹象"。

这样的理论危机首先就表现为：在上述两个重要的问题还根本没有得到真正的解决（甚至还没有被认真地意识到和恰当地提出来）之前，第二国际的庸俗马克思主义者们就已经仅仅根据辞令、根据他们对于这些辞令的最浅表的领会来拒斥哲学，来规定马克思主义和哲学之间的纯粹否定的关系了。他们没有也不可能看到，仅仅根据辞令以及这些辞令的浅表含义来形成的直接判断，恰恰是以现代意识形态——它已经先行地被假定为是理所当然的——作为其基本背景、作为其理解导向的。在这种情况下，即在马克思和恩格斯的"废除哲学"并代之以"实证科学"的见解根本未曾得到真正深入把握的情况下，这恰恰是一条通向实证主义并废止马克思主义革命性质的最可靠的道路，是一条以实证主义的哲学纲领虚假地拒斥哲学、以知性科学的实证性伪造马克思主义科学的最可靠的道路。所以柯尔施紧接着提出的反问是："第二国际的马克思主义者对哲学的忽视也与'他们一般很少注意革命问题'这一事实有关吗？"①

从理论方面来说，庸俗马克思主义者和一般的实证主义者一样，天真地以为，只要他们离开了哲学的"区域"（纯粹形式的、作为学科分类意义上的哲学区域），他们就能够并且已经在实质上从哲学——从一般形而上学——中解放出来了；而离开哲学"区域"的最方便的法门，便是义无反顾地带着其全部"家当"（一点不剩地）遁入知性科学——经验实证科学——的新居中；而在这样一个新的居所中，思想将不仅远离了任何形而上学的危险，而且是如此得安全和可靠，因为它是"科学的""中性的"（与价值无涉），一句话，它是"客观的"。按照柯尔施的看法，正是在这样一种观念背景下，后来的马克思主义者愈益倾向于把科学社会主义理解为与政治的或其他阶级斗争实践没有任何直接联系的学说，即"一些纯粹的科学观察"。

在这方面的一个突出例证就是"第二国际一位有代表性的马克思主义理论家"——鲁道夫·希法亭。在其出版于 1909 年的《金融资本》这一著作中，他声称马克思主义是这样一种理论，它在逻辑上是"科学的、客观的和自由的科学，并没有价值判断"；甚至马克思主义的政治学也不包含价值判断，因为对于马克思主义来说，政治研究本身的目的"仅仅在于发

---

① 参见［德］柯尔施：《马克思主义和哲学》，重庆，重庆出版社，1989，第 19 页。

现因果联系"。于是，希法亭称其著作的目的就是把金融资本的诸多现象"嵌入古典政治经济学的理论体系中"，以便来"科学地理解"资本主义的最近发展的经济方面；因为在他看来，作为资产阶级经济学之对立面的"无产阶级的科学"仅仅是在这样一种意义上：它在一切方面毫不畏缩地坚持每门科学提出的要求——其结论的客观的和普遍的有效性。

柯尔施尖锐地抨击了这种立场，他指出，如果希法亭们声称其著作有着"客观的和普遍的有效性"（即独立于任何阶级基础），乃是为了工人阶级的利益而从策略上来这样说的，那么，他们后来的实践已经毫无疑问地证实了这种解释是不能成立的——因为很容易表明："这种'科学的知识'可以很完美地被用来反对社会主义"（比如保罗·伦斯的例子）。更加重要的是，这样的立场完全歪曲了在马克思和恩格斯那里本质上是辩证的唯物史观："对一种倾向来说，它已经变成了一种专门化了的理论考察的启发式原则。对另一种倾向来说，马克思的唯物辩证法的流动的方法论冻结成了一些关于不同的社会领域里的历史现象的因果联系的理论公式——换言之，它变成了某种最好称之为一般系统社会学的东西。前一流派把马克思的唯物主义原则仅仅当作一个康德意义上的'反思判断的主观基础'，而后者则教条地认为马克思主义的'社会学'学说首先是一个经济学体系，甚至是一个地理学和生物学的体系。"①

在这里，柯尔施确实从一个角度正确地指出了第二国际庸俗马克思主义的根本问题：它根据导师的某些辞令而否弃哲学，并依循这一否弃而使自身完全从属于知识科学；当它以为知性科学或经验实证科学能够避开一切形而上学从而最稳固地获得其中立的客观性时，实际上它却完全无意识和无批判地陷入了现代形而上学的主导观念和现代意识形态的基本幻觉——科学实证主义——中去了。

三、重提"马克思主义和哲学"问题的方向

虽说第二国际的某些理论家也攻击作为哲学派别的实证主义，但他们自身却往往更深地依附于或从属于作为意识形态的实证主义；特别是当他们把知性科学之脱离价值立场或价值导向的中立性当作科学可能获得的客观性来加以炫耀标榜时，这种意识形态幻觉尤其突出地以其全部天真性表现出来。如果说新康德主义者至少还懂得并强调了"事实科学"

---

① ［德］柯尔施：《马克思主义和哲学》，重庆，重庆出版社，1989，第27～28页；并参见第25～26页，以及第27页注34。

和"价值科学"的区别，那么，庸俗的马克思主义者甚至是在对这种差别也完全无意识的情况下被科学实证主义的意识形态所俘获的。

然而，如果说，在马克思看来，"纯粹的"自然科学也只是由于工业和商业，由于人们的感性活动才达到自己的目的和获得自己的材料的，那么从根本上来说，它怎么可能同生活本身的基础相分离，并且以价值上的完全中立性来构成其客观性呢？如果说，即便是"纯粹的"自然科学也将不得不面对这样的问题，那么，其他样式的知性科学又怎么可能从根本上远离抑或避开这样的问题呢？不仅如此，当哲学以知性科学的实证性来拒斥形而上学之时，这种实证性在哲学上的构成恰恰同样是一种形而上学——正是这种形而上学的先行规定使现代实证的知性科学成为可能的。只是一方面由于知性科学和哲学在现代发展起来的对立，另一方面由于知性科学的大规模扩张使得实证主义的原则和纲领在意识形态上不断地巩固起来，所以经验实证科学便获得了它能够避开或拒斥形而上学的外观。之所以说这种避开或拒斥仅只是一种外观，是因为它本质上仍不过是形而上学——一种不自知的、被自身遮蔽的形而上学，或者更确切地说，是一种在知性科学中实现了的并得到完成的形而上学。

正如海德格尔在《哲学的终结和思的任务》一文中所指出的：科学在由哲学所开启出来的视界内发展，这是早在希腊时代哲学就已显现出来的一个决定性特征；这一进程——科学由哲学中分离并建立起自己的独立性——本质上属于哲学（即形而上学）的完成。在一切存在者领域，这一进程的展开如今正值鼎盛，可谓大行其道；它看上去仿佛是哲学的纯粹解体——科学之君临一切地扫荡哲学—形而上学，而其实恰恰是哲学的完成。在这样的态势下，"关于哲学之终结的谈论却意味着形而上学的完成（Vollendung）"①。

如果说，知性科学之中立的（没有价值判断的）客观性乃是现时代的一种普遍的意识形态幻觉，那么，在柯尔施看来，正是这种幻觉在理论上使得所谓正统的马克思主义蜕变为"纯粹庸俗的马克思主义"，而这一蜕变的核心就是瓦解或消除"真正唯物主义的和革命的马克思主义原则"。换句话说，正是当马克思和恩格斯的"科学"或"实证科学"的概念在上述意识形态的幻觉中被规定、被理解时，知性科学之中立的客观性外观就被伪造成马克思主义科学的实质，并从而阉割了它的全部革命性质。在

---

① 参见［德］海德格尔：《海德格尔选集》下卷，上海，上海三联书店，1996，第1242～1246页。

这样的立足点上，即便马克思主义的批判的和革命的一面仍然能够在表面上保留下来，但其实质却已经丧失了任何一点真正的革命因素；在较好的情况下，也只是把马克思主义的革命学说歪曲为"纯粹的理论批判"，即企图以纯粹的理论形态来保持马克思主义的社会革命理论——它不再会导致（或仅只是偶然地导致）实际的革命行动。总而言之，尽管正统的马克思主义者依然"正统地迷信马克思主义理论的抽象字句"，但他们却再也不能保持这一理论之原初的革命性了。柯尔施认为，正是这种即便状况，导致"纯粹理论上的正统马克思主义"（即在第二国际中正式建立的马克思主义的形式）在世界大战爆发之前就彻底地分化瓦解了；这一方面是其内部长期衰败的结果，另一方面它也部分地导致了"我们在今天仍然卷入其中的决定性的马克思主义危机"①。

　　因此，在柯尔施看来，第二国际大多数理论家之所以完全错失并遗忘了马克思主义之实践的和革命的本质特征，首先就在于其对哲学问题的极度轻视，在于由这种轻视而导致的"辩证唯物主义的生动原则"在庸俗马克思主义中的丧失或衰败。于是，柯尔施认为重要的是：首先必须重提哲学问题，必须恢复对哲学问题的极端关注，必须在这一关键之点上明确科学社会主义作为"革命过程的理论表现"与实证主义知性科学的基本分野；至于马克思和恩格斯关于"废除哲学"的说法以及他们以"实证科学"这一表达方式所意味的东西，只有通过哲学上的讨论以从根本上把握住上述分野，才可能对之获得正确的和切近的理解。

　　根据这一点，柯尔施突出地要求理解"马克思主义的哲学方面"，要求澄清被庸俗马克思主义者当作基本立足点的东西——非哲学的知性科学及其价值中立的客观性："我们已经提到过，马克思和恩格斯他们自己总是否认科学社会主义还是哲学。但是，考虑到其根源，很容易无可辩驳地表明，对于革命的辩证法家马克思和恩格斯来说，哲学的对立面所意谓的东西，根本不同于后来的庸俗马克思主义者所意谓的东西。……因此，最近的马克思主义者已被几个众所周知的马克思的词句和恩格斯后来的几个词句所迷惑，把马克思主义废除哲学解释为用抽象的和非辩证的实证科学的体系去取代哲学。人们只能对这些马克思主义者的洞察力之低感到惊奇。"②

　　在这里，首先构成对立的东西是什么呢？是"哲学"和"哲学的对立

---

①　参见［德］柯尔施：《马克思主义和哲学》，重庆，重庆出版社，1989，第28～30页。
②　同上书，第32页。

面"。如果说马克思和后来的庸俗马克思主义者都曾谈论"废除哲学"并瞩望于"哲学的对立面"即各自所谓的"实证的科学"的话,那么,这两者的本质差别又表现在什么地方呢?表现在就这个主题而言,前者所意味的东西完全不同于后者所意味的东西。但是,这种不同,或矛盾,或对立,作为基本的立足点或根本原则的差别又当如何去理解呢?对于前者,即对于马克思来说,其根本原则被看作"革命的辩证法";而对于后者,即对于庸俗马克思主义者来说,其基本的立脚点乃是"抽象的和非辩证的实证科学的体系。"

因此,柯尔施声称,在这里构成根本差别和基本对立的核心问题在于:究竟是革命的辩证法,还是抽象的实证科学?而第二国际的理论家之所以堕落为庸俗的马克思主义者,就因为他们仅只依循费尔巴哈的轨道退行而完全遗忘了革命的辩证法,因为他们完全无批判地屈从于并归化于实证的知性科学——这种科学依其本性来说乃是抽象的和非辩证的。为了能够最坚决地从这种对马克思主义理解的庸俗性中摆脱出来,柯尔施立即指证了如下三个要点:(1)马克思和恩格斯的唯物主义,"按其基本性质来说,是彻头彻尾的哲学"。(2)它是一种"革命的哲学",其理论要求认识社会和历史的整体,而其实践则要求颠覆这个整体。因此,(3)马克思的唯物主义首先是辩证的和历史的唯物主义,即充分把握了革命的辩证法和历史原则的唯物主义;如果忘记了这一点,那么这种唯物主义的意义"就从一种灾难性的和无可挽回的方式被曲解了"①。

第二节 "革命的辩证法"在马克思哲学基础中的恢复

不难看出,在柯尔施这里,革命的辩证法(或一般说来,辩证法)被赋予了对马克思主义哲学来说之首要的和决定性的意义。因此,也不难理解,柯尔施与卢卡奇相一致,而与第二国际的领袖相反,主张马克思的哲学直接衔接着德国唯心主义,特别是衔接着黑格尔的辩证法。这意味着,在对于马克思哲学的基础阐释中,费尔巴哈的优先地位应当被取消,取而代之的应当是对黑格尔辩证法的充分而又详尽的把握。

一、回到马克思与黑格尔的直接关联

无论如何,在对第二国际庸俗马克思主义的尖锐抨击中,柯尔施首

_____

① 参见[德]柯尔施:《马克思主义和哲学》,重庆,重庆出版社,1989,第37~38页。

先与卢卡奇同样把马克思哲学的本质性导回到"革命的辩证法",从而赋予德国唯心主义——特别是黑格尔,而不是费尔巴哈——以本质重要的意义。

虽然从讨论的着眼点和详尽程度来看同《历史与阶级意识》存在差别,但柯尔施在《马克思主义和哲学》中同样力图指证并发挥这样一个基本观点,即马克思的哲学与黑格尔的辩证法有直接关联。按照柯尔施的见解,作为科学社会主义的创始人,马克思和恩格斯"远非要建造一个新的哲学",但他们充分意识到了他们的理论与资产阶级唯心主义哲学之间的密切的历史联系;社会主义在它的内容上是一些新观念的产物,但它依靠它和德国唯心主义(尤其是和黑格尔哲学体系)的联系,创造出了"自己独特的科学形式",正是这一形式使它区别于空想社会主义。因此,社会主义之由空想发展为科学,"从形式上看产生于德国唯心主义之中"。依照这样一种区分——"内容"与"形式"的区分,柯尔施指明了马克思主义学说与黑格尔哲学体系的直接联系,而这种联系又是"本质的和必然的联系":"从这种观点看,观念领域的革命运动与其说是在 19 世纪 40 年代减弱和最后停止了,毋宁说只是经历了一个深刻的和有意义的特征的变化。德国古典哲学,这一资产阶级革命运动的意识形态表现,并未退场,而是转变成了一种新的科学,这种新的科学以后作为无产阶级革命运动的一般表现而出现在观念的历史上。这就是马克思和恩格斯在 19 世纪 40 年代发现和系统论述的'科学社会主义'理论。"①

诚然,在柯尔施看来,马克思主义与德国唯心主义的联系虽说是本质的和必然的,但此种联系仍然应当被确切地理解为"形式上的"。正因为如此,所以马克思主义的这种形式上的哲学根源并不意味着它不得不是"具有独立形式并将进一步发展的哲学"。在马克思和恩格斯那里,由于"全部哲学等同于资产阶级哲学",所以自 1845 年以来,他们就不再把自己的新唯物主义的和科学的见解表述为哲学的见解;毋宁说,他们所反对的不是特定的哲学体系,而是要用科学社会主义最终克服和取代全部哲学。② 在这里,"废除哲学"的要求是从理论与实践的辩证唯物主义的全新意义上产生出来并且被规定的,而根本不意味着附和知性科学的实证主义并与其根基上的形而上学同声共气。导致本质差别的核心之点在于辩证法,在于从德国唯心主义哲学中"产生出来的马克思主义理论的

---

① ［德］柯尔施:《马克思主义和哲学》,重庆,重庆出版社,1989,第 13 页。

② 参见同上书,第 14～18 页。

那种辩证方法"——它被黑格尔和马克思引入历史研究中去，它是马克思主义的科学有以立足、且与无批判的实证主义构成对立的根本因素。

因此，柯尔施指出，对于马克思主义的学说而言，辩证法具有本质重要的，甚至可说是生死攸关的意义；为了特别地突出并且强调这种意义，不仅辩证法对于马克思和黑格尔来说的区别可以退居到较为次要的地位，而且辩证法对于真正把握这两者的关系具有"反身的"性质：德国唯心主义和马克思主义之间的内在关联，是常规哲学史之抽象的和观念形态的方法根本无法把握的，而只有通过一种"不必专门是马克思主义的，但一定是在黑格尔和马克思的意义上直接辩证的方法"，才可能获得其具体的和真确的理解。另一方面，从理论和实践的关系来说，正是通过"黑格尔主义—马克思主义的术语"方才能够表明：马克思主义理论的出现不过是现实的无产阶级运动出现的"另一个方面"——这两个方面共同构成此一历史过程的"具体整体"①。

根据这样一种理解方案，当马克思与黑格尔的直接衔接几乎被表述为内在的契合时，费尔巴哈对于马克思主义理论的本质性来说，即便不是显得完全没有意义，至多也只可能具有极其有限的意义了。按照柯尔施的说法，马克思和恩格斯在成为唯物主义者之前是"辩证法家"，这是一个非常重要的"稳固的起点"；如果遗忘了这一点，马克思的唯物主义的意义就被灾难性地歪曲了。

与马克思相对照，费尔巴哈的唯物主义乃是"抽象—科学的唯物主义"，而"抽象的唯物主义"则既从属于资产阶级哲学，也从属于庸俗马克思主义。然而，马克思的学说全然不同于这种以费尔巴哈为标记的"抽象—科学的唯物主义"，他在《关于费尔巴哈的提纲》中不仅把他的新唯物主义与哲学唯心主义进行比照，而且使之与"每种现存的唯物主义"进行比照；更加重要的是，马克思和恩格斯在其后期著作中，又始终一贯地强调了他们的辩证唯物主义与"通常的、抽象的和非辩证的唯物主义"之间的根本区别。

因此，在柯尔施那里，马克思和黑格尔的联盟（直接联系）实际上意味着被复活了的辩证方法，即"革命的辩证法"；而费尔巴哈的名号则意味着抽象—科学的唯物主义——这种唯物主义的实际导向将不得不是完全无批判的实证主义。第二国际的庸俗马克思主义正是循着这样一条道路——费尔巴哈式的、抽象的和非辩证的道路——取消了马克思学说本

_____

① 参见［德］柯尔施：《马克思主义和哲学》，重庆，重庆出版社，1989，第12～13页。

质上的革命性或实践批判的意义："那种满足于以十足的费尔巴哈式的方法把全部意识形态表象归结为它们的物质的和世俗的核心的理论方法，是抽象的和非辩证法的。那种只限于反对宗教现象的世俗核心，并不参与消灭和取代这些意识形态本身的革命实践，同样是抽象的非辩证法的。"①

二、"庸俗马克思主义"对意识形态的"先验的蔑视"

当柯尔施试图重新强调马克思主义的"哲学的方面"，并和卢卡奇颇为一致地诉诸辩证法对马克思主义来说的本质重要性或决定意义，诉诸马克思与黑格尔的直接衔接，以此来拒斥费尔巴哈在基础阐释中的优先地位时，全部问题的核心似乎表现为这样一种对立：是革命的辩证法，还是抽象的唯物主义？是实践批判的行动，还是纯粹客观的观察？是无产阶级的阶级意志，还是实证中立的知性科学？

很显然，当这样一些对立表现为基本的分野或划界时，它们还需要在理论上——哲学基础上——进行更加深入的阐释和分析。柯尔施以一种尖锐的方式指出：那种十足的费尔巴哈式的方法在于，把全部意识形态表象归结为它们的物质的和世俗的核心；但若满足于这一点，则这种方法就是抽象的和非辩证法的。不仅如此，更加重要的是，正是由于这种理论方法是抽象的和非辩证法的，所以真正说来，它还完全是"非唯物主义的"和"非科学的"——在马克思所确定的原则立场上是非唯物主义的和非科学的。当马克思在《资本论》中谈到"唯一的唯物主义的方法，因而也是唯一科学的方法"时②，指的正是"辩证唯物主义的方法"，即一种"与抽象的唯物主义的不适当性相反的方法"③。在这里，柯尔施明确地把马克思主义的真正立场了解为辩证唯物主义的方法，并使之对立于"抽象的唯物主义"方法，而后者正是"费尔巴哈式的"并在庸俗马克思主义那里得到突出表现的基本立场。

即便我们把"实践"（感性的活动）这一要点暂时搁置起来，这里仍然可以提出的问题是：为什么费尔巴哈的抽象—科学的唯物主义（或一般说来，抽象的唯物主义）甚至"完全是非唯物主义的"和"非科学的"呢？难道说，把全部意识形态表象归结为它们的物质基础或世俗核心这一立场不

---

① ［德］柯尔施：《马克思主义和哲学》，重庆，重庆出版社，1989，第39～40页。
② 参见马克思：《资本论》第1卷，北京，人民出版社，1975，第409～410页，注89。
③ 参见［德］柯尔施：《马克思主义和哲学》，重庆，重庆出版社，1989，第39～40页，注55。

是地道的唯物主义，不是彻头彻尾的唯物主义吗？

诚然，一般地说来，抽象地说来，依现代形而上学的基本建制说来，它是地道的唯物主义，彻头彻尾的唯物主义；但是，柯尔施颇有见地地指出，当马克思立足于革命的辩证法并锻造出"唯一的"唯物主义方法时，则"抽象的唯物主义"就变成是完全非唯物主义并因而是非科学的了。造成这种情形的，绝不仅仅是辞令上或术语上的变迁（一个单纯的术语学问题），而首先是哲学根基上的变革（一场真正的哲学革命）；正是由于这一变革，抽象的唯物主义对于辩证的唯物主义来说乃成为非唯物主义的和非科学的。作为某种意义上的提示，我们可以援引《1844 年经济学哲学手稿》的一个说法，即自然科学的唯物主义具有一种"抽象物质的方向"，而这种方向实际上倒毋宁说是"唯心主义的方向"①。

那么，在柯尔施看来，庸俗马克思主义的抽象唯物主义在什么地方明显地表现其"完全是非唯物主义的"性质或方向呢？回答是：它特别地表现为对意识形态的"先验的蔑视"，对国家和政治行动的"先验的蔑视"。这种"先验的蔑视"，简单地说来，就是在全部社会现实中，实质上取消意识形态、国家和政治行动的真正现实性，而把本质的现实性仅仅置放在所谓经济生活的领域中。这样一来，精神现象或全部意识现象从根本上来说就只是在一种"纯粹否定的、抽象的和非辩证的意义"上被想象和规定，国家和政治行动的本质重要性也实际上被取消了，无产阶级的活动及其意义应当仅仅被限制在直接的经济范围之内。如果说，这种抽象的、机械论性质的经济决定论可以被看成是唯物主义的话，那么，它绝不是马克思主义的辩证唯物主义；因为在这里，全部意识现象的现实性完全被取消了，因而也根本谈不上意识现象与经济现象的辩证关系，谈不上"解决经济问题所必须凭借的辩证关系"。庸俗马克思主义正是在这个关键之点上远离了马克思之"唯一的唯物主义的方法"："对于庸俗马克思主义来说，现实有三个等级：(1)经济，在最终意义上讲是唯一客观的和非观念性的现实；(2)法和国家，已经由于带有观念形态的特征而稍微不现实一些；(3)纯粹意识形态，全然是非客观的和不现实的('纯粹无用之物')。"②

这个看起来是纯粹唯物主义的等级公式之所以完全是"非唯物主义的"，正是由于它变成了一种完全先验的形而上学构造，而对于意识形态

———————————————

① 参见《马克思恩格斯全集》第 3 卷，北京，人民出版社，2002，第 307 页。

② ［德］柯尔施：《马克思主义和哲学》，重庆，重庆出版社，1989，第 42～43 页。

等的"先验的蔑视"乃是从这种形而上学的构造中产生出来的。柯尔施指出，许多庸俗马克思主义者仅仅根据一些词句——而实质上是根据形而上学的先验构造——就简单地把社会的精神的结构或意识形态的结构消除掉了，即把它们仅仅当成缺乏真实对象的误谬、想象或幻相，当成仅仅存在于空想家头脑里的"伪现实"而打发掉了。在这种情况下，庸俗马克思主义者甚至还没有在理论上承认精神生活和社会意识形式是某种社会现实，更遑论不同社会现实样式之间的辩证关系和辩证运动了。

在柯尔施看来，与这种庸俗化的抽象的唯物主义相反，马克思从来没有把社会意识和精神生活仅仅描述为"意识形态"（即虚假的意识，特别是颠倒地赋予某些社会生活现象以自主特征的虚假的意识）。马克思在《政治经济学批判导言》关于其学说之最精确的那段表述中说，在"市民社会"这一现实关系的复合体内，社会的经济结构（社会的生产关系）构成了法律的和政治的上层建筑矗立其上并有一定的社会意识形式与之相适应的现实基础；而当马克思这样说的时候，那些社会意识的形式，包括商品拜物教、价值观念以及其他从中派生出来的经济学表象等并不是全然没有现实性的虚假观念，它们是真实的东西——"其真实性不亚于法律与国家"。柯尔施还做了许多其他引证，包括《哲学的贫困》的最后几页，因为马克思在那里强调指出了对于国家和政治行动的先验的蔑视，何以完全是非唯物主义的，并且为什么在理论上是错误的，在实践上是危险的。[①]

因此，在柯尔施看来，重要的问题就在于恢复真正的辩证唯物主义关于"精神现实"的观念。就这一主旨而言，柯尔施与葛兰西的见解是颇为一致的。按照葛兰西的观点，应当严格区别"历史上固有的意识形态"和"随意的、合理化的、'设想出来的'意识形态"。前者是一定基础所必需的意识形态，它们作为历史上必然的东西，因而"在心理上"是牢固的；它们作为一种现实力量"组织"群众，成为"那种人们进行活动，意识到自己本身的立场，进行斗争等的基础"。葛兰西指出，马克思经常谈到"民间迷信的坚固性"乃是一定形势的必要因素，而民间的信念又往往具有物质力量的那种能量，这意味着必须辩证地理解精神的现实。葛兰西为了表述这种现实提出了所谓"历史的联盟"的论点："在这里物质力量正好构成内容，而意识形态则构成形式；划分形式和内容只具有教学法的意义，因为没有形式的物质力量在历史上会是不可思议的，而没有物质力量的

---

① 参见［德］柯尔施：《马克思主义和哲学》，重庆，重庆出版社，1989，第40~45页。

意识形态也会成为个人幻想的结果。"①

不难看出，葛兰西所强调的"历史的联盟"一般说来乃诉诸历史的辩证法，这种辩证法要求恢复精神力量或意识形态的现实性；而"基础与上层建筑构成'历史的联合'"这一论点所直接针对的正是第二国际之正统的庸俗马克思主义者，是他们空洞的机械决定论和宿命论。当他们用决定论的、宿命论的、机械论的方式来解释马克思的哲学时，他们只是赋予后者以"一种直接的思想体系的'芳香'，一种宗教的和兴奋剂（但却是麻醉剂的样式）的特殊形式"；当这种东西被推崇为完备而周详的哲学的时候，它就立即会变成"消极的原因，白痴般的原因"。② ——这样一些见解，大体说来与柯尔施的观点是一致的。

三、马克思主义庸俗化的哲学根源

然而，如果从哲学上更加深入地来加以考察，那么马克思哲学之庸俗化的根源又何在呢？柯尔施的回答是：它来自二元论，来自全然抽象的和形而上学的二元论。正是由于把全部意识现象和作为实在过程的经济运动形而上学地劈分开来，并完全以一种二元论的方式来加以对待，所以就不可避免地导致机械的宿命论，并相应地导致对政治行动和意识形态的"先验的蔑视"。当经济运动和意识现象被形而上学地分割开来并以"二元论方式"来对待时，前者就变成了唯一客观的和非观念性的现实，而后者则变成了空想或幻相意义上的"伪现实"；于是后者便被看作是前者（作为真正具体的和实在的发展过程）的"反映"，并完全依赖于前者。在这种情况下，即使认为后者为"相对独立的"，事情仍然没有什么实质性的改变，因为它最终"仍然是依赖的"，谈不上二者之间真正的辩证关系和辩证运动。③

在柯尔施看来，虽说马克思和恩格斯的某些表述——特别是在尖锐攻击唯心主义时的某些表述易于引起误解并且确实被当作托词来使用④，

---

① ［意］葛兰西：《狱中札记》，北京，人民出版社，1983，第64页。并参见第51页，第63页。

② 参见同上书，第18~19页。

③ 参见［德］柯尔施：《马克思主义和哲学》，重庆，重庆出版社，1989，第41页。其中的一个段落这样写道："……全部意识现象被全然以抽象的和基本上是形而上学的二元论方式来对待，并被认为是一个真正具体和实在的发展过程的反映，完全依赖于这个过程（即使是相对独立的，最终仍然是依赖的）。"

④ 柯尔施写道："他们从来没有想到过他们会被这样危险地误解。正是由于这一点，他们有时的确在他们的一些论述中为这些误解提供了重要的托词（尽管这些论述可以很容易地像其他许多论述一样数百次地被纠正过来。"（同上书，第47页）

但真正说来，从根本上说来，他们从来没有任何一种二元论的"原罪"，换言之，无论在其学说的第一时期（或称哲学的时期），还是第二时期（或称实证科学的时期），他们都绝没有"任何这样的关于意识与现实的关系的二元论的形而上学观"。值得注意的是，这里所说的二元论——意识与现实关系的二元论的形而上学观——是一个本质重要的核心，它显而易见地触到了哲学根本上的问题；同样值得注意的是，这里所说的二元论并非一般意义上与哲学一元论相对待的东西，毋宁说，它倒是属于现代哲学之基本前提或建制背景上的东西——大体上属于迄至黑格尔哲学（即现代辩证法）以前的现代形而上学的基本构成要素①。然而无论如何，正是这一根本之点深刻地形成了马克思（以及黑格尔）同庸俗马克思主义（以及现代形而上学）的基本对立。前者立足于意识与现实的一致，即意识和现实的辩证法，而后者则立足于意识与现实之关系的本质上的二元论："用马克思主义的术语来说，庸俗社会主义的主要缺陷在于它相当'不科学地'坚持着一种朴素的现实主义——在这种现实主义中，所谓的常识（即'最坏的形而上学'）和资产阶级社会的标准的实证主义科学二者，都在意识和它的对象之间划了一条明显的分界线。两者都没有意识到，即使是对于批判哲学的先验观点来说，这种区别也已经不再是完全有效的了，并且在辩证法的哲学中已经被完全取消了。"②

应该承认，柯尔施对"庸俗马克思主义"的批评，大体说来乃是有效的和切近的，特别是对本质上的二元论的揭示，从一个方面来说，又是颇为深刻的和切中肯綮的。所谓"意识与现实的关系的二元论的形而上学观"，乃是意识与现实、思维与存在的对立；这样一种对立及其和解，正如黑格尔所指出的，一般来说，正是现代哲学的基本主题。从中世纪发展起来并且在现代得到把握的最高的分裂，乃是一种最抽象的对立——思维与存在的对立；"要掌握的就是思维与存在的和解。从这时起，一切哲学都对这个统一发生兴趣。"③进而言之，我们确实应当承认，在现代

① 至少柯尔施的用法是如此。在这个意义上，传统所称之一元论，无论是唯物主义的，还是唯心主义的，大体说来都是"二元论的"，尽管它们可以在某种意义上区别于公开的、特别明显地表现出来的二元论。应当承认，这样的用法是有道理的——在当代哲学已经揭示出来的视域中这样的二元论正是现代哲学（即一般所称之"近代哲学"）的根本建制，是现代形而上学的拱心石，同时也是其最基本的界限和无法摆脱的困难。当然，柯尔施还没有认识到这一层，因为他完全不恰当地把黑格尔排除在这种二元论之外。这个问题我们后面还要详细谈到。

② ［德］柯尔施：《马克思主义和哲学》，重庆，重庆出版社，1989，第46页。

③ ［德］黑格尔：《哲学史讲演录》第4卷，北京，商务印书馆，1978，第6页。

辩证法即黑格尔哲学产生之前，虽说和解对立的企图总是现代哲学围绕着旋转的枢轴，但恰恰是由于黑格尔并且通过黑格尔，这些和解的努力应当被看作不成功的，甚至是形而上学地（在黑格尔一般用词的那种意义上）失败了的：它们有理由在辩证法的光照中被看成是隐蔽着的、但在本质上是二元论的——现代哲学中的公开的二元论不过是这种本质的突然绽露，是其隐蔽约束力的偶然失效罢了。因此，黑格尔哲学及其辩证法就成为这样一种判据或尺度，它意味着关于意识与现实、思维与存在的形而上学二元论的一般"命运"：它或者被留用与坚执，或者被瓦解与克服。柯尔施牢牢地抓住了这一点，他把二元论看成庸俗马克思主义在哲学深处的要害；他敏锐地发现，在这个意义上，庸俗马克思主义恰恰在哲学上是前黑格尔性质的，约言之，退到了黑格尔以前。

当柯尔施（和卢卡奇一样）力图使马克思哲学直接衔接着德国唯心主义（实则是黑格尔的辩证法）以获得其阐释时，他确实是要在这里排除掉费尔巴哈的优先地位和本质重要性。很显然，这里所谓"直接衔接"，并不是就哲学史上的真实性而言，而是就哲学性质上的真实性而言的。在这个意义上，并且在上述黑格尔作为越出形而上学二元论之尺度的意义上，费尔巴哈难道不也是前黑格尔性质的吗？或者至少可以说，难道不正是费尔巴哈——同样是作为一个判据或尺度——把庸俗马克思主义者引导到黑格尔之前去的吗？在这种情况下，就像黑格尔代表着现代辩证法的真正诞生一样，费尔巴哈便在这种意义上代表着一条仍然是非辩证法的、并且因而是退行的路线。如是，则柯尔施（以及卢卡奇等）力图清除费尔巴哈在马克思哲学阐释过程中的本质重要性，就变得不难理解了。

第三节　柯尔施对马克思主义阐释的黑格尔主义定向

如前所述，在对"庸俗马克思主义"的急进讨伐中，柯尔施和卢卡奇颇为一致地把矛头直指第二国际领袖们的所谓正统观点，即一种"反哲学的、科学实证主义的观点"。当柯尔施在《马克思主义和哲学》试图重新强调马克思主义的"哲学的方面"时，他又和卢卡奇颇为一致地诉诸辩证法对马克思主义来说的本质重要性或决定意义，诉诸马克思与黑格尔的直接衔接，并以此来拒斥费尔巴哈在基础阐释中的优先地位。然而，真正重要的是：柯尔施（及其对马克思哲学的阐释）究竟在怎样一个基地上、取哪一种立脚点来瓦解庸俗马克思主义的形而上学，来克服这种形而上学关于意识与现实关系的二元论？

一、柯尔施哲学立脚点的两重性

柯尔施及其对马克思哲学的阐释，究竟是在怎样一个基地上、取哪一种立脚点来展开的，这是一个最关根本的问题，因为正是这个问题，不仅关乎柯尔施本人的基本哲学立场，而且关乎他对马克思哲学之根本的阐释基础与定向，关乎他对第二国际"正统"行使批判的理由、有效程度，以及这一批判可能开展出来的深度和广度。

而当这个问题以其全部尖锐性呈现出来时，我们将不得不见到这样一种情况：柯尔施的基地或立脚点在一个方面是明晰的和确凿的，或者说在其理论构成上是内在巩固的；而在另一个方面则是模糊的和暧昧的，或者说仅只具有外在的和不充分的意义。这前一个方面乃是马克思和黑格尔之共同的一端，即辩证法；而后一个方面则是马克思的辩证法在存在论基础上与黑格尔的原则差别——本质上的决定性差别。

我们先来看第一个方面。当柯尔施把庸俗马克思主义的理论核心归结为知性科学的实证主义，又把这种实证主义科学在哲学上的要害归结为形而上学的二元论之际，他已经把这种二元论——无论是公开的还是隐蔽的二元论——的真正克服或扬弃理解为辩证法，即理解为黑格尔和马克思之共同的辩证法了。"因为意识和现实的一致，是每一种辩证法，包括马克思的辩证唯物主义的特征。"①如果说，每一种辩证法都意味着意识和现实的一致——两者之二元论的克服，那么很显然，正是在这个核心之点上，意味着马克思与黑格尔的一致——马克思的辩证唯物主义亦从属于现代辩证法。在这里，柯尔施特别强调的是：无论是现代社会的常识(即"最坏的形而上学")，还是现代社会之标准的实证主义科学，都坚执意识和其对象之间的二元论(在二者之间"划了一条明显的分界线")；而唯独辩证法——无论是马克思的，还是黑格尔的——方始真正越出了这条分界线并且把握住了二者的真正一致。

柯尔施在一个很长的脚注中提到了克劳塞维茨的《战争论》，提到这本书包含着要使理论与实在世界和谐的企图以及战争如何区别于机械技术、观念艺术和科学等，并且进而说，在这里克劳塞维茨的理论概念是"如此地相似于马克思和恩格斯的科学社会主义的科学概念"，而这一点根本不值得惊奇，因为二者具有共同的思想来源，即黑格尔辩证的哲学

---

① ［德］柯尔施：《马克思主义和哲学》，重庆，重庆出版社，1989，第47页。

和科学观①。不仅如此，更加重要的是，马克思的社会革命理论，是唯赖意识和现实的辩证一致方始成为可能的："把任何哲学的考虑放在一边，就会明白，没有这种意识和现实的一致，政治经济学的批判根本不可能成为社会革命理论的主要组成部分，而是必然得出相反的结论。那些认为马克思主义实质上不再是社会革命理论的马克思主义理论家们，看不到这种现实和意识相一致的辩证概念的需要：在他们看来，它必定在理论上是虚假的和非科学的。"②

接着我们应该来看看第二个方面，即柯尔施所领会的"黑格尔和马克思主义的辩证法之间的区别"。如果说上述的第一个方面是明晰而且确凿的话，那么我们必须承认，这第二个方面（即区别）的观念乃是含混的和可疑的。

柯尔施宣称，马克思主义的唯物辩证法与黑格尔的唯心辩证法之间的"第一个明显的区别"就在于：对前者来说，一切意识（前科学的、超科学的、科学的意识），不再超越于并对立于世界（自然的和社会历史的世界）而存在；如果意识是作为世界的一个"观念的"组成部分的话，那么它们就作为世界之真实而客观的组成部分而存在于这个世界之中。然而真正说来，在这里我们看不出这一点与黑格尔有什么根本原则上的差别。于是柯尔施又补充说，黑格尔认为个人的理论意识不能跳过他自己的时代和他那时的世界，但黑格尔"不是把哲学嵌入世界之中，更多的是把世界嵌入哲学之中"③。

然而，第一，这里的问题肯定不在于"更多地"嵌入或"更少地"嵌入；第二，只要"嵌入"是可能的，那么问题从根本上来说就不是此嵌入彼或者彼嵌入此，而恰恰在于这种"嵌入"的可能性前提或基础本身。柯尔施还根本没有真正触到这个前提或基础本身，或者毋宁说，它本身还是未经澄明的；在这种情况下，他就不得不面临如下的严峻问题：如果说"把哲学嵌入世界"是合法的，而"把世界嵌入哲学"是不合法的，那么这必然意味着"世界"要大于（并且是远远地大于）"哲学"，"现实"或"意识的对象"要大于（并且是远远地大于）"意识"，④ 这样一来，不仅将从前提上使

① 参见［德］柯尔施：《马克思主义和哲学》，重庆，重庆出版社，1989，第46～47页，注68。
② 同上书，第47～48页。
③ 同上书，第50～51页。
④ 请原谅我们在这里或多或少地采用比拟的说法。因为像"大于"或"小于"这类说法远不是确切的，但这里的问题主要在于作出某种理解的提示，以便使最根本的困难显现出来。

得黑格尔的辩证法立即成为不可能，而且在哲学与世界之间、意识与现实之间立即会出现一个巨大的"差额"或"余数"——这个"差额"或"余数"显然是存在论意义上的，它较之于一致部分（哲学与世界、意识与现实的一致部分）又显然要大到不可比拟；并且正因为它是一个"差额"或"余数"，所以无论它大到什么程度，它总是一个"不一致"的领域，因而也是一个辩证法所通不过的区域，这个区域是否应当划归形而上学的统治呢？

反过来说，如果每一种辩证法皆意味着意识和现实、哲学和世界的一致（二元论的瓦解），而且这一点又首先在于由存在论的前提或基础本身得到贯彻的话，那么，当这种贯彻是普遍的和全面的时，令此嵌入彼或令彼嵌入此就是一回事；而当这种贯彻是部分的和受限制时，"不一致"就必然再度出现，并且在这种意义上就意味着二元论的恢复。实在地说来，这样的问题，特别是存在论前提或根基上的问题，柯尔施还并未真正地深究过；而在这种情况下，他所指证的马克思和黑格尔的第一个区别，似乎仅只意味着黑格尔夸大了辩证法的行政版图，而马克思的贡献就在于合理地限制了这个版图并承认只是它的一个部分或一个区域。

这种未经澄明的前提或基础性质的东西，在柯尔施谈到马克思与黑格尔的"第二个区别"（它密切地相关于第一个区别）时再度显现出来。这个区别事实上就在于马克思的实践观点。按照柯尔施的见解，辩证法之由黑格尔的"神秘形式"向马克思的"合理形式"的转变，实质上意味着它成为"唯一的理论—实践的和批判—革命的活动的指导原则"，即那种"按其本质来说，是批判的和革命的"方法。这里的核心之点，是理论与实践的辩证统一，是理论批判活动和实践变革活动的辩证统一。

柯尔施抓住了这一点，并且试图用联字符来突出地表现上述两者之间的这种统一。在这种辩证的统一中，如果整个现存社会的全部真实现象有不可分割的联系，那么它的诸意识形式就不能仅仅通过思想而被消灭；毋宁说，它们只有在迄今通过这些形式被理解的物质生产关系本身在"客观—实践上"被推翻的同时，才能够在思想和意识上被消灭。但是，如果柯尔施仅仅诉诸理论和实践的统一，他还未必一定能得出上述的推论，因为反过来的推论也是可能的：如果整个现存社会的全部真实现象有不可分割的联系，那么，它的物质生产关系也不能仅仅通过"客观—实践"被推翻，而必须使之同时在思想和意识上加以消灭。为了要得出前一个推论，不仅要承认理论和实践的统一，而且还得承认"实践"作为物质活动在存在论上的优先性，即把意识现象的本质性彻底地导回到物质实践中去。

　　但是这样一来，柯尔施关于"精神现实"的提法就变得难以成立了，或者至少是成问题的了。因为，这里的情形完全类似于柯尔施在谈到马克思和黑格尔之第一个区别时所面临的困难：问题从根本上来说不仅在于理论和实践的统一，而且特别地在于这种统一由以建立起来的存在论前提或基础本身，而这样的前提或基础恰恰又是柯尔施未曾真正深究过的。于是，柯尔施一方面颇为隐晦地承认实践的优先地位，称其为"客观—实践"，而把意识现象主要地领会为"形式"，即物质关系的形式方面或形式规定；另一方面为了能够使得精神的现实性得以成立和保持，他又在"精神现实"的概念中要求把全部意识形式和意识形态理解为"社会现实"："它们不是纯粹的幻想，而是'非常客观的和非常实际的'社会现实"①。

　　这样两个方面的彼此对待，在柯尔施那里并没有得到真正的解决——我们的意思是说，并没有在存在论的基础上得到根本的澄清与克服。当他把全部意识形态和意识形式理解为社会现实时，他主张它们的现实性是如此得强大，以致"必须以实践的和客观的方式来消灭"。但这样一种主张是内在矛盾的：如果意识现象本身是一种足够强大的社会现实，那么它何以不能行使自己的权力而必得借助于实践的和客观的方式呢？如果说它毕竟还不具备（或者还未达到，在程度或档次上差别于）物质实践的客观性，那么真正意义上的本质性难道不就应当归诸后者，即归诸作为物质实践的客观领域吗？柯尔施无法真正避开这样的矛盾，他只是在这两者之间徘徊。

二、柯尔施向黑格尔哲学基地的最终返回

　　但是，无论如何，柯尔施正确地看到（这是他超出第二国际理论家的地方，也是他批判后者的基本理由）：意识与现实、哲学与世界、理论与实践之间的二元论必须克服，否则的话，作为科学的马克思主义就不可能同时是批判的和革命的；他正确地意识到，在上述种种的二元对待中，其中的任何一端在形而上学地脱离另一端的时候，都将不可避免地成为完全抽象的东西。因此，当他强调实践批判的极端重要性时，他又指出，如果以为实践批判可以取代理论批判，那将是一个"危险的误解"，因为这只是"用相反的反哲学抽象的纯粹的实践来取代纯粹理论的哲学抽象"。然而在这种情况下，柯尔施在诉诸马克思的时候实际上仍然是在诉诸黑

①　参见［德］柯尔施：《马克思主义和哲学》，重庆，重庆出版社，1989，第53页。

格尔，所以他在谈论马克思关于理论与实践的辩证法时立即引证了黑格尔的下述说法："理论的东西本质上包含于实践的东西之中"；"我们不能这样设想，人一方面是思维，另一方面是意志，他一个口袋装着思维，另一个口袋装着意志，因为这是一种不实在的想法。"①

至于柯尔施所试图提出的那些补充条款（以说明马克思和黑格尔的区别），由于我们上面已经讨论过的那种内在矛盾以及存在论基础上未经澄清的晦暗，从根本上来说不具有本质的重要性。柯尔施不愿意停留在形而上学的框架中，他也不愿意维持在这一框架背景中的以二元论为基调的机械决定论，所以他诉诸辩证法，他试图以统一的方式把对立的两端——意识与现实、哲学与世界、理论与实践——综合地结合起来。柯尔施以这样一个立脚点或基地来理解马克思主义的全部学说，并且同样以此来抨击"庸俗马克思主义"，所以他在 20 世纪 30 年代的《关于马克思主义的三篇论文》中写道："马克思主义的理论既不构成一门实证的唯物主义的哲学，也不构成一门实证的科学。它自始至终是对现存社会的理论的和实践的批判。'critique'[批判]不能仅仅被理解为观念意义上的批判，而且也是物质上的批判。"②

在这里，辩证统一的综合要求确实是本质重要地出现了。它要求使得在形而上学二元论建制中设定并持存的相反的方面（对立的方面）能够彼此渗透、彼此生成，能够有机地和生动活跃地彼此建立起来并开展出来。按照柯尔施的观点，马克思的全部学说正应当在这样一种视域中得到理解和把握，而第二国际领袖的庸俗马克思主义的致命伤恰恰在于全然抹杀了这个唯赖辩证法才得以开启的视域。但是，就我们在这里如此这般地谈论的辩证领域——它的核心确实是主体与客体、理论与实践的辩证关系——难道不是已经在黑格尔那里得到决定性的阐释了吗？

当柯尔施试图以某种肯定的方式来标识辩证法在马克思与黑格尔之间的根本差别时，那么正像我们在前面已经指证的那样，他却陷入了一系列的矛盾之中：除非主客体的辩证法在存在论基础上是普遍的，否则的话你就必须让渡出一个领域并付诸形而上学，而这就意味变相地认可二元论的基本建制；除非理论与实践的辩证法在存在论基础上既不从属于其中之一又不从属于其中另一，否则的话你就不得不或者认可"哲学抽象"，或者认可"反哲学抽象"，而这就意味着当前一种认可沿着"纯粹理

---

① 转引自[德]柯尔施：《马克思主义和哲学》，重庆，重庆出版社，1989，第 52 页。

② [德]柯尔施：《关于马克思主义的三篇论文》，转引自俞吾金、陈学明《国外马克思主义哲学流派新编·西方马克思主义卷》，上册，上海，复旦大学出版社，2002，第 101 页。

论"的路线再度返回黑格尔之际，后一种认可会依"纯粹的实践"的路线最终消除任何所谓"精神现实"的可能性基础。但是显而易见，这样的矛盾并不从属于黑格尔，因为在黑格尔那里，例如"绝对知识"作为精神现象学建立起来的和完成了的统一，意味着"对象不过是对象化的自我意识、作为对象的自我意识"，或者换句话说，"意识的对象无非是自我意识"。① 但是，如果说黑格尔哲学并不面临这样的矛盾（这不意味着他因此就不会面临其他矛盾），那么，难道这样的矛盾从属于马克思吗？难道马克思能够居留于这样的矛盾之中而不令其学说自行瓦解吗？

也许，我们有理由更恰当地认为，这样的矛盾乃从属于柯尔施对马克思哲学的实际阐释。一方面，他为了打击庸俗马克思主义而诉诸辩证法——应当承认这一打击是正当的、有效的和意义重大的；另一方面，他为了保全唯物主义辩证法而必须决定性地指证马克思与黑格尔的本质差别——但应当承认这一指证是含糊的、歧义的和力有未逮的。关于这一点的一个主要证据就是柯尔施陷入了理论的矛盾之中，而这种矛盾意味着柯尔施未能真正地把握马克思对黑格尔辩证法的那个意义至为深刻的"颠倒"。这个"颠倒"往往只是被十分皮相地加以理解，其深刻的意义迄今也很少被真正消化，以至于它时常要被当作"词障"而遭遇到非议了。实际上，无论如何，它意味着一场全面的哲学革命，这一革命是由存在论根基上做起并且可以说是这一根基之彻底的改弦更张。

然而这场革命的深刻性质及意义，从根本上来说终究还是落在了柯尔施的视野之外；他未能看到，正是由于这一存在论基础的革命，不仅使得黑格尔辩证法所建立起来的统一被决定性地标识为虚假的统一，而且使得其哲学作为现代形而上学的完成而被归结为最高的和最后的形而上学。柯尔施在阐释马克思的辩证法时所遭遇到的矛盾是由这种情况造成的，但为了使得这种矛盾不致引起整个阐释体系的自行瓦解，他在辩证法这个主题上就不得不——也许违背他本人的初始意愿，但从其实质来说——最终倒向黑格尔。这一"倒向"，确实可以在一定的意义上解除柯尔施所面临的矛盾，但其不可避免的结果——同样是从其实质来说——是：对马克思哲学的阐释获得了黑格尔主义的基本定向。

诚然，柯尔施决不愿满足于黑格尔哲学的基地，但他也决不能长久地滞留于阐释马克思哲学时已然面临的矛盾之中。在这种情况下，柯尔施抓住了"整体"或"总体"的概念——这个概念显然是辩证法的，并且它

---

① 参见《马克思恩格斯全集》第 3 卷，北京，人民出版社，2002，第 321 页。

可以撇开（至少是暂时撇开）关于这个"整体"或"总体"的任何一种实质性判断，或者反过来说，它可以安置（依不同的定向来替换安置）关于它的实质性判断。因此，柯尔施的"整体"或"总体"的概念确实可以安顿——但只是临时安顿——形而上学二元论的诸多对立和片断，同时又能够避开——但只是在表面上避开——黑格尔主义的明显嫌疑。所以，柯尔施的《马克思主义和哲学》最终就大体落实在"整体"或"总体"的概念上。他写道，现代的经济观念和现代物质生产关系是以这样一种方式相关联的："事实上，它们之间是以整体的一个特定的部分与这一整体的其他部分相关联这种方式而相关联的。和物质的生产关系一样，资产阶级的经济学是归属于资产阶级社会这个整体的。"①

不仅如此，这个"整体"还包括政治的和法律的诸多表象，以及它们的显而易见的对象；至于各种意识形态的表象，虽说看上去可以不存在与之相应的对象，但它们同样从属于现代社会这个整体："它们的总体形成了适应于其经济基础的资产阶级社会的精神结构，正如它的法律的和政治的上层建筑适应于这个基础一样。把握了社会现实总体的科学社会主义应该对所有这些形式进行革命的社会批判。"②

这样一种关于"整体"或"总体"的理解可以说是"不错"的，正像柯尔施的著作以之作结的马克思在 1843 年的说法——"不在现实中实现哲学，就不能消灭哲学"——也可以说是"不错"的一样。但是，这样的"不错"是有界限的，对于马克思的哲学来说，即对于以马克思的名字命名的哲学来说，这条界限意味着由存在论的根基处对此类"整体"或"总体"作出最深入的澄清，正像马克思本人大约在 1845 年开始以一种"新世界观"的萌芽形式为自己"过去的信仰"划出一条界线来一样。

在柯尔施还没有能够从存在论的基础上真正发现并深入地把握住这个关键之点以前，那条界限对他来说就是模糊的和游移不定的；然而，只要此一界限仍停留于晦暗之中，关于"整体"或"总体"的领会方式就不能不从属于黑格尔，我们的意思是说，在较好的情况下从属于黑格尔哲学的整体，在较差的情况下从属于黑格尔哲学的片断；但是无论如何，即便"整体"或"总体"不被理解为、也不被称呼为"绝对者"（"上帝""绝对精神""绝对知识"等），哪怕它是完全匿名的，情形亦复如此。之所以如此，原因很简单，就是因为马克思的哲学必得超出这条界限方始构成自

---

① ［德］柯尔施：《马克思主义和哲学》，重庆，重庆出版社，1989，第 53 页。
② 同上书，第 54 页。

身的基础，方始能够依自身的基础得以成立。反过来说，事情既为如此，结果也很简单，当"整体"或"总体"不得不本质地从属于黑格尔哲学之际，柯尔施对马克思哲学的阐释从根本上来说也就不得不依循黑格尔主义的定向了。

综上所述，我们可以得出这样一个基本见解，即：柯尔施的《马克思主义和哲学》这一著作虽说颇有见地地袭击了第二国际的庸俗马克思主义，而且也颇为切近地指证了其要害在于陷入现代形而上学的主导观念或现代意识形态的基本幻觉——科学实证主义——之中，但是，这一批判性反拨本身的存在论根基却仍然是晦暗的；大体说来，它仍然局限于黑格尔主义的基本定向中。之所以如此，是因为虽说柯尔施积极地要求恢复革命的辩证法、恢复实践批判行动和革命意志在马克思哲学基础中的本质重要性，并力图以"整体"或"总体"来使之得到某种综合的理解和表述，但这一恢复行动及其理解和表述的存在论基础却并未得到真正的、决定性的澄清，从而他也并未能够深入而有效地领会并把握住马克思所发动的存在论革命及其当代意义。在这种情况下，反对科学实证主义的斗争事实上就不得不在黑格尔主义的战线上来展开，就像恢复革命辩证法的卓越努力事实上也不得不在黑格尔主义的基地上来构成一样。

第三章　葛兰西的实践哲学及其存在论视域

　　葛兰西与卢卡奇、柯尔施同样是西方马克思主义的早期代表和奠基人。卢卡奇晚年在谈到他们的初始工作时甚至表示，在他们"企图以不同的方式解决第二国际留传下来的社会必然性和对它的机械解释的问题"时，"葛兰西也许是我们三人中最好的一个"①。卢卡奇之所以这样说，很可能是由于葛兰西不仅与他和柯尔施一样激烈地抨击了第二国际庸俗化了的马克思主义，而且率先做出了后来颇具影响力的"重建"马克思主义哲学的工作。这一"重建"工作是以"实践哲学"的名义展开的。

　　就当时的情境而言，取"实践哲学"这一称谓当然有为了逃避法西斯狱吏检查的目的，但这肯定不是葛兰西采用"实践哲学"这一名称的全部含义。我们知道，作为意大利第一批马克思主义者的拉布里奥拉也是用"实践哲学"来指称马克思主义的。葛兰西借用拉布里奥拉的这一称谓，一个原因就是要发展拉布里奥拉的哲学路向，因为拉布里奥拉是第一个用黑格尔的方法去解释马克思主义的人，他否认马克思主义是实证主义或宿命论的学说，也否认马克思主义是支配历史的永恒不变的规律。当然，葛兰西并不是无批判地继承拉布里奥拉的哲学，而是在这一过程中赋予了"实践哲学"以自己特有的含义，成为对西方马克思主义后来的发展产生持续影响的理论来源之一。

　　本章首先通过对葛兰西意识形态领导权理论的阐述，指明其理论思考的出发点之所在——在反思革命实践的经验和教训中探寻意识形态领导权斗争以及有机知识分子的历史作用。葛兰西对革命实践经验和教训的理论反思，又是同对第二国际以来庸俗马克思主义的批判以及对意大利唯心主义哲学传统的批判紧密关联在一起的。正是在对布哈林的"社会学"和对克罗齐哲学的深入批判中，葛兰西提出了关于马克思主义哲学的"实践一元论"理解。这种理解对于我们今天从存在论的根基处论述马克思哲学的当代性质仍然具有重要的借鉴意义。

---

① ［匈］卢卡奇：《答英国〈新左派评论〉记者问》，参见杜章智编，《卢卡奇自传》，北京，社会科学文献出版社，1986，第293页。

第一节　葛兰西对意识形态领导权的阐述

身为意大利共产党的创始人和领导者之一的葛兰西，其思想的一个鲜明特色就是始终关注革命斗争的形势，并从这一形势出发来建构其理论框架。因此，社会主义革命在苏联获得成功而在西欧却无一例外地遭遇到失败的命运这一事实，成为葛兰西在法西斯监狱中理论思考的出发点。这一思考的结果，是他的市民社会理论的提出。

一、市民社会理论

葛兰西认为，西欧各国无产阶级革命失败的原因不能简单归咎于革命的客观形势或主观条件不成熟，而是首先要从东西方社会结构的差别方面找原因，再进一步说，要从市民社会在东西方社会中的发展程度及其所起的作用方面，思考东西方社会无产阶级革命的不同命运。当然，葛兰西这里讨论的东方社会主要指的是俄国。

"市民社会"这一概念并不是葛兰西的发明，黑格尔和马克思也使用过这一概念。在马克思那里，市民社会主要是指"物质的生活关系的总和"。马克思说过："这种物质的生活关系的总和，黑格尔按照 18 世纪的英国人和法国人的先例，概括为'市民社会'，而对市民社会的解剖应该到政治经济学中去寻求。"①葛兰西的独创之处，是赋予了市民社会以全新的含义。葛兰西对市民社会概念的运用尽管不是完全统一，但综观他的整体思想可以发现，他主要是在上层建筑的含义上使用这一概念的："我们目前可以确定两个上层建筑'阶层'：一个可称作'市民社会'，即通常称作'私人的'组织的总和，另一个是'政治社会'或'国家'。"②在这里，葛兰西明确提出了上层建筑包括两大部分：市民社会和政治社会或国家。

这两大部分分别行使不同的职能。市民社会主要是通过一些民间的社会组织和文化组织——包括政党、工会、教会、学校、报社和其他各种学术团体——的活动，实现"意识形态的领导权"。这种领导权的主要特征是建立在"同意"的基础上，用葛兰西自己的话来说："在实行典范的议会制度的国度里，'正常'实现领导的特点是采取各种平衡形成的强力与同意的配合，而且避免强力过于显然地压倒同意；相反地，甚至企图

①　《马克思恩格斯选集》第 2 卷，北京，人民出版社，1995，第 32 页。
②　[意]葛兰西：《狱中札记》，北京，中国社会科学出版社，2000，第 7 页。

达到表面上好像强力依靠大多数的同意，并且通过所谓舆论机关——报纸和社会团体表现出来。因此报纸和社会团体的数量在一定条件下人为地增加起来。"①而政治社会行使"政治上的领导权"，则主要通过暴力和强权的手段，通过法庭、监狱、军队、官僚机构等专政工具达到控制和支配人民群众的目的。总之，葛兰西认为，"一个社会集团的霸权地位表现在以下两个方面，即'统治'和'智识与道德的领导权'。一个社会集团统治着它往往会'清除'或者甚至以武力来制服的敌对集团，他领导着同类的和结盟的集团。"②在这里，霸权（hegemony，即"领导权"）中的"统治"即政治上的领导权，是政治社会的职能，而"智识与道德的领导权"也就是意识形态领导权，是市民社会的职能。

在葛兰西看来，东西方市民社会的发展程度是不同的。"在俄国，国家就是一切，市民社会处于原始状态，尚未开化；在西方，国家和市民社会关系得当，国家一旦动摇，稳定的市民社会结构就会显露。国家不过是外在的壕沟，其背后是强大的堡垒和工事：不用说，各个国家的数量有别——但是这恰好说明每个国家都需要进行准确的侦察。"③也就是说，正如马克思晚年对亚细亚生产方式的研究所指出的，东方社会是农村公社、土地公有和专制国家的奇特结合体，而没有形成独立的、成熟的市民社会，因此在其上层建筑中就没有一个建立在"同意"基础上的"意识形态领导权"。在这样的社会中夺取革命的领导权，主要的方式是通过暴力手段打碎专制国家的国家机器。西方社会却不同，由于它的形成是以发达的商品经济和独立的资产阶级为基础，因此形成了独立的、成熟的市民社会。在这种情况下，西方资本主义国家具有双重保护：政治上的领导权和意识形态的领导权，市民社会和政治社会，"这两个阶层一方面相当于统治集团通过社会行使的'霸权'职能，另一方面相当于通过国家和'司法'政府行使的'直接统治'或管辖职能。这些职能都是有组织的、相互关联的。"④而且，"市民社会的上层建筑就像现代战争的堑壕配系。在战争中，猛烈的炮火有时看似可以破坏敌人的全部防御体系，其实不过损坏了他们的外部掩饰工事；而到进军和出击的时刻，才发觉自己面临仍然有效的防御工事。"⑤在这种复杂的情况下，西欧的无产阶级要像

① ［意］葛兰西：《狱中札记》，北京，人民出版社，1983，第197～198页。
② ［意］葛兰西：《狱中札记》，北京，中国社会科学出版社，2000，第38页。
③ 同上书，第194页。
④ 同上书，第7页。
⑤ 同上书，第191页。

俄国无产阶级一样成为领导阶级,其任务就不仅仅是直接摧毁政治上的领导权,而是首先要赢得意识形态的领导权。这样一来,夺取"意识形态的领导权"问题,成了葛兰西理论思考的焦点。

二、意识形态领导权与有机知识分子

在第二国际庸俗马克思主义所信奉的"经济决定论"中,意识形态向来只被看作对经济基础的消极机械的反映,对历史的发展并不能产生实质性的影响。这一点直接导致了第二国际无产阶级运动战略的破产。正如戴维·麦克莱伦所言,葛兰西看清楚了"第二国际的失败根源在于工人阶级运动无力抗拒资产阶级意识形态领导权的渗透"[①]。因此,在葛兰西看来,无产阶级为了争取这样一种具有现实力量的意识形态,就必须在市民社会的各个领域进行破坏资产阶级意识形态领导权的斗争,以赢得无产阶级的"意识形态领导权",并在此基础上逐渐瓦解政治社会的强制性因素,最终使无产阶级上升为统治阶级。而且,即便无产阶级成为了统治阶级以后,仍然需要巩固"意识形态的领导权":"一个社会集团能够也必须在赢得政权之前开始行使'领导权'(这就是赢得政权的首要条件之一);当它行使政权的时候就最终成了统治者,但它即使是牢牢地掌握住了政权,也必须继续以往的'领导'。"[②]总之,夺取意识形态的领导权是无产阶级成为统治阶级的前提条件,无产阶级越是成功地掌握了意识形态领导权,其对资产阶级政治上领导权的摧毁也就越容易。

那么,无产阶级如何才能掌握"意识形态的领导权"呢?对这个问题的回答,牵涉到葛兰西关于"知识分子"的论述。葛兰西有一个著名的命题:"人人都是哲学家"或"所有的人都是知识分子"。但是,这些"哲学家"或"知识分子"所具有的只是"常识哲学"。这种"常识哲学"具有双重性:一方面它是广泛流行的,对于群众动员具有重要意义;另一方面它又是自发性的、无意识的和未加反思的。这种双重性决定了无产阶级的领导者一方面要十分重视这种常识哲学,只有这样,革命的基础才是广泛的;但另一方面也要提升这种未加反思的"常识哲学",使之成为一个融贯一致的统一体,即无产阶级的意识形态。知识分子的主要任务就是去占领群众的"常识哲学"并提升它,使群众成为自觉革命意识的群体,这就意味着对意识形态领导权的争取。因此,葛兰西明确指出,知识分

---

① [英]戴维·麦克莱伦:《马克思以后的马克思主义》,北京,中国人民大学出版社,2004,第252页。

② [意]葛兰西:《狱中札记》,北京,中国社会科学出版社,2000,第38页。

子"是统治集团的'代理人'","是上层建筑体系中的'公务员'"。

葛兰西所倡导的这种知识分子是来源于群众的:"要不断提高人民中越来越广泛的智识水平,换言之,要赋予群众中无定向分子以个性。这意味着要努力培养出一种新型的直接从群众中产生出来,而还同群众保持着联系的知识分子精英,就像以前,变成女服胸衣上的鲸骨制品。"①这就是说,知识分子一定要从群众中产生,只有这样的知识分子才能真正了解群众的需求,但知识分子在理论水平上也一定要高于群众,只有这样的知识分子才能把群众自发的"常识哲学"提升为融贯一致的世界观。

这样的知识分子,葛兰西称之为新知识分子或有机知识分子。它不同于通常由文人、哲学家、艺术家等组成的传统知识分子群体。传统知识分子"自认为能够自治并独立于居统治地位的社会集团",因此他们极易与唯心主义哲学结合,通过侃侃而谈来发挥自己的影响。但是,"成为新知识分子的方式不再取决于侃侃而谈,那只是情感和激情外在和暂时的动力,要积极地参与实际生活,不仅仅是做一个雄辩者,而是要作为建设者、组织者和'坚持不懈的劝说者'(同时超越抽象的数理精神);我们的观念从作为工作的技术提高到作为科学的技术,又上升到人道主义的历史观,没有这种历史观,我们就只是停留在'专家'的水平上,而不会成为'领导者'(专家和政治家)。②"这种新知识分子,就是葛兰西心目中的有机知识分子。他们不仅仅是领导阶层意识形态的辩护者,而且是无产阶级事业的建设者,跟群众一样参与火热的实际生活。但是,作为组织者和领导者,他们还要把群众"引导向更高的生活概念",并"建造一个能够在政治上使广大群众而不是知识分子小集团获得进步成为可能的智识—道德集团"③。只有把这些因素集于一身的有机知识分子,才能真正为夺取无产阶级意识形态的领导权发挥其应有的作用。

接下来的问题是,如何才能成为有机知识分子呢?葛兰西说:"只有在知识分子和普通人之间存在着与应当存在于理论和实践之间的同样的统一的时候,人们才能获得文化上的稳定性和思想上的有机性质。也就是说,只有在知识分子有机地成为那些群众的有机知识分子,只有在知识分子把群众在其实践活动中提出的问题研究和整理成融贯一致的原则的时候,他们才和群众组成为一个文化的和社会的集团。"④因此,有机

---

① [意]葛兰西:《狱中札记》,北京,中国社会科学出版社,2000,第252页。
② 同上书,第5页。
③ 同上书,第243页。
④ 同上书,第240页。

知识分子所要做的工作是知识分子和群众的统一、理论和实践的统一。在葛兰西看来，这是知识分子真正的使命，也是葛兰西心目中哲学运动的使命："被恰当地称作哲学运动的，到底是那种致力于在狭隘的知识分子集团中创造一种专门文化的运动呢，还是那种在制定一种高于'常识'、在科学方面融贯一致的思想方式的过程中，永远不忘记同'普通人'相接触，并且确实在这种接触中发现它所研究和解决的问题的源泉的运动？"①很显然，前一种观点是葛兰西所批判的"传统和庸俗化的知识分子"的观点，后一种观点则是葛兰西所赞成和提倡的。为了使这一观点得到更深一层的理解，葛兰西对此进行了哲学的论证，即提出了有名的"实践哲学"的思想。这一思想的提出，不仅为其市民社会理论和意识形态领导权理论奠定了哲学上的基础，而且也使葛兰西成了一位独创的马克思主义理论家。

第二节　葛兰西对庸俗马克思主义的批判

葛兰西对"实践哲学"的阐明，是通过对庸俗马克思主义的批判以及对克罗齐哲学的批判来展开的。尽管二者本身似乎是针锋相对的，但在葛兰西看来，它们都使实践哲学的辩证法丧失殆尽，首先必须对它们进行批判和清理，才能阐明实践哲学的思想。因此，在直接评述葛兰西的"实践哲学"之前，接下来的两节我们将分别阐述葛兰西对庸俗马克思主义和克罗齐哲学的批判。

一、布哈林把马克思的哲学看成是社会学

葛兰西首先非常鲜明地表明马克思主义是一种"自足哲学"，这一"自足哲学"包涵了"为构建一种全面而完整的世界观所需要的一切基本要素"②。而且它具有"独创性"的特征，"它开辟了一条全新的道路，从头到脚地更新了设想哲学自身的整个方式"③。

在葛兰西看来，自从马克思、恩格斯这两位实践哲学的创始人逝世之后，只有拉布利奥拉"是唯一的企图科学地建立实践哲学的人"，因为拉布利奥拉"肯定实践哲学是独立于任何其他哲学思潮之外的、自足哲

---

① ［意］葛兰西：《狱中札记》，北京，中国社会科学出版社，2000，第240～241页。
② 同上书，第380页。
③ 同上书，第382页。

学"①。但占统治地位的两种主要思潮，其中之一即以普列汉诺夫为代表的所谓正统趋向，没有对马克思"本人的'独创性的'哲学进行研究"；而另一种与正统趋向相对立的思潮，则"把实践哲学同康德主义以及非实证主义的和非唯物主义的哲学趋向联系起来"。比如，奥托·鲍威尔就认为，"马克思主义能够由任何哲学，甚至由托马斯主义来支持，并和这些哲学溶合"②。显然，上述两种思潮要不根本忽视马克思主义"独创性的"本质，要不把马克思主义当作"万金油"，可以和任何哲学结合，其结果都与拉布利奥拉关于实践哲学是"自足哲学"的基本见解相违背。

葛兰西自命是拉布利奥拉的继承人，所以，他把"回过头去使拉布利奥拉传播开来，使他提出哲学问题的方式占据支配地位"视为己任。③ 为了完成这一任务，葛兰西首先把批判的矛头指向了第二国际理论家的庸俗唯物主义，因为庸俗唯物主义是当时广为流传的对马克思主义的歪曲解释。葛兰西试图通过对庸俗唯物主义的批判，来开启对马克思哲学阐释定向的决定性反拨。鉴于在狱中可接触的材料非常有限的特殊条件，葛兰西选择了布哈林的《历史唯物主义理论——马克思主义社会学通俗手册》一书作为其主要的批判靶子。

葛兰西认为，布哈林把马克思的哲学看成了社会学，"在《通俗手册》中，实践哲学并不是一种自主的、原创性的哲学，而是形而上学唯物主义的'社会学'"④。在葛兰西看来，布哈林的《历史唯物主义理论——马克思主义社会学通俗手册》一书的总标题"历史唯物主义理论"和副标题"马克思主义社会学"互相矛盾，它们之间的联系没有得到证明。葛兰西通过分析认为，在布哈林的意图中，"副标题应该更准确"，这也是布哈林该书暗含的前提，即"实践哲学是一种纯粹的'社会学'"。也许布哈林自己还没有明确意识到这一前提，他这样做的目的也只是想用纯粹科学的语言重新解释马克思主义，从而使马克思主义成为一门"最客观"的学问。但是其所产生的理论后果却适得其反，那就是把马克思主义变成了一种机械决定论的庸俗唯物主义。所以，葛兰西坚决反对布哈林把马克思主义看成是社会学。在他看来，"社会学是这样一种企图：它以一种此前制定出来的哲学体系、进化论实证主义的方法，去创造一种历史和政治科学的方法。"这是"根据建立在自然科学模式基础上的标准，为历史、

---

① ［意］葛兰西：《狱中札记》，北京，中国社会科学出版社，2000，第 299 页。
② 同上书，第 299 页。
③ 同上书，第 300 页。
④ 同上书，第 353 页。

政治的事实提供图解式的描述和分类。所以，它企图用'预言'橡树将从橡果中生长出来的方式，'实验地'推断出人类社会发展的法则"①。这样的方法只是一个机械的公式而已。在这里，葛兰西一针见血地指出了布哈林的社会学和自然科学的同质性，它们都以庸俗进化论作为哲学根基，其目的就在于企图一劳永逸地预见自然或社会发展的规律：由于自然科学具有所谓的科学性、客观性和价值的中立性，于是，如果把马克思主义看成是与自然科学具有同质性的"社会学"，它也将成为最客观的科学；由于自然科学能够不分毫厘地预言出自然规律，作为"社会学"的马克思主义也同样能预言社会发展的规律。但是，葛兰西认为这样做是把马克思主义知性科学化，其产生的后果是从根基上消除马克思主义的批判性和革命性，从而使之沦落为"庸俗马克思主义"。

二、布哈林把自然科学的法则应用到社会学中

在此基础上，葛兰西进一步批判了布哈林把自然科学的法则应用到社会学中，使之成为社会学的法则。葛兰西首先批判的是统计法则。他认为把统计学法则运用到政治科学和政治艺术中完全是非法的，因为政治活动并不等同于自然过程。自然科学面对的是冥顽不化的物，而政治活动面对的却是活生生的人。人是有感情有热情的，这种感情和热情是历史运动中不能忽视的因素。领袖们只有在充分认识到这种感情和热情的基础上，才可能真正团结广大人民创造新的历史。反之，如果用对待"死物"的方法来对待"活人"，即"把统计学扩展到政治科学和政治艺术中，在它被用来推算政治未来前景和行动纲领时"，它就"不仅是一个科学上的错误，也变成了行动中的一个实践错误"，它会"造成真正的灾难性后果"②。葛兰西的这一分析，给人的印象是，仿佛他已经预见到了多年以后在苏联产生的一系列灾难性后果。

接下来，葛兰西又批判了社会学的另一个法则：因果律。葛兰西认为，有因必有果这样一种从一个事实和一系列事实而得出另一个或另一系列事实的思维方式，最终被归纳为规律性和必然性。但这种从自然科学派生出来的因果律只是"抽象概括的机械法则"而已，它只是"思辨—抽象"意义上的"必然性"，其根源就是柏拉图的唯心主义，即"这些抽象法则和柏拉图的作为真实的尘世事实的本质的纯粹观念奇怪地相似"③。而

---

① ［意］葛兰西：《狱中札记》，北京，中国社会科学出版社，2000，第342页。
② 同上书，第344、345页。
③ 同上书，第347页。

葛兰西心目中的必然性，则是"历史—具体"意义上的必然性。这种必然性应当"存在着一种有效而积极的前提"：这种前提中"必须包括有已经发展起来或正在发展过程中的，为实现集体意志所必须的、充分的物质条件"以及"智识行为复合体的一定的文化水平"和"作为这些行为的产物和结果的、压倒性的热情和感情的某种复合体"。在具备上述前提的情况下，"人们心目中对于这种前提的意识已经变得有效，向集体意识提出具体目标，并构成一套以'普遍信念'的形式发挥强有力作用的信念和信条的复合体的时候，必然性就存在了"①。

葛兰西认为这样的"必然性"概念没有任何先验的假设，它"产生于政治经济学领域中，特别是产生于经济科学从大卫·李嘉图那里获得的形式和方法论的那些概念的研究和斟酌"②。在葛兰西看来，李嘉图通过发现"被决定的市场"这一具有某种"自动性"的因素，并通过假设使这一因素绝对化，"提出了一定社会的抽象图式"，从而使古典经济学得以完成；而马克思的"政治经济学批判"，则是从"被决定的市场"的历史特性及其"自动性"概念出发，揭示这一在古典经济学中具有永恒性的力量是如何在历史的发展中形成的，即揭示这一力量产生的"历史根源"，从而得出这门科学的"暂时性"和"可取代性"的结论。葛兰西认为，马克思是"把这门科学当作生命也当作死亡来研究"，从而"在其心脏中找到必定要瓦解它、取代它的要素"③；因此，在此基础上提出的历史"必然性"观念，"消除了自然科学因果律的机械方面"，并从而超越了黑格尔哲学，"创立了不受思辨逻辑残余玷污的新的历史客观规律论"④。

布哈林把自然科学的法则——统计学和因果律——应用到社会学中去，其结果是使马克思主义变成了完全僵硬的宿命论和机械决定论。但是，为什么布哈林要把马克思主义看成是社会学呢？在葛兰西看来，原因在于布哈林否认马克思主义是一种历史理论。尽管布哈林也把马克思主义叫作"历史唯物主义"，但是在他眼中的"历史唯物主义"不过是"略加修定和矫正过的线性的传统唯物主义"⑤。也就是说，"历史唯物主义"这一术语的重心放在"唯物主义"上，而辩证法只是变成了"唯物主义"的一种外在附加。布哈林以为这样做就能突出马克思主义优越于其他哲学之

①　[意]葛兰西：《狱中札记》，北京，中国社会科学出版社，2000，第 327 页。

②　同上书，第 324 页。

③　同上书，第 326 页。

④　[意]葛兰西：《狱中书简》，北京，求实出版社，1990，第 126 页。

⑤　[意]葛兰西：《狱中札记》，北京，中国社会科学出版社，2000，第 374 页。

处，因为他认为"越是回到'物质'客体，人们就必定越加正统"①。但是他却不知道他这样做，实际上是牺牲掉了马克思主义的辩证法，把马克思主义变成了一种庸俗唯物主义。葛兰西特别强调马克思主义是一种历史理论，对此他自问自答说："实践哲学是否特别是一种历史理论？确实如此。"②在他看来，对于历史唯物主义，"人们应当把重点放在第一个术语——'历史的'——而不是放在具有形而上学根源的第二个术语上面。实践哲学是绝对的'历史主义'，是思想的绝对的世俗化和此岸性，是一种历史的绝对人道主义"③。在这里，葛兰西强调的是实践哲学的历史性，但是这种历史性又不同于黑格尔的思辨的历史性，而是建立在世俗化和此岸性基础上的历史性。

三、布哈林对马克思主义的解释破坏了马克思主义的辩证法

在葛兰西看来，布哈林把马克思主义看成是一种社会学，一个严重的理论后果是破坏了马克思主义最主要的要素——辩证法。葛兰西说："《手册》中没有任何一种辩证法的论述。辩证法被以一种非常浅薄的方式假设，但却没有得到阐述。在一本本该包含所讨论的学说的主要要素的手册里，这是很荒谬的。"④事实上，布哈林也谈辩证法，但是他那种源自自然科学的思维方式，把辩证法降低为力量平衡的机械法则。葛兰西认为，这种口头上谈论的辩证法没有说明任何问题，反而把"辩证法从作为认识论、编史工作的精髓以及政治科学的位置上，被贬黜成为形式逻辑和初级学术的一个亚类"⑤。在他看来，辩证法在马克思主义哲学中具有非凡的地位，因为"实践哲学正是通过新的辩证法来实现和表现对旧哲学的超越的"⑥。

为什么布哈林对辩证法的认识如此浅薄呢？葛兰西认为主要有两个根源："第一个根源"在于这样的"事实"——"实践哲学被认为分裂成两个要素，一方面，它被认为是社会学的历史和政治理论——即一种能按照自然科学方法加以构造（在最粗俗的实证主义意义上的试验的）的要素；另一方面是哲学本身，这就是哲学的唯物主义——它的别名是形而上学的或机械的（庸俗的）唯物主义"；"第二个根源"则是所谓"心理学的"——

① ［意］葛兰西：《狱中札记》，北京，中国社会科学出版社，2000，第379页。
② 同上书，第347页。
③ 同上书，第383页。
④ 同上书，第350页。
⑤ 同上书，第351页。
⑥ 同上书，第351页。

因为假设人们从小受到自然科学式的教育，从而"渴望断然的确定性"，就会"觉得辩证法是某种艰巨的、充满困难的东西"①。布哈林为了迎合这样一种环境，试图用自然科学的方法，用纯粹科学的语言来重新解释辩证法。

但是布哈林的迎合并没有让广大群众更好地理解马克思主义哲学，也并没有对他们产生更大的影响。原因何在？葛兰西说："《通俗手册》的第一个错误，是它至少暗中从下列假定出发，即：精心构建一种广大群众的独创的哲学，是同传统的伟大体系以及僧侣领袖的宗教相对立的——就是说，是同知识分子和高级文化的世界观相对立的。"这种哲学由于只是作者"精心构建"的体系，它即使能对广大群众产生影响，这种影响也是外在的、不牢固的，因为它发挥不了"作为一种内在改变的至关重要的酵素所具有的积极影响。"②

在葛兰西看来，"一本主要供非专业知识分子阅读的书，应当把批判地分析常识哲学当作其出发点"③。尽管葛兰西对常识有诸多不满之处，认为常识只是"一个含糊不清、自相矛盾和变化多端的概念"，是"片断的、不连贯的和琐碎的"。但同时认为，"常识"能够"在判断的整个领域中确认准确而简明方便的原因，不容许虚伪的诡辩以及假冒深刻、假冒科学的形而上学的莫名其妙的东西将其引入歧途"④。常识之所以能如此，在于它是离广大群众最切近的世界观。葛兰西在这里指明应当从"常识哲学"出发，旨在强调一种"民族—大众"的观点，而在他看来，"实践哲学在本质上就倾向于一种群众哲学"⑤。但是，实践哲学并不是毫无作为地以"常识哲学"为出发点，而是要"批判地分析常识哲学"。葛兰西认为，要做到这一点，"实践哲学有两项工作要做：战胜形式精致的现代意识形态，以便组成自己独立的知识分子集团；教育在文化上还处于中世纪的人民大众。这第二项工作，是基本的工作，它规定着新哲学的性质"⑥。

因此，在葛兰西看来，布哈林对马克思主义哲学的定位从出发点上来说就是错误的，他所精心构造的哲学体系，就好比是空中楼阁，不但对发展马克思主义毫无益处，对影响广大群众也鲜有成效。总之，葛兰

---

① ［意］葛兰西：《狱中札记》，北京，中国社会科学出版社，2000，第351页。
② 同上书，第334～335页。
③ 同上书，第334页。
④ 同上书，第260页。
⑤ 同上书，第336页。
⑥ 同上书，第305页。

西认为，"《通俗手册》把实践哲学同庸俗唯物主义、同它的必然永恒的和决定的'物质'形而上学混淆在一起"，其结果是使实践哲学"变成最坏意义上的意识形态，也就是说，变成永恒的、绝对的真理的教条体系"①。而一旦马克思主义变成了永恒的、放之四海而皆准的绝对真理，其辩证法所蕴含的批判性和革命性也就消失殆尽了。

以上是葛兰西对布哈林的批判。这一批判实际上并不仅仅针对布哈林，同时也间接地是对第二国际"庸俗马克思主义"的批判。为了最坚决地摆脱对马克思主义的庸俗化理解并恢复其辩证法的革命内涵，葛兰西认为最急迫的事情是要把被庸俗马克思主义排除掉的主观能动性引入历史。为了这个缘故，葛兰西特别强调了克罗齐的哲学在马克思主义解释中的重要作用。

第三节　葛兰西对克罗齐哲学的批判

在评述葛兰西对克罗齐哲学的批判吸收之前，首先必须阐明一个问题，那就是克罗齐哲学与黑格尔哲学有怎样的关系？这个问题的另一种更为明确的表述方式是：直接诉诸克罗齐哲学的葛兰西哲学，是否也属于"西方马克思主义"？

一、克罗齐哲学与黑格尔哲学的关系

运用黑格尔的思想资源阐释马克思主义是早期西方马克思主义的共同特征，但是葛兰西并非像卢卡奇和柯尔施那样诉诸马克思和黑格尔的直接衔接。也正因为如此，有学者认为把葛兰西与卢卡奇相提并论，并称为"西方马克思主义"创始人是不妥的。② 这样的观点能否成立呢？我们将通过理解葛兰西对实践哲学发展过程的论述来衡量这一疑问。

葛兰西把这一发展过程追溯到了黑格尔以前。他认为在黑格尔之前，唯物主义和唯心主义分别在新兴的阶级和传统的阶级中占据支配地位，二者各执一端，都只是抓住了片面的真理。正是黑格尔以他自己的方式综合了唯物主义和唯心主义的二元对立，"处在法国革命和复辟两个历史阶段的中途上的黑格尔，赋予思想生活的两个要素唯物主义和唯灵论以辩证的形式"。但是，黑格尔逝世之后，他的"后继者摧毁了这种统一，

① ［意］葛兰西：《狱中札记》，北京，中国社会科学出版社，2000，第 320 页。
② 参见田时纲：《论葛兰西对马克思主义的理解》，载《马克思主义研究》，2001 年第 3 期。

有的返回到唯物主义体系，有的则返回到唯灵主义体系"①。返回到唯物主义体系的人接受了黑格尔关于过程和历史性的观点，但这一过程却是外在的，因为他们排除了历史过程中的主体的能动性和积极性；而返回到唯灵主义体系的人虽然意识到了历史过程中主体能动性的作用，但却把主体仅仅理解为精神。这个时候，马克思和恩格斯出现了，他们"复活了黑格尔主义、费尔巴哈主义和法国唯物主义的一切经验，以便重建辩证统一的综合"②，这种综合不再像黑格尔一样"以头立地"，而是"以脚立地"。换句话说，马克思主义"在一种新的综合中超越了唯心主义和唯物主义的传统概念"③。

但遗憾的是，"黑格尔主义所遇到的被割裂的苦恼，在实践哲学这里也在重复着"④。马克思、恩格斯之后，"实践哲学遭到了双重的修正"，也就是说："它被归并入双重的哲学结合之中。一方面，它的某些要素，或明或暗地被若干唯心主义思潮吸收和融汇。另一方面，所谓的正统派所关心的却是寻找到这样一种哲学：根据他们极端有限的观点，这种哲学要比对历史的'简单'解释更加广泛，他们认为自己是正统的，因为他们把这种哲学基本上和传统的唯物主义等同起来了。"⑤

葛兰西认为，必须重新综合被分裂的马克思主义。实践哲学的创始人马克思和恩格斯，经由黑格尔综合了唯物主义和唯心主义的二元对立，从而创造马克思主义，葛兰西则希望经由克罗齐这一"代表着德国古典哲学当今世界水平"的人物，重新恢复实践哲学在新的历史时期的统一性。就像马克思通过"黑格尔的《现象学》及其最后成果——作为推动原则和创造原则的否定性的辩证法"对费尔巴哈直观的唯物主义进行批判一样，葛兰西在克罗齐伦理—政治的历史理论中，也找到了推翻对马克思主义的机械论的、实证主义的和进化论的解释以恢复马克思主义思想前提的有力武器："正如实践哲学是用历史主义的语言对黑格尔主义进行翻译一样，克罗齐的哲学在很大程度上是用现实主义的历史主义的推理语言对实践哲学的再翻译……现在，必须像马克思和恩格斯这些实践哲学的首批理论家对黑格尔思想所进行的那种去伪存真的工作一样，对克罗齐的哲学思想也要进行同样的去伪存真。这是历史上唯一有效的方法，这种

---

① ［意］葛兰西：《狱中札记》，北京，中国社会科学出版社，2000，第 309 页。
② 同上书，第 309 页。
③ 同上书，第 383 页。
④ 同上书，第 309 页。
⑤ 同上书，第 301 页。

方法能使实践哲学得到应有的恢复，并能把这一思想（由于'普及'和当前政治生活的需要，这一思想又活跃起来）提高到应有的高度，从而解决当前斗争的发展所提出的最复杂的任务，即建立一种完整的新文化。这种文化应有新教改革和法国启蒙运动那样的群众性，有希腊文化和意大利文艺复兴那种古典性质。用乔祖埃·卡尔杜齐的话说，"这种文化应把罗伯斯庇尔和康德，把政治和哲学都综合在辩证统一之中，它不仅为法国的或德国的某个社会集团所固有，而且为欧洲的和世界的某个社会集团所固有。不能只把德国的古典哲学遗产当作存货保存起来，而必须使它成为沸腾的生活。为了做到这点，必须清理克罗齐的哲学。对于我们意大利人来说，要成为德国古典哲学的继承人，就是要成为克罗齐的继承人，因为克罗齐代表着德国古典哲学当今世界的水平。"①

显然，从上面的叙述可以看出，那种认为葛兰西在对马克思主义的解释没有直接诉诸黑格尔因而不是西方马克思主义的开创者的说法是较为皮相的。由于在葛兰西看来，克罗齐代表着德国古典哲学在当时的最高水平，所以，诉诸克罗齐实质上是更好地诉诸黑格尔。

二、克罗齐的哲学对恢复马克思主义的贡献及缺陷

葛兰西认为，"克罗齐的哲学是恢复马克思主义思想的前提，在此之前马克思主义思想被经济主义、宿命论和机械论弄得模糊不清。"②可见，葛兰西引入克罗齐的哲学是为了从机械决定论的庸俗解释中摆脱出来，从而恢复马克思主义辩证法的批判性和革命性。

克罗齐的思想是以反对实证主义，尤其是实证主义史学理论开始的。他认为实证主义史学采取自然科学的方法研究历史，这样一种方法尽管以"事实"为起点进行研究，但实际上根本无法说明事实是什么。克罗齐这样的思想起点，契合了葛兰西批判布哈林把马克思主义哲学解释成社会学的理论需要。克罗齐的史学理论可以被称为伦理—政治的历史理论。他认为哲学是从特殊的实际问题中产生出来的、用于解决历史过程中提出的各种问题，从而发现了哲学和历史之间的必然联系。他否定一切绝对的东西和一切形而上学、超然存在以及在理解历史发展中出现的神学观念，认为历史发展绝不是一个机械决定的过程，而是一个能动的过程。在这一过程中，由于人的自我意识所具有的独创性发挥着很大的作用，

---

① ［意］朱塞佩·费奥里：《葛兰西传》，北京，人民出版社，1983，第259～260页。
② 同上书，第257页。

所以对历史的阐明不能被简化为一个封闭的最后体系。历史本身的发展没有客观的规律，有的只是人们对历史事件的主观评价。

克罗齐的这些思想都是葛兰西十分赞同的，葛兰西吸收了它们并用以反驳第二国际庸俗马克思主义者对马克思主义哲学所作的机械决定论的解释。在庸俗马克思主义者的视野中，人的主观能动性没有任何作用，因为历史是被决定的。在机械决定论的支配下，即使在斗争中失败了，人的主观能动性还是不会发挥作用，而是把一切后果交给所谓"历史的潮流"。葛兰西说："在斗争中，当你不具有主动权，斗争本身最终等同于一系列的失败的时候，机械决定论就变成道德抵抗、团结一致、坚韧不拔和不屈不挠的一种巨大力量。'我暂时被打败了，但是，历史的潮流归根到底是为我而流。'现实的意志穿上了一种信仰历史的某种合理性和信仰原始的和经验形式的温暖人心的目的论——这种目的论是作为前定和神意等忏悔的宗教教义的替代品而出现的——的外衣。"①所以，在葛兰西看来，"宿命论不外乎是处在软弱的地位时给现实的和能动的意志穿上的一件衣服罢了"，说到底，"机械论概念是一种从属者的宗教"②。而要打击机械决定论，就必须引入历史的辩证法，这一辩证法的核心就是要求恢复精神力量或意识形态的现实性。很明显，克罗齐的思想是能满足这一需要的，因为他的伦理—政治的历史理论强调人的主观能动性在历史发展中的作用，进而强调"文化和思想在历史发展中的重要性"。

葛兰西借助克罗齐伦理—政治的历史理论批判了庸俗马克思主义，从而把主观性原则引入了实践哲学中。但是尽管葛兰西接受了克罗齐的伦理 -政治的历史理论，却又不满这一理论的思辨性："这种历史观是同历史唯物主义相对立的，其原因在于它是'思辨的'"，而不在于它是伦理—政治的。历史唯物主义并不排斥伦理—政治的史学，因为后者是关于领导权要素的史学；但是"'思辨的'史学，则像其他的'思辨'哲学一样，是被排斥的。"③这样一来，葛兰西在运用了克罗齐的思想批判庸俗马克思主义之后，开始要批判它的思辨性了："克罗齐在阐释其哲学时宣称，他要使现代思想摆脱一切先验论和神学的痕迹——换句话说，就是摆脱一切传统意义上的形而上学的痕迹。他的这种努力竟然达到否定哲学是一种体系的程度，因为体系这个概念本身恰恰就含有神学的痕迹。可是，由于他自己的哲学实际上是'思辨'哲学，他也就发展了先验论和

① ［意］葛兰西：《狱中札记》，北京，中国社会科学出版社，2000，第247页。
② 同上书，第248页。
③ ［意］葛兰西：《葛兰西文选》，北京，人民出版社，1992，第585页。

神学的目标，为他们利用赋予历史意义的语言提供方便。克罗齐深深陷入自己的方法和思辨语言中，所以这些方法和思辨语言就是他所能使用的唯一标准。"①

三、葛兰西通过重新阐述"内在论的哲学"对克罗齐的批判

那么，克罗齐的"思辨性"到底体现在哪里呢？这一"思辨性"产生的后果是什么以至于历史唯物主义要排斥它？葛兰西自己又是通过什么途径扬弃这一"思辨性"从而达到对实践哲学的全新理解的呢？以下试图通过葛兰西对"内在论的哲学"的分析来解答这一系列问题。

在葛兰西的语境中，"内在论的哲学"的含义十分广泛，它既指德国古典哲学（主要是黑格尔的哲学），也指 20 世纪初期的意大利唯心主义（克罗齐、金蒂雷等），甚至也指实践哲学。三者之所以都能被冠以"内在论的哲学"的名称，就在于三者都拒斥先验论，都认为应当到历史本身中去寻找支配历史世界的原则，而不求助于任何外部哲学原则或动机力量。当然，德国古典哲学和意大利唯心主义哲学的"内在性"与实践哲学的"内在性"具有原则性的差别，这一点，在接下来的章节中将进行重点分析。我们首先要澄清的是"内在论哲学"的具体含义。

葛兰西认为，"内在性概念是由德国古典哲学提出来的，借助于法国政治和英国古典经济学，它被翻译成历史主义的形式"②。到了 20 世纪，它又被意大利唯心主义者克罗齐等人所继承。但是这个内在性概念还具有先验性和神学的痕迹，是一种思辨性质的历史主义。具体说来，在克罗齐那里，人类思想和人类社会的整个基础是"精神"，精神的本质在于它的永恒性。也就是说，精神是绝对的和普遍的，它尽管经历历史的发展，但永远不会被别的东西所替代。这是典型的黑格尔主义，而且克罗齐把黑格尔的唯心主义发展到了极端，认为如果想要建立彻底的精神哲学，根本不需要像黑格尔那样去建立"自然哲学"，根本不需要承认自然界、物质世界的存在，精神之外的东西只是毫无意义的混沌一片而已。正是由于这种思辨性质，历史的发展实际上就是精神的辩证的展开，而不是现实生活的历史；作为历史创造者的人也只是唯灵论的存在，而不是在具体历史中生活和斗争着的人；真正的历史辩证法也被降低为概念的辩证法。因此，"一般内在论哲学的最大缺陷之一在于：它们不能在上

---

① ［意］葛兰西：《葛兰西文选》，北京，人民出版社，1992，第 585～586 页。
② ［意］葛兰西：《狱中札记》，北京，中国社会科学出版社，2000，第 313 页。

层和底层之间、'普通人'和知识分子之间建立起一种意识形态上的一致性"①。由于知识分子代表着历史发展的潮流，是历史的"头脑"，因此，这样一种"内在论的哲学"往往局限在狭隘的有限的知识分子集团中，而不能成为群众的文化或群众的观念。

相反地，葛兰西始终强调实践哲学是一种"群众哲学"，"实践哲学的出发点仍然必须总是作为群众的自发哲学，并且必须在意识形态上弄成融贯的常识"②。那么，如何把实践哲学改造成以群众为基础的新型的"内在论哲学"？葛兰西认为，只有把实践哲学彻底地历史化，并建立在具体的、物质的历史发展的基础上，才能达到这一点。历史根源是实践哲学设想"内在性"的特殊方式。因此，葛兰西说，"实践哲学是以前一切历史的结果和顶点。唯心主义和实践哲学都产生于对黑格尔主义的批判中。黑格尔的内在论变成历史主义，但只有在实践哲学那里，它才是绝对的历史主义——绝对的历史主义或绝对的人道主义"③。这样一种"绝对的历史主义"使"实践哲学承继了内在性哲学，但清除了它的所有形而上学装置，并且把它带到了具体的历史领域之中"④。

葛兰西通过批判克罗齐哲学的思辨性引出了对"内在论哲学"的讨论，并通过这一讨论，得出了下面的结论："看来只有实践哲学才是唯一可靠的'内在论'概念。一切具有思辨性质的历史主义理论尤其值得重新考察和批判。可以写一部新的《反杜林论》，从这种观点出发，这将是一部《反克罗齐论》，它不仅把反对思辨哲学的论战，而且也把反对实证主义、机械论的论战，同反对变了质的实践哲学本身的论战结合在一起。"⑤在这里，葛兰西实际上指出了，尽管克罗齐哲学以反对机械决定论为出发点，但转了一圈，它还是和实证主义、机械论殊途同归，都牺牲掉了马克思辩证法的精髓——批判性和革命性。葛兰西认为，这是最重要的问题，因为这不仅仅牵涉到理论上的是非对错，更重要的是它会影响到现实的斗争。事实就是如此，克罗齐在现实生活中采取的是政治温和主义的立场，这是一种保守的改良主义的立场，是被资产阶级民主政权所接受的意识形态，根本无助于无产阶级革命。

---

① ［意］葛兰西：《狱中札记》，北京，中国社会科学出版社，2000，第239页。
② 同上书，第336页。
③ 同上书，第331页。
④ 同上书，第367页。
⑤ 同上书，第286页。

第四节　葛兰西实践哲学的存在论立场

　　以上的论述表明，葛兰西首先是以布哈林为靶子批判了庸俗马克思主义的机械决定论，又借助克罗齐的伦理—政治的历史理论所蕴含的主体性原则批判了庸俗马克思主义，然后指出，克罗齐思想的思辨性使之与庸俗马克思主义一样阉割了马克思辩证法的精髓——批判性和革命性。葛兰西认为，实践哲学不是"对另一种哲学的屈从"，它在"既超越了作为过去表现的传统唯心主义和传统唯物主义，又保持了自身的重要要素"的意义上，把实践哲学改造成了"一种开辟了历史新阶段和世界思想发展新阶段的、完整的、富于独创性的哲学"；只有这样看待实践哲学，才能领会"辩证法的基本功能和意义"，而实践哲学"却正是通过新的辩证法来实现和表现对旧哲学的超越的"①。

一、"实践一元论"的提出

　　葛兰西的上述思路与马克思主义哲学的诞生过程有所类似。马克思当时不满于黑格尔哲学的思辨性，于是借助费尔巴哈唯物主义的感性原则批判黑格尔的理性本体论，但同时又认为"费尔巴哈把否定的否定仅仅看作哲学同自身的矛盾"，从而忽略了"黑格尔的《现象学》及其最后成果——作为推动原则和创造原则的否定性的辩证法"，并由此展开对费尔巴哈的全面清算。马克思实际上既批评了费尔巴哈，又批评了黑格尔。但我们并不能因此说，马克思的哲学是部分地援引费尔巴哈，部分地援引黑格尔，即马克思哲学是费尔巴哈和黑格尔哲学的某种简单嫁接。我们说马克思哲学是在黑格尔和费尔巴哈之后的东西，这个"之后"不是时间意义上的，而是就哲学的基本性质而言的，也就是说，马克思发动了一场真正意义上的哲学革命。通过这个哲学革命，马克思不仅特殊地超越了黑格尔和费尔巴哈哲学，而且一般地颠覆了整个柏拉图主义，终结了全部形而上学。如果说葛兰西的实践哲学既批评了第二国际庸俗马克思主义，又批评了克罗齐，在形式上与马克思哲学十分相似，那么，我们是不是能说他也像马克思超越了费尔巴哈和黑格尔哲学一样超越了布哈林和克罗齐的哲学；还是像有的学者所说，葛兰西的辩证法"是布哈林

――――――――――

　　① ［意］葛兰西：《狱中札记》，北京，中国社会科学出版社，2000，第351页。

的观点和克罗齐的观点的平衡"①。也就是说，葛兰西的实践哲学仅仅是布哈林和克罗齐思想的某种混合物。对于这一点，我们必须深入到其存在论根基处进行探索，才能最后得出结论。

要阐述葛兰西实践哲学的存在论基础并不是一件容易的事情，因为他没有集中论述这方面的思想，但是我们在他的字里行间还是能探究到一些讯息。例如他在《狱中札记》唯一一处谈到卢卡奇时说："人们必须研究卢卡奇教授对实践哲学的立场。卢卡奇似乎认为，人们只能就人类历史、而不是就自然谈论辩证法。他可能是正确的，也可能是错误的。如果他的论断预先假定了自然和人之间的二元论的话，他就是错误的，因为他跌落到宗教和希腊—基督教哲学所特有的自然观中去了，也落入到实际上（除了在口头上之外）并没有把人和自然成功地统一和关联起来的唯心主义所特有的自然观中去了。"②我们且不论葛兰西在这里对卢卡奇的评价是否准确，这段话透出的讯息却是十分丰富的。葛兰西在这里指出了如果卢卡奇假定了"自然和人之间的二元论"的话，就会"跌落到宗教和希腊—基督教哲学所特有的自然观中去"——这一特有的自然观主张人与自然的分离，并在哲学上发展为思维与存在的对立。葛兰西进一步指出，如果"预先假定自然和人之间的二元论的话"，自称成功地统一和关联了"自然和人"的唯心主义实际上是不成功的，换句话说，唯心主义只是在口头上宣称统一了人和自然，实际上自然还是在它的视野之外的。因为在人与自然即思维与存在二元对立的情况下，"人和自然的成功地统一和关联"是不可能。在文中另一处葛兰西评价黑格尔的哲学时也提出了类似的思想，葛兰西说："在哲学思想中，黑格尔代表了独立的一章。因为在他的体系中，人们以这样那样的方式，甚至以'哲学空想'的形式，去理解何为现实。也就是说，人们在单个哲学家和哲学体系那里，找到人们先前从体系的总和以及彼此论战和相互矛盾的哲学家那里才获得的，关于矛盾的意识。"③这里，葛兰西指出了黑格尔只是以"哲学空想"的形式来克服矛盾。这一见解无疑是深刻的，它让我们想起了马克思在《1844年经济学哲学手稿》中对黑格尔同一哲学的批判。

黑格尔号称在他的同一哲学中已经消除了思维和存在的二元对立，但马克思看出这种消除是虚假的。因为"自然界对抽象思维说来是外在

①　[英]詹·约尔著：《"西方马克思主义"的鼻祖——葛兰西》，长沙，湖南人民出版社，1988，第102页。

②　[意]葛兰西：《狱中札记》，北京，中国社会科学出版社，2000，第365页。

③　同上书，第318页。

的，它是抽象思维的自我丧失；而这个抽象思维也外在地把握自然界，把它理解为抽象的思想，理解为外化了的抽象思维"①。这里的"自然界"是马克思意义上的真正的自然界，而不是作为抽象概念的自然界，因为作为抽象概念的自然界，即"名为自然界的思想物"，黑格尔已经使它很好地同一在了抽象思维中。在马克思看来，黑格尔的同一哲学，这个经过否定之否定所完成的那个自称是绝对的同一性是虚假的，对立依然保持在概念自身内部。在黑格尔哲学中，一方面是斯宾诺莎的"实体"，其性质乃是"形而上学化了的脱离人的自然"，另一方面是费希特的"自我意识"，其性质是"形而上学化了的脱离自然的人"，黑格尔把他们综合起来，即"形而上学化了的人和自然的统一"。但在这个综合中保持了原来的对立，这一对立没有得到真正解决，因为黑格尔仅仅克服了实体和自我意识的分离，而未曾克服"形而上学化"本身这一抽象。也正是在这个意义上，伽达默尔指证了德国唯心主义的三重天真，即"概念的天真""断言的天真""反思的天真"。不仅如此，更重要的是，进一步的形而上学化（确切些说是最高的形而上学化）只是表面上克服了形式间的对立以及形式化的抽象本身，只是把对立移到了理论的内部，并且只是佯言把握住了内容，因为这内容仍然是完全虚假的。葛兰西在上述对卢卡奇的哲学和黑格尔的哲学的寥寥数语的评价中，也已经隐隐看到了问题之所在，即如果坚执思维与存在的二元对立，唯心主义就只能以"哲学空想"的形式佯言统一人和自然而已，实际上是不可能做到人与自然的真正统一的。

正是基于这种对思维与存在二元对立的认识，葛兰西既批评了"物质一元论"，也批评了"精神一元论"，并指出二者的同一性，即它们的母体都是近代形而上学二元论的基本建制，它们的结局都是导致"无批判性"——缺少真正的革命性。在批评布哈林的庸俗唯物主义时，葛兰西指出，"暗含在《通俗手册》中的哲学可以称作实证主义的亚里士多德主义，是物理学和自然科学方法的形式逻辑的一种改写。历史的辩证法被因果律和对于规则性、规范性和一致性的探求所取代"②。而这种"对于规则性、规范性和一致性的探求"，"是企图把一切原因都归于一个最终的和最后的简单原因"，即"实际上是对于'第一原因''原因的原因'的寻求"，"这是'寻求上帝'的一种表现"③。因此，葛兰西说，"有人就因为想要成

---

① 马克思：《1844年经济学哲学手稿》，北京，人民出版社，1979，第114页。
② [意]葛兰西：《狱中札记》，北京，中国社会科学出版社，2000，第353页。
③ 同上书，第354页。

为极端唯物主义，而落入到一种形式稀奇古怪的抽象唯心主义中去了"①。同样地，"整个唯心主义理论都建立在否认一切知识的客观性以及唯心主义的'精神'一元论基础上"，而"这种一元论就其本身来说相当于实证主义的'物质'一元论"②。总之，不管是唯物主义，还是唯心主义，由于它们分享了形而上学二元建制的基本前提，所以还是处在形而上学之内。葛兰西的这些见解无疑是正确的。

　　正是在这种见解的基础上，葛兰西说："就实际情况而言，在关于费尔巴哈的第一条提纲中批判的唯物主义和唯心主义的彼此片面的立场，正依然如故地重复着。虽然处在历史的一个较为发达的时刻，在实践哲学发展的更高的水平上进行综合也还是必要的。"③为了这一综合，葛兰西提出了"实践一元论"，以批判唯物主义和唯心主义的彼此片面的立场，并从而克服思维与存在的二元对立。葛兰西说："在这种情况下，'一元论'这个词是什么意思？它肯定既不是唯心主义的一元论，也不是唯物主义的一元论，而是具体历史行为中对立面的同一性，也就是与某种组织化（历史化）的'物质'，以及与被改造过的人的本性具体地、不可分割地联系起来的人的活动（历史—精神）中对立面的同一性。"④在这里，葛兰西所指的"与某种组织化（历史化）的'物质'"，意在强调所谓"物质"与人类实践的关系。因为"对于实践哲学来说，'物质'既不应当在它从自然科学中获得的意义上来理解（物理、化学、机械学等——要从其历史发展中来标记和研究的意义），也不应当从人们在各种唯物主义形而上学中发现的任何意义上来理解"，"而是仅仅在它是物质生产力的一个要素的意义上"，在它"是特定社会力量的属性的一个客体，并表现一个符合于特定的历史时期的社会关系"的意义上来理解。所以，那种所谓的客观物质"并不是我们的主题，成为主题的是如何为了生产而把物质社会地、历史地组织起来"⑤。同样地，葛兰西所指的"被改造过的人的本性"，其意在于强调"没有抽象的、固定和一成不变的'人性'"——"人性是由历史决定的各种社会关系的总和"。换句话说，"人是一个过程，更准确地说，人是他的活动的过程。"⑥这两个因素在人的历史行动，即实践中达到同一，这就是"实践一元论"。

① 《马克思恩格斯选集》第2卷，北京，人民出版社，1995，第385页。
② 同上书，第286页。
③ 同上书，第315～316页。
④ 同上书，第287页。
⑤ 同上书，第383～384页。
⑥ 同上书，第96、263页。

　　我们看到，葛兰西在这里先把唯物主义所谓的不以人的意志为转移的客观物质转换成与人的实践活动有关的物质；把在唯心主义那里具有固定不变的人性——精神性的人，转换成在社会关系中的人。然后使这两者在具体历史行为中得到同一，从而试图克服思维与存在的二元对立。葛兰西这样做的意图很明显，他要使马克思主义从唯物主义的纯粹的机械性中摆脱出来，也从唯心主义的纯粹的自主性中摆脱出来，因为纯粹的自主性"同'纯粹的'机械性没有什么两样"，反之亦然。① 葛兰西所要做的，是要赋予实践哲学以全新意义的自主性，从而既突出精神力量或意识形态的现实性，又使这一自主性不至于陷入唯我论的泥淖，在此基础上恢复马克思辩证法的革命性本质。

二、葛兰西实践哲学存在论立场的缺陷

　　但是，葛兰西是否真正做到了他想做的事情呢？我们知道，葛兰西从小就十分推崇精神的力量、意志的力量。这一点在他获悉俄国取得十月革命胜利后为《前进报》所写的《反〈资本论〉的革命》一文中获得了充分的体现。在这篇写于 1917 年 1 月底的文章中，葛兰西认为导致俄国十月革命成功的最大历史因素是人的意志力量。他说："马克思的思想——一种不朽的思想，它是德国和意大利唯心主义的继续……这种思想认为历史上占统治地位的因素不是天然的经济事实，而是人，社会中的人，彼此联系着的人，他们互相达成协议，并通过这些接触（文明）发展一种集体的社会意志；是了解经济事实的人，他们对经济事实作出判断并使之适应自己的意志，直到这种意志成为经济的动力并形成客观现实，这种客观现实存在着、运动着，并且终于像一股火山熔岩一样，能够按照人的意志所决定的那样，在任何地方、以任何方式开辟道路。"②

　　葛兰西青年时期对意志这一人的主观能动性的强调，实际上贯彻了他整个一生的思想过程。不过葛兰西知道，他对意志的作用的强调，很有可能导致一种唯意志论。所以尽管在《狱中札记》中他仍然多次提到意志的重要性，甚至提到要把意志作为实践哲学的基础，但是他更加强调要给意志一个现实的基础。他多次提到马克思《政治经济学批判序言》中的一段话："人们在自己生活的社会生产中发生一定的、必然的、不以其意志为转移的关系，即同其物质生产力的一定发展阶段相适应的生产关

---

① ［意］葛兰西：《狱中札记》，北京，中国社会科学出版社，2000，第305页。
② ［意］葛兰西：《葛兰西文选》，北京，人民出版社，1992，第10页。

系。这些生产关系的总和构成社会的经济结构，即有法律的和政治的上层建筑竖立其上，并有一定的社会意识形式与之相适应的现实基础……物质生产力发展到一定阶段，便同它们一直活动于其中的现存生产关系或财产关系（这是生产关系的法律用语）发生矛盾。于是，这些关系便由生产力的发展形式变成生产力的桎梏。那时，社会革命的时代就到来了。随着经济基础的变更，全部庞大的上层建筑也或快或慢地发生变革……无论哪一个社会形态，在它们所容纳的全部生产力得以发挥以前，决不会灭亡；而新的更高级的生产关系，在它存在的物质条件在旧社会的胎胞里成熟以前，也决不会出现。"①

葛兰西认为，这段话是"重建实践哲学的最重要的真正来源"。② 这段话包含了两个命题，"这两个的命题的大意是：1. 人类只提出自己能够解决的任务；任务本身，只有在解决它的物质条件已经存在或者至少是在形成过程中的时候，才会产生。2. 一个社会形态，在它所能容纳的全部生产力发挥出来以前，决不会灭亡；而新的更高的生产关系，在它存在的物质条件在旧社会的胎胞里成熟以前，也决不会出现。"③葛兰西反复强调这段话在实践哲学中的重要性，意在使他所引入的精神力量有一个坚实的基础，不至于像唯心主义一样建立在虚无缥缈的空中楼阁之上。也正是在这样的基础上，他才说，"这种意志必须是合理的意志，而不是任意的意志；只有在这种意志符合于客观的历史必然性，或只有在它是正在逐步实现中的普遍历史本身的时候，它才能够得到实现。"④我们在这里能深切地体会到葛兰西艰难的一种努力，那就是他竭力想摆脱庸俗马克思主义的机械决定论，从而引入意志这一精神力量，强调意识形态的重要性，但是他又不想因为自己对主体性力量的强调而重新陷入唯心主义，因此又不停地指出，对意识形态这一主体性因素的强调必须建立在客观的历史必然性的基础上。葛兰西像一只陷阱中的困兽，不停地在这两极之间犹疑。最后，葛兰西找到了"历史的集团"这一概念，试图通过它来解决上述理论困境。

"历史的集团"这一概念的提出是通过重新审视意识形态而达到的。葛兰西说："我认为，在对价值进行评估的过程中存在着一个潜在的错误要素，这个错误要素产生于下列事实（这绝非偶然），即把一个特定结构

---

① ［意］葛兰西：《狱中札记》，北京，中国社会科学出版社，2000，第 377 页。
② 同上书，第 378 页。
③ 同上书，第 348 页。
④ 同上书，第 257 页。

的必然的上层建筑，以及特定个人的随意的苦思冥想都称作意识形态。"①这一看法实际上是庸俗马克思主义者的观点，而产生这一错误的原因则在于，把经济基础与上层建筑看成机械的决定与被决定的关系，从而完全排除了上层建筑这一意识形态的现实力量，"断言每种意识形态都是'纯粹的'现象，无用而愚蠢"。葛兰西认为，应该严格地区分"历史上有机的意识形态"和"随意的、理性化的或'被强加意愿的'意识形态"。前者是"一个既定的结构所必需的"，它们作为历史所必需的东西，具有组织人民群众的现实力量，并创造出"人们在其中进行活动并获得对其所处地位的意识从而进行斗争"这样的领域。但是这一意识形态并不是唯心主义的。为了说明这一点，葛兰西提出了"历史的集团"这一概念。所谓"历史的集团"是指由"纯粹个人的、主观的要素，和个人与之保持能动关系的、群众的、客观的或物质的要素这两者构成的"，换句话说，由"结构和上层建筑形成一个'历史的集团'"，"'历史集团'的概念，即自然和精神之间（经济基础和上层建筑）的统一、矛盾和区别之间的统一"；"在这一概念里，正是物质力量是内容，而意识形态是形式——虽然形式和内容之间的这种区分只有纯粹的训导价值——因为如果没有形式，物质力量在历史上就会是不可设想的，而如果没有物质力量，意识形态就只会是个人的幻想"，所以，"结构和上层建筑之间是交互作用的，这种交互作用无非是真实的辩证过程"②。

　　葛兰西想通过统一经济基础和上层建筑的"历史集团"这一概念来消除唯心主义因素，同时又赋予精神力量以现实性。但是他把这一统一过程称之为"交互作用"，并且还把这种"交互作用"称之为"真实的辩证过程"。这就使他力图恢复马克思主义辩证法的革命性的努力化为乌有。黑格尔说，"如果我们满足于像'很大影响'这类的范畴，那么我们就是把两者放在一种外在的关系里面，并且以承认两者各自的独立为出发点。但这里我们却必须用另一种范畴来考察，而不可用相互影响或相互作用等说法。"③黑格尔尽管还是"以头立地"，但是他在这里深刻地指出了如果用"相互影响或相互作用等说法"，是以承认作用的双方各自独立为出发点的，而且这作用的双方只是一种外在的关系。在葛兰西那里，这交互作用的双方就是经济基础和上层建筑。以往的唯物主义和唯心主义各执一端，用"物质一元论"或"精神一元论"展开他们的理论。葛兰西出于对

①　［意］葛兰西：《狱中札记》，北京，中国社会科学出版社，2000，第291~292页。
②　同上书，第274、280、100、292页。
③　［德］黑格尔：《哲学史讲演录》第1卷，北京，商务印书馆，1959，第53页。

这种二元对立的不满而提出"实践一元论",试图综合这种对立,但是其结果正如黑格尔所说,作用的双方还是各自独立的,换句话说,他还是没有跳出二元论的基本建制。而且,黑格尔早就指出过,"相互作用"还只是站在概念的门槛上。葛兰西试图超出黑格尔主义者克罗齐的哲学,却终于还是逃脱不出其巨大的规范而只能成为其一个支脉或片断。因此,葛兰西之引入意识形态这一精神力量的现实性,在其存在论的根基处充其量不过是黑格尔哲学的费希特因素的扩大与充盈。

对于马克思而言,他在《1844 年经济学哲学手稿》中运用"对象性活动"开启和揭示了一个人与自然原初关联的世界,也即一个前概念、前逻辑和前反思的世界。在这个世界中,人和自然界的关系不是谁决定谁或者相互作用这样一些派生的关系了,而是"自然界的属人的本质或者人的自然的本质"就是一回事。因此,"人和自然界的实在性,即人对人说来作为自然界的存在和自然界对人说来作为人的存在",一句话,"作为完成了的自然主义,等于人本主义,而作为完成了的人本主义,等于自然主义"。[①] 所有这些,都意味着马克思进行了一场存在论根基处的革命,从而终结了全部形而上学。而对于葛兰西,尽管我们在阅读其著作时,与他一起经历着那种试图超出唯物主义和唯心主义,重新恢复马克思主义辩证法的革命内涵的艰难努力,但是由于这一努力没有从存在论的根基处入手,所以尽管葛兰西触到了核心的问题,但却没有真正解决问题。从根本上来说,他的实践哲学对马克思主义的阐释也只是依循黑格尔的定向而已。

---

① 马克思:《1844 年经济学哲学手稿》,北京,人民出版社,1979,第 81、84、73 页。

第四章　霍克海默和阿多诺对现代性的批判及其存在论视域

　　霍克海默在为马丁·杰伊的《法兰克福学派史》所作的序中这样写道："一群具有不同学术背景、但都对社会理论有兴趣的人，他们怀着在一个转折的时代，陈述否定比学术事业更有意义的信念聚集到一起，把他们联系起来的，是对现存社会的批判性考察"。① 在这样一群以对现代社会的批判性考察为己任的思想家中，霍克海默和阿多诺对现代性的批判是尤为激烈和悲壮的。说其激烈，是因为其批判的深度与彻底性，即这一批判触及了现代性得以立足的形而上学根基，这样的理论高度使得他们批判的成果在一定程度上获得内在的巩固，从而使批判理论至今仍保持一种活力和吸引力；称其悲壮，乃在于英雄的果敢与无畏揭开了理性的迷雾，却又被真实而荒诞的人类命运深深灼烫，没有退路，亦无出路。在《启蒙辩证法》之后，霍克海默沉默了，他似乎被某种巨大的东西压垮；阿多诺仍然保持着战斗的精神，他要通过"否定的辩证法"来最终完成这种抵抗，并试图在审美经验领域寻找新世界的基石。

第一节　现代性与现代性批判

　　"现代性"之成为哲学讨论的主题，从 18 世纪后期就已经开始了。然而长久以来，人们对于"现代性"的本质含义并没有达到认识上统一。在日常生活的语境中，我们习惯于从单纯的时间角度把历史大致划分为古代、中世纪和现代，这样的划分在学校的课程设置上是比较普遍的。但是，正如哈贝马斯所指出的那样，"只有当'新的时代'或'现代'这样的说法失去其单纯的编年意义，而具有一种突出时代之'新'的反面意思时，上述划分才能成立。"②因此，为了突出现代之"新"意，为了使现代能够脱开编年史的狭隘眼界而达到真正的具有哲学高度的自我理解和自我确证，研究者们开始了对"现代性"的本质进行界定的种种尝试。

---

　　①　[美]马丁·杰伊：《法兰克福学派史》，广州，广东人民出版社，1996，"序"第 1 页。
　　②　[德]哈贝马斯：《现代性的哲学话语》，南京，译林出版社，2004，第 6 页。

　　就总体而言，这些关于"现代性"的种种言说颇有些让人眼花缭乱。卡林内斯库曾对这诸种的言说做过一些列举，比如"进步的学说，相信科学技术造福人类的可能性，对时间的关切（可测度的时间，一种可以买卖从而像任何其他商品一样具有可计算价格的时间），对理性的崇拜，在抽象人文主义框架中得到界定的自由理想，还有实用主义和崇拜行动与成功的定向——所有这些都以各种不同程度联系着迈向现代的斗争，并在中产阶级建立的胜利文明中作为核心价值观念保有活力、得到弘扬"①。卡林内斯库对这些言说基本上保持着赞许的态度，他认为，这些对于"现代性"的界定由于"大体上延续了现代观念史早期阶段的那些杰出传统"因而是具有价值的。显而易见，这些说法十分符合我们日常对"现代"的理解，而且它们也确实从不同的角度、以不同的程度突出了现代的"新"意所在，但是，如果我们就此将这些说法看作已经切中了现代之本质，并因此是具有哲学高度的现代之本质的自我确认的话，就未免有些言过其实了，因为它们或多或少都还局限在日常经验的表面，因此尚不可说它们已经达到对现代之本质和根据的指认。如果思想就安顿在这样的关于"现代性"的论断和描述上，那么这些不错的描述就会变成谬误，这些谬误将会阻碍我们去把握"现代性"的本质并由此出发去测度其本质的范围。

　　那么，到底何谓"现代性"？我们认为，现代性（modernity），就其本质而言，乃意味着现代世界（现代社会或现代文明）的本质、基础和核心，意味着全部现代世界围绕着旋转的那个枢轴，一句话，意味着作为这个世界之**本质**的**根据**②。这一本质—根据，就是**现代形而上学**。若要说得更加明确些的话，我们将用抽象理性的**主体性原则**来指证现代形而上学的本质。但是，当我们将现代的本质根据指证为现代形而上学的时候，切莫以为我们是在唯心地把观念领域的一种学说强说成时代的基础。诚然，现代形而上学确实以其突出鲜明的方式表现为哲学的具体学说和观点，但是，在更为本源的层面上，形而上学乃是从存在本身而来的自行发生，它是这个新世界的历史性基础，若以海德格尔的语言说，它乃是"存在者整体之真理及其本质的新规定"③，它"通过某种存在者阐释和某种真理观点""建立了一个时代"，并"完全支配着构成这个时代的特色的

---

　　①　［美］马泰·卡林内斯库：《现代性的五副面孔》，北京，商务印书馆，2002，第 48 页。

　　②　参见吴晓明：《论马克思对现代性的双重批判》，载《学术月刊》，2006 年第 2 期。

　　③　［德］海德格尔：《尼采》下卷，北京，商务印书馆，2002，第 778 页。

所有现象"，①　只不过在现实生活中它会"以众多形态和伪装表现出来"而已，比如，"它可以是人类理性及其法则（启蒙运动），或者是由这样一种理性来布置和安排的现实性、事实性（实证主义）。它可以是在其所有教化中和谐地组合起来、并且被塑造为美的形态的人类（古典主义的人性）。它可以是自力更生的国家的强力发挥，或者是'全世界无产者'，或者是个别的民族和种族。它可以是普遍理性的进步意义上的人性的发展，它也可以是'每个个别时代的隐蔽萌芽'，'个体'发展，群众组织，或者是这两者。最后，它也可能是这样一个人类的创造，这个人类的本质形态既不在'个体'中也不在'群众'中，而是在'类型'（Typus）中"②。由此可见，我们通常用来标识现代社会基本特征的诸如理性、科学、道德和民主等无非是这一基础或本质的概念的障眼，其实质只不过是现代形而上学达到其本质完成的道路而已。

　　然而，即使在将"主体性原则"指认为"现代性"的本质之后，也还是会时常出现对这一原则的再度遮蔽，换言之，就是再度将这一原则湮没在日常的理解中。比如我们会将这一主体性原则理解为是人摆脱了中世纪的束缚之后所达到的一种自由和解放，这一自由和解放的结果就是人之作为主体的诞生。但是正如海德格尔指出的那样，主体的诞生"并不是简单地通过摆脱基督教世界就能得到实现的"，而且"现代对作为'主体'的人的解释也不是十分明确的，正如'主体''主体性''主观的'和'主体主义的'等概念的流行用法会蒙蔽我们一样"。③　比如，我们有时就会在主观主义和个人主义的意义上指证"主体性"的基本内涵，但是一旦我们对此做了这样的理解和设定之后，我们立刻就会陷入这样的困境，即在这样的主体性对面总是经验地矗立着无可辩驳的客观性，这一客观性乃是主体在试图将自身确立为世界之基本原则之时总也无法战胜和摆脱的阴影和梦魇。关于这一点，海德格尔已向我们十分清晰地指明了："无疑，随着人的解放，现代出现了主观主义和个人主义。而同样确凿无疑的是，在现代之前，没有一个时代创造了一种可比较的客观主义；此前也没有一个时代，有非个人因素以集体的形态在其中发挥作用"。因此，海德格尔认为，比这种主观主义"更为本质的东西乃是主观主义和客观主义之间的必然的交互作用"，因为"这种交互的制约

---

①　［德］海德格尔：《林中路》，上海，上海译文出版社，1997，第72页。

②　［德］海德格尔：《尼采》下卷，北京，商务印书馆，2002，第776～777页。

③　同上书，第778、773页。

指示着更为深刻的过程"。①

那么，这一将"主体性原则"引向深入的"更为深刻的过程"到底是什么呢？在海德格尔看来，这个更为深刻的过程乃是指人在成为主体之际，人的本质所发生的根本变化，这一变化就意味着"人成为那种存在者，一切存在者以其存在方式和真理方式把自身建立在这种存在者之上。人成为存在者本身的关系中心"。② 黑格尔通过对作为反思哲学之出发点的**"自我意识"**的阐释和批判，同样地、或许还是更为细致地揭示出了这一人在成为主体之时，人的本质所发生的根本性变化。事实上，对现代社会的这一本质根据首次作出论断与批判的就是黑格尔，正如哈贝马斯所言，现代社会正是通过黑格尔将"主体性"指认为"现代的原则"才第一次使自己脱离了"外在于它的历史的规范影响"而达到了真正具有哲学意义和高度的自我认识。③

那么，"自我意识"是一种怎样的意识？黑格尔指出，"自我意识"的本性是"与简单本质或思维相对立的"，它要求一种"绝对权利"，但这种绝对权利的实质却是一种"纯粹否定的态度"④，这种纯粹否定意义上的绝对权威通过自我意识的"反思"活动实现自身。这种"反思"活动又被黑格尔称为"纯粹识见"。如果对这种"纯粹识见"进一步加以规定，它乃是这样一种活动，即"绝对概念把自己本身造成为自己的**对象**，并且相对于上述那个**运动**把自己设定为**本质**"⑤。康德对于"自我意识"的这一活动原则表述得更加简明：自我意识"只会看出它自己根据自己的策划所产生的东西，它必须带着自己按照不变的法则进行判断的原理走在前面"，"它必须不把任何东西、只把从它自己按照自己的概念放进事物里去的东西中所必然得出的结果加给事物"⑥。由此可见，"自我意识"的活动并非由事物的内在生命及其实际存在来主导，它永远只是一种在自身内部的活动，此其一；其二，在这种活动中，"自我意识"用暴力把相隔遥远的表面现象捏合在一起并因此呈现出知识的特征，但这种知识并不是关于对象的知识，而只不过是"自我意识"之固有原则的同一反复使用，在这种知识中，事情的活生生的本质是被抛弃掉的。⑦ "自我意识"对待事物的

①　[德]海德格尔：《海德格尔选集》下卷，上海，上海三联书店，1996，第 897 页。

②　同上书，第 897 页。

③　[德]哈贝马斯：《现代性的哲学话语》，南京，译林出版社，2004，第 19～20 页。

④　[德]黑格尔：《精神现象学》下卷，北京，商务印书馆，1979，第 99～100 页。

⑤　同上书，第 106～107 页。

⑥　[德]康德：《纯粹理性批判》，北京，人民出版社，2004，第 13 页。

⑦　参见[德]黑格尔：《精神现象学》上卷，北京，商务印书馆，1976，第 33～34 页。

这种方式就是我们通常所说的"**知性**"的方式——"知性",即"会瓦解一切思想却不会从中取得一切内容而只会从中找到赤裸的自我的那种理解力",是脱离内容而退回到自身的反思①。

由于"自我意识"永远被保持在自身之中,保持在它的主观性、内在性中,永远无法进展到自然和精神的真实领域中去,因此,"自我意识"的这种"知性"的品质就在根基上决定了自己及其活动的虚无性和破坏性:当它用自己的强力意志摧毁感性世界的诸神统治,并确立自己的统治秩序之时,它却愈发地巩固起了诸神对世界的统治权,愈发地将自然界置入它的顽固性和不可理解性之中;当它以为在确立新的统治秩序的活动中获得了"绝对自由"的时候,这种"自由"却在事实上崩溃为"精神于其自身中进行着的那种沉闷的无意识的编织"②。可见,"自我意识"的"主体性原则"(即内在性原则)不仅使整个现代生活,而且使精神自身都陷入分裂、异化的困境,陷入一种让人无法理解与掌握的对立性、他在性之中——这种分裂、异化的困境,从更加本质的方面来说,就是由"自我意识"造成的现代社会于其根基上的主体(自我意识)与客体(纯粹物质)二元劈分和二元对立的形而上学的神话学建制。在这二元对峙的异化结构里,"自我意识"由于对感性世界采取了漠视的态度,因而它对自身的发展也就采取了漠视的态度。因此,现代社会的发展必然显现为感性自然界之排除了的"自我意识"自身的抽象发展,这种发展因其只不过是自我意识之内在固有原则的同一反复使用而必然在本质上成为纯粹量的扩张,导致量的同一性对质的差异性的褫夺。海德格尔以"进步强制"来标识现代社会的这种发展方式,"强制具有这样一种性质,一切强制性地方生方新着的东西,同样也直接地已经变老变旧,并被'又一个更加新的东西'挤掉并如此继续下去"③。所以,严格说来,在现代社会的发展中,根本无所谓什么"新"的、"革命性"的东西,一切进步和发展由于其本质仅仅是"自我意识"抽象的量的扩张而无法成为真正的"发展"。正如黑格尔所说,量的无限进展是"坏的无限",其令人恐怖之处就在于"永远不断地规定界限,又永远不断地超出界限,而并未进展一步的厌倦性"④。所以,这种"发展"基于其目的的贫乏和材料的空疏,是无法实现人类所期求的幸福

---

① [德]黑格尔:《精神现象学》上卷,北京,商务印书馆,1979,第57、36页。

② 同上书,第107页。

③ [法]F.费迪耶等辑录、丁耘摘译:《晚期海德格尔的三天讨论班纪要》,载《哲学译丛》,2001年第3期。

④ [德]黑格尔:《小逻辑》,北京,商务印书馆,1980,第229页。

和自由的。由此可见，"自我意识"的这种坏的（或否定的）无限扩张是导致现代社会异化的总根源。

以"自我意识"的"主体性原则"（即形而上学原则、内在性原则）为基础和本质的现代社会的状况虽然如此，但是人类毕竟不可因此而消沉。在"自我意识""制造毁灭的狂暴"①中，虽然每个人都无法意识到如何能够按照自己的意志去生活，但人类仍然必须迈出前行的脚步以寻求自我解救的道路。

在对霍克海默和阿多诺的现代性批判之构想进行阐述和评价之前，考察一下黑格尔对现代性批判所做的回答是非常重要的，按照伽达默尔的说法，这一先行性的考察之所以是必要的，乃是"因为黑格尔哲学通过对主观意识观点进行清晰的批判，开辟了一条理解人类社会现实的道路，而我们今天仍然生活在这样的社会现实中"②。当然，这种先行性的考察并不是为了把黑格尔的批判精神确立为一种旁人必须与之保持一致的标准，相反，倒是要通过这种考察表明，真正的现代性批判如何才能够同这种"对主观精神的批判的首次伟大运用"③相区别。

为了克服抽象思维的"主体性原则"所造成的现代社会的病症，黑格尔在对康德主观哲学批判的过程中发展了他的"绝对精神"的概念。黑格尔指出，"思想的真正客观性应该是：思想不仅是我们的思想，同时又是事物的**自身**（an sich），或对象性的东西的本质"④。至于那个在康德哲学中始终被保持在思想之彼岸的"物自体"，黑格尔认为它不过是思维自身抽象的产物。因此，不存在什么鸿沟，没有什么东西比"物自体"更容易知道的了，思想是能够进入并也应该使自己完全进入事物的客观内容并抛弃自己的所有幻想的。必须说明的是，这里的"思想"进入"事物的自身"，并非康德以前的形而上学所主张的两者的简单而直接的同一，也非反思哲学中"自我意识"与自身的纯粹的同一，这一"同一"是必须经历了"否定物的严肃、痛苦、容忍和劳作"⑤之后方可达到的同一，即"绝对"。因此，以"绝对精神"的巨大综合为前提，黑格尔在他的概念立场中达到了主体与客体、主观精神与客观精神的和解，从而复兴了理性的一体化力量。

应该说，黑格尔对现代社会之基本建制的批判，即对"现代性"之本

---

① ［德］黑格尔：《精神现象学》下卷，北京，商务印书馆，1979，第119页。
② ［德］伽达默尔：《哲学解释学》，上海，上海译文出版社，1994，第111页。
③ 同上书，第111页。
④ ［德］黑格尔：《小逻辑》，北京，商务印书馆，1980，第120页。
⑤ ［德］黑格尔：《精神现象学》上卷，北京，商务印书馆，1976，第11页。

质的批判，无疑是人类精神的一次伟大尝试；但是同样不可否认的是，理性一体化力量的复兴是虚假的，主观性与客观性的和解只是在形式上被获得的。精神的这一伟大尝试失败的原因就在于，黑格尔哲学，就其本质来说，依然是主观哲学。马克思对此作了清楚的表述："正像**本质**、**对象**表现为**思想本质**一样，**主体**也始终是**意识**或**自我意识**，或者更正确些说，对象仅仅表象为**抽象**的意识，而人仅仅表现为**自我意识**。因此，在《现象学》中出现的异化的各种不同形式，不过是意识和自我意识的不同形式。"①所以说，黑格尔仍然被禁锢在思维和存在的两重性中，在抽象思维之外依然矗立着无法克服的异化本身。而同时，在黑格尔通过概念的辩证法使"**有限的、单纯理智的思维**"达致"**无限的理性的**思维"②，即绝对精神的过程中，现代社会的基础和本质却获得了最终的完成和巩固。由此可见，黑格尔对作为现代社会之本质—根据的主体性原则的克服是失败的，这一失败最终宣告了**理性主义的破产**——依靠理性自身的力量不可能克服理性于其发展过程中必然出现的痼疾，理性主义原则的彻底贯彻也必然消解理性对于现实的批判力量。

虽然黑格尔没有达到对主观哲学的真正克服，但黑格尔对现代性的本质，即以"自我意识"为内在规定的"主体性原则"的论断却是切中问题并影响深远的。同时，黑格尔的失败也使得以尼采为后盾的 20 世纪的哲学意识到，必须放弃哲学的概念立场，换言之，必须打破"从我们之外降临到我们身上的最终最彻底的异化——**意识本身的异化**"③（这一异化的完成是以黑格尔哲学为标志的），方有可能实现对"现代性"的真正批判。

霍克海默和阿多诺在现代性批判方面做了艰苦而有意义的探索。他们努力要破除的正是现代社会为自己编造的意识形态的神话以及这一神话赖以存在的基础——"意识本身的异化"。从这一意义上说，他们的批判工作是以尼采为后盾的，黑格尔哲学的理性主义立场一直是他们想要从这个世界上加以清除的罪恶。因此，他们的批判工作不是对黑格尔主观主义批判的简单重复。在试图超越黑格尔哲学的种种努力中（尽管这种努力以失败告终），他们为人类精神的探索之路提供了宝贵的经验。下面，我们将围绕着霍克海默和阿多诺的三个现代性批判的主题而展开我们的研究工作。

---

① 《马克思恩格斯全集》第 3 卷，北京，人民出版社，2002，第 319 页。
② ［德］黑格尔：《小逻辑》，北京，商务印书馆，1980，第 96 页。
③ ［德］伽达默尔：《哲学解释学》，上海，上海译文出版社，1994，第 115 页。

第二节　现代性批判的具体内容

一、对实证主义的批判

实证主义，作为当代文化意识的最重要的表现形态，一直被法兰克福学派视为现代性的主要辩护士，威胁革命的感性意识的最大敌人。法兰克福学派的理论家始终如一地把对现代资本主义社会的批判同对实证主义的批判紧密地结合在一起，并在 20 世纪 30 年代和 60 年代与实证主义者进行过两次大论战，第一次以霍克海默为代表，第二次以阿多诺为代表。20 世纪 30 年代初，霍克海默在《社会研究杂志》上发表了《科学及其危机札记》和《唯物主义和形而上学》，开法兰克福学派对实证主义批判之先声。1937 年，霍克海默又连续发表了《对形而上学的最新攻击》《传统理论和批判理论》，1940 年发表《哲学的社会功能》，对实证主义进行全面的抨击，并奠定法兰克福学派对实证主义批判的理论基调。阿多诺1960 年发表《主体与客体》一文，是对实证主义的进一步批判和清算。

一直以来，实证主义者都认为自己与形而上学是格格不入的。他们以"摒弃形而上学"为口号，声称要通过以实证自然科学为基础的"经验"克服思辨哲学，抛弃对世界的基础、本质等本体论问题的研究，从而超出唯物主义与唯心主义之间的对立。但霍克海默和阿多诺却认为实证主义并没有达到对世界的真实理解，它自诩其达到的"科学真理"——对既定事实的理性把握——是虚假的和抽象的，从本质上说，实证主义与形而上学乃是一丘之貉。实证主义的抽象理性主义本质，成为霍克海默和阿多诺实证主义批判的中心。

按照霍克海默和阿多诺的观点，实证主义的形而上学本质最首要地表现在它对主观性的创造性力量的轻视。这一指控常常遭到实证主义者的反驳，难道为达到对科学真理的精确把握而尽力摒弃主观性在认识过程中的影响不正是对形而上学抽象理性主义的反叛吗？为什么这一反叛偏偏又被认为是具有形而上学性质的呢？

众所周知，经验主义是实证主义的首要原则。经验主义原则认为，感觉经验是知识的唯一基础，唯有在感觉经验中被给予的东西才是真实的。这种知识起源于感觉的观点贯穿着整个历史，早在亚里士多德的时候便出现了。那么实证主义的经验原则与以前的经验主义到底有什么不同呢？这个不同在实证主义自己看来就是，它摆脱了以往经验主义的粗陋形态，变得更加精致和纯粹，或者说，变得更加"科学"。亚里士多德传统中的"经验"概念是本质上不同于实证主义者所主张的"经验"概念的。古希腊的"经验"是对事物本身的悉心观察，而非现代科学对客体对象的实验研究。正因为对事物本身进行悉心观察，所以事物"带着诗意的感性光辉对人的全身心发出微笑"①，直到培根那里都是如此。但是那些对亚里士多德清晰可见的东西在实证主义那里却消失了，"经验"变成了"纯粹经验"，即去掉一切感性因素的经验。

　　为了获得这种纯粹经验，实证主义者把从认识过程中排除主观因素的干扰视为第一要务。在霍克海默看来，孔德和斯宾塞的"世界观"杂质仍然太多，无法代表实证主义，当代的逻辑经验主义才是实证主义的真正代表。逻辑实证主义本质上是经验主义与现代数理逻辑的结合。在霍克海默看来，相对于近代经验主义来说，逻辑经验主义更加敌视人。无论是洛克还是休谟，都以说明人的理智"获得观念的方式"或"人性的原理"为努力的方向。他们由于坚持个体感知是知识的源泉而包含着生机和能动的要素。逻辑经验主义者虽然仍坚持知识最初来源于感知，但已不再把感觉印象当作经验的标准，而代之以表述印象的判断。至此科学舍弃了全部世界的感性内容，只跟记录观察的句子打交道。为了达到观察语句表述的科学性、客观性，逻辑经验主义彻底清除一切认识过程中的主观因素，其清除的方式是将认识过程中所有的主观因素客体化，从而使它们"作为观察对象而不是作为构造因素和指导力量与科学发生关系"②。由此逻辑经验主义便彻底剥夺了"理性"（霍克海默常以此词表示主体性，主观因素）在知识形成过程中的能动的和批判的作用，将"理性"的功能降格为知性的形式安排，科学成了安排和重新安排事实的体系。霍克海默说，当实证主义的"自我成为既定事实的单纯记录，而不对这一事实做以反馈，那么它就浓缩为一个点"③。作为实证主义认识主体的这个"点"显然不是现实中的人的真实存在，它不是形而上学的一个抽象又能是什么？那么这个"点"具有怎样的内在规定性呢？霍克海默在分析逻辑实证主义的实质时说，逻辑实证主义"通常一方面溯源于休谟，另一方面溯源于莱布尼茨。它把怀疑的经验主义与那种试图为了科学而舍弃丰富多彩性的理性逻辑结合起来。它所追求的知识理想是以数学形式表达出来的、从尽可能少的公理推出的普遍科学，是保证能对一切可能发生

---

①　马克思恩格斯：《神圣家族》，北京，人民出版社，1958，第 163 页。

②　[德]霍克海默：《批判理论》，重庆，重庆出版社，1989，第 140 页。

③　[德]霍克海默、阿多诺：《启蒙辩证法》，上海，上海人民出版社，2003，第 212 页。

的事件进行计算的体系"①。由此可知，此"点"并非空无一物，它乃是一套以数学为基础的现代数理逻辑的规范体系。那么，就其本质而言，怎能不说它是理性主义的纯粹主体呢？所以实证主义虽然自命为是最彻底的形而上学的反对者，但是"为了在自己的领域内克服形而上学的那个敌视人的、毫无血肉的精神"，它不得不"抑制自己的情欲，当一个禁欲主义者。它变成理智的东西，同时以无情的彻底性来发展理智的一切结论"②。可见，实证主义在排除主观性因素表象之下，又极为秘密地建立起一个隐身的形而上学理性主义主体；并且在一定意义上可以说，它对此一建立并不自知。

在实证主义为获得纯粹经验而驱逐认识过程中的主观因素的同时，也即将现实生活中的人抽象为理性主体的同时，世界必然被转变成现象，或曰纯粹表象。这一转变同样是实证主义之所以能够获得"纯粹经验"的前提。按照霍克海默，由于实证主义把感觉经验视为知识的唯一基础，唯有在感觉经验中被给予的东西才是真实的，因此，形而上学所追求的"实体""本性"皆因无法经验而成为神秘的、不可认知的东西，并被排除于科学研究之外。唯有经验，纯粹经验，才能叫作知识。由此，实证科学宣称自己对于事物的本质是无能为力的，它关注的仅仅是现象，正如孔德所说，"真正的实证精神"是"用对现象的不变的规律的研究来代替所谓原因（不管是近因还是第一因）"。③ 可见，实证科学的研究对象并非事物自身，而只是事物向我们显现的东西，即现象。而事物向我们显现的东西又是什么呢？第一代实证主义者对此的限定是简陋而成问题的。霍克海默认为，"当孔德把实在等同于主观性材料和纯粹现象后，他在所有认为经验到超感觉东西的断言面前，事先和在根本上就使自己毫无办法了"，因此，这种主张"不仅不与'神秘'相对立，而且还为它开辟道路"④。为此，逻辑实证主义做了进一步的规定和补充：事物向我们显现的东西必定可以被表达在判断中。而判断是具有普遍必然性的，也就是说，是由许多人证明的事实，凡不可表达的东西或没有表达出来的东西都不可能成为科学研究的对象。而事实如何能被表达成判断呢？"事实"与"判断"难道不是两个本质不同的东西吗？于是这里便隐现出逻辑实证

① ［德］霍克海默：《批判理论》，重庆，重庆出版社，1989，第 134 页。
② 马克思恩格斯：《神圣家族》，北京，人民出版社，1958，第 164 页。
③ ［法］孔德：《实证主义概论》，英译本伦敦版，第 50 页。转引自《现代西方哲学》，刘放桐等编著，北京，人民出版社，1990。
④ ［德］霍克海默：《批判理论》，重庆，重庆出版社，1989，第 38～39 页。

主义的一条形而上学的前提："事实"与"判断"具有同构性。因此，那些能被表达在判断中的事实，即所谓的客观、纯粹、中立的"现象"，并非是事物自身向我们自行呈现的东西，而是以被实证主义的抽象理性主体事先"筹划"过了的东西为前提的。这一"筹划"并非无关紧要，它的全部重要性就在于它"必定成为对所寻求的自然知识而言的自然"，而这一被筹划出来的"自然"根据筹划主体的内在性质又必然成为"具有时空关系的质点的自成一体的运动联系"①。这种被"筹划"出来的自然无疑是形而上学化了的，与本来意义上的自然早已相去甚远，它顶多只是后者的一个面向。但是这个作为面向的自然却被视为确定无疑的自然之基本轮廓。由于这一基本轮廓已先行规定了事物之向我们的显现，所以实证主义也就顺理成章地给它所谓"现象"冠以客观、纯粹、中立的美名，即"纯粹经验"；并也由此标榜自己超越形而上学的客观科学之性质。事实上，在这种筹划的境域中，所有的"现象"都成为实证主义的抽象主体对事物的表象，并且仅仅是表象；事物自身地自然涌现和开启必定是被视而不见的。表象又是什么？什么才能标识出这种表象关系的本质内涵？海德格尔的"世界图像"一说是切中要害的，表象仅仅是"世界的图像"，而非世界自身。因此，表象不是世界的"自行解蔽"，而是对世界的"把捉和掌握"②。

由此可见，实证主义孜孜以求的"纯粹经验"的获得需要两个条件：人把自身建立为纯粹主体和世界堕落为纯粹表象；并且，也正如海德格尔所说，世界之成为图像与人之成为主体是同一个过程。③ 这一过程表明了形而上学主客二分的神话学建制的成立；同时它也意味着人与自然的源初关联被无情地切断，并随着这一切断，人与自然都不再成其为自身，它们由于彼此孤立的存在而变得日益干涩与僵化。

可以说，对世界的事先"筹划"和"把捉"——这一形而上学的隐秘行为——建立了一个新的时代，并决定了这个时代的真理之本质。实证主义针对形而上学的偏颇，要求把握具体事物，反对驰骛于抽象的概念之中，这本不错。但是由于它在反对形而上学的过程中忽视了对形而上学之存在论根基的考察，即根本没有意识到并反思那个对世界的事先筹划，因此它没有突破这一筹划的帷幕，并不自觉地以之为前提。在此前提下，实证主义的抽象理性主体企图获得对象的真实性必然是徒劳的，它所标榜的真实性只是对世界图像的把握。所以，无论如何言及弃绝形而上学，

---

① ［德］海德格尔：《海德格尔选集》，上海，上海三联书店，1996，第888页。
② 参见同上书，第918页。
③ 参见同上书，第902页。

以这种"筹划"为背景的实证主义只能是抽象理性主义的隐蔽形式而已。霍克海默和阿多诺对此看得真真切切。所以霍克海默指责实证主义是以假定有一种"未被任何理论影响的直接的原初材料的真实存在"为前提的，"实证主义和形而上学不过是贬低自然知识和假定抽象概念结构的同一个哲学的两个不同阶段。……这些元素的形而上学、把实在解释为原先是孤立的材料的总和，自然规律不可改变性教条，以及对一个确定的体系的可能性所抱的信念，这些皆为实证主义特有的形而上学论题"①。阿多诺则进一步揭露实证主义的伪善面目：实证主义所具有的明显的客观主义偏见实际上隐晦地表明了主观理性的节节胜利。"客体越是远离主体，主体就越要'构成'客体"，② 实证主义把现实世界当作一个僵死的外在化王国从而使之成为主观理性操纵的对象，所以，实证主义不过是"一种表面上反主观主义的形式，即在科学上被称作还原论的客观的同一论思想形式"，这一思想形式"因为它的隐蔽性而具有更为致命的主观主义弱点"③。一言以蔽之，实证主义和唯心主义一样都表现了主体对客体的支配。

霍克海默和阿多诺在指证了实证主义的形而上学本质的同时指出，作为现代意识形态之典型的实证主义在当代社会生活中造成的结果是破坏性的。实证主义把价值与科学的严格区分看作现代思想最重要的成就之一。霍克海默认为，与价值分离的理论是不能如实地反映社会现实的，价值是知识的内在因素而不是它的错误标志，因为现实不是"它所呈现的直接形态"，而是"一大批倾向"，"构成历史世界的倾向和反倾向代表了一种发展，这种发展若无更加合乎人性的意志，若无主体必须在自身之中体验或创造的意志，就无法被把握"④。实证主义由于把一切能动的、自我创生的力量都淹没在僵死的事实框架中，把科学活动的范围限制在对现象进行描述、分类和概括上，拒绝对社会整体进行考察与协调，历史的整体意义被打碎，"世界图景变得像鬼怪一样，很不正常"⑤。实证主义对所谓"事实"的忠诚，对思想的批判权利的放弃，而只保留思想的"单纯记录和计算的功能"，造成人只能被动地接受现实。这样的思想由于无法揭示社会的真实本质，而必然受到统治阶级的青睐和利用，成为

① ［德］霍克海默：《批判理论》，重庆，重庆出版社，1989，第37～38页。
② 上海社会科学院哲学研究所外国哲学研究室：《法兰克福学派论著选辑》上卷，北京，商务印书馆，1998，第219页。
③ 同上书，第216页。
④ 参见［德］霍克海默：《批判理论》，重庆，重庆出版社，1989，第176、158页。
⑤ 同上书，第150页。

现代性进行暴力统治和自我巩固的工具。正如霍克海默指出的,实证主义"对由富丽堂皇的表面照耀着的彻底统一和极有秩序的世界(这个世界里面充满了痛苦和不幸)来说,具有特殊的意义。独裁者、残酷的殖民地总督和虐待狂似的监狱长总是希望外来的参观者有这种实证主义思想。如果全部科学都以经验主义为榜样,如果理智不再为了揭示比我们那些善意的日报报道更加深入的世界而坚持并确信应该探察混乱不堪的观察资料,那么,它就将被动地参与维护普遍的非正义的工作"①。可见,实证主义以及以实证主义为理论基础的实证科学不仅是现代性形而上学本质的表现,而且是现代性完成并巩固自身的工具。现代性必然通过现代科学的推进而实现其本质并达到其历史性的存在。

实证科学实现对世界图像的计算和操纵是以主体和客体的决然分裂为前提的。对主体与客体的非辩证分割的批判也是霍克海默和阿多诺的着力之处。对于历史唯物主义来说,并没有什么孤立存在的自然界或人,人与自然界的关系从根本上来说是一种实践关系,现实的人和现实的自然界都是在历史实践中发展起来的。而历史实践指的是物质生产劳动,是感性的对象性活动。作为人的活动之对象的自然,与作为活动的人本身在对象性活动中本来就是内在统一的,因此,马克思说"自然界的人的本质"和"人的自然的本质"本来就是一回事,那种"抽象的、孤立的、与人分离的自然界,对人说来也是无"②,而与人相对待的自然界,作为"直接的感性自然界","对人说来直接地就是人的感性(这是同一个说法),直接地就是另一个对他说来感性地存在着的人"③,人与自然的关系直接就是"人与人的关系"。霍克海默和阿多诺对此也多有领会,并在对实证主义的批判中达成一致:强调主体的作用,反对形而上学的二元分割,承认在现实的历史中,主体与客体从来就不是彼此隔绝、孤立存在的。

故而,与实证主义只从客体的或者直观的形式去理解事物不同,霍克海默从主观方面来理解事物,反对主体与客体的截然分离;但他的这种"从主观方面来理解事物"又是本质上不同于唯心主义对主观性的抽象发展的。霍克海默所强调的主观性乃是指一种不同于唯心主义之抽象理性的人的现实的活动。在他看来,人是主动的,人面对现实时不是无所作为的,整个现存世界,包括周围可感知世界、现存社会秩序,甚至人

---

①　[德]霍克海默:《批判理论》,重庆,重庆出版社,1989,第146页。

②　《马克思恩格斯全集》第42卷,北京,人民出版社,1978,第178页。

③　同上书,第128~129页。

本身都是人活动的产物，可以说，人类活动是历史的奠基作用，是整个现存世界如此存在之根据，没有什么事物是脱离人的活动而孤立存在的，"世界，在其现有的和将来的形式下，都是整个社会活动的产物。我们在周围知觉到的对象——城市、村庄、田野、树林，都带有人的产用的印迹。人不仅仅在穿着打扮、在外在形式和情感特征上是历史的产物，甚至人们看和听的方式也是与经过多少万年进化的社会生活过程分不开的。感官呈现给我们的事实通过两种方式成为社会的东西：通过被知觉对象的历史特性和通过知觉器官的历史特性。这两者都不仅仅是自然的东西；它们是由人类活动塑造的东西"[①]。不仅如此，"现存秩序也是社会生活过程的产物（在这个过程里，个人是主动的参与者）"[②]。阿多诺更纯粹地从哲学的角度阐明主客体的关系。他同样反对实证主义的纯粹客体之存在，强调主体相对于客体的作用。他用"客体的首要性"这一概念来说明问题。按照阿多诺的说法，"客体的首要性"指的就是主体，但却不能完全归结为某种积极的主观性，更严格地说，它是指不存在作为主体的抽象对立面的客体。故而，"如果一个人想要获得客体，他的主体属性或主体性质就不应当被消除。因为这样做恰好违背了客体的首要性。……不搀杂任何思想和形象性的想象中的纯客体，是抽象主观性的直接反映"[③]。此外，阿多诺也反对当代认识论的基本前提，即主体与客体的尖锐分离。在他看来，主体与客体的差异不能被绝对化，"在某一意义上主体是比客体更基本的东西，离开意识就无从知道客体。所以，客体作为一种客体也是一种主体"[④]；而"主体中的一切也应由客体负责"，当唯心主义声称存在某一主体（自我意识的同一性）时，"这种存在必定是从真实性的领域借用来的，……是仿造持续同一的客体的未反思的经验制成的"[⑤]，就此而言，主体本身就是一个客体。

　　这些见解无疑是深刻的；但是，这番从哲学上对主体与客体关系的梳理并不是霍克海默和阿多诺所要达到的目的。阿多诺指出，主体和客体是反对定义的，若想真正对主客体有所认识，不能仅仅从哲学的概念演绎中获得，还必须"反思由于概念的伸缩性的缘故而被定义删去的东西"，换言之，要以事实为中介、通过考察当代的历史形势而得出。正因

---

①　[德]霍克海默：《批判理论》，重庆，重庆出版社，1989，第192页。

②　同上书，第151页。

③　上海社会科学院哲学研究所外国哲学研究室：《法兰克福学派论著选辑》上册，北京，商务印书馆，1998，第213～214页。

④　同上书，第213页。

⑤　同上书，第220～221页。

为如此,阿多诺在指明主客体分离的虚假性的同时,并未忘记这一分离的虚假性所获得的历史的真实,这一"分离在认识领域表现了实在的分离,表现了人的状况的二分法,表现了一种强制的发展"①。这种试图超出知识论路向的努力使得阿多诺意识到实证主义在现实生活中的强大基础,对实证主义的批判远非只是玩玩哲学概念的游戏。面对这个真实而强大的错误,必须深入到其产生的历史实践中并在对这个实践的理解中对之进行合理的解决。与阿多诺一样,霍克海默同样关心主客二分的形而上学立场的历史来历,他甚至以"指出这个运动的思想方式的缺陷及其与资产阶级历史的联系"为自己批判理论的目标。② 霍克海默用人在现代性状况中的异化来说明这种认识论立场的本质来历:社会本身对于被异化了的抽象个人来说,成了在他之外的、非人的客观现实;阿多诺则在资本主义生产的利润模式中看到了实证主义所假定的作为"客观性的可以扣除的附属物"的纯粹主体的原型。或许我们可以说,正是在这种方式中,霍克海默与阿多诺对实证主义的批判才成为一种触及现实本身的真实的批判;也唯有在这种批判中,世界自身所具有的批判向度才有可能被展现并得到表述。

二、对启蒙精神的批判——启蒙辩证法

第二次世界大战之后,对现代性的批判再次以一种高度紧张的方式被课题化,并且再次以深入地检审"启蒙"及其传统的方式被课题化。何以现代性批判要被归结为对启蒙的追究呢?因为真正说来,启蒙正是现代性的秘密和诞生地,是它的根源、来历和本质。

对于启蒙之于我们这个时代到底具有怎样的本质关联,福柯在《何为启蒙》一文中这样说,"何为启蒙"这一问题是"现代哲学没能解答而又无法摆脱的","自此,现代哲学经历两个世纪,以不同的形式一直在重复这个问题。从黑格尔到霍克海默或哈贝马斯,中间经过尼采或马克斯·韦伯,很少有哲学不曾直接或间接地碰到这同一个问题:所谓'启蒙'的事件究竟是什么?它至少在某方面决定了我们是什么,我们想什么以及我们所作的是什么"③。可见,"何为启蒙"不仅是"现代哲学"的主题,它更是现时代的所有至关重要的时代状况的决定力量。那么,到底

---

① 上海社会科学院哲学研究所外国哲学研究室:《法兰克福学派论著选辑》上册,北京,商务印书馆,1998,第209页。
② [德]霍克海默:《批判理论》,重庆,重庆出版社,1989,第136页。
③ [法]福柯:《福柯集》,上海,上海远东出版社,2003,第528页。

何谓"启蒙"呢？

人们通常把启蒙等同于发生在 18 世纪欧洲的启蒙运动，在这场运动中活跃着一种新的力量——"理性"，这一力量破除了宗教的神圣权威，并且表达了这个世纪所追求并为之奋斗的一切，也代表了该世纪所取得的一切成就。但是把启蒙仅仅归结为一场历史运动，或者仅仅满足于对启蒙所作的如此模糊的界定（因为"理性"的概念是模糊的）无疑都是对"启蒙"的一种简单化的处理，其间必然错失了使启蒙成为启蒙的本质性的东西。

首次对"何为启蒙"这一问题进行公开回答的哲学家是康德。虽然他对"何为启蒙"的回答是"以几乎完全消极的方式"①给出的，他未曾深入地分析启蒙之本质，但是他却作出了一个正确的区分，即"启蒙"不完全等同于"启蒙运动"。他是这样定义"启蒙"的——"必须永远有**公开运用**自己理性的自由"②，由此，他便把"启蒙"划出了作为一个历史事件的范畴领域。至于"启蒙"与"启蒙运动"的关系，他这样说道："如果现在有人问：'我们目前是不是生活在一个**启蒙了的**时代？'那么回答就是：'并不是，但确实是在一个启蒙运动的时代。'目前的情形是，要说人类总的说来已经处于，或者是仅仅说已经被置于，一种……能够……很好地使用自己的理智的状态了，则那里面还缺乏许多东西。可是现在领域已经对他们开放了，他们可以自由地在这上面工作了，而且对普遍启蒙的、或者说对摆脱自己所加给自己的不成熟状态的障碍也逐渐地减少了；……就这方面考虑，这个时代乃是启蒙的时代。"③也就是说，"启蒙运动"作为欧洲社会发展过程中的一个事件已然结束，但是"启蒙运动"所蕴含的独特的"气质"——那个作为本质的"启蒙"却远未完成自身，它必将坚定地在历史的进程中奋勇前行。我们正是在这层意义上去谈论"启蒙"之于这个时代的本质关联的。

20 世纪中叶对"启蒙"问题作出重要应答的乃是霍克海默和阿多诺的《启蒙辩证法》。他们承接了康德的这种区分，并同时将作为本质的那个"启蒙"的根源追溯得更加遥远，深刻地阐明了启蒙自身的辩证运动过程。

面对着 20 世纪的杀戮和极权，《启蒙辩证法》开拓出了决定性的前景。在启蒙的传统中，"启蒙"一直被理解为是神话的对立面，是对神话的反动，人们总以为通过"启蒙"的不断深入，人类社会将越来越趋于合

---

① ［法］福柯：《福柯集》，上海，上海远东出版社，2003，第 529 页。
② ［德］康德：《历史理性批判文集》，北京，商务印书馆，1990，第 24 页。
③ 同上书，第 28～29 页。

理化，并最终实现真正的人性状态，也就是康德所谓"永远有**公开运用**自己理性的自由"的状态。但是 20 世纪的苦难历程却表明现代社会越来越走向了"启蒙"的反面——神话、迷信和野蛮。基于这样一个时代背景，《启蒙辩证法》指出自己对"启蒙"进行分析的目的就是为了"要揭示人类没有进入真正的人性状态，反而深深地陷入了野蛮状态，其原因究竟何在"①。在此，我们必须强调指出，《启蒙辩证法》立论的关键一点是："启蒙的自我毁灭"，"启蒙"于自身中包含否定自身的本质环节，此即"启蒙的辩证法"所要表达的核心观念。纳粹、战争、奥斯维辛、极权，这些时代苦难的富有表现力和耸人听闻的表征和症候，从根本上意味着普遍的和作为基本原则的"抽象理性主义"的滋长和蔓延。这种在表面上似乎仅仅从属于某种政治统治方式而本质上从属于现代世界之主导原则的抽象理性主义，并不是对"启蒙"原则的断裂或背叛，而是"启蒙"原则固有特性和固有动力的辩证展开。

由启蒙发端并以启蒙为目标的现代性文明依其本性而辩证地转化为"启蒙"的反面，转化为神话、迷信和野蛮，所以对于现时代本质之反思的唯一正确的途径只能是对"启蒙"本身进行批判，也就是要澄清"启蒙"的前提，划清启蒙的界限。《启蒙辩证法》强调这一批判的重要性："我们并不怀疑，社会中的自由与启蒙思想是密不可分的。但是，我们认为，我们同样也清楚地认识到，启蒙思想的概念本身已经包含着今天随处可见的倒退的萌芽。……如果启蒙没有对这一倒退的环节进行反思，它也就无法改变自己的命运了。"②

《启蒙辩证法》开篇便质疑启蒙传统对自身的定位，一针见血地指出了启蒙纲领的虚假与伪善。"启蒙"以"要唤醒世界，祛除神话，并用知识替代幻想"为纲领，声言要用正义替代神话的非正义。在此我们不禁要问：什么是知识？培根答曰：知识就是力量。霍克海默和阿多诺认为，正是这一集中体现启蒙精神的宣言暴露了"启蒙"的真实目的和全部野心，"启蒙"在本质上乃是一种以支配和统治为目的的"**主人的精神**"。这早已不是什么秘密，在培根那里它便表明心迹，"今天，我们用我们的观念去把握自然，却又不得不受到自然的束缚；倘若我们能够在发明中顺从自然，我们就能在实践中支配自然"③。由此可见，知识并不以展示真理为目的，它仅仅是一种工具，获得知识只不过是为了行之有效地解决问题。

---

① ［德］霍克海默、阿多诺：《启蒙辩证法》，上海，上海人民出版社，2006，前言第 1 页。
② 同上书，前言第 3 页。
③ 同上书，第 2 页。

所以"技术是知识的本质",而"权力与知识是同义词","技术就是权力"才是"知识就是力量"的本质含义。因此,"启蒙"不过是大权在握的君王。在《工具理性批判》一书中,霍克海默甚至说:作为"主人的精神"(这是启蒙思想的本质)可以追溯到《创世纪》开头几章。

在此必须加以说明的是,这种作为**"主人的精神"**并非霍克海默和阿多诺在批判实证主义的时候所强调的、但却被实证主义忽视的那种主体的积极能动的力量(虽然他们两人对这一能动力量的提法尚不妥当),毋宁说它乃是一种抽象发展的理性力量,或曰"抽象理性主义"。其抽象性就表现在:它的唯一目的就是支配和统治对象,而这种支配和统治具有扬弃对象性的意义,也即消除对象本身。因为真正说来,对象对它而言并不具有真实存在的意义,对象不过是作为对象的自我意识,故而注定是要消逝的东西;而人或人的本质无非就是自我意识,或曰作为"主人的精神",是非对象性的、唯灵论的存在物。因此我们看到,启蒙具有理性主义(或曰主观主义)的一切本质特征,它本来就是一种形而上学。按照《启蒙辩证法》的说法,启蒙不仅是形而上学,而且还是一切形而上学中最坏的一种。启蒙表面上声称拒斥形而上学,实际上却将生活本身完全地形而上学化,变成了意识形态的帷幕。因此,启蒙并不像一般形而上学那样去试图统一两个分裂的世界,而是固守着这种分裂,不断声称其统治具有分裂性,对这种分裂和对峙从不加以反思和批判。启蒙声言要驱逐旧哲学的统治,并将自己僵化的思维仪式运用到生活的方方面面,把持了所有领域的话语霸权,却不知自己完全做了哲学的奴隶,而且是最坏的哲学的奴隶。这种抽象的理性精神既是虚假的,又是真实的。就这一精神的虚无主义本质来说,它是虚假的;但这一虚假的精神却通过畸形的、抽象的扩张达到了一个真实的历史性存在:现代性的一切表面的繁荣和潜藏的危机。

那么,这种**"主人的精神"**(或曰"抽象理性精神")是如何实现自身的?它战无不胜的力量来自何方?正如《启蒙辩证法》所指出的:"数字成了启蒙精神的准则。……对启蒙运动而言,不能被还原为数字的,或最终不能被还原为太一(Eine)的,都是幻象;近代实证主义则把这些东西划归文学虚构领域。"[①]为什么启蒙要把世界抽象为数字,为什么它认为只有被数字化的世界才是真实的世界?是为了"算计和实用"。在数学的体系中,一切都是可以精确计算的,没有意外,没有偶然,一切都在掌控中。

---

① ［德］霍克海默、阿多诺:《启蒙辩证法》,上海,上海人民出版社,2006,第5页。

处于数学体系中的物被祛除了任何隐蔽的性质和能力，只能以数的方式显现为空间和时间上的点，所以世界数字化的过程就是世界"祛魅"的过程。唯有当诸神从世界中隐退，世界才可被操控和统治，才能被征服和掠夺，"从那时起，物质便摆脱了任何统治或固有权势的幻觉，摆脱了潜在属性的幻觉，而最终得到控制"①。所以启蒙实现其统治的前提是用量的同一性摧毁诸神与多质，"同一性"才是启蒙作为"主人的精神"的内在秘密。

而"同一性"起源于何处？并在何时成为世界的统治原则的？按照《启蒙辩证法》一书中的观点，"同一性"并不是在启蒙时代方被确立，真实的情况是"启蒙"与神话之间早就有了密谋关系。"启蒙"之所以会走向野蛮、走向自我毁灭是因为"神话就是启蒙，而启蒙却倒退成了神话"②，神话并不外在于启蒙，神话即是启蒙自身的构成要素。他们从多方面论证了神话与启蒙的辩证关系，并用奥德修斯的故事做了进一步的阐述。

首先，在对神话时代的巫术的考察中他们发现，巫术祭祀活动并不以"同一性"为对待世界的根本方式。巫术求助于真实的自然界而不求助于材料和样本，膜拜不同的精灵而从未把自身假想为唯一的真神。这些表面上看来是与启蒙精神格格不入的，但是在巫术中总存在着特定的替代物，牺牲代表神，敌人的毛发和名字代表他个人，牝鹿献祭给女儿，羔羊献祭给长子。在他们看来，"在祭祀过程中，替代物的出现标志着向推理逻辑迈进了一步"③。这里的替代物已经具有了样本的随意性，唯一与样本不同的是巫术中的替代物还具有当下（hic et nune）的神圣性，即表现为被遴选事物的唯一性。当替代物不再成为特定的，而代之以普遍的可替换性的时候，当事物不再成为物自身，而仅仅成为样本的时候，"同一性"便成为把捉世界的根本方式，科学启蒙的时代便由此降临。所以，正是神话自身开启了启蒙的无尽历程。

与此同时，《启蒙辩证法》一书认为，启蒙的作为"主人的精神"也起源于神话巫术的时代，并全面剖析了这种精神对西方文明的深刻影响。他们用奥德修斯的故事说明主体性的历史，说明"主人的精神"是如何从神话力量中摆脱出来又如何再次落入神话恐惧之中的。为了达到"自我持存"的目的，奥德修斯用狡诈的手段欺骗神，不惜牺牲一切，这种欺骗的因素慢慢被提升为了自我意识，在经历了所有的生命危险后，精神最终

---

① ［德］霍克海默、阿多诺：《启蒙辩证法》，上海，上海人民出版社，2006，第 4 页。

② 同上书，第 5 页。

③ 同上书，第 7 页。

使自己蜕变成为"统治和自我统治的机器",变成了用于制造一切其他工具的"工具一般"。奥德修斯式的狡诈实际上就是一种"被救赎了的工具精神",而这种狡诈的工具精神在祭祀中有它的原型。按照《启蒙辩证法》一书的观点,祭祀是具有欺骗因素的,对众神的僭越恰恰是通过遵奉众神的制度而实现的,人通过在祭祀中向神供奉牺牲来瓦解神的权力,最终达到支配神的目的。从牺牲到狡诈,尽管模样变换了,但"主人的精神"的实质并没有改变,"狡诈不过是所有牺牲客观上的不真实性的主观发展而已"①。悲惨的是,在狡诈中人奉献了更多的牺牲,狡诈为了"自我持存"所支配和压迫的东西不是别的,而就是生命本身,"奥德修斯从未占有一切;他总是要等待和忍耐,总是要不断地放弃。他从来没有尝到过莲子的滋味,也没有吃过太阳神许珀里翁(Hyperion)的牛,甚至在他穿越海峡的时候,还必须得计算被斯库拉从战船上掠走的船员数目。奥德修斯披荆斩棘,奋勇直前;战斗就是他的生命;在这个过程中,他和他的伙伴所获得的荣誉只能证明,他们只有通过贬低和祛除他们对完整而普遍的幸福的追求,才能够最终赢得英雄的头衔"②。所以文明的历史就是"牺牲内卷"的历史,换言之,是放弃自己的历史。人只有通过压抑他们的内在自然才能把握外在自然,只有与生命的本质决裂才能否定神的权力,"狡诈就是冒险的自我为了维持自身而丧失自身的手段"③,对内在自然和外在自然的征服最终成为了人类生活的绝对目的。"主人精神"或曰"工具理性"是具有破坏生命的虚无主义力量的。就此来说,霍克海默和阿多诺对启蒙的批判是承袭了尼采的。

　　当神话实现为启蒙的时候,启蒙也一步步深深地卷入神话。启蒙为了粉碎神话,吸取了神话中的一切东西,但作为审判者的启蒙却由此陷入了神话的魔掌中。《启蒙辩证法》一书主要是从自然和社会两个角度来论证启蒙最终又倒退成神话的。神话最初起源于对自然的恐惧,人们以为只有在无所不知之时,方能摆脱恐惧,获得自由,这是人们祛除神话的决定性因素。启蒙运动推翻神话想象依靠的是"内在性原则",即把每一事物都解释为再现。但事实上,"内在性原则"本身就是神话自身的原则,"在神话中,正在发生的一切是对已经发生的一切的补偿;在启蒙中,情况也依然如此"④。此其一。其二,"启蒙"通过"内在性"并没有克

---

① 　[德]霍克海默、阿多诺:《启蒙辩证法》,上海,上海人民出版社,2006,第52页。
② 　同上书,第56~57页。
③ 　同上书,第49页。
④ 　同上书,第9页。

服神话的恐惧，反而在此向度上导致了新的恐惧，启蒙只得重新拿起神话的面具，再演一幕身心投入的剧目。在此，《启蒙辩证法》一书提出了一个十分重要的概念——"内在性"，以此指明启蒙科学所具有的唯心主义方向或者说抽象物质的方向。"内在性原则"也就是再现原则、抽象同一原则。科学通过这一原则把存在篡改成一种图式而加以占有。在这一原则的统治下，每一事物都被预先决定好了，它们不再呈现为其自身，而只是科学规律的再现和证明，事实变得形同虚设，或者好像根本没有发生。科学并没有让我们对真实的自然有更多的了解，科学所发现的仅仅只是科学自身的原则和尺度——"数学因素"。于是启蒙返回到了神话学中："世界的循环、命运和统治都被当成了真理，并且放弃了希望。"①此外，启蒙扼杀了自然的神韵流转，将不同的事物抽象为同一的物质，但却使得万物不能与自身认同。启蒙消除了旧的不平等，但却在"内在性"、在"抽象同一"这一新的普遍中介中，使不平等长驻永存。启蒙把自然从神话中解放出来，却又把它重新投入神秘境地。对于实证科学的纯粹内在性来说，那个单纯的外在性观念最终成为普遍的禁忌，成为恐惧的真正源泉。据此而论，启蒙才是彻底而又神秘的恐惧。

当启蒙的实证科学以非自然的方式对待自然时，自然成为无法触摸的神秘之物，成为禁忌和恐惧；同时社会本身、人自己的真实处境更成了恶魔般的梦魇。《启蒙辩证法》把现代社会的愈益非理性化、野蛮化同样看作是启蒙"同一性"暴政的结果，启蒙的原则已经成为现代社会的基本原则，而"启蒙带有极权主义性质"，所以现代极权主义的秘密在于启蒙。由于启蒙自身的神话学性质和野蛮本性，启蒙在现代社会中所实现的彻底的科学化和合理化同时就是彻底的非科学化和非理性化。现代社会的实际境况乃是："在广大群众的眼中，他们已经被彻底贬低为管理的对象，预先塑造了包括语言和感觉在内的现代生活的每一个部门，对于广大群众而言，这是一种客观必然性。对于这种社会必然性，他们除了相信之外无能为力。这种作为权力与无力相对应的悲惨境地，连同想要永远消除一切苦难的力量一起得到了无限的扩大和增长。每个人都无法看清在他面前林林总总的集团和机构……随着支配自然的力量一步步地增长，制度支配人的权力也在同步增长。这种荒谬的处境彻底揭示出理性社会中的合理性已经不合时宜。"②但为什么统治自然的原则会成为统

---

① ［德］霍克海默、阿多诺：《启蒙辩证法》，上海，上海人民出版社，2006，第24页。

② 同上书，第35～36页。

治人的原则？黑格尔尖锐地指出了人或者说自我意识的本性："因而自我意识只有通过扬弃它的对方（这对方对于它被表明是一个独立的生命）才能确信它自己的存在；自我意识就是欲望"，而同时这种欲望并不会在征服自然的过程中得到满足，"**自我意识只有在一个别的自我意识里才获得它的满足**"。① 因此，人在征服自然的过程中所形成的统治欲和占有欲必然被同样地用于对人的统治，自我意识是绝对的主体，在它之外不允许有任何别的异己存在。人越是以物的方式对待自然也就越以物的方式对待自身，人越是想要支配和占有自然，越是不把自然界当作一回事，也就越是不把人当作一回事。因此，人对自然的统治是以人对人的统治为代价的，极权主义必然否定个体，否定质的差异，"因为个性正是对那种把所有个体统归于单一集体的社会的嘲讽"②，正像外在性成为实证主义的普遍禁忌一样，个性也成为极权主义的普遍禁忌。同一性的暴政通过工业的支配夷平了人的个性，把人抽象为"习惯反映和实际所需的行为方式的聚集物"③，只有当人成为可互换和可替代的时候，集体方可实现对个人的完全控制。《启蒙辩证法》同时又指出，这些被夷平了个性的启蒙的受害者们会在忍受这种不公的同时不断施行这些不公，从而造成更大的历史悲剧，"技术造就起来的大众时刻准备着投身到任意一种暴政当中；他们天生就亲近种族的偏执狂，尽管这样做十分危险，也毫无意义"④。可以说，在启蒙招致的神话恐惧中，社会恐惧更让人不寒而栗。

因此，《启蒙辩证法》认为事情并不像马克斯·韦伯所讲的那样，世界没有"祛魅"，古老的咒语还在纠缠不休，萦绕不去，"在启蒙世界里，神话已经世俗化了。在其彻彻底底的纯粹性里面，实在虽然清除了鬼魅及其概念派生物，却呈现出了鬼魅在古代世界里的种种特征"⑤。启蒙是人类摆脱神话力量的失败的努力，启蒙的结果是与其初衷背道而驰的，启蒙由于自身内在的逻辑而必然走向了自身的反面。

较之于无批判的实证主义者或自由主义者来说，霍克海默和阿多诺以"启蒙的辩证法"为立场的现代性批判无疑是深刻的："主人的精神"是启蒙的本质，"同一性"是启蒙的内在秘密，启蒙原则及其自我巩固的发展为20世纪的神话和野蛮状态提供了最广泛、最深刻的基础。因此，尽

---

① ［德］黑格尔：《精神现象学》，北京，商务印书馆，1979，第120～121页。

② ［德］霍克海默、阿多诺：《启蒙辩证法》，上海，上海人民出版社，2006，第10页。

③ 同上书，第25页。

④ 同上书，前言第3页。

⑤ 同上书，第24～25页。

管现代社会中的自由、现代文明的全部成果都与启蒙思想有着内在的、密不可分的联系，但启蒙思想的概念本身已经以一种潜在的方式包含着后来发展中随处可见的倒退的萌芽了。

三、对"概念帝国主义"的批判——否定的辩证法

如果说《启蒙辩证法》把对经由启蒙理性所开启的现代性的批判集中到对"同一性"本身的批判的话，那么阿多诺的《否定的辩证法》乃是《启蒙辩证法》之真正的逻辑后承。阿多诺在这部著作中所要求的，正是通过"否定的辩证法"这个"蔑视传统的词"来实施对"同一哲学"的清算，并进而实施对以"概念帝国主义"为核心的现代形而上学的总批判。

在阿多诺和霍克海默合著的《启蒙辩证法》中，启蒙传统的实质，意味着作为**"支配"**或**"统治"**的**"主人的精神"**；这种精神的传统，就起源而言，可以追溯到《创世纪》的开头几章；就其展开过程而言，则与马克斯·韦伯所谓的"祛魅"过程相契合。正是在这种启蒙思想的本质中，即在作为"主人的精神"中，开展出一个彻头彻尾浸透了工具理性的世界；而这个世界的全部关系，特别是人与自然的关系，越来越清晰地呈现出**统治**与**支配**的性质。如果说，这种统治与支配初始还主要采取经济的方式，那么在其展开过程中，却日益以一种直接的、非经济的方式扩展至社会生活之最遥远的边缘和角落，乃至于完全渗入个人的经验形态。在这种情形下，虽然启蒙曾宣称通过引入合理的分析跨越了神化时代的蒙昧，但启蒙自身却由于其本质——作为"主人的精神"——中固有的统治与支配而沦为一种新神话的牺牲品。这种神话首先表现为人类主体与自然客体的对峙，并且同时还表现为量的同一性对质的差异性的暴政。可以说，正是在 20 世纪上半叶所面临的危险与苦难中，提出了对于启蒙传统进行全面批判的任务，而这一任务又在黑格尔哲学——作为现代哲学的完成，更加确切地说来，作为理性形而上学的完成——中找到了它的最终目标。因为恰恰是在黑格尔的**"同一哲学"**中，不仅最集中地体现了启蒙精神的秘密连同它的光荣与梦想，而且彻底兼并统一了全部概念诸侯的版图，使之成为一个具有无限权柄的强大帝国——它君临现实世界，并且对这个世界实行极权主义的统治。这种"概念帝国主义"的核心在于：它越过**个性、差异和非同一性**，以精神（作为概念）的名义，施行对全部关系的强权，构成对于经验主体和经验客体的双重压制，并且完成其对真实生命的褫夺。

因此，阿多诺所要求的实际上是通过对"同一哲学"的清算而实施对

"概念帝国主义"的总批判。"在历史的高度，哲学真正感兴趣的东西是黑格尔按照传统而表现出的他不感兴趣的东西——非概念性、个别性和特殊性。自柏拉图以来，这些东西总被当作暂时的和无意义的东西打发掉，黑格尔称其为'惰性的实存'。构成哲学主题的是质，在定额上它把质贬低为可忽略不计的量。对概念来说非常紧迫的、但它又达不到的东西是它的抽象论的机械论排除掉的东西，即尚未成为概念实例的东西。"①这一提法是有相当高度的——它指证了整个柏拉图主义作为一般哲学传统的核心与体制：以概念的名义剥夺非概念性、个别性和特殊性，把质贬低为概念定额上的量，并且以逻辑图式上的"抽象论的机械论"戕害全部真实的内容，即未能成为概念实例的东西。于是，黑格尔的现象学作为"经验意识的科学"，把真正说来仅只以概念为中介的完全不可还原的经验内容还原为概念或范畴的实例。如果说，这种还原不过表现为第一哲学立足其上的虚假的**无限性**的话，那么，"对第一哲学的总批判同时也是对一种毫不敬重地空谈无限的哲学的有限性的总批判"②。

　　在阿多诺对"概念帝国主义"的批判中，哲学及其概念世界的有限性究竟体现在什么地方呢？它体现在为概念方式所排除掉的东西中，体现在尚未（确切些说，不可能）成为概念实例的东西中，即体现在黑格尔所谓"被外部偶然性，被玩笑，而不是被理性所规定的性质和特性"中。这样一来，按照阿多诺的说法，黑格尔便或多或少地处在小丑的地位上了；因为尽管他知道他同自己的思维对象距离十分遥远，甚至可以说是无限地遥远，但他却仍然似乎在哲学中完全占有了他的思维对象。这样的喜剧性固然不属于黑格尔的个人特质，毋宁说它倒是从属于自以为立足于自身的概念世界的逻辑，从属于这个概念世界本身的无责任能力的自夸大狂。这样一来，丑角不安其位的"概念帝国主义"想要完全支配和统治的东西，恰恰是其根本无法进入——按其本性来说无法真正进入的东西，即非先验的东西和非强权控制的东西。"这种东西按其自身的概念同时属于一个不可控制的领域，即被概念性本质禁忌的领域。概念为了再现它取代的模仿，别无其他方式，只能在自身的行为中采取某种模仿的东西，同时又不放弃自身。"③换言之，在这里出现的行为方式，乃是概念围绕其自身的永无停息的旋转——这也就是黑格尔所谓"自我活动"的真实含义，就像一匹不停地追逐自己尾巴旋转嬉闹的小猫一样。

---

① ［德］阿多诺：《否定的辩证法》，重庆，重庆出版社，1993，第6页。
② 参见同上书，第12页。
③ 同上书，第13页。

　　于是，阿多诺便在他的批判中把溢出于概念帝国并且真正说来不可能屈从于概念强权的内容或质称之为**非概念性、个别性**和**特殊性**——并且为了更加鲜明地与"同一哲学"的虚妄性形成对照而把其标识为"**非同一性**"。阿多诺在这一批判中较为深刻的地方在于：他意识到并且指证了概念帝国由以建立起来的立足点发端于并且本质重要地植根于**意识的内在性**。在黑格尔那里，思想始终都是在自身内部寻求满足，尽管它如此经常地渴望着对立面，但却仍然只是环绕自身周而复始；因为思想总只是从它的对象中抽象出一种已然是思想的东西。在这个意义上，虽说黑格尔一再指斥康德、费希特的抽象主观性，但他却并没有真正远离康德和费希特，也就是说，黑格尔与他们一样，仍滞留于意识的内在性之中。哲学的所谓深奥性正是从这里发源的："一种神学的结局被秘而不宣地忽略和低估了，仿佛一种思想的价值是由它的结果即先验物的证明，或由它对内在性的专心、它十足的自为存在来决定的；仿佛从世界中退出来就等于是对世界基础的意识。"①顺便提一下，马克思对意识之内在性的真正批判和实际瓦解大体上始于《1844年经济学哲学手稿》。

　　不仅如此，阿多诺对于概念帝国由以建立的基本路向——范畴论的或知识论的路向以及这一路向自近代以来愈益形式化的抽象性质，是颇有了悟并保持警惕的。知识论路向的核心，作为理性的抽象化，在其展开过程中与质的要素、个别性，以及真实的内容完全分离开来，并且通过自笛卡尔以来的一切科学的定量化倾向而巩固地建立起一个概念的、逻辑的和反思的世界。在阿多诺看来，理性概念本身并不内在地包含定量化，合理性只是逐渐地以数学方式契合着并且也推动着定量化的抽象进程。正是在这样一种知识论性质的进程中，理性便"被遮暗了"，而思维则成为"已被阉割的思维"，因为它在这一路向中变得不能思考质的东西。于是，哲学经验被迫同特殊分了手，并且确信现象的概念对现象的真正决定作用；进而言之，"在主体方面与定量的倾向相符合就是把认识者还原为纯粹逻辑的、没有质的一般"②。这就是说，"概念帝国主义"在其知识论路向的整个征讨过程中，不仅使对象而且也使主体成为纯粹逻辑的牺牲品，从而完成其对整个世界的极权主义统治。

　　不难看出，阿多诺对"概念帝国主义"的批判自有其卓识，而且更加重要的是，他还指证了这种概念世界之抽象化的进程与现代极权主义的

---

① ［德］阿多诺：《否定的辩证法》，重庆，重庆出版社，1993，第16页；并参见第26、38页。

② 同上书，第44页；并参见第42、47页。

内在关联。"奥斯维辛集中营证实纯粹同一性的哲学原理就是死亡。"这是因为在以同一性为原则的"概念帝国主义"的强权下，"个人即使在他的形式上的自由中也像在清算者的脚下一样，是可互换的和可替代的"①。在这里得到表现的，不仅是阿多诺对于现代人类苦难的深切揭示与关怀，而且是就现代世界之基本原则的批判性清算：核心问题并不局限于此一或彼一独裁者，核心问题在于同一性的暴政，在于这一暴政中的个人——即便在他的形式上的自由中——也是**可互换的和可替代的**。就像克尔凯郭尔在其对现代世界的批判中通过"夷平"一词而富有特征地揭示出来的状况一样。因此，奥斯维辛并不是全部，毋宁说它不过是对于这个抽象冷漠的世界还能够骇人听闻的一幕罢了，它只是提供一个证据以表明：**同一性的哲学原理就是死亡**；换句话说，它的原理就是虚无，就是敌视、反对和谋害生命。

就这一层面而言，阿多诺的批判与伽达默尔在 20 世纪 60 年代所概述的"20 世纪总体哲学背景"的趋向——批判的或否定的趋向——是大体一致的，即对以自我意识的反思为基础的主观精神的批判、对把世界归结为科学控制之对象的批判。但是很显然，我们在这里有理由更加关心阿多诺的全部批判由以立足的那个方面，也就是说，关心他对"概念帝国主义"发动袭击的——作为正面的观点和见解的——基地。

在阿多诺看来，概念帝国主义的本质特征乃是支配和统治，而这种支配和统治在哲学上的核心或基底则是"同一性"。如果说，同一性乃意味着死亡，即生命的反面，那么，"生命等同于非同一性"。因此，在最一般的意义上，阿多诺正是试图通过**非同一性**来构筑自己的立足点，以期揭破和洞穿作为同一性意识形态的整个哲学的全部虚妄性。"自身相等的东西、纯粹的同一性是恶劣的。神话的厄运是无始无终的。……哲学曾是这种厄运的世俗化，是这种厄运的奴隶，直至莱布尼茨和黑格尔的神正论。"②这里将纯粹的同一性指认为"恶劣的"，不仅意味着它的灾难性后果，而且也提示着它的虚假性，就像阿多诺宣称"整体是非真实的"一样。非同一性意味着真实的差别，而真实的差别方才意味着生命与和平："有差别的事物的交流才是可能的，……和平就是那种没有支配而只有差异者相互渗透的独特状态。"③

那么，从哲学方面而言，"非同一性"又从何处出其机杼并获得其恰

---

① 参见［德］阿多诺：《否定的辩证法》，重庆，重庆出版社，1993，第 362～363 页。

② 同上书，第 121 页。

③ ［美］马丁·杰伊：《阿多诺》，长沙，湖南人民出版社，1988，第 73 页。

当之表达呢？阿多诺的回答是：由"否定的辩证法"而来。虽然马克思在
《1844 年经济学哲学手稿》中曾用这个词来提示黑格尔现象学的主要功
绩，但阿多诺显然赋予它以相当不同的意义，并试图以此标识出与哲学
传统之昭彰显著的区别："**否定的辩证法**是一个蔑视传统的词组。早在柏
拉图之时，辩证法就意味着通过否定来达到某种肯定的东西；'否定之否
定'的思想形象后来成了一个简明的术语。本书试图使辩证法摆脱这些肯
定的特性，同时又不减弱它的确定性。展开这个自相矛盾的标题，是它
的一个目的。"①这里所谓的"蔑视传统"和"自相矛盾"乃一力指认其自身
的"异端"性质："否定的辩证法"到处反对哲学传统中几乎无处不在的同
一性，到处反对辩证法传统中力图通过否定而驻足居留的肯定性（特别是
作为否定之否定的绝对肯定）。

在这样一种姿态所构成的形势中，黑格尔——作为柏拉图主义特别
是近代哲学的完成者，并且也作为辩证法的伟大复兴者和集大成者——
便理所当然地成为头号目标，成为分别的界限与尺度。就这一主题而言，
阿多诺非常正确地指出：(1)黑格尔哲学的基础和结果是主体的第一性，
它是以意识的内在性作根据的；(2)它是"内容哲学"，即它要求把握质或
内容，要求把握异质的东西或非同一性；(3)于是，这一哲学的核心乃完
成为"同一性和非同一性之间的同一性"（黑格尔语），即作为"否定之否
定"的绝对的肯定。"他认为确定的个别是可被精神来规定的，因为它的
内在的规定性不过是精神。在黑格尔看来，没有这个假定，哲学就不能
够认识任何内容或本质的东西。"②

在阿多诺那里，黑格尔的辩证法作为"内容哲学"，其深切的意图和
作为一种"文化财富"的结果是得到认可的。就这一点而言，伽达默尔将
黑格尔对主观意识的批判——对主观的、外在的反思的批判——看作是
20 世纪所获致的最重要的精神遗产，③ 无疑是正确的。当黑格尔对所谓
"外部反思"严厉地、有时甚至是苛刻地予以驳斥时，他所要求的乃是使
思想完全进入事物的客观内容，即把握住事物自身："真正值得骄傲的是
努力放弃这种自由[按：指主观意识的自由]，不要成为任意调动内容的
原则，而把这种自由沉入于内容，让内容按照它自己的本性，即按照它
自己的自身而自行运动，并从而考察这种运动。"④这是一个深刻的和富

① ［德］阿多诺：《否定的辩证法》，重庆，重庆出版社，1993，序言第 1 页。
② 同上书，第 6 页。
③ ［德］伽达默尔：《哲学解释学》，上海，上海译文出版社，1994，第 111～114 页。
④ ［德］黑格尔：《精神现象学》上卷，北京，商务印书馆，1979，第 40 页。

于成果的意图，黑格尔为实现这一意图乃把思想的客观性指派给这样一种立场：思想不只是**我们的思想**，而且是**事物的自身**。

然而正因为如此——因为这一意图立足于**作为本质的思想**，立足于**概念的立场**，所以它便最终成为虚假的和自相矛盾的了。在阿多诺看来，一方面，思维即意味着**同一性**，因为同一性的外表"是思想本身、思想的纯形式内在固有的"，而概念的立场只是使概念秩序满足于掩盖真实的客体，即思维试图把握的东西；另一方面，辩证法这一名称从一开始就意味着"客体不会一点不落地完全进入客体的概念中"，既然如此，那么真实的客体就是概念不能穷尽被表达的事物，并因而表明同一性是不真实的。正是在这种冲突中，黑格尔试图超出主观意识而完全沉浸于并把握住客观内容的意图便实际地落空了。在这里，阿多诺力图指证的是：事物，真实的客体，作为内容，作为质，作为个别性和特殊性，是超出于概念世界的；而从这一世界的"溢出"，直接意味着事物本身的**非概念性**，即意味着它作为客体或内容的**非同一性**。在黑格尔那里，"概念与作为其规定的未规定之物相等同，使得未规定之物与虚无相同一。因此，逻辑首先想证明的绝对唯心主义实际上已经被假定为前提"。其结果是由于辩证法始终是对非同一性的意识，又由于绝对唯心主义先行地预设了同一性作为总体性的优先地位，所以，"与黑格尔本人的理解恰恰相反，他的绝对体系由于持续不断地抵制非同一之物便否定了自身"①。

于是，阿多诺的"否定的辩证法"便在黑格尔哲学自行瓦解的地方开始显现出自身的意义来，而这同时也就是说，"非同一性"在同一性哲学——更加广泛地说来，在思想依其本质的概念世界——图谋霸占真实客体的失败中开始表明自己的权能。在这样的意义上，"否定的辩证法"意味着彻底承诺并公开展示"非同一性"，而非同一性则意味着"概念帝国主义"从根基上的崩塌和溃败。这种情形首先使得阿多诺抓住并意图揭穿哲学的全部天真性，这种天真性就在于，以为概念能够超出自身的世界而达于它的彼岸："概念能超越概念、预备性的和包括性的因素，因而能达到非概念之物——这是哲学的一个不可分割的特点，是使它苦恼的朴素的东西。……但概念超出它们的抽象范围而包含的任何真理不能有别的舞台，只能是概念压制、轻视、无视的东西。认识的乌托邦是把非概念与概念相拆散，不使非概念成为概念的对等物。"②因此，哲学的天真

---

① ［德］阿多诺：《否定的辩证法》，重庆，重庆出版社，1993，第118~119页；并参见第3、6页。
② 同上书，第8页。

性之被揭破，不过意味着概念世界之狂妄的幻想破产，并因而意味着非概念世界自身的成立，意味着它的权利和它的自律性，意味着非概念与概念的非同一性。

由这样一种非同一性获得的解放，同时使"经验"从"概念帝国主义"的强权中解放出来，因此在阿多诺那里，所谓"经验"是与哲学传统所呼之同名者相当不同的东西，它尤其是与黑格尔的定向——即概念世界的定向——"相反的经验"，即"独立于唯心主义机制的经验"。这样的经验，首先意味着经验主体和经验客体的复活，意味着它们从概念世界曾经一直霸占其本质的地方摆脱出来；而这就意味着经验世界在恢复其非同一性的时候深入到真实的内容中去了。"接近客体的知识是这样一种行动，主体在这种行为中撕破了它在客观周围编织的帷幔，主体只有在尽可能消极地把自己交给自己的经验的地方，才能这样做，……主体是客体的代理人，而不是它的组成要素。"①顺便说一下，阿多诺正确地看到在胡塞尔那里作为理解本质之方式的所谓特定的精神经验，从根本上（即从这种经验涉及的本质）来说仍无异于概念，因为他"仍停留在内在主观性的范围之内"。

第三节　霍克海默和阿多诺现代性批判的存在论视域及其批判

应该说，霍克海默和阿多诺对现代性的批判是基本切中要害并富有成果的。但对于我们来说，更为重要的是去判明这一批判连同它的基地究竟开展出怎样的一个领域，这个领域的性质和意义如何。也就是说，必须深入到他们的存在论视域的根柢处去。唯有如此，我们才能知道这一批判究竟要把我们导向何方，才能明白这些言辞究竟在何种程度上有助于现代社会的自我反思与自我批判，有助于马克思哲学当代性的阐明。

但是，要做到这一点并非易事，因为他们并没有专门对自身的存在论根基做过检审。正如马丁·杰伊所说："批判理论……在批评各种冒充为真理的体系时是壮观的，但要清楚地指出自己的假设和价值时，它就不怎么雄辩了。"②虽然其提法本身是不准确的（因为事情并不在于什么"假设"和"价值"，因为任何"假设"和"价值"总不得不依赖于某种形而上

---

① ［美］马丁·杰伊：《阿多诺》，长沙，湖南人民出版社，1988，第139页。
② ［美］马丁·杰伊：《法兰克福学派史》，广州，广东人民出版社，1996，第76页。

学的预设），但是这一批评确实看出了批判理论在根基方面的不充分。对这一问题的忽视和寡言部分地来源于他们对自身境况的体认：在霍克海默和阿多诺看来，现代性的本质是形而上学的，而且是最坏的一种形而上学，为了对现代性进行最彻底的批判，就必须拒斥和避开形而上学。然而真实的情况是，对形而上学的任何回避事实上根本不可能切中形而上学，如若没有在存在论的根基上作出最彻底的澄清，任何对形而上学的批判所使用的方式总会最可靠地落到形而上学的下面；因为现代世界的一切，即便是那种被看作是最实证的东西，都已经先行地并且是秘而不宣地以现代形而上学作为其前提或根据了。因此，那种因反对形而上学而拒斥存在论根基之检审的任何理由都是严重地成问题的。实证主义在反对形而上学时犯的错误，霍克海默和阿多诺在反对现代性的过程中依然没有避免。

在此问题上，阿多诺比霍克海默还要坚决。虽然霍克海默也很少涉及这一领域，但其拒斥的态度并没有作为原则加以提出，而只是避而不谈罢了。阿多诺则声称坚拒任何"本体论"的意图和说法，并特别地指斥海德格尔的"基础本体论"，因为**本体论**似乎始终意味着恶劣的自身等同和纯粹的同一性——"最好莫过于逃离本体论"①。但无论是哪种态度，都不意味着霍克海默和阿多诺对现代性的批判是没有哲学立场的——哪怕这一立场被抛到哲学的最遥远的边缘，因为否则的话，它就根本不可能申说自身并且触动和击中它的对手或死敌。

霍克海默和阿多诺的存在论视域总体上看有相似之处，但细究起来却又有差别。为方便起见，我们将分头论述。

一、霍克海默的存在论视域及其批判

霍克海默具有强烈的反形而上学倾向，这一点在他对现代性的批判中已显现无疑。他反对实证主义和启蒙理性所创造的意识形态的新神话，并指出这一神话乃是时代苦难的隐秘本质。在他看来，这一神话首先表现为人类主体与自然客体的二元对峙（主体：意识、自我、内在性等；客体：纯粹的质料、材料等），并且同时还表现为量的同一性对质的差异性的暴政（抽象化、形式化和合理化；可计算性成为统治自然的原理）。所以，无论怎样乔装改扮，实证主义和启蒙理性都难以掩饰抽象理性主义的形而上学本质。

---

① 参见［德］阿多诺：《否定的辩证法》，重庆，重庆出版社，1993，第121页。

　　在批判现代性的形而上学本质的同时，霍克海默又指出，现代形而上学的基本建制——自我和非我、内在性和超越性始终未曾解决的对立——从根本上规定了现代之本质。20世纪人类的苦难就内在地发源于这一本质。在现代科学科学研究和极权统治中，自然和人类本身被工具理性所掌控，事物自身被迫从世界中隐退，只有被同一性褫夺了感性光辉的丑陋东西才被赋予存在的正当性，才能成为科学研究的对象和极权统治下的合法公民。现代科学和极权统治不仅是现代性的典型标志，而且是现代性完成其本质的必由之路。

　　由于霍克海默并不把时代的病症（同一性暴政）看作对时代的理性原则的背叛，所以他清楚地意识到对现代性的任何富有成效的反叛都不应只停留于思想对时代病症的单纯否定。这一观点使他高出无批判的实证主义和自由主义，同时也使他有别于黑格尔对主观精神的批判；因为从根本上说，这一批判已经"以尼采为后盾"了——即批判的目标是对"最终最彻底的异化——意识本身的异化"①的批判。尼采在这一问题上的划时代意义不仅在于他预言了虚无主义的到来（上帝死了：超感性的观念世界丧失了它的约束力），而且在于他洞察了虚无主义的本质来历：虚无主义，"一切客人中最可怕的客人"，并不是从理性世界之外部来袭的入侵者，恰好相反，虚无主义真正说来乃是理性主义的极致，理性主义同其最遥远的对立面是本质相连的。所以，在霍克海默看来，真正重要的批判是对时代自身的基本原则即理性原则的自我异化作本质的分析和历史的追溯。

　　按照霍克海默的观点，意识自身异化的最重要的表现是主客二分的形而上学的基本建制的成立。对主体与客体的非辩证分割是实证主义和启蒙精神共同的理论前提，也是一切时代苦难的本质根源，所以对主体与客体的二元分离和二元对峙的批判一直是霍克海默现代性批判的核心。虽然霍克海默没有为我们提供更多的关于批判所立足的存在论根基的正面阐述，但是在他对这一核心问题的大量的批判性话语中，其存在论的基地已依稀可见。他从来都反对主体与客体的决然对立，他知道意识和它的对象从来就不是两个相互分离的世界，任何把它们区分成为纯主体和纯客体的做法都是有害的。在这种声张中，他显示了自己反叛形而上学并试图超越传统形而上学的全部决心和努力。

　　那么，主体与客体的关系到底是怎样的呢？在霍克海默的著作中有

---

　　① ［德］伽达默尔：《哲学解释学》，上海，上海译文出版社，1994，第115页。

一段很有代表性的话，我们在上文也引用过："呈现给个人的、他必须接受和重视的世界，在其现有的和将来的形式下，都是整个社会活动的产物。我们在周围知觉到的对象——城市、村庄、田野、树林，都带有人的产用的印迹。人不仅仅在穿着打扮、在外在形式和情感特征上是历史的产物，甚至人们看和听的方式也是与经过多少万年进化的社会生活过程分不开的。感官呈现给我们的事实通过两种方式成为社会的东西：通过被知觉对象的历史特性和通过知觉器官的历史特性。这两者都不仅仅是自然的东西；它们是由人类活动塑造的东西。"①"现存秩序也是社会生活过程的产物（在这个过程里，个人是主动的参与者）。"②诸如此类的表达还有多处，暂不一一列举。虽然这里的用词不是很一致，也不十分地精确化和概念化，诸如"社会活动""社会生活过程""人的产用""人类活动"等，但它们所要表达的意思是一致的，即主体与客体的关系奠基于"人类活动"之上；换言之，"人类活动"或"社会活动"是具有存在论的基础地位和意义的，无论是感性的自然界还是社会和人类自身都是人类活动的结果，也正因为如此，便没有什么形而上学所声称的"纯粹主体"与"纯粹客体"的二元分离与二元对峙。

　　霍克海默用来批判实证主义形而上学本质的这段话不禁使我们想起马克思在《德意志意识形态》中对费尔巴哈直观唯物主义的批评："他没有看到，他周围的感性世界绝不是某种开天辟地以来就直接存在的、始终如一的东西，而是工业和社会状况的产物，是历史的产物，是世世代代活动的结果，其中每一代都立足于前一代所达到的基础上，继续发展前一代的工业和交往，并随着需要的改变而改变它的社会制度。甚至连最简单的'感性确定性'的对象也只是由于社会发展、由于工业和商业交往才提供给他的。这种活动、这种连续不断的感性劳动和创造、这种生产，正是整个现存的感性世界的基础，它哪怕只中断一年，费尔巴哈就会看到，不仅在自然界将发生巨大的变化，而且整个人类世界以及他自己的直观能力，甚至他本身的存在也会很快就没有了。"③我们知道，马克思通过"感性活动"或"对象性活动"所具有的基础存在论的地位瓦解了现代形而上学的二元建制，从而决定性地超越了费尔巴哈的直观唯物主义以及作为传统形而上学之完成的黑格尔哲学。那么霍克海默的这段颇为相似的批评是否也意味着他决定性地超越了实证主义以及作为实证主义之

①　[德]霍克海默：《批判理论》，重庆，重庆出版社，1989，第192页。

②　同上书，第151页。

③　《马克思恩格斯选集》第1卷，北京，人民出版社，1972，第76～77页。

本质的传统形而上学呢？若要对此作出回答，必须深入考察霍克海默语境中的那个"社会活动"或"人类活动"到底具有怎样的存在论规定。

首先可以肯定的是，霍克海默所重视的这种"活动"不是实证科学所崇尚的那种只知道对观察材料进行单纯地记录计算、归纳整理的被动的知性活动，这种活动由于放弃了批判的要求而一味地逢迎和顺从现实制度而一直成为霍克海默鄙视和批判的对象。那么这种"活动"是不是唯心主义所抽象地发展了的自我的积极能动性呢？也不是。虽然这两种对于活动的主张并非全然不同，其意图都在于通过"活动"统一"主体"与"客体"，正如霍克海默自己所说："从莱布尼茨到目前德国唯心主义哲学的发展，可以证实下述看法：知觉世界既不是简单的摹本，也不是某种固定不变的东西，而是同等程度上的人类活动产物。康德证明，我们个人意识和科学意识的世界不是由上帝给予的，也不是不加怀疑地接受下来的，而在一定程度上是我们知性作用的结果。……进入意识之中的经验知觉已经由人类的创造能力整理和筛选过了。"①霍克海默并没有抽象地否定这层意义上活动，毕竟"活动"的原则是整个德国古典哲学留下的宝贵财富，任何舍弃它的行动都不可能通过这种"舍弃"来标榜自己的显贵与进步，而只能倒退到更加粗陋与野蛮的经验主义立场。霍克海默吸收了德国古典哲学的这一成果，在对实证主义的批判中，他一直强调人在面对现实时并非全然被动，人的活动具有能动地改造现实的一面。但同时，他也指出唯心主义的弊端：虽然唯心主义以"活动"原则为基础，对实在的理解要比那些"把关于事实的知识与关于实在的知识等同起来"的实证主义者高明得多，但是唯心主义把"活动"的本质理解为一个理智的过程是狭隘的，"仅仅在历史联系中探索自我的抽象原则是不够的"②。

在与上述两种活动作出区别之后，对于霍克海默来说，最为重要的就是要在存在论的范围内阐明这一对自己的全部理论的性质具有决定性意义的"活动"的本质内涵；因为唯有如此，他才能本质地表明自己不同于并超越于整个西方传统形而上学的立场，才能最终达到其批判形而上学的目的，并为"批判理论"，作为一门新型的"历史科学"，对历史实践开展具有真正意义的批判开辟出光明的前景。对"活动"的本质规定做存在论的阐明要比声色俱厉地谴责形而上学的十大罪责意义重大得多。

我们之所以说马克思通过"对象性活动"或"感性活动"超越了整个西

---

① ［德］霍克海默：《批判理论》，重庆，重庆出版社，1989，第153页。
② 参见同上书，第154页。

方形而上学的视域，是基于马克思对"对象性活动"的种种具有存在论意义的阐释。这种阐释提示出"对象性活动"与德国古典哲学的自我意识或作为绝对者的那个主体的"纯粹活动"的本质不同。在这种"对象性活动"中，并没有现代形而上学基本建制中的那个作为主体的主体，有的只是一种"对象性的本质力量的主体性"；这种"主体性"一开始就是"对象性的本质力量"的主体性，而非封闭在意识的内在性中的"纯粹自我"的主体性；"对象性的本质力量的主体性"之所以能够创造对象是因为"它本身是被对象所设定的，因为它本来就是自然界"①。所以，这种"主体性"，这种"对象性的本质力量"，这种"人"一开始就是"出离"自身的，它一向已经在外；随着意识的内在性之被击穿，那个一直难以被统一进自我意识中的外在的对象也一向不是在外的，它本来就在内。人与自然不再是作为两个孤立的东西发生联系，它们本来就是内在勾连的，只是这种作为本然的内在勾连发展到一定阶段的时候，才有所谓主体与客体的区分。可见，马克思的"对象性活动"瓦解了现代形而上学自我与非我、内在与超越的基本建制，并重新完成了人与自然的统一。这一完成是"真正的"完成，它意味着马克思完全摒弃了德国唯心主义的三个"天真的假设"，②意味着存在论基础上的革命。以这一存在论基础上的革命为前提，我们方能说他超越了传统形而上学之界限。

而霍克海默的情况如何呢？令人遗憾的是，这一本质重要的问题，即在存在论的根基上对"活动"的内涵作出最彻底的澄清，却被霍克海默有意或者无意地忽视了。虽然他竭力批判形而上学的"活动"，无论是实证主义的还是唯心主义的，一再努力与之划清界限，但只要没有发生存在论居所的革命，任何对形而上学的划界都将无可避免地落到形而上学的下面，任何对形而上学的责难都将高度赞扬它所责难的对象。所以，虽然霍克海默到处宣扬"人类活动"对世界图景的决定性意义，并给予这一活动以至高无上的存在论基础的地位，但是由于他没有彻底澄清"人类活动"到底具有怎样的存在论规定，无论是出于有意还是无心，其结果是一样的，即他无法从根本上理解他所褒扬的东西所具有的全部基础存在论的意义。正因为如此，随着霍克海默对现代性之抽象理性原则批判的进一步展开，在他的"批判理论"中不可避免地发生了废黜"储君"的事件。因此，更多的时候，霍克海默对"人类活动"的历史决定性作用的宣讲听

---

① 参见《马克思恩格斯全集》第 3 卷，北京，人民出版社，2002，第 324 页。
② ［德］伽达默尔：《哲学解释学》，上海，上海译文出版社，1994，第 119 页。

起来是乏力的，存在论根基的缺失使它流于一种姿态，一种表面的声称，虽然我们从来不怀疑他的真诚。

　　平心而论，霍克海默对"人类活动"的认识较之于一般形而上学家来说是深刻的，其深刻之处在于他不仅看到了"人类活动"所具有的肯定的方面，也看到了"人类活动"的否定的方面；而形而上学家，包括黑格尔这样一位集大成者，往往只看到活动的积极方面，而没有看到消极的方面，所以马克思批评黑格尔"站在现代国民经济学家的立场上。……没有看到……劳动是人在外化范围之内的或者作为外化的人的自为的生成"①。所谓肯定的方面就是指上面提到的感性的自然界、社会以及人类自身都是"人类活动"的结果，可以说，人们在改造自然、推动社会及自身发展中所获得的成果都是人类活动的本质力量的自我确证。所谓否定的方面是指人类活动同时又产生了人与人之间的对抗以及个人与社会的冲突。霍克海默看到了现代人类生活是充满矛盾的，一方面人们按照理性的方式进行协作生产，另一方面"他们的劳动和劳动的结果却从他们那里异化出去了，而那包含着对劳动能力和人类生命的滥用的、包含着战争和无意义的痛苦的整体过程，却好像是一种不能改变的自然力量，是一种人无法控制的命运"②；但是因为有了对"活动"的否定一面的认识，霍克海默没有把理论导向神秘主义方面去，所有这些异化状态在他看来都"不是事物的永恒的或自然的状态。倒不如说，它们都是从特殊社会形式实践着的生产方式中产生出来的"③，包括他对启蒙辩证法所持的立场，即当前的野蛮状态是人的理性活动抽象发展的结果，也是以对"活动"的否定方面的认识为基础的。

　　我们从不怀疑这些见解的深刻性，但是正因为对"人类活动"的历史决定性作用的定位缺失了存在论根基的支持，在面对异化的社会如何扬弃异化而重新占有被异化了的人类活动的本质力量（即达到否定之否定）这一"批判理论"最迫切的课题时，"人类活动"（被其超越了形而上学的基本建制的存在论结构决定着，它本应在此时大显身手）在霍克海默那里却立刻陷入缴械状态。按照承接了马克思的批判精神的"批判理论"的本意，当下的实践活动是具有自我批判倾向的（这一自我批判的倾向是以实践活动突破了传统形而上学的基本建制之后而开展出的新的地平线为存在论基础的），理论的任务是去把握并表达这一倾向，因此，对于"人类活动"

---

①　《马克思恩格斯全集》第3卷，北京，人民出版社，2002，第320页。
②　[德]霍克海默：《批判理论》，重庆，重庆出版社，1989，第195页。
③　同上书，第190页。

的异化结果的扬弃也只能诉诸这一活动自身具有的批判力量。马克思正是在此基础上说："自然科学却通过工业日益在实践上进入人的生活，改造人的生活，并为人的解放做准备，尽管它不得不直接地使非人化充分发展"，虽然自然科学现在"已经——尽管以异化的形式——成了真正人的生活的基础"，但是它终"将失去它的抽象物质的方向或者不如说是唯心主义的方向，并且将成为人的科学的基础"①。这中间的转换（在霍克海默看来，也许这种转变是不可思议的，是一个神话学）靠的就是实践的自我批判的纬度，因此马克思才说"自我异化的扬弃同自我异化走的是一条道路"②。而霍克海默由于延宕了对"人类活动"进行存在论基础的阐释一事，他便不可能在这一最关根本的问题中获得更深的洞见，从而"人类活动"的自我批判的力量对他来说就成为超乎想象的事了。

于是在"批判理论"内部，这一生生不息、自我更新的"人类活动"的存在论基础地位被架空和搁置。面对史无前例的野蛮、混乱的人类历史现状，霍克海默根本不相信其自身会发生什么转机；除了越来越浓重的黑暗，哪里会有曙光的来临呢？战争、纳粹、独裁、大屠杀、文化工业、美国现象，所有这一切结合在一起，似乎封锁了即将来临的社会解放的所有前景，霍克海默被压得喘不上气来，万般无奈之下，他逐渐偏离"批判理论"原有的本质要求，又逃回到理性主义的传统之中。

在对实证主义的知性思维方式和启蒙的工具理性精神批判的过程中，霍克海默处处在提示一种与此二种理性不同的、并似乎正日益受其侵害和腐蚀的原初理性。这种理性作为存在的最终极和最一般的基础所展现出来的是一种人与自然、思维与存在、主体与客体之间的一切矛盾和断裂都得到和解的状态；而实证精神和启蒙理性恰好破坏了这种状态。霍克海默援引柏拉图的"哲学王"来说明这种理性乃是一种看待全体的能力，"哲学王"能够"把多种多样的能力和知识分支引导到并保持在一个统一体中，这个统一体将把这些具有部分破坏性的因素转化成最完美的理性中的建设性成分"③；当这种能力被剥夺时，理论便会堕落为专门化的知识而臣服于专制制度，随之而来的实践也会落入野蛮、混乱和不公正的状态。可见，他把这种"理性"设立为一个批判的法庭，所有与之相背离的东西都是应当被铲除的。在这种提示中，理性已经成了一个新的规范理想，既然现实的状况是由于理性的缺失造成的，那么"批判理论"要做的

---

① 《马克思恩格斯全集》第 3 卷，北京，人民出版社，2002，第 307 页。
② 同上书，第 294 页。
③ ［德］霍克海默：《批判理论》，重庆，重庆出版社，1989，第 251 页。

就是"把理性引入世界"，合理地组织人类生活，"哲学是一种试图把理性引入世界的有组织的、坚定的企图"①；而且正如我们所见到的，以这种理想为背景，"批判理论"一直将揭示出占据统治地位的社会政治秩序的"理性缺陷"视为自己的思想使命。这一"理性主义的转向"发生得很早，即使在"批判理论"正式提出的时候，就已经有了预兆，正如理查德·沃林所说："'传统理论和批判理论'差一点得出了如下结论：西方理性主义已经变成了进步的理论洞见的一块新式试金石。……在许多方面，'传统理论和批判理论'是继起的如下主张的一个决定性预见：哲学理性主义是批判创新的基础。"②

当然，霍克海默的这一"逃回"并不意味着他与传统理性主义毫无区别，他不是对传统理性的简单重复；因为毕竟他无法完全丢弃尼采的问题，同时他也无法完全漠视自己曾经的基地——"人类活动"以及他对现代性批判所得出的理论洞见——西方理性主义传统本身是现代政治专制的祸根。虽然霍克海默不大对"理性"做过多的正面阐释，但是他对传统"理性"的唯心主义性质是坚决批判的。他批评传统理性的思辨性以及与外界事物的二元对峙性，批评它只是精神的内在性的实体化，绝对无法在社会整体中得到实现。霍克海默一再重申自己用来克服现代社会之异化状态的"理性"是祛除了唯心主义天真幻想的，它来自对现实的不满和对美好社会的渴望，他说："哲学仅仅抛弃过虚假的理想，即认为只需提出完善化的图景，而不管它借以实现的途径就足矣的理想。在现代，对最高的理念的忠诚，已经在一个与之相对峙的世界中与那种想知道这些理念怎样在世界上实现的真诚的希望联结在一起。"③为此，他嘲笑黑格尔以绝对精神为基础对矛盾的克服和解决是局限在"知识领域"的，"与人类存在的永恒矛盾相比，与个人面对他们自己造成的境况时的无能为力相比，黑格尔的解决办法好像是一种纯粹私人性质的断言，一种哲学家与非人世界签订的私人和平协议"④。

我们并不否认这两种"理性"之间的区别，但是这种区别若想成为一种根本的区别，换言之，霍克海默若想使得他的"理性"真正超出传统形而上学的框架从而可以使他真正完成现代性批判之任务，仍需要以对"理性"的存在论基础的阐释为前提。但是，这一本质重要的事情又再一次被

---

① [德]霍克海默：《批判理论》，重庆，重庆出版社，1989，第251页。
② [美]理查德·沃林：《文化批评的观念》，北京，商务印书馆，2000，第65～66页。
③ [德]霍克海默：《批判理论》，重庆，重庆出版社，1989，第255页。
④ 同上书，196页。

他搁置起来。因此，尽管霍克海默一再试图消除"理性"的非历史性，但由于他始终没有从存在论的根基处入手，所以这种与历史的结合必然只能是外在的和徒有其表的。由于对存在论根基的阐明和检审一再被延宕，作为全部问题之关键的意识的内在性便无法击破，对现代性的批判再次落入形而上学巨大的阴影中便成为霍克海默无法摆脱的命运。

二、阿多诺的存在论视域及其批判

阿多诺通过"否定的辩证法"所开展出来的存在论视域虽然难以道说，但绝不是不可把握的。它的核心与枢轴乃是由"非同一性"来标识的。此一标识固然极大地差异于传统哲学，但即便是此种差异——哪怕是对立——也总是提示或透露出此间关联的消息。一方面，阿多诺的思想关联于解构主义，并且颇为广泛地预示了后现代的倾向，正如利奥塔所说："人们现在带着这些名字(德里达、塞尔斯、福柯、列维纳和德鲁兹)来阅读阿多诺——像《美学理论》《否定的辩证法》《最低限度的道德》等——时，会感到这些著作预示了后现代的一些要素，尽管它大部分仍处在缄默或被拒绝之中。"[①]因为，如果现代西方世界的核心乃是启蒙文化，而这种文化又正如阿多诺和霍克海默在《启蒙辩证法》中所揭示的那样，由于其本身的内在定向而完成为普遍的支配和统治，并开始处于危机之中，那么，所谓"后现代转向"的趋势已经以某种方式被领会到并且至少是含蓄地被提示出来了。不仅如此，由于阿多诺不遗余力地加以攻击的"概念帝国主义"确实构成——尤其是在意识本身的异化范围内构成——现代性的基本纲领或核心支柱，所以阿多诺的批判及其立脚点(由否定的辩证法所开展出来的"非同一性")确实在某种程度上预示了后现代倾向的可能性空间。不难看出，阿多诺的批判与后现代的基本特点，例如与利奥塔关于"元叙事"(metanarratives)的合法权利的衰亡、在知识领域中摒弃"神眼观点"(God's eye point of view)和确定性等，与福柯关于非中心化世界的主题等，即便不是直接相关，也是如出一辙和同声共气的。另一方面，阿多诺的思想将最关紧要地通过与黑格尔哲学的分辨来提供理解的可能性，因为不仅"否定的辩证法"一般说来乃是作为黑格尔"同一哲学"的反动出现的，而且"非同一性"大体说来也是作为由黑格尔完成之一般哲学的反动而出现的。不言而喻，对于阿多诺来说，黑格尔的名号绝不止于这一种绝对唯心主义，毋宁说它意味着整个哲学基地，意味着"概念帝国

---

① ［美］马丁·杰伊：《法兰克福学派史》，广州，广东人民出版社，1996，第13页。

主义"的全部版图以及它行使扩张和支配的总体秘密。因此，由"非同一性"对"同一哲学"——更加广泛地说来，对全部哲学立足其上的、作为思想之本质的"同一性"——的驳难与批判入手，乃是呈现阿多诺存在论视域的恰当路径。

在阿多诺看来，与黑格尔初始的理解恰好相反，他的绝对体系由于持续不断地抵制"非同一之物"而否定了自身，因为其初始的理解要求达到、把握并且完全进入"非同一之物"，即真实的内容或完全异质的东西。在这种态势下，哲学，要么公正地承认"非同一之物"的权利而限制或否弃自身，要么在它非法地霸占"非同一之物"时构筑起完全虚假的同一性。然而，"没有非同一之物就没有同一性"，黑格尔是深知此点的，按阿多诺的说法，他几乎就要得出结论说"同一性"对"非同一之物"的依赖性乃是对一切同一性哲学的抗议。"但在黑格尔的著作中，同一性作为总体性具有**本体论的**在先性。"①在这样一种阐述中有两点值得强调，第一，阿多诺对同一哲学的批判是切近的和深得要领的，正如马克思在反驳"精神现象学"之扬弃"对象性"本身的纯粹活动——绝对的否定性——时所说："因为这种所谓否定性无非就是上述现实的、活生生的行动的**抽象的无内容的形式**，所以它的内容也只能是**形式的**、抽掉了一切内容而产生的内容。"这种形式的、无内容的内容乃是处在真实内容之彼岸的"**抽象形式、思维形式、逻辑范畴**"②。第二，当着黑格尔的"同一性"作为总体性而具有本体论的在先性被揭示和驳难之际，阿多诺的存在论视域——即便仅只是从否定的方面——就开始呈现出来，因为这里所提示出来的东西至少表示："**同一性**在本体论上的优先地位是可疑的或站不住脚的，尽管为此并不非要同时设定"**非同一性**在本体论上的优先地位。

因此，在阿多诺那里，无论就其所驳难者还是就其所主张者而言，总有一个理解所由出的存在论视域的开展。在这个意义上，我们赞同下述判断："虽然阿多诺反对把他的'否定的辩证法'说成是一种哲学本体论，但由于'否定的辩证法'的一项重要内容是论述主体与客体之间的相互关系，所以它仍不失为一种哲学本体论。"③但是，应当承认，由于阿多诺的思想坚持一种彻底的和持续不断的否定，所以要就其肯定的一面

---

① ［德］阿多诺：《否定的辩证法》，重庆，重庆出版社，1993，第 119 页。重点号为笔者所加。

② 参见《马克思恩格斯全集》第 42 卷，北京，人民出版社，1979，第 176～177 页。

③ 俞吾金、陈学明：《国外马克思主义哲学流派新编》，上海，复旦大学出版社，2002，上卷，第 171～172 卷。

来把握其存在论视域是不易的，而我们在这里所希望的乃是通过更加深入的核心分析能够概要地揭示这一视域的基底。

首先，对于阿多诺来说，"非同一性"意指"非同一之物"、完全异质之物，这当然是相对以"同一性"为原则的思想、哲学、概念世界而言的，因此它便在这个意义上立足于自身并且是完全自律的。所以阿多诺说，概念不能穷尽被表达的事物，哲学的全部矛盾和幻想就在于这样一种假定：概念能够超越概念因素等而达到非概念之物。因此，必须把非概念与概念拆散，不使非概念成为概念的对等物。这里的意思不只是说，"非同一之物"是自立的；而且是说，"非同一之物"本身亦不能被同一地——即以概念方式——来标识或把握。因为如果这样的话，"非同一性"便会再度沦为同一性的牺牲品，即非概念再度成为概念的对等物（作为概念的非概念，作为同一的"非同一之物"）。就像马克思曾经说过的那样，作为概念的自然界，不过是名为自然界的思想物。因此，阿多诺完全正当地在这个意义上反对抽象物质概念："由于物质的概念是无规定的，物质概念作为一个概念又恰恰缺乏它意指的东西，所以一切光线都落在它的形式上。"[1]这里所谓的形式，乃指思维形式、抽象概念、范畴。

其次，我们在这里立即会遇到的重大问题是：这样一个独立的"非同一性"的区域应当如何去把握呢？由于黑格尔主张"同一性和非同一性之间的同一性"，所以他能够（虽则是虚假地）以理性思维的方式、概念的方式、哲学的方式去把握这个区域；然而，当"同一性"和"非同一性"之间的"同一性"被瓦解并用以揭示"非同一性"之际，对这一区域的把握又当如何呢？或者是放弃理解和把握，或者是以非概念、非思维——也就是非同一——的方式去理解和把握，而这两种可能性首先就提示出非理性主义的趋向和前景。卢卡奇在《历史与阶级意识》中说，非理性出自理性主义不能把概念内容溶化为理性这一点，当理性主义要求成为认识整个存在的普遍方法时，"非理性原则的必然相对性的问题就取得了一种决定性的、溶化、瓦解整个体系的意义"[2]。这一说法是针对整个现代性的哲学而言的，但它在以下两个方面都是正确的：第一，当意识到内容溢出于理性的"同一性"时，非理性便不可避免地从中抬头；第二，理性与非理性的二律背反，内在地包含于近代哲学的主导原则中，特别是包含在黑格尔同一哲学的原则中。至于非理性原则的必然相对性具有决定性地

①　[德]阿多诺：《否定的辩证法》，重庆，重庆出版社，1993，第120页。
②　参见[匈]卢卡奇：《历史与阶级意识》，北京，商务印书馆，1992，第181~184页。

溶化和瓦解整个体系的意义，则当缓下结论，因为众所周知，至少对于黑格尔的体系来说，甚至最为极端的非理性主义原则亦能够并且实际地作为片断保持在这一体系之中。就像萨特把克尔凯郭尔归结为黑格尔哲学的支脉一样，海德格尔说，尼采作为黑格尔哲学的最极端的对立面而复归于黑格尔的形而上学基地。

　　阿多诺完全懂得非理性主义本身的抽象性以及由之而来的失败，因此他对"概念帝国主义"的批判以及对"非同一性"的申说都力图避开这一晦暗的前景。于是，他在否弃"同一性"思想的当口要求辩证思想的正当权利，在拒斥"概念帝国主义"的途中要求纠正概念自身的概念。阿多诺一方面批评海德格尔将"内容"直接置于人的心灵之中并诉诸"祈求的激情"，但"这样一来，海德格尔不放弃的'思维'一词就成了像被思考的事物一样无内容的思维：没有概念的思维根本不是思维"①。另一方面，他要求使概念本身得到纠正而不是弃绝概念："由于存在物不是直接的而是只被概念所贯穿的，所以我们应从概念开始，而不是从纯粹的事实开始。概念自身的概念存在着问题。"②为了达成这样一种见解，阿多诺首先宣称辩证法不是立场：它并不预先采取一种立场，而只是始终如一地"对非同一性的意识"；而这样的辩证法在拯救思想的过程中乃指向所谓的"星丛"：它意味着对主、客体二元论的"扬弃"，但"星丛"——"要素的星丛"——并不因此是一个优越的或更一般的"第三者"；在"星丛"中，中介被它所中介的东西中介，就像主体和客体两极一样是不可能独立的；因此，在"星丛"中，统一的要素不是通过否定之否定、通过作为至上原则的抽象而保持的，"统一要素之所以生存，不是靠从概念到更一般的总括性概念的一步步递进，而是因为概念进入了一个星丛"③。"星丛"得以从外部来表达被概念在内部切掉的东西。这样一来，主观的"星丛"乃成为像客观性的符号一样可阅读的，而"作为一个星丛，理论思维围着它想打开的概念转，希望像对付一个严加保护的保险箱的锁一样把它突然打开：不是靠一把钥匙或一个数字，而是靠一种数字组合"④。

　　阿多诺这样一些肯定的见解与说法，大体说来是不错的和有意义的，在 20 世纪的文化运动和批判运动中是有启发性的和富有成果的。然而我们要进一步追问的是，这样一些见解的性质若何？它们所透露出来的存

---

① ［德］阿多诺：《否定的辩证法》，重庆，重庆出版社，1993，第 95 页。
② 同上书，第 150～151 页。
③ 同上书，第 159～160 页；并参见第 96、100～102 页。
④ 同上书，第 161 页；并参见第 160、163 页。

在论视域的消息是怎样的？它们是否具有原则的高度？这里关于"原则高度"的疑问可以这样来表示，即它们是否有可能终结并废止黑格尔的同一哲学，并使此等同一原则——作为一般哲学、作为全部形而上学的根基——被彻底洞穿并得以真正瓦解。如果是从这样的高度来提出问题的话，那么我们的回答是，阿多诺的存在论视域仍然是受局限的，虽说其卓越的努力始终试图形成一种真正的超越，但这种努力所受到的局限归根结底使其见解破裂为一些片断，并且因为它们作为这样的片断而不可避免地复归于黑格尔无所不包的形而上学框架之中。

形成这一判断的尺度不仅在于马克思所发动的哲学革命——这一革命之终结全部形而上学的意义长久以来不是被遗忘就是未被充分地估计，而且在于 20 世纪哲学在重新经历形而上学的重压并谋求从中获得解放的历史中已然得以明了的经验和教训。大体说来，判断的尺度包括以下三个方面：(1)从**理论态度**中摆脱出来；(2)否弃全部形而上学始终驻足其中的**知识论的（或范畴论的）路向**并彻底揭破这一路向的三重天真——断言的天真、概念的天真和反思的天真；(3)击穿并瓦解**"意识的内在性"**。真正说来，其中的第三项乃是最为关键的和本质重要的。因为归根结底，理论态度的本质便是在存在论的基础上封闭在意识的内在性之中——这一封闭乃出自现代性形而上学的基本建制，而现代的知识论（或范畴论）路向及其天真性恰恰从属于意识的内在性这一前提，并且是从这一前提不断再生出来和不断巩固起来的。由是观之，则阿多诺对"概念帝国主义"的抨击虽说于前两项或有建树，但至关重要的第三项却几乎完全没有得到真正的把握。

当"非同一性"义无反顾并且至为决绝地宣布其与"同一性"的脱离时，虽说它从外部有力地打击了概念的暴政以及与之内在关联的理论态度，但它实际上仅只是被抛到了作为思想的"同一性"的对方（或作为这种"同一性"的最遥远的对立面），而对于作为"同一性与非同一性之间的同一性"的伤害——内部伤害——实际上是不严重的，甚至可以说是微不足道的；然而同时，这样的对方，即便是最遥远的对立面，却由于并且仅仅由于它只是作为这样的对立面，便立即开始了它向自身前提的返回运动。阿多诺当然不止于此，他试图有力地阻止这样的返回运动，以便使得黑格尔主义的复辟——这种意义上的复辟已经上演过多次，我们可以举出这样一些名字：费尔巴哈、施蒂纳、孔德、克尔凯郭尔、尼采等——化为泡影。除开种种的辅助手段，阿多诺所采取的措施的核心，乃是诉诸辩证法——否定的辩证法。

　　为了使得辩证法脱开黑格尔哲学——作为一般哲学形而上学——已然赋予它的巩固起来的形态，阿多诺使之与同一哲学——作为哲学思想的基本原则——完全分离开来，把辩证法的本源意义揭示为"始终如一地对非同一性的意识"，并且宣称它**不是立场**。这是一个关键的、要害的说法，它不仅意味着辩证法仅只表示客体或事物的"非同一性"，而且意味着"非同一性"不可能作为由任何"同一性"方式构成的立场。但是，这样一来，一方面，从辩证法本身的传统框架来说，"非同一性"便开始从根本上面临无限性的危险，从而也同时面临二元论以及唯名论的困境（虽说阿多诺曾力图解脱之），另一方面，更加重要的是，否定的辩证法在其不是立场的声言中匆匆越过了它事实上根本不可摆脱的根基，我们的意思是说，匆匆越过了它的存在论根基，从而丧失了真正越出辩证法传统框架的实际机会。于是，尽管阿多诺对于知识论路向的批判并不少见，对这一路向的天真假定亦多有意识，但却致命地耽搁了对于辩证法存在论根基的澄清。对于阿多诺来说，辩证法并不预先采取立场的说法诚然并不是使之在方法论上孤立化和中性化，但却无论如何掩盖了辩证法一向具有的存在论根由，并且以其关于存在论的简单假定——它仅只意味着自身相等的东西——而延宕了击穿"意识的内在性"一事（阿多诺意识到并多方指认了"意识的内在性"，但却始终未予以真正的洞穿，因为他缺少唯有存在论根基处方能提示出来的真实路径），从而遮蔽了"否定的辩证法"可能真正开展出来的存在论视域。

　　这样一来，阿多诺关于主体和客体及其相互关系的种种说法，不仅看起来仍然像是反思联系，而且归根结底，由于"意识的内在性"并未真正被击穿，甚至并未由存在论的根基处被合适地提示出来，阿多诺的主客体关系实际上也不得不或多或少地保持在反思的天真性之中。虽说"星丛"的说法试图改变这种情况，但问题的实质并不会由此转移；它只是表明这样一种意图，即通过这种或多或少提示性的比拟方式，使反思联系的抽象性被削弱，并且能够或多或少呈现出有机的、流动的或渗透的统一性。这一意图本身并没有太多可指摘的地方，但阿多诺由于错失了存在论视域中可能开启的深度，一方面使他自身的存在论视域受限制并且被滞留，另一方面也使得他不可能在这一最关根本的问题中获得内在巩固的和决定性的成就。

　　这样一个核心之点至少可以部分地说明阿多诺对"概念帝国主义"的袭击虽然多有斩获，何以最终仍只是作为一些闪光的片断而落入黑格尔哲学的巨大身影之中；它也可以部分地说明阿多诺包含深切关怀的、值得高度赞许的社会批判和文化批判，何以最终弃置社会实践一类的解放承诺，而仅只由经验、记忆、模仿等，由拒不调适于现行体制规范的气质等，来寻找文化救赎的些微光亮。

　　关于这个主题的更加深入的探讨需得进一步联系马克思的哲学革命以及海德格尔的基础存在论来开展。因为马克思的哲学革命正是在存在论的根基上终结全部形而上学：就像他在《1844 年经济学哲学手稿》中对黑格尔的批判不仅是对黑格尔哲学这一种形而上学的批判，而且是对一切形而上学的批判一样，他在《德意志意识形态》中不仅特殊地清算了"德意志的意识形态"，而且全面地清算了"一般意识形态"。正是在这一存在论高度的革命中，马克思以"现实的个人"，即以"感性的活动"或"对象性的（gegenständliche）活动"击穿和瓦解了作为现代形而上学之基本建制的"意识的内在性"，从而在根基上废止了停留于哲学自身内部的理论态度，并且使作为感性意识的思能够真正摆脱范畴论的路向及其全部天真性。至于海德格尔的"基础存在论"，一方面由于阿多诺坚执存在论（ontology，即本体论）在传统哲学上的那种含义，即作为形而上学之主要部门的含义，另一方面由于他匆匆越过了存在论根基上的澄清与检审，所以他对于存在论的提法本身便采取严厉的拒斥态度，并且使他几乎完全弃绝并误解了基础存在论对于真正摧毁"概念帝国主义"可能具有的极为重要的提示作用。虽说海德格尔在哲学的入路及旨趣上与阿多诺大相径庭，但他却不仅在批评性的否定方面与后者多有一致性，而且其基础存在论恰恰可以作为 20 世纪批判"主观意识"之最深刻的成果之一，并因而作为一种重要的比照尺度，来提示这一批判任务究竟在何种程度上依然继续着，来提示这一批判在何种意义上有必要和有可能进行存在论根基上的澄清，来提示——虽然是间接地提示——马克思的哲学革命已然开启却时常被遗忘遮蔽的存在论视域及其当代意义。

第五章　马尔库塞通向"具体哲学"之路及其存在论视域批判

赫伯特·马尔库塞（Herbert Marcuse，1898—1979）无疑是 20 世纪西方马克思主义中最负盛名和最具影响力的思想家之一。在今天来看，马尔库塞的影响和贡献不仅在于他对发达工业社会进行了尖锐和激进的批判，而且在于他在与当代哲学的批判性对话中确定了"具体哲学"的路向，并且为了真正实现这种哲学定向而不断地寻找着可以依凭的思想基础，先是海德格尔的基础存在论，接着是黑格尔的劳动存在论和理性，最后是弗洛伊德的爱欲。正如道格拉斯·凯尔纳在《马尔库塞与马克思主义的危机》中所言："马尔库塞的目标是创造一种能够处理当今重要问题的具体哲学。……创造一种能充当激进社会变革工具的新的具体哲学。这个事业和任务规定了马尔库塞的整个精神生活。结果，他早期的著作描绘了他理论计划的纲要，包含着继续形成他后来著作的他的思想的重要建构因素。"①因此，围绕"具体哲学"这一基本定向对马尔库塞的存在论视域进行批判性的审视，彰显其历史地呈现出来的界限，就显得尤为必要。这不仅有利于我们从原则高度完整地把握马尔库塞的思想，而且有助于我们更好地把捉当代哲学之核心问题——如何切中并揭示当今的社会现实。这是马尔库塞想解决，但最终未能解决的问题。

第一节　马尔库塞的哲学定向：具体哲学

马尔库塞的哲学之旅是一段漫长而又迷人的故事，其间包含了整个 20 世纪的激情和灾难。1898 年 7 月 19 日，马尔库塞出生在德国柏林，是犹太商人卡尔·马尔库塞（Carl Marcuse）和他的妻子盖尔特鲁德（Certrud）的儿子。犹太家庭的背景在以后的岁月中使马尔库塞不可避免地经历了流浪他乡的生活，也让他更加深刻地感受到了人类在 20 世纪所遭受到的苦难。第一次世界大战之前，马尔库塞在柏林的蒙森中学学习。在

---

① Douglas Kellner：*Herbert Marcuse and The Crisis of Marxism*，Berkeley，University of CaLifornia Press，1984，pp. 38-39.

第一次世界大战中，他服役于德国军队，由于视力的原因，1918年被转到柏林。在此期间，第一次世界大战的痛苦经历，尤其是1918—1919年德国革命的失败给了马尔库塞基本的政治经验。在第一次世界大战临近结束时，士兵委员会闪电般地波及了整个德国，作为一名青年步兵，马尔库塞在一个士兵委员会中被推选为社会民主党代表。1919年德国爆发基尔水兵起义，当局对起义进行了野蛮镇压，在即时处死罗莎·卢森堡和卡尔·李卜克内西之后——杀戮事件得到了当权社会民主党政府的批准和怂恿——当局对起义的镇压达到了高潮。这个事件使马尔库塞同社会民主道路永远划清了界限，同时，它也让马尔库塞开始真正接触和研究马克思，开始反思马克思主义的危机。

但是，与他后来的盟友霍克海默和阿多诺逃避政治并到艺术中寻找避难所不一样，马尔库塞不仅始终对当代的政治发展保持着开放和接受的态度，而且终生信奉作为革命社会变革学说的马克思主义。在他看来，"马克思主义关注的中心是激进行动的历史可能性——这种行动应当开辟一条必将带来人的整体的实现的新的必然的现实的道路。它的承担者是有自我意识的历史存在；它唯一的活动领域是被揭示为人之此在的基本范畴的历史。因此，这种激进行动证明自身是作为历史统一体的'阶级'的革命和历史的行动。[①]"马尔库塞对马克思主义基本立场的这种概括，实际上也适用于马尔库塞本人。这不仅仅因为与其他法兰克福学派的成员相比，马尔库塞始终没有放弃他早年的革命观点和理想，更重要的是因为他已经把这种"对激进行动的历史可能性的关注"深深地嵌入了其基本的哲学定向中，即"具体哲学"的定向中。

1918年冬天马尔库塞复员后到弗莱堡继续他的学业。1922年在Philip Witkop(1880—1942)的指导下完成了《论德国艺术家的小说》的博士论文。在这篇论文中，生命的概念扮演了一个重要的角色，后来在他关于黑格尔的教授资格论文《黑格尔的存在论：为历史性奠基》中这也是一个至关重要的概念，甚至在某种程度上就是这篇教授资格论文的核心。像许多他同时代的人一样，马尔库塞被生命概念深深吸引，其原因在于生命概念本身就表达了对19世纪中叶以来欧洲快速但充满矛盾的现代化和合理化过程的抗议。完成博士论文之后，马尔库塞回到了他的出生地柏林，在一家旧书销售店工作，并且一干就是6年。

---

① Herbert Marcuse: "Contribution to a Phenomenology of Historical Materialism", *Heideggerian Marxism*, Lincoln, University of Nebraska Press, 2005, pp. 3-4.

在这段时间里，他编撰了一部细致的诗人席勒的传记，阅读了两本黑格尔主义马克思主义的经典著作，一部是卢卡奇的《历史与阶级意识》，另一部是柯尔施的《马克思主义和哲学》。在此期间，马尔库塞获得了未来哲学发展的两个重要资源，一个是席勒的"游戏"概念；另一个是由卢卡奇和柯尔施开创的对马克思主义的黑格尔主义阐释。当然，这些资源的重要性和影响直到马尔库塞真正踏上哲学的旅途之际才真正体现出来。

1927 年海德格尔的《存在与时间》公开出版，这对马尔库塞哲学思想的发展来说无疑是一个重大事件。受这本著作的吸引，马尔库塞重新回到弗莱堡，并担任了海德格尔的助手。由此开始，马尔库塞的哲学航程才真正起步。其时，哲学的外部境况和内部境况都远非有利。一方面，德国此时正处在魏玛共和国最终崩溃和纳粹政权这个巨大的灾难日益迫近的艰难时世中；另一方面，更为糟糕的是，诸如新康德主义、新黑格尔主义和实证主义这些当时仍占统治地位的哲学却对日益紧迫的外部境况无动于衷，更谈不上什么对这种境况的深刻反思了。这些哲学不仅不涉及现实，相反的，有意或无意用一些抽象的、无时间性的讨论来逃避和掩盖现实。在这种处境中，哲学要想重新恢复"第一科学"的传统和地位，就必须赢获一个新的开端，就必须重新把哲学置于具体的基础之上。实际上，这既是马尔库塞被《存在与时间》所吸引并回到弗莱堡的根由，也是马尔库塞试图把海德格尔的生存论分析与马克思主义加以综合的原因。在马尔库塞看来，经历了长期的苦恼之后，海德格尔的著作意味着一个新的开端，一种把哲学真正置于具体基础上的首次激进尝试——哲学关注人的生存、人的条件，而不仅仅是抽象的理念和原则。而正是在这个方面，存在主义与马克思主义之间可能存在着某种联系，因为它们都坚持对现实的人的生存、人类存在和它们的世界作具体分析。①

按照马尔库塞的想法，在当前远非有利的境况中，哲学要重获生机和活力就必须放弃 1914 年之前占统治地位的诸如新康德主义、新黑格尔主义、实证主义之类的各种学院哲学，就必须停止空谈抽象的理念和原则，而必须关注人的生存，对人的生存条件和世界作具体分析。在此意义上，哲学，尤其具体哲学本身就是生存论的，而非知识论的。具体哲

---

① See Herbert Marcuse：*Heideggerian Marxism*，Lincoln，Univevsity of Nebraska Press，2005，pp. 165-166；p. 176.

学就其本质而言总是拒绝停留在知识的阶段，相反，它总是关注人的生存及其具体的历史处境。对具体哲学来说，哲学的责任和任务就是洞察此在的具体历史处境，并将其带入到真理的光亮中；努力通过人之此在来占有这种真理并实现这种真理。关于具体哲学的这种定向，以及它所要求实行的存在论转向，马尔库塞在1929年《论具体哲学》一文中作了明确的表述：

"如果哲学的意义是展现真理，如果真理具有根本的生存论特征，那么，哲学就不仅是人类存在的一种方式，而且就其本真的意义来说，哲学本身就是生存论。一个人可以按照个人的喜好来勾画哲学的范围和领域，但在探究真理的过程中，哲学总是关注人的生存。本真的哲学拒绝停留在知识的阶段；相反，在鞭策知识通向真理的过程中，它努力通过人类此在具体占有那种真理。对人类生存及其真理的操心使哲学在最深的层面上成为一种实践的科学，它也引导哲学进入对人类生存的具体担忧中。"①

值得注意的是，对于马尔库塞来说，真理并非某种外在于人的东西，相反，真理本身就是为了人，就是生存之真理。"本真的生存价值是生存之真理——这意味着在生存的本真可能性范围内生存。"②因此，把此在带入到真理的光亮中，就意味着使此在明了本真生存的可能性和必然性，并为其奋斗。为了完成这个目标，必须完成两件工作。

首先，必须对现今的生存作具体的分析，即对此在的具体的社会历史处境，即物质处境或物质内容进行具体分析。因为，"人的生存，哲学的研究对象，总是处在一个特定的历史处境中。……从出生开始，每个个体就被托付给了他的历史处境：他生存的可能性都由此而被规定"③。对于此在来说，这种特定的社会历史处境本身并不是简单的事实、某种对此在来说纯粹外在的或偶然的东西，相反，它本身就构成了此在本真的命运，构成了此在生存的具体充实和原始演化。因此，哲学要成为具体哲学，"对马尔库塞来说，这意味着对生存的物质条件和日常生活的生产与再生产的关注；对具体的寻求最终导致他去追问劳动、需求、性、意识和艺术的本性，尤其是当代社会组织的本质和动力。

---

① Herbert Marcuse："On Concrete Philosophy"，*Heideggerian Marxism*，Lincoln，University of Nebraska Press，2005，p. 36.

② Herbert Marcuse："Contribution to a Phenomenology of Historical Materialism"，*Heideggerian Marxism*，Lincoln，University of Nebraska Press，2005，p. 22.

③ Herbert Marcuse："On Concrete Philosophy"，*Heideggerian Marxism*，Lincoln，University of Nebraska Press，2005，p. 37.

具体哲学对马尔库塞来说意味着关注历史，追问历史运动和变化的动力。指向具体的趋向包含着对历史特殊性的关注，包含着对现今社会的结构和特征的关注。这些社会结构和特征的变化是马尔库塞一生著作的一个重点所在"①。

其次，在提供了对现今生存的准确分析之后，哲学还必须考察哪种可能性能保证生存的真正形式。"它必须仔细考察每个生存的运动：它必须推进那些趋向真理的运动，而阻碍那些会导致生存之沉沦的运动。"②在马尔库塞看来，只有用这种方式，一切哲学都需要的东西——理论和实践的统一——才能真正实现。换言之，只有用这种方式才能发现"激进行动的历史可能性"，才能开辟一条必将带来人的整体的实现的新的必然的现实的道路。

就像此在生存的可能性都是由他所处的历史处境所规定的一样，具体哲学的哲学定向以及由此定向而来的哲学之任务和责任亦非来自哲学家的任意想象。相反，这种哲学定向是从此在当前的历史处境或生存的现今形式中生长出来的。因此，现在的问题是："在当前的历史处境中，谁能证明当前的生存形式需要哪一种做哲学的特定方式，哪种做哲学的方式能被证明是必然的？"③为了回答这个问题，我们就必须洞察当前的历史处境。

当我们谈到一个特定的历史处境时，它总是已经被看作某种能区别和有区别的东西，一种在结构上能通过"此在生产与再生产的形式，与这种生产形式相应的社会分层结构，以及社会存在的形式"④与先前的状态加以区别的东西。就此而言，当代生存的历史处境本身就是通过在高级资本主义（即有组织的资本主义或帝国主义）阶段上的资本主义社会的结构而被规定的。因此，当前历史处境的一切特征都必须根据资本主义社会的结构来描画。在此，马尔库塞在很大程度上继承了卢卡奇的物化理论及其对资本主义的批判。像卢卡奇一样，马尔库塞也认为"物化"是资本主义社会的本质特征。

"在资本主义社会中，一种仅仅归属于那种社会的特定的人的生存方式，已经成了现实。经济系统把所有生活的领域都吸纳进物化的过程。

---

① Douglas Kellner：*Herbert Marcuse and The Crisis of Marxism*，Berkeley，University of California Press，1984，pp. 63-64.

② Herbert Marcuse："On Concrete Philosophy"，*Heideggerian Marxism*，Lincoln，University of Nebraska Press，2005，p. 44.

③ Ibid，p. 40.

④ Ibid.，p. 41.

这种物化使起先与具体个体紧密相连的生活形式和意义统一体同一切形式的个体个性分离开来，并且已经创造了一个在个体之间和之上运作的力量。一经建立，这种力量就把个体和共同体的一切形式和价值都置于它的统治之下。与他人共在的形式被抽掉了一切本质的内容，只能从外部根据'外在的'法则来规定：人类主要地是经济主体或客体，职业同事，市民，同一个社会的成员；友谊与爱的本质关系，人类共同体的一切本真形式被严格限定在一个与普遍统治相分离的狭小的生活领域。同时，在这种处境中个体被推到了前台（这决不与明确的经济集体主义相矛盾），个体与他的'活动'相分离，这种活动被'安排'给他、被实现，而没有任何能实际导致个人实现的可能性。"①

与物化这种特定的存在方式相适应，"此在"生活于其中的世界也日益演变为一个"商业"的世界，变成了一个独立的、自足的、纯粹的物的世界或商品世界，仿佛能与此在生存完全剥离开来似的。在这个物化的商业世界中，一方面，在世界中相遇的事物从一开始就被看作"商品"，看作某人必须使用的东西，但并非在使用它们以满足此在需要的意义上。相反，它们被用来支配或满足另外一个没有目的的生存。另一方面，更为严重的是，不仅物变成了商品，而且此在之生存本身也日益沦为了商品，生存之消耗仅仅是为了维持商业的运作。

"伴随着当代社会技术和合理化的进展，对力量的自我陶醉已经导致人们忽视了这样一个事实：支配自然和'事物'的个人能力不升反降！正如人作为'经济主体和客体'发现自身处在一个已经成为自足'实体'的商品经济的奴役之下，而不是处在一个他们的工业是他们生存的适当形式的处境中，他们的工具——机器、交通工具、电力、照明、动力——从个体的立场来看，已经成为巨大的重负，以至于那些使用这些工具的人们必须不断使他们的生存适应工具，必须处于它们的控制之下。实际上，日益清楚地是越来越多的生命本身被消耗以维持工具的'运作'。"②

由于特定的历史处境本身就是存在论或生存论的，由于一个特定的历史处境总是对应着一种特定的生存方式，因此，上面的那些刻画并不仅仅是为了描绘在高级资本主义阶段资本主义社会的世界观或立场，而是意指资本主义的危机是一个生存的危机，是一种生存的总体性危机。

---

① Herbert Marcuse："On Concrete Philosophy"，*Heideggerian Marxism*，Lincoln，University of Nebraska Press，2005，p. 42.

② Ibid.，pp. 43-44.

而且，这种生存的危机，这种现今的生存不仅普遍地与同时代的此在相连，而且在其本质上它亦为一个普遍的历史遗产所规定，这种普遍的历史遗产就是在社会的经济结构中产生的普遍联系。随着这种普遍的联系越来越紧密，出现了两种发展趋势：一方面，在他们的历史特殊性中，每个社会的生存论上的具有约束性的真理和他们的特殊要素（群体、阶级和民族）日益显露出自身的差异。另一方面，普遍有效的真理已经消散为一种纯粹的抽象。对于现今的此在来说，再没有一个绝对有效和必然的真理能够建立在这种生存的具体之上。当然，哲学可以继续为道德行为、为价值世界和它的构造以及诸如此类的东西建立本质的、永恒的法则，也可以继续像无批判的实证主义那样跟在科学后面亦步亦趋，甚至可以通过宣称当代处在生存危机中的此在不是"本真的"此在来轻易地取消问题。但问题在于，这些理论上貌似解决的问题仍然顽强地存在于现今此在生存的具体中。这个事实本身就表明了这种做法的软弱无力，它们漂浮在时代的表面，日复一日述说着抽象、空洞和虚浮的理念和原则，但就是不能思入时代的深处，更谈不上揭示并切中当今的社会现实了。正如海德格尔所言："现今的'哲学'满足于跟在科学后面亦步亦趋，这种哲学误解了这个时代的两重独特现实：经济发展与这种发展所需要的架构。"①

对于马尔库塞来说，揭示并切中当今的社会现实并把此在带入到真理的光亮中，恰恰就是献身于此在生存的具体哲学的责任和义务。哲学考察的目标就是再次把它的注意力指向占有那种能为现今此在通达的真理的可能性。如果此在处在一个历史结构（此在社会地维持和形成自身的具体方式）不可能让其占有生存之真理的处境中，那么哲学的任务就是询问此在，让它超出这种处境并将其带到真理之中，即将此在带入到一个它能把握和维持其本质法则之真理的处境中。

现在的问题是，哲学如何才能完成这个任务呢？哲学如何才能成为具体的呢？由于此在本质上总是处在一定的历史处境中，因此，哲学要变成具体的，它首先就必须成为历史的，就必须深入具体的历史处境。这就意味着具体哲学必须就其历史处境来考察同时代的此在，考察哪种占有真理的可能性能为此种此在所通达，哪种真理能够实现，对此种此在来说哪种真理是必然的。因为这个原因，具体哲学就不能停留于抽象的理念和原则，而必须把它的"教导"与同时代此在的整个具体的历史处

---

① ［法]F. 费迪耶等辑录、丁耘摘译：《晚期海德格尔的三天讨论班纪要》，载《哲学译丛》，2001 年第 3 期。

境结合起来。仅当哲学知道能决断的此在如何经受和行动、它的真正苦难是什么、哪种生存的方式和变革的道路为当下处境所规定时,哲学才能把此在带到真理之光亮中。同时,此种真理对于此在来说才能成为一种生存论上的必然性。

其次,哲学要真正突破传统哲学抽象和思辨的立场而成为具体的,那么这种哲学就不能停留在分析的层次上,相反,它必须在社会实践中来实现自身。只有这样,哲学才能真正成为"实践哲学"。换句话说,如果具体哲学真正想把此在带入真理的话,那么它就必须在生存决断发生的领域,在行动和实践的领域来把握这种真理。此在就其本性而言总是对条件的改变和变革;人类此在并不是在知识的基础上生存,而是在实践的基础上生存。因此,占有真理的哲学如果投身于真正的生存运动,它就不能满足于真理的知识。相反,只有投身实践,哲学才能真正实现自身。

"在通达真理之知识的基础上,哲学必须干预当代人生存之痛苦;它必须根据它的历史可能性来推进生存。如果哲学不把自身奉献给它的时代(在克尔凯郭尔的意义上),哲学就不可能成为具体的。而且这里的关键是:这种奉献不能仅仅停留于理论的水平。如果哲学真正关注生存,那么它自身就必须把这种生存承担起来,与同时代人一起为真理而战斗。哲学家必须知道他不仅有权利,而且有责任干预生存之整体的具体的困境,因为真理的存在意义仅能用这种方式方可实现。因此,在每个本真的具体哲学的终点,人们总会发现公开的行动:苏格拉底的审判与辩护及其在监狱中的死亡;柏拉图在锡拉库萨(Syracuse)的政治干预;以及克尔凯郭尔与国家宗教的斗争。"[1]

显然,马尔库塞所理解的具体哲学本身就包含着实践或激进行动的内在要求。这种要求规定知识分子和哲学家不能屈从和逃避公共生活,相反,他们应该大胆地进入公共领域,保持对当代人类生存问题的深切关注;他们应该积极地从事社会政治行动,去干预当代人生存之痛苦,并像苏格拉底、柏拉图和克尔凯郭尔一样去为真理而战斗。只有这样,哲学才能成为具体的,成为历史的、公开的和实践的;才能真正恢复哲学作为"第一科学"的身份和地位。

---

[1] Herbert Marcuse: "On Concrete Philosophy", *Heideggerian Marxism*, Lincoln, University of Nebroska Press, 2005, pp. 51-52.

第二节　通向具体哲学的旅程

具体哲学的哲学定向乃是马尔库塞哲学思想为之旋转的核心和枢纽。在确定了这一哲学定向之后，余下的任务就是解释知识和真理与历史的同时代人联系起来的哲学可能性。在马尔库塞看来，这种可能性的实现，并不意味着哲学应当屈服于生活、跟在现实生活后面亦步亦趋，也不意味着哲学必须不断地调整自身以适应为同时代人所熟知的真理。相反，为了实现这种可能性，哲学就必须在知识与生活、真理与当代之间保持一种内在的紧张、一种内在的张力。"在哲学一贯反对为同时代人生存之状态所熟知的真理的程度上，它生活在一种致命的紧张中，出于这种张力，它才能成为必要的和生产性的。当知识自身在真正关心生存的基础上完成之后，当完成的知识在同时代人中去实现它的真理时，知识与'生活'、真理与同时代人之间的真正相互作用才会建立。哲学的这种具体紧张并非在每个历史处境中都会导致公开的行动，导致对发生的干预。但是，在同时代人生存之根基已被实际动摇的处境中，换言之，在一个为新的存在之可能性的斗争已然发生的地方，哲学如果仍独处一旁继续忙于自身'无时间性'的争论，那么这将是对哲学自身意义的背叛。在这种时刻，哲学只有身先士卒才能真正符合作为'第一科学'的传统身份。"①

这种内在的紧张始终伴随着马尔库塞的哲学航程，同时也是马尔库塞不断地为马克思主义寻找哲学基础的根本缘由。在他看来，马克思主义优越于存在主义现象学的地方在于其对生存的物质条件或历史性的物质内容进行了具体分析。但是，马克思主义的缺陷在于它不能回答所谓的价值问题，即什么是本真的生存，这种生存如何可能？在马尔库塞看来，要解决这个问题，就需要某种特定的哲学定向，即：某种并非简单地屈服于现存社会、复制现存生活而能保持对现存的决定性否定的哲学。因为新的生存本身就是对现存的"拒绝"或"否定"。正是因为这个原因，从踏上哲学的航程时起，马尔库塞就一直致力于为马克思哲学寻找一个存在论的基础（或者说形而上学的基础）。最初是海德格尔的基础存在论，接着是劳动本体论和黑格尔的理性。最终，当马尔库塞和霍克海默、阿多诺一起发现理性最终成了工具理性而丧失了自身对现存的批判能力后，

---

① Herbert Marcuse："On Concrete Philosophy"，*Heideggerian Marxism*，Lincoln，University of Nebroska Press，2005，p. 52.

为了不向失败主义屈服，为了保持通向未来的微弱光亮，马尔库塞最终不得不求助于弗洛伊德。

一、历史唯物主义的现象学：具体哲学的初次尝试

马尔库塞最初求助于海德格尔，并非一时兴起。相反，从根本上说，这源于他自己的哲学定向以及由此定向而来的对海德格尔 1927 年出版的《存在与时间》的解读。在马尔库塞看来，由于意识到了"关注此在的生存、真理及其实现"这一哲学最为紧迫的必然性，由于提出了"什么是本真的生存，它是如何可能的"这个一切有生命力的哲学的基本问题，海德格尔的《存在与时间》"代表了哲学历史的一个转折点。在这个转折点，资产阶级哲学开始从内部解构自身，为一种新的和'具体的'科学开辟了道路"①。更为要紧的是，在对人类生存进行具体分析这个方面，包括海德格尔在内的存在主义和马克思主义之间存在着某种内在的联系。因此，有必要把海德格尔和马克思、现象学和辩证法、基础存在论与历史唯物主义综合起来，以提供一条通达"具体哲学"的途径。在这个初次尝试的过程中，马尔库塞一方面试图根据辩证法这种最适合通达历史对象的方法重新为现象学定向，制定一种"辩证的现象学"；另一方面又希望用现象学来补充辩证法和历史唯物主义，以建立一种现象学的历史唯物主义。第一个方面涉及马尔库塞对现象学的批判，以至于在某种程度上指认了辩证法对现象学在方法上的优先性；第二个方面则涉及马尔库塞对马克思主义危机的理解，以及对这种危机所作的回应。

众所周知，现象学的基本原则乃是"回到事情本身"，使现象如其所是地显现。为了做到这一点，首先就必须进行"现象学还原"。借助于现象学还原，把意识从对待实在世界的自然态度中抽离出来，一个全新的领域才能为现象学的研究所通达：一方面是意识流，另一方面是作为意向性被这种意识所经验到的对象。通过对这个无限的"意识"领域所作的描述性分析，现象学自身能够获得有关一切本质（意识的本质、意识行为的构造、意识经验之间的联系、意识对象的构造）的完善知识，并且能够保证所有这些知识具有"超时间的"有效性。但是，正是在这里，现象学自身暴露了其自身所无法超越的界限，即：它无法在现象学分析的范围之内安顿作为此在之根本规定性的历史性。

---

① Herbert Marcuse："Contribution to a Phenomenology of Historical Materialism"，*Heideggerian Marxism*，Lincoln，University of Nebroska Press，2005，p. 11.

"现象学意味着：让问题和方法被对象自身所引导，把对象纳入全面的视野(bringing the objects fully into view)。然而，在进行把握的过程中，对象总是已经处在历史性之中。作为一个具体的历史处境，随着对对象的探究，历史性的领域一开始就在问题的发展过程中起作用了；它包括发问者的独特个性，问题的定向和对象首先出现的方式。确实，这里存在着一种科学的方法，它在考察对象之初就把对象从它们的历史性中完全抽离出来，因此原则上把它们看作非历史的；对于不是历史的对象的存在方式来说，这种科学的方法能且必须这样做。然而，在所有涉及人类生存、生存的方式和被他们理解为'意蕴'的意义领域的科学中，用这种方式来回避历史性的领域却是完全不适当的。不能在现象学分析的范围内安顿既与的历史性，此种失败意味着这种考察在把对象纳入全面视野的方面已经失败了。"①

更为重要的是，这种失败源于现象学自身。确切地说，源于现象学拘执于纯粹的意识领域以及为通达这个领域所使用的"现象学还原"。此种还原能使现象学返回到纯粹的意识领域，并让其获得一切有关本质的知识，但是，在涉及人类此在的时候，它却面临着一个自身无法逃避的二难推理："事实的人类此在只能被现象学、研究阐明为 edios，本质。然而，人类此在这种独特性、有限性和历史性中又宁可不被看作本质的一个事例，而是被看作自身，看作万有之中最真实的因素。在这个问题上，胡塞尔与一般现象学研究将遇到它自己的界限、有限性和历史性。"②因此，当且仅当现象学自身超出纯粹意识的立场并放弃现象学还原的时候，此在和它的历史性才会展现在我们面前。在马尔库塞看来，这个工作首先是由海德格尔来完成的。通过一个彻底的转向，即从意识领域"移居"到一个与其根本的不同的"此在"领域，海德格尔把现象学的注意力投向了此在及其历史性，从而为一种新的和具体的科学开辟了道路。确切地说，为通达这种具体的科学作了**某种准备**。对于这种说法，我们必须进一步地澄清。因为这涉及马尔库塞对海德格尔所作的批判。

确实，在《存在与时间》中通过把现象学聚焦在此在及其历史性的分析上，海德格尔从内部开始了对资产阶级哲学的解构，并为一种具体的哲学开辟了道路。但在马尔库塞看来，海德格尔所做的工作也仅只是达

---

① Herbert Marcuse："Contribution to a Phenomenology of Historical Materialism"，*Heideggerian Marxism*，Lincoln，University of Nebroska Press，2005，p. 19.

② ［德］伽达默尔：《哲学解释学》，上海，上海译文出版社，2004，第136页。

到了资产阶级哲学所能达到的极致。换句话说,海德格尔在对此在一般(Dasein in general)进行了生存论分析之后就裹足不前了。由于海德格尔满足于对一般此在的生存论分析,这个最后的抽象使它最终不可能真正通达历史性的物质内容。马尔库塞认为,海德格尔的错误并不在于他断言此在和世界就其存在而言是内在相关的,而在于他不能超出这种断言,不能进一步去发现这种断言的存在论基础。作为被抛弃的在世之在,并非是此在一般以及与它相关的世界性一般;相反,作为在世之在,这里存在的总是在具体世界中的具体此在,与具体此在相关的也总是一个具体的世界。就此在的本质而言,此在总是处在一个特殊的历史环境中,而且从其一出生开始,就为这种具体的社会历史环境所规定。这种具体的社会历史环境就是被称为"历史性的物质内容"的东西。正因为这样,要想真正实现具体哲学之路,现象学就不能仅仅停留于展示对象的历史性,而必须始终把它的对象保持在最为严格的具体中。这就意味着作为一种对历史对象的考察,现象学必须让具体的历史处境和它的具体的物质内容能够进入到现象学的分析中。但在海德格尔的此在现象学中,问题的这个维度恰恰是付诸阙如的。

总的来说,缺乏对历史性的物质内容的分析是海德格尔此在的生存论分析的致命缺陷所在。由于这种致命的缺陷,尽管海德格尔通过对胡塞尔的批判把此在及其历史性收入眼帘,但最终他和胡塞尔一样都面临着一个现象学本身无法超越的界限。现象学,包括此在的现象学,都不能真正通达现实的现实性,不能通达具体的历史性。马尔库塞对海德格尔此在现象学的这种批判,对他整个思想的发展有着至关重要的意义。

一方面,它解释了马尔库塞之所以要在《历史唯物主义对现象学的贡献》一文中用辩证法为现象学重新定向并制定一种"辩证的现象学"的原因。因为海德格尔的不足恰恰是辩证法的优势所在。"辩证方法的成果确切说来就是这种最终的具体。因为在辩证法中生命攸关的东西就是:在任何时候都公正地对待对象的特殊的、具体的历史处境。"[1]在马尔库塞看来,被马克思和恩格斯反复强调的辩证法并不能任意应用于它的对象,相反,它符合历史自身的运动。"因此,从一开始,辩证法就把对象看成是历史的——换言之,根据生成与变化来考察它,看作在一个特殊的历

---

① Herbert Marcuse: "Contribution to a Phenomenology of Historical Materialism", *Heideggerian Marxism*, Lincoln, University of Nebraska Press, 2005, p. 20.

史处境中发展的某种东西，看作与这个处境所特有的此在形式相关的东西，看作是仅能根据此在的那种形式理解的东西。因此，通过把它们揭示为'生存的形式''生存的规定'，通过让它们回返到它们独特的、活生生的和具体的处境，辩证法解构了那些已经固化的抽象的历史范畴。这是马克思主义辩证法的方法论意义，一个在面对把辩证法曲解为'脚手架'（rattling scaffold）和'普世纲领'（one-size-fits-all schema）时，必须始终坚持的意义。"①

另一方面，对海德格尔的这种批判也揭示了马尔库塞本人此后逐渐疏远海德格尔，靠近狄尔泰，并向黑格尔回返的真正动因。在他看来，狄尔泰在揭示历史性的物质内容这个方向上比海德格尔走得更远，甚至达到了资产阶级哲学的最高峰。而且随着研究的深入，马尔库塞认识到，在狄尔泰对历史性的分析中包含着一些未加澄清的前提。"例如，生命这个对狄尔泰如此重要的范畴被理解为我与世界、精神与自然相统一的过程。但生命也被进一步规定为精神，同时，世界被规定为精神的世界。"②更重要的是，这些前提都来源于黑格尔的存在论，甚至可以说是对黑格尔所欠的债务。"现今最为先进的历史性理论（指狄尔泰的历史性理论——引者注）奠基于黑格尔存在论的存在意义之上。然而，狄尔泰自己在这方面并没有澄清他对黑格尔所欠下的债务。"③这种澄清的工作最终由马尔库塞承担起来，其成果就是1932年在法兰克福出版的教授资格论文《黑格尔的存在论：为历史性奠基》，后来在1968年和1975年未经修订再版时，题目压缩成了《黑格尔的存在论与历史性理论》。正如这本书的英译者 Seyla Benhabib 所言："《黑格尔的存在论：为历史性奠基》终结了马尔库塞思想发展上的一个时期"④，并最终为"从海德格尔向黑格尔的回返"以及社会批判理论的确立作了理论上的准备。如果我们更加仔细地分析马尔库塞早期著作的话，我们同样会发现马尔库塞在《历史唯物主义基础的新来源》（1932年）和《经济学劳动概念的哲学基础》（1933年）这两篇文章中也主要是根据黑格尔的哲学定向，尤其是作为存在论概念的劳动来解释历史唯物主义的。换句话说，此时他就已经把历史唯物主义的哲学基础牢牢固定在黑格尔存在论的基础上。这些证据都说明马尔

---

①　Herbert Marcuse, "Contribution to a Phenomenology of Historical Materialism", *Heideggerian Marxism*, Lincoln, University of Nebraska Press, 2005, pp. 17-18.

②　Seyla Benhabib, "Translator's Introduction", *Hegel's Ontology and the Theory of Historicity*, p. xxi.

③　Ibid. , p. xxi.

④　Ibid. , p. i.

库塞离开海德格尔回返到黑格尔并走向法兰克福学派，并不仅仅是一个纯偶然或纯政治的事件，其间也蕴含着深刻的哲学根据。

抛开向黑格尔的回返不谈，现在的问题是：既然一开始马尔库塞就意识到了海德格尔基础存在论以及建基其上的对此在及其历史性的分析无法把捉历史性的物质内容，因而仍是抽象的或未完成的，马尔库塞为什么还试图把海德格尔的此在现象学和历史唯物主义结合起来呢？为了回答这个问题，我们就必须考虑马尔库塞为了实现"具体哲学"的目标所要求的第二个方面的工作：发现激进行动的历史可能性。这种发现当然需要对历史性的物质内容的分析，这是辩证法的优势，同时也是海德格尔此在的生存论分析所欠缺的，因此，必须"根据辩证法这种最适合通达历史对象的方法重新为现象学定向，制定一种'辩证的现象学'"①。但这仅仅是问题的一个方面。具体地说，为了实现激进行动的目标，除了分析历史性的物质内容之外，"具体哲学"还须进一步追问"什么是本真的生存，这种生存如何可能？"简单地说，就是价值判断的问题：哪种生活是值得过的，或者可能是和应当是值得过的。按照马尔库塞的看法，在这里，辩证法显现出了其自身的限度。

"如果所有的事实都被把握在它们的历史必然性中，那么所有的事实不都被证实了吗？这种价值的辩证的趋同难道不会妨碍真理的决断吗？这种价值的趋同难道不会破坏激进行动的内在意义吗？从这点向前，辩证法就不可避免地会遭遇到价值问题。"②即：本真生存的问题，以及由此而来的所谓的真理的决断问题。

"本真的生存价值是生存之真理——这意味着在生存的本真可能性范围内生存。同时，本真的可能性来自历史的遗产。紧迫的任务乃是把单个人的个体价值、他或她的生存和贡献与个人在其中发现自身的历史遗产和'历史—社会'处境区分开来。在我们的语境中，更为关键的是，既在与他人共在的具体形式、在此在本真的历史形式中，因此也在本真历史行动的领域中，考察价值和历史性的关系。这里，应当提出这个问题，是否和在多大程度上，此在的具体历史形式就其本身而言是有价值的，以至于历史的存在和行动可能象征着价值的实现。如果历史性确实是人类此在的生存论上的规定，那么在存在论上生存论的价值和历史性就有着密切的联系。例如，如果此在的历史形式（社会体系）必然不可能实现

---

① Herbert Marcuse："Contribution to a Phenomenology of Historical Materialism"，*Heideggerian Marxism*，Lincoln，University of Nebraska Press，2005，p. 2.

② Ibid.，p. 22.

某种特定的生存价值，那么反过来这就意味着仅在一个新的此在的历史形式中那些价值的实现才能成为可能。"①

要言之，在马尔库塞看来，维护激进行动的内在意义就需要一种"意识"。"在马克思的理论中，'意识'一词有特殊的内涵，它是指对社会某些潜在可能性及其受到的扭曲和压制的觉悟，或者说，对直接利益与真正利益之间的区别的觉悟。因此，意识就是革命的意识。它表达了对现存社会的'决定性的否定'，所以它只能是无产阶级的意识。这绝不是一件漂亮的外衣，也不是一种'伊索寓言'，而是一种基本理念。"②简单地说，为了发现历史行动的历史可能性，除了对历史性的物质内容进行分析之外，还需要一种革命的意识，一种能区分直接利益与真正利益、虚假需要与真实需要、非本真生存与本真生存的意识。借此意识，我们才能表达对"现存社会的决定性的否定"，找到行动的历史可能性和未来的方向。

现在的问题是：怎样才能获得这种革命的意识呢？马尔库塞认为，这就需要一个规范性或肯定性的维度，一种能超出历史变化领域的有效性标准。通过这个规范性的或肯定性的维度，我们才能把个体的价值与"历史—社会"处境区分开来，才能在本真历史行动的领域中考察价值与历史性的关系，回答现今此在的历史形式在多大程度上是有价值的问题。在此基础上，我们才能达到对现存社会的"否定"，才能发现新的生存的可能性，从而为一种激进的历史行动做好准备。

就像卢卡奇和柯尔施试图通过强调黑格尔的辩证法来为马克思主义提供一个哲学维度一样，马尔库塞对规范性或肯定性维度的强调显然也是针对第二国际的理论家对马克思主义所作的反哲学、机械论的阐释的，是对由此种阐释所引起的"马克思主义危机"的回应。在马尔库塞看来，只有把马克思主义建立在某种规范性或肯定性的维度之上，马克思主义才能保持实践的、激进行动的性质而持之不坠，才能避免陷入"坐等春天到来"的宿命论中去。正是源于这种考虑，马尔库塞最先作的尝试就是把海德格尔的此在之生存论分析与马克思主义结合起来。因为马尔库塞似乎相信海德格尔的此在现象学，特别是其中关于"本真性"和"非本真性"的分析，似乎已经提供了一个能够保障马克思主义历史有效性的基础。

---

① Herbert Marcuse, "Contribution to a Phenomenology of Historical Materialism", *Heideggerian Marxism*, Lincoln, University of Nebraska Press, 2005, pp. 22-3.

② 赫伯特·马尔库塞写的序言，参见[美]杜娜叶夫斯卡娅：《马克思主义与自由》，傅小平译，沈阳，辽宁教育出版社，1998。

"在这样解释的过程中，如果日常生存的显而易见的沉沦应当再次返回到本真的、真正生存的可能性，那么作为一门真正实践的科学，作为本真存在的可能性及其在本真行动中实现的科学，这种哲学就会赢获它的最高意义。"①

更为重要的是，尽管马尔库塞把"否定"看作思想的真正本质，但是，他从来没有放弃规范性或肯定性的维度。甚至在临死之前，在与哈贝马斯的最后一次哲学对话中，马尔库塞仍在思考着批判理论的规范基础。他告诉哈贝马斯：我们最根本的价值判断植根于对他人苦难的同情和理解。马尔库塞始终强调否定性概念是双向度的：它以规范性或肯定性维度来测度或否定现存的社会现实。在他看来，"马克思对这样一个目标的'价值'没有提出疑问。他接受人道主义，不是把它作为各种哲学中的一种，而是把它作为一种历史事实，或者更确切地说，作为一种历史可能性。……马克思的理论不是在描述和分析'自在自为'的资本主义经济，而是以另一个社会为参照来描述和分析，即以一种已成为行动的现实目标的历史可能性为参照来描述和分析。作为一种批判理论，马克思主义始终是双向度的：它以现存社会自身的各种客观历史可能性和潜能来测度这个社会"②。这种对规范性或肯定性维度的强调，使得马尔库塞从一开始就接受了与法兰克福学派社会批判理论相类似的途径或方法。区别仅仅在于：在1934年以后的著作中，黑格尔的理性概念，人的需要和潜能概念取代了早期试图把握存在论结构的尝试。这里，马尔库塞思想中决定性的发展是他占有了马克思的人类学和劳动概念，以及在马克思早期著作中所发现的资本主义自身的异化。

二、哲学与政治经济学

1932年马克思《1844年经济学哲学手稿》的公开发表对于马尔库塞思想的发展来说，乃是一个标志性的事件。这就是说，随着《1844年经济学哲学手稿》的发表，马尔库塞突然发现四年来他在海德格尔哲学中孜孜以求的东西——历史唯物主义的哲学基础——在马克思那里找到了。无疑，这是一个转折点。一方面，它意味着历史唯物主义哲学基础的发现，意味着与马克思相比，海德格尔对于马尔库塞来说不再是一个问题；另

① Herbert Marcuse："Contribution to a Phenomenology of Historical Materialism"，*Heideggerian Marxism*，Lincoln，University of Nebraksa Press，2005，p. 15.
② 赫伯特·马尔库塞写的序言，参见[美]杜娜叶夫斯卡娅：《马克思主义与自由》，傅小平译，沈阳，辽宁教育出版社，1998.

一方面，通过这种方式，马尔库塞完成了"从海德格尔到霍克海默"的漫长冒险。①

按照马尔库塞的看法，"马克思在 1844 年写的《1844 年经济学哲学手稿》的发表必将成为马克思主义研究史上的一个划时代的事件。这些手稿使关于历史唯物主义的由来、本来含义以及整个'科学社会主义'理论的讨论置于新的基础之上。这些手稿也使人们能用一种更加富有成效的方法提出关于马克思和黑格尔之间的实际关系这个问题"②。正是基于这种认识，《1844 年经济学哲学手稿》刚一发表，马尔库塞就在社会民主党的杂志《社会》(*Die Gesellschaft*)上发表了一篇长篇评论——《历史唯物主义基础的新来源》(*New Sources on the Foundation of Historical Materialism*)。在这篇文章中，马尔库塞集中论述的是"关于政治经济学的哲学批判以及政治经济学作为一种革命理论的哲学基础"③，即"哲学与政治经济学的关系"。

在马尔库塞看来，"哲学与政治经济学的关系"自马克思最后一个承认其意义之后就被彻底地遗忘了。确切地说来，这个问题是被第二国际的理论家们彻底地给遗忘了。对于第二国际的理论家来说，马克思主义无非是一种科学社会主义的理论，是一种政治行动的工具；在马克思主义创立的过程中，"马克思是先为他的理论制定哲学基础，再为他的理论制定经济学基础"，而且随着从哲学基础到经济学基础的转变，"在马克思理论的后期的（经济学）形式中，哲学已被一劳永逸地攻克和'完成'了"④。如果说之前这种理解还有着某种合理性的话，那么随着《1844 年经济学哲学手稿》的发表，这种过于"天真的"的想法就再也没有立锥之地了。因为《1844 年经济学哲学手稿》证明：关于政治经济学的批判以及马克思理论的基本范畴（例如劳动、对象化、外化、扬弃、财产等）都是在同黑格尔哲学的激烈对抗中产生出来的。这个事实说明："在马克思理论的所有阶段上，他的理论基础都包括了哲学的基础。这一点不会因为如下的事实而有所改变：马克思理论的意义和目的根本上不是哲学上的，而是实践的和革命的，即通过无产阶级的阶级斗争和政治斗争推翻资本

---

① Richard Wolin: "Introduction", See Herbert Marcuse, *Heideggerian Marxism*, Lincoln, University of Nebraska Press, 2005, pp. xxiii-xxiv.

② [美]赫伯特·马尔库塞：《历史唯物主义的基础》，参见《法兰克福学派论著选辑》上卷，北京，商务印书馆，1998，第 294～295 页。

③ 同上书，第 295 页。

④ 同上书，第 295～296 页。

主义制度。"①相反，"对政治经济学的革命的批判本身就有一个哲学基础，反之，作为这种批判的基础的哲学也包含了革命的实践。理论本身就是一种实践的理论；而实践不仅仅存在于理论的终点，而且在理论开始之时就已出现。从事实践，并不是要立足于外在于理论的一个不同的基础上"②。为了理解这一点，首先就必须考察政治经济学的批判。

政治经济学遭到批判，是因为它"从私有财产的事实出发"却"没有给我们说明这个事实"③；它不仅没有揭示资本主义社会中人的整个"异化"，相反却对其加以科学的论证或掩盖。"资产阶级的政治经济学，正像这儿所批判的那样，并不把异化和外化本身看作一种事实（在资产阶级的理论中，异化和外化这些词所指的情形，在各种不同的标题下被掩盖起来了）。而对于社会主义的政治经济学来说，只有当这种理论被置于马克思（在我们正加以探讨的这种研究中）所制订的基础之上时，这种'事实'才是存在的。所以，我们必须要问：这是一种什么样的事实（因为它同政治经济学的所有其他的事实有着本质的区别），在什么基础上它成为显而易见的，并且能被如实地加以叙述。"④

这段话对于理解马尔库塞关于"哲学与政治经济学关系"的论述是至关重要的。其中的要点就在于马尔库塞最后提出的那个问题：异化和外化这种同政治经济学的所有其他的事实有着本质区别的"事实"或"社会现实"，在什么基础上才能成为显而易见的？在此，马尔库塞已经深刻地认识到，现实本身能否积极地呈现出来，从根本上说，是取决于某种基本的哲学定向的。依赖于这种基本的哲学定向，我们才能真正揭示并切中当今的社会现实——资本主义社会中的人的整个"异化"。因此，为了发现异化和外化这个基本的社会现实，马克思的政治经济学批判以及整个历史唯物主义本身就必须有一个哲学基础。

"马克思的政治经济学的整个基础及其批判是直接在哲学的基础上和在哲学的论争中发展起来的。马克思所使用的哲学概念不能被看作在以后要被抛弃的残迹，或者是我们能将其摘下的装饰品。根据马克思在同黑格尔的论争中发展起来的关于人的本质和人的本质的实现的思想，可以看出这样一个简单的经济事实，它表现为人的本质遭到歪曲，人的现

---

① ［美］赫伯特·马尔库塞：《历史唯物主义的基础》，参见《法兰克福学派论著选辑》上卷，北京，商务印书馆，1998，第296页。
② 同上书，第296页。
③ 《马克思恩格斯选集》第1卷，北京，人民出版社，1995，第39页。
④ ［美］赫伯特·马尔库塞：《历史唯物主义的基础》，参见《法兰克福学派论著选辑》上卷，北京，商务印书馆，1998，第298页。

实性丧失殆尽。只有在这一基础上，经济事实才能成为革命的真正的基础，这种革命将真正地改变人的本质和人的世界。"①

要言之，只有依循"人通过劳动而实现自身"这一为黑格尔在《精神现象学》中所发现的"最后成果"，马克思才能发现异化的现实，从而找到革命的基础。所以，为了更好地解释政治经济学批判以及整个历史唯物主义的哲学基础，我们就必须从劳动的概念入手。

为了解决这个问题，马尔库塞在1933年专门写了《论经济学劳动概念的哲学基础》一文。在这篇文章中，为了反对把劳动单纯理解为"经济活动"的解释，马尔库塞力图通过对劳动概念的哲学讨论去重构政治经济学的基础。在马尔库塞看来，经济学理论本身就要求一种关于劳动概念的哲学讨论。众所周知，劳动概念乃是一切经济学理论得以运转的枢纽，生产要素理论、价值理论、价格理论等都建立在劳动概念的基础之上。但是，通过把劳动看作"经济活动"，甚至按照工资劳动者的劳动模型将其窄化为"被管理的、不自由的活动"，这种表面看起来如此确定的经济学劳动概念本身却变得支离破碎了。这种经济活动究竟有什么权利把自己宣称为劳动呢？在人类此在的总体性中这种经济活动如何同其他活动发生关系呢？为什么在各种不同的经济活动中恰好是被管理、被安排的活动被看作是劳动呢？在马尔库塞看来，所有这些问题都只有通过对劳动概念进行一次根本的哲学讨论才能得到澄清，而且这种讨论将有助于我们更好地理解哲学与政治经济学之间的内在关联。

在哲学的范围内，劳动不再是一个经济学的概念，而是一个存在论的概念，一个理解人的此在本身存在的概念。这种劳动概念与经济学劳动概念的本质区别在于："劳动在这里表现为人的此在的基本发生，表现为一种持续于人的整个存在并不断贯穿其中的发生，表现为在这种劳动过程中劳动对人的世界有哪些作用。劳动在这里恰好不是一种确定的人的'活动'（因为没有一种单独的活动能够抓住并贯穿于人的整个此在；每一种活动都只涉及这种整体的部分领域，并仅仅在这种部分领域中发生)，毋宁说，劳动正是每种单独的活动建筑于其中并回复其中的东西：是一种做，是人作为他在世界上存在方式的做。通过劳动，人才成为'自为'，成为他自身，来到他自身，才获得他的此在'形式'，他的'持存'，

---

① ［美］赫伯特·马尔库塞：《历史唯物主义的基础》，参见《法兰克福学派论著选辑》上卷，北京，商务印书馆，1998，第300页。

并同世界形成'统一'。"①要言之，作为存在论概念的劳动本身就是此在在世的方式，是人的此在的基本发生，而且从始到终都是人的自我实现活动。为了进一步标画作为存在论概念的劳动的特征，马尔库塞在这篇文章中引人注目地引进了席勒的"游戏"概念，企图通过与"游戏"对照来规定劳动的特征。

作为与劳动相对的概念，游戏也包含着对象。人在游戏之际也和对象打交道。但是，与劳动相比，游戏中的对象具有完全不同的意义和功用。在游戏中，人们自身既不指向对象及其他们内在的规律，也不指向对它们的客观性内容的需要。毋宁说，游戏要尽可能地否定对象的这种客观性内容和规律，并把它们置于由人自身所设定的规则之下，即置于游戏规则之下。在游戏中，对象的客观性、它们的影响以及客观世界的现实都被暂时悬置起来；人们难得地按照自己的喜好来把玩对象；在与对象的调情和嬉戏中，人把自身置于对象之上而获得了自由。因此，这里的关键在于："人在不理睬对象的同时就达到了自身，就进入他的自由领域，这种自由正是劳动中尚付阙如的。在游戏者的一次掷球动作中，存在着比人在技术性的劳动中所取得的最巨大的成就还要伟大的自由的凯旋这种自由，即是人的本质超越对象性的无限恢宏的自由。"②

与游戏这种"悠然自得"的特征相比，作为此在在世方式的劳动本身却具有"负担"的特性(the burdensome character)。在马尔库塞看来，劳动的负担性质不仅不能归结为进行劳动时的特定条件、归结为劳动的社会—技术配置、归结为材料的抵抗性等，而且也不能理解为在某种特定的劳动过程中所出现的"不适感"，仿佛这种不适感可以通过心理的或技术的手段来加以治疗。相反，就其总是被置于一个外在的、"事物"的法则之下而言，先于所有的那些由于劳动的形式和组织所引起的问题，劳动本身已经被经验为一种"负担"。"在劳动中首先涉及的总是物本身而非劳动者——甚至在劳动和'劳动的产物'之间不存在完全分离的情况下也是如此。在劳动中，人总是离开他的自我存在而指向其他的东西：他总是与他者打交道并为着他者。"③

现在的问题是：劳动本身为什么会先行具有这种负担的特性呢？在

---

① [美]赫伯特·马尔库塞：《经济学劳动概念的哲学基础》，参见《现代文明与人的困境——马尔库塞文集》，上海，上海三联书店，1989，第213～214页。

② 同上书，第216～217页。

③ 同上书，第221页(译文有改动)。

马尔库塞看来，劳动的这种特征来自劳动本身所具有的"本质的对象性"。

"劳动涉及的永远是物本身，不管是明显的还是不明显的、自愿的还是不自愿的。进行劳动就是劳动者'与物在一起'；不管他是站在机器旁边、制订技术计划、采取组织措施、研究科学问题，还是命令人员等。他在行动中受物引导、服从物的规律性并同物紧密联系——尽管他可能是支配着他的对象、自由地处理着对象、操纵对象并让对象按计划运行。无论如何他都不是'与自己在一起'，他并没有让自在的此在发生，——毋宁说他是与'自己的他在在一起'，是为'他的他在'服务的——尽管这种行动恰好实现了他自己选择的生活。这种此在的外化和异化，这种把物的规律置于自身而不让自己的此在发生在原则上是不可消除的（虽说它在劳动中或在劳动之后就能被完全遗忘）。这种现象绝不等同于'材料'的抵抗，也不会随着个别劳动过程的终结而结束。此在本身屈从于这种对象性[objectivity/Sachlichkeit]。"①

在某种程度上，源于劳动的本质对象性的负担特性指明了劳动本身所具有的原初否定性。此在在世自始至终都是自我实现，都是让自身的此在发生，在每个此在中成为自身。但是，这种成为自身的过程仅仅通过让客观世界发生、通过与不同于自身的他者在一起并为着他者才是可能的。这就是为什么在客观世界中的劳动本质上是负担的原因。这里，劳动的负担特性鲜明地表达了植根于人的此在之本质中的否定性——只有通过异化和外化，人才能达到自身的存在。

正如马尔库塞本人所指出的那样，劳动的负担特性是最容易受到误解的。马尔库塞对劳动负担特征的分析，同样也引起了诸多的误解。例如，《海德格尔主义的马克思主义》这本文集的编者理查德·沃林在文集的导言中就指出："1933 年的这篇文章一个最令人惊奇的方面就是马尔库塞对劳动作了明确的非马克思主义的贬低。"②沃林认为，这里一个主要的证据就是：如果马尔库塞在 1932 年的《历史唯物主义的基础》中仍跟随马克思把劳动看作是人的自我实现或自我确证，那么在 1933 年的这篇文章中通过强调劳动的负担特征马尔库塞就站到了马克思的对立面。换句话说，在理查德·沃林看来，从 1932 年《历史唯物主义的基础》到《经济学劳动概念的哲学基础》，马尔库塞关于劳动概念的理解发生了一个重

---

① ［美］赫伯特·马尔库塞：《经济学劳动概念的哲学基础》，参见《现代文明与人的困境——马尔库塞文集》，上海，上海三联书店，1989，第 235～236 页（译文有改动）。

② Richard Wolin, "Introduction", See Herbert Marcuse, *Heideggerian Marxism*, Lincoln, University of Nebraska Press, 2005, p. xxii.

要的转变，从而在某种程度上预示了《爱欲与文明》等后期著作的乌托邦框架。

表面看来，理查德·沃林的这种解释的确有某种程度的合理性。因为马尔库塞在 1933 年的这篇文章中不仅着重分析了劳动的负担特征，而且倾向于维护亚里士多德关于实践形式的划分，主张把艺术、科学等智力劳动置于其他实践形式之上。但这并不能说明马尔库塞在 1932 年至 1933 年关于劳动的理解就发生了一个重要的转变。首先，1932 年通过对马克思和黑格尔关系的解读，马尔库塞就已经认识到："在人的本质中对象化总是倾向于物化，而劳动总是倾向于外化，所以物化和外化不仅仅是偶然的历史事实。"①换言之，劳动中的物化和外化乃是一个存在论上的事实。因此，马尔库塞 1933 年对劳动负担特征的分析只不过是更加详细地解释了这个结论。其间，根本不存在于所谓的转变。其次，更为要紧的是，作为一个深受黑格尔和马克思主义辩证法影响的哲学家，作为一个终生都坚持规范性或肯定性维度的哲学家，马尔库塞并没有仅仅停留于对劳动负担特性的分析。相反，他认为，通过证明劳动的负担特征、劳动本质的对象性和劳动原初的否定性之间的内在联系，仅仅揭示了劳动和客观世界之间关系的一个很小的方面。因此，"我们必须沿着这条道路继续前进并且追问：劳动过程在对象上发生了什么？又对劳动者本身发生了什么？"②在这种进一步的追问中，马尔库塞揭示了劳动本身所具有的肯定性维度和双向度的特征。

劳动所具有的肯定性维度可以从两个方面来考察。一方面，就对象和客观世界而言，劳动本身的肯定性维度表现在：它使对象超出了"自然"领域或"物质性"领域，而进入到人的历史领域，从而具有自身的历史性。"粗略地说，如果以前它还是原料、材料、物的话，那些现在它就成了可支配的、可加以利用的对象；它现在同人的此在和历史就处在一种更为具体的关系中；它以一种特有的方式被赋予了生命。它的存在和发生不再是一个'自然的'发生。它的本质不再是物质性、物性以及诸如此类的东西。它的运动再也不能以某种物理学的概念和规律来加以把握。通过劳动在被加工和已获得的对象身上发生的事情并非发生在自然物质性的领域，而是发生在人类历史的领域。……被生产出来的商品——正

---

① ［美］赫伯特·马尔库塞：《历史唯物主义的基础》，参见《法兰克福学派论著选辑》上卷，北京，商务印书馆，1998，第 330 页。

② ［美］赫伯特·马尔库塞：《经济学劳动概念的哲学基础》，参见《现代文明与人的困境——马尔库塞文集》，上海，上海三联书店，1989，第 237 页。

在运作的工厂和已经开辟的风景点——都是在历史生活的空间和时间中发生的，它是一种历史的发生。"①更为要紧的是，在马尔库塞看来，对象的历史性本身就构成了对象的"实体性"。正是通过劳动，对象才成为实在并产生了进一步的作用。另一方面，在让客观世界发生的过程中，劳动对象也使劳动者自身的历史性得以实现，或者说让劳动者的历史性成为真正的和现实的。"通过劳作，人实际上把自身放入了具体的历史处境，被迫去面对现在，承担过去，并筹划未来。人的这种'实践的'生成的历史扩展到劳动的整个过程，从作为'材料'的对象的既定存在（根据选择和形式，它自身已经被历史地改造过了）到方法、空间和时间的组织以及劳动的意义和目的。"②唯有在劳动中，人才真正成为历史的存在物，并在历史过程中获得自己确定的位置。在具体的劳动过程中，为了在一个已经被划分为不同的公司、职业、阶级的历史处境中找到一个确定的位置，劳动者自身总是必须超出他自身的个人领域。同时，正是通过劳动的预先安排和分工，个体在历史世界及其发生的范围之内获得了一个特定的、不能随意变换的位置。这种位置规定了他占有并改变他的处境的可能性。"在劳动之前和在劳动之外，在服务于生产和再生产的实践之前或之外，人的此在能设想许多的可能性，但根本不能让他们实现。"③因此，通过劳动，此在进入到一个确定的可能性领域，并获得了自身的历史性持存。

在先后论述了劳动的否定性和肯定性维度之后，现在我们能简单地勾勒一下劳动所具有的双向度特征。作为此在在世的方式，确切地说，作为通过生产和再生产的认知—中介的实践让此在自身发生的方式，由于其本质的对象性，劳动本身不可避免地具有原初的否定性的特征。但是，在马尔库塞那里，这种否定性本身却非纯然"空洞的否定"，而是有所肯定的否定，是此在在世及其发生的本质环节——只有通过异化和外化的形式，只有首先让客观世界发生，此在才能真正让自身发生并在此过程中达到自身的存在。在此意义上，"一切劳动都本质地超越一切个别劳动过程，超越劳动所逗留的一切'他者'而指向劳动者本身的此在"④。就此而言，作为存在论概念的劳动本身就是双向度的：一方面是作为物

---

① ［美］赫伯特·马尔库塞：《经济学劳动概念的哲学基础》，参见《现代文明与人的困境——马尔库塞文集》，上海，上海三联书店，1989，第237~238页（译文有改动）。

② 同上书，第238~239页（译文有改动）。

③ 同上书，第239页（译文有改动）。

④ 同上书，第244~245页。

质生产和再生产的必然性领域；另一方面是超越这些必然性而与"让此在发生"保持着紧密的联系，即马克思所命名的"自由领域"。在马尔库塞看来，自由领域这种提法不仅切中了超越物质生产和再生产的此在实践的特殊方式，而且表达了两个领域之间的基本关系：物质生产和再生产是此在自我实现的条件。仅当此在从这种必然性的领域中解放出来，此在就它自身的可能性而言才能成为自由的。同时，即使超越了必然性的领域，此在的发生仍旧是实践的，在这里，仍然存在着劳动，但劳动的性质已经完全改变了——此在通过劳动不再与"物在一起"，不再让客观世界发生，而是展示它自身存在的真理性和丰富性，并把自身保持在这种真理性和丰富性中——成为在最终意义上它能是的东西[to be，in the final sense，what it can be]。

正如马尔库塞自己所言，这种对劳动本身所作的哲学探讨是由经济学理论本身的困境所要求的。确切地说，它是一种由当代人类生存的危险处境所规定的命定的反思。因为在经济学中变得支离破碎的劳动概念本身只是支离破碎的当代人类处境的反映。在马尔库塞看来，当代人类处境最危险的地方在于：它切断了物质生产和再生产领域同自由领域之间的内在统一，而把两者完全分离开来。这种分离所造成的一个严重后果就是：物质生产和再生产这种经济领域中的实践完全吞没了此在的总体性，自由领域要么被取消了，要么就被纳入物质生产和再生产的过程之中。结果，劳动本身也丧失了超出物质生产和再生产的本真意义，而成了纯然单向度的东西。同时，这也从根基上铲除了发现"此在本真可能性"的"意识"得以生长的土壤。在此紧迫的处境中，哲学的任务就是展开批判，以期恢复劳动本身所具有的双向度特征，找到一条从必然王国通向自由王国的道路。

三、社会批判理论的确立和理论终局

1932 年，随着纳粹的掌权，马尔库塞在弗莱堡的处境日益危险起来，甚至是令人绝望的。因为在当时的政治处境中，在纳粹政权的统治之下他几乎没有获得教授资格的可能。在这种境遇中，通过胡塞尔的推荐，马尔库塞和法兰克福社会研究所建立联系，并很快和他的新同事们一起开始了流放之旅。1933 年海德格尔被选为弗莱堡大学校长，3 月 1 日参加德国国家社会主义工人党（纳粹党），3 月 27 日发表校长就职演说，宣誓效忠新政权。这个政治事件让马尔库塞彻底结束了和海德格尔的关系，从而完成了"从海德格尔到霍克海默"的漫长冒险。但是，马尔

库塞从海德格尔转向霍克海默，除了政治上的原因，也有哲学上的根由。如前所述，在马尔库塞的早期著作中，对规范性或肯定性维度的强调，对黑格尔主义和马克思主义辩证法的研究，对物化的批判，实际上都已经为马尔库塞在法兰克福社会研究所发展一种辩证的社会批判理论作了准备。区别在于，或者说一个重要的变化在于："他不再把黑格尔和马克思解释为一个社会和历史存在论的创立者，而是用他们的方法和理念来发展一种社会批判理论。"①在这个过程中，此在及其历史性的现象学，对劳动概念的存在论分析统统让位于黑格尔的理性。

在马尔库塞看来，发端于柏拉图而终于黑格尔的西方哲学始终坚持着理性主义的传统。在这种传统中，理性作为哲学思想的根本范畴，乃是哲学和人类命运联系的唯一方式。哲学总是试图去发现存在的最终极和最普遍的根基。哲学以理性的名义，领悟到本真的存在观念；在这种本真的存在观念中，一切重大的对立（主体与客体、本质与现象、思维与存在）都和谐一致。与这种观念相随的是这样一种信念：现存的一切并非自然而然地是或已经是合理的，相反，现存的一切都必须带到理性的面前，接受理性的审判。因此，理性主义哲学就其本性而言就已经包含着批判的特征，甚至可以说，它本身就是一种批判的哲学。这种哲学总是反对现状，而要求一个比现存更好、更美、更合理和更自由的状态——凡是合乎理性的东西都是现实的；凡是现实的东西都是合乎理性的。这个黑格尔《法哲学原理》前言中的著名公式并不是一个空洞的同义反复，也不是试图使现存的一切合理化。恰恰相反，它包含着一个完全不同的含义——谴责现存中的非理性，并力图用理性来规范和塑造现存的现实。因为按照黑格尔的理解，理性本身是一个必将在历史中实现的客观力量。自由的实现和人类的解放本身就是人类历史发展的目标。只有当这个目标实现时，理性和自由才会成为具体的，才会真正实现。

在马尔库塞看来，黑格尔的批判的理性原则既是黑格尔思想的核心，又是黑格尔思想中最具批判性、否定性和最为激进的方面。正是这个方面让黑格尔哲学成了一种"否定性的哲学"，并始终保持着对当下现存社会现实的批判和反抗。但问题在于，在黑格尔这里，理性主义的反抗和批判总是在纯粹思想领域中发生，因而仍旧是唯心主义的，而未能触及

---

① Douglas Kellner：*Herbert Marcuse and The Crisis of Marxism*，Berkeley，University of Califernia Press，1984，p. 93.

现存的物质条件。因而，为了真正实现理性和自由，就必须否定哲学，从哲学转向社会批判理论。

"假如理性的含义是依照人们在其认识的基础上所作的自由决断去改造生活，那么对理性的渴求因而就意味着创造一种社会组织形式；个人在这种组织形式中可以依照他们的需要，经由集体的努力去规划他们的生活。随着理性在这个社会中的实现，哲学就会消亡。展示出这种可能性，并为经济结构的变革奠定好基础，这一切正好成为社会理论的任务。在此过程中，它能够为那些由于他们的历史处境必将带来社会变革的阶层提供理论的指导。关注人的哲学兴趣，就会在批判的社会理论的兴趣中找到其崭新的形式。在这种理论之外，不存在任何其他哲学。因为，对理性的哲学建构已经被合理的社会的创建所取代。美好社会和真实存在这些哲学的理想，都被结合到人类斗争的实践目标之中，在此，它们具备了人的形式。"①

总之，黑格尔的批判的理性原则引导我们从哲学转向批判理论。同哲学一样，批判理论主张以一种新的方式来关注人的潜能，关注个人的自由、幸福和权利。但是，"在这里，与在哲学体系中不一样，人的自由并不是那种对外在世界的任何东西都无所作为的幻象的或任意的内在性。相反，自由在这里意味着人类命运依赖于它的实现的那些现实潜能和社会关系"②。换言之，对于批判理论来说，个人的自由、幸福和权利根本上就是具体社会境遇的潜能。因此，批判理论仅仅能从社会过程的当下趋势中提取其目标。在此，"批判理论意味着在哲学无力以一种更加全面的方式提出问题的根基处揭示特定的社会条件，指出任何其他的解决方法都处在哲学疆域之外"③。更进一步，揭示特定的社会条件就意味着理解潜藏在社会现实中的否定性，聚焦那些能够否定现存秩序的趋势，并力图带来人的潜能的全面实现，即理性、自由和幸福的胜利。

现在的问题是：假如这种理论所勾勒的发展不出现，怎么办呢？假如予以推动变革的力量被压制或看起来必败无疑，那又怎么办呢？马尔库塞在1937年的《哲学与批判理论》中不仅提出了这个批判理论所面对的基本问题，而且给出了自己的答案。在马尔库塞看来，即使批判理论勾勒的发展不曾出现，即使革命的实践偏离了正确的道路甚或已经失败了，

---

① ［美］赫伯特·马尔库塞：《哲学与批判理论》，参见《现代文明与人的困境——马尔库塞文集》，上海，上海三联书店，1989，第183～184页。
② 同上书，第185页。
③ 同上书，第193～194页（译文有改动）。

这也丝毫不会损害这种理论的真理性，相反，它会显露出崭新的光芒。"当真理①不可能实现于现存社会秩序中的时候，它对这种社会秩序来说就总像纯粹的乌托邦。这种超越性并不相悖于真理而是对其真理的推动。乌托邦成分很久以来就成为哲学中的唯一进步成分，它表现在对最好的国家和最大的快乐的构想中，表现在对完满的幸福和永久和平的构想中。这种出自对真理的执着和与所有假象对立的坚贞不渝，在当代哲学中，早已让位于那种见机行事、变幻无常的机会主义。批判理论把坚贞不渝当作哲学思维的真正属性保存下来。"②

　　马尔库塞之所以如此坚贞不渝地执着于对真理的坚守，这一方面与马尔库塞早期著作中确立的具体哲学定向及其对规范性或肯定性维度的强调有关。马尔库塞始终相信，要想达到对现存社会的"否定"和"批判"，要想发现一种激进历史行动的可能性，就必须确立一个规范性或肯定性的维度。随着从海德格尔向黑格尔的回返，在 1933—1941 年这个"批判理论"的阶段，马尔库塞天真甚至有点偏执地认为，这个规范性或肯定性的维度就是黑格尔的理性。另一方面，这种对真理或理性的坚贞不渝的坚守，在很大程度上也与马尔库塞当时所处的境遇有关。正如马尔库塞所言："当前的境遇正强调着这种属性。"③

　　众所周知，马尔库塞写作《哲学与批判理论》的时间正是纳粹和法西斯主义获得全面胜利的时期。在这个时期，一种极权主义的野蛮占据了统治的地位。其间，个体的完全的牺牲已成为生活中无所不在和几乎无可辩驳的事实，甚至已经达到了这样的程度：对它的研究和把握不再是一桩令人讨厌的荣耀知识，而是一桩令人悲伤之事。与此相应，极权主义的意识形态反对抽象普遍性的斗争也清晰地展现出来。在这样一种处境中，所有诸如理性、自由和幸福这些普遍性的真理统统被斥为是不真实的或虚假的东西，哲学也不能让它们变成具体的。在这样的处境中，"执着于普遍性比执着于它在哲学中的毁灭更重要"④。因为，"随着理论从实践中分离，哲学变成了真正理论的避难所……哲学通过抽象思维的

---

① 显然，此处的真理不是我们通常所谓符合论意义上作为知识确定性的真理。在马尔库塞写作《哲学与批判理论》的语境中，此处的真理即是黑格尔意义上的理性，即人的自由、幸福和权利等人的潜能。在马尔库塞看来，至于跟随这个黑格尔的遗产，我们才能和一切屈从于现存状况的实证主义和相对主义保持一种批判的脱离。

② ［美］赫伯特·马尔库塞：《哲学与批判理论》，参见《现代文明与人的困境——马尔库塞文集》，上海，上海三联书店，1989，第 185～186 页。

③ 同上书，第 186 页。

④ 同上书，第 197 页。

工具担负着保证人的需要、恐惧和愿望得以解决的使命。'纯粹理性',即从经验主义的偶然性中提取出的理性成为真理的真正王国"①。

诚然,由于摆脱了一切经验主义的偶然性,这种"纯粹理性"本身就是全然抽象的。这种抽象的特征表明了 19 世纪唯心主义的理性主义是资产阶级哲学。这种资产阶级哲学在某种程度上仍旧屈从于资产阶级时代的秩序。一方面,哲学工作在过去和现在的抽象特征植根于社会的生存条件之中,即植根于哲学自身不能克服的精神生产和物质生产的现代分离之中。另一方面,在资产阶级时代,就思维的主体是解放了的、自我依靠的个体而言,经济条件决定了哲学思想。在现实中,他并不是以潜能和需要具体实现的方式,而是以其个体性的抽象方式,作为劳动力的载体在资本运作和实现的过程中起作用。由此,出现在哲学中的仅仅是一个被抽掉了全部人性的抽象主体。如果他要追求人的理想,那么他的思维就必定会和现实格格不入;如果他想以哲学的纯洁性和普遍性来憧憬这一理想,那么他就必须从现存的状况中抽身出来。这种抽象性,尽管在脱离具体性和事实性的同时也把他的苦难放在外面置之不顾,但是,这种从现存状况那里的彻底退缩,至少为个人清理出一条小路,使他可以在资本主义社会中去寻求真理并执着于已知东西。就此而言,"执着于哲学的抽象性比那种屈尊于社会斗争的貌似哲学的具体性,更切合于外在环境,更接近于真理"②。要言之,在马尔库塞看来,抽象拯救真理。这个断言,在《理性与革命》中通过与实证主义的比较获得了更为细致的表述:

"斯泰尔的不成熟的个人主义说明了关于现代哲学的一个决定性真理,那就是,具体的观点常常比抽象观点更远离真理。反对德国唯心主义的运动产生了一个不断扩大的精神趋向,即用实际生活的具体性吞并哲学。人们提出这样的要求:人在存在中的具体位置将代替哲学的抽象的概念,并成为思维的标准。但当人类的具体存在证明了一个非理性的秩序时,那么对抽象思维的诽谤和对'具体'的服从就意味着哲学的批判力量对它的对立面——一个非理性的现实的屈从。"③

在马尔库塞看来,由于抛弃了黑格尔的批判的理性原则,由于仅仅拘执于既定的事实,黑格尔逝世之后兴起的实证主义实际上已经完全丧

---

① [美]赫伯特·马尔库塞:《理性与革命》,上海,上海人民出版社,2007,第 271 页。
② [美]赫伯特·马尔库塞:《哲学与批判理论》,参见《现代文明与人的困境——马尔库塞文集》,上海,上海三联书店,1989,第 190 页。
③ [美]赫伯特·马尔库塞:《理性与革命》,上海,上海人民出版社,2007,第 310 页。

失了对非理性现实的批判能力，而只能跟在非理性的现实后面亦步亦趋。就此而言，当马尔库塞说"具体的观点常常比抽象观点更远离真理"时，他在某种程度上已经击中了实证主义这种现代性意识形态的要害——实证主义达到了无批判状态的极致，从而彻底隐匿和遮蔽了当今的社会现实。为了对抗这种无批判的实证主义，保持对当下现存秩序的批判，批判理论总是尽力维护那些过去的知识奋力获取的真理。"批判理论必须以一种前所未有的程度关注过去——因为它关注着未来。"①

更为要紧的是，批判理论对"过去"的这种前所未有的关注，换句话说，马尔库塞之所以要回到过去，把社会批判理论建立在19世纪唯心主义的基础之上，这在很大程度上与马尔库塞此时对马克思主义遗产的认识有关。"就像马尔库塞自己承认的那样，对于马克思来说，否定性的力量具体体现在无产阶级身上，这个潜在的革命阶级能摧毁现存的社会秩序并带来激进的革命。但逐渐地，像其他法兰克福的思想家一样，马尔库塞不仅怀疑无产阶级革命的现实可能性，而且怀疑政治经济学批判的框架把握当代世界的否定性和现实潜能的适用性。"②如果说这种对马克思主义的怀疑在1937年《哲学与批判理论》中还是隐藏着的话，那么在1941年所写的《理性与革命》中就表现得十分明显了。马尔库塞认为，对马克思来说，如同对黑格尔一样，真理仅仅存在于"否定性的整体"之中。但是，马克思理论中的整体性却不同于黑格尔哲学中的整体性。这种差异表明了两种辩证法之间的根本区别。"对于黑格尔来说，整体就是理性整体，一个封闭的观念体系，最终与历史的理性体系相一致，黑格尔的辩证过程因而就是一个普遍的观念过程，在这个过程中，历史被存在的形而上学过程所限定。"与之相反，"马克思辩证法所涉及的整体就是阶级社会的整体，所涉及的形成其辩证的矛盾的否定性和限定其内容的否定性就是阶级关系的否定"③。马克思辩证法与黑格尔辩证法的这种区别，一方面指明了马克思的辩证法就其性质而言就是一个历史的方法，但另一方面也标示出了**辩证法的界限**，即马克思的辩证法仅仅涉及历史过程的特殊阶段，仅仅适用于人的史前史，适用于阶级社会的历史。因此，马克思的辩证法，以及由它所揭示的必然性规律，不仅不能用

①　[美]赫伯特·马尔库塞：《哲学与批判理论》，参见《现代文明与人的困境——马尔库塞文集》，上海，上海三联书店，1989，第204页。

②　Richard J. Bernstein. "Negativity: Theme and Variations", Marcuse: *Critical Theory And The Promise Of Utopia*, London, Macmillan Education, 1988, p. 16.

③　[美]赫伯特·马尔库塞：《理性与革命》，上海，上海人民出版社，2007，第266页。

来叙述人的现实历史①，而且也不适用于资本主义社会的积极转变。"革命需要许多成熟力量，但这些力量中最主要的就是主观的力量，即革命阶级本身。自由和理性的实现需要那些已具备他们的人的自由理性。"②

马尔库塞对马克思辩证法界限的这种指认，一方面证实了马尔库塞对马克思主义的怀疑和背叛，另一方面也说明了他为什么要给"过去"一种前所未有的关注，说明了他为什么要把社会批判理论建立在唯心主义的基础之上。既然马克思的辩证法不再适用于资本主义社会的积极转变，既然革命需要的主要力量是人的主观力量和自由理性，那么革命的未来就唯赖于对过去已经获得的真理的守护，唯赖于"那些以批判理论表达其意识的特定历史主体"。"唯有依赖和趋向这种意识，'超越性'的内涵才会在其现实的真理中表现出来……那种超越现实存在的真理才可能在同现存社会关系的对立中得以企及和向往。"③

总的来说，马尔库塞社会批判理论的一个主要观点就是：要想批判现存的社会秩序或状况，要想有一个未来，要想守护人类解放的旨趣，就必须把社会批判理论建立在黑格尔的理性这一唯心主义的基础之上。对知识社会学所作的尖刻批判，对社会存在与社会意识之间关系的重构，对马克思辩证法界限的指认，所有这些工作都是为了证明黑格尔的理性这个唯心主义基础的真理性和合理性。但是，在对黑格尔哲学进行辩护和重新阐释的过程中，马尔库塞面临着一个亟须解决的问题：如何才能把理性的现实和现存的现实联系和沟通起来呢？

在马尔库塞看来，既然马克思的辩证法已不再能胜任这一任务，既然科学本身由于对现存控制关系的依赖性而具有致命的拜物教特征，那么剩下的唯一途径就只能是艺术和遐想了。"理性的现实与当下的现实之间的鸿沟不可能用概念的思维去沟通。为了把尚未出现的东西作为当下的目标来把握，就需要遐想。"④"没有遐想，所有的哲学知识只能抓住现

---

① 在马尔库塞看来，人的现实历史［the real history of mankind］是与人的形成历史［the history of his maturing］即人的史前史、阶级社会的历史来区别的历史。当阶级社会历史被扬弃时，人类的现实历史才开始。正是在这种区分的基础上，马尔库塞认为马克思的辩证法不能用来叙述人的现实历史。参见［美］赫伯特·马尔库塞：《理性与革命》，上海，上海人民出版社，2007，第267～268页。

② ［美］赫伯特·马尔库塞：《理性与革命》，上海，上海人民出版社，2007，第270页。

③ ［美］赫伯特·马尔库塞：《哲学与批判理论》，参见《现代文明与人的困境——马尔库塞文集》，上海，上海三联书店，1989，第192～193页。

④ 同上书，第199页。

在或过去，而脱离了与未来的联系，而未来，才是哲学与人类现实历史之间的唯一纽带。"①

这些论述显然与此后马尔库塞对"审美之维"的强调，对艺术批判功能的定位密切相关。马尔库塞认为，社会日益成为一个压抑的社会，艺术、想象和遐想也就日益成为自由要求表达的媒介，成了能够表达否定性的唯一形式。问题在于，随着马尔库塞把艺术和想象当作否定性的唯一形式，马尔库塞实际上已经背叛了批判理论的本质。因为正如马尔库塞所言，批判理论与哲学不同的地方在于：它仅仅从社会过程的当下趋势中提取其目标。为了实现这个目标，它就必须是具体的，就必须分析和揭示特殊的社会条件。只有这样，批判理论才能真正实现自身并成为一种物质力量。但作为想象的艺术显然无法完成这项工作。因此，对艺术和审美之维的强调，在某种程度上就意味着马尔库塞对黑格尔和马克思遗产的背叛，进而也就预示着批判理论的终结和死亡。

从根本上说，批判理论的死亡与理性的毁灭紧密相关。随着 1947 年霍克海默和阿多诺共同撰写的《启蒙辩证法》的出版发行，理性自身毁灭的命运昭然若揭。启蒙转变成了实证论，转变成了事实的神话；批判的理性转变成了工具理性，不再是人的需要满足的工具，而是统治的工具。在此意义上，作为普遍的和根本原则的极权主义，并不是从现代文明世界之原则的反面产生出来的，也不是偶然地或者外在地落到我们这个星球上的灾难，毋宁说，它正是经由启蒙的现代文明的题中应有之义，是启蒙按其本质来说的必然结果。一句话，那种在表面上似乎仅仅从属于某种政治统治方式而本质上从属于现代世界之主导原则的极权主义，并不是启蒙理性的纯粹否定，而是其固有特性和固有动力的辩证展开。因此，"启蒙的辩证法"无非意味着启蒙理性自身的崩溃和毁灭。

毫无疑问，理性的毁灭对批判理论来说乃是性命攸关的。由之而来，批判理论本身不得不面对一个严厉甚至有点残酷的拷问：既然理性自身已经崩溃了，那么批判理论还能从哪里发现它批判和否定性的基础呢？如果找不到这个基础，不就意味着批判理论已经彻底失去其效力了吗？为了回答这个严厉的拷问，马尔库塞在 1955 年出版了《爱欲与文明》一书。在这本书中，马尔库塞接受了霍克海默和阿多诺的结论——随着资本主义的发展和扩张，工具理性已经统治了话语与行动、精神文化与物

---

① ［美］赫伯特·马尔库塞：《哲学与批判理论》，参见《现代文明与人的困境——马尔库塞文集》，上海，上海三联书店，1989，第 200～201 页。

质文化的整个领域，认为在资本主义社会中以技术为媒介，文化、政治和经济已经融合成了一个吞没或击退了所有替代性选择的无所不包的体系。但与霍克海默和阿多诺不同的地方在于，马尔库塞在《爱欲与文明》中仍保持着一种"乐观的、委婉的甚至是积极的思想"，认为生产过程中体力劳动的逐渐减少**暗示着**从异化劳动中解放出来的可能性。如果这种客观的可能性仅仅具有暗示意味的话，那么为了实现这种可能性，我们就需要一种反抗的主观性的力量。正是为了寻找这种力量，马尔库塞找到了弗洛伊德，在把马克思主义和弗洛伊德主义结合起来的基础上提出了所谓的"爱欲解放论"。在马尔库塞看来，弗洛伊德的本能理论为判断、批判、谴责现存的文化和文明提供了一个超历史的规范性基础：反抗不必要的压抑，为最终的自由形式而斗争——无焦虑地生活。

通过对弗洛伊德理论的重新阐释，马尔库塞再次为批判理论找到了一个规范性或肯定性的基础，从而暂时延缓或掩盖了批判理论自身的失败。但这个基础显然是不牢固的。正如哈贝马斯指出的那样："这个理论有不能始终一贯地解释它的自身可能性的弱点。如果反抗的主观性把他的出生归结于某种超出理性之外的东西，那么就很难解释我们中间的一些人为什么能够承认这个事实并用理性为它辩护。"①面对这种理论的困境，马尔库塞最终不得不承认批判理论遭到了彻底的失败。

1964 年马尔库塞出版了他最负盛名、影响最大的一部著作——《单向度的人》。颇具反讽意味的是，这部引发了众多狂热的著作就其实质而言，恰恰敲响了批判理论的丧钟，或者说它只不过是批判理论命运的讣告。正如《单向度的人》这个书名所显示的那样，这部著作的中心论题是：在当代发达的工业社会这个新型的极权主义社会中，所有的否定性、所有双向度性都被系统和有效地摧毁了，社会日益变成了一个没有否定、没有批判、没有反对的单向度的社会。"发达工业社会却使批判面临一种被剥夺基础的状况。技术的进步扩展到整个统治和协调制度，创造出种种生活（和权力）形式，这些生活形式似乎调和着反对这一制度的各种势力，并击败和拒斥以摆脱劳役和统治、获得自由的历史前景的名义而提出的所有抗议。"②面对发达工业社会成就的这种极权主义或单向度的总体性，批判理论的处境相当不妙，它失去了超越这一社会的理论基础。

---

① Jürgen Habermas. "Psychic Thermidor and the Rebirth of Rebellious Subjectivity", Marcuse: *Critical Theory And The Promise Of Utopia*, London, MacmiluomEducation, 1988, p. 10.

② ［美］赫伯特·马尔库塞：《单向度的人》，上海，上海译文出版社，2006，导言第 4 页。

无产阶级似乎是指望不上了，"在资本主义世界，这两大阶级仍是基本的阶级。然而，资本主义的发展已经改变了这两大阶级的结构和功能，使他们不再成为历史变革的动因。维持和改善现制度这个凌驾于一切之上的利益，在当代社会最发达的地区把先前的敌手联合起来了"①。弗洛伊德的本能理论也指望不上了，"发达工业文明对人们生活中的超越性因素进行技术征服和政治征服的特征，在本能领域内也表现了出来：使人屈服并削弱抗议的合理性的满足"②；"性被纳入工作和公共关系之中，并因而变得更易于得到（受控制的）满足。技术进步和更舒适的生活使性欲成分有可能有步骤地融入商品生产和交换领域"③。更为致命的是，马尔库塞曾经寄予厚望的想象和艺术也似乎走向了反面，"在一种对任何事情（不包括反对现实的精神）都进行辩护和开脱的现实中，这里说话的不再是想象，而是理性。想象正在让位给现实，现实正在追赶和压倒想象"④。既然如此，那么我们就不得不承认批判理论被历史地驳倒和击败了。尽管马尔库塞还不时地强调"批判的分析"的迫切性，但是，当这种批判和否定的根基——规范性或肯定性的维度——一个一个地丧失时，这种批判也仅仅是一种姿态、一种"拒绝"的姿态而已。对于这种姿态来说，当今的社会现实再次处在它的顽固的不可理解性之中。因此，批判理论所能做的也仅剩下"希望"而已。关于批判理论的这种理论终局，马尔库塞在《单向度的人》的结尾作了清晰的表达："社会批判理论并不拥有能在现在与未来之间架设桥梁的概念；它不作许诺，不指示成功，它仍然是否定的。它要仍然忠诚于那些不抱希望，已经并还在献身于大拒绝的人们。在法西斯时代之初，瓦尔特·本杰明曾写道：只是因为有了那些不抱希望的人，希望才赐予了我们。"⑤

第三节 马尔库塞的存在论视域及其批判

具体哲学既是马尔库塞的基本哲学定向，也是马尔库塞哲学思想发展的核心和枢纽。无论是把现象学和辩证法结合起来的初次尝试，对历史唯物主义的重新解读，还是批判理论的创立，本身都没有离开这个基

---

① ［美］赫伯特·马尔库塞：《单向度的人》，上海，上海译文出版社，2006，导言第4页。
② 同上书，第70页。
③ 同上书，第69页。
④ 同上书，第225页。
⑤ 同上书，第234页。

本的哲学定向。确切地说，马尔库塞的所有这些哲学上的尝试和努力，都只有在这个基本哲学定向的基础上才能得到深切领会。但是，当马尔库塞在《单向度的人》中颇为无奈地为批判理论的命运发布讣告时，马尔库塞终生力图解决的那个问题再次以一种更加紧迫的形式出现在我们面前——哲学如何才能真正成为具体的？结合马尔库塞思想的发展过程，从存在论根基处重新批判性地审视这个问题，不仅有利于我们理解马尔库塞在这个方向上所取得的进展和成绩，而且更能有助于我们明了其历史地呈现出来的界限。借此审视，我们才能更好地把握当代哲学之核心问题——如何揭示并切中当今的社会现实。这是马尔库塞想解决，但始终没有解决的问题。

毫无疑问，马尔库塞在哲学上的最大贡献是他与当代西方哲学的批判性对话中所确立的具体哲学定向。马尔库塞正确地指出，在当前远非有利的外部境况和内部境况中，哲学要重新赢回"第一科学"的地位，就必须重新置于具体的基础之上；就必须彻底放弃 1914 年之前占统治地位但毫无生气的学院派哲学，摆脱其抽象的、无时间性的疏阔之论，转而关注人的生存及其具体的历史处境。就此而论，马尔库塞实际上已经触及到了当代西方哲学的核心问题——如何揭示并切中当今的社会现实。马尔库塞对现象学无法通达现实的现实性和具体的历史性的批判，对批判理论必须从社会过程的当下趋势中提取其目标的强调，以及同实证主义的终生斗争，都必须从问题的这一度中来加以理解。所有这些工作在某种程度上都是为了让哲学成为具体的，或者说都是为了揭示并切中当今的社会现实。但是，马尔库塞仅仅只是触及了这个问题，而未能深入并解决这个问题。甚至可以说，从马尔库塞踏上哲学航程的那一刻起，揭示并切中当今的社会现实这个任务就注定要被耽搁或掩盖起来。正是在这里，马尔库塞在存在论根基处的薄弱无力以及其历史地呈现出来的限度暴露无遗。

如前所述，马尔库塞认为，具体哲学为了发现激进行动的历史可能性，就需要有一种"革命的意识"，一种能区分直接利益与真正利益、虚假需要与真实需要、非本真生存与本真生存的意识。马尔库塞甚至相信，要想获得这种革命的意识，就需要一个规范性或肯定性的维度，一种能超出历史变化领域的有效性标准。通过这个规范性或肯定性的维度，我们才能把个体的价值与"历史—社会"处境区分开来，才能在本真历史行动的领域中考察价值与历史性的关系，回答现今此在的历史形式在多大程度上是有价值的问题。在此基础上，我们才能达到对现存社会的"否定",才能发现新的生存的可能性,从而为一种激进的历史行动做好准备。

就像卢卡奇和柯尔施试图通过强调黑格尔的辩证法来为马克思主义提供一个哲学维度一样,马尔库塞对规范性或肯定性维度的强调显然也是针对第二国际的理论家对马克思主义所作的实证主义化和知性科学化的阐释的,是对由此种阐释所引起的"马克思主义危机"的回应。仅就此而论,马尔库塞对"革命意识"的重视,对规范性或肯定性维度的强调,无疑是有根由的,甚至在一定程度上可以说是深刻的。一方面,通过对第二国际对马克思哲学阐释路向的反拨,马尔库塞正确地指出了第二国际对马克思主义所作的实证主义化和知性科学化的阐释不仅无力回答时代苦难所提出的问题和挑战,而且会彻头彻尾地消除马克思主义的批判性质或革命性质,使之沦落为"庸俗马克思主义"。另一方面,更为紧要的是,通过对哲学与政治经济学之间关系的分析,马尔库塞已经深刻地认识到,现实本身能否积极地呈现出来,从根本上说,是取决于某种基本的哲学定向的。依赖于这种基本的哲学定向,我们才能真正揭示并切中当今的社会现实——资本主义社会中的人的整个"异化"。因此,为了发现异化和外化这个基本的社会现实,马克思的政治经济学批判以及整个历史唯物主义本身就必须有一个哲学基础。

进一步的问题是:依赖于何种基本的哲学定向,才能真正揭示并切中当今的社会现实?马克思的政治经济学批判以及整个历史唯物主义的哲学基础究竟为何?马尔库塞在存在论根基处所取得的进展以及其历史地呈现出来的界限都与对这个问题的回答有关。当马尔库塞认为无批判的实证主义和被物化了的科学不仅不能发现社会现实甚至会掩盖、遮蔽社会现实时,他无疑是正确的。但是,当马尔库塞企图从"外部"为马克思主义寻找到一种哲学基础,甚至不惜把它建立在黑格尔的理性或弗洛伊德的爱欲理论之上时,他实际上仍从根基上把马克思哲学锁闭在作为形而上学的哲学中。诚然,马尔库塞对马克思哲学的阐释较之于那些立足于前康德的基地并对之附加无原则的补充要优越得多,但马克思哲学之终结全部形而上学的伟大变革及其当代意义却仍然从根本上被遮蔽着。因此,马尔库塞的局限性就在于:他在对形而上学尤其是实证主义实施最尖锐的批判和清算时,双脚却一刻也未曾真正离开过形而上学的基地。这种情形在当代绝不罕见,若就其大者言之,则有意志论哲学家尼采、神学家克尔凯郭尔、实证主义哲学家孔德等。他们对黑格尔哲学所实施的颠倒如何终归于形而上学一事,正如马克思把费尔巴哈最终归入黑格尔的支脉一样，或者如海德格尔力图指出的那样：一切关于形而上学的形而上学，如何最稳当地落到了形而上学下面。

　　然而，从存在论的根基上洞察形而上学的秘密和本质并使之归于终结一事，是由马克思导其先路并决定性地予以开启的。从哲学的最基本的方面来看，这种决定性的开启大体包括三个方面：第一，领会并理解形而上学之完成的根本前提及其全部天真性——即伽达默尔在《20 世纪的哲学基础》中所言之的"断言的天真""概念的天真"和"反思的天真"。①第二，就现代主体性形而上学而言，这三重天真全都维系于"意识的内在性"。在此意义上，形而上学的终结也就意味着由存在论的根基处击穿意识的内在性，也就是瓦解作为主体的主体，或者作为内在性的主体。第三，由上述两端而决定性终止存在论建构的知识论路向，并从而引导"思"深入于前概念、前逻辑和前反思的世界中（浸润于生活世界之生存论路向）。赖此存在论的转向，社会现实的积极绽出或重新开启方始可能。这样一些方面乃内在于马克思所发动的存在论革命中，而马克思哲学的全部当代意义是最本质地源于这一革命的。当这一切都落在马尔库塞的视野之外，当他忙不迭地从外部为马克思主义找来一个又一个哲学的基础时，马克思哲学革命的当代意义在他那里同样被低估或错估了。由于未能发现主观意识的批判与社会现实的重新开启之间的内在关联，揭示并切中当今的社会现实这个当代哲学的任务在马尔库塞那里从一开始就注定是付诸阙如的，或者说，从一开始这个任务就为马尔库塞所强调的"革命意识"和"规范性或肯定性的维度"所压制并最终彻底地掩盖起来。通过坚贞不渝地坚守一个规范性或肯定性的维度，马尔库塞终生都保持着批判和革命的姿态。但就原则性的高度而言，这种批判和革命的姿态也仅仅是一种姿态而已。就像批判理论自身命运所昭示的那样，由于揭示并切中社会现实这一维度在马尔库塞那里始终是付诸阙如的，批判理论的"批判"也注定是一种抽象的、疏阔的批判，注定只能采取"大拒绝"的方式。在此意义上，批判理论尽管仍然是否定的，但实际上它已经不能作任何实质性的批判。在他面前，社会现实仍然是一个无法消化的硬块，顽固地展露着自身的不可理解性。

　　批判理论的此种理论终局实际上向我们挑明了这样一个"真理"：通过确立一个规范性或肯定性的维度，通过在本质与现象、理性的现实与现存的现实、应有与现有之间保持一种批判性的张力，我们确实

---

①　[德]伽达默尔：《哲学解释学》，上海，上海译文出版社，2004，第 119～128 页。

能一定程度上达到对现存社会秩序的"批判",甚至是最尖锐、最激进的批判。但问题在于,由此种立场所发端的批判,终归仅仅只是一种"外部"的批判,它原则上不能也无力揭示并切中当今的社会现实。诚然,由马尔库塞开启并倡导的批判理论在对当代发达工业社会的批判方面,在对现代人的困境作出诊断方面,是卓有成就的,他关于"单向度社会"的分析,不可谓不精辟,他关于人的理性、自由和幸福等的价值目标,亦不可谓不崇高。但是,一涉及如何把理性的现实和现存的现实联系起来、如何运用理性来创造一个健全的社会,其理论的薄弱方面便显现出来了。他的理论很少具有直接现实性的品格,即使他所设定的目标是可以承认赞同的,这种目标也难免于抽象空洞的"理想"。在此意义上,马尔库塞对当代发达工业社会的批判就注定只能是单纯否定性的。就此而论,马尔库塞所谓的批判只不过是启蒙运动的浪漫批判主义的简单重复。因此,它也不可避免地分有着这种浪漫批判主义的困境和局限。

关于此种困境和局限,文德尔班在《哲学史教程》中已经作了清晰的论述:"在此,启蒙运动的弱点很快随着自身的优点而产生了。和往常一样,启蒙运动从人或万物普遍的永恒性质中吸取它批判现存制度和提出改革现有制度的准则;因此它看不见历史现实的合法性和生命力,并且它相信,在现存制度表现出违反理性的地方就有必要将现存制度变成一块 tabula rasa[白板],以便根据哲学原则建立完整的社会。根据这个精神,启蒙运动文学,特别是在法国,铺平了与历史实际破裂(革命)的道路。"①

要言之,就像启蒙运动的浪漫主义批判一样,批判理论的局限就在于:它看不见历史现实的合法性和生命力,从而无法填平与历史现实破裂的鸿沟。正是在这里,批判理论与马克思哲学之间的原则性差异开始呈现出来。如果说批判理论主张根据一个规范性的或肯定性的维度来从事批判的话,那么马克思始终强调的就是必须把批判置于现实的历史原则之上。虽然马克思的哲学中也包含着一种价值目标——即对人类命运的关怀、对人的潜能得到实现的关怀、对人之树立自身为真正目的的关怀。但是,这里一个决定性的差异在于:马克思始终认为仅仅根据这样的价值目标来批判现存的社会秩序是不够的,至少对于马克思来说是不充分的(甚至是不可能的)。在这里,现实的历史原则乃是至关重要的,

---

①　[德]文德尔班:《哲学史教程》下卷,北京,商务印书馆,1993,第714页。

甚至可以说是马克思批判思想的最主要的特征。对于马克思来说，任何基于价值目标的批判如果离开了历史的基地，就会成为一种纯然外在的、抽象的、空疏的批判。为什么呢？简单的回答就是："自我异化的扬弃同自我异化走的是一条道路。"①"共产主义对我们来说不是应当确立的状况，不是现实应当与之相适应的理想。我们所称为共产主义的是那种消灭现存状况的现实的运动。这个运动的条件是由现有的前提产生的。"②因此，全部工作的核心和枢纽就是分析这个"现有的前提"，揭示并切中当今的社会现实。正是在这一维度中，马克思哲学的当代意义才能真正彰显出来而持之不坠。

---

① 《马克思恩格斯全集》第 3 卷，北京，人民出版社，2002，第 294 页。
② 《马克思恩格斯选集》第 1 卷，北京，人民出版社，1995，第 87 页。

第六章　萨特存在主义马克思主义
的存在论性质

　　让·保罗·萨特(1905—1980)是 20 世纪法国著名的哲学家和文学家，也是国际知名的社会活动家。以他为代表的存在主义思潮，曾经在欧美国家风靡一时，并在世界各地产生了广泛的影响。萨特一生勤于著述，在半个多世纪的著作生涯中，写下了五十多部各类作品和数以百计的文章。同时，他积极地投身于国内国际的社会政治活动，毫不避讳当代世界各种现实的矛盾和问题，对各类重大的社会事件直率地、毫无保留地表明自己的立场、观点和态度。

　　作为所谓"存在主义的马克思主义"的主要代表，萨特在西方马克思主义思潮中也占有一席之地。萨特引人注目的地方首先在于，当他已是存在主义思想大师的时候转向了马克思主义。萨特不仅在主观上对马克思主义哲学作出了极高的评价——认为马克思主义是当代唯一不可超越的哲学，任何超越它的企图，不是重复马克思早已说过的东西，就是回到马克思以前的陈旧观点上去，而且凭借《辩证理性批判》一书，赢得了"存在主义的马克思主义"集大成者的声誉。不过，正如一切标签都只能是某种非常有限的提示一样，所谓萨特的"存在主义的马克思主义"，其究竟含义和基本性质如何，仍然是极其可疑和有待澄清的，而当我们从存在论的根基处来追问时尤其如此。

第一节　萨特与所谓"存在主义的马克思主义"

　　20 世纪马克思主义发展史的一大特点是，伴随着当代哲学每一种思潮的产生，几乎都会出现一种与之关联在一起的所谓"马克思主义"的衍生物。顾名思义，所谓"存在主义的马克思主义"既和存在主义，又和马克思主义关联在一起。如果我们撇开其内部的差别不论(比如海德格尔就极不情愿被人称为"存在主义者")，而对"存在主义"取一种最宽泛的理解的话，那么，所谓"存在主义的马克思主义"无疑可以追溯到马尔库塞早年从《存在与时间》出发对马克思主义哲学所做的一些尝试性的阐释工作。

　　一般认为，在马尔库塞之后，所谓"存在主义的马克思主义"内部有两种不同的发展倾向：一种是从马克思主义走向存在主义，一种是以存在主义融合马克思主义，或者说从存在主义走向马克思主义。这两种倾向的产生和主要的活动范围都在法国，前者的主要代表人物是列斐伏尔，后者的主要代表是梅洛-庞蒂和萨特。其中，萨特被人们视为"存在主义的马克思主义"的集大成者，因为他在梅洛-庞蒂等人工作的基础上，在《辩证理性批判》一书中对"存在主义"和"马克思主义"的"综合"工作进行了卓越的努力。

不过，严格说来，哪怕是就萨特晚年的哲学努力而论，我们也不能简单地把萨特的哲学当作马克思哲学的一个分支来处理，因为萨特虽然从第二次世界大战之后就表现出将存在主义同马克思主义融合起来的倾向，但是这种融合在很大程度上是有局限的。这种局限主要表现在如下两个方面：

一方面，在哲学史上，萨特主要是作为一个存在主义者出现在我们的视野里的。萨特的哲学思想的一个重要特色在于，在他的哲学思想发展的每个阶段，他总是会吸纳那些对时代造成深刻影响的哲学的因素。例如他在《存在与虚无》一书中吸纳了胡塞尔现象学的因素，建立起所谓"现象学—存在主义"，而当他完成《辩证理性批判》一书之时，他确信他将存在主义同马克思主义结合在了一起。如果说萨特的思想中有什么一以贯之的东西的话，那么就是存在主义。然而存在主义，如同 W. 考夫曼在《存在主义》一书中所说的那样，并不是一个有着相对清晰的和固定的相同哲学立场的派别，这个派别不同于法兰克福学派等其他的哲学学派那样便于指认，在它极为宽泛的外延之下可以容纳哲学立场截然不同甚至相互抵触的人物①，例如萨特就在他为存在主义辩护的著名文章《存在主义是一种人道主义》中声称：问题之所以复杂乃是因为存在主义者中有一派是天主教徒，例如雅斯贝斯（K. Jaspers，这很可能是这篇应景之作所包含的误解，雅斯贝斯也许更应当被看作一位非教派的基督徒）和马色尔，而另一派则是无神论，例如海德格尔和萨特本人②。更不必说有些被冠之以"存在主义者"的人后来都拒绝接受这一雅号。因此，尽管按照 W. 考夫曼的说法，萨特是无论哪一份存在主义者名单上都会有的人物，而萨特本人也从没有放弃这一标签，但我们要从这样一个缺乏共识的标签上获得什么令人信服的支持是困难的。萨特的哲学思想有待于我

① ［美］W. 考夫曼：《存在主义》，北京，商务印书馆，1987，第 1 页。
② ［法］萨特：《存在主义是一种人道主义》，上海，上海译文出版社，1988，第 7 页。

们进一步的指认，尤其是他对某些语词的使用上非常特殊，比如"存在"和"超越"，这无疑增加了指认的难度。

另一方面，如上文所说，萨特惯于吸纳那些对时代造成深刻影响的哲学因素，而这样的吸纳究竟是哲学基本境域上的转变还是仅仅是一种外在的填充，这一点也值得探讨。我们知道，西方马克思主义思潮中的众多人物都试图以各种不同的方式吸纳马克思哲学，但是由于他们的观念形态大多局限于近代性境域，或者说把马克思哲学置于近代哲学的框架中予以理解和解释，因此，马克思哲学的基本境域蔽而不明。在这种情形下，马克思哲学的存在论基础被分解为各种"因素"，并依照这些因素的不同的比例配置在近代哲学的框架中被"重建"。在这样的"重建"中，无论这种"重建"被冠以"结合""补充"甚至"批判"和"超越"等何种的名目，在事实上都是一种内部的退却。而萨特的这种"结合"，事实上也经历着同样性质的退却，这一方面是因为他显然将马克思哲学同被冠以"马克思主义"之名的种种观念混为一谈，而另一方面，他看似将存在主义嫁接到马克思主义这一"当代唯一活的哲学"上来，但实际上却试图以一种依旧建立在形而上学之上的人道主义来偷换马克思哲学的真正本质。

由此可见，所谓萨特的"存在主义的马克思主义"事实上很可能只是徒有其名。然而尽管如此，作为一位在 20 世纪西方政治和文化画卷上都留下过浓墨重彩的人物，萨特的思想不无创见和独特意义，在反对西方形而上学传统和知识论路向方面萨特都作出了自己的贡献，我们不能低估这份贡献，因为对于从存在论境域来揭示马克思哲学在当代的重大意义这份工作来说，我们与其说是在途中，毋宁说是才刚刚开始呢。在这样的时候，任何一种贡献都能从不同的侧面彰显出马克思发动的哲学革命的现实意义。

一般说来，萨特应当是在第二次世界大战后才开始修正他在《存在与虚无》一书中所表达出来的建立在个人的绝对自由之上的哲学，而马克思哲学(实质上是某种黑格尔辩证法因素)的介入应当是这种修正的主要动因。这种修正的最早成果可以追溯到 1946 年的《存在主义是一种人道主义》一书和《唯物主义与革命》一文，而其最终结果被保存于 1960 年完成的鸿篇巨制《辩证理性批判》一书中。但是，萨特哲学的基本框架在《存在与虚无》一书中已经基本定格，下文将会论证后来的修正并没有深刻触及这个基本框架。因此，当我们要从存在论的根基处来检讨萨特在"存在主义"和"马克思主义"之间所做出的巨大的"综合"努力时，《存在与虚无》仍旧是首先要提及的著作；而当我们将萨特的存在主义同它的时代结合在一起，并就此来探讨它的意义以及它同马克思哲学所展开的当代性语境之间的区别时，我们则会将《辩证理性批判》一书当作最为稳妥的依据。

第二节 现象学—存在主义的基本建制

一、哲学史背景

法国存在主义当红的年代是这样一个年代：从世界历史的角度来说，第二次世界大战刚刚结束，人们普遍尚未从战争的创痛中恢复过来，而与存在主义在德国产生的年代（"第一次世界大战"结束）相比起来，法国在第二次世界大战中获胜的地位并没有改变时代的氛围，因为战争虽然结束，可矛盾却远未得到解决。共产主义国家同资本主义国家的矛盾，资本主义列强之间的矛盾，资本主义世界内部大资产阶级同中小资产阶级以及其与无产阶级的矛盾使得整个世界依旧危机重重，旧有的格局纵然已经被打破，而新的秩序却更像是钢丝上的一种平衡。更重要的是，第二次世界大战的结果意味着英美原则进一步统一了资本主义世界的自由市场，而两次大战和日益加剧的异化状况使得人们对这一建筑在资本本位之上的原则普遍缺乏信念。从哲学的角度来说，存在主义的出现紧紧衔接着唯意志主义。如果说德国唯意志主义的精神发动了对理性形而上学（这里更为妥当的称呼应当是"理智形而上学"）的讨伐，而这种讨伐却由于唯意志主义的自身局限而最终重新落入了某种形式的形而上学的话，那么第二次世界大战后法国的存在主义更像是一次形而上学的复辟。换言之，纳粹德国的浪漫反动失败之后，法国的存在主义从哲学上延续着这种反动的事业。法国存在主义将资产阶级上升时期兴起的实证主义的拒斥形而上学倾向视为人道主义没落的根源，但它不能重复唯意志主义的努力，因而，它企图将这种激情的反动纳入哲学存在论的内部中去。

说法国的存在主义在哲学的基地上继续着唯意志主义对理性形而上学的浪漫反动，这并不是一种类似文学化的表达。事实上这句话表达了三个方面的意思：首先，存在主义和唯意志主义一样都打着反形而上学的旗号；其次，它们又都隐秘地分享着理性形而上学的共同前提；最后，它们在形而上学自我完成的进程中表现为一种倒退，因而，在海德格尔所说的形而上学是存在的天命这个意义上，或者在马克思自我异化的扬弃跟自我异化走的是同一条道路的意义上，作为反形而上学的哲学的它们却在实质上进行着一种反动。

　　这样，法国存在主义者担负着双重的使命，一方面他们反对传统哲学的经典建制，即理性形而上学地基之上的思维与存在、主体与客体之间的二元分立，诟病知识论掩盖了存在的真义（正如席美尔所说的"人们从哲学史中很少看出人类苦难的迹象"），为了反对知识论的这种宏大建制，存在主义者几乎全都拒绝从属于任何传统哲学的宗派之下；另一方面他们也反对实证主义拒斥形而上学的立场，企图以一种全新的方式来奠定人的价值。而萨特的哲学，正是这样一种存在主义的代表。

　　唯意志主义是所谓"非理性主义"的发端，而"非理性主义"这个词，本身就已经相当充分地显示了它的目的和实质，其反对理性的方式就如同其名称一样直接。威廉·巴雷特说："非理性主义把思的地盘拱手让给理性主义，从而在暗中接受了敌人的假设。所需要的是某种能够超越这对立的两者之上的更为基本的思。"①非理性主义所分享的这个敌人的假设就是形而上学本身。显然，唯意志主义既然将普遍性归于理性，那么就不能赋予生命意志本身以任何本质的样态，而这一点正是存在主义"存在先于本质"这个所谓基本命题的来源。此外，值得一提的是，萨特在将马克思主义看作概念（本质）先行的哲学这一意义上，将马克思主义称为"唯意志主义的唯心主义"。

　　相对而言，生命哲学所采取的是一种较为温和的立场，这种立场标志着唯意志主义由于自身矛盾而不得不向实证主义所作出的妥协。生命哲学对唯意志主义所作的改造无非就是将形而上学恢复到一种前康德的水平，也就是在通过"自发性"将人从存在物（受因果必然率支配的物）当中排除出去的同时，又通过"直觉"将人（主体）的因素同物的因素直接等同起来，换言之，将人下降到本能（心理）的层面。伯格森应当是注意到这样的危险的，因此他在强调流变的同时紧紧抓住"整体"不放。伯格森的"整体"意味着什么？我们说，这个"整体"丝毫不意味着他自己所认为他借此达到的"有机的综合"。诚然，伯格森发现了整体大于局部加和，但由于他排除了"关系"，就使得"整体"被导向了某种神秘主义，变得不能被把握，这本身是一种理论上的倒退。

　　这并非题外话，我们马上就意识到："整体"作为伯格森对唯意志主义进行改造的结果，在存在主义之中被保留下来了——从克尔凯郭尔（Kierkegaard，丹麦哲学家，又译作基尔凯郭尔，或祁克果。安徽文艺

---

① ［美］巴雷特：《非理性的人》，北京，商务印书馆，1995，第203页。

出版社出版的《辩证理性批判》一书中后两种译名交替出现，读者必须注意这个翻译上的失误）的"上帝"、雅斯贝尔斯的"大全"到萨特的"整体性"都是这样一个结果的体现，就后者而言，这一体现的具体成果包含在《辩证理性批判》的关于"整体化"的理论之中，但是其因素却在之前的著作中早已存在（比如作为"无限的显现系列"的存在）。这里，关键在于，无论是怎样一种体现，这种体现本身都至少说明了两个问题：第一，存在主义表现为生命哲学（乃至唯意志主义）的一个或近或远的理论后果，通过这个后果，我们可以将其安置为非理性主义的一脉；第二，存在主义同时接过了非理性主义的困境，在唯意志主义或者生命哲学那里无法解决的问题，存在主义也不可能给出一个真正的答案。

费尔巴哈曾经相当准确地指出二元分立是一切唯心主义的基本特征，在这里，我们应当将"唯心主义"理解为在它之下的整个形而上学地基，并且依据马克思的说法将同样分享这一地基的那种所谓机械的唯物主义一并纳入其中。通过扼要地回顾形而上学自我完成的道路，我们可以将其二元分立的对抗形式划分为两个阶段：第一个阶段，乃是人和自然界的形而上学化（形式）的分离，一端是抽象的外部自然（所谓客体的或直观的形式），最终被归结为"实体"，一端是由笛卡尔发端经康德并由费希特最终完成的"主体"（自我意识）；第二个阶段，就是人与自然的形而上学化的统一：实体即主体（黑格尔哲学）——在事实上这只是上述对立的内在化。应当说：尽管近代的自我意识哲学是由笛卡尔发端的，但是，在康德确立主体活动原则之前，事实上只存在着这样一种主体——相对于"外部实在"而言的经验主体。在同样的意义上，只有相对于这样的主体而言，将存在称为"外部实在"才是合法的。而一旦主体活动原则建立起来，这个主体也就参与了其对象的构成，因此在康德那里"外部实在"便仅留下质料的意义，并且变成了"自在之物"这样的空壳，而费希特更是将主体的对象一同纳入主体之中，从而根本否定了所谓"外部实在"。然而正如黑格尔所指出的那样，费希特从自我（先验主体）到非我（作为先验主体对象的内容）的步骤只能是一种"拼命跃进"而已，主体一旦放弃了"外部实在"，便不能不开始无限眷恋起作为意识对象的内容，这是在形而上学的经验阶段所始终无法克服的困难。

我们说，萨特在《存在与虚无》阶段所建立起来的哲学体系就其存在论性质而言，总体上仍处于从笛卡尔到费希特的阶段，并未企及黑格尔的哲学高度，也未能真正超越胡塞尔。接下来本书就将具体地说明这一点。

二、现象的存在：萨特哲学的起点

为了克服近代形而上学前提下的意识与外部实在的二元对立，萨特借助的是胡塞尔现象学的意向性活动的原理。他首先将现象表述为"存在的显现系列"，然后根据在他看来的胡塞尔"本质直观"的观点，将现象表述为本质的直接显现，在现象背后并没有一个诸种表象的承载物，也就是说，现象显现为什么，它就是什么。但是，萨特又认为现象作为存在的"直接显现系列"是有限的，而存在本身是一个无限的显现系列。萨特说："有限的显现是在它的有限性中表明自身的，但是为了把它当作'显现的东西的显现'，它同时要求被超越而走向无限。"①因此，现象相对于存在便同时具有了超越的性质，而对于这个超越性，萨特坚持说它并不意味着现象背后有隐藏的本质或者有待实现的潜能，而只是对象对它的显现系列所作的假定（或者按照胡塞尔的意向性活动的原理表达为"对象要求着对象的存在"）。萨特认为既然现象就是它所显现的存在，而同时现象又不能像在康德那里返回到本体那样返回到存在，那么，现象就一定有其自身的存在。这样，所谓"现象的存在"便作为现象理论的第一个结论被肯定下来。萨特将这个推论出来的"现象的存在"当作他的哲学体系的起点，通过"现象的存在"，意识同存在的质的对立变成了"现象的存在"同存在自身的存在的量的差别，也就是说，他将"现象的存在"作为意识与存在的共同落脚点，以所谓"现象的一元论"取代了意识与存在的二元对立。并且，由这个起点出发，萨特建立起所谓"自在的存在"（存在）同"自为的存在"（意识）的一整套哲学体系。

W. 考夫曼指出：萨特这种论述的令人迷惑的根源部分在于他对"存在"一词的不明所指的使用。而这种"不明所指"，从起点处就开始了。我们必须看清这个起点的实质，不能跟随萨特的论述堕入那种迷惑之中去。

"现象的存在"这一提法，很显然是针对胡塞尔的现象学的。胡塞尔在康德之后重新定义了"现象"，他洗清了自在之物这一经验主体对外部世界的最后的假设，将现象表述为意识到的一切东西。而这一步同费希特的区别在于，胡塞尔并非要否定外部世界的实在性，而是将问题的性质从追问外部世界的实在性（即所谓"存在问题"，实际上指向的是"认识的真实合法性"）转变为追问外部世界对于认识主体的意义（即所谓"价值

---

① ［法］萨特：《存在与虚无》，北京，生活·读书·新知三联书店，1997，第4页。

问题"），正是在这个意义上，我们可以说胡塞尔开辟了当代哲学的话语境域。然而他的哲学就其存在论性质而言，依然没有走出近代哲学的基本建制，因此诟病其哲学体系是比否定其哲学意义要容易得多的事情。

话说回来，为了解决费希特的纯粹意识所留下的困难，胡塞尔正确地追溯到主体原则的发端笛卡尔那里。就如萨特已经看到的，胡塞尔认为笛卡尔的"第一原理"中已经包含了主客二元的分立，"我思"这一"关于存在的认识"已经假定了世界的存在，换言之，"我思"是世界存在的一个既定的思维实体。然而萨特没有看到的是，胡塞尔指出这一点恰恰是在说笛卡尔的主体来自外部世界的经验投射，而不是相反。胡塞尔反对这种从经验出发的预设，要求将这个经验的自我一并归入意识的对象之中，这事实上是在要求消灭经验主体，从而使得现象在"纯粹"意识的意义上获得一元性，最后，通过这种纯粹现象还原出意识的内容来。然而，萨特仅仅将胡塞尔的工作看作在纠正笛卡尔的意识与存在的次序，他认为胡塞尔将"被认识的存在"看作"作为对象的意识"的对应物放在"我思"这一"对存在的认识"之前，是恢复了存在相对于意识的优先地位，接着，他进而认为胡塞尔将"作为对象的意识"看作"作为活动的意识"的非实在对应物，从而"作为活动的意识在他（胡塞尔）看来就是实在，它的主要特征就是对认识它的反思表现为'先已在此'的"①，这就使得"作为活动的意识"成为了新的本质，而这个本质正是要求先验自我作为其保证的根源。

萨特显然不能满足于此，在他看来，胡塞尔的错误在于将意识等同于认识，然而认识只是意识的反躬自认（反思），而感知活动的直接意识是前反思的，无论这种意识的对象是存在还是意识自身。胡塞尔在这个基础上建立起来的"现象一元论"并未取消"现象"的实在性，而只是将这种实在性纳入意识内部，换言之，将实在性诉诸主观性。这种被纳入意识内部的"实在性"，实际上就是对先验自我的一种确证，正如马克思所说："对神的证明不外是对人的本质的自我意识存在的证明，对自我意识存在的逻辑说明。例如，本体论（按：本书除了在引文中尊重原译以外，别处均使用存在论这个译法）的证明。当我们思索存在的时候，什么存在是直接的呢？自我意识。"②为此，胡塞尔又不得不提出"主体间性"的观点，并且企图通过同他人（其他的主体）的现实交往关系（生活世界）

---

① ［法］萨特：《存在与虚无》，北京，生活·读书·新知三联书店，1997，第8页。
② 《马克思恩格斯全集》第1卷，北京，人民出版社，1995，第101页。

来消除先验自我这一假设所产生的唯我论倾向。显然，在主观性之内这样的矛盾归根结底是无法消除的。应当说，萨特是看到了这个矛盾的，他在他的哲学的起点处便着手对胡塞尔的现象学进行改造。

我们先来看，为什么萨特认为现象的存在是有限系列而存在本身是无限系列呢？或者，为什么存在非要比现象"多"一点呢？对此，萨特也自问道：既然这个推论同"某种同显现的概念完全不相容的本体论的实在论方式有关"（也就是同理性形而上学处理实在性的方式有关），那么为什么不能直接地将现象等同于存在呢？萨特回答说：如果那样，我们就只是以一种新的方式在重复贝克莱的著名命题"存在就是被感知"——而胡塞尔正是这样做的：他将"作为对象的意识"当作"非实在的"，然后就将对象的存在直接看作被感知。对此萨特坚持"一种汲汲于把存在还原为关于存在的认识的唯心主义，应该事先以某种方式保证认识存在"[1]，这也就是说：如果建立了某种关于认识的既定的结果（比如先验自我）而不去为这个结果寻找到存在的基础，那么存在等于被感知这一结果就会让被感知的对象由于缺乏存在而落入虚无。可见，萨特设定现象的存在并使其成为存在这一无限系列中的一个有限系列，是为了避免他的现象学最终也落入先验自我的假定。萨特说："事实上，我们的现象理论以现象的客观性取代了事物的实在性，并且是求助于无限性来建立这种客观性的。"[2]我们一眼就可以看出，这种所谓的现象的客观性无非是说对象的存在相对于主观性而言是异在的（"它在那里，它不是我"），这种客观性就仍只是主观性的一种假定，萨特当然不会看不到这一点，因此他才会进而提出将意识纯粹化的要求。

进而，萨特的"意识纯粹化"同费希特和胡塞尔均有所不同。他所采取的方法便是将意识的超越性进行到底，也就是把超越性视为纯粹的否定性，换言之，意识对存在而言就是非存在，就是"不是其所是"和"是其所不是"。意识的纯粹化变成了意识的一无所有，变成了虚无。诚然在这样的虚无中，是不需要肯定任何实在性的存在的了。然而，这就留下了另一个问题：如果作为活动的意识是这样一种否定性，那么那个作为对象的意识是如何可能的呢？萨特声称这就需要回到那个起点。前面说过，存在的现象是无限的显现系列，而对象只是有限的显现系列，因此对象虽然揭示出对象的存在，但是对象作为现象永远达不到存在。这就是说，

---

[1]　[法]萨特：《存在与虚无》，北京，生活·读书·新知三联书店，1997，第7页。

[2]　同上书，第3页。

现象对存在的揭示永远是超越的，并且是否定性的。萨特在这里说现象是否定性的，这不仅意味着现象有别于存在本身，还同时意味着作为对象的意识（现象）其实是一种同存在同质的东西，换言之，意识是一种存在。这样，我们终于看清楚萨特为何需要将"现象的存在"作为起点了：通过"现象的存在"，意识同存在的质的对立变成了现象的存在（也就是意识）同存在自身的存在的量的差别，也就是说，他将"现象的存在"作为意识与存在的共同落脚点，以所谓"现象的一元论"取代了意识与存在的二元对立。归根结底，这个令人迷惑的存在之所以令人迷惑不是因为别的，不过是因为萨特以现象的否定性（前文所说的对象的客观性的实质）取代了存在的实在性，从而建立起一种"非实体的绝对"。对此萨特说："意识没有实体性，它只就自己显现而言才存在，在这种意义下，它是纯粹的'显象'。但是恰恰因为它是纯粹的显象，是完全的虚空（既然整个世界都在它之外），它才能由于自身中显象和存在的那种同一性而被看成绝对。"①

三、意识与存在的调和

萨特的"现象的一元论"是否决定性地超出了理性形而上学了呢？我们说，作为一条哲学路径，先验哲学已经宣告失败，但是，作为调和理性形而上学所造成的意识同外部实在的二元对立的一种尝试的结果，先验哲学却是检验一种哲学是否决定性地超出传统形而上学的判决性标志。由此来看，萨特取消"先验自我"丝毫不意味着将主体看作意识对象的"主体性"（实体主体化），而"意识纯粹化"的要求也绝不是以最高的抽象来克服外在的对立。一句话，萨特的现象学—存在主义甚至没有能达到黑格尔的存在论境域。

前文说过，萨特认识到先验自我是现象之本质（实际上是主体的功能）所必然要求的保证，但问题在于，他没有看清楚主体原则所经历的演变过程。事实上，康德之前的主体，包括笛卡尔的"我思"这样的思维实体，其性质是相对于外部实在的经验主体（笛卡尔的"我思"实质上就是这样的经验主体，也正是在这个意义上将存在物或自然称为"外部实在"才是恰当的）。直到康德提出主体的认识活动设立物性（知性为自然界立法），主体（认识主体之活动）才最终被赋予了主体性（这种活动乃是活动的对象之构成性因素）。我们看到，尽管康德重新确立了主体的原则，但

---

① ［法］萨特：《存在与虚无》，北京，生活·读书·新知三联书店，1997，第 14 页。

"外部实在"仍然作为质料而被保存在康德的哲学中，只是其实在性已经无法由主体给出，因而外部存在只是作为一种纯粹抽象的设定，即"物自体"。费希特完成了康德的主体原则，他不仅将功能看作主体的，并且将客体（也就是认识或感知的对象）也看作主体的，这时"自我意识"就成了"纯粹活动"，从而这个形而上学化了的主体便与原本具有实在性的自然界彻底分离了（这意味着主体否认有所谓"外部实在"的存在）。萨特不满意于意识的不纯粹性，其实是不满意于康德的主体中所包含的经验的因素，当他口口声声说应当把事物从意识中驱逐出去的时候，看似他要否认意识的实在性，事实上他是在要求一种纯粹形式的意识。因此，当他引用胡塞尔的话"一切意识都是对某物的意识"来证明"意识没有内容"的时候，我们就不会感到别扭了。很显然，萨特在向康德要求一种纯粹形式的意识的时候，并非是像费希特那样将本质纳入自我的范畴、从而将自我变成"纯粹活动"，相反，他只是要将"外部实在"从意识中排除出去，而这只能让人想起笛卡尔的工作（当然萨特同笛卡尔排除外部实在的方式不尽相同）。事实上，萨特正是从这个角度来改造胡塞尔的现象学的，正是在这个意义上，他才会说胡塞尔将"作为活动的意识"当作了实在，并且说，"作为对象的意识"是非实在，而它的本质就是"被感知"。① 我们不得不说，这是把胡塞尔的现象学作了前康德的理解。

谈到这里，有人也许会问：既然萨特的意识纯粹化只是一种向前康德的返回，那么他是何以提出"前反思的我思"的要求的呢（在伽达默尔看来，现象学对德国唯心主义的批判不正表现为对"反思的天真"的一种克服吗②）？

对于这个问题，回答是：萨特先是通过"现象的存在"将意识与存在的对立转化为现象的存在（显现的有限系列）同存在（显现的无限系列）的量的对立，然后再加入了两个规定：第一个规定是"现象等于现象的存在"，这一步据萨特说是借助了胡塞尔的本质直观，所谓"现象的存在显露其自身，它就像显露它的存在一样显露它的本质。它无非是把这些显露紧密联系起来的系列而已"③，说的就是这个意思。W. 考夫曼在提到"存在"一词的含混不清的同时说"少数的读者"分辨出萨特在"使用'是'（'am'）和'不过是'（'am nothing but'）时所作的有层次的混淆"④，上面

① ［法］萨特：《存在与虚无》，北京，生活·读书·新知三联书店，1997，第7～8页。
② ［德］伽达默尔：《哲学解释学》，上海，译文出版社，1994，第122页。
③ ［法］萨特：《存在与虚无》，北京，生活·读书·新知三联书店，1997，第3页。
④ ［美］W. 考夫曼：《存在主义》，北京，商务印书馆，1987，第37页。

引用的这句话就是典型例子。现象等于现象的存在，这事实上只有在马克思关于"对象性活动"的原理之上才是有意义的，而这首先要求必须在存在论上决定性地超出黑格尔，但是萨特在这个问题上只是在向实在论隐蔽地倒退，回到一种原始的形而上学的那种外在的统一上去。其实萨特是曾留意到此的，当萨特企图将存在主义同彭加勒的唯名论相区别的时候，① 我们不应该对此感到奇怪。

第二个规定是"意识的超越性"，在这里，这个超越性其实是纯粹的否定性，因而就是存在的虚无化。萨特建构他的体系是从"现象的存在"这个起点出发推出"自在的存在"和"自为的存在"的，而要理解他这个体系却要求一种完全相反的顺序：正因为意识不能有一点点的内容，否则就会成为存在之外的存在，所以意识只能是纯粹的否定性。萨特正是在这个意义上反对意识的内容，在他看来，意识之所以有这样的内容是因为"我思"是一种反思意识，是意识的反躬自认，"作为活动的意识"就是这种意识的沾染了外部存在的实在性的内容，这样的意识势必返回到存在本身。而萨特坚持意识的超越性，认为意识无法返回到存在。对此，我们不得不说：直接的否定不等于超越。萨特所要求的"反思前的我思"根本不是要超越全部形而上学的抽象化，同伽达默尔的"前反思的"生存论路向的要求扯不上什么关系，同样，萨特也根本没有掌握"本质直观"的要义，他所谓"前反思的我思"只是达到了一种"否定性"的经验的直观而已。

通过这两个规定，"现象的存在"就让意识与存在变成了同质的东西。然而意识与存在同质带来了另一个问题，也就是既然意识不能有一点点的内容，那么反过来说，存在也只能是抽象的存在形式，而不具备原先"外部实在"意义上的实在性，因为如果存在具有这种实在性，那么与其同质的意识也就沾染了实在性，而具有实在性的意识只能是实在论的意识而已。因此，萨特只能割断"自为的存在"同"自在的存在"之间的双向联系(而不是将他们统一为某种"自因")，只能坚持强调意识的超越性，说作为"自为的存在"的否定性的意识永远达不到"自在的存在"，而只具有现象的意义，并说正因为意识是完全的虚空，它才能由于自身中显象和存在的那种同一性(其实就是空无一物)而被看成绝对。由此可以看出，这种"自在的存在"和"自为的存在"的区分根本无法达到黑格尔意义上"形而上学化了的人和自然的统一"，相反，黑格尔如下的一番话倒更像是对

---

① 　[法]萨特：《存在与虚无》，北京，生活·读书·新知三联书店，1997，第2～3页。

萨特的评判:"实体作为主体是纯粹的简单的否定性,唯其如此,它是单一的东西的分裂为二的过程或树立对立面的双重化的过程,而这种过程则又是这种漠不相干的区别及其对立的否定。所以唯有这种正在重建其自身的同一性或在他物中的自身反映,才是绝对的真理,而原始的或直接的统一性,就其本身而言,则不是绝对的真理。"①

　　萨特虽然不强调存在的实体性,但是却坚持存在的第一性。因此他总是惶惶不安地要逃避"自因说",因为这样的"自因说"只能暴露他的哲学根基上的自相矛盾:一方面存在是第一性的,换言之不依赖意识而自在的,另一方面这个存在是达不到的(尽管看上去只是量上的达不到),而赋予存在以存在之意义的却是主观性。可见,萨特的存在第一性只能是通过类似笛卡尔(或者说安瑟伦)的"本体论证明"确立起来的,萨特甚至直接就说:"既然事物被感知,就有一种被感知的事物存在。"②或者,"进行揭示的直观意味着有某种被揭示的东西存在"。对此,他进一步提示说:"有人会认为,这里又听到了康德对成问题的唯心主义批驳的回声,但是我们毋宁更应该想到笛卡尔。"③就这一点而言,威廉·巴雷特说"萨特的哲学是以一种二元论为基础的,这种二元论如果不是彻头彻尾的笛卡尔主义的,至少其精神是笛卡尔主义的"④,这个论断大体上是不错的。

四、纯粹否定性的主体

　　比萨特何以提出"前反思的我思"的要求这个问题更为直接的也更为精要的问题是:如果萨特将"作为活动的意识"当作某种实在并且加以排除,那么他的主体原则(自为的存在)是如何体现的呢(既然萨特强调说主体必须作为一切的起点)?

　　事实上,萨特提出"反思前的我思"仅仅是为了将他的意识同斯宾诺莎的"观念的观念"区别开来,他只是将认识看作斯宾诺莎的"观念的观念",也就是对意识的意识,却并没有看到无论是面对作为"外部实在"的客体还是面对被主体原则构成的客体,认识都应当被看作理性形而上学中主体对待客体的一以贯之的方式,因而要求恢复意识与存在的真实关联这个要求在形而上学内部是一个"不可能的任务"。胡塞尔明确地指出

①　[德]黑格尔:《精神现象学》上卷,北京,商务印书馆,1979,第11页。
②　[法]萨特:《存在与虚无》,北京,生活·读书·新知三联书店,1997,第15页。
③　同上书,第20~21页。
④　[美]巴雷特:《非理性的人》,北京,商务印书馆,1995,第241页。

了困难所在："内在本身是无可怀疑的。内在如何能够被认识，是可理解的，恰如超越如何能够被认识，是不可理解的一样。"①可见，在胡塞尔那里超越性指的是"作为对象的意识"对于存在的超越性，同意识自身的内在性说的原本是同一回事的两个方面，而萨特却通过"现象"与"现象的存在"的同一将"作为对象的意识"与对象看作了同一种东西："对胡塞尔来说，材料的核心中只由意向（这些意向能在这种材料中得到实现）而产生的活力，不足以使我们脱离主观性。真正的客观化的意向，是空洞的意向，它们的目标超出了当下的主观显现，而是无限的显现系列的整体。"②所以结果竟然是这样：意识相对于对象的超越性被用来反对意识的内在性，进而反过来将意识变成了某种具有对象之客观性的东西。

黑格尔说过："哲学的内容就是现实。我们对于这种内容的最初的意识便叫作经验。"③正如他所指出的那样，在主体原则真正确立之前，理性形而上学始终停留在经验的阶段，在这个阶段，来源于经验的抽象一般无论是作为存在者的属性还是作为意识都显得彼此外在。我们说，笛卡尔的"我思"便是这种抽象一般的实体化，即以"我思"来统摄诸种意识之规定，以"世界"来统摄外部实在。因此，笛卡尔的主体对外部实在的排除在理论上表现为一种对存在的独断性的肯定，其根本目的是证实认识的可靠性，尽管到最后这种证实仍需要借助"神助说"。但萨特的目的完全相反，他要证明认识达不到存在，但是这种"达不到"却又不是二元论，因此这种"达不到"首先要承认认识相对于存在是第二性的，然后用"反思前的我思"来取代这种认识，这种"反思前的我思"（也就是纯粹化的意识）对反思意识而言当然不是超越的，因为"它与它意识到的那个意识是同一个东西"（萨特于是说"对自我的意识"徒留下语法的意义，所以要用括号把"对……的"括起来）；同时这种"反思前的我思"对存在的超越性在事实上也被偷换了："不应把这种（对）自我（的）意识看成一种新的意识，而应看成使对某物的意识成为可能的唯一的存在方式。"④很明显，对应这个"反思前的我思"的正是那个我们已经很熟悉的起点——现象的存在，这样，"反思前的我思"就以某种"纯粹否定性"的名义被偷运到存在中去了。

必须认定：无论用怎样的客观性去修饰意识，萨特的具有"超越性"的意识依然应当被表达为主体，这个主体不是如费希特般吸纳了所有的

---

①　[德]胡塞尔：《现象学的观念》，上海，上海译文出版社，1986，第72页。

②　[法]萨特：《存在与虚无》，北京，生活·读书·新知三联书店，1997，第19页。

③　[德]黑格尔：《小逻辑》，北京，商务印书馆，1980，第43页。

④　[法]萨特：《存在与虚无》，北京，生活·读书·新知三联书店，1997，第11页。

东西，而是反过来放弃了所有的东西，尽管如此，这个主体通过这种放弃而具有了纯粹的否定性，并且通过这种纯粹的否定性而隐秘地继续行使着主体的功能。

要看清这个主体，我们还必须将萨特的所谓虚无辩证法同黑格尔的否定辩证法作严格的区分。我们知道，黑格尔也在某种意义上将主体看作"纯粹的简单的否定性"，在《存在与虚无》的"虚无的辩证法概念"一节中，萨特将黑格尔的观点表述为：纯粹的存在和纯粹的非存在是两个抽象，它们只有在具体的实在的基础上才能重新结合起来。从他引用的黑格尔《小逻辑》中的这段话来看，他几乎触及了"客观思想"，因为这段话说的正是：思想除了思想本身和通过思维所产生的东西之外，它不能有别的内容。但是，这种触及后来很快就被证明是外在的。我们可以从三个方面指证这一点。

首先，萨特对"具体的实在"的理解同黑格尔有着本质的不同。萨特对"具体的实在"的理解从未超越康德，也就是说，始终保持在一个经验的也因而是外在的水准之上。在黑格尔那里，"具体的实在"是被当作哲学的内容（客观思想）来把握的，"经验"只是对这个内容的把握的一个初级阶段。这个初级阶段的特点在于意识与存在保持着一种外在的对立，事物脱离不了"外部实在"的帽子，从而使得思想（外在的思想，即本质）看上去总是具有某种不纯粹性。所以我们应当这样理解萨特对黑格尔的表述：纯粹的存在和纯粹的非存在是两个（对经验中的个别存在物的）抽象，它们只有在具体的实在（具体的个别存在物）的基础上才能重新结合起来。显然，这个表述不过是对"个别上升到一般"的逆推，也就是从一般返回个别，而萨特坚持说把"一般返回个别"表达为"意识返回存在"，只有在"本体论证明"的意义上才是有意义的，而其他情形下，即便是作为"反思前的我思"的意识对存在而言也是"超越"的。

其次，萨特仅仅看到对"具体的实在"的一种"抽象"，即"本质"（存在一般），或者说从"具体的实在"到"纯粹的存在"的各个抽象阶段。这样的阶段当然总是要求着一个更为纯粹化的"本质"的，于是不难得出结论：存在就是最抽象、最贫乏的抽象化。而由于人们总是在"存在预设本质"之后，将本质当作真正的起源，于是存在便成了先于一切规定的无规定，作为绝对出发点的不被规定的东西。显然，对这样的"本质"的批判根本无法触及黑格尔，因为关键不在于克服形而上学对外部实在的抽象，而在于克服形而上学抽象本身。对应来看，黑格尔绝非仅仅将存在看作最大的类（斯宾诺莎的实体），而恰恰要在一个更高的意义上赋予这个存在以充实的内容。黑格尔强调，把形式表达为本质，并且因此忽略形式的自身运动，认为"拥有了绝对原则或绝对直观就不需要使本质实现或使形式展开"，这是一种极大的误解。① 正是身处这样的误解之中，萨特在看到那句足以道破天机的话之后仍然意识不到它指向他自己——那句话就是："纯存在和纯无是同一回事。"

最后，萨特所说的"整体"（见前文所引）只是经验对象的无关的联合。萨特认为纯粹的存在不是具体实在的最高抽象，并指出"存在与现象的关系并不同于抽象与具体的关系"，"存在不是'众多结构中的一个结构'，也不是对象的某个环节，而是一切结构和一切环节的条件本身，它是现象的各种特性赖以表现的基础"②。然而萨特丝毫无意打破原先的直接同一性，他只是要在另一种意义上恢复这种同一。既然存在不能是超越具体存在的"类"，那么只能将非存在看作是"超越"自身的。存在是自在的存在，非存在是超越性（否定性）的存在，而这种非存在实际上就是现象的存在（意识）。黑格尔早已批判过这类做法："认为概念永不能把握无限的说法之所以被人们重述了无数遍，直至成为一个深入人心的成见，就是由于人们只知道狭义的概念，而不知道思辨意义的概念。"③所谓狭义的概念就是"类"或者"本质"，所谓思辨的概念则是对象的有关系的综合。萨特在无限系列之前加上了"整体"，并说这个"整体"意味着整个系列和关系，以此来摆脱"恶的无限性"，可是既然关系已经被从主观性中排除，那么难道关系是具体存在者自身间的联系吗？具体存在者之间的联系如果能被称为关系，这岂不是令具体存在者的存在成为依附其他存在者的存在从而不再是自在的了吗？我们看到，用作为"个别存在者的无关的联合"的"整体"这个经验的表达来解决经验阶段的外在对立根本就是令人绝望的，这就是为什么萨特谈到"整体"就显得语焉不详的缘故，在后来他不得不以整部《辩证理性批判》来应对这个难题。

由此可见，所谓虚无的辩证法同黑格尔的否定辩证法根本不在同一个存在论境域之上。萨特以为将意识排空就可以取消先验自我，但这个纯粹否定性的意识，即"现象的存在"仍旧隐秘地行使着主体的功能。这个"纯粹否定性的主体"的性质就是"抽象个体"，这个一维的主体在《辩证理性批判》中以可以预见的外在关联的方式被包装成了"阶级"。

---

①　[德]黑格尔：《精神现象学》上卷，北京，商务印书馆，1979，第 2 页。

②　[法]萨特：《存在与虚无》，北京，生活·读书·新知三联书店，1997，第 42 页。

③　[德]黑格尔：《小逻辑》，北京，商务印书馆，1980，第 49 页。

第三节　辩证理性批判的存在论性质

一、整体化和社会总体运动

经历两次世界大战之后，萨特对早年"绝对地一点也不懂"的马克思主义进行了专门的研究，布达佩斯事件之后，萨特同共产党人的关系破裂并未使他放弃马克思主义，相反，在后《存在与虚无》时期他一直致力于存在主义同马克思主义的结合。《辩证理性批判》一书作为这种结合的成果，为萨特赢得了"存在主义的马克思主义"集大成者的声誉。

萨特这样看待存在主义同马克思主义的关系："我是把它（存在主义）看作一种意识形态；这是一种在知识的边缘寄生的体系，开始时反对知识，现在却企图同知识融为一体。"很显然，萨特受到了马克思哲学的影响，开始关注实践，并且将哲学同阶级意识联系起来。萨特将哲学看作"社会总体运动"的表达，它首先是"上升的阶级"意识到自我的一种方式，这种模糊的表达进而成为"知识的整体化"，在这个整体化中，虽然各个部分被怀疑或否定，但"总体"仍然是未分化的内容，并且作为这个"总体"的表达的哲学自我调节以适应世界的进程，随着这种哲学渗透到群众之中，它便成了文化的本质或阶级的本质，换言之，参与构成了社会现实。根据这种哲学的界定，萨特将 17 世纪到 20 世纪这段时期划分为三个时代：笛卡尔和洛克的时代、康德和黑格尔的时代以及马克思的时代，这三个时代性的哲学依次成为其他思想的土壤和任何文化的前景，那些其他的思想从土壤中吸取养料，行使理论的实际功能甚至作局部的改变等，萨特将与这些思想有关的人称为"观念学家"。萨特断言，在他所处的时代，马克思哲学就是唯一不可超越的哲学，存在主义则是寄生于其上的体系（观念或者说存在的意识形态）。萨特还特别以克尔凯郭尔同黑格尔的关系为例证进一步说明了他的这一观点。

我们首先尝试着肯定萨特哲学的这种变化，萨特的进步主要表现在两个方面：一是由于辩证法因素的介入，那个在他原先哲学里存在的既定的一维的主体便具有了某种历史的意味；二是出于整体化的要求，他的哲学部分地走出了纯粹的主观性，从而同社会与实践结合起来。然而紧接着，我们就要将萨特哲学的变化限定在一个非常有限的程度上，我们必须坚持说：尽管有新的因素介入，但萨特哲学并没有实质性地走出原先《存在与虚无》中的基本建制，而新的因素的介入也表现为一种外在的附加，因此，萨特哲学的存在论的境域仍旧止步于此前的水准。同时我们不得不指出：萨特对马克思哲学的评判基本上是一种误解，这种误解的方式在西方马克思主义思潮中算不得新鲜。

结合上文对萨特哲学的辨析，再对照他对哲学与观念的区分，我们就可以看到：萨特说"上升的阶级对自身的意识"要成为哲学，就必须显示为知识的整体化。这里"整体化"只是意味着认识（反思的我思）对现象的一种综合。这种第二性的认识随即被现象的存在（反思前的我思）否定，而由于现象的存在对于存在总是保持着一种超越的性质，现象的这种否定并不能触及现实（个别存在者的存在）本身，只能改变局部的认识。这时，作为认识综合的整体化，也就是哲学（时代的唯一的那种哲学），就表现为"一种无限任务的调节性理念的形式"①。从这段表述我们可以看出，萨特将"反思的我思"分成了若干等级，最低的是作为"对象"的"现象"，所谓"上升的阶级对自身的意识"，实际上就是意识对自己的意识（反思的我思），这种意识向着作为"无限显现系列"的存在超越，达到作为知识的整体化的"哲学"，这是第二个等级。由于认识总是达不到存在，于是就必然受到存在的否定，而由于同样的原因，存在的否定依然是通过存在的超越形式——"现象"来作用于意识。知识的整体化受到这种否定，就表现出调节性，换言之，就是不断地整体化。这种整体化表现为：否定所促进的整体化反过来将产生这种否定的现象综合起来，并参与构成现象。最后，这种知识的整体化达到绝对知识，也就是这种整体化的自我完成，这意味着这种整体化所揭示的存在自身已经变异，换句话说，作为知识整体化的哲学已经死亡，它将被一种新的整体化所代替。综上所述，这种认识与存在的关系就是"理性"，原先建立于从个别到一般的被表述为本质的关系就是萨特所谓的"一般理性"，而上述的那种认识与存在相互运动的关系则被称为"辩证理性"。

由此可见，这个在《存在与虚无》中形成的基本建制几乎原封不动地被用到所谓"社会总体运动"中来了。对其原先的体系所做的改变不过是将"整体"的运用内在化。原先整体的意义仅仅在于存在的"无限的显现系列"，而通过坚持意识是"主体中超现象存在的一维"，萨特将意识同存在的对立纳入主体内部。他显然不能将"关系"看作这个显现系列自身的规定，因为那就会导致两个后果：要么将自在的存在同时看作自为的存在（自因），要么借助先验的方法（回到康德）。萨特只能在主体内部解决困境，他最终将这一重新建立起来的"整体"安置在了"反思前的我思"同"反

---

① ［法］萨特：《辩证理性批判》，合肥，安徽文艺出版社，1998，第8页。

思的我思"分离的这一环节上。我们说，这事实上不仅将"知识"也同时将"意义"交还给了"认识"。原先主体仅仅是单纯的否定性，其意义在于"存在的不在场"，因而即便意义仅仅是否定，也毕竟属于"反思前的我思"；但现在主体的"认识"构成了"对象之关系"，换言之，这种"认识"构成诸显现系列之间的关系（按萨特的话说就是"思想的布局必须再现或构成存在的次序"），那么所谓"整体"就只能被看作"知识"了。

于是"整体化"也就只能是认识与存在的双重运动，萨特正是在这个意义上将马克思哲学当作一种新的知识的整体化，在他看来，这种哲学同黑格尔哲学的区别在于：黑格尔通过将知识绝对化而排除了个体的具体存在（而这是萨特眼里唯一的现实），马克思则通过区别对象化和异化，肯定了被超越掉的个体具体实在对知识的优先性。同时，为了克服异化，不能诉诸"理念的现实"（黑格尔的业已完成了的整体化），而应该诉诸"物质的劳动和革命的实践"（所谓"哲学的变异—世界"）。在萨特那里，这种实践意味着不是肯定具体实在也不是肯定知识的整体化，而是肯定认识与存在的持续的双重运动，也就是不断地整体化。在反对黑格尔哲学的意义上来看，其实质不过是保持"对外部存在的亲密接触"，也就是说，没有离开经验的阶段。正是基于此，萨特才会将马克思哲学的核心定位为"具体的人"，因为这种"具体的人"是"由他的需要、他生存的条件和他劳动的性质，即他反对事物和人的斗争的性质"决定的，换言之，是由具体实在决定的。萨特认为这个中心使得马克思既不脱离人的存在的特殊性（超越黑格尔的绝对知识），也不脱离客观性（超越克尔凯郭尔的纯粹主观性）。

二、个体性的主体和历史

萨特在《辩证理性批判》一书中力图纳入其体系的所谓"整体"，只是个别存在者的无关的联合。我们已经指出，萨特所说的对象乃是个别存在者的显现，而这些个别存在者的联合（无限的显现系列）实际上是以"外部实在"的名义被抽象的主体所统摄的，因此，这个面对对象（单一显现系列）的主体便具有了一维的困境。这个一维的主体如何在自身中纳入黑格尔辩证法的因素从而成为具有某种"历史性"的整体的呢？

萨特这样描述黑格尔的哲学："知识不仅对准外部的存在，而且把这种存在并入人自身，并在自身中将它解体；精神不断具体化、异化和复原，它通过自己的历史而达到实在化。"[1]我们不能就字面的理解来将这

---

① ［法］萨特：《辩证理性批判》，合肥，安徽文艺出版社，1998，第11页。

个描述同马克思对黑格尔的评价相提并论，从萨特哲学的建制出发我们可以看到，知识所并入自身的不过是作为个别存在者的存在一般的"外部的存在"，因而萨特对黑格尔的批评也是显而易见的：这种被知识纳入自身的"外部的存在"所排除掉的正是具体的个别存在者，具体的个别存在者仅仅是作为知识达到自身的"中介"，精神的具体化和异化仅仅是"为了被超越而提出的契机"。因此，萨特用克尔凯郭尔的原则来反对黑格尔："在所有这些分裂（主体自身内的对立）中，黑格尔也许只会看到正在形成或正在发展的矛盾；但是克尔凯郭尔指责他的正是这一点：在意识到它们之前，那位耶拿大学的哲学家准会把它们看作断章取义的理念。实际上，主观的生命由于是被体验的，所以永远不能成为一种知识的客体；它基本上不能被认识，教徒和超验性的关系不能用'超越'的形式来理解。"①但是萨特已经看到，用克尔凯郭尔的空洞的主观性来否定黑格尔的原则实在是太过轻易了，况且萨特也不同意将对具体存在的经验最终归于超验的领域。萨特还是要坚持存在的第一性，但是我们分析过这个不得不由存在论证明来保证的第一性，所谓"自在的存在"不过是经验意义上"外部实在"的抽象形式，知识达到这种脱离内容的形式所借助的不过是绝对的直观，因此所谓精神的具体化不过是"从具体到一般"的逆推，这样外在的过程怎能称为"历史"？

由此看来，萨特以这样的一种"历史"来评判马克思哲学，其表述也就可想而知了："马克思主义已停止不前。正是因为这种哲学希望改变世界，因为它的目标是'哲学的变异—世界'，因为它的希望是实践的，所以在它之中发生了一种真正的分裂，把理论扔到一边，把实践扔到另一边。"具体说来就是："理论和实践分离的结果，是把实践变成一种无原则的经验论，把理论变成一种纯粹的、固定不变的知识。"②这句话也就是在说：马克思主义将个体的人当作了类似"外部实在"般的"自然物"，同时将客观性变成了教条。而对应来看，存在主义虽然同马克思主义有着同样的目的——具体的人，但是存在主义却紧紧抓住了马克思主义落在知识之外的社会历史的具体的经验，因此，尽管"历史唯物主义对历史作了唯一合理的解释，存在主义仍然是研究现实的唯一具体的方法"③。

在马克思看来，作为形而上学之完成的黑格尔以其最高的抽象唤起了抽象思维者对内容的无限渴望，抽象思维者借助经验（同外部存在的亲

---

①　[法]萨特：《辩证理性批判》，合肥，安徽文艺出版社，1998，第13页。

②　同上书，第22页。

③　同上书，第21页。

密接触)而在抽象的前提之下放弃抽象的形式本身,决心用"异在"(也就是所谓"个体的具体存在")来代替抽象的自在性,代替自己的普遍性(一般)和无规定性。"直接成为直观的抽象观念,无非就是那种放弃自身并且决心成为直观的抽象思维。"因此,对于这样的抽象思维者来说,"他对自然界的直观不过是他把自然直观抽象化的确证活动,不过是他有意识地重复的他的抽象概念的产生过程"①。对形而上学传统而言,真正重要的是抽象的形式本身,至于这种形式是客体的和直观的,抑或是主体的和活动的,则是次一等的问题。黑格尔哲学的结果可以概括为"形而上学化了的人和自然的统一",这个统一仅仅克服了实体与自我意识的分离这一抽象,但却未曾克服形而上学化本身这一抽象。事实上,前一种抽象在某种范围内的克服甚至恰恰是依赖于进一步形而上学化而完成的,换言之,黑格尔只是将原先的对立纳入了理论的内部,他只是佯言把握住了内容,"它的内容也只能是形式的、抽掉了一切内容而产生的内容。因此,这就是普遍的,抽象的,适合任何内容的,从而既超脱任何内容同时又正是对任何内容都通用的,脱离现实的精神和现实的自然界的抽象形式、思维形式、逻辑范畴"②。萨特并未在这样的境域上领会黑格尔的辩证法,因而他最终也不可能领会马克思哲学。

我们说,马克思哲学绝不仅仅将辩证法看作意识自身的规定,同时,真正的马克思哲学也从不会造成理论同实践的分离。当马克思说:"哲学家只是用不同的方式解释世界,而问题在于改变世界。"③其意义在于决定性地超出知识论的路向,即决定性地超出所谓"反思的我思"(认识)所统治的世界。马克思在《1844 年经济学哲学手稿》中曾谈到形而上学所建立起来的诸多对立,并且说:"这种对立的解决绝不只是认识的任务,而是一个现实生活的任务,而哲学未能解决这个任务,正因为哲学把这仅仅看作理论的任务。"④核心问题是真正超出知识论路向,而不是在其范围内"补充"一种现实生活的体验或"附加"一种实践的功能。传统哲学也谈"实践",并且也对"理论"和"实践"作出区分,但这种区分本身仍然是"理论的"。萨特谈论的"实践",仅仅是将"实践"理解成了"形式的运动"而不是"感性的活动"(在《辩证理性批判》中这样的误解不胜枚举),他所谓的"变异"和"整体化"也并不构成真正的历史。

---

① 《马克思恩格斯全集》第 3 卷,北京,人民出版社,2002,第 334～336 页。
② 同上书,第 333 页。
③ 《马克思恩格斯全集》第 1 卷,北京,人民出版社,1995,第 19 页。
④ 《马克思恩格斯全集》第 3 卷,北京,人民出版社,2002,第 306 页。

根据对辩证理性的界定，萨特所谓的历史其实不难看清：原先认识作为"反思的我思"是同"反思前的我思"一样的一维的主体，萨特在这个环节加入了"整体化"，从而将"反思的我思"（认识）变成了一个过程，正是通过这一改变，萨特将原先被"反思前的我思"也就是自为的存在排除出去的"关系"纳入了意识，进而萨特将这种"关系"看作一种所谓的"辩证的过程"，从而令一维的主体具有了某种"历史性"。我们说，萨特将辩证法的因素纳入自身的哲学体系所产生的结果竟然是这样：原先他坚决反对认识向存在的返回，现在他固然仍旧坚持这一点，但却告诉我们存在诚然是第一性的现实，但认识才构成历史！如同马克思评价费尔巴哈时所说的那样，萨特"一谈论历史就退回到唯心主义"，在存在论的领域内被消灭的东西，在认识论的领域中复活，并且由于后者被看作是作为社会存在的人的领域，因此事实上社会存在被看作了观念的存在。在这个意义上，历史性不过是人的"本质"的另一种说法。

我们在认清了萨特现象学—存在主义的存在论性质之后，更重要的事情在于通过马克思哲学来对萨特哲学作一次更为直接的批判（说直接是因为上文的讨论一直在间接地运用这样的批判），以求达到马克思哲学超越整个形而上学传统的高度。我们可以看到：尽管萨特哲学存在这样那样的问题，使得其对以往哲学的批判存在种种不当之处，然而由于同样存在于其中的另一些因素，使得以往的哲学也不能将其简单地消化于其中；但是站在马克思哲学的地平线上，也就是站在超越整个形而上学传统的生存论地平线上，我们便可以比萨特更加懂得萨特自己的话："马克思主义是当代唯一不可超越的哲学。"

三、辩证理性的性质与界限

只需看清萨特对马克思主义的评判，我们就不难明白他为何要将辩证法从自然界排除出去。"知识的整体化"这一步是在"反思前的我思"派生出"反思的我思"之后发生的，因此"反思的我思"同"自在的存在"的脱离是显而易见的。"自在的存在"在这里分化为两个因素：一是具体的人的实在，另一个就是与人无关的自然界，即以往经验科学的对象。根据萨特对辩证理性的界定（认识与存在的双重运动），辩证理性包含认识对存在的显现方式（关系）的构成，因而萨特指责说：当这种辩证理性被运用到与人无关的自然界，就意味着预设一种原则并将其强加给自然界，因此这样的运用其实是先验的（所谓唯意志主义的唯心主义）。当然萨特说他并不是将辩证法从对无机自然界的认识中彻底排除，而是说对无机自然界而言只有一般的辩证法，即现象超越（否定）存在但揭示存在的那一套理论。由于无机自然界的现实（其实就是个别的存在者）并不包含"反思的我思"（认识）对现象的重构，因此将认识置于存在之先就只能是借助一种先验的做法。萨特将这个先验的结果归咎于马克思主义的"停止"和"分离"，具体来说也就是"把理论变成一种纯粹的、固定不变的知识"，这就是萨特所谓"教条的辩证法"的实际含义；而作为这种"分离"的另一个方面，即"把实践变成一种无原则的经验论"，则是这种"教条的辩证法"反过来在人类实践中的运用："拒绝承认思想本身是一种辩证活动，将它融入一般辩证法，用散入宇宙的办法将人消除。"这样，"存在"就代替了"真理"（在萨特那里意义必定是由自为的存在给出的），而认识实际上也就被取消了，因为"存在无论以哪种方式都不再表现出自身"，进而"自然的辩证法就是无人的自然"①。这样一种自然的辩证法（或者说教条的辩证法）当然是应当被排除的了。

　　萨特将自然的辩证法从无机自然界排除出去之后，便可着手重新建立人的存在领域内的辩证法。萨特所确立的这种理性（认识同人的存在的关系）当然不会是经验科学的实证理性，它只能是人类学中发现的"辩证理性"。"在无机的自然事实领域内，所作的都是科学以外的肯定。我们只要求恢复可靠性和发现的次序：如果存在着辩证理性，那么它是在人类实践中，并通过人类实践，向处在某个特定社会内的人，在它发展的某一时刻表现出来，并且建立起来。"②萨特这段话中的科学，意指"真理性的知识"，而"可靠性"和"发现的次序"意指无机自然界的存在的实在性和显现系列的结构，概括起来，萨特的观点就是：辩证理性是在具体的人的个体经验中显现和建立自身的。很明显，这种所谓"辩证理性"的有效范围当然就只是在人类社会之中，它只是对"自为的存在"才适用，换言之，其实就是在主观性领域内才适用。萨特只可能在主体内部来解决人同自然的对立，因而也就只能在认识的意义上讨论整体化的问题。

　　现在就让我们来直接处理萨特的"辩证理性"本身。作为认识与存在的双重运动，这个所谓"辩证理性"便设定了两种相对立的因素：一方面是人的存在（个体的具体存在），另一方面是意识（反思前的我思），两者实质上都是个体的，因而是在主观性内统一的，但两者在萨特的体系内却又是对立的，因为前者属于"自在的存在"，而后者属于"自为的存在"。

---

①　[法]萨特：《辩证理性批判》，合肥，安徽文艺出版社，1998，第158～159页。
②　同上书，第166页。

前文已经用萨特哲学的基本建制来对两者的所谓"双重运动"作了宏观的表述，现在我们所要做的就是深入《辩证理性批判》的洋洋万言之中，具体来论证这个"伪辩证"的"历史"是如何被构造出来的。

这个"历史"可以被简略地表述为萨特自己归纳的三阶段：构成的辩证法、反辩证法和被构成的辩证法。构成的辩证法阶段，是现象到知识整体化的阶段，即个体的具体存在显现为现象，"反思的我思"将其综合和统一为知识整体化——哲学（时代的哲学）。个体的具体存在作为存在是无限的显现系列，作为现象的存在（个体经验）则是存在的揭示，因此这个综合和统一在这个阶段意味着意识超越现象而要求达到存在，当然这么说还不够清晰，通过不断整体化我们方可看清其实质。反辩证法阶段是否定的阶段，即个体的具体存在不能还原为知识，对意识的那种超越来说，个体的具体存在总是表现为一种对立，因此意识或者说自为的存在表现为对知识整体化的否定。被构成的辩证法阶段是这种否定参与构成现象的存在的阶段，这时现象的存在就不仅是存在的揭示，同时也是对存在的否定，并且在这种否定中揭示存在。这个新的被构成的现象的存在再度显现为现象，于是回到了构成的辩证法的阶段。这种循环就是"辩证理性"的运动过程。

看清其实质的要点还是在于现象的存在，也就是说，必须回到萨特哲学的起点。我们看到，现象的存在在这里所扮演的角色就叫作"中介"，这就是萨特哲学调和二元对立的奥妙之所在：萨特在其哲学的存在论上用现象的存在将意识与存在的对立转入了主体内部的量的对立，在这个意义上现象的存在就是意识与存在的一种"中介"；而在主体内部的对立中，现象的存在仍旧扮演着"中介"。

毫无疑问，萨特所说的"中介"首先来自黑格尔。在他看来，相对于外部实在的经验主体无所谓中介，主体同外部实在之间是彻底的分离，而外部实在则表现为同自身的绝对同一。但是黑格尔将知识"不仅对准外部的存在"（如同经验主体对待外部实在那样），"而且把这种存在并入自身"（并非如同费希特的"自我意识"而类似实在论那样），"并在自身中将它解体"（成为无限的显现系列中的有限的显现系列，这里也就是以"本质"来揭示存在）。在"通过自己的历史而达到实在化"之后，具体存在便作为达到绝对知识的"中介"而被抛弃。萨特显然误解了黑格尔。我们知道，"客观思想"或"绝对精神"的客观性并不是由一个外在的具体存在物添加进去的，事实上，作为"外部实在"的"自在的存在"这一"客体的或者直观的形式"已经被扬弃于"自在—自为的存在"之中了。黑格尔说："中介不是别的，只是运动着的自身同一，换句话说，它是自身反映，自为存在着的自我的环节，纯粹的否定性，或就其纯粹的抽象而言，它是单纯的形成过程。"①因此并非中介添加客观性给主体，而是主体一切之性质既存于主体对象化之前，"中介"只是这种自我实现本身。可见萨特将"中介"看作被放弃的环节，这是不妥当的，按照黑格尔的话说："如果中介不被理解为绝对的积极环节而被排除于绝对真理之外，那就是对理性的一种误解。"②

　　萨特这么看不是偶然的，从他的经验的眼界看来，存在一般总是个别存在者的一种非实在性的存在，而唯一具有实在性的个别存在者作为现象的存在，在现象中注定是要被超越的（现象对存在而言总是"是其所不是"）。这种否定性的超越的结果是：现象的存在不复为自在的存在（这就是所谓"变异"）和现象的存在揭示自在的存在（也就是所谓"整体化"）。因此，现象的存在就是那个由此达到知识整体化并最终被这个整体化所抛弃的"中介"。萨特用整套整体化理论来坚持的就是："中介"是不能被抛弃的。原因有二：一是"中介"揭示存在意味着不断地整体化的要求，因而不能为整体化所抛弃；二是这个"中介"自身是被构成的，本身就是整体化的结果。

　　在抓住了这个"中介"之后，我们便发现辩证的三阶段不过是从"中介"到"中介"的过渡，这种过渡就被称为"契机（moment）"。而所谓"辩证理性"的运动不过就是这看似一连串的"契机"，而正是这个连续过程被当作了"历史"。这样一来，我们对这种"历史"的批判就是显而易见的：在原先的体系中作为"中介"的现象的存在是个别存在者的存在，而个别存在者的联合根本上是无关的联合，而萨特将整体纳入主体内部并不能真正建立起"中介"之间的"关系"，也就是说，原先存在的"无限的显现系列"这一单纯的量的概念并不因主体的介入而变成有机的概念，因此，一维主体的困境并不能由这个"中介"而获得解决。"契机"这个词本身就说出了真相——萨特所做的仅仅是不再将主体当作单一的一维（契机），而是当作一个又一个一维（契机），而这些"维"（契机）之间并无关联。一句话，萨特将社会实践作了"机械运动"式的理解，然而"机械运动"并不是真正的历史。

　　在马克思看来，在形而上学传统中从未真正建立起历史和辩证法。

---

①　[德]黑格尔：《精神现象学》上卷，北京，商务印书馆，1979，第 12 页。
②　同上书，第 13 页。

黑格尔哲学是意识在自身内所能臆造出来的最高成果，但充其量也只是为历史找到了"逻辑的、思辨的、概念的表达"，而这种实证的表达其实"没有历史也没有发展"。萨特种种努力的最终失败表明：关键不是在知识论路向的形而上学的范围内改变其问题的形式及相应之回答，而是终止这一问题域本身，从而真正开启深入于"事情本身"的全新地平线。

四、行动意志与绝对自由

前文已经提到，萨特哲学的出发点是"现象的存在"，落实在"辩证理性"运动中就是"中介"。而这个"中介"并不是什么高深莫测的东西，萨特在这一点上很坦率："我们的出发点就是个人的主体性。"①的确，"中介"事实上就是个体性，也即"个体的主观性"这一在黑格尔哲学中已然被超越的环节。萨特既然坚持个体存在的实在性（具体的人的特殊性），就不能赋予个体意识以任何实在性的内容，因而将其做成"空无一物的绝对"。但萨特却否认这种"空无一物"是"虚无"（在这个意义上有学者认为将萨特的著作名翻译为《存在与本无》是有见地的），他从两个重要的方面来说明这一点：从存在论方面来看，我们已经详细讨论过，萨特通过现象的存在将现象同存在拼接在一起，从而赋予纯粹否定性的主体以充实的意义。具体来说，现象的存在对存在而言具有超越性，并将这种超越性赋予现象本身，而现象便是主体的这种充实。而由于现象的存在是否定性的，所以说到底，这种充实就是存在的"不在场"。因而萨特说不能将个体意识等同于虚无，"在意识之前，只能设想充实的存在，其中任何成分都不能归结到一个不在场的意识"。因而，"意识先于虚无而'出于'存在"②。显然，正如前文指出的，萨特的意识正是通过否定性而沾染了存在的实在性而已。

再从这种否定性的意义方面来看。前文提到，存在主义提出"存在先于本质"这一命题正是为了取缔任何样态的本质，萨特在这一点上比他的第一个老师伯格森走得更远，他说："不应该设想意识的这种自我规定是一种本原，是一种生成，因为那就必须假设意识先于它自己的存在。同样不应该设想这种自我创造是一种活动，否则，意识事实上就会是（对）作为活动的自我（的）意识，这是没有的事。"③纯粹否定性的意识当然不能派生出存在，它只是一个"先已在此"的存在的不在场。进而，如果把

①　[法]萨特：《存在主义是一种人道主义》，上海，上海译文出版社，1988，第7页。
②　[法]萨特：《存在与虚无》，北京，生活·读书·新知三联书店，1997，第13页。
③　同上书，第13页。

活动的原则放入意识，那么这种意识创造出它的对象的同时也就创造出现象的存在，这在萨特那里是不能成立的。

那么，排除了生成和活动的意识，一个"空无一物"的主体将如何自我规定呢？纯粹否定性的自为的存在该如何理解？在个别存在者的无关的联合这个意义上，上帝无疑就是那个最大的"类"或者最高的"本质"，人的实践领域的全部普遍的超越个别存在者的价值便由这个上帝来保证。而尼采宣布上帝死了，那个无论是作为自然界最终的原因（第一因）还是作为超验的绝对者的上帝都不再具有意义了。萨特于是宣称："如果上帝不存在，那么至少有一种东西它的存在是先于它的本质的，它是在可能被任何概念所界定以前就已存在了的，这样的东西，就是人……"进而，萨特这样定义"存在先于本质"："人首先存在着，首先碰到各种际遇，首先活动于世界——然后，开始限定了自己。"可见，这个空无一物的主体不可能指向任何具体的存在，只能是其所不是，无怪乎萨特要在自为的存在前大谈被动性了。黑格尔说："经验的原则包含有一个无限重要的规定，就是为了要接受或承认任何事物为真，必须与那一事物有亲密的接触，或更确切地说，我们必须发现那一事物与我们自身的确定性相一致和相结合。"[1]在萨特这里，"我们自身的确定性"就是纯粹否定性，相一致的方式就是将意识看作超越的存在，相结合的方式就是被动性。显然，如果没有与自在的存在的亲密接触，就什么都不会发生。当自在的存在被感知，这种感知对意识呈现为现象，意识否定现象的存在是自在的存在本身，并且总期望着超越现象而实现自身，但却永远只能体现为否定性。这就是自为的存在的自我规定。让我们想象一个空无一物的存在，它不断遭遇存在，又不断地否定，不断向着一个新的否定去超越。这个偏执而不知所以的东西就是人，这种偏执和不知所以就叫作"行动意志"。

我们必须看到，主体面对外部存在的个别性要达到统一（这种统一不但要将个别存在者的联合看作整体，也要通过否定每一个个别存在者的存在来实现自身），就只能将这种统一变成个体，换句话说，将所面对的缺乏内在关联的个别存在者联合纳入个体的视域。只要保证这个个体是纯粹的，那么这个个体的视域所统摄的外部存在就是统一的。要建立这样的个体就得克服唯我论的障碍，并解决主体间性的问题。萨特煞费苦心的论述并没有解决问题，尽管他将一切"本能"排除出了主体，主体个体化的结果仍只能是将人的意识活动下降到心理的层面。所谓"存在主义

---

① ［德］黑格尔：《小逻辑》，北京，商务印书馆，1980，第 46 页。

的心理分析"便是在这个意义上诞生的，萨特隐隐地将这种心理分析同弗洛伊德的精神分析学说相对峙，其实是将此作为存在主义同实证主义相对抗的一种形式。最好的"心理分析"毫无疑问是萨特的文学作品。"恶心"这种基本情态，表达出来的恰恰是那个作为"个别存在者的无关的联合"的"整体"所透露出来的荒诞性：世界是与我无关的存在，否定性的主体对他人甚至自身的实在都感到不可理解，因为自我将他人的存在和自我肉身的存在都看作同自我无关的自在的存在。

在马克思看来，这种无关应当是人类社会异化状况的真实表现，因而萨特的绝对自由并不是人的自由，而恰恰是异化状况下的抽象自由。这是由两方面原因造成的：一是绝对的个体源自经验的投射，其来源是个别的无关联的存在者（或者说纯粹自然物），也就是说，同自然的分离恰恰造成人（主体）的物化；二是这种自由要求的是将对象物化。在个人的主观性意义上建立绝对自由，毫无疑问要将他人物化，正是在这个意义上，萨特在《禁闭》中说："他人就是地狱。"此外，萨特在《反犹太者的画像》中描画出反犹太者的关于仇恨的"激情"先于激起这种仇恨的事实，从而证明那些人只是让自己停驻于外界个别存在者的偶然性中，不愿意做任何改变，而宁愿停留在自在的存在中。但是，人们在其中所停留的并不是他们自身的存在，他们如此停留，就只能把自己当作物来对待。人们为何作出这样虚妄的选择？萨特回答道："因为他对于不透性感到乡愁。"若是离开萨特哲学的存在论地基，我们会说："乡愁"是比海德格尔的"无家可归"更丰富而恰当的表述，它表达出一方面人不是居于自身之中，而是"在外的"，并且渴望着回归；另一方面人却无法回归，或者是因为家园已经面目全非，或者是因为人永远达不到原初的关联。在萨特那里就是：人是被判决为自由的，漂泊是他的命运。这样的个体自由不仅将他人物化，同时也物化了其自身。

几乎可以说，萨特是将个体的绝对自由当作他全部哲学的终极目的的，因此我们有必要认真对待这种关于绝对自由的言说的意义。注定的自由同以往任何一种自由的概念不同，它不再将自身肯定为一种价值，相反，它所面对的人的基本情状就是"匮乏"（缺少）。无神论的存在主义者取缔了传统的价值，将真理的超验领域纳入了意识的超越领域，于是巴雷特说："萨特把笛卡尔归于上帝的那种自由给了人。"①如此看来，那些关于"恶心""焦虑"等状况的消极的、颓败的叙述就因此具有了某种关

---

①　[美]巴雷特：《非理性的人》，北京，商务印书馆，1995，第240页。

于人的价值的积极意味。没有超验的保障，没有任何一种普遍价值为人的行为作出定夺，因此人必须为他自己的行为负责。

然而事实上，纯粹否定性的自由在逻辑上得不出人必须为自己负责的结论，也就是说不能排除人的行为的任意性（偶然性），正如克尔凯郭尔所说的那样，"把自己关在'不'中的人可以是恶魔般的人"，萨特的自由正是这种"恶魔般的"自由。在萨特的体系中，个体一方面保持存在的极度抽象的形式，无法确证实在性的存在，一方面在主体领域内保持具体的个体样态，这种个体的样态正是孤立的个体所把握到的，世界抽象掉其实在的内容而向个体本身所作的笛卡尔式的返回。

但是，正如萨特所揭示出人的处境的匮乏确实是最现实的处境一样，巴雷特最后说："随着现代世界的前进，萨特式的自由将越来越成为人所唯一能够经验的自由。"①马克思在《1844年经济学哲学手稿》中关于"异化劳动"的学说，正是针对这一现代性的基本状况而言的。同时，马克思哲学为我们指出了真正的道路：异化世界的人的本质不过是人的本质的否定形式，而人的本质之积极的、肯定的形式便是自由自觉的劳动。所谓"自由自觉的劳动"并非形而上学的一个新的公设，而是特定地现存于异化之否定形式中的"对象性的本质力量"。也就是说，虽然现代性的基本状况是非人化的，但与此同时，人的感性对象性的活动作为消灭异化的现实力量就存在于这一基本状况之中。因此，简单地否定人的现实的一切属性（排除各种形而上学之本质），幻想一种脱离一切定在的绝对个体，这种努力必然将人的对象性活动本身也虚无化了，人失去其作为"感性活动"的存在，而相对应地，那个"被抽象地理解的，自为的，被确定为与人分隔开来的自然界，对人说来也是无"②。由此看来，萨特的绝对自由只是被现代性的汪洋大海逼到无路可退的自由，只是放弃了所有立法意义的非人的自由。

综上所述，萨特基本上未能触动近代形而上学的基础，他隐秘地保留了一个类似于康德式的二元论架构，而为了掩盖知识论路向所不能解决的二元对立，或者说为了解决先验自我的问题，他所作的修改不是费希特式的，更不是胡塞尔式的，而是自康德向笛卡尔的返回，也就是说，更接近于安瑟伦式的。萨特在受到马克思哲学（准确地说是马克思主义的黑格尔因素）影响后，在口头主义地保持了存在第一性的同时，反而又在

---

① ［美］巴雷特：《非理性的人》，北京，商务印书馆，1995，第259页。
② 《马克思恩格斯全集》第3卷，北京，人民出版社，2002，第335页。

社会和历史的领域内复辟了理论的道路。事实上，萨特所知道的存在，从来都仅仅是个体性的存在者，他所知道的意识，也仅限于个体性的主观性，因此总的来说，他所力图达到的不过是两者在抽象形式上的统一。然而由于不能真正领会黑格尔辩证法的精髓，他的哲学在谈论事物、现实或感性时绕过思辨逻辑而诉诸经验的直观，而在谈论活动、历史时又撇开真正的感性而诉诸认识和反思，因而他所达到的"统一"实际上是一种相当笨拙的调和结果。当然，我们还是得说，批判一种哲学的理论成果比批判它的时代意义要容易得多，虽然在完成了的形而上学中萨特哲学甚至不能妥当地保留为一个被超越的环节，但其所呈现的，却是黑格尔哲学走出其学说的书面形式从而成为我们可以经验到的现实的这一过程。欧洲人，以及所有分享了同一天命的当代人，在这一过程中将同时领会到马克思在存在论领域内所发动的这场革命的重大意义。

第七章 阿尔都塞对马克思哲学的
独特阐释及其存在论取向

在 20 世纪马克思主义哲学的阐释史上，法国哲学家阿尔都塞是一个十分引人注目的人物。对中国理论界来说，阿尔都塞的名字首先是与"结构主义的马克思主义"和"理论的反人道主义"紧密联系在一起的，但阿尔都塞对马克思哲学做出的独特阐释决不仅限于这些标签所能提示的内容。择其大端而言，除了激烈抨击将马克思主义人道主义化的解释倾向之外，还包括他对马克思意识形态理论的丰富和发展方面，而在他身后发表的大量遗稿，更向世人展示了一个与《保卫马克思》和《读〈资本论〉》中的阿尔都塞有很大差异的全新形象。不过，现在看来，尽管阿尔都塞一生的思想处在不断的变化当中，但贯穿始终的主题是他对马克思哲学的革命性变革及其划时代意义的探索。下面我们将尝试着就阿尔都塞对这一主题做出的独特阐释，从存在论基础的方面做一番叙述和检审的工作。

第一节 "结构主义的马克思主义"和"理论的反人道主义"

自卢卡奇开创性的工作以来，西方马克思主义者大多强调马克思主义的黑格尔哲学基础，以恢复和发挥马克思主义哲学的能动性和革命性的方式，将马克思的思想人道主义化。尤其是 20 世纪 30 年代《1844 年经济学哲学手稿》的重新问世，更加推动和促进了这一阐释方向的发展。正当"人道主义的马克思主义"不仅在思想界，而且在苏联和东欧各国共产党内关于马克思主义的理解和解释中日益占据主导地位时，阿尔都塞异军突起，提出了"马克思的理论反人道主义"的著名命题，对上述思潮进行了猛烈的批判，由此开辟了一种阐释马克思主义哲学的新路向。

一、"总问题"与"认识论断裂"

用阿尔都塞的学生和合作者埃迪安·巴里巴尔的话说，《保卫马克思》在最初出版时就既是一个"解读马克思"，又是一个"保卫真正的马克思主义"的"宣言"。① 这一"宣言"的立场和原则，突出地表现为阿尔都塞以"总问题"和"认识论断裂"概念为标志的关于马克思思想的独特阐释中。

"总问题"和"认识论断裂"的概念都并非是阿尔都塞的首创。前者借自 1963 年去世的阿尔都塞的朋友雅克·马丁，后者来自阿尔都塞的老师法国科学哲学家巴什拉。但毫无疑问，这两个概念恰恰是由于阿尔都塞借用来说明马克思思想的发展之后才广为人知的。在阿尔都塞看来，所谓"总问题"，指的是一个思想以及这一思想所可能包括的各种思想的特定的具体结构。"总问题"并不是一目了然的，它隐藏在思想的深处，在思想的深处起作用，往往需要不顾思想的否认和反抗，才能把"总问题"从思想深处挖掘出来。而所谓"认识论断裂"，指的是思想发展中的一种质的中断或飞跃："已被公认的科学总是已经从它的史前时期中脱胎而出，并且在把史前时期作为谬误而摒弃的同时，继续不断地从史前时期中脱胎而出（史前时期始终作为科学的它物而与科学同时存在）；这种脱胎方式就是巴什拉所说的'认识论断裂'。"②

显然，阿尔都塞引入这些概念的主要目的是提出一种关于马克思主义的全新解释方案，而其主要矛头是指向人道主义马克思主义的。自卢卡奇以来的西方马克思主义者，十分推崇马克思青年时期的著作尤其是《1844 年经济学哲学手稿》，有些人甚至用青年马克思去反对老年马克思，用《1844 年经济学哲学手稿》去反对《资本论》。在这种情况下，如何看待青年马克思和成熟马克思的关系问题，在阿尔都塞看来已经上升到了"关乎马克思主义生死存亡的高度"③。

不过，上述理论立场上的对立首先是以哲学史方法论差异的面目出现的。阿尔都塞认为，人们在阅读马克思的著作时，满足于把各种观念随意地连接起来，或对各种术语作简单的比较，而对文章本身却缺少历史的分析，这种比较有时是肤浅的和不正确的，导致的结果就是还原论和目的论。还原论和目的论是以三个理论前提为基础的：第一，分析性前提，根据这一前提，任何理论体系、思想结构都能够被还原为各自独立的部分，人们可以对这些部分进行单独的研究；第二，目的论前提，就是认为最终结果决定着理论发展的阶段和过程的意义；第三，前两个

---

① 参见［法］埃迪安·巴里巴尔为《保卫马克思》写的"1996 年重版前言"，［法］阿尔都塞：《保卫马克思》，北京，商务印书馆，2006，第 I 页。

② ［法］阿尔都塞：《保卫马克思》，北京，商务印书馆，1984，第 225 页。

③ 参见同上书，第 32 页。阿尔都塞总结当时的情况时说"辩论的起因是青年马克思，辩论的结果关系到马克思主义的生死存亡。辩论的题目则是青年马克思是否已经是马克思的全部。"

前提的基础，把观念的历史看作自己的组成部分。这三个前提的最明显的特征就是折衷主义的方法，用这种方法去研究马克思主义，就会把青年马克思的思想发展分为唯物主义成分和唯心主义成分，而无法说明各种不同乃至相反的成分如何结合成为马克思的世界观。

针对上述三个错误的理论前提，阿尔都塞也提出了三个原则：第一，每种思想都是一个真实的整体并由其自己的"总问题"从内部统一起来，只要从中抽出一个成分，整体就不能不改变其意义；第二，每个独特的思想整体（具体个人的思想）的意义并不取决于该思想同某个外界真理的关系，而取决于它同现有意识形态环境以及同作为意识形态环境的基地并在这一环境中得到反映的社会问题和社会结构的关系；每个独特思想整体的发展，其意义不取决于这一发展同被当作其真理的起点或终点的关系，而取决于在这一发展过程中该思想的变化同整个意识形态环境的变化，以及同构成意识形态环境基地的社会问题和社会关系的变化的关系；第三，推动独特思想发展的主要动力不在该思想的内部，而在它的外部，在这种思想的此岸，即作为具体个人出现的思想家，以及在这一个人发展中根据个人同历史的复杂联系而得到反映的真实历史。①

从这三个原则出发，阿尔都塞探讨了马克思和费尔巴哈、黑格尔的关系，认为尽管青年马克思的一些观点超越了费尔巴哈，但其早期著作中"哲学中的未来世界""主客体颠倒""人的根本就是人本身"等著名的公式都是受到费尔巴哈的影响或者从那里直接借用来的，这些概念不是孤立的，而是作为一个整体一下子借来的，这表明马克思的"总问题"就是费尔巴哈的"总问题"。然而在《德意志意识形态》中，马克思要"把我们从前的哲学信仰清算一下"，就意味着采纳了一个新的"总问题"，放弃了费尔巴哈力图摆脱而没有能够摆脱的哲学"总问题"，这不仅标志着与费尔巴哈的决裂，同时也意味着马克思思想发展中的"认识论断裂"：以1845年为界，在此之前是从属于费尔巴哈"总问题"的意识形态阶段，在此以后是马克思创立和发展"历史科学"的阶段。

总之，阿尔都塞用"总问题"的转换和"认识论断裂"论证了青年马克思还不是马克思主义者，否定了马克思早期著作的重要性。这在理论界和法国共产党内立刻引起了强烈的反应。阿尔都塞也被迫作了自我批评，然而，在"自我批评"中，他对于"认识论断裂"毫不让步，仍然坚持自己的观点，并作了进一步的论证，而且他还把承认"断裂"与否，看作是双

---

① ［法］阿尔都塞：《保卫马克思》，北京，商务印书馆，1984，第42～43页。

方在政治上的对立。在自我批评材料中，阿尔都塞只承认他在提出"认识论断裂"时，犯了理论主义的错误，即用了科学和非科学的理论主义术语来思考和确定"断裂"，把"断裂"仅仅归结为科学和意识形态的对立。但同时，阿尔都塞反复强调"断裂"是确实存在的，不是幻觉，"断裂"之后的马克思在以前凡是谈到人、经济主体、需求、异化、市民社会等的地方，就用生产方式、生产力、生产关系、经济基础、上层建筑、意识形态、阶级、阶级斗争等概念，由此得出的结论必然是，在马克思的概念体系和马克思前的概念体系之间，不存在继承的关系，这种理论差别，这种辩证的飞跃，只能是"认识论断裂"。

阿尔都塞高度评价马克思"认识论断裂"，并把这一断裂和古希腊哲学家泰勒斯为科学认识开拓了数学的大陆，伽利略为科学认识开拓了物理学的大陆相提并论，认为马克思理论中意识形态与科学的断裂，为科学认识开拓了历史的新大陆，由此才创立了历史科学，即历史唯物主义。

二、意识形态和科学的对立

由"认识论断裂"，阿尔都塞提出意识形态和科学的对立，反对人道主义的马克思主义。在阿尔都塞看来，马克思主义面临的主要危险不是来自资产阶级对它的歪曲和攻击，而是来自马克思主义理论的内部，来自把马克思主义人道主义化的解释，来自"社会主义的人道主义"的口号。因此，每一个共产党员都不能对这种危险形势听之任之，必须起来保卫马克思，捍卫马克思主义的纯洁性。要做到这一点，必须在马克思主义和非马克思主义之间划清一条界线。为此，阿尔都塞提出"认识论断裂"，把受人道主义马克思主义者推崇的青年马克思的思想划入前科学的意识形态阶段，指出只有"断裂"后的马克思的思想才是科学。所以，阿尔都塞后来反复强调他的理论干预，认为这种干预揭示了一个主要的对立，即意识形态和科学的对立。

那么，什么是意识形态呢？阿尔都塞说："意识形态是具有独特逻辑和独特结构的表象（形象、神话、观念或概念）体系，它在特定的社会中历史地存在，并作为历史而起作用。"[①]什么是科学呢？阿尔都塞说："科学（科学是对现实的认识）就其含义而言是同意识形态的决裂，科学建立在另一个基地之上，科学是以新问题为出发点而形成起来的，科学就现实提出的问题不同于意识形态的问题，或者也可以说，科学以不同于意

---

① ［法］阿尔都塞：《保卫马克思》，北京，商务印书馆，1984，第201页。

识形态的方式确定自己的对象。"①从这两段话中，我们可以看出，作为科学对立面的意识形态，具有如下特征：

第一，意识形态的主要功能在实践和社会方面。意识形态和科学之所以不同，是因为在意识形态中，实践的和社会的职能压倒了理论的职能。在阿尔都塞看来，理论是科学的同义词，理论高于实践，或者说理论本身就是一种特殊形式的实践，是在特殊的实践中能够认识和改造其对象的方法。而实践的意识形态"是把种种概念——表述——意象塑造成行为——品行——姿态的一些复杂形态。这样的集合体发挥着时间准则的功能，它支配了人们面对他们社会和个人生存的实在对象和实在难题、面对他们的历史所采取的态度和具体立场"②。因此，意识形态没有理论价值，但有实践指示的价值，理论可以破除意识形态的迷雾，而实践却做不到这一点。

第二，意识形态是个封闭的体系。它只能给自己提出一些它能够回答的问题，也就是说，为了能停留在它的界限范围内，它必须对那些可能会使它超出其界限范围的问题保持沉默。在意识形态中，理论的继续深入和发展是不可能的，意识形态只能被局限于证实自己的先决条件，而这些先决条件则与理论本身无关，只和理论之外的社会现实有关。阿尔都塞说："意识形态是不动的运动，正如黑格尔在谈到哲学本身时所说的那样，它反映和表现了历史中所发生的事情，但是它从未超越自己的时代，因为它不过是把人们引入歧途的镜子式的反映所俘虏的时代本身。"③

第三，意识形态是普遍存在的。在任何一个社会中，尽管表现形式可以千变万化，但始终有一种基本的经济活动、政治组织和一些意识形态形式。意识形态是社会总体的有机组成部分，没有意识形态，人类就无法生存，人类需要意识形态就像人类需要呼吸空气一样。幻想有一天意识形态会被科学所取代，这种想法本身就是意识形态的。因此，意识形态是社会的历史生活的一种基本结构，只有承认它的存在，才能去影响意识形态，并把它改造成为用以影响历史发展的一个工具。

作为意识形态对立面的科学，具有如下特征：

第一，科学是在抛弃意识形态总问题的前提下形成起来的，而且科

---

① ［法］阿尔都塞：《保卫马克思》，北京，商务印书馆，1984，第58页。

② 陈越编：《哲学与政治：阿尔都塞读本》，长春，吉林人民出版社，2003，第19页。

③ ［法］阿尔都塞，［法］巴里巴尔：《读〈资本论〉》，北京，中央编译出版社，2001，第163页。

学只有在与意识形态的不懈斗争中才能获得生存和发展。阿尔都塞说："谁如果要得到科学，就有一个条件，即要抛弃意识形态以为能接触到实在的那个领域，即要抛弃自己的意识形态总问题（它的基本概念的有机前提以及它的大部分基本概念），从而'改弦易辙'，在一个全新的科学总问题中确立新的理论活动。"①

第二，科学是一种经受不断变化的实践，本质上是反经验主义的。经验主义的认识论认为主体和认识的对象——客体之间存在着基本的串通关系，主体可以透过表面的东西，达到对实在的认识。与此相反，阿尔都塞认为，在实在客体同思维客体之间存在着完全的分离，思维客体是一门科学的概念要在那上面进行工作的东西，与这门科学应该提供其认识的东西及客观客体相对立。科学中要紧的东西是构成一门科学的概念如何为了发展这门科学而被展开，科学是不断变化的历史实践。而对经验主义来说，科学认识是在任何科学家进行工作之前就存在的思维和现实之间预定的和谐的结果。意识形态是一个封闭的体系，而科学基本上是可以从内部发生变化的。

在阿尔都塞看来，科学与意识形态之间横着一条鸿沟，意识形态是就幻想中的现实提出问题，而科学则是就真正的现实提出问题。从意识形态到科学必须经历一种质的飞跃，马克思的科学理论正是在与意识形态决裂的前提下形成起来的。

马克思是如何通过"认识论断裂"从意识形态达到科学的呢？阿尔都塞认为，在这一飞跃的过程中，理论实践起着决定性的作用。在阿尔都塞看来，实践是指通过一定的人力劳动，使用一定的"生产"资料，把一定的原料加工为一定产品的过程。实践共有四种形式：一是生产实践，即把一定的原料加工为日常生活用品；二是政治实践，如马克思主义政党根据历史唯物主义的科学原理，把旧的社会关系改造为新的社会关系；三是意识形态实践，意识形态不论表现为宗教、政治、伦理、法律或艺术，也都是在加工自己的对象，即人的意识；四是理论实践，即通过对意识形态的加工和改造，创建科学理论的实践活动。② 这四种实践中，阿尔都塞最关心的是理论实践，因为这是理解马克思主义如何认识理论和实践关系的一个不可或缺的前提。

阿尔都塞认为理论对于实践具有双重意义：一是理论一旦同实践发

① ［法］阿尔都塞：《保卫马克思》，北京，商务印书馆，1984，第 164 页。
② 同上书，第 139 页。

生了关系，就会涉及一般理论本身（辩证法）；二是在一般理论中，我们可以看到一般理论实践的本质表现的理论表现。关于理论实践如何生产出科学的认识，阿尔都塞提出了一套独特的逻辑推演。他认为，最初的一般是有待被加工的原料，可称为"一般甲"，"一般甲"是意识形态的概念或是前科学阶段的概念；"一般乙"是生产资料，这些生产资料是概念群，也就是"理论"；"一般丙"是认识；三者的关系是：理论实践通过"一般乙"对"一般甲"的工作，产生出"一般丙"。从"一般甲"到"一般丙"的过程就是从意识形态到科学的转化过程，这种转化过程就是"认识论断裂"。

阿尔都塞虽然用科学与意识形态来说明青年马克思和成熟马克思的对立，但他也认为这种对立不是绝对的，而是"辩证"的。科学和意识形态不能截然分开，理论和实践也常常交织在一起，他说："纯粹的理论实践是不存在的，任何科学在其历史过程中不可能由于上帝的恩典而永远不受唯心主义的威胁和玷污，即不受包括它的各种意识形态的威胁和玷污。"①他引用列宁关于绝对真理和相对真理区分的论断，来说明自己的"科学和意识形态的对立"和列宁是一致的，主要针对的是阻止人们把马克思的科学当作蹩脚的教条，恢复马克思的理论批判工作和创造工作的活力。他说："既然我们也置身于占统治地位的意识形态之中，我们就要利用我们的批判和创造去恢复马克思主义真理的活力，也就是说，要同其他的传统观念相决裂，这些传统观念有时也用马克思的词句装饰起来，但这些词句的含义却已被占统治地位的意识形态和工人运动中的偏向所歪曲。"②

三、"马克思的理论反人道主义"

从科学与意识形态对立的角度出发，阿尔都塞提出了"马克思的理论反人道主义"的论断。阿尔都塞认为马克思1845年的"认识论断裂"，是同意识形态的决裂，是同一切把历史和政治建立在人的本质之上的理论的彻底决裂。这一决裂包括三个不可分割的理论内容：第一，制定出建立在崭新概念之上的历史理论和政治理论；第二，彻底批判任何哲学人道主义的理论要求；第三，确定人道主义为意识形态，这三个环节是紧密地联系在一起的。没有与人本主义问题框架的决裂，马克思科学的历

---

① ［法］阿尔都塞：《保卫马克思》，北京，商务印书馆，1984，第143页。
② ［法］阿尔都塞：《亚眠的答辩》，载《马列主义研究资料》1986年3—4辑合刊，第314页。

史和政治理论是不可能产生出来的。① 然而现在，人们却把人道主义看作是马克思主义的理论本质，并提出"社会主义人道主义"的口号。

"社会主义人道主义"是在苏共 20 大后，苏联共产党放弃了无产阶级专政，把人道主义作为社会主义发展的目的而提出的口号，是对斯大林时期政治政策的一个反拨，它的基本内容是尊重个人人格、个人自由发展等。阿尔都塞认为，这一口号的出现是有一定积极意义的，它是为了解决某些确实存在的历史的、经济的、政治的和意识形态的新问题。但从马克思主义理论上来分析，把"人道主义"与"社会主义"并列在一起是不科学的，因为这样就混淆了两类不同的范畴，在马克思那里，"社会主义"是个科学的概念，而"人道主义"则是一个意识形态的概念。马克思主义哲学的前提就是否认人道主义是科学理论，这个前提是无论如何不能抛弃的。因此，"社会主义的人道主义"只是马克思主义在新的历史条件下采取的一种政策，它本身并不是科学理论。针对占主流地位的，把马克思人道主义化的倾向，阿尔都塞断然提出"马克思的理论反人道主义"的论断。

不过，首先要强调的是，阿尔都塞并不全盘否定一般意义上的人道主义传统。他认为，发端于 15 世纪文艺复兴运动的人道主义的历史功绩，就在于它反对封建制、教会及其思想家，赋予人以权利和尊严。古典哲学的伟大传统就是在哲学体系中恢复了人认识的权利和行动的权利，使人成为认识的主体。但他同时指出，人道主义是和新兴的资产阶级分不开的，人道主义的意识形态表达了新兴资产阶级的意志，反映和体现了资本主义商品经济的要求。

问题的关键就在于，人道主义是资产阶级的意识形态，而不是马克思主义意义上的科学理论。这一观点是阿尔都塞"马克思理论反人道主义"的核心。阿尔都塞之所以反对人道主义，主要是因为他认为，人道主义强调所有人的共同利益，模糊马克思主义关于阶级和阶级斗争的基本概念，削弱了工人阶级的革命性，使共产主义运动陷入混乱的状态，这样反过来实际上就是有利于资产阶级对工人的统治。

在阿尔都塞看来，青年马克思主要是费尔巴哈主义者，他的"总问题"是费尔巴哈的"总问题"。这一点集中表现在青年马克思的理论基础是关于"人的哲学"，具体体现在这样两个阶段中：第一阶段占主导地位的是理性加自由的人道主义，认为历史只是依靠人的本质，即自由和理性，

① ［法］阿尔都塞：《保卫马克思》，北京，商务印书馆，1984，第 196～197 页。

才能被人理解；第二阶段占主导地位的是费尔巴哈的"共同体"的人道主义，认为存在着一种普遍的人的本质，并且认为这种本质是"孤立的个体"的属性。青年马克思从上述理论基础出发，用"异化"来解释无产阶级的历史处境，提出"革命就是对异化所固有的逻辑的逻辑；革命就是至今手无寸铁的批判把无产阶级当作自己的武器。"①

然而，在阿尔都塞看来，从1845年开始，马克思彻底清算了自己以前的信仰，同一切把历史和政治归结为人的本质的理论彻底决裂，不再把人的本质当作理论基础，抛弃了主体、经验主义、观念本质之类的东西，从而创立了一门科学——历史唯物主义。阿尔都塞说："马克思同一切哲学人本学和哲学人道主义的决裂不是一项次要的细节，它和马克思的科学发现浑然一体。"②"马克思的理论反人道主义远远超出了清算费尔巴哈的范围：它既否定现存社会和现存历史的哲学，同时又否定古典哲学传统并进而否定资产阶级的全部意识形态。"③马克思的理论反人道主义首先是哲学反人道主义，因为我们在马克思主义哲学中是找不到"人"这个范畴的，我们看到的只是生产关系、经济基础、社会形态、上层建筑等范畴。因此，可以就理论的严格意义而言，提出马克思的理论反人道主义的问题，并从中找到认识人类世界及其实践变革的绝对可能性条件。

在否认人道主义是理论或者说科学的基础上，阿尔都塞还明确地提出：哲学基本上是政治的，是政治在一定领域、面对一定现实、以一定方式的继续，归根结底体现了理论领域中的阶级斗争。阿尔都塞认为，每个人都本能地有一个世界观，世界观在理论的领域表现为哲学。哲学代表理论中的阶级斗争，而且基本上是一种政治斗争，哲学是以理论形式进行政治的干预的实践。这种干预一方面在于提出范畴，另一方面在于在理论领域内部、在科学的东西和意识形态的东西之间划清界限。因此，哲学要为用词而斗争。

阿尔都塞认为，提出"哲学归根结底是理论领域中的阶级斗争"的论断，是对马克思主义基本原则的捍卫。因为只要理论领域存在，哲学就存在，而哲学斗争最后的争夺是世界观两大倾向——唯物主义和唯心主义——之间对领导权的争夺。在阿尔都塞看来，历史科学的创立，结束了历史领域唯心主义一统天下的局面，有史以来第一次使我们能够认识

① [法]阿尔都塞：《保卫马克思》，北京，商务印书馆，1984，第196页。
② 同上书，第197页。
③ [法]阿尔都塞：《亚眠的答辩》，载《马列主义研究资料》1986年3—4辑合刊，第319页。

哲学在理论中所表现的各种世界观,并且提供了改造世界观的手段——阶级斗争。[①] 并且,由于历史唯物主义和辩证唯物主义作为马克思创立的一门新的科学和一门新的哲学,是与工人运动和无产阶级的阶级斗争紧密结合在一起的,所以只有无产阶级的战士们和领袖们才了解由马克思的发现所引起的令人震惊的哲学革命。

由此,阿尔都塞坚持认为列宁的哲学党性原则是十分正确的。在他看来,任何一种哲学,无论哲学家喜欢与否,都是有党性的,但只有马克思主义哲学公开地、毫不掩饰地宣称自己的党性原则,宣称自己是为工人阶级的阶级斗争服务的,它从来不像资产阶级哲学家那样,用"人的哲学"或"人道主义"来掩盖为资产阶级服务的本质。

第二节　意识形态的多重特征与"意识形态国家机器"

阿尔都塞提出"认识论的断裂",把马克思的思想分为意识形态和科学两个阶段,并从相互对照的角度谈到了科学与意识形态的特征。不过,在阿尔都塞后来的理论工作中,得到极大发挥的倒不是"科学"的方面,反而是"意识形态"的方面。法国"五月风暴"后,阿尔都塞对资本主义国家的意识形态有了更加深刻的认识,他用精神分析作为方法论,对意识形态的多重特征作了详细的论述,尤其是"意识形态国家机器"等概念的提出,进一步丰富和深化了马克思主义的意识形态批判理论。

一、意识形态的多重特征

阿尔都塞认为,在马克思的早年著作中,尤其是在《德意志意识形态》中,马克思似乎给我们提供了一套意识形态理论,但由于这时的马克思还没有摆脱费尔巴哈的影响,还不是马克思主义者,因此,这时的意识形态理论也不是马克思主义的。到了《资本论》时期,马克思讨论了意识形态的许多形式,但却没有留下专门的意识形态理论,阿尔都塞想弥补这一不足,提出关于意识形态一般的理论。

第一,意识形态是一种"表象"。在这种表象中,个体与其实际生存状况的关系是一种想象关系。

意识形态并不是一种幻觉,因为如果我们认为意识形态是一种幻觉,

---

① 参见[法]阿尔都塞:《哲学是革命的武器》,见《马列主义研究资料》1983年第5辑,第165页。

那么我们也就同时承认了在幻觉的背后，存在着真实的世界。而在实际上，意识形态不过是以想象的形式表述了他们的实际生存条件。然而，既然意识形态只是人们和他们实际生存状况的一种幻想，而不是真实的反映，那么，人们为什么需要这种"幻想"呢？阿尔都塞对此的回答是，在马克思创立科学的理论以前，对这个问题的解释有两种答案。一种解释是，教士和专制君主"编造"了美丽的谎言，使人们相信自己是在服从上帝，实际上却是在服从他们，这样他们就能用控制人们想象力的方法来奴役人们的心灵。第二种解释是费尔巴哈式的。费尔巴哈和早期马克思都认为，这种"想象"之所以存在是因为人们自身生存状况中无处不在的物质异化。这两种观点在阿尔都塞看来都是错误的，错误的原因在于认为："我们在意识形态中发现的、通过对世界的想象性表述所反映出来的东西，是人们的生存条件，即他们的实在世界。"①

阿尔都塞指出，其实人们在意识形态中的想象，并不是他们真实的生存条件，而是他们与真实的生存条件的关系。阿尔都塞说："意识形态是一种'表象'。在这种表象中，个体与实际生存状况的关系是一种想象关系。"②意识形态以想象的方式体现着世界、现实，意识形态等于幻想。意识形态虽然属于"意识"的范畴，但它实际上是无意识的，它首先作为结构强加于绝大多数人。在阶级社会中，占统治地位的意识形态是统治阶级的意识形态。比如，当上升时期的资产阶级宣扬平等、自由和理性的人道主义时，它并不是为所有的人争权利，它解放人的目的无非是为了剥削人。如果人们天真地以意识形态的眼光去看待整个世界，那么他看到的只能是神话的世界、幻想的世界，而不是真实的世界。

第二，意识形态没有历史。

这一论点在马克思的《德意志意识形态》中可以看到，马克思在讲到自己的哲学与当时德国哲学的不同时说："我们的出发点是从事实际活动的人，而且从他们的现实生活过程中还可以描绘出这一生活过程在意识形态上的反射和反响的发展。甚至人们头脑中的模糊幻象也是他们的可以通过经验来确认的、与物质前提相连系的物质生活过程的必然升华物。因此，道德、宗教、形而上学和其他意识形态，以及与他们相适应的意识形式便不再保留独立性的外观了。它们没有历史，没有发展，而发展着自己的物质生产和物质交往的人们，在改变自己的这个现实的同时也

---

① 陈越编：《哲学与政治：阿尔都塞读本》，长春，吉林人民出版社，2003，第354页。

② [法]阿尔都塞：《意识形态和意识形态国家机器》，参见李恒基、杨远婴主编：《外国电影理论文选》，上海，上海文艺出版社，1995，第645页。

改变着自己的思维和思维的产物。"①阿尔都塞接受了这一观点，并加以发挥。阿尔都塞指出："在马克思看来，意识形态是一种想象的拼合物，是纯粹的、空幻而无用的梦想，是从未以完满而实在的现实的'白昼残迹'中构成的东西——这个现实，就是具体物质的个人物质地生产着自身存在的具体的历史。"②阿尔都塞在分析马克思意识形态理论时指出：在《德意志意识形态》中，意识形态没有历史有两个含义：第一个含义是，意识形态——就其是一个纯粹的梦而言——是虚无的东西；第二个含义并不是特指在意识形态之中没有历史（相反，意识形态恰是真实历史的苍白的、虚幻和倒置的映像），而是特指它没有自身的历史。阿尔都塞虽然沿用了马克思的提法，但他又指出，马克思的论点是实证的、历史主义的，而且是否定的，自己则是在肯定的意义上提出这一论点的。

阿尔都塞为了论证一点，借用了弗洛伊德的一个命题：无意识是没有历史的，是永恒的，因而，意识形态也没有历史，因为，决定意识形态的因素在它之外，在于生产方式和阶级斗争的历史，阶级斗争出现在我们称之为"历史"的整个过程，意识形态的结构和功能就永远不变，在这个意义上，意识形态是没有历史的。

第三，意识形态把个体转变（循唤、建构）为主体。

意识形态和主体的关系是双重的，主体的存在不能没有意识形态，反过来，意识形态又要通过主体发挥作用。这一命题是阿尔都塞意识形态学说的中心。为了说明这一命题，阿尔都塞举了一个通俗的例子：我们的朋友来敲门，我们在屋里问：谁呀？回答：我。然后我们辨别出是"他"还是"她"，我们打开门，发现真是"他"。这是一种日常生活中意识形态的实践，通过这种实践，保证了我们是具体的、个别的、可识别的和不可替代的主体。因此，阿尔都塞说，主体是构成所有意识形态的基本范畴，因为所有意识形态的功能就在于把具体的个人"建构"成为主体。

意识形态通过教育等途径进入个体，使个体成了有见解能行动的主体。然而真正的主体却是意识形态，因为它始终支配着人的观念。意识形态把个体建构成主体，就是镜像结构。这种镜像复制由意识形态所构成，而它又保证了意识形态的功能作用。意识形态镜像结构同时确保：（1）把个体传唤为主体；（2）主体对主体的臣服；（3）主体与主体的相互承认，主体之间彼此认识，以及主体的自我认识；（4）对上述三点的绝对担

---

① 《马克思恩格斯选集》第1卷，北京，人民出版社，1995，第73页。
② 陈越编：《哲学与政治：阿尔都塞读本》，长春，吉林人民出版社，2003，第350页。

保，以及当主体认识到自己的身份并恰当地做人、行事时，对他行动一切顺利的绝对担保。① 正是通过镜像复制，占统治地位的意识形态才能保证自己的统治地位，因为它使得被统治阶级臣服于自己的意识形态之下。

第四，意识形态具有一种物质的存在，是一种实体。

意识形态是个体与实际生存状况的一种想象关系，这种想象关系最终取决于它们与生产关系和阶级关系的想象关系，这种想象关系本身就具有物质的存在。每个人都有一个世界观，他会按照世界观的指导去进行实践活动，如一个基督徒，他信仰上帝，就会去教堂做礼拜、弥撒等仪式，他所做的都具有物质性。阿尔都塞说："就单个的主体而言，他所信仰的观念具有一种物质的存在，因为他的观念就是他的物质的行为，这些行为嵌入物质的实践，这些实践受到物质的仪式的支配，而这些仪式本身又是从这些机器里产生出来的。"②

阿尔都塞提出"意识形态国家机器"的概念，并把这一概念与政府、军队、警察、监狱等国家机器并列起来，认为每一种意识形态都存在于一种机器当中，这种存在就是物质的存在。意识形态的实体有许多，如宗教、教育、家庭、工会、传媒等，也就是说，意识形态虽然是制造幻想的，但无论如何，它得以一定的物质存在（如教堂、印刷机等）为前提，它们以各具特点的、专门化的机构为形式，直接呈现在我们面前。"意识形态存在于物质的意识形态机器之中，而意识形态机器规定了由物质的仪式所支配的物质的实践，实践则是存在于全心全意按照其信仰形式的主体的物质行动之中。"③

第五，意识形态是永恒的。

意识形态没有历史，就意味着在阶级斗争的整个历史过程中始终存在着意识形态，它是永恒的，即使到了共产主义社会意识形态仍然存在，只是在共产主义社会中，意识形态的形式及其关系将会有重大的改变。那种认为意识形态有一天会被一种科学所代替从而消失掉的想法是一种空想，这种空想实际上是认为：本质上属于意识形态的伦理学可以为科学所取代或原原本本地变成科学；宗教能被科学所毁灭，科学在某种程度上将取而代之；艺术可以和认识融为一体或者称为"日常生活"，如

①　陈越编：《哲学与政治：阿尔都塞读本》，长春，吉林人民出版社，2003，第371页。

②　同上书，第359页。

③　[法]阿尔都塞：《意识形态和意识形态国家机器》，参见李恒基、杨远婴主编：《外国电影理论文选》，上海，上海文艺出版社，1995，第652页。

此等。

意识形态的永恒性决定了它的普遍性，即意识形态作为社会生活的基本结构是普遍的、无所不在的。任何个人出生之后，都不可避免地要落入意识形态的襁褓之中。甚至在出生之前，就被意识形态所环绕，一个即将出世的孩子，是在家庭意识形态中被期望的，他将成为一个不可被替代的主体。然后在家庭意识形态结构中接受家庭教育，成为意识形态当中的主体。人们为了生活在一个既定的社会中，总得与该社会的意识形态相认同，如果他完全不懂得这种意识形态，他就无法从事任何实践活动，建立任何社会联系。

在科学和意识形态对立的论述中，阿尔都塞给意识形态下的定义是"意识形态是具有独特逻辑和独特结构的表象（形象、神话、观念或概念）体系，它在特定的社会中历史地存在，并作为历史而起作用"[1]。在《意识形态和意识形态国家机器》一文中，他给意识形态下的定义是："意识形态是一种'表象'。在这种表象中，个体与实际生存状况的关系是一种想象关系。"[2]这两个不同定义反映了阿尔都塞意识形态理论的深化和发展。前一个定义指出意识形态是个独特的表象体系，历史的存在，历史的起作用，而在后一个定义中，意识形态既然是一种想象关系，因而它不具有历史性。人们在表述他们的实际生存状况时，并没有意识到这只是一种想象的关系，反而以为透过这些表述，他们可以认识实际存在的世界。其实这是根本做不到的，因为意识形态的遮蔽性掩盖了人们同他们实际生存情况的真实关系。阿尔都塞指出，意识形态的主要功能就在于它表述了个人与其实在生存条件的想象关系，他说："意识形态涉及人类同人类世界的'体验'关系。这种关系只是在无意识的条件下才以'意识'的形式而出现；同样，它只是在作为关系的条件下才成为简单关系。"[3]人们意识不到这一点，正像人们意识不到无意识的存在一样，人们以为支配自己行动的是自己的意识，弗洛伊德的理论却揭示出控制人们行动的是无意识，虚假的主体性消失了，意识形态才是真正的主体。

应该说，阿尔都塞运用精神分析对意识形态所做的分析，比起早期西方马克思主义者对意识形态的分析要深刻得多。20世纪初期革命的失败，使西方马克思主义者关注文化、关注意识形态问题，也提出要争夺

---

① ［法］阿尔都塞：《保卫马克思》，北京，商务印书馆，1984，第201页。

② ［法］阿尔都塞：《意识形态和意识形态国家机器》，参见李恒基、杨远婴主编：《外国电影理论文选》，上海，上海文艺出版社，1995，第645页。

③ ［法］阿尔都塞：《保卫马克思》，北京，商务印书馆，1984，第203页。

意识形态领导权的口号，但是，对人们尤其是无产阶级为什么会心甘情愿地臣服于资产阶级的意识形态，分析得不够到位。阿尔都塞把意识形态和主体性联系起来，一针见血地指出意识形态把个体建构成主体，就保证了主体对主体的臣服，后一个主体是指意识形态，因此，人们承认秩序，承认服从上帝、服从戴高乐、服从老板、服从工程师，一句话，承认一切现存的事物。① 这就是为什么人们尊重、服从现有秩序的原因，也是为什么工人阶级的革命会失败的原因。

二、意识形态国家机器

在对"意识形态"多重特征作出自己的解释的基础上，阿尔都塞还进一步对作为上层建筑的意识形态在社会"再生产"中的特殊地位作出了独特的阐释。这便是所谓"意识形态国家机器"的理论。

"意识形态国家机器"完全是阿尔都塞独创的概念。由于国家的产生和发展基于阶级的产生和发展，马克思主义创始人关于国家本质的表述，主要是强调了国家的阶级性和国家的镇压作用。阿尔都塞认为，马克思主义的国家首先就是指"国家机器"，即警察、法庭、监狱和军队，以及国家元首、政府和行政机关。"以这种形式提出的马克思列宁主义国家'理论'真正指明了事情的本质，任何时候没有任何疑问可以否认这确实就是事情的本质。国家机器把国家定义为在资产阶级及其同盟者所展开的反对无产阶级的斗争中，'为维护统治阶级的利益'而实施的镇压和干预的力量；这样的国家机器才是真正的国家，才真正定义了它的基本'功能'。"②尽管如此，但在阿尔都塞看来，马克思主义创始人关于国家的经典性表述完全是描述性的，这种描述性的国家理论仅仅代表了理论构成过程本身需要"替代"的一个阶段，要使这种描述性的理论发展为理论本身，必须对马克思主义的经典定义加以"补充"。

为了把马克思主义关于国家的描述性理论变为"科学的"国家理论，阿尔都塞试图对国家问题尤其是对"意识形态"作为"国家机器"的性质进行深入的思考。

根据马克思的看法，生产条件的再生产的问题是人类得以维持自己生存的最根本的问题。在这个问题中，生产关系的再生产具有特别重要的意义。阿尔都塞主张必须从"再生产"的观点出发来透视国家和意识形

---

① 参见陈越编：《哲学与政治：阿尔都塞读本》，长春，吉林人民出版社，2003，第317页。
② 同上书，第330页。

态问题。

他说:"国家(及其在国家机器中的存在方式)如不作为国家权力的功能,便没有丝毫的意义。全部政治性的阶级斗争都围绕着国家而展开。"①他把马克思主义的国家理论概括为四点:1. 国家是镇压性的国家机器;2. 必须对国家政权和国家机器加以区分;3. 阶级斗争的目标在于国家政权;4. 无产阶级必须夺取国家政权,以便打碎现存的资产阶级国家机器。由此出发,他认为把国家机器和国家政权区分开是很重要的,国家机器可以沿留不灭,不同的阶级都可以利用国家机器进行斗争,甚至不会受到政治事变的影响和限制,国家政权则是各个阶级争夺的对象,国家的镇压职能只是国家权力的一个职能,不能把它与国家权力的全部职能等同起来,掌握并维持国家权力乃是政治斗争的最高目的。阶级斗争的目的是针对国家政权的,无产阶级要夺取国家政权,以便打碎资产阶级国家机器,代之以无产阶级国家机器。列宁曾经说过:无产阶级需要国家政权,集中的强力组织、暴力组织,既为的是镇压剥削者的反抗,也为的是领导广大民众即农民、小资产阶级和半无产阶级来"调整"社会主义经济。但是,我们不能仅仅满足把国家政权与国家机器分开就行了,要发展马克思主义的国家理论还必须考虑到另一种现实,即意识形态国家机器。

可见,阿尔都塞对马克思主义国家理论的重要补充,是把国家机器分为两类,一类是强制性的国家机器,另一类是意识形态国家机器。

阿尔都塞在重申了马克思主义把国家政权和国家机器区分后,提出应该把国家机器分为强制性国家机器和意识形态国家机器。强制性国家机器包括政府、行政机构、军队、警察、法庭、监狱等,这类国家机器是靠暴力发挥其功能作用的。所谓意识形态国家机器是以一些各具特点的、专门化机构的形式出现在我们面前的,它包含着一定数量的实体,如宗教、教育、家庭、法律、工会、传媒和文化等。两者定义的不同,决定了两者的区别:第一,只有一个强制性的国家机器,而有许多的意识形态的国家机器;第二,强制性国家机器完全属于公共的领域,意识形态国家机器则属于私有的领域,工会、学校、教会、党派、文化团体等都是民间的;第三,强制性国家机器大量并首要地运用镇压来发挥功能,而辅之以意识形态,意识形态国家机器大量并首要地运用意识形态

---

① ［法］阿尔都塞:《意识形态和意识形态国家机器》,参见李恒基、杨远婴主编:《外国电影理论文选》,上海,上海文艺出版社,1995,第 627 页。

发挥功能，而辅之以镇压。

国家机器虽然可以划分为强制性国家机器和意识形态国家机器两种，但两者所起的作用却是同一的，任何一个统治阶级要统治下去，就必须把这两种不同的国家机器结合起来，而在资本主义时代，生产关系的再生产是通过国家政权在强制性国家机器和意识形态国家机器两方面中的运用来保证的。"镇压性国家机器的作用，就它是一个镇压机器来说，本质在于用武力来保证生产关系再生产的政治条件。国家机器不仅为自身的再生产不遗余力，而且首先要运用镇压来保证意识形态国家机器运行的政治条件。实际上，正是后者，在镇压性国家机器为它提供的'盾牌'后面，主要保证了尤其属于生产关系方面的再生产。也正是在这里，大量地集中了占统治地位的意识形态的作用。"①

在一个社会中，虽然有许多的意识形态国家机器，但它们却具有统一性，这种统一性就是统一在占统治地位的意识形态之下的。阿尔都塞说："考虑到'统治阶级'通常在事实上会（公开地，或者更多地借助于阶级或阶级的某些部分之间的联盟）掌握国家政权，因而能够任意支配（镇压性）国家机器，我们就应该承认这个统治阶级事实上在意识形态国家机器同样握有主动权，因为最终总是占统治地位的意识形态在意识形态国家机器里获得了实现。当然，在（镇压性）国家机器里运用法律和政令来行事和在意识形态国家机器里通过占统治地位的意识形态这个中介来'行事'，这是非常不同的事情。我们应该仔细研究这种不同——但是，它掩盖不住具有深刻同一性的现实。据我所知，任何一个阶级如果不在掌握政权的同时对意识形态国家机器并在这套机器中行使其领导权的话，那么它的政权就不会持久。"②

意识形态国家机器是确保生产关系的再生产得以进行的基本条件，因为生产关系的再生产也就是资本主义剥削关系的再生产，它必须由意识形态来论证其合理性。但同时，意识形态国家机器也是阶级斗争的场所，被剥削阶级也可以利用那里的矛盾进行抵抗，从而攻克那里的战场，为此，阿尔都塞强调了意识形态领导权的重要性。

阿尔都塞虽然提出有许多的意识形态国家机器，如宗教意识形态国家机器、家庭意识形态国家机器、法律和政治的意识形态国家机器、工会的意识形态国家机器等，但在所有的意识形态国家机器中，阿尔都塞

①　陈越编：《哲学与政治：阿尔都塞读本》，长春，吉林人民出版社，2003，第341页。
②　同上书，第338页。

对家庭、宗教和教育这三种意识形态国家机器的分析最深、批评最烈。

1. 家庭意识形态国家机器

资产阶级大革命打碎了封建等级的人身依附制度，个人得到了自由，人们不再受到有形的外在强制，不再服从僵死的权威，然而，权威并没有消失，而是变换形式，内化为人们心中的权威。意识形态在这个过程中起到了决定性的作用。那么，意识形态最初是通过什么途径对人发生作用的呢？为什么无意识当中会有大量的意识形态的存在？为什么被压迫阶级会被统治阶级的意识形态同化呢？阿尔都塞在一般意识形态理论中指出，意识形态通过教育等途径进入个体，使个体成了一个有见解能行动的主体，然而真正的主体却是意识形态，因为它始终支配着人的观念。意识形态的镜像结构功能确保了主体对主体的臣服，正是通过镜像复制，占统治地位的意识形态才能保证自己的统治地位，因为它使得被统治阶级臣服于自己的意识形态之下。

阿尔都塞对家庭意识形态国家机器的分析和批判，是建立在精神分析学的基础之上的，精神分析学的着眼点就是家庭。弗洛伊德认为，支配人一生的性格结构就是在家庭父母的监护下形成的。从婴儿到儿童，性的发展大致有三个阶段，其中第三阶段在人的性格形成中最为重要。在这一阶段，儿童开始向外界寻求他爱的对象，不可避免地，他首先接触到的是那些与他最接近的人——他自己家庭中的分子，主要是他的父亲母亲。在儿童方面对于异性双亲有一种性的态度，男孩子的"俄狄浦斯情结"和女孩子的"安勒克特拉情结"出现了，男孩子在很小的时候，已经对他的母亲开始发展一种特殊的爱情，把她看作他自己的私产，把父亲看作是与他争夺这份私产的敌人；小女儿同样把她的母亲看作是妨碍她与她父亲恋爱关系的人，并占据了她自以为应占的地位，这样就形成了复杂的情况，儿童将来的性格和气质主要取决于他应付这种复杂情况的态度。为了儿童将来对家庭以及社会的适应，对这些情结的压制是必要地，这有利于形成大而安定的社会集团。在这一过程中，"文化"扮演着重要的作用，"自我"成长起来，从不具有人类形态的片面认识，成为有外部形象的人的形式。在这个过程中，人的生理心理的成长与符号化的过程结合了起来，成为一个具有社会的和文化意义的个体。

阿尔都塞认为，人一出生只是一个小生物，这个小生物能够生存下来，不是变为一只小狼或小熊的孩子生存下去，而是作为一个人类的孩子生存下去，是因为从一开始，他就完全被男女性人类秩序的束缚所制约，这种男女性人类秩序是从母亲的喂养频率和训练出发，每位母亲以

"爱"或"恨"的方式刻画在这小生物身上。阿尔都塞赞成拉康的观点，认为从最纯粹的生物存在到人的小孩的人的存在的这一过渡，是在"秩序法则"(阿尔都塞称为"文化法则")里头完成的。拉康在他著名的"镜像阶段"理论中指出，儿童经过镜像阶段后就变得成熟起来，他获得了"自我"的概念，此后，自我的身份认同显示出它的力量，使得儿童与周围的环境之间的联系性质发生了变化，他不再把外界的客体作为自己的组成，因为他已经从镜子中确认了自己。而儿童与周围的联系中，最重要的就是与父亲母亲的关系。儿童虽然有了"自我"的概念，但这时的"自我"还很软弱，还不能有效地对抗"本我"争取满足的冲动，必须借助把自己的一部分与双亲视为同一体以加强它自己。双亲代表着权威，因为他们有力量限制和禁止儿童的愿望，不允许任何反对。由于把自己的一部分与双亲视为一体，于是在心中扮成严峻的双亲的角色，监视着"本我"的冲动，并强迫自己压制那些它认为不能许可的冲动，这种权威的内部化，就在儿童时代发展起来。

阿尔都塞说："拉康表明了从每个婴儿出生之前就为每个要降生的婴儿准备就绪，而且在他发出第一声哭声前就抓住他，把他的身份地位和角色指派给他，因此把他固定的命运分配给他的这一秩序、法则的作用。"[①]在此基础上，阿尔都塞指出，婴儿从他呼出第一口气的时候，就开始服从这一法则，即使是未出生的孩子，家庭意识形态的各种形式(父系的/母系的/夫妇的/兄弟的)就已经被寄予在它的身上了，它将被给予父姓，按照家庭意识形态对它的希望加以培养。这种意识形态的约束力和预定作用，以及在家庭中抚养和教育孩子的所有仪式，与弗洛伊德所研究的前生殖期和生殖期的各种性欲形式，即对于他从作用上称之为无意识的东西的"控制"，有着某种关系。

2. 教育意识形态国家机器

阿尔都塞认为，在成熟的资本主义社会中，占据统治地位的意识形态国家机器是教育意识形态国家机器。在前资本主义时代，占据这一位置的是教会，教会集宗教、教育、文化的功能于一身，这也就是为什么16—18世纪意识形态领域中的斗争，表现为宗教改革，表现为反对教权和宗教的斗争。法国大革命的一个伟大功绩，不仅在于把国家政权从封建贵族手中转移到了资产阶级手中，而且在于打击了占统治地位的意识形态国家机器——教会，把原来由教会履行的职能转移到了新的意识形

---

① [法]阿尔都塞：《列宁和哲学》，台北，台湾远流出版公司，1991，第228页。

态国家机器——学校。

　　阿尔都塞反对"文化"浪漫主义的观点，他认为，所谓"文科"和它们的对象——文学、艺术、历史、逻辑、哲学、宗教的关系，就是关于各种准则、规范和各种实践的规定和反复灌输，要懂得如何"阅读"经典文本，懂得如何"运用"历史的教训，懂得如何用正当的方法做出有益的思考，懂得如何依靠正确的观点去了解我们关于人的存在、科学、伦理、宗教等伟大问题的立场。尤其是学校里的文科教育，表面上是在传授知识，实际上是在学习一种特殊的本领。就是要懂得如何鉴赏、判断、利用这个"对象"：这种知识专注于懂得为了什么而如何去做的问题。知识本身并不重要，重要的是在于懂得为了什么而如何去做，也就是说，在教育的场所进行文化训练，从而学会在面对人的存在所包含的一切文化现象时，能够恰当地思考、判断并恰当地表现行为举止，文科教育的目标就是训练出有教养、有文化的人。

　　学校接纳了各个阶级的学龄儿童，在以后的若干年中，他们学习各种"本领"，如科学、文学、算术等，这些"本领"中就包含着占统治地位的意识形态，更不用说那些纯粹的意识形态课程如哲学、伦理学、公民教育。到了 16 岁时，一大批孩子加入劳动大军，成为工人或农民，另一部分人多学几年，成为技术员、白领工人及小资产者，一小部分到达顶点，成为资本家、政客、行政官员及职业的意识形态家。他们当中的每一批人，都被提供了与他们的角色相适应的意识形态，他们被教导成为一个好公民，服从统治阶级建立起来的社会秩序。例如学校的文科教育，我们不能认为在文科和它们的对象之间是一种科学认识的关系，实质上两者存在着实践关系。"人文学科以其不同形式所提供的'文化'，充其量不过是存在于该社会内部的文化针对某些被神圣化了的对象所做的评价。要理解人学文科所提供的'文化'的意义，必须追问的不是人文学科本身，或者说不仅仅是人文学科，而是必须追问在'培养'了这些技艺的那个社会内部所存在的'文化'，追问那种文化的阶级功能，进而追问那个社会的阶级分化。在学校讲授的'文化'，实际上充其量不过是二度的文化，它面向该社会中多数或少数人的个人，并结合某些特许对象，'培养'了与那些对象相关的技艺；这种技艺，作为实践的手段，向那些个人反复灌输着与该社会的制度和'价值'、与其中所发生的事件有关的实践行为方面的明确规范。"①

---

　　①　陈越编：《哲学与政治：阿尔都塞读本》，长春，吉林人民出版社，2003，第 32～33 页。

文化是既定社会中的精英或大众的意识形态，不是真正的群众的意识形态，而是统治阶级直接或间接地、通过教育或其他手段试图向他们所统治的群众反复灌输的意识形态，并且这种灌输是以歧视为基础的（一种文化给精英，一种文化给民众）。占统治地位的意识形态总是被强加给群众，来对付他们自身文化中的某些倾向，这些倾向虽然得不到识别和认可，但它们始终在反抗。这样，学校就成为保障人们对占统治地位的意识形态的臣服的重要阵地，由学校教学过程所实施的文科文化不是一种纯学术现象，它是对民众进行意识形态"教育"的一个环节，人们在这个学徒期学习大量的包裹着统治阶级意识形态的本领。种种意识形态手段帮助统治阶级取得了领导权并由此掌握了政权，它们反过来又都聚集在由统治阶级掌握政权的国家的周围，资本主义的生产关系就这样被大规模地再生产出来，从而保证资本主义再生产的顺利进行。所以，在资本主义国家中，学校教育的实质就是以保障人们对占统治地位的意识形态的臣服，在占据前台的政治的意识形态国家机器的幕后，资产阶级建立起来的头号的、占统治地位的意识形态国家机器，就是教育的机器。

既然学校在意识形态灌输中起着如此重要的作用，那么，那些职业的意识形态专家——教师扮演的角色又是什么呢？阿尔都塞认为，大多数教师从来没有怀疑过资本主义制度所强加给他们的"工作"，这些教师运用最先进的教学手段，倾注自己的全部身心和聪明才智来完成这项工作，他们很少怀疑这项"工作"，因此，他们的忠诚就有助于维护和滋养对学校的意识形态表述。他非常赞同列宁对资本主义社会中知识分子的总体评价：就个别人而言，知识分子中的某些人可以在政治上被宣布为革命者，甚至是大无畏的革命者，但就总体而言，他们在意识形态上是"不可救药"的小资产阶级。每个人都本能地有一个世界观，知识分子按阶级地位来说，属于小资产阶级，他们要想成为工人阶级的思想家和无产阶级的有机的知识分子，必须在他们思想中进行彻底的革命。

阿尔都塞对知识分子尤其是学校的意识形态专家的分析是非常深刻的。他认为由于知识分子的特定角色，他们不能洞察教育及其课程、形式和实践所传达的意识形态，这一点既适用于技艺，也适用于科学。"他们在不受自己控制的规律所决定的框架内从事着自己的实践，这样的实践因此也自发地生产着一种意识形态，仿佛他们没有任何理由可以脱离这种意识形态而存在。但问题还不止于此。他们自身的意识形态、关于他们实践的自发的意识形态不止依赖于他们自身的实践：它主要地并归根到底地依赖于在他们生活的社会中占统治地位的意识形态体系。最终，尤其是这个意识形态体系支配着他们关于科学和技艺的一切意识形态形式。看似在他们眼前发生的事情，实际上发生在他们背后。"①

哲学在意识形态中所起的作用十分独特，哲学家曾被马克思贬斥为"意识形态制造者"，阿尔都塞本人就是一名哲学教师，他认为哲学教师群体，即使在他们以"批判者"自居时，也是代表着占统治地位的哲学，服从于占统治地位的意识形态。

哲学教师是教师，即这样的一些知识分子：他们在一种给定的教育制度中被雇用，服从于那个制度，作为群体履行着反复灌输"占统治地位的意识形态价值"的社会功能。至于在学校和其他机构中可能有一定量的"游戏"，使得个别教师可以用他们的教学和思考来反对这些既定的"价值"，这个事实也并没有改变哲学教育功能的群体效果。哲学家是知识分子，因而也是小资产者，他们作为群体服从于资产阶级和小资产阶级意识形态。②

3. 宗教意识形态国家机器

在资本主义社会，教育取代了教会成为占统治地位的意识形态国家机器，但教会并没有退出意识形态的领域，相反，教会试图通过变化和改革，作为意识形态国家机器继续存在下去。阿尔都塞在天主教和马克思主义之间不断地摇摆，被这两种思想所纠缠、撕裂，为了结束这种状态，阿尔都塞选择了与天主教的决裂，作为这一决裂的见证的，就是他给自己敬爱的老师拉苦劳瓦写了一封长信，对拉苦劳瓦所代表的左翼天主教进行批判。对拉苦劳瓦的批判就是对自己过去信仰的批判，阿尔都塞完成了精神上的"弑父"。

阿尔都塞认为，教会所固有的意识形态由于历史的惯性，总是与陈腐甚至反动的观念联系在一起的，这些陈腐的概念之所以在现代还可以继续存在下去，是因为有一些人需要用它们去解释自己所经历的世界和生活、政治和经济、真实的道德和孩子的教育。"因此，所有教会伦理和政治的核心，也就是自然法的概念，和一个从历史上来说已经过时了的世界的概念体系紧密联系在一起；这个概念体系把人类活动、社会、历史和道德都当作由上帝所设立的自然真实，因为它自己实在无法把握住它们的真正起源。但是并不是仅从这个概念体系，自然法概念才被如此界定。它和从它所出的所有概念一样，都是被一些具体的结构所保留下

① 陈越编：《哲学与政治：阿尔都塞读本》，长春，吉林人民出版社，2003，第35页。
② 同上书，第170页。

来的。这些结构仍然'活'在今天的很多人中，因为他们需要那些概念，准确地说，是概念承认和保卫了他们所赖以出生、成长和死去的结构并使之永垂不朽。"①

所以，教会如果想重新恢复一种真正有信仰的生活，就必须把自己从封建和资本主义结构中解放出来。那么，对于每一个基督徒来说，怎样才能找到一条宗教与社会解放、天主教与马克思主义相结合的道路呢？阿尔都塞认为，必须认识到以下三点：1.从具体意义上来说，在当下的情形中，只有有组织的无产阶级（及其联合体）能够抵抗造成了教会异化的封建和资本主义结构；2.为教会争取社会解放的斗争与无产阶级争取人类解放的斗争是不能分割的；3.真正希望结束教会的社会异化的基督徒必须在无产阶级摧毁封建和资本主义结构的斗争——即有组织的工人阶级的政治的、社会的和意识形态的斗争中扮演重要角色。②

教会明显感觉到自己在现代社会不断式微的状况，为了加强自己意识形态的控制力，教会求助于哲学，就像它在13世纪以柏拉图哲学为基础，建立起奥古斯丁主义和托马斯主义一样，现在它又企图用"哲学"的形式来巩固教会的概念大厦，这一企图是注定要失败的，因为，马克思主义的出现打碎了一切意识形态的幻想。马克思曾经宣称要"废除哲学"，所谓"废除哲学"，就是废除意识形态的幻想，破除意识形态幻想或教会意识形态对人们思想的束缚，让人们看到自己生活的真实世界，从而在现实中去争取自己的解放。

意识形态最重要的特征之一就是通过意识形态国家机器将意识形态作用于个体，使个体成为主体，意识形态"起作用"或"发挥功能"的方式是：通过传唤或呼唤的那种非常明确的作用，在个人中间"招募"主体或把个人"改造"成主体。

第三节　"偶然相遇的唯物主义"

1980年11月阿尔都塞精神疾病发作，掐死了自己的妻子，虽然免于刑事诉讼，但他从此告别了理论界，大半时间在疗养院度过，很多人认为，阿尔都塞在理论上已经死亡。然而，随着阿尔都塞遗稿的面世，人们发现他的理论思维一直非常活跃。正是在遗稿中，阿尔都塞借助于

① ［法］阿尔都塞：《黑格尔的幽灵》，南京，南京大学出版社，2005，第251页。
② 同上书，第258页。

对马基雅维利的《君主论》及《论李维》的分析，提出了"偶然相遇的唯物主义"思想，对马克思哲学的性质做了进一步阐明。阿尔都塞指出，马基雅维利是"偶然相遇的唯物主义"重要的代表人物。这种唯物主义传统，在历史上一直被忽视了，直到马克思哲学的诞生，这种唯物主义的意义才完全显露出来，它超越了以往唯物论和唯心论的对立，开辟了一条新的道路。

一、冲出意识形态包围的马基雅维利

马基雅维利是个在历史上毁誉参半的人物，他的《君主论》留下了许多不解之谜，引起了后代许多学者的兴趣及争论。阿尔都塞早在 1965 年就开设了关于马基雅维利的讲座，此后一直对讲稿进行大幅修改、加工，在此基础上，大约在 1971—1972 年写成了全新的书稿，1975—1976 年又进行了修改和补充。尤其是在生命的最后 10 年，阿尔都塞完全被马基雅维利迷住了。在修订版的《马基雅维利和我们》一文中，阿尔都塞指出马基雅维利以他的鲁莽、他的孤独，以及对传统哲学家们的蔑视而成为历史上最伟大的唯物主义哲学家。马基雅维利之所以能取得这样的成就，首先在于他摒弃了一切政治意识形态的幻想。

阿尔都塞最后的思想转折发生在 1977 年，这一年他在法国政治科学学会做了名为《马基雅维利的孤独》的讲演。马基雅维利之所以孤独是因为他似乎是不可归类的，他不可能归属某个阵营，去跟其他思想家为伍，也不可能归属某个传统，要把他分派到某个阵营里去，对他进行归类，说出他到底是谁以及他思考的到底是什么，都是非常困难的。自《君主论》问世以来，对其的评价一直就褒贬参半，既有人极力支持，也有人强烈反对。换句话说，马基雅维利身上有某些东西是永远不可消化吸收的。马基雅维利是一个谜，而且是一个解不开的谜。例如，马基雅维利是一个君主主义者还是一个共和主义者？他的思想怎么可能既是明确无误的又是难以捉摸的呢？他的思想体系貌似受到那样严格的控制，而实际上恰恰是它的表达方式既明明白白又闪烁其词、既完整又不完整——这又怎么可能呢？

所有这些令人困惑的争论都证实了一个看法，即马基雅维利的孤独就产生于他的思想的非凡特性，他是"偶然相遇的唯物主义"的重要代表人物，这种唯物主义与以往唯物主义最大的不同之处就在于它超越了唯物主义与唯心主义的对立。以前的唯物主义，无论是 18 世纪的机械唯物主义，还是庸俗马克思主义的经济唯物主义，都是作为唯心主义的对立面出现的，而"偶然相遇的唯物主义"是要直接超越唯心论和唯物论的对立以及这种对立的前提，走另外一条道路。"偶然唯物论"在历史上是被忽视的一种思想，在马基雅维利之前，只有德谟克利特和伊壁鸠鲁论述过，尤其是伊壁鸠鲁关于原子运动偏斜的、偶然的学说，在马基雅维利之后，深受其影响的斯宾诺莎也论述过，而马克思则是这一唯物主义传统的伟大继承者。

　　"虚空""偶然""相遇""无"等是理解阿尔都塞新思想的关键概念，也是他用来分析马基雅维利思想的利器。马基雅维利把自己看作一种史无前例的理论的奠基人，他说："人有嫉贤妒能的天性，故发现新方式和新秩序的危险，历来不亚于寻觅未知的水源和沃土，此乃人皆善于指摘而非褒扬他人的行为使然。但是，出于一种始终驱策着我的本能欲望，即或得不到任何尊重，我仍要探究我深信有益于众人之共同利益的事情。职是之故，我毅然踏上了尚未有人涉足的道路。"①

　　所以，阿尔都塞认为马基雅维利是谈论种种开始、谈论开始本身的理论家，开始说到底就是无，从无才能开始，这种开始必须是与以往政治意识形态"断裂"为前提的。阿尔都塞曾经用"认识论的断裂"来论证青年马克思还不是马克思主义者，而是费尔巴哈主义者，马克思思想中存在着"断裂"，即与以往一切哲学，尤其是德国古典哲学的决裂。同样，马基雅维利之所以成为"偶然相遇的唯物主义"的代表，在于他彻底抛弃了一切宗教的、道德的或审美的意识形态，他谴责那些话语："不仅是宫廷人文主义者乃至激进人文主义者进行教化的宗教、道德或审美话语，不仅是那位萨沃纳罗拉的革命性布道，而且还包括基督教神学的整个传统和古代的全部政治理论。"②

　　马基雅维利能够冲出意识形态的包围本身就证明了他思想的独特性、新颖性、革命性。按照阿尔都塞的意识形态理论，人从一出生就生活在意识形态中，人是意识形态的动物。意识形态是一种"表象"，在这种表象中，个体与其实际生存状况的关系是一种想象关系。意识形态不仅仅是"虚假意识"，不仅仅是对现实的幻觉性再现，相反它就是已经被人设想为"意识形态性的"现实自身。"意识形态性的"是这样一种社会现实，正是它的存在暗示出了参与者对其本质的非知。意识形态是一种社会有效性，是意识形态有效性的再生产，它暗示单个人"对他们的所作所为一

---

① ［意］马基雅维利：《论李维》，上海，上海世纪出版集团，2005，第43页。
② 陈越编：《哲学与政治：阿尔都塞读本》，长春，吉林人民出版社，2003，第382页。

无所知"。"意识形态性的"并非是对（社会）存在的"虚假意识"，而是这种存在本身，虽然它为"虚假意识"所支撑。①

人们在表述他们的实际生存状况时，并没有意识到这只是一种想象的关系，反而以为透过这些表述，他们可以认识实际存在的世界。其实这是根本做不到的，因为意识形态的遮蔽性掩盖了人们同他们实际生存情况的真实关系。阿尔都塞指出，意识形态的主要功能就在于它表述了个人与其实在生存条件的想象关系，他说："意识形态涉及人类同人类世界的'体验'关系。这种关系只是在无意识的条件下才以'意识'的形式而出现；同样，它只是在作为关系的条件下才成为简单关系。"②人们意识不到这一点，正像人们意识不到无意识的存在一样，人们以为支配自己行动的是自己的意识，弗洛伊德的理论却揭示出控制人们行动的是无意识，虚假的主体性消失了，意识形态才是真正的主体。

在马基雅维利的时代，亚里士多德政治意识形态的伟大主题，经过基督教传统和带有人文主义多义性的唯心主义的修正，在这个时期占据着统治地位，可是，马基雅维利摒弃了所有这些占统治地位的观念。虽然在他著作里，他不停地唤起人们对古代的记忆，然而他的古代是一个没有被其他任何人讨论过的、政治实践的古代。在他的著作里，几乎没有提到古代那些伟大的政治理论家，没有讨论过柏拉图和亚里士多德、西塞罗和斯多葛派。马基雅维利彻底地跟这一整个过去，跟这个在他的时代里仍然占据统治地位的过去划清了界限。

马基雅维利完成了一种与整个占统治地位的意识形态对立的思想，他不赞同对古代的普遍意识形态的颂扬，而且激烈谴责了它的官方鼓吹者和僧侣所强加给它的那种不公平待遇，他宣称自己所理解的古代恰恰是被牺牲掉的、被遗忘和被压抑的古代：政治的古代。不是政治哲学理论的古代，而是具体的政治历史和政治实践的古代。就像在《论李维》中所做的那样，他在罗马寻找的不是道德意识形态的要素，而是必须让道德从属于政治的证据，他寻找的不是德性，而是能力——君主非凡的政治能力和智力，马基雅维利与道德意识形态的那些幻觉彻底决裂了。

作为意大利的政治思想家，马基雅维利关心的是意大利统一的政治问题，即意大利如何才能消除分裂局面，成为一个统一的民族国家。在《君主论》中，马基雅维利并没有提出一般意义上民族统一的政治难题，

---

① ［斯洛文尼亚］斯拉沃热·齐泽克：《意识形态的崇高客体》，北京，中央编译出版社，2002，第28页。

② ［法］阿尔都塞：《保卫马克思》，北京，商务印书馆，1984，第203页。

他是根据情况，因而是根据独特的形势提出这个难题的，"马基雅维利是第一位谈论形势的理论家，或者说，他是第一位这样的思想家——他自觉地、至少一贯地在形势中，也就是说，在作为偶然、独特情况的形势概念中进行着思考"①。"这个对政治形势进行分析的空间，就它本身的语境而言，是由各种对立和混合着的力量所构成的；它只有安排或包含了一个位置、一个空位，才会有意义：只有空的才能被填补，只有空的才能为个人或集体提供用武之地，才能让他们占领那里，以便重新结合和形成各种力量，完成历史所指定的政治任务——空，是为了将来。"②为了完成国家统一这一特定任务，就需要新的理论来指导实践，认识未知的现象，如果旧的言说无效的话，就必须创立新的言说，因此，马基雅维利抛弃了一切政治意识形态的神话，他不是在理论中提出了这一问题，而是在政治实践中提出了这一问题。在当时的政治理论中，一方面是悠久的道德化的、宗教和唯心主义的政治思想传统，这被他彻底地拒绝了；另一方面是新的自然法政治哲学的传统，它即将淹没一切事物，而上升的资产阶级也将在这里找到它的自我形象。马基雅维利的独特在于，早在第二个传统淹没一切事物之前，他就已经使自己摆脱了第一个传统。

二、虚空、偶然、相遇

"偶然相遇"必须要有虚空作为基础。阿尔都塞对"虚空"这一概念情有独钟，他从事哲学研究伊始，就对黑格尔哲学中的"虚空"概念深感兴趣。"虚空"就是容器中什么东西都没有的一种状态，"虚空"并不具有完全的否定意义，相反，"虚空"是真理实现的前提，是对这种实现来说必不可少的时刻。黑格尔哲学的开端就是对"虚空"的畏惧和经历的开始，黑格尔努力要做的就是用内容（真理）去填补"虚空"，这种填补是在历史的维度上展开的。启蒙运动使各种各样的信仰失去了意义，信仰的意义被还原为直接的感觉确定性，在信仰原有的位置上，只留下"绝对存在"这一抽象之物，这一抽象之物被黑格尔称为"虚空"："作为自身的内容之概念凸显了黑格尔思想之深刻的直觉性，它在矛盾中看出了统一体的来临，在奴役中看出了自由的孕育。内容在反思的他性中废除了被给定物的直接性之后，在自身中意识到了反思的真理，并获得了和平与整体性。

① 陈越编：《哲学与政治：阿尔都塞读本》，长春，吉林人民出版社，2003，第 395 页。
② 同上书，第 398 页。

在开端处的虚无性，在终结处获得了真理的要素和现实性，获得了真正的统一体，在这种统一体中，整体最终结合在了一起，它不再被分割开来反对其自身，不再在超越其自身的地方寻求它自身的真理。"①黑格尔正是看到了康德哲学中存在的"虚空"，才克服了康德哲学的抽象性。

"偶然相遇"要有空间，空间的存在是"偶然相遇"的前提。马基雅维利是熟知地形学隐喻（地形学在一个特定空间内描述几种现实各自占据的场所）的高手，他通过关闭一个空间，打开另一个空间这种不断的空间变化，显示出他思想的特异性和新颖性。他在谈到历史理论时提出了三个论点：1. 自然和人类事物的进程是永恒的、不变的；2. 人类的所有事务变动不居，不兴则衰；3. 上述两论点矛盾的解决——历史循环论。

乍看起来，马基雅维利好像提出的是一般历史理论，没什么新意，但是，如果把这些论点放在它们所干预的文本中来理解，我们就会发现，它们其实是对子关系，这一点确立了它们的理论功能并使之发挥作用。"通过这种方式，第一个论点的提出在马基雅维利的话语中发挥着唯物主义的客观性论点的功能；而这仅仅有赖于第二个论点的提出：其功能在于对这种客观性做出偶然的、辩证的规定。"②上述三个论点的独特性，通过他的立场而起作用，从而显示了他理论的新颖性和重要性。在这个立场内部，有一个意味深长的空间，一个真空，一次向理论虚空的飞跃，一次预支。他不能再借助于经典理论，而必须开辟自己的理论空间，他真正关心的不是循环中的各种政府，而是新国家的新颖持久性，马基雅维利通过空间的移置，打破了循环。《君主论》不同寻常的特性首先是：尽管它充满了理论，却又不同于其他的理论文本，在它那里，传统的理论空间由于某种安排和配置而被扭曲、改变了。

有了"虚空"的存在，就给"偶然相遇"提供了前提、场所。意大利能否完成统一的任务，取决于"偶然相遇"的情况，即是取决于政治实践。那么，阿尔都塞所说的实践又是什么呢？"（1）实践的关系不仅仅意味着可以产生实践的后果。实践的关系另有所指：它指的是矛盾冲突所支配的某个领域内部的力量对比。（2）这给修正过程也赋予了非常特殊的意义：可以说，那是在（一些是占统治地位的，其余是被统治地位的）现存观念之间的斗争中进行的修正。（3）正是在这一点上，实践的结果干预了进来：论点描绘并确立新的立场，从而纠正了其他立场，也影响了在斗

---

① ［法］阿尔都塞：《黑格尔的幽灵》，南京，南京大学出版社，2005，第106页。

② 陈越编：《哲学与政治：阿尔都塞读本》，长春，吉林人民出版社，2003，第424页。

争中作为整个修正过程赌注的现实事物：斗争的结果在于确立了'正确的'（或不正确的）论点。"①

阿尔都塞指出，马基雅维利为了让意大利在绝对君主的领导下完成统一而寄希望于君主来实现的那个国家，是由新兴资本主义的条件和迫切需要所造成的一种具有确定历史类型的国家：民族国家。创制民族国家的前提是民族的存在，民族是不能通过政令创制的，它是一种偶然的存在，"民族实现的可能性和限度，都依赖于一整套因素，不仅有经济的，而且有地理的、历史的、语言的、文化的这些事先存在的因素，它们在某种意义上事先构成了一个偶然的空间，而民族只有在这个空间里才能形成"②。

意大利的四分五裂固然是不幸的，这使它陷入了对历史无能为力的深渊，但同时这个政治真空也是对政治存在的巨大渴望，意大利已经准备好了，缺的只是一位有能力的君主。民族国家是新君主创制的，这位新君主是一个拥有能力的超常个人，他能够从无起步。为了从无到有建立一个国家，这个奠基人必须是独自一人，也就是说，必须是一切：必须无所不能——在形势和真空及其偶然的未来面前无所不能。他是绝对孤独的，为了摆脱孤独，他要为国家立法，并通过这些法律让出他独揽的权力，确保国家的持久性。

马基雅维利的目标是成就新君主和新君主国，这个过程是同一的，是一个新的开始，这个开始就是"奇遇"，"奇遇"带来了赋有非凡使命的新君主国的奠基。

在新君主奠定新君主国的情况里，幸运和能力的相遇在马基雅维利看来有着非常独特的政治意义。能否奠定一个新的君主国，一切是以幸运和能力两者的相遇或不相遇、吻合或不吻合为转移，没有相遇，就没有新君主的出现，而这种相遇，又是充满偶然性的。在幸运和能力相遇的空间里，马基雅维利呼唤着新君主的产生，但这位新君主到底是谁？这是绝对未知的。马基雅维利闭口不谈，这种沉默具有积极的政治意义：意味着相遇将要发生，但又不在现有的国家和统治者中间；它将在意大利的某处发生，但又不可能是现有的国家，它将是幸运和一个匿名者的个人之间的相遇，充满了偶然性。新君主可以从任何一个地方起步，可以是任何一个人。说到底：他可以从无起步，并且在起步的时候本身就

---

① 陈越编：《哲学与政治：阿尔都塞读本》，长春，吉林人民出版社，2003，第46～47页。
② 同上书，第387页。

是无。

那么，《君主论》到底是为谁而写的呢？马基雅维利是在向谁呼唤呢？君主吗？一些短视的意识形态家们是这样认为的。然而，仔细分析马基雅维利的理论，通过他对理论和政治空间的特殊安排，他的理论真相就显露出来了。

葛兰西称赞《君主论》是一篇宣言，是对新君主发出呼吁，马基雅维利利用他的文本阐发了一套为拯救意大利而提供君主支配的手段的理论。然而，马基雅维利是独特的，他进行了空间转移，封闭了一个空间，又打开了一个新的空间，并指定了一个位置，这个位置不是君主而是人民。通过这种方式，马基雅维利宣称了他的党性，断言了他的阶级立场，他是人民的一员。马基雅维利无视他的时代已经确立的真理，捍卫了一个观念：各种情绪的冲突、赤贫和豪富的冲突——简言之，阶级斗争——是国家的巩固和扩张所绝对不可缺少的。

阿尔都塞对马基雅维利的这一立场给予高度评价，他认为，正是通过这一立场，马基雅维利划清了与一切政治意识形态的界限，并走在了时代的前列。马基雅维利宣称自己"身居卑位"，如果根据这些宣称来思考在《君主论》和《论李维》里看到的一切，那么显尔易见的是：马基雅维利是把自己当成人民的一员来谈论君主的，他赤诚地呼唤并思考着这个君主的实践，这个君主将站在人民的立足点上去建立意大利的统一。

不仅马基雅维利的理论中充满了"偶然""相遇"，而且这种理论本身也充满了偶然相遇性，马基雅维利知道自己在意大利政治斗争中的立场，他既把理论看成是能够用来阐明在斗争中占统治地位的主要社会现实的东西，又把它看成这场斗争的从属环节，被写在这场斗争中的某个地方。某个地方：就像他说不出是谁或是在意大利的哪块地方才能奠定新的国家那样，马基雅维利也说不出他的著作会被写在意大利斗争中的什么地方。但他至少知道是在这个背景当中的某个地方，知道那无非是一篇文字，况且还被他交给了匿名性相遇的机缘去摆布。

阿尔都塞以形象的比喻说明了"偶然相遇唯物主义"的含义。偶然相遇的唯物主义"并不知道起源、第一原理和目的地。他乘着疾驰的火车，坐在座位上，或者在车厢里来回走动与旅客聊天，他不能预测将要发生什么，碰上意外地偶然发生的事情，不论是关于火车的，还是关于旅客的和从车窗能看到的，收集无限的教训和观察到的东西。总之，他记录偶然相遇的事情，并不像唯心论哲学家那样，记录产生所有意义的起源、原理或者记录从第一绝对因中引出的结果"①。

总之，尽管火车的前进路径——历史进程——是必然的，但是对于乘客——处于一定历史进程的人们——来说，自身所处的环境却还要靠自身去积极创造。在一定的历史进程制约之下，人们通过具体的政治实践能动地创造自己的社会生活，这也许是对阿尔都塞"偶然相遇的唯物主义"思想的最好注解。

第四节　阿尔都塞对马克思哲学诸多阐释的存在论取向

马克思哲学的性质到底是什么？它与以黑格尔为代表的德国古典哲学的关系怎样？它与法国唯物主义传统内在的联系是什么？这些问题一直是马克思主义者非常关注的焦点。虽然后来的马克思主义者都认同马克思在哲学上实现了革命性变革，但这一变革到底体现在哪里就众说纷纭了，在不断的争论中马克思哲学革命的性质经常被遮蔽了。

阿尔都塞正确地认识到马克思哲学与黑格尔哲学的不同，马克思与以黑格尔为代表的整个近代哲学的决裂，就意味着马克思哲学的性质只有立足于当代哲学语境才是可能的。阿尔都塞提出"认识论断裂"这个哲学范畴，试图说明马克思主义革命新科学的诞生是个历史事实和理论事实。他一再强调说，理解马克思的科学发现的新颖之处的前提条件，是要认识到马克思主义的认识理论就是马克思主义哲学。人道主义的马克思主义用"异化"这一黑格尔的哲学范畴来解释马克思，这样做的结果就是牺牲了马克思主义的科学性，使马克思主义成为一种理想的具体化理论，相反，"如果马克思主义与任何诸如此类的'哲学'观念毫无关系，如果它是一种科学，它就逃脱了理想的理论困境和现实暴政；它偶然遭遇的矛盾也就不再是它的哲学借口的必然结果，而只不过是现实自身的矛盾，它可以被科学地分析并从理论上得到解决"②。

马克思是如何通过"认识论断裂"实现哲学革命的呢？阿尔都塞认为，在这一飞跃的过程中，理论实践起着决定性的作用。阿尔都塞理论实践的特点就在于他反对传统哲学的"理论"和"实践"的两分法，而认为这种区分是经验主义认识论的。经验主义认识论的核心就是主体与客体，它认为主体和认识的对象——客体之间存在着基本的串通关系，主体可以

---

① ［日］今村仁司：《阿尔都塞——认识论的断裂》，石家庄，河北教育出版社，2001，第267～268页。

② ［法］阿尔都塞：《黑格尔的幽灵》，南京，南京大学出版社，2005，第325页。

透过表面的东西，达到对实在的认识。

被这出意识形态的戏搬上舞台的理论角色一方面是哲学主体（进行哲学思维的意识）、科学主体（进行科学思维的意识）和经验主体（进行感知活动的意识），另一方面同这三个主体相对的客体是超验的或绝对的客体、科学的纯粹原则和感知的纯粹形式。这三个主体都被归入同一本质，三个客体也被归入同一本质。上述各项的平行排列使主体和客体相互对立起来，这样一来，从客体方面来说就抹杀了认识客体和现实客体之间的差别，从主体方面来说则抹杀了进行哲学思维的主体和进行科学思维的主体之间的差别；这样一来，被思考的唯一关系就是神秘的主体和神秘的客体之间的内在关系和同时性关系，这些主体和客体的使命是承担发生认识时的现实条件即这一发生史的现实机制，在必要的时候甚至歪曲这些条件，从而使这些条件服从于宗教的、伦理的、政治的目的（拯救"信仰""道德"和"自由"，也就是说拯救社会价值）。①

与此相反，阿尔都塞认为，在实在客体同思维客体之间存在着完全的分离，思维客体是一门科学的概念要在那上面进行工作的东西，与这门科学应该提供其认识的东西及客观客体相对立。科学中要紧的东西，是构成一门科学的概念如何为了发展这门科学而被展开，科学就是不断变化的历史实践，从这个意义上说，理论也是一种实践，是实践的特殊形式，它作用于特殊的对象，并制造特殊的产品，即认识。在阿尔都塞看来，马克思主义唯物辩证法的创立，就是一个从意识形态到科学的理论实践过程。

如果说主张"断裂"的阿尔都塞认识到了马克思哲学是与以往一切哲学不同的崭新理论，主张用科学的马克思主义代替意识形态的马克思主义的话，晚年的阿尔都塞对马克思哲学的革命性变革则有了更为深刻的理解，他用"偶然相遇的唯物主义"这一概念，来说明马克思的唯物主义是与以往一切的唯物主义不同的一种新的学说。

问题是，"偶然相遇的唯物主义"到底意味着什么呢？

第一，"偶然相遇的唯物主义"强调的是"偶然相遇"的特性，它否定了一切宿命论和经济决定论。

在阿尔都塞看来，马基雅维利创制统一的意大利民族国家的目的能否实现，取决于新君主的横空出世，而新君主又取决于"幸运"与"能力"的相遇，《君主论》为新君主而作，它能否与新君主相遇，这一切都充满

---

① ［法］阿尔都塞：《读〈资本论〉》，北京，中央编译出版社，2001，第54页。

了"偶然性",为"偶然性所决定",为政治实践所决定。阿尔都塞这种对
"偶然性"的强调彻底否定了一切命定论,是向马克思实践的唯物主义的
复归。

众所周知,马克思在世的时候,就有一种把马克思主义歪曲为"经济
唯物主义"的倾向,并在第二国际的机械主义、实证主义中达到了顶峰。
第二国际的理论家不遗余力地推行马克思哲学的实证化,考茨基的观点
最有代表性,他认为,马克思在《资本论》中所阐述的规律是自然规律,
"资本主义社会已经失败:它的瓦解只是时间问题;不可抗拒的经济发展
以自然的必然性导致资本主义生产方式的破产。建立一种新的社会形式
以代替现存的社会形式,不再只是愿望;它已成为必然的东西"①。而普
列汉诺夫这位第二国际最出色的理论家,虽然对"经济决定论"做过很多
有力的批判,但最后仍然落入"实证主义"的窠臼。这样一来,真正具有
批判精神的马克思哲学丧失了批判的维度,它的划时代的革命性被渐渐
遗忘了。正像阿尔都塞所指出的那样,马克思揭露了资产阶级剥削的秘
密,号召无产阶级通过阶级斗争推翻资产阶级专政,因此,资产阶级想
方设法要削弱马克思阶级斗争学说的革命性,把马克思描绘成一个对资
本主义社会无害的哲学家,许多共产党人也附和统治阶级的论调,用
"人"这一抽象的概念来削弱、反对马克思主义的阶级斗争学说。

阿尔都塞通过"偶然相遇的唯物主义"这个概念,在承认历史进程的
合规律性的基础上,更加突出了具体历史进程的实践本质,这无疑是一
副那些庸俗的马克思主义者们难以下咽的清醒剂。

第二,"偶然相遇的唯物主义"超越了以往唯物论与唯心论的简单对
立,是对马克思所创立的唯物主义新的理解。

恩格斯说,全部哲学,特别是近代哲学的重大的基本问题,是思维
和存在的关系问题,哲学家依照他们如何回答这个问题而分成了两大阵
营,凡是断定精神对自然界来说是本原的,组成唯心主义阵营,凡是认
为自然界是本原的,属于唯物主义的各种学派。然而,按照阿尔都塞的
思想,这种划分是没有什么意义的,唯物论和唯心论看起来是完全不同
的、颠倒的,实际上两者共有一个空间,即它们关注的都是纯粹理论层
面的问题。"偶然相遇的唯物主义"正是在这一意义上对两者的超越,它
关注的"总问题"与前两者不同,这种理论差别,是"总问题"的彻底改变,
是"断裂"。

---

① ［英］柯林尼可斯:《阿尔都塞的马克思主义》,台北,远流出版公司,1990,第17~18页。

第二国际和以卢卡奇为代表的把马克思黑格尔化的西方马克思主义者，无论在形式上看是如何的不同，但两者的实质是一样的，即把马克思哲学理解为费尔巴哈加黑格尔，前者强调费尔巴哈，后者强调黑格尔，马克思在哲学本体论上的决定性革命被遮蔽了。

"偶然相遇的唯物主义"在一个新的空间中，这个新的空间就是实践，当然对阿尔都塞来说主要是政治实践。在这个新的空间中，近代哲学的内在性被击穿了，马克思主义的革命性真正显露出来。阿尔都塞指出，马克思的科学发现是同以往意识形态历史观的一次"决裂"："在马克思以前，所谓'历史大陆'一直被宗教、伦理、政治、法律等意识形态观点，即被历史哲学所占领着。历史哲学自认为能够反映社会和历史的进程，其实它只是用虚假的概念把社会和历史的真实运动掩盖起来。这种欺骗性绝不是一种偶然，它是历史哲学的一个职能。这些意识形态观点无非是实践意识形态的理论小分队，而实践意识形态的基本职能就是复制阶级社会中的生产关系（即剥削关系）。"①

第三，"偶然相遇的唯物主义"并不是一种纯理论的哲学，它的作用体现在现实的政治实践的空间中。

马克思在《关于费尔巴哈的提纲》中写道："哲学家们只是用不同的方式解释世界，而问题在于改变世界"②，如何才能改变世界呢？必须通过实践，也就是"对象性的活动"。马基雅维利关心的不是纯理论，他提出了实现民族统一的政治目标，要达此目标，必须通过新君主，《君主论》和《论李维》就是帮助新君主进行政治实践的宣言。马克思主义也是这样的。从严格的意义上说，不存在马克思主义的"哲学"，或者说马克思主义所需要的哲学绝不是被当作"哲学"来生产的哲学，而是一种新的哲学实践。以往所有已知的哲学，都在哲学史的领域内，运用话语、论文或理性体系的形式，传达它们关于固有的某个对象的知识。然而，马克思主义内部哲学话语的缺席仍然产生了巨大的哲学效应，从根本上动摇了古典哲学的根基，因为新的哲学实践把阶级斗争提上了日程，并服务于无产阶级的阶级斗争。马克思与德国古典哲学的决裂就在于，他在法国发现了有组织的工人阶级，以及不需要哲学和哲学家的干预而按照自己的规律进行的阶级斗争。"偶然相遇的唯物主义"不是纯哲学，它宣称：哲学不是随时间发展的各种体系所构成的一个自主王国的观念，哲学是

---

① ［法］阿尔都塞：《保卫马克思》，北京，商务印书馆，1984，第258页。
② 《马克思恩格斯选集》第1卷，北京，人民出版社，1995，第61页。

对于理论的干预，是阶级斗争和党性对于理论的干预，哲学基本上是政治的，体现了理论领域中的阶级斗争。马克思主义哲学的真正的作用在于同敌对的唯心主义哲学作斗争，为正确提出科学问题扫清道路。

阿尔都塞对此的理解是："在马克思看来，意识形态是一种想象的拼合物，是纯粹的、空幻而无用的梦想，是从未以完满而实在的现实的'白昼残迹'中构成的东西——这个现实，就是具体物质的个人物质地生产着自身存在的具体的历史。"①阿尔都塞借助于分析马基雅维利指出：偶然相遇的唯物主义发挥作用的空间只能在实践中，它摒弃了一切意识形态的神话，脚踏实地地在实践中为自己开辟道路。

阿尔都塞从青年时期虔诚的天主教信徒，到黑格尔主义者，再到高喊着马克思与黑格尔"断裂"的保卫马克思的人，晚年又提出"偶然相遇的唯物主义"，这说明"他不是单纯为了迎合状况而改变态度，而是改变态度或者说是改变思想方向时，基本上要同时改变整个身心。他在改变思想结构的时候，大体上总是把自己搞得身心憔悴，以致加重生来的心病。如果这样讲成立的话，那么，每当他陷入身心憔悴之时，一个新的思想也就要诞生了。他是以生命为代价来思索的人，没有与历史、社会现实以及哲学的格斗，他就不可能继续自己的思想生涯"②。晚年阿尔都塞提出的"偶然相遇的唯物主义"是对马克思哲学革命性的新的思考，他试图把马克思哲学从近代哲学的语境中解放出发，这种努力凸显了阿尔都塞对马克思哲学阐释的存在论取向。

---

① 陈越编：《哲学与政治：阿尔都塞读本》，长春，吉林人民出版社，2003，第350页。

② ［日］今村仁司：《阿尔都塞——认识论的断裂》，石家庄，河北教育出版社，2001，第12页。

第八章　施密特对马克思哲学的
基本定位及其存在论遮蔽

　　作为霍克海默和阿多诺的弟子，A.施密特曾经多年执掌法兰克福社会研究所，被誉为法兰克福学派的正宗传人。他面对西方马克思主义和传统马克思主义的双重遗产，试图进行自己深入的批判性思考，以获得超越的理论立场。为此，施密特直接将思考的重点放到两种哲学解释根本分歧的焦点——本体论问题上，以《马克思的自然概念》为题完成的博士论文是这一思考的基本成果。这种直接将哲学的元理论问题——或者说哲学中最为基本的存在论问题——作为出发点的理论旨趣，奠定了施密特理论的基地，也制定了他一生理论思考的基本方向。施密特的著作为数不少，但基本主题和基本思想大致不离《马克思的自然概念》这一著作。

　　因此，我们对施密特的存在论批判可以大致以这一重要著作为对象，就像对青年卢卡奇的考察只能、同时也只需以《历史与阶级意识》为基本代表一样。当然，除了这一一般性的原因外，更重要的原因在于，这一著作充分暴露了当代对马克思的阐释——不论是传统马克思主义还是西方马克思主义——在何种程度上触及而又错失了马克思思想的存在论基础。如我们将会看到的那样，揭示施密特身上两种马克思思想解释传统的交汇，指证其对马克思思想存在论基础的触及和错失，其意义不在于流俗地指示所谓思想的正确与否，而在于领会它真正深刻地从问题的根本处暴露了问题所在。对于当代中国的马克思主义而言，我们将会发现这一问题是最切近的，因而也是最本己的。

第一节　马克思思想的"非本体论"性质

　　黑格尔在《哲学史讲演录》第四卷引言中精当地概括了近代哲学的主题，即思想与实存的差异发展成为对立，并以消除这一对立作为自己的任务。恩格斯将黑格尔梳理近代哲学的这一思想提升和转变为对整个哲学基本问题的抽象概括，物质和精神或思维和存在的关系问题成为全部哲学特别是近代哲学的根本问题，并从两个方面概括为第一性（即本体论问题）和同一性问题（即认识论问题），从而为正统的马克思主义哲学理解整个哲学和理解自身提供了基本框架。马克思的存在论视域被理解为唯物主义本体论对唯心主义本体论的反拨，其认识论、历史观等都建基于这种唯物主义的本体论立场之上。西方马克思主义从卢卡奇开始就将理论出发点建立在对这种物质本体论的批判基础之上，并且形成了一种颇为壮观的理论思潮。

　　然而，西方马克思主义与传统解释的对峙构成了一个什么样的思想视域？在这样的对峙中可能获得什么样的思想成果？这是否又只是一种新形式的"倒转"？这并不是一个形式问题，它关系到马克思思想和整个马克思主义的基本视域。施密特意识到了这一问题的根本重要性，将它作为博士论文《马克思的自然概念》的基本主题。论文开门见山地以"非本体论性质"来定位马克思的思想，使得施密特对马克思思想的揭示一开始就置于思想争论的制高点上，置于两种解释传统纠结的核心位置，具有当然的原则高度和理论优势，而不是就哲学的枝节和细部提问。同样，这一高度意味着跌落的极度危险。

一、"本体论"之为"无中介的客观主义"

　　我们知道，尖锐批判对马克思思想的唯物主义本体论解释是西方马克思主义的基本立场。然而，这一立场在大体可以归并为西方马克思主义思潮的思想内部，并形成了实践本体论、历史本体论、性本体论等各种不同的立场。这种杂多，实则意味着根本意义上的缺失或真相的遮蔽：对马克思的本体论阐释还处于一种漂泊不定的状态。施密特将本体论问题作为着眼点，他领会到了这场争论的严重性和原则性，因此，一开始就显得张扬和底气十足，试图阻断一切退让和妥协。"马克思唯物主义的非本体论性质"这一根本指认，使人感到一种振聋发聩的理论惊讶。乍一看来，作为西方马克思主义的后期继承人，施密特似乎站到了批判两种解释立场的高处，而且也同当代西方主要的哲学立场建立了思想上的联系，不再用一种形态的本体论去反对另一种本体论，而是根本否定本体论解释路线。如果用本体论来标志一种常见的哲学形态，这一论断是否预示着马克思思想视域的全新开启？沿着这一思路，似乎在批判传统本体论解释的同时可以走出西方马克思主义的理论局限。然而，施密特并没有对本体论和形而上学进行规范性的澄清和划界，而是做了过分轻易的处理。他对马克思思想的具体论述更充满含混和矛盾，实在是令人触目惊心。

　　在施密特看来，马克思的唯物主义拒绝探究"世界之迷"，或者说，它断然拒绝用从根本上对自己提问的方式，即用新形态的本体论，使纯粹的哲学思辨继续下去。在这里，施密特试图将本体论同纯粹的思辨哲学内在地联系起来，即使是新形态的本体论，仍然意味着思辨哲学的继续。这就明确了它对物质本体论的批判，宣布了马克思对思辨本体论的拒绝。在下面这一段话中，这种双重立场明显地显示出来了：

"物质的普遍性、它对于意识的独立性只存在于特殊的东西之中。至于所谓本源物质、存在物的本源根据之类，并不存在。由于物质实在和人相关联的相对性，因而不仅它处于'为他存在'时，即使处于'自在存在'时，也都和本体论原理不相容。把辩证唯物主义和黑格尔的辩证的唯心主义相比，称它为'本体哲学'，这是站不住脚的。辩证唯物主义并不承认有什么脱离具体的规定而独立存在的自在实体。"①

初步看来，施密特的用意是划清马克思与形而上学的基本界限，将马克思思想同任何一种形式的本体论形而上学划清界限，它本质地将马克思定位于后黑格尔的思想谱系了。对马克思的这一定性是深刻的，他试图从原则上指明马克思思想的现代性质。可以说整个现代西方哲学——包括将其极端化推进的后现代主义哲学思想——都建立在对形而上学界限的划定上。对于马克思，不少的人将他归入于传统形而上学本体论的路线。所以施密特这一指认的重要性是不言而喻的，尤其是在一种将论证物质本体论为哲学根本任务的哲学氛围之中。

施密特运用"相对性"批判本体论的物质范畴，显然不是要把马克思的唯物主义解释为物质本体论，而是认为将它作本体论的解释本身是站不住脚的。本体论与思辨形而上学有着一种内在的关联，这不是精神本体或物质本体谁对谁错的问题，而是本体论提问方式本身的问题。这一立场似乎使施密特获得了批判物质本体论和卢卡奇开始的所谓"唯心主义"倾向的理论制高点，并且同当代哲学对形而上学的批判联系起来。但仔细分析，问题走向了另一面。

在施密特看来，"本体论原理"与"相对性"思想是不相容的。为了批判本体论，他指出，本体论所追求的"脱离具体的规定而独立存在的自在实体"是根本不存在的。在这里，施密特出现了两个基本的理论失误：一方面，他模棱两可地认为"本源物质""存在物的本源根据"并不存在，这一断言实则是混淆了哲学本体论之"本体"和实存之间的区别，"本体"能

---

① ［德］阿尔弗雷德·施密特：《马克思的自然概念》，北京，商务印书馆，1988，第24页。

否成立是范畴体系内部的逻辑问题，与实存之有与无没有关系，即使贝克莱、休谟的怀疑论也并不是从实存的意义上否定物质的存在，而是指出在认识、反思的本体论领域中论证外在物质本源物质概念的不可能性。另一方面，通过与相对性和具体性对立来确定"本体论"的基本内涵，这是基本的失误。相对性、具体性和中介性等构不成"本体论"与"非本体论"思想的基本区别，一个简单的例子是黑格尔的本体论体系对相对性和具体性的强调和演绎，我们完全可以从黑格尔论述普遍、特殊和个别关系中得到说明。如果说本体论与形而上学具有某种内在关联的话，这至少意味着后形而上学思想的本质并不在于对具体性、中介性等的简单强调。

可以说，施密特后形而上学的思想准备不足。本体论方式本身的问题到底何在？施密特并没有进一步追问，没有对本体论和形而上学进行深入的批判和揭示，以夯实自己的理论基础，而是仓促地甚至可以说是简单地用双向中介性从而是具体性来批判抽象的本体论，似乎对中介性的挪用就可以克服抽象的本体概念。因此，在谈到马克思的自然概念时，他说马克思"绝不是在无中介的客观主义的意义上，即绝不是从本体论的意义上来理解这种人之外的实在"①，"重要的是阐释每时每刻形态中的物质存在之直接性和中介性的具体辩证法"②。这一论断本身是正确而深刻的，它也击中了物质本体论的要害，抽象本体论的前提是对非中介的本体的设定，它以还原主义的方式追寻最终的不可化约的本体，本体成为"绝对"和"一"。

但是，这一打击的力度相当有限。传统马克思主义的物质本体论就在"物质的统一性和多样性的辩证统一"这一原理下得到维护。跟在黑格尔那里的情况完全相同，"具体的辩证法"和"中介性"本身却可以以一种本体论为基础，因此，并不能构成批判本体论的立足点。固然，承认中介性并不必然导致黑格尔式的唯心主义，但同样正确的是对中介性和具体性的强调并不内在地构成对本体论的批判，它只是批判本体论的必要前提。劳动、实践等中介性范畴并不天然构成对本体论的反叛，比如他们在黑格尔体系中的意义就从属于本体论的前提。即使本体论不被打破，也完全可以在"本体"下降的现象界展现中安置过程和联系范畴，黑格尔就妥善地安排了绝对精神和本质上无时间的、逻辑的中介性，在这个意

① ［德］阿尔弗雷德·施密特：《马克思的自然概念》，北京，商务印书馆，1988，第14页。

② 同上书，第64页。

义上中介性本身完全可能只是一种反思的概念联系。这一点相当重要。施密特所谓的"本体论"大体是指"无中介的客观主义"，他只是在"非中介"的意义上来规定"本体论"，这是一个重大的理论失误，导致他对物质本体论的批判最终不能彻底。

二、马克思"自然"和"物质"概念的具体性

我们知道，在传统马克思主义的理论家那里，马克思的哲学坚持"物质第一性"的本体论立场，从而同唯心主义划清界限。但他们仍然高度地强调和阐释各种物质形态之间的发展联系，强调各种物质形态之间的相互作用和相互影响。同时，他们从来没有小看过实践对物质的改造和意识产生的社会性。相反，为了与物质本体论内部的所谓旧的形态进行区别，他们将这一点强调到无以复加的地步。一个简单的公式就是：物质本体论＋辩证法＝辩证唯物主义，人的实践对物质的改造以物质本体论为根本的前提，实则是物质成为实践的最后"界限"，就像康德的"自在之物"所发挥的作用那样。

所以，问题只在于"实践"等中介性范畴本身如何被理解（比如说实证主义哲学和费希特哲学中的实践概念就具有完全不同的意义），如果它们是位于物质先在性、外在性、客观性的承诺之后，只是一个"本体"的从属原则，实质上是尾随于"物质第一性"之后的，那么，就像它们在黑格尔哲学中作为"绝对理念"的随从，实践、劳动等中介性范畴并不可能构成对本体论阐释的打击。施密特这一前提性的理论疏漏，在他以后的阐释中立刻就暴露了出来。

施密特通过"中介性"范畴突出马克思物质和自然概念的具体性，来批判费尔巴哈的自然概念。在费尔巴哈那里，作为纯粹自然性的类本质的人只是被动地、直观地同自然的客观性之间保持着对立，与工业中以社会、历史为中介的人与自然的同一无关，在费尔巴哈那里，"自然作为整体，是非历史的匀质的基质"①。施密特对费尔巴哈的这一批评完全符合马克思在《德意志意识形态》中的立场。

在马克思看来，那种自然地理解自然，"把人对自然界的关系从历史中排除出去"的做法才是真正地造成了"自然界和历史的对立"，"好像人们的面前始终不会有历史的自然和自然的历史"②。马克思批评了费尔巴

---

① ［德］阿尔弗雷德·施密特：《马克思的自然概念》，北京，商务印书馆，1988，第14～15页。
② 《马克思恩格斯选集》第1卷，北京，人民出版社，1995，第76页。

哈的自然观："先于历史而存在的那个自然界，不是费尔巴哈生活其中的自然界，这是除去在澳洲新出现的一些珊瑚岛以外今天在任何地方都不存在的，因而对于费尔巴哈来说也不存在的自然界。"①马克思强调历史实践活动对物质的中介，"在马克思看来，自然概念是人的实践的要素"，马克思强调在劳动和实践的具体形式中领会和把握物质，意味着马克思不是在"本体论"的第一性问题中进行思辨，确立作为"绝对"的物质概念和论证体系。

施密特正确地指出："人在给自然以形式的有目的的活动中，超出了物质存在的自然发生的和抽象的直接性"②，"马克思把自然和一切关于自然的意识都同社会的生活过程联系起来"③。可以看到，施密特这里所谈到的"中介性"范畴也不是没有时间的逻辑概念之间的联系，而是明确地被规定为具体的人类实践，而且他努力将这种实践概念同马克思的经济学研究中的劳动（物质交换）范畴本质地联系起来。马克思的实践、劳动等作为"中介性"范畴，其理论的意义在于，一方面批判和扬弃了第一性问题，按照阿多诺的说法叫作打碎了"概念的等级制"；另一方面则克服了形而上学本体论体系的概念自足性，将对人们实际生活过程的批判和揭示作为哲学的基本任务。

然而，十分遗憾的是，施密特对劳动实践等"中介性"范畴进行具体阐释的时候，他强调的侧重点却是自然和物质同实践的"非同一性"，将这一思想作为与早年卢卡奇争论的根本立场和整个论证的根本指向，成为导向物质本体论的一个缺口。施密特说："马克思把自然——人的活动的材料——规定为并非主观所固有的、并非依赖人的占有方式出现的、并非和人直接同一的东西"④，自然虽然"是打上社会烙印的，但在这种情况下，它也不是一种可消除的假象，它对于人及其意识来说，仍然保持着它产生上的优先性"⑤。"人类生产力作为知识的以及实践的东西，由于给自然物质打上自己的烙印与其说否定了不依赖于意识的自然物质的存在，不如说完全确证了它的存在。"⑥

在这些具体的论述中，施密特反反复复地强调自然物质的优先性、

---

① 《马克思恩格斯选集》第 1 卷，北京，人民出版社，1995，第 77 页。
② ［德］阿尔弗雷德·施密特：《马克思的自然概念》，北京，商务印书馆，1988，第 69～70 页。
③ 同上书，第 17 页。
④ 同上书，第 14 页。
⑤ 同上书，第 17 页。
⑥ 同上书，第 63 页。

外在性、独立性，对"物质"的这种规定和论证不正是物质本体论内核吗？虽然施密特批判恩格斯"物质第一性"和统一性的所谓物质本体论，其实在此他已经完全回收了物质本体论第一性问题的全部立场，物质本体论并没有肯定更多的东西。施密特对马克思唯物主义"非本体论"的指认就沦为一个纯粹形式的命题。

施密特同传统的马克思主义理论家一样，忽视了本体论作为哲学的不可能，就是"外在于人"的"存在"这种抽象的范畴逻辑论证上的不可能和悖论性质，所以康德才说"物自体"是不得不做的"设定"。康德的根据作为现代性哲学的门槛依然有效："在事物和我们之间总有（居间的）智力在，所以这些事物就不能按它自身在本体上是什么而被认识。"①这一点甚至可以延引到巴门尼德悖论式的表达：存在总是思维到了的存在，思维总是存在的思维。康德的"自在之物"是揭示和解决这一困境的极端形式，他从认识上潜在地揭示了本体论论证的困境，因为"他认识到：在意识之外去假设现实性便包含一种矛盾。被思维的东西存在于意识之中，在意识之外去思维某种东西便是虚构的"②。要在概念中、反思中确立一种绝对的本体，而认识本身是一种对象性的活动，这样，认识论哲学或者说意识哲学在本体论问题上就构成了一个悖论，此一悖论作为传统形而上学的困境建基于伽达默尔所谓的哲学上的三重天真，即概念的天真、断言的天真和反思的天真。③

施密特对这一处境似乎没有足够的认识。在他看来，本体论的问题核心好像真的是承认还是不承认物质经验上的存在，而不是一种哲学形态的困境。他始终担心的是"把自然消融到用实践占有自然的历史形态中去"，所以反复强调自然与物质同实践的"非同一性"，甚至说对自然物质不可取消性的认识，构成马克思的唯物主义的核心的东西。④ 可以说，这一点他与他批判的理论家一起退回到前康德的立场上去了。施密特好像是担心有谁的哲学会从实践上取消自然物质，否定自然物质的存在一样。事实上，本体论的困境不在于对精神或物质因素的直接或间接的承认上，而是在二者绝对外在性、先在性上，一言以蔽之，困境在于在反思中、概念中论证"第一性"存在的不可能上。

① ［德］叔本华：《作为意志和表象的世界》，北京，商务印书馆，1982，第569页。
② ［德］文德尔班：《哲学史教程》，北京，商务印书馆，1993，第789页。
③ 参见［德］伽达默尔：《哲学解释学》，上海，上海译文出版社，1994，第119页以下。
④ ［德］阿尔弗雷德·施密特：《马克思的自然概念》，北京，商务印书馆，1988，第79页。

施密特的这一问题域，使他处于马克思思想的真正论域之外，他对马克思晚期大量著作的援引主要是为了证明这一核心问题以对抗唯心主义，结果仍然站到了他所批判的唯物主义本体论的立场上。施密特批评恩格斯和苏联哲学时说，"在任何场合下，为了用物质去概括地形而上学地揭示世界，不管人们愿意与否，就只能从作为普遍原理的物质出发，而不是从物质的具体的存在形态出发。"事实上，很难说在先在性、独立性、外在性前提下的物质概念及其"具体性"还具有"非本体论"的性质，这样的具体性概念同西方马克思主义实践辩证法、历史辩证法中的具体性也有原则性的区别，虽然施密特反复强调历史和实践的具体形式规定。

施密特说："马克思在把人类劳动称之为物质形式遵循规律性的变化的同时，也完全没有忘记一般的哲学的东西，即世界是以一定的形式自己运动着的物质。这一点非常值得注意。"①施密特曾经批评恩格斯说："关于世界的物质性一说，决不具有积极的意义，它只不过朴素地表明自然界所有的总体之物质性质。"②很显然，他所批评的恩格斯这种"关于世界的物质统一性"的理论，在此重新成为他自己的犹犹豫豫的立场，恩格斯没有肯定比施密特更多的东西。施密特以自然和社会双向中介多次批评卢卡奇的"自然是一个社会范畴"的唯心主义倾向，并没有表明他对这一倾向的积极克服，而是遮遮掩掩地回到他们共同批判的唯物主义本体论的立场。由于对"先在性"和"外在性"等本体论原则的强调，中介性范畴没有内在地构成理解"存在"的本质规定，所以他对"本源的物质"的批判、对"物质统一性"的唯心主义指认终究是含混的、半途而废的，他对物质自然先在性、外在性的承诺也只是倒退成了"朴素的实在论"。

三、"一般本体论"与"否定的本体论"

由于在本体论问题上的含混和模糊不清，施密特最终又含混地承认了马克思思想的本体论性质，使得他虽然意识到从存在论的基础方面揭示马克思思想的重要意义，但最后又遮蔽了马克思思想存在论视域。施密特说："在马克思那里存在着一般本体论的东西，虽然应理解为否定的本体论。"施密特所肯定的"一般本体论的东西"或者说"否定的本体论"到底意指什么呢？在此，我们切莫将施密特"否定的本体论"概念和他的老师阿多诺的"否定辩证法"的思想联系起来。事实上，阿多诺"否定的辩证

---

① ［德］阿尔弗雷德·施密特：《马克思的自然概念》，北京，商务印书馆，1988，第76页。

② 同上书，第54页。

法"倒确实是一种"否定的本体论",在他那里辩证法具有本体论意义,当然是对第一哲学进行批判的"否定的本体论"。而施密特的用意恰好相反,他强调的自然物质与实践的"非同一性",是指物质先在性和最终的不可消除性,是在捍卫物质第一性的哲学。可以说,施密特这里的"一般本体论的东西",实际上就是他反对的物质本体论,所谓"否定的本体论"不过是指劳动中介因素对先在物质的改造过程。

他谈到劳动时说,"劳动不仅是精神对直接的东西的否定,也是对肉体的否定,它在人理论地、实践地改变自然物质之后,而再度恢复其物质的对象性时,又是否定之否定"。这样,在对劳动的阐释中,施密特用"自然的人化"和"人化自然"向第一自然的"倒退"来论证自然的先在性和外在性,强调"劳动"本质上只是"物质变化"的一种形式,实际上是物质形态内部的变化,劳动中介区别于一般过程联系的本质性地位被忽略了,他将本体论所捍卫的东西在"非同一性"的范畴下重新加以捍卫。施密特所说的马克思的辩证法中取得最终胜利的"非同一性"实际上就是指自然和物质"自在"的本体论性质,"人化的自然"只是其中一个中介的、过渡性的环节。很显然,施密特这里的"非同一性"与阿多诺等人的"否定的辩证法"中的"非同一性"具有根本相反的立场,他甚至无视了阿多诺通过"非同一性"对第一哲学的尖锐批判,实际上是将这一命题变成对隐性的"物质第一性"命题的论证。

因此,施密特说马克思虽然承认人与自然的物质变换形式规定性有历史的变化,但他"更注意它的与此无关的质料方面",也就说与历史的变化无关的"客观性"才是马克思的注意力所在。施密特这样的论断是不能令人满意的,他根本无视了马克思思想的基本视域,马克思又被放到了抽象本体论绝对的"物质客观性"上,把马克思早已超越的思想作为马克思主义的焦点。在这样的理论视角下,施密特试图通过劳动目的性与规律性的结合来阐释辩证法,在最好的情况下也只是重复了晚年卢卡奇《社会存在本体论》的基本主题。

事实上,早在《1844年经济学哲学手稿》中,马克思就明确地指出:"被抽象地孤立地理解的、被固定为与人分离的自然界,对人来说也是无。"①马克思的思想视野中,人与自然的关系是通过人与人的关系被规定的,在他看来,人和自然界的实在性就是"人对人说来作为自然界的

---

① 《马克思恩格斯全集》第42卷,北京,人民出版社,1979,第178页。

存在以及自然界对人说来作为人的存在"①。根本不存在所谓马克思对
"基质"问题的更加关注。马克思整个政治经济学的研究对象是生产关
系，而不是生产力，更不是生产力中作为所谓"基质"的东西。马克思
将人们实际生活过程中形成的不以人的主观意志为转移的客观关系称
为"物质关系"、称为生产关系（在《德意志意识形态》中马克思还称其为
交往关系），在马克思的经济或劳动分析中，马克思并不是"更注意它
的与此无关的质料方面"，确立一种物质本体论的抽象前提，相反马克
思是在"关系"和"实践"的分析中扬弃抽象的质料，关注的是作为现实
生活过程和存在关系的"社会的物"。而施密特在对自然的中介分析中，
强调生产力的方面，强调人与自然的关系方面，强调商品的使用价值
方面，以肯定"物质"和自然的优先性，这样一来，马克思唯物主义的
"物"就没有任何历史唯物主义的意义了，最多还保持为劳动对象中的
"基质"。

　　在这样的理论前提之下，施密特认为马克思的《1857—1858年经济
学手稿》以哲学的方式展开"自然存在的独立于人和依存于人的关系这个
难题"。这是一种阅读角度的基本偏离，这一所谓的难题仍然以抽象的第
一性和以此为前提的同一性为基本的论域，似乎马克思的主题就在于解
决"自在存在"与"为我存在"之间的相互关系这一形而上学本体论的基本
问题，而不是对这一抽象问题的批判和揭示。施密特在阐释马克思思想
的"非本体论"时正确地指出，"马克思把从本体论角度所提出的关于最初
的人和创造者问题，作为一个'抽象的产物'加以拒绝"。可是，他没有看
到马克思对"抽象"的批判具有批判本体论的一般意义。

　　马克思从存在的对象性角度来批判"创造者"问题，实际上已经潜伏
着对本体论的批判，他显然是机智地批判了作为不需创造的创造者这种
绝对本体观念。在马克思那里，外在和先在于人的非对象性的自然概念
只是一个形而上学的"抽象的产物"，一个没有具体规定性的概念，所以
在《1844年经济学哲学手稿》中马克思甚至直接称之为"无"。正是立足于
对本体论的批判立场，马克思在《神圣家族》中批判了脱离了人的自然、
脱离了自然的精神以及二者的思辨综合，正是在这个意义上才谈得上马
克思思想的非本体论意义。

　　马克思对这三种抽象本体论的批判完全建立在《1844年经济学哲学
手稿》中"对象性"思想的理论基础之上，并且在《德意志意识形态》中有明

---

　　① 《马克思恩格斯全集》第42卷，北京，人民出版社，1979，第131页。

显的继承和发展。马克思不是在任何本源、本体、第一性的意义上理解"存在",而是将"存在"与实践、与中介性范畴本质地联系起来,马克思是在感性活动的"对象性"意义上理解"客观性""外在性",理解存在事物本身,这一点他在《费尔巴哈提纲》第一条已经本质性地揭示出来了。正如葛兰西从其实践哲学的角度批判的那样,他说:"在形而上学唯物主义中,'客观的'观念显然打算指一种甚至于存在于人之外的客观性;但当人们断言即使人并不存在,某种实在也会存在时,人们或者是在用隐喻说话,或者是落入到一种神秘主义中去了。"①事实上,"客观的总是指'人类的客观',它意味着正好同'历史的主观'相符合,这就是说,'客观的'意味着'普遍地主观的'"②。

第二节 辩证法与实践的中介性

对马克思的辩证法思想的阐释是施密特《马克思的自然概念》的基本主题,它与对马克思思想的"非本体论性质"揭示密切相关,可以说是后者的自然延伸。因为施密特是将双向的中介性作为批判形而上学本体论的利剑,而中介性和过程性与辩证法概念本质地相关,恩格斯就直接将辩证法定义为关于联系和发展的科学,并在此意义上高度称赞黑格尔的哲学贡献。施密特对恩格斯开始的物质本体论的批判自然就会深入到对其自然辩证法思想的批判。就其实质而言,物质本体论和自然辩证法之间存在着一种内在的构成关系。正因如此,我们将看到,施密特在本体论问题上的不彻底性立即影响到他对马克思的辩证法的阐释。概而言之,施密特对马克思辩证法的阐释仍然徘徊于对马克思的传统解释和西方马克思主义的解释立场之间:一方面,他旗帜鲜明地批判恩格斯的"自然辩证法",表面上看,这一立场继承了西方马克思主义的一贯传统。但另一方面,为批判卢卡奇等人的所谓"唯心主义"倾向,他对客观规律性的理解和阐释又与西方马克思主义的辩证法思想有着原则上的不同。

一、对"自然辩证法"之本体论性质的批判

施密特说:"即使恩格斯背离了自己使自然科学辩证法化的主张,拒

---

① [意]葛兰西:《实践哲学》,重庆,重庆出版社,1990,第140页。
② 同上书,第139页。

不使用自然哲学的概念，但是，由于他超出了马克思对自然和社会历史的关系的解释范围，就倒退成独断的形而上学。"①这是施密特对恩格斯自然辩证法的一个根本定位。在施密特看来，恩格斯的《自然辩证法》是在贯彻"把自然科学的历史与体系同一起来的意念"，本质上是形而上学地建构自然哲学体系的努力，试图在自然科学的综合中抽象出一般的普遍的统一规律。在这种抽象中，它忽视了自然与社会历史的相互中介关系。

在此，施密特批判一种纯粹的自然及其规律性概念，从方向上说这无疑是正确的，这一点在卢卡奇讨论"事实"被历史地构成时已经被指出了。施密特说："恩格斯借助辩证法的范畴，去解释既成形态存在的现代自然科学的各种成果"，从而使得"恩格斯的自然辩证法只是一种必然的、外乎事实的考察方法，当他立足于唯心主义思辨的前提上，毫无结果地把黑格尔的范畴'应用'于生物学的细胞概念时，这就更加明显了"②。恩格斯只是在联系和发展的意义上来理解辩证法的含义，客观的规律性成为其自然辩证法的本质规定性，所谓的辩证法就变成对客观规律的普遍抽象。

对此进行批判，是西方马克思主义的一贯立场。卢卡奇在《历史与阶级意识》中就根本性地揭示了自然辩证法概念无视主客体辩证法这一本质性的关系，他说，如果没有了历史过程中的主体和客体之间的辩证联系，"辩证方法就不再是革命的方法，不管如何想（终归是妄想）保持'流动的'概念"③。因为联系和发展，如果脱离了主体的实践因素，无论如何它只是一种自在的关系，而这种"绝对自在"的关系不论在实践上，还是在理论上都是不存在的，按照马克思在《1844年经济学哲学手稿》中的说法，这是对"非实在性的承认问题"④。另外，在《哲学的贫困》第二章中马克思还极力地批判所谓普遍规律的抽象本质。施密特对恩格斯的批判借助了西方马克思主义的思想传统，从这一方面看，大体是遵循了马克思思想的倾向。

施密特说，"在恩格斯那里，自然与人不是被首要意义的历史的实践结合起来的，人作为自然的进化的产物，不过是自然过程的受动的反射

---

① ［德］阿尔弗雷德·施密特：《马克思的自然概念》，北京，商务印书馆，1988，第44页。

② 同上书，第47页。

③ ［匈］卢卡奇：《历史与阶级意识》，北京，商务印书馆，1992，第50页。

④ 《马克思恩格斯全集》，第42卷，北京，人民出版社，1979，第111页。

镜，而不是作为生产力出现的"①，辩证法就这样被排除于实践之外，成为自然辩证法。在自然辩证法中，即使不是根本上排除"实践"，至多也只是将"实践"看成自然辩证法的一个派生形态。但是在对恩格斯自然辩证法原因的探讨时，施密特说："恩格斯在这里把'自然的世界和人类的历史的世界'看作两个割裂的领域时，一开始就妨碍他达到'事物的辩证法'。"他以自然和社会的分裂批判恩格斯自然辩证法是牵强附会，从而也是不成功的。事实上，恩格斯的整个努力恰恰是要揭示自然与社会同一的、普遍的规律性，而不是要将自然和社会分开来说，看成两个分裂的领域。妨碍恩格斯达到"事物的辩证法"的根源并不在于这种所谓的割裂，而在于施密特所批判过的物质本体论思想和世界的物质统一性学说，恩格斯坚持一种自在的规律性概念，试图将一种决定论性质的规律概念贯彻到所有的存在领域，使得辩证法成为抽象的放之四海皆准的普遍规律性。

在这一点上，可以说，卢卡奇对恩格斯辩证法思想的批判更入木三分，他批判恩格斯"不只是忽略了对存在关系逻辑化的必要批判，而且甚至有这种必然徒劳的企图，即通过从自然、社会和哲学中所列举的例子，来证明黑格尔的结构是可信的"②。而事实上，在黑格尔那里，在辩证法的最核心之处在于一种反辩证法的原则占了优势，即那种主要在代数上把负数乘以负数当作正数的传统逻辑③。究其根本原因，就是缺失在实践和历史中得到理解的存在论，与抽象本体论相联系的辩证法只能成为思辨的逻辑联系和逻辑规则，哪怕这种规则是所谓辩证的、而不是形式逻辑的，他们都以一种抽象的决定论结构作为理论的归依，辩证法本质上仍然还是一种逻辑演绎，差异、否定只是一个被包容的环节。所谓的辩证逻辑仍然只是从属于绝对必然性的概念，与传统的形式逻辑分享着同样的理论前提，主体性的实践不过是以一种符合论的理论认识为前提，从属于决定论逻辑。

我们知道，恩格斯认为联系的观点、发展的观点、全面的观点是辩证法的本质特征，并且全面地起用了黑格尔辩证法的几大规律和一些基本的范畴，可以说完全立足于黑格尔逻辑学的基础之上。马克思主义哲学的辩证法是唯物辩证法，它不过是使这些特征具有了唯物主义的基础。

①　[德]阿尔弗雷德·施密特：《马克思的自然概念》，北京，商务印书馆，1988，第50页。

②　[匈]卢卡奇：《社会存在的本体论导论》，北京，华夏出版社，1989，第126页。

③　张一兵：《无调式的辩证想象》，北京，生活·读书·新知三联书店，2001，第61页。

在他看来形而上学就是用所谓孤立的、静止的、片面的观点看待问题的方法论，辩证法和形而上学可以同不同的本体论相结合，从而具有不同的形态。

在这样的意义下，客观辩证法就等于普遍的客观规律，主观辩证法就是对这些客观规律的认识和反映，辩证法中规律的规律性是非实践的、自在的、决定论的。在恩格斯那里，"存在"还是作为自在的过程来理解，没有揭示"实践"范畴在存在论中的中介性意义，辩证法仍然没有从形式逻辑的必然性中解放出来，它以一种新的方式重新肯定刚性的决定论思想。抽象的辩证法规律本身也不再是被实践中介的，而是放之四海皆准的律令。

早年卢卡奇批判说如果没有了历史过程中的主体和客体之间的辩证联系，"辩证方法就不再是革命的方法，不管如何想（终归是妄想）保持'流动的'概念"①，如果摒弃或者抹杀主客体辩证法，历史就变得无法了解。同样的，如果没有了历史，辩证法本身也就变得无法了解，它就只剩下对"必然如此"的现实性的直观，存在就变成了人的实践活动之外的自在存在及其必然的规律性。施密特指出，恩格斯甚至把外部的现实僵化为只是事物的总和，这样一来，恩格斯的辩证法只能像他自己所说的那样是对黑格尔辩证法的一个颠倒。施密特大段地引证了恩格斯给康·施密特信中的话：

"黑格尔的辩证法之所以是颠倒的，是因为辩证法在黑格尔看来应该是'思想的自我发展'，因而事物的辩证法只是它的反光。而实际上，我们头脑中的辩证法只是自然界和人类社会中进行的、并服从于辩证形式的现实发展的反映。"②

施密特认为恩格斯的辩证法与马克思的辩证法存在本质上的不同，但是这种不同究竟何在？我们知道，恩格斯的这段话同马克思在给库格曼信中的一段话颇为相似，马克思说："我的阐述方法与黑格尔的不同，因为我是唯物主义者，黑格尔是唯心主义者。黑格尔的辩证法是一切辩证法的基本形式，但是，只有在剥去它的神秘的形式之后才是这样，而恰好就是我的方法的特点。"③马克思的这段话，常常被作为其辩证法思想与恩格斯相同的有力例证加以引用，唯物辩证法就是物质本体论与辩

---

① ［匈］卢卡奇：《历史与阶级意识》，北京，商务印书馆，1992，第50页。

② ［德］阿尔弗雷德·施密特：《马克思的自然概念》，北京，商务印书馆，1988，第51页。

③ 《马克思恩格斯全集》第32卷，北京，人民出版社，1979，第525～526页。

证法的结合。好像事情是这样的发生的：马克思哲学的实质就在于给辩证法配上了唯物主义的物质基础，或者说给物质本体论配上了辩证法的形式，一场哲学革命就发生了。

其实，马克思这里所讲的方法是指《资本论》的阐释方法和叙述方法。关于马克思所说的叙述方法意义上的辩证法在《〈政治经济学批判〉导言》的"政治经济学的方法"中有最深刻而又明显的论述。再者，所谓的"唯物主义者"更不是就物质本体论而言的，而是就他的阐释基础是物质生活的生产和再生产过程而言的，是就人们现实的生产方式和交往方式的存在状态和实际过程而言的，而不是就范畴本身之间的演绎而言的。马克思不是将现实的存在和过程化为观念中的概念抽象，使之成为独立存在的概念实体，将概念和范畴之间的联系看成自足的、逻辑的展开，这是黑格尔辩证法的实质。马克思的辩证法是存在的辩证法，是对"能动生活过程"的描述，并要求对现实的直接参与和干预。从理论认识上讲，正如马克思在《德意志意识形态》说的那样："历史不再像那些本身还是抽象的经验论者所认为的那样，是一些僵死事实的收集，也不像唯心主义者所认为的那样，是想象的主体的想象的活动。"① 相应地，理论活动本身不应该只喊着"震撼世界的词句"，而不反对现实本身，而应该成为现实实践直接的构成部分，参与对现实的改造。因此，卢卡奇称之为"革命的辩证法"或"实践的辩证法"。

二、作为"中介"的实践与马克思的辩证法

话又说回来，施密特也是用实践和劳动的中介性来批评恩格斯的"自然辩证法"思想，批判这种绝对的自然过程概念和规律性，认为它脱离了马克思自然与社会相互中介的思想，这无疑是正确的。施密特正确地指出："思想作为现实的本质之组成部分，总是潜入被思想所反映的现实。在马克思看来，担当文化内容的客观的辩证法，它本身已经包含着活动主体的精神。"②

卢卡奇早年以主客体辩证法中的历史生成概念批判"资产阶级思想的二律背反"，顺便指责黑格尔不懂得真正的历史动力，在主客体的实践关系中阐释马克思的辩证法概念，为西方马克思主义奠定重要的理论基础。施密特秉承了这一传统，他说："马克思并不想停留在人类以前的自然存

---

① 《马克思恩格斯全集》第 3 卷，北京，人民出版社，1960，第 30 页。
② ［德］阿尔弗雷德·施密特：《马克思的自然概念》，北京，商务印书馆，1988，第51 页。

在及其历史上（在这一点上，恩格斯奇怪地同曾被他激烈批判过的费尔巴哈广为一致），不是仅仅从'客体的形式'去考察现实；尽管他高度评价黑格尔，但也不是仅仅从'主体的形式'去考察现实。"①

这无疑是从马克思《关于费尔巴哈的提纲》的第一条出发，抓住了理解马克思辩证法思想的关键。但仍然留下了一个重要的缺口，"马克思并不想停留在人类以前的自然存在及其历史上"，这种用语上的含混，好像马克思对费尔巴哈"绝对自然"概念的批判只是一种理论上的随意偏好一样，似乎马克思既从"主体的形式"去考察也从"客体的形式"去考察的"辩证法"，只适用于人类社会的历史，而不具有普遍的理论意义，似乎在人类活动之前和之外是可以单纯从"客体的形式"去考察。

施密特明确地指出了劳动范畴作为中介对于马克思的辩证法的根本重要性，他还说，马克思"唯物辩证法在任何地方都没有脱离经济学的内容"。这一阐释也是至关重要的，"因为人对自然的关系是以人们之间的关系为前提的，所以劳动过程作为自然过程，它的辩证法把自己扩展为一般人类史的辩证法"②。"只有通过作为中介的实践，人才能认识并且有目的地运用物质的运动形式，这是马克思的唯物主义辩证法的本质。"③可以说这一点的确抓住了马克思辩证法的根本，马克思的辩证法不是一般地看到了事物的联系和发展，而是在实践、在劳动、在主客体相互作用的历史处境中理解联系和发展，理解关系范畴，理解存在本身。

辩证法的意义首先是存在论的，而在存在论上理解的实践范畴辩证法是它的本质性规定。从根本的方面说，辩证法既不是指一种思维方面的逻辑模式，也不仅指客体方面的必然性联系，在历史的实践中主观辩证法和客观辩证法之间的抽象对立以及从理论上消解这种对立的努力都从根本上失去了意义，认为这种对立是在认识论反思哲学中被建构的。因此，马克思说："主观主义和客观主义，唯灵主义和唯物主义，活动和受动，只是在社会状态中才失去它们彼此间的对立。"④从理论上说，马克思是以"社会实践"范畴来消除这种对立。如施密特所说的那样："如果像马克思一样，不再把自我实现的概念作为矛盾的推动力，而只剩下受

---

① ［德］阿尔弗雷德·施密特：《马克思的自然概念》，北京，商务印书馆，1988，第79页。
② 同上书，第58页。
③ 同上书，第99页。
④ 《马克思恩格斯全集》第42卷，北京，人民出版社，1979，第163页。

历史制约着的人作为精神的承担者，那么，也就谈不上什么不依赖于人的自然辩证法，因为自然界并不存在辩证法中最本质的一切要素。"①施密特在经济学的语境中指出："在马克思看来，一切自然存在总是已经从经济上加工过的，从而是被把握了的自然存在，这时，存在的结构是辩证法还是非辩证法的问题，在马克思看来，是'离开了实践的……纯经验哲学的问题'。"②

当然，需要指出的是，自然之被社会的中介绝不只限于经济的方式，马克思的自然概念也不能仅仅在劳动"质料"的意义上理解。这一点马克思在《1844年经济学哲学手稿》中已经明确地表述过了，自然不仅仅是劳动的对象，而且是意识的精神生活的对象③。将马克思作为一个经济还原论者存在重大的理论误解，这种误解总是一再地发生。当代的一些生态主义者批判马克思的自然概念，认为他仅仅把自然看成人类经济活动的对象、劳动的资料库，批判马克思是一个主张掠夺自然的人类中心主义者，因此，指出这一点是必要的。

由于施密特较多地借重马克思的晚期著作，他往往只是在经济活动的意义上来强调中介性，他说"在马克思看来，一切自然存在总是已经从经济上加工过的"④，甚至直接称马克思的唯物主义为"经济学唯物主义"，这种阐释也容易导致误解，甚至导向错误的理论定位。我们知道，经济对自然的本质性中介实际只是资本主义时代的产物，一种历史的现象。这一点正如施密特在《马克思的自然概念》的附录《论辩证唯物主义中历史和自然的关系》中所说的一样，"随着向资本主义的过渡，对自然的支配获得了新质"⑤，简洁地说，这种新质就是资本、货币等经济因素对自然的全面中介，不应该将具有历史规定性的因素扩大为一般的命题。

既然"在马克思看来，一切自然存在总是已经从经济上加工过的，从而是被把握了的自然存在"，那是否是说马克思"将自然消融到历史中"去了呢？施密特批判卢卡奇的"自然是一个社会范畴"的命题具有一种唯心主义的倾向，而采取晚年卢卡奇的策略来阐释辩证法的概念，这就是规

① ［德］阿尔弗雷德·施密特：《马克思的自然概念》，北京，商务印书馆，1988，第56页。
② 同上书，第57页。
③ 参见马克思：《1844年经济学哲学手稿》，《马克思恩格斯全集》第42卷，北京，人民出版社，1979，第128页。
④ ［德］阿尔弗雷德·施密特：《马克思的自然概念》，北京，商务印书馆，1988，第57页。
⑤ 同上书，第183页。

律性加目的性的二重逻辑。"辩证唯物主义和一切唯物主义一样，也承认外界自然的诸规律和诸运动形式不依赖于意识而存在。但是，它自身只在成为为我之物的时候，即在自然组合进人与社会的目的中去的时候，才成为重要的。"①因为有了实践的目的性的中介，从而问题就变成"重要的是阐释每时每刻形态中的物质存在之直接性和中介性的具体辩证法"②。这实际上是在目的性活动之前确立规律的客观性和必然性概念，人与此种规律之间的关系不过是认识、确证和利用的关系。

因此，施密特说："在唯物主义者马克思看来，自然及其规律是不依赖于人的一切意识和意志而独自存在的，但只有运用社会的，有关自然的陈述才能定型、才能适用。如果没用人为支配自然而努力奋斗，就谈不上自然规律的概念。"③施密特正确地肯定了人类认识的历史性和过程性，后一句话实际上是说没有人类的实践就无所谓"自然规律"与否。但与此同时，他又肯定自然及其规律的绝对性"独自存在"，并以此将马克思的辩证唯物主义和一般唯物主义联系起来，这显然是立足于物质本体论的。他说："一般说来，唯物主义意味着认为自然规律并不依赖于让人的意识与意志而独立存在着。辩证法的唯物主义也意味着这一点，只是它认为人们只有通过他们的劳动过程的各种形态才能证实这种规律性。"④施密特说马克思"并不否定物质自身的规律性，他理解到只有通过作为中介的实践，人才能认识并且有目的地运用物质的运动形式，这是马克思的唯物主义辩证法的本质"⑤。

三、施密特"辩证法"概念的二重逻辑

到此为止，施密特所阐释的辩证法概念内在的二重逻辑就完全显现出来了。他认为马克思的唯物主义辩证法的本质在于理解到只有通过作为中介的实践，人才能认识并且有目的地运用物质的运动形式。

在施密特看来，马克思并不否定物质自身的规律性，而是认为只有通过具体的实践才能认识和利用客观的规律性。事物的规律性与实践（尤其是劳动）的目的性相结合，人类的实践不是消融而是证实了规律的客观性。可见，施密特所说的"因为人对自然的关系是以人们之间的关系为前

---

① ［德］阿尔弗雷德·施密特：《马克思的自然概念》，北京，商务印书馆，1988，第54页。
② 同上书，第64页。
③ 同上书，第67页。
④ 同上书，第100页。
⑤ 同上书，第99页。

提的，所以劳动过程作为自然过程，它的辩证法把自己扩展为一般人类史的辩证法"①，并不意味着他是在阐释一种以主客体为基本定向的实践辩证法，他只是要在客观规律的基础上引进劳动的目的性概念，自然辩证法的本质规定性仍然完全地保留着，他只是强调以"目的性"来保持"流动性"的思想。所以他说："外界自然的诸规律和诸运动形式……只在成为为我之物的时候，即在自然组合进人与社会的目的中去的时候，才成为重要的。"②

施密特曾经正确地强调了人类实践活动对对象的构成和参与，但他并没有将此思想深入地贯彻到对自然辩证法的本体论批判上，批判非中介的、外在的、客观规律概念，而是坚持客观规律的独立存在，只是说它应该服务于人类实践的目的性，撤销掉人类实践中介性的因素，好像一种自在的规律性概念还是可能的。这实际上已经背离了马克思"对象性"概念的存在论地位，如我们前面说过的那样，他只是将它作为一个本体论后续的、补充性的环节。人类只能形成一种与己相关的存在论概念和规律性思想，这一点康德先验哲学的认识论批判已经本质性地揭示出来了。

在马克思的思想视野中，实践活动如果真正被领会为具有存在论意义的中介性，那么，一种"自在的规律性"，作为抽象概念将必然被扬弃。在这个意义上，施密特所说的"物质的概念史……密切地和社会实践的历史结合着"③，这样的指认才具有本质性的意义，它潜在地意味着"规律"不论在实践上还是在认识上的历史构成性，这样一来实践中介才能贯彻到规律性的范畴之中，而不是外加在规律性之后。这里存在两个层次的问题，一个是自在规律的概念从本体论上论证的困难，另一个是规律性概念与辩证法之间的联系。如果在马克思那里，辩证法只是在逻辑性、规律性的意义上被规定，那么他同黑格尔、同传统逻辑没有本质上的差别。

我们知道，恩格斯是在客观规律性的意义上使用辩证法概念，认为联系和发展着的事物之间存在着不以人的意志为转移的客观联系，思维中的辩证法不过是这种客观联系的反映。施密特虽然尖锐地批判恩格斯的自然辩证法思想，实际上，施密特的规律性概念本质上就是恩格斯的

① ［德］阿尔弗雷德·施密特：《马克思的自然概念》，北京，商务印书馆，1988，第58页。
② 同上书，第54页。
③ 同上书，第59页。

辩证法概念。施密特在客观规律的前提下补上目的性范畴，这种解释策略与传统解释之间没有本质的区别。认识世界（因为世界存在着不以人的意志为转移的客观规律）和改造世界的（因为人应该利用对世界的客观认识来满足自己的需求）双重关系以一种新的话语方式被重复。自然辩证法中规律的绝对性逻辑仍然保持着，实践的中介性在对规律的客观性和外在性强调中被牺牲掉了，因为规律性没有在实践的对象性构成中被理解，其客观性没有作为"普遍的主观"来理解。正像实践的中介性思想并不是批判而是被用来巩固本体论预设一样，目的性活动在此并没有成为辩证法概念的规定性。

我们说过，施密特批评"恩格斯的自然概念归根结底仍然是本体论的"，事实上他所阐释出来的马克思的自然概念本质上也仍然是本体论的，他虽然正确地阐释了马克思物质和自然概念的"具体性"和"中介性"，但却以物质与实践"非同一性"的概念来隐性地确认一种物质第一性概念，保留了第一哲学的主要遗产。从根本上说，施密特辩证法概念的含混与这种本体论上的立场相关。施密特试图应用西方马克思主义的"历史辩证法"或"实践辩证法"的思想，来批判对马克思辩证法思想的正统解释，批判恩格斯的自然辩证法概念。但是，由于他最终从本体论上坚持物质的先在性、外在性，而不是用中介性的思想来批判这种抽象的物质观，由此延伸，外在规律或客观规律的概念被从本体论上保留着。

这样一来，"辩证法"实质上只是一个"物质本体论"的从属原则，还只是"物质"前提下的过程联系，哪怕是劳动和实践中的联系，它与规律性等范畴总是还处于一种似是而非的不确定关系中。施密特仍然非反思地确认未被触动的事实性和规律性，并反复强调马克思坚持外部自然及其规律对社会的中介因素的先在性，事实上他是以一种潜在的"绝对客观性"为前提，他所阐释出来的辩证法概念是游离于西方马克思主义之外的，是自然自身的规律性和人类活动的目的性的相加，所以我们说，在施密特的身上可以看到晚年卢卡奇以《关于社会存在的本体论》检讨《历史与阶级意识》相同的理论立场。

第三节　马克思的认识论概念

萨特在《存在与虚无》的导言中说，任何一种认识论都假定着一种存在论，反之亦然。施密特也充分地认识到了认识论的重要地位。他说要在严格的意义上论述现代思想家的自然概念，不能回避他们所持的认识论立场。① 施密特对马克思认识论的讨论完全建立在对本体论和辩证法的讨论基础之上，他在自然规律和目的论的辩证关系中阐释马克思的认识概念，从而将认识论问题和实践的中介性问题紧密地联系起来。

一、自然规律的客观性与实践的目的性

正如施密特正确地指出的那样，在马克思看来，认识过程不单是理论的内在过程，它也为生命服务，把认识过程看作一个自足的与生命相分离的存在过程的观点，不过是人的自我异化的表现。② 马克思在著作中多次强调，现实的生活过程对认识的奠基意义，通过揭示意识形态的现实基础来批判唯心主义的理智形而上学。按照马克思的话说就是"意识在任何时候都只能是被意识到了的存在，而人们的存在就是他们的实际生活过程"③。

因此可以说，马克思的社会存在决定社会意识这一历史唯物主义的基本原理，是其认识论思想的理论基础（当然，对这一命题本身不应该在还原主义和二元论的意义上来理解）。它将认识论问题同现实的存在过程联系起来，在这个意义上突出了认识的社会历史本质和现实的中介性。认识的对象绝对不是人的实际生活过程之外的"客观自然及其规律性"，因为马克思是在"对象性"的意义上将自然理解为"人的无机的身体"，而不是在本体论的意义上确认它的"外在性""先在性"和在此基础上从属于实践目的的可认知性。而这一点恰恰是施密特阐释马克思认识论的基础和出发点。所以，他在具体论述马克思的认识概念之前，先讨论规律性和目的性的相互关系问题。

施密特说："所有对自然的支配总是以有关自然的各种联系和过程的认识为前提，而反过来，这些知识又是从变革世界的实践中才得以产生的。"④一般地说，认识根植于实践同时服务于生活的实践，在马克思的思想语境中，这是毫无疑问的，但是，简单地强调实践对认识的中介性并不构成马克思认识论的独到之处。问题关键之处恰恰在于"实践"范畴本身如何理解。如果仅仅是从理论与实践相互关系的认识论路向来理解，势必导致理论与实践范畴之间循环规定的反思联系。在这种二元关系中

① ［德］阿尔弗雷德·施密特：《马克思的自然概念》，北京，商务印书馆，1988，第111页。

② 同上书，第96页。

③ 《马克思恩格斯全集》第3卷，北京，人民出版社，1960，第29页。

④ ［德］阿尔弗雷德·施密特：《马克思的自然概念》，北京，商务印书馆，1988，第96页。

阐释认识概念，认识往往会被单纯理解为一个工具主义的范畴，尤其是在支配自然和改造自然的实践意义上，认识就只能从属于一种目的论的解释。其实，这种"实用"的认识概念主要是现代性的产物，马克思对此也有明确的阐释。①

施密特忽视了认识活动目的论化的历史性，在目的论和规律性的双重关系中阐释认识的规定性，严重地局限了他对马克思认识论的阐释。"唯物主义的辩证法在自然规律与目的论的后面，探索出必然与自由两者关系的普遍真理。"②这样一来，他完全遵从黑格尔和恩格斯"自由是对必然的认识"这一基本思想，认识就是为了实践的目的对客观规律的揭示，由此获得实践中行动的自由③。为此，施密特再次论证自然规律的客观性和实践的目的性这一双重逻辑，将其作为马克思认识概念的理论基础。

关于自然规律和目的论的关系，我们前面两节已经集中地讨论过。施密特的用意在于揭示人类实践目的社会的、历史的具体性中介着自然规律的"实现形式"，但"自然规律并不依赖于人的意识和意志而独立存在着"。他说："一个物质在其固有的规定性界限内，同人对它进行创造的方式无关，这的确意味着不只是目的的设定从属于物质，物质也从属于目的的设定。"④在这一前提下施密特引入了他对认识论问题的阐释。他首先批判了"模写"这一认识论概念："从认识论来说，自然与其是作为逐步地纯粹'给予的东西'，不如说越来越作为'被创造的东西'出现的。这是从中世纪社会向资产阶级社会进行经济转换所伴随的现象。随着人对自然过程的有组织的干预越发无所不包，对客观结构的被动的模写就越来越乏力，显然，所谓'模写'这个认识论概念是站不住脚的。"⑤因此，不

---

① 马克思说过，在现代"由于自然科学被资本用作致富的手段，从而科学本身也成为那些发展科学的人的致富的手段，所以，搞科学的人为了探索科学的实际运用而互相竞争。另一方面，发明成了一种特殊的职业。"(《马克思恩格斯全集》第47卷，北京，人民出版社，1995，第572页)认识的目的论解释，本身主要是一个现代的产物，不能忽视这种历史性，将目的论作为认识的基本规定。亚里士多德就曾经说过"既然人们研究科学是为了摆脱无知，那就很明显，人们追求智慧是为求知，并不是为了实用。"(北京大学哲学系外国哲学史教研室：《西方哲学原著选读》，北京，商务印书馆，1982，第119页)由此，也才有了"知识就是美德"的西方传统。

② ［德］阿尔弗雷德·施密特：《马克思的自然概念》，北京，商务印书馆，1988，第97页。

③ 对自由的这种认识论解释，与恩格斯的自然辩证法、物质本体论思想和认识论有着紧密的联系。在此不是阐述的主题，它所隐含的认识论思想却是十分严重的。

④ ［德］阿尔弗雷德·施密特：《马克思的自然概念》，北京，商务印书馆，1988，第103页。

⑤ 同上书，第111、112页。

能像"东欧的通俗论文"那样"把马克思的理论和所宣传的'模写说'混为一谈"①。

的确如施密特所说的那样，"马克思并不把概念看成对于对象本身的朴素实在论的模写，而看成这些对象的被历史所中介了的关系的反映"。"认识的要素是不同规定的历史的产物。"②不仅认识的主体，而且认识的客体本身也被历史所规定，主体与客体之间在历史的中介中并不存在抽象的对立。施密特这样的说法是完全正确的，它根本上动摇了"模写说"的理论基地。

但是，当施密特试图利用"历史中介"将"模写"这个概念作为直观反映论的概念来批判时，同时也留下了一个理论缺口。他没有明确地区分"模写说"的产生具有历史的基础和人的认识是否是"模写"这是两个不同层次的问题，好像"模写说"的站不住脚是因为现代生产使得世界越来越成为被建构的世界，自然越来越成为"被创造的东西"，因此被动的"模写"才越来越不可能，而不是说人类的认识本身就不可能是"模写"。施密特在这一问题上的失误，直接影响了他对马克思认识论的阐释。

在现代社会，由于感性的世界越来越具有被建构的性质，才使"模写说"作为一种认识论失却了历史的条件。但是，这绝对不意味着在古代社会人们的认识就是"模写"，绝对不意味着由于现代社会生产中自然"客观性的规定逐渐进入主观之中"，人们的认识才不再是一种简单的"模写"关系。"模写说"的"站不住脚"并不是因为"人对自然过程的有组织的干预越发无所不包"，人类的实践越来越具有"超出自然的直接性"，而是源自于理论本身的困境。这一点必须明确地被强调，以避免在所谓"历史性"的阐释中肯定"模写说"的正确性。认识并不是一种"模写"关系，这不是一个历史性的命题，而具有"结构性"的意义。正是在这个意义上才可能领会康德认识论先验批判的意义，它使得"一切直接的东西被主观概念所中介的思想成为主导的论题"③。

的确像施密特所说的那样，马克思并没有抛弃这种认识的"主观概念"中介性的思想，而是将这种中介作用同人类有限的历史生活过程联系起来。④ 在马克思的思想视野之中，认识的主体与客体之间的统一性并

① ［德］阿尔弗雷德·施密特：《马克思的自然概念》，北京，商务印书馆，1988，第112页。
② 同上书，第116页。
③ 同上书，第112页。
④ 同上书，第112页。

不是单纯的"模写"与被"模写"、反映与被反映之间的关系。马克思批判和继承了康德认识论哲学的成果。"马克思意识到，唯心主义哲学，特别是在它的康德哲学形态中，一旦弄清了直观地给予的经验世界决不是最终的东西，而总已是主观作用使之形成与统一的结果之后，唯物主义的批判本质在于：它不指望返回朴素的客观主义，并不抽象地否认唯心主义的看法本身，而在于它对客观的经验世界和关于它的统一意识能共存的问题，作了非唯心主义的解释。"①

二、马克思认识论的"非唯心主义"基础

虽然，马克思没有专门论述认识论的存在论基础问题，但是认识论思想必定建立在一种存在论基础之上，这是毫无疑问的。那么，马克思如何为之奠定了"非唯心主义"的基础呢？对这一基础的揭示才能解释马克思认识论思想的本质特征。不然，问题就会像施密特引用康纳托·贝卡说的那样："认识论的可能性的条件问题……通过黑格尔对康德的批判，在马克思看来，提出这个问题已经失去了任何目的。"②好像马克思思想视野中的认识论问题与黑格尔没有本质的区别，就是一个抽象的主观与客观、理论与实践的辩证统一问题。

由于对实践范畴在马克思思想中的存在论意义的领会不足，施密特始终没有清楚明晰地解释马克思认识论同黑格尔的本质区别。这一点在如下的表述之中相当明显："从实践上把上述的客观主义和主观主义结合起来，构成黑格尔与马克思的劳动的辩证法的特色，反映了现代认识论的根本立场。反过来，这正是在马克思的形态中才固有的唯物主义思想。这些认识论的根本立场反映着生产的实践阶段以及这些阶段的历史的转换。"③在这样一种含混的表述中，与其说区别不如说混同了马克思和黑格尔。因此，施密特在阐释历史、劳动、实践、工具等范畴时，都没有有效地将马克思和黑格尔区分开来。因此，他虽然也说马克思"对黑格尔的主观和客观的同一性进行了唯物主义的批判"④，并且还正确地引证过马克思批判黑格尔的观点，但实际上施密特这里所说的唯物主义（如前面我们指出的那样）就是物质本体论，并没有真正揭示出马克思的存在论

---

①　[德]阿尔弗雷德·施密特：《马克思的自然概念》，北京，商务印书馆，1988，第118页。

②　同上书，第113页。

③　同上书，第121页。

④　同上书，第127页。

思想。

最终，在施密特看来，马克思在认识论上不过是批判地把康德和黑格尔连接起来了。马克思"既保留康德关于主观与客观的非同一性观点，又坚持康德之后不排斥历史的观点、主观与客观建立在彼此换位的关系上的观点"。这样一来，"马克思就在康德和黑格尔之间的转换中占据中介的位置"①。康德"非同一性观点"就是康德"自在之物"的唯物主义因素，"不排斥历史的观点"就是黑格尔的过程性和中介性的观点。一句话，作为马克思认识论思想基础的存在论及存在论视野中的"历史"概念被无疑地遮蔽了。由此，所谓历史和实践的"中介性"并没有真正构成对认识论的彻底批判。

近代认识论的哲学主题及其困境源于本体论上的抽象主义，"外部"与"内部"之间的二元论划分乃是通过一种本体论还原构筑起来的。它先抽象地在本体论上假定了主体与客体之间的对立，然后来解决这种对立。绝对认识主体，从而绝对的认识对象，即"先验主体"和"先验客体"之间的前提性矛盾是基本的出发点。如果没有对"存在"本质上的历史中介性理解，还坚持一种抽象的存在概念和第一性哲学，中介性只是"第一性"本体论预设之后的派生性范畴，这种僵硬对立必然保持着。在这样的前提下，即使将实践作为认识的环节（前提、动力、标准等），也势必退回到抽象的认识论路向上去，不可能彻底批判"模写说"，而只能在"模写说"的底版上加上能动性的色料，在反映论的基础上加上能动的反映论。认识本质上仍然只是一种符合论，真理被理解为符合论的知识。康德通过还原论的抽象提出的"自在之物"不可知的困境不可能被扬弃。

恩格斯将康德抽象的"自在之物"转变为经验的"尚未认识之物"，诉诸实践中认识的无限进展来反对康德的不可知的"自在之物"。具有反讽意味的是，康德恰好是通过"自在之物"揭示认识的限度，从而诉诸"无限进展"来反对不可知论，为认识论的可能性奠基。要真正地驳倒康德的"自在之物"，单纯求助于实践标准的绝对性和相对性的辩证统一是不能奏效的。

施密特对"历史的实践是认识的基础、是真理的标准"这一命题的修正和限制是十分准确的，尤其是他明确指出"仅仅由于实践——作为历史

---

① ［德］阿尔弗雷德·施密特：《马克思的自然概念》，北京，商务印书馆，1988，第127页。

的总体——一般地构成人们的经验对象，即实践在根本上参与经验对象的内部组成，因而实践才成为真理的标准"①。

对此，科西克在《具体的辩证法》中也有精妙的说法："实在最初不是作为直觉、研究和推论的对象（与它相反相成的另一极是存在于世界之外的超越世界的抽象认识主体），而是作为人的感性—实践活动的界域呈现在他面前，这个界域构成实在的直接实践的直觉的基础。"②作为"界域"它就失去了纯粹客观，或纯粹主观的性质，它作为实践活动的结果，同时也作为实践的前提在历史中不断地变化和生成，抽象的第一性和二元论失去了基础。在这样的理论前提下才可能揭示出："思维和存在是同一的，就不是说它们是互相'符合'，互相'反映'，它们是互相'平行'或互相'叠合'的（所有这些说法都以隐蔽的形式包含着僵硬的二重性思想）。它们的同一在于它们都是同一个现实的和历史的辩证过程的环节。"③

实际上，认识论问题的解决根本就不必再借用某种"先验"的原则，寻找一种非历史的条件，人的认识能力和认识条件都回到了历史地实践着的人本身。正如卢卡奇在阐释马克思的哲学时指出的那样，只有实践中的历史生存才真正地消除了事物和事物概念的真实的独立性及因此而造成的僵硬对立，它"迫使这种认识不让这种因素坚持其纯粹具体的独立性，而是把它们放到历史世界的具体的总体，放到具体的总的历史过程本身之中去，只有这样，认识才成为可能"④。

正是在这样的视野中，认识论才获得了全新的意义，它不仅克服了一切形式的怀疑论、不可知论和折衷主义，也克服了黑格尔唯心主义基础上的抽象的同一哲学和一种机械的物质反映论。认识的客观性在对象性的意义上得到理解，如葛兰西所说的那样："客观的总是指'人类的客观'，它意味着正好同'历史的主观'相符合，这就是说，'客观的'意味着'普遍地主观的'。人客观地认知，这是在对于被历史地统一在一个单个的文化体系中的整个人类来说知识是实在的范围内来说的。"⑤

三、超出认识论框架的"实践"概念

的确，实践概念在马克思的认识论思想中具有根本重要的意义，但

① ［德］阿尔弗雷德·施密特：《马克思的自然概念》，北京，商务印书馆，1988，第125页。
② ［捷］科西克：《具体的辩证法》，北京，社会科学文献出版社，1989，第1页。
③ ［匈］卢卡奇：《历史与阶级意识》，北京，商务印书馆，1992，第299页。
④ 同上书，第223页。
⑤ ［意］葛兰西：《实践哲学》，重庆，重庆出版社，1990，第139～140页。

是，实践概念首先不是作为一个单纯的认识论范畴才可能解决认识论问题。即是说，"实践"本身必须从理论与实践狭隘的认识论框架中解放出来，成为存在论内在的构成要素才可能奠定它在认识论上的本质地位。

正如马克思一般地谈论其哲学视域时所说的那样，"主观主义和客观主义，唯灵主义和唯物主义，能动和受动，只是在社会状态中才失去它们彼此之间的对立，并从而失去它们作为这样的对立物的存在"①。在人类的实践过程中，当主体与客体、思维与存在、物质与精神、个人与环境并不存在本体论上的抽象对立，它们在认识论上的对立也就失去了意义。"实践"对认识论问题的解决，乃是因为它在一种新的存在论意义上得到领会，并构成这种存在论的本质要素。这一点可以说是马克思《费尔巴哈提纲》第一条最基本的思想意义：唯物主义和唯心主义作为两种基本的本体论形态，它们分享着同样的抽象前提，没有在真正的感性活动即实践中理解存在。

马克思通过对两种基本的本体论形态的批判，揭示它们共同的形而上学本质，以实践或者说感性活动作为批判抽象本体论的根本范畴，确立了一种理解"存在"的新的基础，原则性地宣告了自己的基本哲学视域。正如葛兰西所说即使可以称之为"一元论"，"它肯定不是唯心主义的一元论，也不是唯物主义的一元论，而倒是具体历史行为中对立面的同一性，那就是与某种被组织起来（历史化）的'物质'，以及被改造过的人的本性具体地、不可分割地联系起来的人的活动（历史—精神）中的对立的同一性。行动（实践，发展）的哲学，但不是'纯粹'行动的哲学，而倒是在最粗俗和最鄙俗意义上的真正'不纯粹'的行动的哲学"②。

并且，马克思明确地批判以未被触动的、自在的感性存在（自然物质）作为在先的本体，在人的感性活动之外理解事物、现实、感性，同样也反对抽象地发展了主观方面的唯心主义，将精神的、观念的东西作为存在的本质甚至本源。因此，主体与客体、存在与意识本体论上的分离和等级制（不论是二元论还是一种抽象的一元论）并不是马克思的出发点，更不是马克思思想关注的论证主题。

但在对马克思思想的一般阐释中，由于物质本体论的前设，实践只能作为一个次级的、派生性的范畴，放置于主体与客体的认识关系中来理解，实践范畴大体上是从理论来源于实践并且指导实践这一模式中得到定位的，

---

①　《马克思恩格斯全集》第 42 卷，北京，人民出版社，1979，第 127 页。

②　［意］葛兰西：《实践哲学》，重庆，重庆出版社，1990，第 58 页。

前者决定了其反映现实的科学性品格，后者决定了它是一种革命的学说，实践在主客体的认识论关系中达成了革命性与科学性的同一。

事实上，这种在理论与实践的关系中理解的实践，本质上已经是一个前提性地从属于认识论的范畴，它只是构成认识的一个环节，哪怕是根本重要的环节，实践作为认识论的基础被强调，更加本质性地确定了它是在认识论的方向上被规定。在此理论前提下衍生出来的认识路线、群众路线等，并没有揭示出实践概念在马克思思想中的基本意义，马克思思想视野中的"实践"范畴同实证主义的"实践"和实用主义的"实践"没有原则性的区别，施密特对此的批判无疑是正确的①。但是受到其本体论问题上的局限，他没有真正揭示出马克思实践范畴的存在论意义，换句话说，实践范畴没有在更根本的存在论的意义上得到探讨，对实践思想的深刻洞见始终无意识地纠缠在认识论哲学的路线上。

第四节　总体性的考察

恩格斯对哲学基本问题的概括简易地表现了本体论的典型特征——对"绝对者"（第一性）的诉求，它从方法论上隐含了被当代哲学揭示出来的抽象主义、还原主义和本质主义，寻找第一因，寻找不需生成的作为起点的起点，这本来就是"上帝"观念的内在含意，此种类型的本体论同"神本论"分享着同样的逻辑，他们一同构成哲学中形而上学的本体论形式。

在抽象本体论思维中，抽象的"外在性"和"先在性"成为规定物质本体或精神本体的前提性范畴，这种本体概念本身是没有实践的，从而是不受实践中介的。物质与精神，思维与存在之间的对立与同一只能是一种等级系列中的外在的、思辨的同一。在这样的前提下，中介性范畴，哪怕是双向的中介性范畴，最终也只能是"第一哲学"的牺牲品、本体论的配料，它非但不能终结所谓的思辨哲学，反而成为思辨哲学继续生存的拐杖。

实际上，马克思较早就越出了近代哲学的基本视域，抽象的第一性和同一性问题并不构成马克思思想的出发点。早在《黑格尔法哲学批判》中，他就对抽象本体论进行了顺带的批判，虽然还不能因此认为马克思

---

① ［德］阿尔弗雷德·施密特：《马克思的自然概念》，北京，商务印书馆，1988，第125页。

已经建立了自己的哲学基础。在马克思看来，抽象的唯物主义和抽象的唯心主义只是构成相互对立的极端，他说："任何极端都是它自己的另一个极端。抽象的唯灵论是抽象的唯物主义；抽象的唯物主义是物质的抽象唯灵论。"①而成为极端这一特性，必然包含在与它对应的极端的本质之中，因此它对另一个极端并"不具有真正现实的意义"，极端与极端就其相互规定而言"并不形成真正的对立面"②。很显然，在马克思的思想中，唯物主义和唯心主义（或唯灵论）已经被作为抽象的极端来看待并初步地指出了二者都是立足于一种思辨的概念抽象。

对马克思来说，现实的存在只能是关系中的、对象性的具体存在，非对象性的存在物是"非存在物"，是"一种非现实的、非感性的、只是思想上的即只是虚构出来的存在物，是抽象的东西"③，感性的现实存在，"只是由于某种运动才得以存在、生活"，而不是任何一种形而上学意义上的抽象范畴，绝对的本体只是一种观念上的抽象。

在后来的《哲学的贫困》第二章《政治经济学的形而上学》中，马克思专门批判了抽象主义的观念体系建构，指出在这种抽象的体系中，现实的运动、历史，变成了一成不变的范畴、原理，变成了无身体的理性，"脱离了个体的纯理性的语言"，"形而上学者认为进行抽象就是进行分析，越远离物体就是日益接近物体和深入事物。这些形而上学者说，我们世界上的事物只不过是逻辑范畴这种底布上的花彩；……既然如此，那么一切存在物，一切生活在地上和水里的东西经过抽象都可以归结为逻辑范畴，因而整个现实世界都淹没在抽象世界之中，即淹没在逻辑范畴的世界之中，这又有什么奇怪呢？"

马克思的这一批判形而上学本体论的基本立场，可以说在《关于费尔巴哈的提纲》第一条中得到了原则性的总结④，在此，马克思宣告了"唯物""唯心"本体论的覆灭，其根本的成果就是与任何形式的抽象本体论的决裂。他并不是先论证和肯定绝对的第一性存在，然后在此基础上谈论存在的中介性。否则，我们对马克思所说的"唯灵论是随着与其对立的唯物主义一起消逝"这样的看法就会感到突兀。

---

① 《马克思恩格斯全集》第3卷，北京，人民出版社，2002，第111页。

② 同上书，第111页。

③ 同上书，第325页。

④ 从如上的分析和引证来看，与其说《提纲》是一个研究纲要，毋宁说它是一个思想的总结，关于马克思思想的各种阶段和断裂说恐怕只是过多地注意了前者，秉承恩格斯"萌芽"说的观点。其实，《提纲》的基本观点都可以在这之前的著作中找到源头，甚至基本一致的表达。

　　施密特的出发点是揭示马克思思想的"非本体论性质",批判对马克思的本体论阐释。初步看来,他已经抓住了问题的根本,从存在论的基本方面来阐释马克思思想的后形而上学性质。但是,他停留于抽象本体论的争论上,通过对本体论问题的回答来阐释马克思的思想,从而受制于本体论本身的提问框架。由于对这个框架缺少实质性的批判,马克思批判形而上学本体论的思想视野终究没有呈现出来。施密特以"具体性"和"中介性"为工具,从批判本体论出发,最后却无意中变成为物质本体论辩护。

　　总而言之,在西方马克思主义和传统马克思主义双重遗产的强大张力中,施密特自己的立场犹疑不定,他以一种矛盾的方式实现两种立场的结合,一些深刻的见解与对两种不同立场的折中大量并置于《马克思的自然概念》中,结果是两种立场在其思想中各自的不彻底性。

　　一方面,他以双向中介性的范畴来批判对马克思的抽象本体论解释,在他看来,物质本体论的"物质同一性"忽视了中介性和具体性,而卢卡奇的"自然是一个社会范畴",虽然强调了具体性,但却将自然物质消融到社会关系的历史实践中;所以,另一方面,为了批判卢卡奇等人的唯心主义倾向,他又在作为劳动质料的"先在性"与"外在性"自然概念中再一次回收了所有的本体论前提。结果导致了对马克思思想的本体论与非本体论性质的双重指认,他的中介性与具体性范畴最终还是从属于思辨的概念联系。这并不是因为施密特对"本体论"范畴作了不同具体规定性,从而只是一个形式问题,而是由于马克思思想的根基没有得到本质性的揭示导致了立场上的犹豫和徘徊。

　　本体论(存在论)立场的犹疑和不彻底性,立即影响了施密特对马克思辩证法概念和认识概念的阐释,明显地表现出在两种解释传统之间的折中和调和,而不是获得了超越的理论立场。可以说,在施密特的身上,我们更多地看到的是晚年卢卡奇的影子,而且是以《关于社会存在的本体论》检讨《历史与阶级意识》的卢卡奇的影子。如果这种犹豫和徘徊的折中立场不被揭示和批判,其中所蕴含的深刻见解也就不可能发挥它真正的作用。

　　对于今天中国从事马克思思想阐释和研究的人来说,施密特的思想,尤其是他的《马克思的自然概念》的重要意义至少在于以下几个方面:

　　首先,施密特从存在论的方面切入马克思思想的研究,这一视角抓住了问题的根本,如果马克思思想的存在论视域不能被有效地开启,任何细部研究的意义都是极其有限的,甚至是难以维系的。

　　其次,施密特置身于两种马克思思想的解释传统中,试图进行批判性的综合，最终却走向折中和调和。面临着几乎完全相同的思想背景，中国的马克思研究者如何吸收和消化并获得超越的理论立场至关重要。否则，就完全可能在两种传统之间非此即彼地倒转，或者简单折中和调和。

最后，施密特在阐释马克思思想的"非本体论性质"时，是试图在"后形而上学"的意义上来定位马克思思想的。但是，他的当代哲学的思想资源明显准备不足，没有能有效地吸取当代哲学对形而上学本体论的批判，在《马克思的自然概念》中，我们甚至看不到当代西方哲学本体论批判的真正成果。这严重地限制了施密特的存在论视域及其对马克思思想的阐释，在对马克思存在论视域高度敏感的触及中，在一定程度上又再次构成对马克思存在论视域的遮蔽。

第九章　哈贝马斯的现代性
批判及其存在论意蕴

　　在西方思想界沸沸扬扬的"现代和后现代"之争中，哈贝马斯当属站在"现代性"立场上进行论战的领军人物。实际上，哈贝马斯并非一味地为现代性辩护，他在批判理论重构方面所做的努力恰恰是发端于对现代性问题的困惑。他通过对现代性问题的检视和反思，试图探寻走出现代性困境的出路。

　　作为法兰克福学派第二代主要代表人物，哈贝马斯十分赞同霍克海默、阿多诺等老一辈思想家对现代文明本质的总判断，即哈贝马斯所表述的"现代性的病理学理论"。这是一种从理性的畸形化实现角度对当代文明所作的哲学概括。哈贝马斯认为，现代性哲学话语从黑格尔开始，经由尼采一直到海德格尔、德里达、福柯，经历了一个从辩证否定到彻底颠覆的过程。在他看来，不管是以理性反思的力量作为宗教统一力量的替代物，还是用理性的他者取代理性的位置，各派哲学对现代性的检讨、批判，归根结底并未超越近代意识哲学的思维框架，他们仅仅从意识哲学的工具理性的层面把握理性，将工具理性之外的一切统统归为理性的他者，并据此对理性进行总体性批判，最终彻底否定了启蒙和现代性。要摆脱现代性话语的尴尬局面，唯有重建现代性、重建理性。

第一节　后形而上学视域中的交往理性

一、意识哲学范式与形而上学思维

　　按照哈贝马斯的思路，要重建理性就必须真正跳出传统的意识哲学的窠臼，从意识哲学范型转换到语言哲学的范型，突破传统形而上学思维模式，从后形而上学思维境域下阐扬理性概念。哈贝马斯用形而上学指称起于柏拉图止于黑格尔的唯心主义哲学思想。黑格尔之后的西方哲学思潮被称为后形而上学。他认为，在西方哲学史上，从巴门尼德、柏拉图一直到康德、黑格尔的哲学"一般都把存在者的存在问题作为出发点"。这种本体论意义上的形而上学思想即"真知"所追求的"永远都是普遍性、永恒性和必然性"。因此，形而上学作为一种哲学思维，其本体论都是通过对存在者自身结构的认知得以建构的。

　　哈贝马斯认为，意识哲学范式在西方源远流长，从古希腊时代以来，西方哲学家始终关心着两个问题：一是世界或存在的本源问题，即本体论问题；二是人的意识或思维及其认识能力问题，即认识论问题。苏格拉底以后的哲学家倾向于把本体论与认识论合二为一，即试图将人的意识的内在规定性——理性——同存在的"本质"和"真理"等同起来。在这些哲学家看来，存在与思维、真理与理性具有不言而喻的统一性。如柏拉图的"理念"既可视为是世界的本源，又可看作是理性的最高显现。这种统一性是一切个别存在者以及感性知觉的基础。而康德将它称为"意识的统一性"，意指无论是存在还是真理都统一于人的意识。这实际上是把意识的本质即理性当作世界统一性的基础。可见，西方哲学从起源处就借助意识哲学范式为世界和存在规定永恒的秩序，并将一切存在者纳入其中，成为基于纯粹意识而可能的事物。

　　在哈贝马斯看来，在意识哲学范式下的形而上学思想具有如下特征：同一性思想或统一性思想、唯心论或理念论、理论优于实践论。1. 同一性思想或统一性思想。哈贝马斯认为古希腊哲学扬弃了神话思维的具体性，但却从神话那里承袭了对世界统一性的追求。哲学借助概念将万物归于"一"，把超时空维度的所谓开端、始基抽象化为第一性的东西，建立起"一"与"多"之间最基本的思辨关系。"一既是原理和本质，也是原则和本源。从论证和发生意义上讲，多源于一，由于这个本源，多表现为一种整饬有序的多样性。"①在这里，"一"与"多"的关系实际上被抽象地理解为同一性和差别的关系。哈贝马斯认为，形而上学思想本质上将"一"与"多"的关系同时理解为逻辑的和本体论的关系。"一"既是"多"的原则、原理，又是"多"的本质根据和原因。2. 唯心论或理念论。在哈贝马斯看来，自巴门尼德以来，能抽象的思想和其产物之间的内在联系就已经确立。巴门尼德就提出了"思想与存在是同一的"命题。这种将"存在—思想"视为同一的存在论以不同的变种呈现在以后的各种各样的形而上学思想中。柏拉图就从巴门尼德存在论引出理念，存在即理念，非存在即现象。理念深深植根于质料中，自身内部包含着普遍同一性的承诺。从理念的概念特性中，存在不仅获得了统一性，还获得了普遍性、必然性、永恒性等特征。因此，理念论与统一思想是紧密相连的。3. 理论优于实践论。哈贝马斯指出，就像佛教以苦行而基督教以遁世为个体获救

――――――――――

　　① ［德］哈贝马斯：《后形而上学思想》，南京，译林出版社，2001，第29页。

途径那样，哲学把献身冥想的生活，即毕生从事理论活动当作救赎的途径。哲学家因其理论生活方式与超常非凡的东西接触而高于政治家、教育家和医生，理论本身使哲学家的生活方式上升为典范。沉思静观的生活造就了理论超越经验和各门具体科学，并因其完全消除了所有尘世的经验痕迹而成为纯粹的、绝对自给自足的思想。西方哲学中根深蒂固的逻各斯中心主义传统由此形成。从形而上学思维表现出的特征看，形而上学对"基础"有着一种强烈的渴望。就此可以断定，起于古希腊止于黑格尔的西方哲学，始终不变的努力就是要为沉思生活奠定基础，揭示永恒不变的原点。一部黑格尔之前的西方哲学史就是一部探寻哲学中阿基米德支点的历史。它表明：在形而上学思维境域中，意识哲学契合于形而上学思维，二者关系密不可分。

二、形而上学思维的困境

虽然哈贝马斯把形而上学与意识哲学范式之间的密切关联追溯到西方哲学的源头，但在他的心目中，直到 17 世纪，西方哲学才彻底完成形而上学体系的意识哲学奠基。为其奠基剪彩的哲学家当然是笛卡尔。哈贝马斯说："自笛卡尔以来，自我意识，即认知主体与自身的关系，提供了一把打开我们对于对象的内在绝对想象领域的钥匙。"[①]这种从主观方面为现象奠基的立场之所以能够成立，依赖于近代哲学对"主体"的发现。近代哲学所发生的认识论转折使得人及其意识即主体从世界中分离出来，成为世界即由实在事物组成的客体的对立面，从而形成所谓主客二元结构。近代哲学用这个结构来解释一切现象，形而上学思想因此表现为主体性理论，意识的主体成为支撑形而上学大厦的阿基米德支点。于是，德国古典唯心主义中的形而上学思想具有了主体性理论的形态。自我意识要么在康德那里作为具有先验功效的自发源泉被置于一个基础地位，要么在黑格尔那里作为精神上升为绝对。总之，在近代，理性或者被理解为基础主义的，即被理解为一个使世界成为可能的主体性；或者被理解为辩证法的，即被理解为一个通过自然和历史而过程化、不断展开的精神。在这两种情形中，理性被证明是一种既整体化又自我关联的反思。所以，意识哲学就其保障同一性对差异的优先性和观念对物的优先性而言，仍然接受了形而上学的遗产。然而，康德的先验自我不是通过经验和在经验中而是通过超越经验为自己奠基的。先验自我被规定为一种"纯

---

① ［德］哈贝马斯：《后形而上学思想》，南京，译林出版社，2001，第 31 页。

粹、原始、不变"的意识，一个"恒常的我"，主体由此被提升为纯我和绝对精神。康德在逻辑上把主体概念完全空洞化了。主体不能与人、个体相提并论，因为先验自我的非时间性质已将自身与时间性的经验自我相区别；自我也不必然是主体，因为主体的存在不是自我特殊的存在方式。这样，在自我是什么问题上，有关自我的先验意识和经验意识发生了分裂，没有同一的基础能够将两者统一起来。这意味着康德的先验主体论逻辑地预期了近代形而上学的绝对主体性，而绝对主体性的出现将康德哲学在本体论方面所包含的矛盾暴露无遗。

康德之后的哲学家意识到康德主体论的缺陷，力图通过打通思维与存在、主体与客体、自我与世界间的关系，改变康德对主体的单纯逻辑陈述，他们把先验意识直接作为对象意识，主体通过对象化来构造对象，对象化是主体性的本质。然而，主体性的对象构造特征虽然保证了主体性的现实性，但却使得主体的"我"失去了自身的"我性"。先验主体性通过对象化、剥夺自我的本性和内在同一性而使得主体在形而上学意义上不能成立。这迫使黑格尔改变论述结构。既然时间性和历史意识始终是主体的形而上学摆脱不了的阴影，那么干脆借助辩证的方法使精神进入历史。于是，人们看到，在黑格尔之前，形而上学思想一直是以宇宙论为中心的；一切存在者与自然之间都是同一关系。如今，历史领域要被整合为这种存在的总体性。历史哲学由此登上思想舞台，成为形而上学的替代物。从黑格尔之后，"历史凭借不可预见的他者和新鲜事物的偶然性，深入到建立同一性的理性结构当中"。但意料不到的结果却是："利用历史意识，黑格尔建立起了一种权威，其颠覆力量使他自己的结构也摇摇欲坠。"由此可见，形而上学思想借助近代意识哲学范式以主体论形式得到进一步加强的同时，也把自身推向了绝境。克服意识哲学范式成为超越形而上学思想的必由之路。

三、交往范式对意识哲学的克服

在哈贝马斯看来，动摇形而上学思维方式的后形而上学的思想主旨和动机主要表现在四个方面："程序合理性""理性的情境化""语言学转向"和"实践之于理论优先性"。

程序合理性。形而上学思想将理性设想为实质理性，认为自然或历史被理性赋予了一种合理的结构。但是，随着近代 17 世纪以来西方经验科学方法和 18 世纪以来体现在道德—法理论及宪法国家制度中的形式主义的发展，理性萎缩成了形式合理性，内容合理性变成了结果有效性。

而这种有效性又取决于人们解决问题所遵循的操作程序的合理性。显然，这种合理性无法像实质理性那样保证多元现象的先验统一性，它使旨在追求统一和整体的形而上学陷入了尴尬境地。

理性的情境化。19世纪以来由于黑格尔之后的哲学引进了历史意识，使得有限性、时间性、历史性维度在哲学中植根，这就动摇了形而上学高扬的非情境化的、超时空的理性观念，由此导致传统形而上学基本概念的非先验化，先验主体概念的历史化和个体化。"先验主体失去了其作为相对于'全'的'一'和'多'中之'一'这样一种众所周知的双重身份。"抽象的理性回归到具体语境中。

语言学转向。黑格尔之后的哲学从不同方面解构将一切纳入"主客二元结构"的意识哲学范式，先是责难先验哲学，然后从逻辑学和语义学角度打击那个从意识哲学概念中引出的对象理论，接着自然主义又把怀疑的矛头指向将存在基础与前提归于意识的做法，而这些批判最终导致了首先在命题语义学、索绪尔符号学然后在分析哲学、结构主义、胡塞尔的意义理论和批判理论等中的语言学转向，并在最近的哲学发展中使语言学转向突破语义哲学范围进入语用学。结果，意识为语言所代替，"主体—客体"关系为语言与世界、命题与事实之间的关系所代替；构造世界的重任从先验的主体性过渡到语法结构，后形而上学思维显出端倪。

实践之于理论的优先性。马克思肇始了对形而上学所信仰的理论至上性的颠覆，之后，从皮尔斯到奎因的实用主义，从狄尔泰到伽达默尔的哲学解释学、舍勒的知识社会学、胡塞尔对生活世界的分析，从梅洛-庞蒂到阿佩尔的认识人类学，以及自库恩以来的后经验主义科学理论等，都阐明了发生与价值之间的内在联系。这样，理论之于实践的经典优先地位也就被颠覆了。而这种颠覆又为克服逻各斯中心主义打下基础。因为当哲学的目光转向生活世界时，它就把理论活动放到其实际的发生和应用语境当中，这就唤醒了人们注重行为和交往的日常语境的意识，逻各斯中心主义自然完结。

通过以上论述，哈贝马斯得出这样的结论：后黑格尔哲学的发展已经突破纯粹意识领域，随着对传统形而上学基本概念的去先验化，促成了对"一切都用主客体关系加以概念化的哲学基础"的清算。哲学从意识哲学转向语言哲学，这种转变由语义哲学进入语用学层面，就将新的哲学范式即"交往范式"引入现代哲学，而交往范式的诞生证明了意识哲学的范式已经枯竭。

交往范式强调相互理解，它充分利用语言哲学的新成果，克服意识哲学。从交往哲学角度看，从笛卡尔到康德的反思哲学（意识哲学）是一定历史时期的产物，而作为形而上学思维基础的理性、主体性概念是一定认识范式的创造物，不具有超越时空的普遍价值。在后黑格尔哲学的观照下，意识哲学的先验理性概念的褊狭已暴露无遗。为此，交往行为理论提出了一个新的理性概念，即交往理性概念，并从中发展出"一种具有更多的社会性和更少自我特色的主体性理论"。这种理论所依赖的理性概念特别凸显了语言性、主体间性、程序性和开放性本质特性，它的核心是处理人与人之间达成相互理解、协调一致的关系的可能性条件。其功能只在于从形式上为达成一致的对话、商谈、论证等规定一个可操作性的原则。可见，在交往范式中主体以语言为中介而相互作用，在互动中学会用他人的眼光看自己。这种主体间性的观点提供了人与人之间语言互动关系的现实描述，发展了非本体论伦理学关于抽象的普遍规范的概念，解决了个体之间相互沟通的难题，从而使得交往范式可以完成一次重大的哲学视界转变。原本"独语式的"意识哲学必须依靠对意识事实的自身反思，它对事实的描述难以摆脱纯粹主观的痕迹，至多它提供了一种有关对象的绝对想象。交往范式把社会看作一个由语言的方式进行交往行为而编织起来的网络系统。由于语言不仅是将对象世界与纯粹意识展示给我们的媒介，而且更重要的是我们都参与其中的活动和生活形式，因此，语言分析必然具有纯粹意识分析的优点，借助它我们不仅能够揭示意识的内在结构，而且能够用更现实的手段将其展现在我们面前。语言使原先私人地、内省地认识的东西成为社会的、公开的、透明的东西。而相互作用的参与者，按照交往理性的要求，用交往行为作为中介，就可以保证每个社会成员或语言共同体成员达成对客观事物的共同理解，建立大家认同一致的伦理道德规范，保持和谐的人际关系，维护生活世界的合理结构。基于此种见解，哈贝马斯相信他的交往理性概念能够提供一种概念图式，保证人们可以使用历史的、具体的理性把握普遍的共识性真理。因此，从意识哲学向交往范式的转换，必然导致哲学自身的一次深刻变革，从而拉开了后形而上哲学的帷幕。

第二节　交往理性：社会批判理论的规范性基础

一、工具理性批判的局限性

当然，哈贝马斯对意识哲学从而对工具理性的批判无疑秉承了法兰克福学派的传统，而这一传统的思想根源则是来自马克斯·韦伯。在马克斯·韦伯看来，西方社会的现代化可以理解为一个全面趋向理性化的进程。他把理性行为分为目的—工具理性行为和价值理性行为。所谓目的—工具理性行为是指能够以数学形式进行量化和预测后果以实现目的的行为。它以合理地选择达到目的所采用的最有效的手段、工具以及合理地权衡确立行为的目的为特征。价值理性行为则是指行为者在采取行为或选择时，不以成败得失和功用效益为取舍准则，而只关注如何履行某种道德上或宗教上、政治上的义务责任，服从道德良心的感召。

韦伯认为，西方社会的现代化过程，主要表现为由价值理性为主向工具理性为主的社会的异变过程。他用理性二分的思想分析了资本主义社会的现实问题及前景，揭示了由工具理性所导致的异化现象。工具理性的膨胀虽可造就经济的飞速发展、物质财富的不断增加，但也不可避免地带来了道德的滑坡、价值的衰微，人成为经济机器的附属物等异化现象。对工具理性的片面追求导致了意义的丧失和自由的丧失，而这一切在现代资本主义社会是无法克服的。由此，韦伯对现代文明的前途感到无奈与迷茫乃至悲观失望。哈贝马斯认为，韦伯之所以没有解决理性问题面临的两难困境，其主要原因在于他将"目的—工具理性"与理性一般等同起来，仅仅从"目的理性"的单一维度分析资本主义的演化过程，导致他用来剖析资本主义的理性概念过于狭窄，因而，不可能全面地把握资本主义现代化过程的真谛。

早期的法兰克福学派思想家把近代理性主义和启蒙精神及社会合理化联系起来，试图克服文化和社会结构中的非理性现象。他们一针见血地指出，理性的工具化使得启蒙精神的理性主义走向自己的反面，即理性走向自我毁灭的绝境。在哈贝马斯看来，虽然霍克海默、阿多诺等人深刻地剖析了工具理性给西方社会带来的种种矛盾和异化现象，但产生广泛影响的主要是"一种带有悲观主义色彩的文化批判"。他们的启蒙辩证法和否定辩证法针对理性本身的彻底批判，瓦解了社会批判理论的规范基础。他们把理性同压抑等同起来，把理性与"工具理性"等同起来，始终未能跳出意识哲学的窠臼。

二、普遍语用学的本体论基础

哈贝马斯不同意早期法兰克福学派对于理性概念和社会合理化进程的笼统批判，不赞同他的老师们的悲观主义结论。哈贝马斯从理论社会学角度把社会行为划分为"目的论行为""规范调节行为""戏剧行为"和"交往行为"，试图为他所属意的"交往行为"寻求规范的理性基础。他首先从各种行为相关联的世界关系的本体论前提和有效性要求的角度具体阐释了诸社会行为的差别。

目的论行为(teleological action)。这是行为者通过选择一定的有效手段，并以适当的方式运用这种手段实现某种目的的行为。目的性行为专注于某种既定目标与达到目标的手段间的联系。这种行为在不同场合又可扩张为带有功利主义色彩的"策略性行为"和"工具行为"。策略性行为至少涉及两个以上目标为指向的行为主体，他们之间都力图以某种方式影响对方的决策过程，从而使整个策略游戏的结果对自己有利。工具行为旨在影响一个客体。不管如何划分，目的性行为是以成功为其指向，以合理谋划为其特征的。

规范调节的行为(normatively regulated action)。这是一种社会集团的成员以遵循共同的价值规范为取向的行为。"规范表达了在一种社会集团中所存在的相互意见一致的状况"，"遵循规范的中心概念，意味着满足一种普遍化的行动要求"①。由于这类行为所涉及的是社会集团中各个成员的内部的相互关系，每个成员都必须遵守社会集团共同认可的"规范"(norms)。在规范行为的模式中，遵守规范成为必要的前提，各个社会成员都有权利期待着各方实施或放弃在特定环境下所具体要求的行为。

戏剧行为(dramaturgical action)。这是一种行为者通过或多或少地表现自己的主观性，而在公众中形成一定的关于他本人的观点和印象的行为。这种行为"既不涉及孤立的行为者，也不涉及一种社会集团的成员，而是涉及相互构成自己公众的内部活动参与者"②。由于每一个参与者自己才具有对自己的意图、思想、愿望、感情进行引导的特权，所以，他在"自我表现"中可以控制观众对自身(角色)思想和意念境界的理解程度。这种"自我表演"并不是自发的表达活动，而是有意识地在公众面前呈现能够吸引他们的自身生活的经历。

交往行为(communicative action)。它指的是"至少是两个以上的具有语言能力和行动能力"的主体之间通过符号协调的互动所达成的相互理解和一致的行为。解释(interpretation)与认同(agreement)成为理解交往行为的中心概念。"在这种行为模式中，语言具有特别重要的价值地位"③。

为了具体阐释上述四种社会行为的差别，哈贝马斯把与各种社会行

---

① ［德］哈贝马斯：《交往行为理论》第1卷，重庆，重庆出版社，1994，第120页。

② 同上书，第121页。

③ 同上书，第122页。

为相关联的所属世界划分为"客观世界""社会世界"和"主观世界",以此作为考察各种行为的"本体论"前提和有效性要求。

第一,目的行为与客观世界相关。所谓"客观世界"指的是事物现存状态的世界(a world of existing states of affairs)。"这种客观世界被规定为存在的或出现的,或通过有目的干预可以引起的事态的整体。"①行为者可以通过自己的判断,对之进行有目的的干预,以达到预期的效果。因此,"对行动者与世界的这种关系所作的表达,可以按照真实性和效用性的标准进行判断"②。

第二,规范调节的行为是以一个行为者与两个世界之间的关系为前提的。行为者除了要同作为外在的客观世界发生关系外,更主要的还必须同他自身所属的社会世界发生关系。社会世界即由一定的价值规范构成的社会成员之间关系的整体。"规范"表达了社会集团中所存在的意见一致的状况,满足了"普遍化的行为要求",因为它按照社会成员的共同利益调节了行为中带有争议的问题,其本身具有合法性。这样,对行为的判断就以是否符合被认可的规范为标准,因而,规范调节的行为对行为者提出正当性的有效性要求。

第三,戏剧行为是角色以一定的方式在公众面前进行自我表述,使自己与别人不同的特有的主体经历和体会,让观众看到并接受。它是行为者"自己的意图、愿望、情绪的真正的交往",行为者在将自身呈示于外界公众面前时,他所真正面向的毋宁说是自己内在的主观世界。诚然,像信念、意向之类的范畴,在一定意义上亦可归并于主观世界。但它们只是在与客观世界发生联系时才获得其真实界定。同样,感觉、欲望等亦并非与社会世界无涉,但它们往往只能作为某种主观的东西来表达。因此,戏剧行为的角色与"主观世界"相关联,其行为的有效性要求是表达的"真诚性"。

最后,交往行为是主体间通过语言的交流求得相互理解、共同合作的行为。由于在交往行为中,人与世界的关系不仅像在目的行为、规范调节行为和戏剧行为中那样,是一种直接的关系,而且至为重要的还是一种反思的关系。在这种反思关系中,行为者不再与三个世界中出现的事物发生直接的关系,而是把上述三个世界作为整个世界来理解,并依据解释、商讨的方式和原则,对事态作出相应的表达。因

---

① [德]哈贝马斯:《交往行为理论》第1卷,重庆,重庆出版社,1994,第122~123页。
② 同上。

此，在交往行为中，行为者基于他们的生活世界，反思性地面对作为整体出现的客观世界、社会世界和主观世界。相应地，交往行为者也要遵循三个有效性要求：即判断、陈述的真实性，遵循规范的正当性和表达自我的真诚性。

要言之，哈贝马斯所理解的交往行为是主体间通过语言的交流求得相互理解、共同合作的行为，它按照必须遵循的有效的规范来进行。交往理性就是要寻找交往行为的合理根据，而这种合理性根据不能到物的世界去寻找，必须到人的世界来发现。因此，交往理性的根据就是交往主体之间相互同意、普遍赞同而且自觉遵守的规范，这就是哈贝马斯反复论证的交往行为必须遵循的三个有效性要求：即真实性、正当性和真诚性。他认为，只有交往行为才能把语言对客观世界的认知功能、在遵守社会规范中的协调功能，以及在传达情感和展示自我中的表达功能统一起来，并把语言作为达至理解和共识的中介，从而提供理性诸方面的统一性。

三、语言在不同行为模式中的运用

语言的理解和调节作用在不同模式的行为中有不同程度的展现。哈贝马斯认为在目的行为、规范调节行为和戏剧行为中，语言作为行为参与者内部活动的一种机制，从不同的角度被片面化了。

在目的论的行为模式中，语言作为许多媒体中的一种，行为者为谋划策略使用语言以影响他人，"使对手构成或发表符合自己利益的愿望的意见或意图"。即语言被行为者当作一种工具或手段加以运用。[①] 规范调节的行为模式把语言作为一种可以提供文化价值、取得意见一致的媒体，它主要帮助社会成员建立皆可遵循的普遍化了的、合法的规范关系。戏剧行为模式把语言看成吸引观众的自我表演的媒体，通过语言的作用表现行为者的认识和情感，是主观自我向公众的再现，语言被片面化为文风和美学表达的单纯手段。以上三种行为模式，要么是主体对客体借用语言的单向影响过程，要么是社会成员之间以语言为媒体旨在对某种规范的服从或自我向他人的自我演示，他人只是被动地接受的观众。这些在三种不同的行为模式中被片面运用的语言不可能建立真正平等的互动关系，以达到相互理解和合作。

只有交往行为模式，把语言首先作为直接理解的一种媒体，"在这

---

① ［德］哈贝马斯：《交往行为理论》第 1 卷，重庆，重庆出版社，1994，第 134 页。

里，发言者和听众，从他们自己所解释的生活世界的视野，同时论及客观世界、社会世界和主观世界中的事物"①。语言的所有功能在这种行为模式中得到充分的运用，它同时承担陈述并判断事实的功能，承担帮助人们达成共识的理解媒体的功能及行为者自我表达的功能。行为者把这个三重世界的体系作为在交往行为中达成理解的前提，而不舍弃任何一个世界。也就是说，交往行为参与者同时与客观世界、社会世界和主观世界发生联系，并在主观世界的交流中，在评判客观世界、社会世界中达成共识。哈贝马斯在 1984 年出版的《预备性研究和补充》中作了进一步的说明。他认为，语言的相互理解功能是协调行为的基本机制。他说："在语言中形成的一致协议承担着行为的基本机制，而对于这一点的说明，乃是获得对社会理论卓有成效的交往行为概念的关键。"②

为了避免误解，哈贝马斯还区分了"交往"与"行为"两个概念。他认为："交往行为模式并没有把行为与交往等同起来。语言是一种交往媒体，是为理解服务的，而行为者通过相互理解，使自己的行为得到合作，以实现一定的目的。"③也就是说，只有以语言为媒体，为理解服务的、使行为者得到合作的行为才是交往行为。通过交往行为，行为者试图达到的是行动计划和行动方面的一致。正像哈贝马斯再三强调的那样，交往行为与其他三种社会行为尤其是目的行为并非截然分离的。在所有的社会行为中，都有行为者为达到一定目的的谋划以及达到目的所需的前提条件。语言在其中的调节机制亦明显不同。在前三种社会行为中，语言是单纯的工具或手段。各种行为类型的参与者都各有其相对应的有效性要求。在哈贝马斯看来，这三种行为都可归为目的——工具行为。语言的运用也旨在以成就为指向的目的。而在交往行为中，语言是问题的核心，其理解和解释的成就"表现为行为合作化的机制"。他说："交往行为概念，首先把语言作为参与者与世界发生关系，相互提出可以接受和驳斥的运用要求的理解过程的一种媒体。"④但是，交往行为并不仅是一个理解过程或不仅是解释过程，而且还是通过理解使人们同时参与内部活动，构成他们从属于社会集团的社会化的统一的过程，也是行为者在交往过程中构成他们自己的同一性，证实和更新他们的同

---

① [德]哈贝马斯：《交往行为理论》第 1 卷，重庆，重庆出版社，1994，第 135 页。
② 转引自江怡主编：《走向新世纪的西方哲学》，北京，中国社会科学出版社，1998，第 490 页。
③ [德]哈贝马斯：《交往行为理论》第 1 卷，重庆，重庆出版社，1994，第 142 页。
④ 同上书，第 140 页。

一性的过程。① 从这个角度来看，交往行为是"使参与者能毫无保留地在交往后意见一致的基础上，使个人行动计划合作化的一切内在活动"②。而理解和解释就是这种"行为合作化的机制"，因而交往行为可以被视为以合作化为基础的活动过程。

在这里不难发现，哈贝马斯对"交往行为"概念的解释，在《交往行为理论》中不再像早期仅仅视之为以语言为媒介，以理解为目的的行为，而且还是在行为者意见一致的基础上，通过规范合法性的调节使社会达至统一，并实现个人同一性与社会化相统一的合作化、合理性的活动。这种对交往行为概念解释的重要补正，说明哈贝马斯将韦伯的合理性问题与"交往行为"概念结合在一起，引发了他对交往行为合理性的进一步思考。

四、交往合理性：批判理论的基础重建

哈贝马斯认为，哲学和社会学理论应转变为一种人们可以广义地称之为理性重建的理论。现代哲学已抛弃了传统的形而上学，这种向合理性理论的转变是非常清晰的。这是一种能够满足每一种科学进行自我批判性反思的哲学。正如他在《交往行为理论》前言中所说的，他试图建立的不是一种抽象的理论，而是提出批判尺度的社会理论。③ 在他看来，社会学与这种对于合理性的哲学反思有着特殊的关系。只有社会学才唯一坚持了对合理性问题的研究。④ 然而，自从韦伯对"合理性"问题进行研究以来，社会理论界对合理性问题众说纷纭，合理化成了社会学的难题。再者，早期法兰克福学派的批判理论把理性同压抑等同起来，把合理性与"工具理性"等同起来，使批判理论囿于工具理性批判的框架内。因而，制定交往行为理论的目的，就是为了正确解决"关于社会合理化极为紧迫的难题"⑤。

从整个交往行为的理论体系来看，将"合理性"引入交往行为中去，使交往行为合理化，是哈贝马斯重建批判理论的理性基础的重要一环。只有使导向理解、取得意见一致的合作化的交往行为合理化和制度化，才能以此为基础使人们的生活世界和社会走向合理化。那么，哈贝马斯

---

① ［德］哈贝马斯：《交往行为理论》第 2 卷，重庆，重庆出版社，1994，第 191 页。
② ［德］哈贝马斯：《交往行为理论》第 1 卷，重庆，重庆出版社，1994，第 386 页。
③ 参见同上书，"前言"。
④ 同上书，第 18 页。
⑤ 同上书，第 21 页。

是怎样解释"合理性"概念的呢？

　　按照一般的认识观点，"合理性"是指表达的合理性即有效性，其表征的是作为主体的人与客观世界之间的认识关系，它与知识密切相关。与这种认识观点略有不同，哈贝马斯认为："合理性很少涉及知识的内容，而主要是涉及具有语言能力和行动能力的主体如何获得和运用知识。"①也就是说，"合理性概念仅涉及所描述知识的运用"②。合理性主要不是陈述、表达的合理性，而是行为的合理性。因为表达的合理性要依据它所做出的论断是否真实和有效，而真实性和有效性要求只能诉诸对于所陈述知识的运用，即对这种行为能否取得预期的效果加以检视和衡量。从这一角度来看，"表达的合理性归根到底就是可批判性和可论证性"，"论断和为一定目的所进行的行动，越能论证对他们要求的真实性和效率，就越是合理的"③。哈贝马斯既坚持这种对合理性概念的解释，同时又指出，这种对合理性认识的阐述过于抽象和狭窄。因为：（1）它没有表达出重要的区别；（2）我们运用合理性一词，不只是涉及正确的表达或错误的表达、有效的表达或无效的表达。交往实践包含的合理性具有更加广泛的意义，对此，哈贝马斯作了进一步的分析。

　　首先，从对知识的运用而言，合理性可分为"表达的合理性"和"行为的合理性"。"表达的合理性"表明主体凭借掌握语言的论证能力，通过对实际发生的事态作出论断或陈述，促使交往者之间达到彼此相互理解。对于言说者，尽可能提供"具有一种可批判性的运用要求"。对于听者，既可接受这种运用要求，也可以驳斥它。"行为的合理性"是指行为者按照所论证的行动计划，达到某种情境下要实现的预期目的，卓有成效地干预客观世界。导向相互理解和导向有成效地实现行动计划，这两种行为都是合理的。从知识的运用角度看，二者均属于"工具支配的合理性"，若从"理解"的角度，它们又都是"内含目的交往理解的合理性"。

　　其次，为了克服传统对合理性认识中存在的狭窄方面的弱点，哈贝马斯认为在"目的合理行为的合理性"之外，还存在着现象学派所说的"交往合理性"。在实用主义那里，合理性是指行为者对现存真实世界的干预，具有符合一定目的和控制效果这样的特点，而现象学派则研究通过交往达到相互理解的条件以确立行为者所共同遵循的价值规范。这种合理性的特点就是"行为者借助内容丰富，在相互联系中彼此理解的行为，

---

① ［德］哈贝马斯：《交往行为理论》第1卷，重庆，重庆出版社，1994，第22页。
② 同上书，第24页。
③ 同上书，第24页。

对客观世界中的事物进行干预"①。哈贝马斯认为："我们可以把实证主义原理所阐述的认识工具合理性概念与现象学派原理所概括阐述的这种合理性概念联系起来。"②皮亚杰就选择了社会合作的联合模式，在《认识的发展》中，他说，在社会合作中，两种交互作用相互连接起来了，即"在主体与客体之间"，通过合乎目的的行为中介的"交互作用"和"在主体与其他主体之间"，通过交往行为中介的"交互作用"连接起来了。③ 按照这种模式，许多主体是通过交往行为共同合作干预客观世界的。显然，哈贝马斯所理解的交往合理性，概括了实用主义学派和现象学派的观点并认同了皮亚杰的"社会合作"的理论。这样，哈贝马斯从传统的主体哲学，通过阐释交往合理性，实现了向主体间哲学的转换。

　　第三，把认识工具合理性和交往合理性相结合，引发出"人的合理性"论题。哈贝马斯认为，"只有具有健全判断力的人才能合理地行动"④。怎样才可能具有健全的判断力呢？他分析道：衡量的条件就是看那些作为交往团体的成员，在交往行为中能否按照主体内部已认可的运用要求来安排自己的行动，也就是说，在认识工具合理性和交往合理性这两种可能性中具备足够的判断力和选择能力，并能够对所处的情境条件进行控制。健全的判断力是"人的合理性"的前提条件，是对作为具有语言能力和行为能力的主体的素质要求，"合理性体现在总是具有充分论据的行为方式中"⑤。质言之，"人的合理性"实际上就是：(1)表达论证的合理性；(2)反思的合理性。

　　(1)表达论证的合理性。掌握合理表达的论证能力，必须随时准备遭受批判并愿意遵循规范要求，这样才能合理地行为。合理的表达基于表达中所包含的可批判性和改善的能力。行为者在表达中不可能不犯错误，但重要的是在学习中尝试改正错误。哈贝马斯说："论证的构思是与学习的构思交织在一起的，论证对学习过程也起重要作用。因此，我们把在认识工具领域表达了论证的意见，并且采取了有效的行动的人，称为合理的。"⑥不仅如此，在道德实践领域，"合理的人"是指能够借助规范对自己的行为辩护的人。尤其是，当规范行为冲突时，只有卓有远见，努力按照道德规范的要求，公正地判断所发生的冲突，平等地调解冲突的

---

① ［德］哈贝马斯：《交往行为理论》第 1 卷，重庆，重庆出版社，1994，第 29 页。
② 同上书，第 30 页。
③ 同上书，第 30 页，注(3)。
④ 同上书，第 30 页。
⑤ 同上书，第 40 页。
⑥ 同上书，第 35 页。

人，才是合理的。

（2）反思的合理性。对规范运用的意义必须通过思考才能理解，对价值规范的反思是"人的合理性"的重要因素。一般说来，能够按照价值标准来解释自己的需求的人，可以被称为合理的。然而，只有当一个人能够对解释需求所遵照的价值标准本身采取了反思的态度，才是交往理论中更加属意的合理的人。哈贝马斯认为，一个具有主体合理性的人，"不仅具有判断能力和目的合理的行动，具有道德审判力和可信任的实践，具有敏锐的评价和美学表述能力，而且具有能力针对自己的主观性进行反思活动，具有能力洞察对自己认识方面、道德实践方面和美学实践方面表达的一系列不合理的限制"①。还有，在理解行为中，当交往遇到障碍时能够按照语言规则进行反思的人，哈贝马斯同样认为是合理的。

最后，综上所述，交往合理性实质上是包含多层面的复合性的统一整体。哈贝马斯认为交往合理性是一个复杂的概念，"它不仅暗示我们理解话语行为的意义，而且也暗示了互相理解是产生于有关事实、标准、经验等交往中的参与者之间"②。它包括三个层面："第一，认识主体与事件的或事实的世界的关系；第二，在一个行为社会世界中，处于主动中的实践主体与其他主体的关系；第三，一个成熟而痛苦的主体，（费尔巴哈意义上的）与其自身的内在本质、自身的主体性，他者的主体性的关系"。③ 从参与者的角度来分析交往过程，交往合理性可简约化为：主体与客观世界关系的合理性、主体与社会世界关系的合理性、主体与主观世界关系的合理性。

若从交往行为者的世界关系"本体论"前提和主体对相关世界可能具有的态度和行为来看，主体对相关世界的态度和行为可分为"认知—工具"态度和行为、规范调节的态度和行为以及主观表达的态度和行为。交往行为合理性也相对应地包含以下三个方面：

第一，在"认知—工具"领域，行为者与客观世界相关联，因而客观世界成为其认识和干预的对象。通过论断的语言行为对已经出现或正在发生的事态作出真实性的陈述和表达，并采取有效的行为。这种对客观世界的认知态度和目的行为是合理的。它的知识是可以通过反思和学习的积累来获得的。科学知识和技术知识是这种合理化的结果。

---

① ［德］哈贝马斯：《交往行为理论》第 1 卷，重庆，重庆出版社，1994，第 39 页。
② ［德］哈贝马斯：《现代性的地平线——哈贝马斯访谈录》，上海，上海人民出版社，1997，第 58 页。
③ 同上书，第 58 页。

　　第二，与道德实践领域相对应的是社会世界，行为者遵循共同认可的规范。通过对别人施加影响使其符合自己的策略意图，"并且针对批判者，按照合法行为需求的观点解释现存情况，为自己行为进行辩护"①。

　　第三，在美学实践领域，行为者对主观世界采取主观表达的态度或艺术表现的态度。主观表达的态度可以根据情感和意图的真诚性来评价。艺术表现的合理性可以根据敞开世界方式的独特性来衡量，主观表达行为的合理化体现在表达的行为模式中，艺术的合理化体现在各种艺术知识中。当然，应当指出的是，对交往合理性结构的分析同这种合理性的社会实现方式是两个不同问题，但它却是构建交往行为理论的基础环节。为着"社会的合理化"，哈贝马斯认为首先要实现的是交往行为的合理化。为了能够使人们正常交往，就必须取消对人们交往行为的一切不合理的限制，使主体能在没有任何强制的条件下，进行诚实的交往与对话，以达致相互理解和真诚合作，这样的交往才是合理的。

　　完成了交往理性的论证过程之后，如何将理论层面的交往理性扩展到实践层面呢？哈贝马斯认为要通过商谈伦理学的建构。交往行为实质上是主体之间以语言为媒介的对话关系，而人与人之间关系的调整、共同规范的认可和维护是必须通过商谈来进行的。要实现这一点，首要的是建立起正常的人与人之间的秩序，必须承认和重视社会中存在的共同的规范标准，因为这些规范标准影响和约束着每个人的行为，它们是社会关系能够不受干扰和破坏而得以维持的前提。就这样，哈贝马斯又将商谈伦理学作为交往行为理论的有机组成部分，并与此一道构成批判理论的规范基础。

第三节　生活世界及其殖民化：当代社会的"病理学"分析

　　循着哈贝马斯的思路，既然交往理性是让行为主体之间进行没有任何强制性的诚实的交往与对话，在相互承认的基础上达到"谅解"，形成"共识"与合作。那么，这里就涉及交往行为的理想境况问题。也就是说，要实现交往行为的合理化，至关重要的是要达到"社会合理化"。哈贝马斯的思路又把人们的视线引向"生活世界"。

一、生活世界：交往行为的背景预设

　　哈贝马斯把"生活世界"这一概念看作"交往行为"概念完备化的不可

---

① ［德］哈贝马斯：《交往行为理论》第 1 卷，重庆，重庆出版社，1994，第 31 页。

缺少的补充概念，因为"交往行为"植根于"生活世界"之中。在他看来，生活世界是与三个世界即客观世界、社会世界和主观世界有区别的"独特的世界"。"它不是行为者与三个世界中的任何一个世界的关系，而只是行为者之间通过对三个世界的解释而达致相互理解、取得一致意见的关系"，因此，"可以把生活世界的概念首先作为理解过程的关系而引入进来"①。

"生活世界"这一概念，在哈贝马斯的著作中多有论述，如果仅就他在《交往行为理论》中的阐释，可以从两个方面加以界定。

(1)生活世界是主体之间进行交往活动的背景预设。哈贝马斯从交往过程的参与者达致相互理解的角度，把生活世界作为"交往行为始终已运行于其中的视域(horizon)"。他说："进行交往行为的主体始终是在生活世界范围内相互理解的。他们的生活世界是由或多或少分散的，但总是固定的、确实的背景构成的。这种生活世界的背景是用来作为状况规定的源泉，而这些状况规定是由参与者作为固定的规定首先设置的。一种交往团体的成员借助他们的解释成就，区分了客观世界，他们主体内部划分的生活世界，与个人和(其他)集体的主观世界。世界观和相应的运用要求构成了形式上的支架，进行交往行动者借助这种形式上的支架，把各种争论的，也就是说，需要取得一致意见的他们之中的状况关系安排成为无争论的首先设置的生活世界。"②

哈贝马斯实际上把生活世界理解为每一个交往活动的参与者必须置身于此的境域。在这里，生活世界被作为前反思的价值和意义的资源(resource)，是预设的无争议的背景性信念。正是在这种可信赖的、熟悉的背景中，人们之间的相互理解才是可能的，正是这种相互理解在维系着社会行为或交往行为。关于这一点，哈贝马斯进一步阐述道："交往行为者总是在他们的生活世界的视域内运动；他们不能脱离这种视域。作为解释者，他们本身与他们的语言行动同属于生活世界。"③在他看来，生活世界类似言说者和听众在其中相遇的先验场所，行为参与者以此为出发点和现实的活动的背景，相互提出要求以便使他们的表达与世界(客观世界、社会世界和主观世界)相适应，并且可以批判和证实这些有效性要求，排除意见不一致，取得彼此的认同。

(2)生活世界是作为交往行为者相互理解的"信念的储蓄库"。生活世

①　[德]哈贝马斯：《交往行为理论》第1卷，重庆，重庆出版社，1994，第101页。
②　同上书，第101页。
③　同上书，第174页。

界不只是作为交往行为的背景预设，而且还起着"信念储蓄库"的作用。作为交往行为者相互理解的背景，要想使他们意见一致地设置"无争论的生活世界"，就需要以某种"前理解"为依据。这种"前理解"或"先入之见"就是前人积累下来的知识，从这个意义上说，"生活世界储存了先辈们以前所做的解释成就"①。这样，生活世界又被界定为某种文化式传递的、借助语言构造的译解模式储存库(stock of interpretive patterns)。哈贝马斯通过一种文化传统和语言组织起来的对译解模式的储存来思考生活世界。他说："这种知识储存为成员提供了顺利的、共同保证的背景信念；并且根据这种背景信念，构成了理解过程的关系，在这种理解过程中，参与者利用保证的状况规定，或者进行新的商谈。"②

在哈贝马斯看来，作为交往行为背景的"生活世界"，一方面是由个体的能力以及直观的知识所构成的。正是由于具有这种能力和知识，人们才能够应付一个境况；另一方面，"生活世界"也是由社会实践和直观知识构成的，正是因为对这种实践和直观的信赖，行为者才能依据这种知识背景做出他们对行为环境的阐释并建构其行为。因此，生活世界作为"信念储蓄库"对交往行为的相互理解过程来说也是基本的、构成性的。哈贝马斯说："生活世界表现为自我理解力或不可动摇的信念的储蓄库，交往的参与者为了合作的解释过程可以利用这些自我理解力和坚定的信念。"③言说者和听者都能凭借他们共有的这类储蓄库，达到对存在于客观世界、社会世界或主体内心世界中的某物的理解。

具体地说，交往行为者依据他们各自所关联的客观世界、社会世界和主观世界，在他们共同的生活世界背景下，作为言说者和听者，以语言为媒介，相互之间进行交谈和理解并以此协调其行为，行为者通过语言行为而建立的与各个世界的关系。在这里，哈贝马斯明显区分了"世界"和"生活世界"两个概念。我们知道，哈贝马斯视域中的交往行为有一个三重的世界关联网络，即交往行为反思地同客观世界、社会世界和主观世界相关联，在引入"生活世界"概念时，哈贝马斯比较重视交往行为者与各个不同"世界"的关系。在他看来，"世界"可以理解为"对象的论题化"，"生活世界"乃是"创造性活动的可能场所"。前者指行为者从事活动时，能够与他的行为目的和利益相关联的起着限定其行为论题作用的外在环境因素的总和，它可以作为有关各方的说明的认识对象；后者是为

---

① ［德］哈贝马斯：《交往行为理论》第 1 卷，重庆，重庆出版社，1994，第 101 页。
② 同上书，第 173 页。
③ 同上书，第 171 页。

行为者创造性活动提供相互理解的可能的建构性范围的因素的总和，是交往行为的背景因素。①

"生活世界"概念并非首先由哈贝马斯提出的，在他之前已有许多哲学家对这一概念进行过探讨。其中，胡塞尔的"生活世界现象学"对哈贝马斯的影响最大。对主体间性与欧洲人的危机的哲学沉思，诱发了胡塞尔对现象学本体论的新构思，这就是返回生活世界。胡塞尔是在 1936 年《欧洲科学的危机与先验现象学》的讲座中对这一问题做出论述和研究的。一方面，胡塞尔认为，生活世界是现象学解决欧洲人的危机的一个重要途径。所谓欧洲人的危机其实就是欧洲科学危机，它是现代自然科学的畸形发展和现代人对物质文明的片面依赖所导致的必然结果。由于现代自然科学放弃了对"绝对理念"的追求，忽视了真正的内在生活世界，使古老的欧洲文明也陷入深深的危机之中，即自然科学的基础理论与方法的危机、人的价值和意义的危机，以及整个现代生活方式的危机。

胡塞尔坚定地认为，把欧洲人从这一危机中拯救出来，关键在于清除自然科学所设计的虚幻的物质世界模型，用现象学来探讨前科学的生活世界，以唤起人们对真正"内在的"世界的向往。另外，胡塞尔提出"生活世界"也是他试图淡化现象学的唯我论色彩。他宣称，现象学追求成为一门严密的科学哲学，它既要获得真理和永恒价值，又要确保人的价值和意义。他甚至认为，只有用现象学本体论来探讨人生问题，才能真正洞悉人生的真谛。

胡塞尔"生活世界"的最基本含义是指社会成员个体或各个社会团体生活于其中的现实而又具体的环境，它所表达的是与我们直观视域有关的东西。他说：我们的日常生活世界，是"唯一实在的，通过知觉实际地被给予的、被经验到并能被经验到的世界"②。具体说来，可从以下几方面来把握其意义：

第一，"生活世界"是一个非课题性的世界。即它是指我们在自然的观点中直向地面对现实世界，将现实世界的存在看作一个毫无疑义、自明的、无须作为课题加以论证的前提。

第二，"生活世界"是一个前科学的、奠基性的世界。胡塞尔认为，哲学研究不能从被自然科学弄得模糊不清的世界意义开始，而必须返回到科学之前的世界，即原给予的生活世界，这是各门自然科学赖以生存

---

① 参见艾四林：《哈贝马斯论"生活世界"》，载《求是学刊》，1995 年第 5 期，第 4～9 页。
② ［德］胡塞尔：《欧洲科学危机和超验现象学》，上海，上海译文出版社，1988，第 58 页。

的基础。这是因为"科学本身也是人类精神的产物。它预先确立把历史上的周遭直观的生活世界作为其出发点，并预先给定为对一切人都共同的东西"①。胡塞尔认为，在从事任何科学研究之前，应首先探讨科学的生活世界，发掘人的内在价值基础，生活世界是自然科学不应被遗忘的意义基础；也就是说，生活世界是一个奠基性的世界，所有对"生活世界"的探讨都必须以"生活世界"本身的存在为前提。因此，生活世界的态度要先于其他的态度并构成其他态度的基础。

第三，"生活世界"是对一切人都共同的、直观的世界。"生活世界"与科学的世界截然不同，它是人所独有的世界。"生活世界"对人具有形成自身体验、产生实践活动的意义。在自然科学那里，世界的存在似乎可以不要人的干预，是自在的存在，但是它恰恰没有注意到，它的世界具有明显的人为痕迹，正是生活于其中的人所制作、塑造的世界。

在胡塞尔看来，"生活世界"具有普遍的、本质的必然性，这是因为它不是孤立个体的世界，而是人们特殊的共同世界。我们处于主体间性的共同生活中，每一个人都可参与他人的生活。因此，"生活世界"实际上是我们最易认识、最为熟悉的世界，是人的主观性所特有的世界。"生活世界"又是直观的世界，所谓直观，意味着日常的、触手可及的、非抽象的。他说："我们所发现的这个世界是一切已知的和未知的实在的东西的世界。时空的形式以及一切以这种形式结合起来的物体的形状，都属于这个实际的经验直觉的世界。我们本身生活在这个世界之中，我们的人的身体的存在方式是与这个世界相适应的。"②

可见，"生活世界"并非单一的、纯粹的东西，而是包含着十分庞杂的内容。胡塞尔指出，完整的"生活世界"既包括前科学的经验，又包括科学理论与科学逻辑；既包括人的存在的先验本质结构，又包括世俗生活、日常经验中的具体事物。他说，我们生活于这一世界中，甚至作为科学家，我们也生活于科学家的共同体中——都牵涉到一般的"生活世界"。同时，作为一个科学化的人，即单个的人及其参与精神活动的共同产物，也就是客观科学本身都属于"生活世界"。它的理论，即逻辑构造当然不像石头、房子和树一样是"生活世界"的实物，但它们也是由最终的逻辑因素所构成的逻辑整体和逻辑部分。③

---

① 转引自涂成林：《现象学的命运》，广州，广东人民出版社，1998，第110页。
② ［德］胡塞尔：《欧洲科学危机和超验现象学》，上海，上海译文出版社，1988，第60页。
③ 涂成林：《现象学的命运》，广州，广东人民出版社，1998，第113页。

　　总之，胡塞尔把哲学视角转向"生活世界"，其主旨在于重新寻找人的价值和意义，为自然科学的顺利发展奠定坚实基础。正像哲学人类学家米尔曼在评价胡塞尔哲学的"持久的意义"时指出的那样，胡塞尔返回到了已被人们遗忘了的、作为科学之意义基础的"生活世界"。

　　"生活世界"概念在哈贝马斯的交往理论中占有非常重要的地位，哈贝马斯归纳出了胡塞尔关于"生活世界"的重要规定，即"生活世界"的非课题化状态和"生活世界"所具有的前科学的奠基性的作用。哈贝马斯把"生活世界"这个概念所蕴含的特殊意义纳入自己的交往行为理论体系之中，并将其置于中心位置。因为他确信，交往行为的基础就建立在"生活世界"所表征的那种自明的、根本的信念之中，这就是胡塞尔所揭示的非课题性和奠基性这两个重要规定，也就是说，交往行为理论建立在"生活世界"现象学的基础之上。这样，哈贝马斯在扩展对"生活世界"的理解时，已经把上述两个方面作为这一概念的深刻内涵。

　　其一，哈贝马斯也将关于"生活世界"的知识称作隐含的、前反思的——非课题的知识或"背景知识"，他把"生活世界"中的那些储存性知识说成"内含的"或"含蓄的"知识。这种背景知识不依我们是否意识到它或是否对它有所怀疑而起作用，也就是说，它不受我们自己的意愿而被我们任意支配，哈贝马斯甚至称之具有半先验性。其二，哈贝马斯也认为"生活世界"是前科学的，具有奠基性作用。胡塞尔所说的"生活世界"是前科学的，因为它作为被人们的活动所作用过的，由于非我的经验所构造成的主体间的共同的世界，是一切科学生活和理论生活赖以存在的前提，一切科学是"生活世界"的积淀和成果的表征。哈贝马斯视域中的"生活世界"也是"由一种向来已经知道的文化知识储存组成的"，它是日常生活实践中的一个"预先解释的领域"①，因而也是前科学的。哈贝马斯认为"生活世界"是人们展开一切社会行为和理解活动的范围和基础，这一思想显然是胡塞尔一切科学认识都必须"返回生活世界"的另一种表述。

　　由此可以看出，受胡塞尔思想的启发，哈贝马斯对"生活世界"的理解也主要侧重于它的非课题、前科学的特征和奠基性的作用。然而，哈贝马斯并没有在此止步，对于"生活世界"作为前反思的背景性知识，他又作了进一步的论述，他认为作为非课题性的，被设定为前提的知识具有三个特征：即直接性、总体化的力量和整体性状态。首先，"生活世

---

　　① ［德］哈贝马斯：《交往行为理论》第2卷，重庆，重庆出版社，1994，第173页。

界"的背景知识具有直接性。直接性表明，"生活世界"作为背景置于我们身后，一是我们与这个背景之间不存在任何间隔；二是我们并不面对这个背景。此种背景具有一种"无中介的确然性的方式"。当它作为背景时，其有效性是确然的、无争议的，因为它是我们赖以生存的知识；而当它成为课题时，其有效性是被怀疑和被论证的。其次，"总体化力量"是"生活世界"背景知识所具有的另一个特征。这里所说的总体既是指整个社会空间的总体，即社会有机体的各个组成部分，也是指历史时间的总体，即各个世代的延续、每个历史时代和个体生活历史等。而"生活世界"始终是一个交互主体性的世界，一个社会的"生活世界"，其中心是由共同的语言环境构成的。最后，"生活世界"的信念知识是整体性的。哈贝马斯认为在我们把"生活世界"作为课题之前，它是一个错综复杂、枝节盘绕的整体，这个整体虽不可分割，但不成系统。用哈贝马斯的话来说，"生活世界是灌木丛"。在他看来，"生活世界"的知识相互融合、结为一体，是具有整体性结构的知识，其多种构成因素是交织在一起的。只有当"生活世界"成为课题时，它才会被分解为各种知识范畴，而当它成为课题时，它已经不再是背景，而是对象了。

要之，"生活世界"的直接性、总体化力量和整体性保证了"生活世界"这个主观相对的经验世界在新的经验的不断侵袭面前一直维持自己的整体存在。哈贝马斯认为交往行为是在"生活世界"中进行的，这个"生活世界"为行为者提供了对一个坚定的背景统一体的支持，一种能够承受风险的支持。这样，能够帮助人们克服和缓解因常常会陷入相对主义和怀疑主义而产生的不安。所以，无论每一个人对其"生活世界"的感受有多么不同，但对作为整体的"生活世界"之存在的信念却几乎成了衡量一个人理智是否健全的标准并且构成我们社会交往的前提。

二、生活世界的结构要素

"生活世界"这一概念是"交往行为"概念完备化的不可缺少的补充概念，因为"交往行为"植根于"生活世界"之中。哈贝马斯理解的"生活世界"既是主体之间进行交往活动的背景，又是作为交往行为者相互理解的"信念的储蓄库"。它作为每一个交往活动的参与者必须置身于此的境域，提供了前人积累下来的知识和意义的资源，是预设的无争议的背景性信念。正是在这种可信赖的、熟悉的背景中，人们之间的相互理解才是可能的，正是这种相互理解在维系着社会行为或交往行为。"生活世界"所包含的文化、社会和个人三种结构要素与文化再生产、社会一体化和个体社会化的过程相一致，并构成了社会符号意义层面，由此推动社会的发展和更新。"生活世界"的结构转变及其再生产的过程，表明"生活世界"越来越朝向合理化的方向发展。

哈贝马斯在将"生活世界"重新概念化时，把它与交往行为联系在一起。他认为，"生活世界"作为一个相关的境域，呈现在相互作用之中。人类之所以能够进行交往并且发展出以没有制约的论辩来作为协调行为的准则，主要是每一个人都拥有，而且是在一定程度上共同拥有一个庞大的背景知识作为前设条件。"生活世界"被设想为可解读的文化性地传递、语言化组织起来的储蓄库，这就是人们所说的主观的、客观的和规范性的世界（社会世界）所能达到的视野。

那么，"生活世界"包括哪些内容呢？哈贝马斯写道："在相互理解的功能方面，交往的行为服务于文化知识的传递和更新；在协调性行动方面，交往的行为服务于社会的整合与团结的构建；最后，在社会化方面，交往行为服务于个人同一性的形成。'生活世界'的符号性结构是通过有效知识的连续化，由群体团结的稳定化和具有责任能力的行为者的社会化的途径再生产出来的。再生产过程把新的状况与'生活世界'的现存状况联结在一起，并且在（文化传统的）意义或内容的语义学方面，也用社会空间（社会性地整合化了的群体）和历史的时间（前后相继的各代人）的维度来建立这种联系。文化、社会和个人作为'生活世界'的结构要素与文化再生产、社会整合和社会化的这些过程相一致。"①

他进一步解释道，文化指的是这样一类知识储备，即交往参与者在理解其所属世界的事物时，通过交流所获得的译解手段。换言之，人类间的相互沟通不单只是凭借文化资料作为交往的背景，而且在沟通过程中会同时传递和更新文化的知识；社会一词指称法律秩序，行为者通过它们协调社会团体内各成员之间的关系，进而促成、保证整个社会团体的团结和人类的归属感；个性是指能使主体进行言说活动的资质。由于这种资质，行为主体能够参与交往活动并达到理解，并确定其自身的同一性。② 这就是说，我们所看到的社会的结构及其演变，是部分地取决于"生活世界"的存在和变动，具体地说，"生活世界"构成了社会符号意

---

① ［德］哈贝马斯：《交往行为理论》第2卷，重庆，重庆出版社，1994，第188～189页。译文个别处有改动。请参阅 Turgen Habermas, *The Theory of Communicative Action*, Vol. Two, Trans, Thomas McCarthy, Boston: Beacon Press, 1987, p. 137.

② 参见［德］哈贝马斯：《交往行为理论》第2卷，重庆，重庆出版社，1994，第189页；参见艾四林：《哈贝马斯》，长沙，湖南教育出版社，1999，第104页。

义层面，由此推动社会的发展和更新。

哈贝马斯对"生活世界"一般结构要素的分析，是对以往的社会学理论在这个问题所作的理论探讨的一种批判性综合。从社会学的角度来看，"生活世界"是社会得以存在的重要基础之一，但不同的学派对"生活世界"的社会功能有不同的理解。现象学者舒尔茨（A. Schutz）在"解释社会学"框架内对文化意义进行考察，把"生活世界"看作"文化复制"（cultural reproduction）的场所和重要条件，它是生活在一起的社会成员所共有的，其主要作用是促使人类相互间的沟通；对杜克尔海姆所代表的功能学派来说，"生活世界"的功能是加固社会的稳定和秩序的稳定；米德的符号互动论（symbolic interaction）则主张，"生活世界"的作用是促使个人社会化（socialization）的过程，它能帮助个人建构其在社会中的角色。

哈贝马斯认为，如果以"生活世界"作为社会结构的符号意义上的再生产层面，即指促使人类相互沟通成为可能的层面，那么，上述三个学派对"生活世界"的理解显然是片面和不够的。哈贝马斯没有像传统的社会学派那样把"生活世界"作为一个描绘社会功能的概念，他把"生活世界"和交往行为联系起来，使得"生活世界"这一概念不但有描述的功能，并且具有批判的意义。从具体的、实践的角度来看，人类透过"生活世界"所达至的沟通，不仅仅使得人类相互间的交往成为可能，而且还进一步发展、改进和更换其在社会的角色和自我的认同。也就是说，在哈贝马斯看来，"生活世界"既代表着一种规范人类相互作用的社会整合准则，意味着人类共同接受的价值规范信念，同时也构成了个人社会化的取向。这样，哈贝马斯就达到了对"生活世界"的综合性的理解。

哈贝马斯"生活世界"所包含的文化再生产、社会一体化（或融合）和个性社会化的三种结构性要素与他的交往行为概念存在着内在联系。它们分别对应着交往行为中的理解、协调与相互作用，而后者又分别植根于言语行为的陈述性、以言行事性和自我表达性诸种要素中。

哈贝马斯勾画出了一个更为充实的"生活世界"的概念。它揭示了：（1）文化的再生产保证了传统的连续性和知识合理性的连续性；（2）社会的整合促使社会群体同一性的稳定和团结的形成；（3）社会化促成了每一代继起的社会成员对一般化行为资质（generalized compentences for action）的获得，从而使个体和群体的生活形式协调发展。哈贝马斯还认为对"生活世界"的结构区分是相对的，"生活世界"三个结构要素的相互联结，形成了一个错综复杂的意义关系网，并通过交际语言的共同中介相互交叠在一起，其中，每一再生产过程都为其他两个结构要素的再生产做出了贡献。

对此，哈贝马斯作了如下解释：(1)从文化层面上，如果文化提供了许多有益的知识并能够满足相互理解的需要，那么，文化再生产就既能促使现存社会团体组织的合法化，又能获得一般化行为资质的社会化方式；(2)从社会层面上，如果社会达到了一定程度的整合以满足"生活世界"中出现的合作化的要求，那么，这个整合过程能一方面保证不同个人的社会从属性的合理调整，另一方面促成文化知识储库中道德规范或义务感的形成；(3)从个人社会化层面上，如果个性体系发展到足够成熟的同一性水平，也就是说，"它们能够符合实际地控制他们'生活世界'中出现的状况"，那么，个性社会化过程就能促进个体在文化上译解的成就，同时加强认同现存规范的动机。① 与之相联系的相反情况是，如果这些再生产过程被破坏、被打乱或失调，在文化领域所采取的形式就是意义的丧失，在社会领域是反常状态的出现，在人的社会化过程中则造成心理病态。而每一种反向特征都会在其他相关领域内造成连锁反应。"对上述每一方面的再生产过程，我们可以根据知识的理性标准，根据社会成员的团结，根据成年人的社会责任感来对其进行评价。"②哈贝马斯从各个方面对"生活世界"的结构要素及其关联作了详尽的讨论，他相信这些分析的成果有助于构建批判理论的某种新的基础。

三、生活世界的合理化和殖民化

"生活世界"的结构转变及其再生产的过程表明"生活世界"越来越朝向合理化的方向发展。当然，"生活世界"的合理化（或曰理性化）并不是说文化、社会和个性这三种结构要素的增多或减少，而是指它们之间的相互关系及其各自的界限变得越来越清晰。哈贝马斯认为，可以从三个方面来分析"生活世界"合理化的过程：即"生活世界"结构要素的划分；形式内容的分离；符号意义层面上的再生产过程上反思性（reflective thinking）增加。这三个层面的变化显示了"生活世界"合理化过程的进展。

首先，从"生活世界"结构要素上的划分来看，文化、社会与个性这三种结构要素与具有神秘色彩的世界观相脱节，即不再笼统地受世界观所控制，而是顺应理性的要求，在交往行为中各自独立出来。就文化结构而言，传统规范对人的制约不再具有不可争议的权威性。也就是说，

---

① 参见[德]哈贝马斯：《交往行为理论》第 2 卷，重庆，重庆出版社，1994，第 193 页。

② Turgen Habermas：*The Theory of Communicative Action* Vol. Two，Boston，Beacon Press，1987，p. 141.

文化传统处于一个持续不断作自我反思和改进的状态；在社会方面，社会愈益依赖于规范设立和规范论证的形式，使其具有一种合法秩序；在个性构成上，其社会化的形成是不断通过对自我的肯定来进行的。这表明"生活世界"结构上的变动是随着人类以交往理性代替对权威的盲从才成为可能。这里不难看出，在交往行为中潜存着对传统进行批判更新的积极性和新生能力。

其次，"生活世界"在形式和内容上的区分是与文化、社会和个性的区分相适应的。人类在保证文化同一性时，依赖于诸如交往的预设前提、论证程序、抽象的基本价值观等形式化的因素，而远离昔日在神秘世界观里的权威崇拜。在现代社会中贯彻了法律程序和普遍的道德原则，而不是具体的生活内容；在个性发展的层次上，个人社会化过程中所获得的认知结构越来越不依赖个别具体的文化知识内容，而是依赖抽象的普遍观念。这种在形式上和内容上的改变和分离，显示着人类思维和理解能力上的提升和抽象化。

最后，"生活世界"的合理化趋向是通过符号意义层面上再生产过程中的反思性而得以强化的。概括地说，不论是在文化再生产领域，或是社会统一的领域，甚至是对儿童进行教育的过程中，人们之间的交往和理性上的反思日益占据着重要的地位。

总之，"生活世界"合理化的观念意味着"对生活世界的结构性内容和对这些内容的区分的认识过程越是深入，越是有理性的推动，在相互理解条件下的相互作用情况就会越多，而这种理解就是建立在论证权威或意见一致的基础之上的"①。具体说来，合理化的过程涉及"生活世界"区分结构的过程，这种区分趋向于一种假设的目标状态，在这种状态中，文化传统不断地被批判和更新，道德和法律的规定越来越依赖于裁决的形式化的过程，人的个性也越来越自由，社会化程度也越来越高。这里，人们对传统、对制度和对社会化过程的关系变得越来越具有反思性和批判性。正像上面分析的那样，"生活世界"的合理化意味着"生活世界"蕴含的世界观越来越清晰，人类已经懂得从不同的译解角度展开沟通和相互理解，人与人的交往依赖理性论证多于对权威的崇拜。然而，问题是，假如社会合理化过程恰如哈贝马斯所述的"生活世界"的合理化发展的过程，现代社会理应是出现正面的、和谐的人类进展历程。那么，怎么会

---

① Turgen Habermas, *The Theory of Communicative Action* Vol. Two, Boston: Beacon Press, 1987, p. 145.

有生命意义和自由失落情况的产生呢？要解答这一问题，必须转到社会合理化的另一个层面：系统的合理化。

从社会进化的角度看，"生活世界"不断合理化即理性化的过程，必然发展出现代人对自己作理性批判的能力，并由此促进人与人之间相互理解和真诚沟通，达至理想的交往境域。然而，现代社会却陷入了一方面是科技理性昌明而另一方面是人际关系疏离的困境。在哈贝马斯看来，韦伯和老一辈法兰克福理论家们之所以未能把握到现代社会的真谛，其主要原因在于他们缺乏剖析现代社会的有效工具。

为探讨社会合理化进程的辩证法，哈贝马斯进一步提出"系统—'生活世界'"的双层架构去理解、分析和批判西方理性化的发展过程和现代社会的结构。按照哈贝马斯的论述，系统指的是市场上的经济事物和国家的行政机关。其中，市场是指经济体制对人的影响，即通过金钱制约着人类的行为或"生活世界"；国家机关则是指国家通过行政组织所产生的权力来影响人的行为。金钱与权力是现代社会里制约人的行为的两个主要媒介。"生活世界"可以理解为是私人领域的核心家庭单位以及公共领域的各种传播媒介。

哈贝马斯通过对现代资本主义社会的"病理学"分析，提出了"生活世界殖民化"的论题。用通俗的语言来表述，就是经济和行政系统侵入"生活世界"的各种关系中，使"生活世界"的结构遭到破坏，越来越商品化、金钱化和官僚体制化，并由此失去其独特的人性。这是当今威胁人类和社会生存的主要原因。

应当指出的是，哈贝马斯对系统与"生活世界"的分离并未采取否定性的评价，他既洞察到了现代社会由于这种分离所造成的二难困境，又承认了此种现象正是西方社会现代化，即从政治分层的欧洲封建的阶级社会向现代经济上的阶级社会过渡的必要条件。西方社会的现代性"病理学"症候并不必然导源于系统复杂性的提高或者"生活世界"合理化的增长，只是当作为经济和行政系统调节机制的金钱和权力媒体，不断侵入"生活世界"并破坏其结构时，社会问题就产生了。

那么，哈贝马斯如何解决由于社会系统的复杂性而窒息、阻碍了人际间理性交往这一问题呢？在"生活世界"逐渐金钱化、官僚体制化的现代社会怎样才能重建人类存在的终极意义呢？对于哈贝马斯来说，启蒙运动开展的现代事业并未终结，人类仍有逃离现代困境之路的。既然现代社会的症状表现为系统对"生活世界"的殖民化，那么现代社会危机的克服在于"生活世界"的自我复兴。哈贝马斯认为目的—工具理性统治不应被视为社会发展的最终归宿，它只能被看作由交往理性的发展而治愈的一种偶然影响，挽救现代性的真正出路在于交往合理性与目的合理性的重新平衡。因此，在哈贝马斯那里，交往理性便成了尝试提供现代人逃离困境的一个可能方向。

第四节 哈贝马斯现代性批判的存在论基础剖析

哈贝马斯批判地理解和拯救现代性的方案受到了来自后现代主义思想家的挑战，双方进行了激烈的交锋。后现代思想家批判的焦点就是哈贝马斯的理性、共识理论，认为哈贝马斯提供的是一种令人生疑的"元叙述"，所谓"共识真理"也只会造成"强制"或"压迫"。这场争论也许不会有明确的结果，但哈贝马斯的确为世人留下了可以进一步思考的话题。

如前所述，交往行为理论的基础是不同主体间通过语言媒介达成的共识。因此，语言问题便在哈贝马斯的理论中具有了核心地位。为此，哈贝马斯十分重视当代哲学的"语言学转向"这一 20 世纪最重要的哲学景观，认为正是这种语言转向才给哲学提供出一种更为健全的方法论基础，从而使哲学能够从意识哲学的窠臼中摆脱出来。[①] 可见，在哈贝马斯那里，语言问题是至为重要地与批判所谓"主体哲学"——即被哈贝马斯称为意识哲学的、以"我思"或"自我意识"为基本建制的现代形而上学——的进程联系在一起的。在这一点上，哈贝马斯与当代哲学的主流相互应和。

就 20 世纪的哲学状况而言，这个名为"语言学转向"的运动确实意义深远。对于事情的核心之点和结果，哈贝马斯曾经提供了一个十分简要的说明："语言学转向把主体哲学的遗产清除得一干二净，其方法十分粗暴。只有把诸如自我意识、自我决定和自我实现等内容从哲学基本概念中彻底驱逐出去，语言才能获得独立（从而取代主体性），成为具有划时代意义的存在秩序，成为令人眼花缭乱的能指和相互之间充满竞争和排挤的话语。……这一思想大概可以追溯到早期海德格尔、结构主义和晚期海德格尔。"[②] 那么，哈贝马斯是如何继续这一思想的呢？毕竟，虽然这一思想肇始于海德格尔和结构主义，但语言之独立并使之成为具有划时代意义的存在秩序的任务远未完成，正如海德格尔所说，在今天这个

---

① ［德］哈贝马斯：《现代性的地平线——哈贝马斯访谈录》，上海，上海人民出版社，1997，第131页。

② ［德］哈贝马斯：《后形而上学思想》，南京，译林出版社，2001，第223页。

时代，"语言自身的衰败与贫乏"①是显而易见的，语言的本质依然被形而上学霸占着，而这一被霸占了本质的语言在实际上就是"异化或教化的现实"②。因此，在目前情况下，在未对语言的存在论基础做深入的揭示和阐明之际，轻言语言学转向只能再度落入现代形而上学的窠臼之中。

海德格尔曾向我们指出过一种语言改造即让语言从形而上学的支配中解放出来的可能性。这种可能在洪堡的思想范围中已经发生了，即在不对语言的表达形式进行改变的情况下，通过"内在澄明"和"对外部境况的守护"来实现语言从形而上学到非形而上学的转换；而为了实现"内在澄明"和"对外部境况的守护"，养成《存在与时间》所说的"存在领悟"的东西是尤为重要的。③ 而这一"养成"，又是与对以"我思"或"自我意识"——即"意识的内在性"——为基本建制的现代形而上学的真正破除紧密关联的。那么，哈贝马斯在他的理论中是如何继续语言之改造的？他是否通过语言学分析而实现了对形而上学之基本建制的破除呢？令人遗憾的是，虽然对语言学转向的这种基本见解促使哈贝马斯追溯了始于洪堡的交往理论趋向和始于索绪尔的结构主义趋向④，但是，语言的存在论基础之澄清一事始终被哈贝马斯延宕了，最终没能实现与主体哲学的批判性脱离。

问题的要害在于，虽然哈贝马斯一直强调语言的基础性地位，强调语言具有突破意识之内在性的存在特性（即主体间性），但是语言自身异化的严重现状却在某种程度上被他忽视了；从而，语言被哈贝马斯或多或少地当成了主体哲学之批判的天然避难所，以为只要进入语言领域，自我意识、我思就无法维持，主体间性自然便呈现出来。基于这种理解，哈贝马斯岂会有意识地深入到存在论的基础对语言多做考察呢！

当然，这并不是说哈贝马斯根本没有意识到语言的异化使用，而是说他以一种轻率的方式去解决语言的异化及其改造问题。这一轻率的方式在哈贝马斯的理论中表现为语言和交往行为之间的这样一种循环论证：首先，交往行为指的是至少两个以上的具有语言能力和行动能力的主体之间通过符号协调的互动所达成的相互理解和一致的行为。因此，在这

---

① [法]F. 费迪耶等辑录、丁耘摘译：《晚期海德格尔的三天讨论班纪要》，载《哲学译丛》，2001 年第 3 期。

② [德]黑格尔：《精神现象学》下卷，北京，商务印书馆，1979，第 55 页。

③ 参见[法]F. 费迪耶等辑录、丁耘摘译：《晚期海德格尔的三天讨论班纪要》，载《哲学译丛》，2001 年第 3 期。

④ 参见[德]哈贝马斯：《后形而上学思想》，南京，译林出版社，2001，第 184～185、224 页。

种行为模式中，语言具有特别重要的价值地位，换言之，只要进入语言交流，并以相互理解、共同合作为目的的行为就是交往行为。显然，语言是存在异化现象的，这一点，哈贝马斯承认。因此他指出，在交往行为之外的其他诸种行为，即目的论行为、规范调节行为、戏剧行为，虽然同样都是以言语行为为中介的，但有所不同的是，这三种行为模式分别用不同的方式片面地理解了语言。那么，如何才能确保语言的正确使用呢？哈贝马斯指出，只有进入交往行为模式，语言才能避免异化，在这种行为模式中，语言能够使原先私人的、内省的认识变成社会的、公开的、透明的东西，从而保证了每个社会成员或语言共同体成员之间达成对客观事物的共同理解，建立起大家认同一致的伦理道德规范。于是，论证在这里闭合了，交往行为的本质特征最终成了由交往行为自身来保证的东西，在这种情况下，对于交往行为理论至关重要的对语言本质的存在论反思、进而语言的异化和改造问题便被搁浅。

这一循环论证确实造成了交往行为理论的暗伤，哈贝马斯似乎也有所察觉；但由于放逐了对语言的存在论基础的深入剖析，因此，他不得不绕过语言异化的现实而对交往行为作出补充性论证，以保证这一行为模式区别于其他行为模式的本质特征。于是，他提出了交往行为必须遵循的三个有效性要求：1."真实性"要求——判断陈述的内容是真实的；2."真诚性"要求——真诚地表达自己的意向；3."正当性"要求——言说方式是正当的，符合约定俗成的、公认的规范。这同时也是在交往行为中运用语言媒介时所必须遵守的规范。至此，对于哈贝马斯的主体哲学之批判的任务而言，事情变得简单多了，只要遵守这三个由他自己提出的有效性要求，社会成员就可以通过语言的交流而破除我思或自我意识所造成的主体间的沟通困难，求得相互理解、共同合作，从而建立统一的道德规范，保持和谐的人际关系。

不难看出，这三个有效性要求，作为交往行为得以实现的先决条件，其实就是一种平等的、非强迫的"理想言语情境"。关于这一点，哈贝马斯毫不讳言，他指出，"达成共识的这些语用学前提的独特之处在于它们具有强烈的理想化色彩"①。哈贝马斯认为，一个一致的意见如果纯粹通过对采纳的观点进行有说服力的推论的话，那它就是理性的。在这一意义上，理想的言语情境是隐匿在每一个推论情境中的，因为参与话语的行为本身就包含着有可能达成共识的假设；而如果不能对此作出假设，

---

① [德]哈贝马斯：《后形而上学思想》，南京，译林出版社，2001，第45页。

那么话语的意义本身就成问题的。因此，哈贝马斯认为，尽管交往实践的现实前提是理想化的，但是也在所难免，其规范内涵就在于要在有关现象界的知性理解和经验理解之间建立起张力关系。①

既然如此，我们不得不说，哈贝马斯还远未踏上一条历史的、现实的道路，他试图仰仗交往行为而走出意识哲学的想法最终不过是一种天真的幻想，是思维自身的抽象。在理论层面上，哈贝马斯具有创见性地证明了对现实社会的分析必然蕴含着分析者的价值判断；但是在现实层面上，面对现实社会人际间存在的欺诈和扭曲的交往，哈贝马斯是无法证明他的"理想言语情境"其实已经存在或潜藏在现实的人际交往里的。可见，哈贝马斯难以跨越这理论和现实之间的鸿沟，他的这一拯救现代性的方案，同现实社会尚有相当的距离。他用普遍语用学"规范基础"建构的社会理论来审视和批判当代资本主义社会更具有道德实践的意义。

事实上，就批判主体哲学的历史任务而言，最为重要的乃是去获得一个真正在原则高度上超出"自我意识""我思"的主观性、内在性之立场的存在论基础。而自我意识的主观性和内在性之被真正超越的全部关键所在不是要在"自我意识"的外面另立一个基础——因为这一被另立的基础基于其与"自我意识"的对峙关系必然分享"自我意识"的虚无本性，而是要首先去击破"意识之内在性"②，要在被异化了的意识本身中发动革命。从而，以"意识之内在性"为基础的形而上学主客二分的神话学建制才能得以终结。但是，哈贝马斯恰恰忽视了这一关键之点，通过对语言的异化及其改造问题的放逐，通过"理想言语情境"的设置，交往行为成了自我意识及其现实产物的对峙物，交往行为和其他种行为相互之间不能还原③。哈贝马斯竭力保持交往行为的纯洁性、非异化性，却也因此丧失了对主体哲学进行批判的坚实基础和力量。

---

① 参见［德］哈贝马斯：《后形而上学思想》，南京，译林出版社，2001，第46页。

② 参见［法］F.费迪耶等辑录、丁耘摘译：《晚期海德格尔的三天讨论班纪要》，载《哲学译丛》，2001年第3期。

③ 参见［德］哈贝马斯：《后形而上学思想》，南京，译林出版社，2001，第58页。

第十章　柯亨的历史哲学及其存在论视域分析

分析的马克思主义作为 20 世纪 70 年代诞生于英语学术圈的一种马克思主义研究的新型路径，大体上包括三方面的研究内容：历史唯物主义、规范理论和方法论问题。其中，柯亨的历史哲学是历史唯物主义研究的主要代表。他从社会的质料属性和社会属性的区分入手，运用现代西方主流方法论尤其是分析哲学的分析技术清晰地界定了生产力、生产关系、经济结构、上层建筑等基本概念，首次提出并严谨地论证了"发展命题"和"首要性命题"，明确主张历史唯物主义解释主要是功能解释，从而为马克思历史哲学提供了一个清晰而严格的分析样式。

同时，在重新阐释马克思历史哲学的过程中，柯亨的历史哲学主要受到了三个方面的规制：分析哲学的分析技术、社会的双重属性划分和功能解释方式。其中，分析哲学的分析技术是"方法论的规制"，它一方面使柯亨的历史哲学具有了清晰性和严格性的特征，另一方面又因其过于注重语言和逻辑的分析而容易削弱对世界本身的思考。社会的双重属性划分是"认识论的规制"，它一方面使柯亨的历史哲学承继了马克思的有利的分析视角，另一方面又容易割裂事物内在的整体性和根基性。功能解释是"诠释学的规制"，它一方面给历史唯物主义提供了一种新的诠释方式，另一方面又容易遮蔽历史唯物主义的真相。在对马克思历史哲学进行"辩护"之后，柯亨本人似乎也认识到了这些局限，只是因为他的分析哲学历史传统使他未能自觉开启马克思历史哲学的"生存论—存在论视域"。

第一节　分析的马克思主义：柯亨历史哲学的场域

如果说 1978 年柯亨代表作《卡尔·马克思的历史理论：一个辩护》的出版在国际学界掀起了一场历史唯物主义研究新热潮的话，那么这个热潮为什么能够持续 30 年而不消退呢？不容忽视的一个重要原因就是以《卡尔·马克思的历史理论：一个辩护》出版为契机，形成了马克思主义研究的一种崭新路径和国际学界的一个重要"学派"——分析的马克思主义。

一、英美学界的新思潮

自 20 世纪 20 年代开始，分析哲学成为英国哲学界的主流学派，逻辑经验主义与逻辑实证主义虽然在内部存在着分歧，但是他们却在基本的研究方法上有着较为一致的原则。与此同时，分析哲学与实用主义传统在美国迅速结合并成为显学。在这个意义上，分析哲学是英语世界中哲学的主流，并且深刻地影响了 20 世纪哲学的发展。

英语世界的马克思主义研究往往处于边缘化的地位，甚至处于被排斥被压抑的境域。一方面，英语世界普遍对马克思主义有着较强的意识形态上的敌意，对于马克思主义的研究抱有偏见，将马克思主义的研究一定程度上等同于为社会主义建设提供理论基础，因而受到冷遇。另一方面，英美分析哲学与思辨哲学的对立同样也影响了马克思主义哲学的研究，马克思主义哲学很难在英美的话语体系中寻找到合适的解读向度。正是基于以上两点，分析的马克思主义的兴起秉承了英美学者熟悉的分析哲学的研究方法，同时远离政治运动，表现为学院式的学术研究。

以柯亨、罗默、埃尔斯特等分析的马克思主义学者为代表，他们往往有着很好的分析哲学传统训练和所谓"客观的科学性"的精神。在分析哲学不断扩大其研究范围时，这批对马克思主义学说深有兴趣的学者便自觉地将分析哲学研究方法用于马克思主义学说的研究。柯亨在《卡尔·马克思的历史理论：一个辩护》一书的"序言"中说："我在这部著作中的论述受到两方面的约束：一方面是马克思所写下的东西；另一方面是 20 世纪的分析哲学据以为特征的清晰性和严格性的标准。"[①]

由于将马克思主义学说视为一种应该被分析哲学方法检验的科学，而不是像传统意义上将历史唯物主义理解为实践的指导原则，因此分析的马克思主义研究工作的目标首先是澄清马克思主义学说中的模糊之处，进而在方法论的层次上对马克思主义自身做出反思与修正，从而能使马克思主义以科学的方式与当代西方哲学，尤其是分析哲学展开对话。柯亨对此自信满满地表示："英语世界那种细致的分析传统能够对马克思主义的社会理论作出贡献。"

那么，这种方法论上的特征是如何表现的呢？分析的马克思主义率先对"传统的马克思主义"抽象概念的模糊性表述发难。他们认为，"传统

---

① G. A. Cohen, *Karl Marx's Theory of Historical*: *A Defence*, Oxford, Clarenden Press, 1978, p. iv.

的马克思主义"简单地挪用马克思的概念,忽视对概念术语做细致的分析,从而在表述上存在着大量的语意误用以及概念混淆不清,无法正确地理解马克思文本,对马克思理论基本命题的理解存在偏差等。分析的马克思主义的做法是在方法论问题上集中将马克思理论处理为一个又一个的命题,并进一步将命题之间的关系处理为一些公式。经过分析处理过的马克思理论表现为科学模式的样态,具备了现代科学范式的特征。然后,在此简化的基础上,分析的马克思主义展开了细致的推衍、量化、分析,以展现其理论的科学性与合理性。

分析的马克思主义作为一种新的马克思主义研究路径,它关心的主题依然是批判资本主义和超越资本主义,研究的对象主要集中在马克思的历史唯物主义和政治经济学方面。至于从什么角度进行批判以及通过具体的什么方式来进行研究,在分析的马克思主义者之间也有争论。但是,这并不影响他们共同存在于一个更大的论域之内。在这个从分析技术特征方面概括的较大论域之内,研究对象大体上可以分为三类:一是经验理论研究,主题是历史唯物主义、阶级等问题;二是规范理论或道德理论研究,主题是剥削、平等、公正分配等问题;三是方法论研究,主题是功能解释、方法论的个人主义、博弈理论或者更广泛意义上的理性选择理论等问题。

分析的马克思主义形成于 1978 年,在这一年柯亨出版了《卡尔·马克思的历史理论:一个辩护》,威廉姆·肖出版了《马克思的历史理论》,埃尔斯特出版了《逻辑和社会》,这三部重要著作在同一年出版,奠定了分析的马克思主义的基本样式:以分析方法重新解读马克思主义。1978—1979 学年的一段时间里,埃尔斯特与柯亨在英国伦敦会面,一起研究了剥削概念。1979 年 9 月的一个周末,在柯亨任教的伦敦大学学院哲学系召开了一个会议,当时,大约有 12 个马克思主义者或者至少是左翼的学者参加了学术讨论,1980 年 9 月大致相同的会议再次在伦敦进行。这两次会议的主题都是围绕剥削进行的。在 1980 年 9 月会议结束的时候,小组决定每年举行一次会议,但是讨论的主题不再局限于剥削领域,而是主张以一种分析的风格一般地从事马克思主义的理论研究工作。就这样,正式的"九月小组"于 1981 年 9 月在伦敦诞生。

在 1981 年"九月小组"的第一次正式会议上,柯亨就建议称呼小组为"非胡说的马克思主义小组"(the non-bullshit Marxism group),并且该提议获得了非正式的通过。柯亨认为,这个富于战斗性的名称可以表达他们一个基本判断,即大多数的马克思主义是在缺乏完全理性真诚的情况下被实践的，同时也给传统马克思主义加了一个教条主义的尾巴，指责他们面临挑战时就退却到含糊晦涩中去的怯懦态度。"九月小组"明确而坚决地主张清楚地表达学术观点，这既意味着坚持分析的方法，又意味着随时对自己的论证进行"必要的修正和现代化"。

至于"分析的马克思主义"这个特定的称呼，则是埃尔斯特1981年第一次公开使用的，那是他在芝加哥大学开设的一门课程的名称。1986年罗默编辑的《分析的马克思主义》出版后，这个团体就以"分析的马克思主义小组"为公众所知。分析的马克思主义的名称首先已经表明这是一种含有独特方法论路径的马克思主义，这一路径首先是"强调细节、阐释的明晰性以及论证的严密性"，而这一风格与马克思主义研究的有效融合，产生了独特的英语圈的马克思主义——分析的马克思主义。分析的马克思主义的核心技术即是其独特的方法论风格，正是这一技术使分析的马克思主义成其为一种不可忽视的"现象"。

二、分析的马克思主义的"主流方法论"

关于分析的马克思主义的"主流方法论"，柯亨有过专门的论述。[①]他认为"分析"一词在这里有两个相关但其实不同的含义，其中，一个是广义的，另一个是狭义的，每一个都与作为马克思主义整体组成部分的一种传统思想形式相反。具体来说，广义的"分析"与所谓的"辩证"思维相反；狭义的"分析"与所谓的"整体"思维相反。并且，柯亨认为，"所有的分析的马克思主义在广义上都是分析的，并且许多在狭义上是分析的"[②]。这样，分析的马克思主义中的"分析"一词就有两个含义，广义的方面指的是一种与"辩证"思维方法相对的技术方法，以探求思想表达的清晰性和严谨性；狭义的方面指的是一种与"整体"思维方法相对的"个体"思维方法，以探求理论的微观基础。

一般来说，分析哲学的分析方法主要是通过概念、命题和推理的形式结构分析来保证语言表达的清晰性，通过对语言的语境分析来保证语义的真实性，通过对语言之间或者语言形式结构之间的一致性来保证论证的严谨性。具体来说，这种方法至少包括四种具体的方法，即：概念分析方法、逻辑形式的分析方法、日常语言的分析方法以及证明和反驳的方法。

①　参见 G. A. Cohen, *Karl Marx's Theory of Historical*: *A Defence*, Oxford, Clarendon Press, 2000, pp. xvii-xviii.
②　Ibid. , p. xvii.

1. 概念分析方法

概念分析方法就是通过分析语句中语词所表达的概念意义来确定语句所表达的命题。

例如，柯亨为了阐明生产力和经济结构（经济基础）之间的关系，对命题"如果生产力在解释上是基本的，那么它们便是经济基础的一部分"进行了分析，可以看到，生产力和经济结构（经济基础）之间的关系取决于对"基础"这一概念的意义理解。具体的分析过程中，我们首先可以用 s 来表示这个条件命题，用 p 表示它的前件，用 q 表示它的后件：

s："如果生产力在解释上是基本的（p），那么他们就是经济基础的一部分（q）"①

在柯亨看来，命题 s 是一个似乎可信但实际上虚假的命题。他认为，问题的关键在于："基础"一词在这里具有含混性。为此，柯亨给出了"基础"的两个定义：

D1：x 是 y 的基础 1＝x 是 y 的一部分，y（其余部分）建立其上。

D2：x 是 y 的基础 2＝x 是 y 之外的，并且 y（全体）建立其上。

很显然，这是两个不同的概念。在 D1 中，x 是 y 的基础蕴含了 x 是 y 的一部分；而在 D2 中，x 是 y 的基础则蕴含 x 不是 y 的一部分。为了更清楚地说明这个区别，柯亨以房屋的基础来说明"基础 1"，房屋的基础是房屋的一部分；以塑像的底座来说明"基础 2"，塑像的底座并不是塑像的一部分。举例来说，经济结构是社会构成的"基础 1"，而是上层建筑的"基础 2"。同理，柯亨认为，命题 s 中的"基础"其实应该是指向"基础 2"而不是"基础 1"，即：生产力是经济的基础但是不属于经济基础。"基础 1"和"基础 2"的区分使命题 s 的前件的真和后件的假协调起来，并表明了 s 本身的假。

柯亨的这个分析很有启发意义，它表明我们对一个命题的理解依赖于对其中概念的理解，如果我们对概念的含义没有理解清楚或透彻的话，那么往往就会产生错误的观点，而这个错误观点的根源即在于没有对概念进行分析或者分析得不够透彻。

2. 逻辑形式的分析方法

逻辑形式的分析方法就是逻辑主义的分析方法，是指把整体分解成部

---

① G. A. Cohen, *Karl Marx's Theory of Historical: A Defence*, Oxford, Clarendon Press, 2000, p. 29.

分、把复合命题分解成简单命题、把日常语言翻译为人工语言的一种分析方法。它是通过符号的表达和处理，以期把复杂的命题关系简单化和清晰化。

例如，柯亨在阐述他提出的"首要命题"和"发展命题"时，把马克思《〈政治经济学批判〉序言》中的一段论述分解成 6 个命题，然后一一进行分析，并论证它们之间的一致性。其中，他指出第 5 个命题，"无论哪一个社会形态，在它们所能容纳的全部生产力发挥出来以前，是决不会灭亡的……"是说"一个社会形态所能容纳的全部生产力发挥出来"是"该社会形态灭亡"的必要条件，这不能推出"如果经济基础所能容纳的全部生产力已经全部发挥出来，那么经济基础就要灭亡"。也就是说，要把充分条件和必要条件区分开来，不能混淆。同样，第 6 个命题说"新的更高的生产关系，在它存在的物质条件在旧社会的胎胞里成熟以前，是决不会出现的"，柯亨指出它的反命题"如果生产力发展到足以产生新的和更高的经济基础，那后者就会产生"并不必然是真的，因为这个正题的真并不蕴涵其反题的真。

3. 日常语言的分析方法

日常语言的分析方法起于摩尔（George Edward Moore），这个方法主张对语言的理解要根据"语境原则"，在具体的语境中理解语言的意义，而不能一般地谈论这个语词表达什么概念或者用人工语言的形式来表达一个语词。

例如，柯亨指出，关于"生产方式"这个语词，马克思多次使用，但是不同的场合表达不同的概念：（1）质料方式，（2）社会方式，（3）混合方式。其中，"（1）质料方式"强调社会生产的质料属性，指一种物质的"技术"或者"模型"，"是人们用他们的生产力工作的途径，他们从事训练的各种质料过程，专业化的形式以及在他们当中进行的劳动分工"①。举例来说，马克思在《资本论》中写道，"就生产方式本身说，初期的手工制造业，严格地说，很难与行会手工业相区别"②。这里的"生产方式"就是一种生产的质料方式，而不包括社会方式，因为社会方式已经有了区别。"（2）社会方式"强调社会生产过程的社会属性，主要表现在三个方面：生产目的、生产者剩余劳动的形式和剥削生产者的方法。其中，生产目的可以分为：为使用的生产和为交换的生产；为交换的生产可以分为：为

---

① G. A. Cohen, *Karl Marx's Theory of Historical: A Defence*, Oxford, Clarendon Press, 2000, pp. 79-80.

② 马克思：《资本论》第 1 卷，第 322 页，北京，人民出版社，1956，第 384 页。

交换价值的生产和不是为了交换价值的生产；为交换价值的生产可以分为：为最大限度交换价值的生产和不是为了最大限度交换价值的生产；为最大限度交换价值的生产又可以分为：为资本积累的生产和不是为了资本积累的生产。很明显，这是一个二分法的连续运用，通过这种二分法式的划分，就使得概念的界限更加明晰。"(3)混合方式"兼有质料方式和社会方式二者。例如马克思在《〈政治经济学批判〉序言》中的用法就是这样。既然马克思对"生产方式"这个语词经常在不同的意义上使用，那么我们就必须运用日常语言的分析方法，根据具体的上下文情况来确定这个概念的含义，这样才能真正明白马克思的文本含义。

4. 证明和反驳的方法

证明是通过一个或者若干命题的真来确定另外一个命题的真实性的思维过程；反驳则是通过一个或者若干命题的真来确定另外一个命题的虚假性的思维过程。证明的说服力取决于是否根据充足理由律，即：证明 p，首先要有 q→p 和 q 都为真，这样才能保证 p 的真实性。反驳则可以直接反驳，也可以间接反驳甚至归谬反驳。在运用这两个方法时，既可以运用演绎的方法，也可以运用归纳的方法。分析的马克思主义者在他们的论证中，就经常运用证明尤其是反证法和例证法来证明他们的观点，并进一步反驳不同意的论点。

例如，柯亨在证明"可运用于生产的科学知识是生产力"[①]的时候，运用了二难推理。他面对的反对意见是：一种精神性的东西（科学）怎么能是一种物质性的生产力？柯亨的论证过程是：首先，确定物质生产力和精神生产力的外延关系，或者是(1)真包含关系，即：精神生产力是物质生产力的一个子集，或者是(2)全异关系，即：精神生产力和物质生产力是两类性质不同的生产力。其次，进行分类讨论。如果是情况(1)，那么可以把"物质的"反义词看作"社会的"，而不是"精神的"，这样，"精神性的东西"与"物质性的东西"并不矛盾，所以，精神性的东西（科学）就可能是一种物质性的生产力。如果是情况(2)，那么反对意见的逻辑前提就不成立，因为它意味着：一切生产力都是物质性的。总之，无论是哪一种情况成立，都不能完全驳斥："可运用于生产的科学知识是生产力。"不过，从严格意义上来说，柯亨的这个证明过程是比较弱的，因为它在驳斥情况(1)时得出的结论只是：精神性的东西（科学）可能是一种物质性的

---

① G. A. Cohen：*Karl Marx's Theory of Historical*：*A Defence*，Oxford，Clarendon Press，2000，p. 45.

生产力。这是一个可能命题，而不是实然命题。

三、现代社会科学的分析方法

在柯亨看来，现代社会科学的分析方法既包括起源于亚当·斯密和大卫·李嘉图的经济分析技术，也包括从新古典经济学中发展出来的选择、行为和策略的描述技术，即现在所谓的"决策理论""博弈理论"和更一般的"理性选择理论"①。理性选择理论强调社会现象可以通过假设被卷入的人们是理性地做出选择的而得到解释，在现代社会科学中已经有了非常广泛的运用，是分析和解释社会行动的一个重要理论视角。分析的马克思主义者，尤其是分析的马克思主义的社会科学家非常注重分析马克思主义的微观成分和微观机制，而"分析的马克思主义社会科学家所谓的微观基础，指的是为社会现象建立普遍的理性选择解释，这种解释只依赖于个体的理性行为"②。其中，方法论的个体主义就为理性选择理论提供了基础，而博弈理论则为理性选择理论提供精致的严格形式。二者在罗默和埃尔斯特那里有大量的阐述和运用。需要注意的是，罗默没有明确区分这两者，甚至把它们等同使用；而埃尔斯特则把从方法论的个体主义到理性选择理论再到博弈理论看作层层递进的关系。

博弈理论(Game Theory)，又称游戏理论或者对策论，研究在竞争(联合)局势下利害冲突的双方或者多方各自的最优策略问题。最经典的例子是布坎南和埃尔斯特运用博弈理论分析革命中的"搭便车"现象或者说是阶级意识的形成问题，阐述了革命意识从"囚徒困境博弈"向"合作博弈"的转变机制。罗默在对剥削的定义中也运用了博弈理论。他先是运用概念分析方法区分了技术意义上的剥削和道德意义上的剥削，然后运用模型理论设计了几个微观经济均衡模型，最后给出剥削的定义，即："当人们说一个人或一个团体在某种情景下被剥削时是什么意思呢？我主张剥削概念具备如下条件，即：当且仅当下面的条件成立，一个群体 S 在一个更大的团体 N 中才是受剥削的：(1)假设存在这样的一种选择，在其中，S 的状态将比现在情景下更好；(2)在这种选择下，群体 S′作为 N 减去 S 后的剩余，其状态将比现在更坏；(3)S′在与 S 的关系中占据优势

---

① 参见 G. A. Cohen, *Karl Marx's Theory of Historical : A Defence*, Oxford: Clarendon Press, 2000, p. xviii.

② ［加］罗伯特·韦尔等：《分析马克思主义新论》，北京，中国人民大学出版社，2002，第 9 页。

地位。"①实际上，罗默的定义就是说：如果一个群体 S 带着人均社会资产"退出"该经济体后能够使其成员过得更好，那么群体 S 在该经济体中就是受剥削的。这就是一个博弈论的剥削定义。

方法论的个体主义（methodological individualism）②作为理性选择理论的一个基本方法论，它也是微观经济学的基础。从历史发展的轨迹来看，方法论的个体主义最初是作为经济学的分析论证模式，后来发展到社会科学的分析论证模式，再到分析论证模式与价值辩护的结合。在分析的马克思主义者中，埃尔斯特由于考虑到方法论的个体主义在社会科学中引发了很大的争议，所以他对"方法论的个体主义"进行了比较详细的阐明，主要有以下几点：（1）在个体行动方面，它并不假设自私甚至理性，也就是说，方法论的个体主义仅仅是方法论方面的考虑，是一种论证模式，并不是关于人性的实体假设。（2）方法论的个体主义只是在外延语境中成立。如果一个整体性实体出现在内涵语境中，那么它就不可以被还原。例如，"资本家害怕工人阶级"就不可以被还原为"资本家害怕个体工人"，而"资本家的利润被工人阶级威胁"就可以还原为"因为个体工人采取行动而带来的后果"。这里表明，只有外延性的描述才可以分解或者说还原为它的外延组成部分，而内涵性的命题是不可分解或者还原的，而只能被诠释。（3）因为诸如"强有力的"这样的许多个体特性具有内在关系性，所以对一个个体的精确描述可能会涉及对他人的参照，也就是说，对个体的还原并不是不考虑适当的关系，而是要根据情况进行参照的。（4）要避免把值得进行的还原论变为不成熟的还原论，即机械生物还原论。③

第二节　柯亨历史哲学的基本内容

生产力、生产关系以及生产力和生产关系之间的关系是历史唯物主

① John E. Roemer, *A General Theory of Exploitation and Class*, Boston, Harvard University Press, 1982, pp. 194-195.

② methodological individualism, 国内也有学者翻译为方法论的个人主义。我们同意段培君先生的观点，如果从经济学或者社会学角度来看，因为分析的基础是个人，则翻译为"方法论的个人主义"较好；如果从科学方法论和近代科学的分析传统来说，与整体主义相对，则翻译为"方法论的个体主义"较好。这里，我们主要介绍西方主流方法论的分析技术，所以，采纳译为"方法论的个体主义"。

③ 参见 Jon Elster, *Making Sense of Marx*, Cambridge, Cambridge University Press, 1985, p. 6.

义的基本概念和基本原理，马克思主义学者甚至非马克思主义学者对此进行了许多的论述和争论。但是，关于这些基本概念、基本原理以及相关概念和原理的确切含义和所指究竟是什么，却一直没有经过严格的分析。在分析的马克思主义者看来，一个基本的事实是："人们发现很少有人对生产力和生产关系做出概念上的规定，大多数作者只限于对生产力和生产关系进行分类，或者只提出这两个范畴包含的要素目录。"[①]这种局面直到分析的马克思主义者以"主流方法论"的分析技术给出了明晰而严格的阐述，才为历史唯物主义提供了一个"比马克思本人更精练的表述"基础。

一、重新分析历史唯物主义的基本概念

柯亨对历史唯物主义基本概念的重新分析，首先体现在对"社会"的双重属性的区分、在经济结构中定义生产力，以及对生产关系的结构分析。

1. 社会的双重属性

所谓"社会的双重属性"，指的是社会的质料属性和社会属性。在柯亨看来，这是一个非常重要的区分，它关系到理解马克思历史唯物主义基本原理的正确性和有效性。柯亨关于社会的质料属性和社会属性的区分问题，主要从四个方面进行了详细的论证。

其一，区分社会的质料属性和社会属性的根据。社会是一个客观的存在体，它有质料（内容）和形式（社会）两个方面，是质料和形式的统一体。社会属性会随着社会的发展变化而改变，而质料属性则有长期的稳定性，当然，不否认它也会随人化自然条件的变化而有一定的变化，但是相对而言要缓慢很多。马克思更多关注的是社会属性，所以，他强调从社会形式方面进行社会的分类和剖析，但是这并不是说他不关心社会的质料属性，毋宁说，他对质料属性的关心和对两者的区分是为了更好地论证社会属性。

其二，定义社会的质料属性和社会的社会属性。柯亨援引马克思的四处原文，论证马克思是非常注意严格区分哪些是社会的（或经济的）[②]，

---

① Jorge Larraín, *A Reconstruction of Historical Materialism*, London, G. Allen & Unwin, 1986, pp. 76-77.

② 对马克思来说，在资本主义社会的意义上，"社会的"即是"经济的"，"经济的"即是"社会的"，因为资本主义社会就是经济社会，所以马克思经常交替使用"经济的"和"社会的"这两个概念。参见《马克思恩格斯选集》第 4 卷，北京，人民出版社，2005，第163～164页。

哪些不是社会的(或经济的)。其中一处引文非常经典,即:"黑人就是黑人。只有在一定关系下,他才成为奴隶。纺纱机是纺棉花的机器。只有在一定的关系下,它才成为资本。脱离了这种关系,它就不是资本了,就像黄金本身并不是货币一样……"①对此柯亨指出,"那些喜欢'辩证法'语言的人会说:黑人是又不是奴隶,机器是又不是资本",但是这些"含糊其词的表达"是分析的马克思主义者所不能容许的。柯亨试图清晰地表达马克思关于双重属性的区分:社会属性是指某对象因为处于一定的社会关系之中而具有的属性,它是一种关系属性,只有在社会关系之中才会具有,而不是事物本身的属性;质料属性则是指事物对象的天然属性、自然属性,是一个事物本身的属性,"是独立于社会形态所具有的属性"②。

其三,对事物对象的属性区分不能割裂事物本身的整体性。柯亨之所以作这样的区分,一个主要方面是因为他认识到马克思比较强调事物对象的社会属性,而他侧重于指出事物对象的非社会属性方面。不过柯亨同时认识到,"对物体的每一观点揭示一组独特的性质,但该物具有全部的性质"。换句话说,事物对象是一个客观存在者,它具有全部的属性,而我们的分析只是一种揭示事物对象性质的方法或者角度而已,我们不能本末倒置。

其四,"质料属性推演不出社会属性"。虽然柯亨区分了社会的质料属性和社会属性,但是他明智地指出了"社会属性不可以从它们的质料属性推演出来,正像雕像的造型不能从它的材料推演出来一样"③。柯亨首先断定了质料属性的独立存在地位,即物质不依赖于社会形式而存在的性质。其次,"质料属性推演不出社会属性"这一命题也说明了生产力和生产关系的关系不是一种演绎关系,而实质上是一种并列关系,尽管生产力具有逻辑上的首要性。

既然"质料属性推演不出社会属性",那么如何把质料属性从人化自然的社会状况中区别出来呢?柯亨指出,"一个描述是社会的,当且仅当它需要把人——指明或不指明地——归属于相对于其他人的权利或权力",而"质料描述抓住的是一个从属于社会的自然"。也就是说,我们把质料方面的特征从社会形式中抽象出来进行描述是可能的,虽然"人与自然之间的关系是以社会形态为中介,而不是在其之外存在"。同时,事物

① G. A. Cohen, *Karl Marx's Theory of Historical：A Defence*, Oxford, Clarendon Press, 2000, p. 88.
② Ibid., p. 89.
③ Ibid., pp. 91-92.

对象的自然特征往往与一定的社会状况相联系，例如手推磨和封建社会，蒸汽机和资本主义社会。尽管前者推演不出后者，但是前者往往可以归纳出后者，因为与手推磨适应的生产关系不可能是资本主义关系，而只能是农业劳动关系。这样，质料属性就从其寓居于其中的社会里面获得了一个可被清楚认识和界定的地位。①

双重属性的区分具有革命性的意义。首先，它丰富了社会这一概念的内涵，使其外延界限更加清晰，从而使我们可以更加有效地分析资本主义社会形态。其次，它有利于加深对资本主义的批判。柯亨指出，资产阶级的政治经济学家有意无意地把资本主义社会的质料和形式混合在一起，掩盖其剥削和社会形态阶段性的本质。例如，拜物教正是对商品和资本的质料属性和社会属性混合而产生的，是商品和资本现象的异化。除此之外，柯亨还强调，马克思的革命理论也基本运用了自然的（质料的或是内容的）和社会的（形式的）之间的区分。正是社会的质料内容不断发展，不断地超越其社会形式的束缚，从而为新的社会形式的发生开辟道路。

2. 在经济结构中定义生产力

生产力是历史唯物主义的重要概念之一，历史在质料的意义上就是生产力的发展历史。生产力的概念牵涉到生产力的定义以及生产力的构成。柯亨对这两个关键问题都有着详细的论述。柯亨首先从词源考证学的意义上分析了生产力概念，他认为马克思的文本用语 produktivkräfte 应该翻译为"生产能力"（productive powers），而不是生产的力量（productive forces）。但问题是，"虽然'生产力'没有'生产能力'确切，但后者却不能确切地用于马克思写作'生产能力'（produktivkräfte）的地方，因为德文本身就不完全确切地适用于它所应用的所有条款"。所以，为了保证理论的一致性，"生产力"（productive forces）成了一个尽管翻译不确切但却最合适的概念。

清理了生产力的语源问题后，柯亨对生产力概念进行了细致的分析。在他那里，生产力概念至少包含了以下三层含义：（1）生产力是一种"力或者能力"，它"不是关系。不是对象之间所具有的某种东西，而是对象的属性"②。（2）"为了有资格成为一种生产力，设施必须能够被生产者以这样的方式来使用，即生产的发生（部分地）是使用它的结果，并且，设

① G. A. Cohen, *Karl Marx's Theory of Historical: A Defence*, Oxford, Clarendon Press, 2000, p. 94.

② Ibid., p. 28.

施这样被用于生产是某人的目的。"①(3)"一个项目是不是生产力，不依赖于它的实体性(是怎样物理的)，而是依赖于它是否借助生产的物质特性而有利于生产。"②

其中，(1)是外延界定，说明生产力是一种力，但并非力都是生产力；同时，把生产力和生产关系区分开来，因为生产力不是一种关系，所以，生产力和生产关系在外延方面是全异关系，这就排除了生产力属于生产关系，进而属于由生产关系构成的"经济结构"的观点。(2)指出了成为生产力的必要条件，也就是说，一个项目只有被人有目的地用于生产并且生产的进行是(至少部分是)因为使用了这个项的结果，这个项目才有资格成为一种生产力。同时，生产力被"限定为用来生产物品的"③，以区别于促进生产的手段。(3)是一个充分条件，也就是说，如果一个项目由于生产的物质特性而有利于生产，那么它就是生产力，而不是取决于这个项目的实体性状况。反过来说，即使一个项目是物质的，但如果并非因为生产的物质特性而是因为生产的社会属性才有利于生产，那么这个项目就不必然是生产力。譬如，维护社会秩序的军队，防止奴隶逃跑的围墙，虽然它们都有利于保证生产的正常进行，但它们不是生产力，因为它们缘于生产的社会属性而非物质属性。可见，正是基于社会的双重属性区分，柯亨强调了"生产的手段"和"促进生产的手段"这两个概念的不同。

根据上面的分析，柯亨给出了生产力的一个精确定义，即："x是生产力，仅当 x 的所有权(或者非所有权)有助于决定 x 的所有者在社会经济结构中所占的地位。"④这是柯亨明确给出的生产力定义，虽然只是一个条件定义，一个描述定义，不是一个严格的逻辑学意义上的"属加种差"定义。但是，在这里柯亨指明了对生产力进行定义的两个前提规定：一是经济结构，另一个是生产关系。也就是说，柯亨的生产力定义是在经济结构的框架中进行的。把生产力放在经济结构之中来定义，从而保证基本概念之间定义的一致性，使有关的基本概念之间不容易发生自相矛盾或者含混不清的问题。同时，柯亨反驳了生产力是生产关系一个子集的观点，他认为"生产力不是一种生产关系"。在他看来，"生产力强有

①　G. A. Cohen, *Karl Marx's Theory of Historical : A Defence*, Oxford, Clarendon Press, 2000, p. 32.
②　Ibid. , p. 47.
③　Ibid. , p. 32.
④　Ibid. , p. 41.

力地决定经济结构的特点，而又不是它的一个组成部分"，而生产关系是
经济结构的构成要素。于是我们可以大致归纳出一个较为符合柯亨意思
的生产力定义：生产力是按照生产的物质属性有利于进行物品生产的对
象之属性，并且这一属性的所有权状况有利于其所有者在社会经济结构
中的地位。

　　从这样的定义出发，生产力的内涵是一种对象属性，而生产力的
外延就是：根据生产的物质属性对生产活动做出物质贡献的对象属
性范围，比如：劳动能力、物质生产力、精神生产力等，但是不包
括：劳动者、劳动材料和劳动对象，因为这些是对象，而不是属性。
柯亨正是通过区别对象和属性，进一步分析了作为生产力外延的生
产力要素。

　　那么，具体来说，生产力包括哪些要素呢？柯亨认为生产力的构成
主要包括生产资料和劳动力，而反对生产力包括生产资料和劳动者的观
点。传统马克思主义对这个问题的理解主要是混淆了"能力"和"过程"的
概念。对柯亨给出的两个生产力表进行整理，我们可以得到下面的生产
力表。①

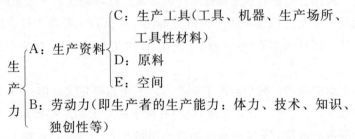

　　在上表中，C指生产力发生所借助的器具，D指生产力的作用对象，
E指生产力发生的场所，B指什么能使C作用于D。这样，生产力就是
劳动力作用于生产资料所产生的能力。其中，作用发生的器具（或者说媒
介）就至关重要，因为不同的生产工具可以极大地影响甚至决定作用力的
大小，所以，生产工具是生产力大小的一个重要标志。

　　3. 对生产关系的结构分析

　　与生产力对应的一个重要概念是生产关系，那么，什么是生产关系
呢？经典文本的论述是："为了进行生产，人们便发生一定的联系和关
系；只有在这些社会联系和社会关系的范围内，才会有他们对自然界的

---

　　① 参见 G. A. Cohen , *Karl Marx's Theory of Historical*：*A Defence*，Oxford，Clarendon
Press，2000，pp. 32、55.

关系，才会有生产。"①如果说这是马克思对生产关系的一个宏观表述的话，那么柯亨又是如何分析的呢？

柯亨给出了明确的生产关系定义："生产关系或者是人对于生产力或人的所有权关系，或者是以这样的所有权关系为前提的关系。"②他同时指出，"生产关系是对人和生产力的有效权力关系，不是法律上的所有权关系"③。这说明柯亨非常注意区分"权力"(power)和"权利"(right)这两个概念，并且他经常在"权力"而不是"权利"的意义上使用"所有权"(ownership)这一概念。

如果说生产关系主要是人对于生产力或人的所有权关系，而生产关系的总和又构成经济结构，那么生产力是不是经济结构的构成要素呢？如何使这两个真命题获得一致，也就是如何消解它们之间看起来存在的矛盾呢？柯亨的办法是通过区别经济和经济结构这两个概念来消解问题本身。因为结构可以被看作是一组关系或者一组位置，但是关系者或者位置者是不属于结构的。因此，在柯亨看来，经济结构是一种形式，生产力不是它的要素，但这不影响经济中出现生产力，也就是不影响生产关系中出现生产力要素。

从上面的论述可以看出，柯亨的分析是科学而严格的，但更是逻辑的。那么，马克思的生产关系概念(其实还包括其他所有的历史唯物主义概念)可以这样分析吗？我们认为，在一定的程度上是可以的。这个"程度"就是：在马克思的文本范围内，使历史唯物主义基本概念的内涵和外延清晰起来，而不能陷入形式系统的构建；否则，会严重损害马克思主义的"实践品质"以及其整体意义。作一个通俗的类比来说，这就好比我们对人的医学研究。如果我们为了科学的需要，暂时排除意识、情绪等因素的影响，我们固然因此而获得对人体的科学认识。但是，如果走得太远而忘记不应该忘记的另一方面因素，那么我们就会远离人的本相：人本身是"骨骼"和"肌肉"的统一体。没有意识、情绪等因素的存在物，那不是我们"现实中的人"，而是科学研究中的人。

---

① 《马克思恩格斯全集》第 6 卷，北京，人民出版社，1961，第 486 页。
② G. A. Cohen, *Karl Marx's Theory of Historical：A Defence*, Oxford, Clarendon Press, 2000，pp. 34-35.
③ Ibid. , p. 63.

二、首次明确提出"两个基本命题"

柯亨对重建历史唯物主义的最重要贡献，是首次明确提出"发展命题"和"首要性命题"。这两个命题分别是："发展命题"（P_1）：生产力的发展趋势贯穿历史；"首要性命题"（P_2）：一个社会的生产关系的性质是由其生产力的发展水平来解释的。

首先，在考虑 P_1 时，要注意区别于命题"生产力的发展曾经贯穿历史"（P_3），使 P_3 成立的条件并不能保证 P_1 的成立；同时，P_1 并不意味生产力一直在发展，也不意味生产力不会在一定时期内停滞发展甚至衰退。

其次，生产力的首要性是指生产力相对于生产关系或者经济结构的首要性，"生产力具有首要性"是一个会产生歧义的语句，它可以表达两个不同的命题：一个是"把首要性归于生产力"（柯亨认为这是马克思的观点），另一个是"生产力是首要的"（柯亨坚持的观点）。很显然，这两者不同，前者是说首要性是生产力的属性，后者是说首要性是对生产力的一种解释。

最后，柯亨注重对马克思经典著作的文本解读，关于"发展命题"和"首要性命题"的文本论据主要是《〈政治经济学批判〉序言》（以下简称《序言》）中的经典段落以及成熟马克思时期的作品。作为柯亨论证两个命题的基本依据，《序言》中的著名段落被柯亨进行了分解，编码为 6 个原子或者分子命题，再一一进行阐释。这 6 个原子或者分子命题分别为：(1)生产关系同物质生产力的发展的一定阶段相适合。(2)社会的物质生产力发展到一定阶段，便同它们一直在其中活动的现存生产关发生矛盾。(3)这些关系便由生产力的发展形式变成出生率的桎梏。(4)那时社会变革的时代就到来了〔它伴随着经济基础的变革〕。(5)无论哪一个社会形态，在它们所能容纳的全部生产力发挥出来以前，是决不会灭亡的。(6)新的更高的生产关系，在它存在的物质条件在旧社会的胎胞里成熟以前，是决不会灭亡的。①

柯亨认为这 6 个子命题蕴含了上述两个基本命题。下面我们将对他的分析和论证进行讨论，为了简便起见，在这些讨论中，我们会直接运用上述句子的号码来表示相应的命题。

---

① G. A. Cohen, *Karl Marx's Theory of Historical: A Defence*, Oxford, Clarendon Press, 2000, p. 136.

1."发展命题"

如何理解"发展命题"？柯亨的论述相对比较松散，但可以归结为两点：第一点，贯穿人类历史的一个主线是生产力具有发展趋势；第二点，生产力具有发展趋势不是说生产力每时每刻都在不停息地发展，而是从人类历史的整个长度来看，生产力总是在发展的。第一点说生产力具有发展趋势，第二点是说生产力具有的发展趋势是何种意义上的一个趋势。可以说，柯亨对"发展命题"的阐述始终是围绕这两点展开的。

为什么在整个人类历史中生产力有不断发展的趋势？或者通俗地说，为什么从总体上看生产力会不断发展？柯亨指出了一个历史事实："社会很少用低级的生产力取代高级的生产力"，也就是说，"在事情正常发展的情况下，发达的生产力不会屈从于不发达的生产力"，至于为什么会这样？柯亨认为部分的解释是生产力发展的惯性和人们对已有生产力的依赖性，但是这对于解释生产力为什么没有倒退显然不是充足理由。它只是以间接论证的方式进一步为"发展命题"提供了一个佐证。

关于"发展命题"的可接受性证明，柯亨主要给出了三个事实性的经验论据①：（a）人是具有理性的；（b）人的历史境遇是一种匮乏状态；（c）人具有的才智使其能够改进他们的处境。

其中，（a）和（c）是柯亨所说的人性的两个永恒事实，（b）是人类一直以来（或者说，至少到目前为止）面对的历史状况。因为人有理性，所以面对匮乏的时候，他会运用自己的理性满足自己的需要，并且将能够发挥理性和具有理性的知识保留和传播，使自己的才智更为有效果，改进生产满足自己需要的效果，进而改进自己的处境。至于什么是理性，很难简单定义，但是它肯定包含反思能力，反思如何进一步改变匮乏状态不断满足自己的需求。那么什么是匮乏呢？根据柯亨的观点，匮乏则是"由于人的需求和外部自然的特征，如果他们不花费相当部分的时间和精力做他们不愿意做的事情，不愿意从事不是目的本身的劳动，那么他们就不能满足自己的需求"②。

根据这样的理解，可以得出结论：如果人类不从事劳动，那么就会匮乏，从而在劳动和匮乏之间建立了联系。人们要想改进匮乏程度，那么就不能不劳动。而劳动，自然就使生产力有一个不断发展的趋势。另外，从这样的观点出发，生产劳动就成为人类满足自身需要的一种工具、

---

① G. A. Cohen, *Karl Marx's Theory of Historical：A Defence*, Oxford, Clarendon Press, 2000, p. 152.

② Ibid., p. 152.

手段，而不是人的目的。在这里，人的目的是满足需求。如果人们是只求目的而不顾及手段的话，那么就可以说，如果不进行生产劳动也能满足人的需求，那么他们就会不进行生产劳动而坐享其成。这是人的真相吗？我们认为，在异化的市场经济社会，这很大程度上是事实，但是，这绝不是人本质性的真相。因为人之为人的根据就在于人能够劳动，那么劳动怎会成为人的手段呢？问题在于，前者的"劳动"概念是一个生产性经济学概念，而后者是一个哲学概念。

接下来我们来看第二点，即：如何理解命题"生产力具有发展趋势"中的"趋势"这个概念？首先，"发展"不同于"发展趋势"，前者是事实描述，如果说"生产力的发展贯穿历史"，那么这句话的意思往往是生产力在历史上一直是发展的，是一个历史的经验描述；后者则是事态解释，如果说"生产力的发展趋势贯穿历史"，那么这句话的意思则往往是对事实过程的整体解读，类似于一种逻辑语法的解释。其次，"趋势"不否认在人类历史的某个或者某些时间段中，生产力是停滞的甚至是倒退的；"趋势"也不否认在人类历史的某个或者某些时间段中生产力的发展是不间断的，但"这种不间断发展是资本主义社会特有的"。至于生产力停滞或者倒退的原因，可能是因为战争，可能是因为内乱或者政策的不适合，也可能是因为环境恶化或者自然灾难，例如罗马因为蛮族的入侵而生产力衰退；至于生产力不间断的发展，可能是因为技术不断创新，也可能是因为资本主义生产关系容纳生产力发展的空间还没有消失。这些原因性解释不是我们这里考虑的重点，我们关心的是生产力的发展历史事实确实是这样发生的。

另外，需要注意的是，"发展命题"的证明是"首要性命题"证明的一部分，或者说，"首要性命题"成立的逻辑前提是"发展命题"为真。换句话说，如果"发展命题"为假，那么"首要性命题"就失去了成立的前提。所以，这两个命题共同构成历史唯物主义的根基，但需要以"首要性命题"为主导，因为它解释了社会形态为什么是这样的。

2."首要性命题"

关于"首要性命题"，柯亨主要做了以下几项工作：一是提出历史唯物主义的"首要性命题"概念；二是为"首要性命题"列举了马克思的文本依据，包括《序言》中的和《序言》以外的论据，对其展开分析，对马克思的相关命题进行诠释和补充，并分析为什么有的学者不主张或者反对"首要性命题"提法；三是对"首要性命题"的逻辑论证；四是通过分析生产力和生产关系之间的理论联系来说明生产力首要性的性质；五是生产力首要性原理的运用，柯亨专门分析了这一原理在资本主义经济结构中的具体表现。

2.1　"首要性命题"的含义和文本依据

在经典文本的 6 个句子中，关于句子(1)中的"适合"一词，柯亨指出对它有两种不同的解读方式。第一种解读是"如果 x 适合 y，那么 y 也适合 x"，也就是说，该适合是对称的、双向的关系；第二种解读是单向的、不对称的关系，即：反对称关系，如果参照柯亨的表达方法，就是："如果 x 适合 y，那么 y 不适合 x"。其实，柯亨遗漏了第三种情况，即："如果 x 适合 y，那么 y 可能适合 x，也可能不适合 x"，x 和 y 之间是非对称关系。柯亨指出，如果单独考虑句子(1)，那么第一种解读有可能正确；但是如果把 6 个句子一起考虑，那么就只能是第二种解读了。

柯亨认为，句子(1)是对"首要性命题"的承诺，谈论了生产力对于生产关系(以及经济结构)的首要性；句子(2)至(6)则是对"首要性命题"的具体阐述，它们构成了一个严格的形式。

柯亨对句子(5)和(6)进行了细致的逻辑分析，(5)和(6)就是我们熟悉的"两个决不会"判断，我们一般强调这两个"决不会"的政治意义，而柯亨对这两个句子进行逻辑上的等值替换，最终把句子(5)和(6)整理为如下形式：(5_b)如果一个经济结构灭亡，那么它实现了最大的生产潜力；(6_b)如果一个新的更高的经济结构出现，那么使它产生的生产力在其所处的经济结构中充分发挥了出来。

作为论证"首要性命题"的论据，柯亨列举了马克思的大量文本依据，除了经典的《序言》外，他又以《德意志意识形态》《哲学的贫困》《马克思致帕·瓦·安年科夫》《共产党宣言》和《雇佣劳动与资本》等马克思在 19 世纪 40 年代的作品以及后期著作如《政治经济学批判大纲》《资本论》《剩余价值理论》等共计 8 个作品中的有关论述为依据。略举两例，如他指出《德意志意识形态》中的概念 verkehrsform(交往形式)就是后来的更明确的历史唯物主义概念"生产关系"的前身。关于生产力和生产关系之间关系的论述，在《德意志意识形态》中则有这样的经典段落，"交往形式的联系就在于：已成为桎梏的旧的交往形式被适应于比较发达的生产力，因而也适应更进步的个人自主活动类型的新的交往形式所代替；新的交往形式又会变成桎梏并为别的交往形式所代替"[①]。如果比照于句子(2)(3)(4)，那么就会发现前者是后来经典论述的原型。到《哲学的贫困》中，

---

① 《马克思恩格斯选集》第 1 卷，北京，人民出版社，1995，第 79 页。

"交往形式"和"社会制度形式"就分别被"生产关系"和"社会关系"所替代了，如"生产力在其中发展的关系……同人们及其生产力发展的一定水平相适应……""人们生产力的一切变化必然引起他们的生产关系的变化"①。

柯亨引用这些论据是要证明在马克思的文本中"首要性命题"是成立的，是有据可查的，"首要性命题"是马克思主义的基本思想之总结和提炼，是来源于马克思的。他为此指出，"虽然马克思本人没有明确地说明首要性命题，但是我们知道，他是如此确信这一命题，以致无意中显露出对这个问题的态度，这个态度与我们勾勒的论证是一致的"②，柯亨以《哲学的贫困》和《马克思致帕·瓦·安年科夫》中的两段话为论据，前者是"由于最重要的是不使文明的果实——已经获得的生产力被剥夺，所以必须粉碎生产力在其中产生的那些传统形式"③，后者是"……为了不丧失已经取得的成果，为了不致失掉文明的果实，人们在他们的交往方式不再适合于既得的生产力时，就不得不改变他们继承下来的一切社会形式"④。也就是说，柯亨认为自己完成了马克思已经显示出来但（因为各种原因）没有完成的课题。

2.2　关于"首要性命题"的证明

如果说"首要性命题"有马克思的文本依据，那么为什么仍有很多人不赞成或者反对这个命题呢？柯亨列举了三条理由，其中最重要的一条就是"首要性命题"容易导向受到人们普遍指责的"技术决定论"。柯亨为此进行辩护的理由是："首要性命题"的指向可以称之为"技术的"，但是"决定论"则是他不赞成的，因为生产力的发展就是人的劳动能力的增长，是"技术的"发展；而"奴役人的能力首先是属于社会关系，而不是属于物质力量：阻碍物质发展时成为桎梏的正是生产关系"⑤。所以，不能说是技术决定的。很显然，在这里，柯亨一方面把生产力的发展和人的劳动能力发展合二为一，消除了单纯的技术倾向，避免陷入理性形而上学的窠臼；另一方面，进一步把与人对立的异化力量归于社会关系尤其是生产关系，从而为生产力的首要性清除理解上的误区。

---

① 《马克思恩格斯选集》第 1 卷，北京，人民出版社，1995，第 119 页。
② G. A. Cohen, *Karl Marx's Theory of Historical: A Defence*, Oxford, Clarendon Press, 2000, p. 159.
③ 《马克思恩格斯选集》第 1 卷，北京，人民出版社，1995，第 119 页。
④ 《马克思恩格斯选集》第 4 卷，北京，人民出版社，1995，第 321 页。
⑤ G. A. Cohen, *Karl Marx's Theory of Historical: A Defence*, Oxford, Clarendon Press, 2000, p. 147.

　　如果说"首要性命题"在马克思那里可以寻找到文本的依据，并且反对者的声音是因为他们错误的担心的话，那么这充其量也只是找到了权威观点的支持和对反对观点的剖析，也就是为"首要性命题"的成立找到了权威来源，并削弱了认为"首要性命题"不成立的观点，但显然还构不成对这个命题成立的逻辑证明。所以，接下来的问题就是柯亨是如何从逻辑上证明"首要性命题"的成立？

　　首先，"生产力的既定水平仅仅与经济基础的一定类型或者某些类型相适合"。也就是说，既然人类面临的总是既定的生产力水平，并且生产力的既定水平仅仅与一定的生产关系相适合，那么生产力的既定水平就逻辑在先地决定了人们选择的生产关系类型。在一定的生产关系中，有生产力发展变化的一个限度。当生产力的发展变化超过这个限度时，就会引起生产关系的相应变化。至于这个"临界点"是多少则是一个哲学的实践命题，就像所有具有感觉的有机体都有疼痛临界点一样，但是这个命题并不能说明这个临界点在哪里，而是说一定的生产关系适合于一定范围的生产力水平。如果说有什么不清楚的，那么这是解释模型的普遍特征，即：不需要指明这个临界点具体在哪，而只要指明临界点存在即可。比如，我们很难设想在现代信息社会中实行奴隶制度，不是因为奴隶制度是怎么惨无人道的，而是因为奴隶制度不适合现代信息社会的生产力的发展水平。至于说为什么不适合，或者换句话说，一定的经济基础适合生产力发展的范围有多大，柯亨认为不能给出全部的答案。他强调的是：对于既定的生产力，不是所有经济基础都是适合的。这样，就有了一个既定生产力水平对于生产关系类型选择的限制问题。但是，柯亨并不认为生产力的首要性就是强加在生产关系上面的限制（constraint），因为限制是对称的，而不是反对称的关系，这是与柯亨的主张相矛盾的。

　　其次，"发展命题"为"首先性命题"的论证提供了"必要的补充"。因为根据"发展命题"，生产力的发展趋势贯穿全部历史，也就是说，总体上生产力会一直发展下去，即使有停滞或者倒退的现象，那也只是阶段性的暂时历史现象，而不是全局性的事实。这样，生产力就获得了自身发展的独立性，即不依赖于生产关系的独立性。当然，这并不是说生产力可以脱离生产关系的形式而发展，那将会是毫无内容的形式主义抽象，并且是荒谬的。柯亨要说的只是生产力总要发展，这一点是不以人的意志为转移的。因为生产力的不断发展，就使原来适合的生产关系变成不适合的，而不适合的景况不能长久维持，最终就会有新的适合生产力发展的生产关系取而代之。所以，总是生产力选择生产关系，而不是生产关系选择生产力。这样，他就为生产力的首要性提供了逻辑前提。

　　当然，反对的人可能会提出生产关系"首要性命题"，主张"生产关系是首要的"，理由是生产关系的发展趋势也贯穿全部历史，并且生产关系的发展不是因为生产力的发展而导致的。柯亨认为要证明这样的观点将是极其困难的，但是他没有提供比这个理由再多的任何证据。我们认为，如果说柯亨在生产力和生产关系两者之间坚持生产力的首要性是正确的话，那么他不能继续给生产关系的第二位性（被解释意义上的）提供证据则是一个遗憾。

　　其实，从逻辑学意义上来说明生产关系首要性是不成立的，至少可以提出以下两点。其一，驳斥生产关系首要性的一个基本依据就是生产关系不可能独立发展，比如，所有权关系，如果根本没有一定类型的物，那么如何产生所有权关系呢？例如，如果根本没有计算机这个物，那么就不可能产生对于计算机的所有权关系。所以，关系一定是事物之间的关系。如果有反对者说关系作为一种结构可以不依赖于物而存在，那么我们就应该明白他们只是说关系不依赖于特定的物，但不是说关系根本不需要依赖于物。其二，"首要性命题"是说生产力对于生产关系有一种逻辑在先的解释权，并不是发展的时间顺序；而"生产关系首要性"命题则是指生产关系的时间在先，指生产关系可以独立发展，甚至在生产力发展之前发展。所以说，尽管在历史上有时候生产关系的变革时间上在先，但是它不是首要的，因为它没有这个解释权。这个解释权在生产力那里，因为生产关系变革的根由在于旧的生产关系不能促进甚至会阻碍生产力的发展。

　　2.3　"首要性命题"本身的性质

　　论证了生产力的首要性以后，随即产生出一个元理论问题：生产力首要性的性质是什么？或者说，"首要性命题"具有什么样的性质？柯亨对此进行了专门论述。

　　其一，"首要性命题"属于功能解释。它以生产关系对于生产力的功能来解释生产关系的性质，其逻辑形式是："生产关系是 t 时 R 类的生产关系，因为 R 类生产关系适合于 t 时生产力的使用和发展，即生产力在 t 时的特定发展水平。"[1]这说明以生产关系对于生产力的适宜性来解释生产关系的特征，也就是说生产力的性质决定了生产关系的性质。但是需

---

① G. A. Cohen, *Karl Marx's Theory of Historical：A Defence*, Oxford, Clarendon Press, 2000, p. 160.

要注意的是，生产力性质只是解释生产关系的某些特征即根本性的整体性特征，而不是全部特征，即：不能决定所有的细节特征。柯亨列举的一个典型例子是一定的生产力性质能够解释为什么经济是农奴制的，但却不能精确地解释领主和农民之间的权力分配情况。

生产力和生产关系之间关系的解释是一种功能解释，这种解释解决了看似矛盾的两个命题：（a）生产关系的性质由生产力的性质来说明；（b）生产关系制约生产力的发展。这两个命题之间没有蕴含关系，即（a）不蕴含（b），（b）也不蕴含（a）。柯亨认为，这两个命题放在一起就容易使人产生这样的观念：生产力决定生产关系，同时，生产关系又决定生产力。而决定是一种反对称关系，这样的推理显然是矛盾的。

其二，"生产关系制约生产力的发展"和"生产力决定生产关系"这两个命题之间是一致的，因为正是生产关系对于生产力的制约性（促进或者阻碍）解释了生产关系的性质（适合还是不适合）。也就是说，"首要性命题"的功能解释已经内含了生产关系对于生产力的制约作用。当然，生产关系的特征不同，"首要性命题"也就是由生产力来解释生产关系所产生的可靠性也就不同。生产关系的制约性对生产力发展的具体路径选择以及生产力的发展速度都有影响，这是一种量的影响，它虽然不影响生产力的首要性这个整体性的结构地位，但是，如果生产力的发展受到生产关系（即俗称的经济体制）的约束，那么生产力就会停滞或者放缓发展的步伐。为了保证生产力的良好、可持续发展，生产关系的调整（即经济体制以及相关的政治体制改革）就成为必要的、必然的选择。

其三，经济结构促进生产力发展的历史事实不影响生产力的首要性，因为生产力是按照经济结构促进生产力发展的能力来选择经济结构类型的，经济结构的选择范围受到其适合于生产力情况的制约。在一定的经济结构中，生产力总是不断地向前发展，但是任何一个具体的经济结构所能容纳的生产力发展度也是一定的，当一个经济结构所能容纳是生产力发展度达到极限时，就会出现经济结构的更新。当然，这不是说经济结构的特点对生产力的发展没有任何作用；相反，经济结构类型特征对生产力发展的速度是有影响的。

为了给"首要性命题"提供进一步的论证，柯亨阐述了生产力、质料的生产关系和社会的生产关系之间的关系，他指出，"在生产力决定社会的生产关系中，往往有两个可比较的相关层次。新的生产力需要新的质料的生产关系,而后者又需要新的社会的生产关系,新的权威形式和权利分配"①。这就形成了"生产力—质料的生产关系—社会的生产关系—上层建筑"社会结构模型,其中,前者对后者是决定作用,后者对前者有制约作用。一定的生产力水平要求一定的劳动关系,比如流水线生产要求工人的标准行列和标准生产动作以及密集性的劳动,而这样的劳动关系就要求劳动者参加相关的技术培训以及劳动者的自由流动,这样的社会关系就进一步要求国家制定和执行相关的法律政策。在这个序列中,起决定作用的是生产力的状况,支持的结论是"首要性命题",支持的方式是功能解释。也就是说,功能解释在某种程度上(至少是诠释学的意义上)支持了生产力的首要性。

三、主张历史唯物主义是一种功能解释

在重新分析历史唯物主义的基本概念和首次明确提出"发展命题"和"首要性命题"的基础上,柯亨提出了自己对历史唯物主义的基本性质的理解,即主张历史唯物主义是一种功能解释。

1. 功能解释的一般定义与结构

所谓功能解释,就是以现象的效果这个倾向性事实来解释现象,更严谨些的表达是:"被解释项的特征由其对解释它的项的作用来决定。"②这个定义初听起来有些晦涩,为了形象而清楚地说明功能解释的含义,柯亨列举了很多例子。我们选择其中的两个例子③(一个自然界现象,一个社会的现象)来说明什么是功能解释。

例 3.1:鸟有空心骨是因为空心骨有助于飞行。

例 3.2:鞋厂进行大规模生产是因为大规模生产带来经济效益。

在例 3.1 中,被解释项是:鸟;被解释项的特征是:有空心骨;要解释的现象是:鸟为什么有空心骨?解释的思路是:因为空心骨有助于鸟的飞行,所以,鸟有空心骨。这里,正是运用了空心骨对鸟的作用情况来回答鸟有空心骨这个特征的根由。这就是功能解释的一个运用范例。同样,在例 3.2 中,被解释项是:鞋厂;被解释项的特征是:鞋厂的大规模生产;要解释的现象是:鞋厂为什么进行大规模生产?解释的思路是:因为大规模生产为鞋厂带来经济效益,所以,鞋厂进行大规模生产。

---

①　G. A. Cohen, *Karl Marx's Theory of Historical: A Defence*, Oxford, Clarendon Press, 2000, p. 166.

②　Ibid., p. 278.

③　参见 Ibid., p. 249.

这里，运用了大规模生产对鞋厂的作用情况来回答鞋厂具有大规模生产这个特征的根由。这两个例子回答的都是"为什么—问题"（why—question），所运用的功能解释就相应地属于"为什么—解释"（why—explanation）。

柯亨认为，"功能解释是一种后果解释，其中待解释事件（具有待解释的性质）的发生对某物或者其他的什么是有功能的，而不管'功能的'实际意思是什么"[①]。当然，功能解释不能简单地等同于后果解释，因为功能解释的根据是：如果"如果一定类型的现象发生，那么就会有一定的结果"，那么这个现象发生。从这个形式可以看出功能解释的根据是一个先在的或者同时发生的逻辑条件，而不是后果。

功能解释具有怎么样的结构呢？或者说，如何证明一个解释是功能解释？柯亨指出，一个后果陈述涉及后件法则时就是解释的。后件法则有两个逻辑形式，一个是解释事件的发生的，一个是证明事物具有的性质的。[②] 下面，我们先来看功能解释具有什么样的形式结构，又是如何解释事件发生的。

解释 3.1：如果若一个 E 类型事件在 t_1 时发生时则会造成一个 F 类型事件在 t_2 时发生是真的，那么一个 E 类型事件在 t_3 时发生。这是一个前件为充分条件的充分条件假言命题，它的形式可以表示为：

公式 3.1：$(E \rightarrow F) \rightarrow E$

如果用前面的例 3.1 和 3.2 来分别进行相应命题代入的话，那么就可以得到：解释 3.1.1：如果（若鸟有空心骨，则有助于鸟的飞行）是真的，那么鸟有空心骨。解释 3.1.2：如果（若鞋厂进行大规模生产，则为其带来经济效益）是真的，那么鞋厂进行大规模生产。

上面的这两个解释具有共同的逻辑形式，如果我们用一阶谓词的符号形式来表示，那么这个比公式 3.1 更精确的符号形式就是：

公式 3.2：$(\exists x E(x, t_1) \rightarrow \exists y F(y, t_2)) \rightarrow \exists z E(z, t_3)$

这是一个现代逻辑的表达式，其中，t_2 和 t_3 在时间上都不先于 t_1，t_2 和 t_3 之间的顺序则是任意都可以的。这就是功能解释的结构，或者说，如果一个解释具有这样结构形式，那么它就是一个功能解释。

如果说上面我们谈论的是事件类型，运用的是个体变项 x，那么写

[①] G. A. Cohen, *Karl Marx's Theory of Historical : A Defence*, Oxford, Clarendon Press, 2000, p. 263.

[②] Ibid., pp. 260-262.

出某一个特定事物性质的功能解释表述形式，则是：解释 3.2：如果若一个事物 o 在 t_1 时是 F 则它作为结果在 t_2 时是 E 是真的，那么 o 在 t_3 时是 F。

功能解释的命题形式 3.1 和 3.2 之间的区别只是一个是事件类型，事件是不确定的；另一个是事物性质，事物对象是确定的。如果我们把解释 3.2 的表达式写成类似于公式 3.2 的精确符号形式，则是：

$$公式 3.3：(F(o，t_1)→E(o，t_2))→F(o，t_3)$$

其中，关于 t_1、t_2、t_3 之间的时间顺利情况和公式 3.2 相同。我们可以看到，公式 3.2 和公式 3.3 是不同的，一个含有个体变项，另一个含有个体常项，分别刻画了两种不同的功能解释类型。但是，它们都和公式 3.1 的真值情况是一样的，表示相同的真值函项。

从上面的论述和形式表达中我们可以看出功能解释不同于一般的因果解释，它是以一个事实解释即一个条件命题的真实性来推导某个事件或者某事物性质的发生情况。

柯亨的结论是：在后果解释中，习惯性的事实解释性质（或者事件类型）的发生率，而这种性质（或者事件类型）的发生率是在对倾向的假设说明中提到的。也就是说，解释现象发生的不是功能或者效果本身，而是一个倾向性的事实。这是功能解释不同于功能陈述的重要区别所在，也是功能解释的核心思想所在。如果以前面的例 3.1 来说的话，就是：鸟为什么有空心骨？不是因为空心骨有利于鸟的飞行，而是因为"若鸟有空心骨则其有利于鸟的飞行"这个事实是真的。换句话说，鸟有空心骨，不是因为空心骨的功能或者效果，而是因为一个倾向性的事实（"若……，则……"）。考虑到倾向性事实往往是一个连续的习惯性事实，是一个基于日常归纳的合理性判断，所以在这个意义上可以说，一切合理的后果解释都是功能解释。

2. 功能解释与唯物史观

在柯亨看来，历史唯物主义的主要解释方式在形式上是功能解释。具体而言，生产力—生产关系、经济基础—上层建筑、社会存在—社会意识、生产方式—社会生活、政治生活—精神生活，这几个组合中都有两个（类）项，第一项以某种方式解释第二项。至于这里"解释"的含义是什么是不重要的，重要的是什么样的解释能够使组合关系得到最好的解释。柯亨认为，这个能够担当重任的最好解释就是功能解释，理由是它"有助于使被解释现象作为原因的能力和它们在解释顺序中的次要地位之间获得一致性"①。例如，功能解释能够将生产关系对生产力的反作用力量和生产关系作为被决定者的地位协调起来。马克思在《〈政治经济学批判〉序言》中最经典的解释是：(1)一个社会的生产关系特征由这个社会的生产力状况来解释；(2)一个社会的上层建筑的性质由这个社会的经济结构来解释。马克思还有两个相关命题：(3)生产关系促进生产力的发展；(4)上层建筑稳定经济结构。

柯亨认为，能够最好地把(1)和(3)、(2)和(4)协调起来的解释方式就是功能解释。这里需要注意的是，柯亨并不认为，(1)—(4)中的哪一个单独的命题是功能解释，而是认为，(1)和(3)、(2)和(4)分别构成两个功能解释，也正是(1)—(4)使我们把历史唯物主义的主要解释方式看作是功能解释。这里表明，柯亨主张马克思历史理论是功能解释的根本出发点在于为马克思历史理论的内在逻辑一致性提供证明，也就是实现他的初衷：为马克思的历史理论进行辩护，建立"站得住脚的"历史理论。

那么如何论证唯物史观是一种功能解释呢？柯亨运用的主要是反证法和例证法。

首先，柯亨指出反对唯物史观是功能解释的情况主要有两种：一是混淆了先行陈述和功能陈述这两种陈述与功能解释的区别；二是过于注重功能解释和功能主义之间的历史的联系，而没有看到它们之间没有必然的联系。

在解释先行陈述和功能陈述这两种陈述与功能解释的区别时，柯亨引用了 P. 柯亨(Percy Cohen)一个很长的例子，即："宗教的存在是为了支撑社会的道德基础……[和]……国家的存在是为了协调在复杂的社会中发生的各种活动。在这两种情况下后果是用来解释原因的；道德秩序和协调的最终状态被用来解释宗教和国家的存在……批判者正确地主张这类解释是公然反对逻辑法则，因为一件事情不可能是另外一件事情的原因，如果它在时间上是继它之后发生的话。"②这段话中既有先行陈述又有功能陈述。我们知道，先行陈述谈论的是一个现象在另一个现象之前，它不是一种功能解释，因为人们不会以下面的话作为宗教存在的解释：(1)宗教是维护社会秩序的需要；(2)宗教存在因为它是维护社会秩序所必需的。

其中，(1)是功能陈述，功能陈述是把一个或者若干个功能归属于某

---

① G. A. Cohen, *Karl Marx's Theory of Historical : A Defence*, Oxford, Clarendon Press, 2000, p. 278.

② Percy S. Cohen, *Modern Social Theory*, London, 1968, pp. 47-48.

物，(1)是可能真的，但它不一定是真的功能解释。(2)是一个伪功能解释，即不是一个必然为真的功能解释，因为维护社会秩序可能确实需要一个宗教，但是把这作为宗教存在的原因可能就不是真的。譬如说，在某国的某个历史时期宗教的存在不是维护社会秩序的需要，而只是民众的心理寄托因素或者是科学还没有发达到足以解释所有的现象或者为了发动战争或者其他情况等原因造成的。(2)是可能真也可能假，即亚里士多德说的偶然真，但即使它是真的，也不是因为(1)是真的。也就是说，一个先行陈述不同于一个功能解释，"单纯的 f 先行于 e 并不能保证 f 引起 e"，当然，这不排斥 f 引起 e 是可能真。

其次，在论证马克思的核心解释是功能解释时，柯亨关于生产力和生产关系之间关系、经济基础和上层建筑之间关系的阐述就是这个论证的主要体现。此外，柯亨在其专著《马克思的历史理论：一个辩护》中专辟一节以意识形态的产生和传播以及经济结构适应于生产力状况来进一步论证马克思的解释主要是功能解释，从而再次为"唯物史观主要是功能解释的"提供例证。其中，关于意识形态产生和传播的功能解释经常被指责为"历史阴谋论"问题，柯亨认为功能解释的非意图性的方法提供了驳斥这个"历史阴谋论"的论据。因为意识形态的产生和传播无论是否被意识到它们所具有的功能，它们总是维持和保护现存的意识形态的。另外，一种类型的经济结构被另一种类型的经济结构所替换，或者说一种经济结构内部的量变性调整，都是因为经济结构对于生产力的适合性。经济结构一定要适合生产力的发展状况，否则，它就会被替换或者被调整。要强调的是，"倾向性的事实"在功能解释这里实际上就是行为模式，就是规律，而非单一的事件。

第三节　柯亨历史哲学的存在论视域

柯亨的历史哲学在学界掀起了历史唯物主义研究的新高潮，其理论的基本特征即是马克思主义研究的分析哲学转向。那么，柯亨的历史哲学研究究竟意味着什么？我们对此一个基本的判定是柯亨的种种努力虽然在一定程度上接近于马克思历史哲学的存在论根基，但囿于分析哲学的思维传统和特殊的历史条件，未能进一步开辟出这个全新的视域。

一、"主流方法论"的局限

柯亨运用"现代西方主流方法论"的分析技术来处理马克思的历史哲

学命题，体现出了清晰性和严谨性，但也产生了一定的局限性。

其一，运用分析哲学的分析技术对重新理解马克思主义而言意义重大，它有助于对经典马克思主义界定基本概念，澄清基本命题，以及严格论证过程。维特根斯坦曾说："哲学的目的是从逻辑上澄清思想。哲学不是一门学说，而是一项活动。哲学著作从本质上来看是由一些解释构成的。哲学的成果不是一些'哲学命题'，而是命题的澄清。可以说，没有哲学，思想就会模糊不清：哲学应该使思想清晰，并且为思想划定明确的界限。"①分析的马克思主义哲学家做的正是这样的工作，他们希望通过对经典马克思主义的分析处理来夯实马克思主义的根基。分析的马克思主义正是通过分析马克思的经典文本来"显示"马克思主义的真理性。而这个"真理性"的基本前提便是避免对马克思所提出的历史唯物主义的基本命题的误用。换言之，他们针对英美学界对马克思主义的误解，所做的最为重要的工作是将历史唯物主义明晰化，表明历史唯物主义是一门可供分析的科学。

其二，如果从论证模式的角度来说，那么方法论的个体主义和方法论的整体主义是各有所长并且互为补充的，我们应该对它们综合运用。一般来说，方法论的个体主义和方法论的集体主义是两种不同的论证模式，它们之间的分歧主要在于：是否存在可以还原为个人的规律？前者认为任何社会规律都可以还原为个人并且必须建立在个人活动的基础之上；而后者主张社会规律高于个人并且不可还原。所以，前者主张从个人出发认识历史，而后者坚持从社会整体规律出发认识社会。可以看出，两者是各执一端，坚持一方的优先性，而没有看到个体和整体之间的不可分割性，因为"我们的研究对象，不是一些简单的个体，而是一些在社会秩序中占有一席之地的社会个体……为了了解这种个体，我们必须把它放在其群体环境中来加以研究；而为了了解这种群体，我们又必须考察那些个体，因为正是这些个体之间相互关联的行为组成了社会群体"②。

基于此，我们认为，不可以将马克思主义的方法论简单地归属于方法论的整体主义或者方法论的个体主义，因为这两种方法在马克思主义的经典作品中都有出现和大量的运用。马克思在《资本论》中就大量地运用了方法论的个体主义的分析模式，虽然不是特别数理模式化的；而

---

① ［奥］维特根斯坦：《逻辑哲学论》，北京，商务印书馆，1996，第48页。

② ［英］霍奇逊：《现代制度主义经济学宣言》，北京，北京大学出版社，1994，第61页。

在历史唯物主义的论述中，运用了方法论的整体主义更是无可置疑。马克思对古典经济学"抽象的个人"观念是批判的，马克思主张"现实的个人"的思想，但是马克思并不反对古典经济学关于个体自私和理性的假设，他否认的是"理性人是孤立的"这样的思想。换句话说，马克思主张理性人是相互联系、相互依赖和相互制约的关系，而社会是个人之间关系的总和，不是个人的简单相加。换句话说，作为马克思历史唯物主义出发点的"现实的个人"，是整体中的个体，个体体现着整体，而不是简单的个体，更不是抽象的整体。

其三，我们不能简单地把"西方主流的方法论"驳斥为形而上学的思维制式，从而不进行深刻的研究，也不借鉴其中的精华。这种浪漫主义的批判倾向是要不得的，它已经给我们很多教训，所以，我们必须先认真细致地学习和研究这些方法论，再借鉴和吸收它们的有益部分，最后形成我们自己的，更加先进的方法论。其实，马克思本人也赞同分析，甚至到了无以复加的地步，他在《资本论》序言中说："分析经济形式，既不能用显微镜，也不能用化学试剂。二者都必须用抽象力来代替。……在浅薄的人看来，分析这种形式好像是斤斤于一些琐事。这的确是琐事，但这是显微解剖学所要做的那种琐事。"①可能有人会争辩说，马克思的"分析"不同于分析的马克思主义者的"分析"。的确，两者是不同的，因为马克思的时代还没有现代哲学社会科学的精确方法论。如果有，那就应该另当别论了，因为马克思善于借鉴自然科学和社会科学的一切先进的文明成果。

二、"功能解释"主张遭遇到的批判

如果说柯亨主张历史唯物主义是功能解释并且功能解释具有科学性的话，那么埃尔斯特和罗默等人则认为功能解释正是马克思主义理论中的薄弱所在，是一种目的论的产物，缺乏微观基础的说明，不是科学，并且因此他们对"马克思主义的功能解释倾向"进行了严厉的批判，主张用方法论的个体主义和理性选择理论来代替功能解释。

埃尔斯特的批判主要围绕三个问题进行，那就是："马克思运用了功能解释吗？如果运用了，那么他是否成功运用了这一解释？如果没有成功，那么他的解释是否能够被改进？"②围绕这三个问题，我们可以把对

---

① 《马克思恩格斯选集》第 2 卷，北京，人民出版社，1995，第 99～100 页。

② Jon Elster, *Making Sense of Marx*, Cambridge, Cambridge University Press, 1985, p. 27.

功能解释的指责和批判主要分为三个方面。

其一，肯定马克思的理论中有大量的功能解释运用，但同时指出这正是马克思理论的软肋所在。埃尔斯特在其大作《理解马克思》一书中指出在马克思的历史哲学、生产力发展理论、政治和意识形态的上层建筑理论以及其他很多理论中都有功能解释的运用，他比较详细地论述了在这有关理论中马克思运用功能解释的种种表现，然后得出的结论是："马克思对运用这种解释有强烈的爱好，但是他却没有为之提供任何支持证据。同时，许多非马克思主义的功能主义的社会学支持者也运用了类似的解释。这种情况是如此的令人困惑以至于功能解释本身似乎也需要一种解释。"①

例如，埃尔斯特认为，马克思对于无产阶级革命的态度被他对无产阶级有必须改变资本主义航向的历史使命的信仰所深深影响，即使功能解释适宜于解释事物现象为什么存在，那么它也不适宜于解释事物现象的变化过程，这样，由于受"功能主义和目的论的影响"，马克思对资本主义的态度就有了一种为满足解释需要的随意性，所以说，"社会学的功能主义解释建立在对生物学的错误类比之上"②。当然，柯亨是不同意这个观点的，柯亨的反驳是"埃尔斯特想把马克思主义和博弈论结合在一起。但是我不会说我想把马克思主义和功能解释结合在一起，因为我认为功能解释是马克思主义所固有的"③。这样，柯亨就把功能解释看成是马克思主义内在的一种解释，从而与马克思主义"同呼吸，共命运"，可以得出的一个推论是：反驳功能解释，就是反驳马克思主义。至于说柯亨对唯物史观的功能解释分析得怎么样，那不影响他的基本主张。

那么，唯物史观是否主要运用了功能解释呢？有的学者认为，"柯亨是以对马克思相关论述的错误理解为前提而提出他的功能解释的，因而，功能解释绝不是马克思主义本身所固有的，而是柯亨外加给马克思的"④。我们基本同意这个观点，因为马克思主义对"生产力—生产关系、经济基础—上层建筑"基本原理的解释是从事物整体出发进行的内部分析，而柯亨主要把它们当作一种外在的关系来进行处理。更遑论马克思

①　Jon Elster, *Making Sense of Marx*, Cambridge, Cambridge University Press, 1985, p. 28.

②　Jon Elster, *Ulysses and the Sirens*, Cambridge, Cambridge University Press, 1979, p. 28.

③　A. Callinicos, *Marxist Theory*, Oxford, Oxford University Press, 1989, p. 96.

④　段忠桥：《谈谈柯亨对生产力和生产关系相互关系的功能解释》，载《哲学研究》，2005年第 5 期，第 38 页。

是针对资本主义的社会现实进行的生存论意义上历史唯物主义的阐说，而柯亨则主要是"科学方法论"的形而上学制式分析，所以说，他在这里并没有真正地理解马克思。

其二，马克思是否成功运用功能解释，也就是功能解释的可靠性问题，功能解释是否有合理的机制问题。埃尔斯特认为，社会科学中的功能解释缺乏像生物学中"自然选择机制"一样的可靠性保证，缺乏可靠的微观基础，所以，"在社会科学中没有功能解释的地位"[1]。罗默也提出了同样的问题，功能解释是归纳方法，自然就会要求在重复的历史事实之间建立对应关系，但马克思的功能解释对这种对应关系的微观机制却没有说明，这是不能令人信服的。[2] 关于这个问题，柯亨则认为当功能解释成立时，就会有某种机制在起作用，至于这个"机制"具体是什么，则没有必要在不弄清楚它之前就不能采用功能解释。为此，他还举了一个"摩擦生火"的例子来说明他的观点。一个人可以在不知道氧气对燃烧起作用的前提下，从火柴摩擦就生火的经验事实中得出结论：火柴的燃烧是因为它被摩擦。这就是说，在柯亨看来，机制的合理性问题并不影响功能解释的运用，这是两个不同的问题，它们之间没有必然的联系。

如果说柯亨是从问题的经验合法性方面来消解"机制问题"的话，那么比利时学者范帕里斯（Philippe van Parijs）则希望能从逻辑上正面回答这个问题。他论述了作为社会科学功能解释的"反复强化"（reinforcement）和"吸收状态的马尔可夫过程"（absorbing Markov process）模式，这实际上是把生物界的自然选择机制引进社会科学的解释之中。例如，可以把习俗看作生活习惯在再生产过程中依其满足人类需要的程度而不断被选择的过程，在这个过程中适宜人类需要的生活习惯就得到"反复强化"并被人类生活所"吸收"而成为习俗，否则就会在选择的过程中消失。这里面含有两个函项，一个是"反复强化"，主要指事物对其功能的有意识的确认过程；一个是呈现"吸收状态"，主要指一个过程在得到某一状态后就不会再离开这种状态。如果用这个模式来解释上层建筑的选择过程，那么就是：在一定的经济结构前提下，统治阶级会尝试不同的上层建筑模型；从有利于稳固和促进经济结构的良性变化并进而有利于生产力发展的需要出发，统治阶级能够在尝试中发现哪一种上层建筑模型最

---

① Jon Elster, *Ulysses and the Sirens*, Cambridge Cambridge University Press, 1979, p. 26.

② 参见 John E. Roemer, Methodological Individualism and Deductive Marxism, *Theory and Society*, 11 July, 1982, p. 513.

好，最适宜于当前的经济结构，从而把这种上层建筑模型固定下来，使之出现"吸收状态"。从这个模式的运用，我们可以看出，范帕里斯实际上还是借鉴了生物学的进化选择机制来为功能解释提供可靠性证明。

实际上，埃尔斯特和罗默坚持以方法论的个体主义和理性选择理论为马克思主义提供微观基础，并反对对马克思主义做功能解释，他们同样割裂了马克思主义本体论和方法论的统一问题。马克思主义运用的是不是辩证法，当代学者之间有截然相反的观点，但是，我们可以肯定的是，运用功能解释是对马克思主义的一种解读方式，但马克思主义肯定不只是从功能解释的角度来分析社会事实的；运用方法论的个体主义和理性选择理论为马克思主义建立微观基础，是一个很好的尝试，但是马克思主义的微观基础不是"理性的个人"，而是"现实的个人"。马克思主义的正确性应该有"主流方法论"的检验和论证，但是，更为要紧的是，马克思主义是"感性活动"的展开，而不是在等待检验的文本。

其三，合理的功能解释是否需要馈环(feedback loop)。

埃尔斯特的观点是，功能解释需要馈环，馈环是功能解释成立的必要条件。柯亨的观点是，功能解释的成立可以不需要馈环，即：馈环不是功能解释成立的必要条件。那么，他们各自是如何论证的呢？

埃尔斯特认为，一般来说，有三种解释模式：因果解释是物理学的主要解释方式；意图解释涉及人的信念和欲望，所以它是社会科学的主要解释方式；功能解释则是生物学经常使用的解释方式。而柯亨把功能解释运用到唯物史观，不是不可以，但需要增加类似生物学解释中的"馈环"来保证其解释的有效性。埃尔斯特指出，在运用于唯物史观时，功能地解释一个行为就包含了要说明这个行为对人或物的有益后果，从而把功能解释和有益解释联系起来。这样，就会产生一个矛盾："一个行为如何能根据在其后发生的事情而得到解释呢？"[①]

柯亨对这个问题的回答是，功能解释中的待解释项不是一个个体事件，而是一个持续的行为模式，也正因此才能使行为在 t_1 时的后果归因于其在 t_2 时的功能。换句话说，功能解释假设了从"解释项"到"待解释项"中间有"馈环"的存在。这是埃尔斯特的论证，即：功能解释需要"馈环"。如果以逻辑形式的方法来表示，则是：一种制度或者行为模式 X 由其对群体 Z 的功能 Y 来解释，当且仅当，(1)Y 是 X 的后果；(2)Y 对

① John E. Roeme, *Analytical Marxism*, Cambridge, Cambridge University Press, 1986, pp. 27-28.

Z 是有益的；（3）Y 不是创造 X 的行为者们有意图的（后果）；（4）Y（至少
是 X 与 Y 之间的因果关系）不为 Z 中的行为者所认识；（5）Y 通过经由 Z
的因果馈环而维护 X。① 这里给出了功能解释成立的充分必要条件，我
们由此公式可以得出：如果没有条件（5），那么功能解释就是不成立的。

很显然，柯亨和埃尔斯特观点的区别主要在于对功能解释发生机制
的认识不同。此外，柯亨还列举了没有馈环而功能解释也能成立的例子。
例如，某一种新产业的生产规模扩大是因为经理们意识到规模扩大会带
来经济效益这个倾向性事实。② 这样，柯亨就反驳了埃尔斯特的功能解
释必需馈环的观点。当然，埃尔斯特并不这样认为，两种不同观点之间
的争论还一直存在，只是没有 20 世纪 80 年代那么热烈而已。

三、分析哲学转向的存在论视域

柯亨历史哲学所显示的马克思主义研究的分析哲学转向，表面上是
研究路径的转向，本质上是以英美主流的研究方式澄清马克思主义基本
概念和基础理论的尝试，是对于在新时期正确理解马克思主义哲学的积
极理论建构，但分析的马克思主义由于其自身的局限性，并没有真正做
到存在论层面的澄清。

柯亨的历史哲学表明马克思主义研究的分析哲学转向是一种接近马
克思哲学存在论根基的独特方式。柯亨历史哲学的整个思路不仅是致力
于夯实马克思哲学论说的概念根基，更是致力于为马克思哲学寻找新时
代条件下的新地平线。这就是说，柯亨不仅仅满足于重新分析马克思，
解释马克思，为马克思"辩护"；更是希望发展马克思，为马克思在新的
历史条件下的发展突破寻找出路。柯亨在历史哲学方面的工作主要是两
个成果：

一是从逻辑上厘清了马克思哲学的一些重要概念，在很大程度上结
束了自第二国际以来的马克思概念的含混不清现象。而随后无论是将马
克思主义作人道主义或存在主义，甚至是结构主义的解释，都或多或少
地存在着对马克思基本概念的混乱使用。于是，每一种"马克思主义"都
在以自身学派所理解的方式，解释着马克思主义。真正的马克思主义在
概念的不断被误用中，实际上已经被解构了。如果说马克思哲学的存在论

---

① 这是埃尔斯特引自 Merton 和 A. Stingchcombe 的逻辑形式，参见 Jon Elster, *Making
Sense of Marx*, Cambridge, Cambridge University Press, 1985, p. 29.

② 参见 G. A. Cohen, Function and Exploitation, Consequence Explanation and Marxism,
Inquiry, [25]1982, pp. 27-56.

路向是前概念、前逻辑、前反思的，那么柯亨的分析概念就是向马克思哲学存在论根基的一种接近，因为柯亨所要确定的无非是将马克思主义哲学中的概念标准化、客观化，从而确定一条科学地理解马克思主义哲学的向度，但柯亨并没有完全陷入概念的汪洋大海而不能自拔。事实是，柯亨没有完全陷入这形而上学的泥沼。

二是明确提出了马克思历史哲学的两个基本命题，并从逻辑上给出了马克思历史哲学的一个证明。这在马克思哲学发展史上是第一次给出了这样比较完备的证明，不能不说是一大历史性的贡献。其实，如果我们依据柯亨的思路，就可以进一步把生产力和生产关系的关系表示为一个函数公式 A：$y=f(x)$，其中，x 表示生产力，是自变元；y 表示生产关系，是应变元；f 是函数，是模型，可以看作是经济结构。公式 A 的一个基本语义就是：在不同的经济结构中，对应于不同的生产力情况，有不同的生产关系状态。其中，x 的定义域是人类的整个历史，而不是历史的某一特殊阶段。对于自变元的每一变化，应变元 y 都会发生变化；但这个变化的"度"或者"临界点"在哪里？如何确定这个"点"？柯亨不认为需要指明这个"点"具体在何处，而认为只要指出其存在即可，因为确定"点"的具体位置是一个历史实践的问题。

也许有人会问，x 总是自变元吗？现实中 x 不是也经常随着 y 的变化而变化吗？这个问题的实质就是说，是否总是 x（生产力）决定 y（生产关系）的变化？根据柯亨关于生产力与生产关系之间关系的功能解释，作为自变元的只能是 x（生产力），"发展命题"即是明证，而"首要性命题"更是将生产关系的"反作用"归因于其对生产力的适合程度。所以，公式 A 中的自变元只能并且总是 x（生产力），而 y 只能并且总是应变元。另外，公式 A 中关键元素是 f。一般地说，f 是经济结构集（模型集）；具体而言，f 则是某种具体的经济结构（模型），如：资本主义自由竞争时期的经济结构。f 作为模型，存在一个"限度"的问题。在一定的模型中，生产力发展引起生产关系的变化；并且，因为模型的不同，生产力发展的"限度"也就不同。

当然，我们知道，这样的处理会损害生产力和生产关系现实的丰富性以及它们之间关系的复杂性，但是，如果单从一个语法结构来看，则是可以这样表达的，因为这不但符合柯亨的分析处理方式，而且是更进一步发展了他的形式分析处理方式。从这个层次出发，就意味着在理论层面上统一解释马克思主义理论的可能性。这比起后现代对于马克思主义各种光怪陆离的解释以及英美学界对马克思主义明显的歪曲，无疑是具有积极进步的意义。

柯亨历史哲学虽然接近了马克思哲学的存在论根基，但缘于其分析哲学的历史传统和时代环境等因素的制约，而没能自觉地打开这一视域。柯亨在牛津大学深入地学习和研究了分析哲学的分析技术，并能熟练运用这一技术于任何哲学的理论分析之中。可以说，分析哲学成就了柯亨，但也制约了他的视野。语言是世界的图像，是对世界的刻画方式，在一定意义上，语言的分析就是对世界的分析，所以说柯亨从语言学的路径接近了马克思哲学的当代性，但语言学路径也使柯亨生产出了一大堆"非对象性的存在物"，即马克思所说的"非现实的、非感性的、只是思想上的即只是虚构出来的存在物，是抽象的东西"①。这些"抽象的东西"不是世界本身，而是世界的形而上学产物，是前康德式的理解。

马克思在存在论上的革命意义在于：马克思彻底地否定了现代形而上学对于整个现代世界的统治，而哲学家往往局限于理论，也局限于现代形而上学的视角，无法找到超越现代世界的出路。正是在这一意义上，我们说，语言学的分析路径使柯亨不能真正明白马克思哲学的当代性，而只是从语言哲学的视角接近了存在论的根基。同样，柯亨主张历史唯物主义是一种功能解释。可以说，功能解释的观点本质上是一种借助生物学等现代科学方法论的解释学，如果说柯亨前面的概念分析和逻辑证明使其接近了马克思哲学存在论根基的话，那么功能解释的主张又使其远离了马克思哲学的存在论根基。

连同柯亨在内的整个分析的马克思主义哲学，最为深刻的局限性就在于仅仅将马克思主义等同于某种理论，并仅仅以此作为全部研究的出发点与落脚点。而分析的方法，其本身也决定了无法具有超越理论本身的维度。即使我们看到像罗默对于剥削的分析是为了解决资本主义社会全新的状况所提出的理论，去尝试解决马克思所无法预见到的当下事实，但他们的分析终究只是直观的，换言之，他们最多只是正确地理解了事实，而无法就现实提出实践的任务。那么，马克思主义最为宝贵的品质——实践，实际上再度被看似"科学"的理论所遮蔽了。

只有深刻理解"感性活动"或者"对象性的活动"，才可能真正把握马克思历史哲学的存在论根基。如果说柯亨否认自己的解读属于"技术决定论"，但不否认历史是"技术的"发展的观点的话，那么我们是否可以换一个角度来审视唯物史观。我们知道，马克思在《〈政治经济学批判〉序言》

---

① 《马克思恩格斯全集》第42卷，北京，人民出版社，1979，第168页。

中比较系统地表述了历史唯物主义的基本思想，恩格斯在 1859 年《卡尔·马克思〈政治经济学批判〉第一分册》、1878 年《反杜林论》、1883 年《在马克思墓前的讲话》、1888 年《〈共产党宣言〉英文版序言》和 1894 年《致瓦·博尔吉乌斯的信》等作品中对历史唯物主义也都有比较集中的阐述。在这些经典作品中，历史唯物主义的一个基本观点是：现实的人是历史唯物主义的现实前提。马克思又说：“人的本质不是单个人所固有的抽象物，在其现实性上，它是一切社会关系的总和。”①这样，马克思把黑格尔那里的“整体性的人”发展成了“现实的人”。

如果说分析的马克思主义对历史唯物主义的解释是：人类历史是“生产力”的发展历史的话，那么根据马克思历史唯物主义的本义，我们更愿意说：人类历史是“现实的人”的“感性活动”的历史。因为在马克思那里，在马克思的历史唯物主义范畴中，生产力不单是一个经济学范畴，更是一个哲学范畴。所以，我们就不能把生产力简单地理解为人类智力的物化或者一种属性，而应该看作自然界的社会存在方式。生产力是人的感性存在方式，“应被理解为人之作为人的自然存在物的诞生力量”，而不应片面地理解为人获取物质生活资料的能力或者社会的生产率。基于这样的认识前提，那么我们就会得出结论：生产力发展的动力既不是“出自外部自然界的强制”或者因为这种强制而产生的智力进步，也不是出自人类的理性，而是“出自人对于自身作为社会存在物的感性意识和感性需要的必然展开”，即：生产力是“感性活动”的自我展开。②

依循这样的理解，我们就可以消除由于两个基本命题的解释方式所容易产生的对马克思命题理解上的意识形态幻象，因为那容易把生产力想象成一个概念集合体。正如马克思所强调的那样，“为了破除美化‘生产力’的神秘灵光，只要翻一下任何一本统计材料就够了，那里谈到水力、蒸汽力、人力、马力。所有这些都是‘生产力’”③。也就是说，马克思没有把生产力理解为一个概念的意象，而是把它看作活生生的存在论意义上的感性对象，是现实中可以“感性”意识到的存在。

关于对生产力和生产关系之间的关系命题在历史唯物主义中的地位问题，恩格斯在《致约·布洛赫的信》中指出，“根据唯物史观，历史过程中的决定性因素归根到底是现实生活的生产和再生产。无论马克思或我

---

① 《马克思恩格斯选集》第 1 卷，北京，人民出版社，1995，第 56 页。
② 以上参见王德峰：《在存在论境遇中领会历史唯物主义》，载《江西社会科学》，2005 年第 8 期。
③ 《马克思恩格斯全集》第 42 卷，北京，人民出版社，1979，第 261 页。

都从来没有肯定过比这更多的东西。如果有人在这里歪曲，说经济因素是唯一决定性的因素，那么它就是把这一命题变成是毫无内容的、抽象的、荒诞无稽的空话"①。这里表明，马克思、恩格斯是反对"经济决定论"或者"生产力决定论"观点的，因为在他们看来，如果说"生产力—生产关系"和"经济基础—上层建筑"是两个经济学的命题，那么还不如说是两个哲学的命题。

从生存论的意义上来说，这两个命题只是"感性活动"的语言表现形式而已，而问题恰恰在于生活从来不能被还原为命题，就如同实践无法被还原为理论一样。那么无论如何分析澄清这两个基本命题，都无法真实地把握历史过程，因为真实的历史过程，在被还原为命题的过程中再度抽象化了，从而再度脱离了真实的具体的历史。因此，分析的马克思主义可以被看作是一股思潮，为我们提供了一种全新的视角以及同英美主流哲学对话的可能性。而这股思潮看上去更像是分析哲学的某种分支，即便其研究的内容是马克思的经典文本。所以，如果不能在存在论层面真正继承马克思主义对现代形而上学的突破，那么马克思主义的后继者便无法真正地继承马克思主义的精髓。

---

① 《马克思恩格斯选集》第 4 卷，北京，人民出版社，1995，第 695~696 页。

第十一章　生态学马克思主义
及其存在论视域批判

自 1962 年《寂静的春天》发表以来的半个世纪中，"环境—生态"问题以惊人的速度在当代世界中被凸显出来，以至于人们再也不能回避这个严峻的问题。生态学马克思主义也正是在"生态危机"这一时代背景下诞生的，针对当代根本的生态问题，生态学马克思主义学者作出了许多有价值的探索与应答。他们试图主要依循马克思主义哲学来阐述当代面临的生态问题，又试图特别依循"生态的"观念来重建马克思主义哲学。

不过，马克思主义与生态思想的"联姻"，在当代不说是完全荒唐的至少也是相当可疑的，因为两者长期以来被看作彼此对立并相互拒斥的观念体系，并且相互敬而远之。正如奥康纳关于两者联姻的基本状况所写到的："这一类型研究工作至今尚处在起步阶段，这本身就说明大多数的马克思主义者极少关心自然界，而大多数生态学家和地理学家对马克思主义理论则更少关注。"[①]然而事实上，只要当今的生态问题从根本上说是一个重大的社会历史问题，只要问题的解决必须诉诸社会改造的实践，那马克思主义哲学就将构成当代生态思想的积极动力和强大后盾。

因此，生态思想与马克思主义的"联姻"绝不意味着某种外在的拼贴与附加，生态学马克思主义的提法本身即标示着其必须直接深入到时代的生态课题中去，同时积极地挖掘并吸收马克思主义的哲学基础。生态学马克思主义的倡导者们也的确做出了很大的努力，他们指望在由于无知而导致的误解被清除之后，马克思主义哲学便能够真正进入到意义重大的生态领域，从而"系统地重建马克思的生态思想"[②]。但由于哲学上的力有未逮，或者说现代性意识形态的强势遮蔽，他们对于马克思哲学的存在论性质的理解仍是晦暗不明的，这导致生态学马克思主义对于资本主义的批判不能不说是缺乏原则高度的。但无论如何，生态学马克思主义在西方社会产生的影响相当广泛，也许这种真正吸收了马克思哲学的"当代生态思想"目前还正在生成之中，但只要他们试图对当代根本的

---

① ［美］詹姆斯·奥康纳：《自然的理由》，南京，南京大学出版社，2003，第 11 页。

② ［美］约翰·贝拉米·福斯特：《马克思的生态学——唯物主义与自然》，北京，高等教育出版社，2006，第 12 页。

生态问题作出积极的探索与回应，那就是有参考意义和借鉴价值的。

经过几十年的发展，生态学马克思主义不仅代表人物众多，而且著作相当丰富。① 本章特意挑选了本·阿格尔、詹姆斯·奥康纳以及约翰·贝拉米·福斯特这三位对待历史唯物主义态度不一的生态学马克思主义者进行分析，并尝试在存在论的高度上对他们的学说进行评价。因为在我们看来，他们三人在生态学马克思主义者当中具有一定的代表性：阿格尔从当前的生态危机出发重构马克思主义理论，强调资本主义的经济危机已经让位于消费危机和生态危机，并由此试图通过指正历史唯物主义存在的某种空缺，从而创造未来社会变革的新的动力；奥康纳则试图在经济危机之外重新构建资本主义的第二重矛盾（生产力、生产关系和生产条件的矛盾），通过经济危机和生态危机双重危机理论批判资本主义，以此来建构未来的生态学社会主义实践；福斯特的特点在于他通过对马克思经典文献的阐释，直接把历史唯物主义归结为生态学唯物主义，把马克思的世界观看成是生态学世界观。

第一节　阿格尔的生态学马克思主义理论

对生态学马克思主义思想作出开创性工作的是加拿大的学者威廉·莱斯和本·阿格尔。为批判资本主义制度下的虚假需求和消费异化，莱斯相继推出了《自然的控制》和《满足的极限》这两本生态学马克主义著作。在这两部著作中，莱斯认为人类控制自然的观念是生态危机、环境退化的根源，同时他又把人类控制自然和控制人联系起来。② 莱斯在生态学马克思主义领域的探索引起了其同胞阿格尔极大的兴趣。在《西方马克思主义导论》中，阿格尔不仅首次明确提出了"生态学马克思主义（Ecological Marxism）"的概念，而且在把它定位为马克思主义的最新发展阶段的同时，还在理论起源上做了一个系谱性的追溯。在他看来，生态学马克思主义是一个相信"稳态将提供质的改进机会"的"隐蔽的"理论传统，傅立叶、马克思、拉斯金、莫里斯、克鲁泡特金、布克钦、弗洛姆、伊

① 自早期加拿大学者本·阿格尔从资本主义消费异化和生态危机出发首次提出生态学马克思主义理论以来，中期的法国生态学社会主义者安德列·高兹用生态理性取代经济理性以及英国大卫·佩珀为超越资本主义和社会主义而尝试的第三条生态学社会主义道路，再到20世纪90年代中后期至今涌现的一批美国生态学马克思主义者，比如，詹姆斯·奥康纳的双重危机理论、基尔·克沃尔革命的生态社会主义理论以及约翰·贝拉米·福斯特和保罗·伯克特马克思的生态学思想等。

② 参见［加］莱斯：《自然的控制》，重庆，重庆出版社，1993，序言第6页。

利奇、哥德曼、麦克弗森和马尔库塞都属于这个传统，而威廉·莱斯则是这一传统最新和最重要的理论代表，为生态学马克思主义提供了最系统、最清楚的表达。不过，阿格尔本人并不仅仅是一个学术史家，他也具有自己鲜明的理论主张并因而对"生态马克思主义"的发展做出了重要的理论贡献。

一、阿格尔的生态危机理论

《西方马克思主义概论》是阿格尔生态学马克思主义的代表作。在该书中，他直接从马克思的方法论入手，认为马克思的理论是由三个部分组成的：第一部分是异化理论和人的解放观；第二部分是资本主义社会制度及其"内在矛盾"的规律的理论；第三部分是内在矛盾的逻辑向经验方面发展的危机模式。① 他认为，我们应该保留马克思理论中的前两部分的理解，同时，"只有对马克思的危机理论进行重大修正，马克思主义才适应于今天的现实"②。

阿格尔认为，在这三部分中，马克思从异化理论批判开始，然后过渡到分析资本主义社会的根深蒂固的内在矛盾，即资本主义社会化大生产和生产资料以及剩余价值私人占有之间的矛盾。内在固有矛盾必然带来资本积累的快速增长和工人工资的上升，并导致资本的利润下降、工人失业等严重的危机，资本主义由此走向自我毁灭。

关于资本主义社会由异化理论和内在矛盾再到危机理论的辩证法三部曲，阿格尔认为它是马克思成功改造黑格尔辩证法而形成的。但是，随着资本主义的继续发展，经济危机并没有如马克思所预言的那样导致资本主义社会的崩溃，资本主义社会反而以其强劲的生命力表现出历史性的延缓，这让阿格尔不得不重新反思马克思辩证法的三部曲。"马克思由于致力于分析资本主义的内在矛盾，因而没有使他的方法系统化。他想证明资本主义从逻辑上来说不可避免地会最后崩溃。"但"马克思的矛盾理论是一种观念型的阐释，虽然具有逻辑的精确性，但却往往脱离经验的世界"③。

阿格尔强调，马克思的辩证法中关于异化理论的批判和资本主义社会内在矛盾的分析是毋庸置疑的，而且是卓有成效的。但是资本主义崩溃出现了历史性延缓的时候，我们要明确把辩证法的第三个理论（危机理

① ［加］本·阿格尔：《西方马克思主义概论》，北京，中国人民大学出版社，1991，第7页。
② 同上书，第17页。
③ 同上书，第17～18页。

论)和前两个理论划分开来,需要对马克思理论中的危机理论根据新的情况进行修正。为此,他特别强调了新马克思主义者为新的危机的探索所做的贡献,一是詹姆斯·奥康纳的财政危机理论和哈贝马斯的合法性危机理论。二是莱斯的生态危机理论,即生态学马克思主义。生态危机理论认为资本主义生产方式不仅存在着固有的内在矛盾,而且这种生产方式同整个自然生态系统有着不可调和的矛盾。这三种矛盾同样根源于马克思所说的资本主义内在的固有矛盾,也就是说,只要资本主义制度依然存在,内部矛盾可以由不同的危机形式表现出来。

这三种危机理论共存于资本主义社会之中,阿格尔推崇的是莱斯的生态危机理论,并为它作更好的论证。诚如他本人所说:"历史的变化已使原本马克思主义关于只属于工业资本主义生产领域的危机理论失去效用。今天,危机的趋势已转移到消费领域,即生态危机取代了经济危机。"①

可以说,阿格尔对于当代消费主义的生态危机的感觉是相当敏锐的,资本主义在新世纪发展所呈现出的形态也的确不同于马克思身处的年代,但问题在于,马克思的哲学是否只是单纯地针对资本主义的社会形式进行的批判?我们有理由相信,马克思的哲学不仅针对资本主义,其实质更指向现代形而上学的意识形态本身,即导致人类世界与自然对立二分状态的主体性哲学,而在阿格尔的视域中,马克思的哲学似乎更接近于某种知性社会学。

出于这样的眼界,阿格尔强调,应当用生态危机取代经济危机,从当前的消费主义出发,强调过度的消费需求和有限的商品供给之间的矛盾,为资本主义内在矛盾寻找新的危机出路。他认为从人的需求理论出发,可以超越经济决定论的马克思主义以及由霍克海默与阿多诺等代表的法兰克福学派对资本主义现存制度的抽象否定——这两种理论之所以是抽象的,因为它们都脱离社会政治结构,没有把当前的危机理论和激进的社会变革需求联系起来。

由于社会的激进变革不能再依靠马克思的经济危机理论,所以当前紧迫的任务是把激进的社会变革和人的新的需求、消费异化和生态危机结合起来,为激进的社会变革找到新的动力源泉。"对于理解社会变革运动背后的、在解决严重制度危机过程中产生的基本原理来说,需求理论

---

① [加]本·阿格尔:《西方马克思主义概论》,北京,中国人民大学出版社,1991,第486页。

是必不可少的。"当前的危机可以产生新的需求，新的需求也可以为激进的社会政治变革带来新的动力。不仅如此，需求理论还可以带来人的自我解放的功能。"人们将从创造性的、非异化的劳动而不是从以广告为媒介的商品的无止境的消费中得到满足。"①

阿格尔抛弃了马克思辩证法的第三个组成部分的经济危机理论，从人的需求理论和新的激进社会变革中找到结合点。新的危机动态主要是通过"期望破灭的辩证法"(the dialectic of shattered expectations)引起的。"这种辩证法是消费者突然从对资本主义的生产和消费的幻想中清醒过来和可能重新调整对于幸福含义理解的过程。"②阿格尔充满信心地指出，"取代植根于无政府状态的危机理论是原本马克思主义社会主义变革模式的，将是通过我们称为期望破灭了的辩证法去进行的变革模式"③。换言之，当工业资本主义社会的经济危机理论不能导致社会主义变革的时候，生态危机和人的需求之间矛盾所表现的"期望破灭了的辩证法"能重新找到社会变革的希望。因为生活在资本主义社会里的人们原本沉浸在闲暇消费的虚假需求上，但是，无止境的过度浪费性消费必然会给商品生产和生态环境带来压力。

尽管当前发达的工业社会尚能维持这样的过度消费，但是一旦商品生产和生态资源不能为人类提供源源不断的商品的时候，人们对商品的过多消费的期望就会破灭。期望的破灭必然让人们重新思考有限的生态资源和人的无止境的消费的矛盾，把人们从虚假的异化消费的观念中解放出来，从而产生新的生态危机意识。有了这样的生态危机意识，人们不再期望过多消费，"将最终在那些习惯于把幸福等同于受广告操纵的消费的人们中间产生完全新的期望及满足这些期望的新办法"。同时，新的生态危机意识也会摧毁许多陈腐的价值观和概念。"最终，我们认为人们会对这一新的简朴的生活感兴趣，并开始不再从广告为媒介的消费中而是从小规模的生产和工艺式的消费中得到快乐。"④

对于这样的设想，阿格尔从三个方面具体阐述了其可能性。首先，生态系统无力支撑无限的增长，从而将需要缩减旨在为人的消费提供源源不断商品的工业生产；其次，这种情况将需要人们首先缩减自己的需

---

① ［加］本·阿格尔：《西方马克思主义概论》，北京，中国人民大学出版社，1991，第488页。
② 同上书，第420页。
③ 同上书，第490页。
④ 同上书，第491页。

求，最终重新思考自己的需求方式，从而改变那种把幸福完全等同于受广告操纵的消费的观念；最后，对需求方式的这种重新思考可以使异化消费变成我们成为"生产性闲暇"和"创造性闲暇"的现象。① 阿格尔最后实现的目标正如莱斯所提倡的，人的需求和幸福应该建立在劳动基础上而不是闲暇的消费上。传统的观点认为，劳动和闲暇是分开的，人们只能在劳动之余享受闲暇的享受和闲暇的消费来补偿异化劳动对人的摧残，结果造成了劳动（必要劳动）和闲暇（自由）的二元分离。在阿格尔看来，马克思的早期思想就反对劳动和闲暇的二元对立，因为马克思强调非异化生产的自我表达、自我外化的性质。劳动异化消除以后，劳动和闲暇应视为统一的整体，不再有必要劳动和自由概念之分。

二、未来生态学社会主义理论蓝图和激进变革主体

阿格尔认为资本主义以盲目追求交换价值为目的的社会化大生产必然导致生态脆弱，同样导致生产能力的下降。在这种情况下，我们必须重新展开人的需求论证。这种需求亟须改变人们的生产观、劳动观、消费观以及幸福观来完成一场全新的价值观的革命。但是如何设计未来生态学社会主义社会的理想蓝图，确立将来的生态社会主义社会的政治、经济和社会发展模式？阿格尔提出了两个关键概念："分散化"和"非官僚化"。在阿格尔看来，这两个概念既适合生产过程也适合社会和政治过程，只要达到这二者的结合，生态危机问题便可迎刃而解。

关于小规模的技术生产，阿格尔十分欣赏英国的经济学家 E. F. 舒马赫的观点，舒马赫认为最大的并不一定是最好的，高度集中的大规模技术生产没有合理性的一面，同样，人的生活乐趣不应该是无止境的消费，对于消费和需求应该具有协调性。阿格尔指出，舒马赫看到了生产的大规模化同当前的异化消费的必然联系，但是舒马赫主张用小规模的生产技术，只是针对西方以外的落后的发展中国家未来的经济发展模式，并没有为当前资本主义社会大规模的工业结构的变革提出令人满意的答案。

易言之，舒马赫仅仅局限在经济领域的小规模的技术生产，对涉及激进的社会政治制度变革反而沉默了。阿格尔由此得出结论："舒马赫据以探讨技术这一主题的方法不是马克思主义的；他没有努力理解依赖生产集中的资本主义性质……一句话，舒马赫没有充分理解技术和社会结

---

① ［加］本·阿格尔：《西方马克思主义概论》，北京，中国人民大学出版社，1991，第 497 页。

构的连锁性，因而不能使他对庞大工业的批判成为一种技术变革的社会主义理论的主要武器。"①也就是说，阿格尔要赋予小规模的生产技术以社会政治意义，将小规模的技术生产和激进的社会变革联系起来。"在资本主义社会的条件下，小规模技术意味着不仅要改组资本主义工业生产的技术过程，而且要改组那种社会制度的权力关系。"②

阿格尔所设计的未来生态社会主义的社会、经济和政治模式应该是"分散化"和"非官僚化"的结合，用经济分散化取代当前的无政府的市场经济和中央极权的计划经济，把原来由官僚、大资本家或大企业操控的生产和消费权交由个人或团体来控制，让工人自己参与社会主义管理。这种"分散化""非官僚化"的社会主义制度将鼓励人们思考新的方式来代替当前把商品消费作为满足手段的途径，打破必要劳动和自由之间的界限，废除劳动和闲暇的二元对立。这样就能很好协调生产和消费之间的关系，不至于出现异化现象，以便最终解决生态危机难题。

不仅如此，在阿格尔看来，分散化和非官僚化更具有强大的解放内涵，突出的是工人自我管理和自我生产的自由为前提条件。分散化和非官僚化的劳动组织都意味着人们可以有效发挥自我生产和自我管理所需要的多方面的才能。通过分散化和非官僚化可以实现人的全面自由发展。可以说，分散化和非官僚化是阿格尔构建生态学社会主义的重要思想内涵。

阿格尔一直致力于美国的生态学马克思主义理论研究，注重把生态学马克思主义同美国的现实结合。对于如何通向未来的分散化、非官僚化社会主义或生态学社会主义社会，阿格尔主张把生态学马克思主义理论同美国的民粹主义传统结合起来，以实现激进的生态批判和社会主义变革。他通过研究美国的民粹主义文化传统发现美国的民粹主义和马克思主义的结合也许是创造一种北美马克思主义的重要基础。因为美国政治生活和由来已久的民粹主义传统非常有助于以分散化、非官僚化和社会主义所有制这三项基本要求为基础的生态激进主义。③ 但是美国的民粹主义对马克思主义理论还知之甚少甚至有种陌生感，因为他们只是从被歪曲的欧洲社会主义传统中来理解马克思主义或社会主义理论。在此之外，让阿格尔看到希望的是美国的民粹主义传统对当前的破碎化的劳

---

① ［加］本·阿格尔：《西方马克思主义概论》，北京，中国人民大学出版社，1991，第500页。
② 同上书，第501页。
③ 同上书，第510页。

动分工和官僚化生产和管理表示了强烈的不满。如果把社会主义的意识
形态直接灌输到美国传统的民粹主义文化当中，可能会适得其反。要让
美国的民粹主义接受马克思主义，或者说把美国的民粹主义变为激进变
革的民粹主义，在阿格尔看来，目前最好的办法是采取迂回的策略，从
当前的分散化和非官僚化的生产模式出发，然后再回到社会主义所有制
上来。即要把官僚化的批判和对破碎化的雇佣劳动分工的批判结合起来。
这种雇佣劳动分工是建立在官僚组织起来的技术和职业化基础之上，而
广大的劳动者对这样的强制劳动表现得无能为力。对官僚化的批判可以
触及到以雇佣劳动为基础的分工批判。对官僚化的批判可以"向工人揭露
非官僚化的社会制度，他们将摆脱单调乏味的办公室和工厂的例行公事
以及摆脱技术分工。……可以证明发达资本主义首先是一种其运转依赖
于劳动破碎化和强制协调的劳动制度，那么他们就能产生关于新形式的
社会政治组织的要求，最终产生关于社会主义所有制的要求"①。

　　可以看出，阿格尔要让马克思主义理论或社会主义理论融入美国的
民粹主义文化传统，首先要改变传统欧洲社会主义的形象，重新解释社
会主义或马克思主义理论概念成为阿格尔在寻求美国民粹主义和马克思
主义的结合的关键之处。"如果人们能把社会主义看作不是更大程度地实
行高压统治的政体，而看作是一种可能由工人和消费者直接进行管理的
制度，那么这种民粹主义就可以转向激进方面了。"②这样，生态学马克
思主义和美国民粹主义融合成一种新的意识形态，这种新的意识形态便
可把美国的工人阶级导向激进的社会变革，从而实现未来的生态社会主
义社会。

第二节　奥康纳的生态学马克思主义理论

　　詹姆斯·奥康纳是当今生态学马克思主义的领军人物，他一改以往
北美生态学马克思主义者威廉·莱斯、本·阿格尔从消费异化（需求与生
态的矛盾）出发来阐述当前生态危机的思路，主要围绕文化、劳动和自然
的三者辩证关系，让历史唯物主义为"生态感受性"留下空间，一方面把
自然、文化同劳动结合起来，强调自然、文化对劳动的调节作用；另一
方面把传统的生产力和生产关系的矛盾转移到生产力、生产关系同生产

---

①　[加]本·阿格尔：《西方马克思主义概论》，北京，中国人民大学出版社，1991，第
511页。

②　同上书，第513页。

条件的矛盾，强调资本积累所带来的生产条件危机必然导致经济危机，以此来重构历史唯物主义。

一、奥康纳对历史唯物主义的重构

在奥康纳寻求生态学和马克思主义结合之前，西方生态中心主义者和绿色运动理论对马克思主义表示了极大的不满。生态中心主义者指责马克思以自然为敌。绿色运动理论认为马克思主义强调的是人类中心主义，只是把生产力的发展作为历史观理论的核心内容，更多的是把自然界作为人类征服的对象，以自然界的主人自居。

对于这样的批评意见，奥康纳基本予以承认，同时又期待着生态观念在马克思主义哲学中的复活。一方面，他认为马克思主义理论的确存在自然生态的空场。"丰富的生态感受性在马克思主义思想中的缺失，在历史唯物主义的经典阐述中得到了充分的表现"，"历史唯物主义只给自然系统留下了极少的理论空间，而把主要的内容放在了人类系统上面"①。另一方面，奥康纳认为不能因为历史唯物主义对生态问题的忽视，而否认马克思主义理论和生态学结合的可能性。因为，马克思不仅意识到资本主义生产对生态、资源和人的本性的破坏，而且他对当时的一些重要的生态问题也表示了一点零零碎碎的关注。例如，农业中的土地的质量和数量问题。至少可以说马克思主义理论"具备了一种潜在的生态学社会主义的理论视域"。

这样的说法及其意愿大体上是不错的，然而生态思想与马克思主义哲学的对立状况并没有解除，它们似乎依然在各类主题和各个层面上被顽固地保持着。由此，奥康纳试图由外部注入的方式填补马克思主义哲学中所缺乏的生态意识。

首先，奥康纳试图用"文化"和"自然"两个概念填补传统历史唯物主义空白。奥康纳认为："生态学马克思主义的历史观致力于探索一种能将文化和自然的主题与传统马克思主义的劳动或物质生产的范畴融合在一起的方法论模式。"②而传统马克思主义理论的劳动（物质生活）核心只强调两个方面。第一个方面表现在人类为了自身的生存所展开的对自然的开发和改造。在这个过程中体现的是以工业技术、机械和工具技艺、工人的技能在内的技术关系，即生产力。第二个方面是由人类对自然界的

---

① ［美］詹姆斯·奥康纳：《自然的理由》，南京，南京大学出版社，2003，第6～7页。
② 同上书，第59页。

开发和改造中所构成的社会关系，这个过程所体现的社会关系主要包括社会产品的占有关系在内的财产占有形式和权力占有关系，即生产关系。马克思以此二者关系的相互运动来解释人类社会历史的变迁和发展。但是奥康纳认为，单以生产力和生产关系的相互运动根本不足以解释人类社会历史的变迁，因为在物质活动所展开的生产力和生产关系中缺失了历史的文化因素和自然形式因素。它们同生产力范畴一样也有历史的累积性，所以历史唯物主义应该对它们敞开应有的空间。

在奥康纳看来，传统的马克思主义之所以弱化了历史文化因素和自然因素，主要因为他们把人类的劳动方式——协作仅仅归为单一的技术决定论，把协作模式只是看成了生产工具、生产对象、技术水平以及自然条件的协作，而忽视了协作过程中的文化形式和自然因素。正因为这样，奥康纳认为历史唯物主义理论不论在"历史"还是在"唯物"层面上都不彻底。在历史维度上，马克思停留在前人类的水平上，在唯物维度上，马克思还是滞留在前生态学视野上。

为突出文化因素和自然因素在人类活动的重要影响，奥康纳分别从文化和自然维度重新修正传统的生产力和生产关系。从文化角度出发，对生产力和生产关系的理解应该从客观性和主观性两个维度来把握。生产力的客观性包括人类通过劳动从自然界所提供的生产资料和生产工具以及生产对象。主观性维度包括劳动力的不同组合或协作方式，因为这些方式不仅受到技术水平的影响还受到文化实践活动的影响。生产方式同样也包含两个维度。客观性是指生产关系的发展是以价值规律、竞争规律、资本的集中和垄断规律以及资本主义的其他一些发展规律为基础。主观性是指生产关系所包含的财富范畴具有文化的因素，财富的剥削方式受到具体的文化实践的影响。

同样，在自然维度上，历史唯物主义应该研究劳动过程中的生态和自然界之自主的过程的自然理论。自然系统不仅内在于生产力之中，而且还内在于生产关系之中。尽管自然是人类社会劳动作用于自然界的结果。但是构成自然系统的化学、生物和物理的过程是独立于人类系统而自主运作的。这是自然界自主性的生产力。自然界不仅是生产过程的合作者，更应该是一个自主的合作者。[①] 而自然界对生产关系影响，意味着自然条件或自然过程的一定的形式，对任何一个既定的社会形态或阶级结构的发展，可以提供多样的可能性。

---

① ［美］詹姆斯·奥康纳：《自然的理由》，南京，南京大学出版社，2003，第76页。

由此可见，奥康纳重构历史唯物主义的第一步不是简单停留在人类物质生产一维之中，应该更多向文化和自然这两个因素倾斜。按照奥康纳的理解，这种理论和实践更应该是生态学马克思主义理论和生态学社会主义实践模式。通过这样重新解读劳动或生产力和生产关系，奥康纳认为其在理论上找到了生态学与马克思主义结合的基石。

其次，在第二步重构历史唯物主义的阐述中，奥康纳把分析的重点放到了自然生态系统，或者说是生产条件（包括自然条件在内）上。有了第一步的自然生态或生产条件从"生产力—生产关系"中分离，意味着他要着手建构"生产力—生产关系"和生产条件的关系，并由此出发来揭示"生产力—生产关系"和生产条件的矛盾所引发的生态危机，也就是资本积累所带来的第二重矛盾。

奥康纳认为，无论是当代的生态主义运动、绿色激进组织，还是传统的马克思主义理论，对这种矛盾都没有引起足够的重视。"目前还没有对导致生态破坏的'原因'从总体上进行系统的理论分析，以及对资本积累与经济和生态危机的趋势和倾向性、资本积累与社会运动和政治学之间的复杂的内在联系进行体统的理论分析。"[1]"导致这样的原因，主要有三方面：第一，缺乏一种对有关'生态危机'的意识形态阐释与社会—科学性阐释的系统说明；第二，任何一种'原因'的理论都必须建立在资本理论、马克思主义的积累和经济危机理论，或者说得更准确一点，通过经济危机而实现的资本主义积累理论的基础之上；第三，这种理论必须建立在对马克思所说的'生产条件'的阐释之上。这里的生产条件主要包括个人条件、自然条件和一般性的公共条件。"[2]

不难看出，奥康纳认为对生态危机的分析要结合马克思主义的资本积累理论和经济危机理论，要把生态危机放在资本主义生产的大背景中来谈。另外，自然生态系统内部的界定应该扩大它的外延，由原来单一的自然生态维度延伸至马克思所说的生产条件当中来，即由原来把自然生态系统内含于生产力和生产关系之中的分析，转向全面探讨"生产力—生产关系"和生产条件的内外关系，并从生产条件入手来分析资本主义社会生态危机形成的原因以及走出这种危机的理论和实践模式。

奥康纳指出，传统的马克思主义理论认为资本主义社会的主要矛盾是生产力和生产关系的矛盾所导致的经济危机。资本主义的生产是建立

---

① ［美］詹姆斯·奥康纳：《自然的理由》，南京，南京大学出版社，2003，第200页。
② 同上书，第200页。

在对劳动的剥削和对剩余价值的占有与实现的基础上，资本的生产过剩与市场需求不足必然会引发经济危机和阶级革命。在奥康纳看来，这样的危机理论是建立在资本生产过剩的基础上，但是马克思以及马克思主义者忽视了另外一个重要因素——资本生产过剩会导致经济危机，资本生产不足同样会引发经济危机。

奥康纳认为，出现这种理论空白是有历史原因的。一方面，在资本主义早期发展阶段，生产条件（劳动力、土地和自然资源）非常丰富，对资本主义生产的顺利进行不会构成重大障碍，但是到了资本主义的晚期发展阶段，这些生产条件对资本的扩张带来了严重的威胁；另一方面，马克思政治经济学批判中生态思维的空缺，很重要的原因在于马克思对国民经济学家把资本主义社会不合理的现象纳入永恒的自然规律范畴的做法极为不满，对所谓社会的永恒自然规律的批判导致了他对自然领域和生态学维度研究的忽视，因此未能建立起生态危机和经济危机的内在联系。

奥康纳提出要从资本主义的第二重矛盾（生产力、生产关系和生产条件之间的矛盾）出发来看待资本主义的生态危机和经济危机。由于资本以追求利润为最终目的，自然只是资本的出发点，而不是其归宿。因此，奥康纳认为，资本主义的自我扩张在经济维度上没有严格的限制性，但在生产条件方面却有着自然的限度：一方面，资本主义是一种经济发展的自我扩张系统，其目的是无限增长；另一方面，自然界却是无法自我扩张的，自然界本身发展的节奏和周期却是根本不同于资本运行的节奏和周期的。①

奥康纳认为，传统马克思主义所理解的资本主义的第一重矛盾，是从需求的角度出发对资本主义的生产过程造成冲击，表现为实现性危机，问题不在于剩余价值的生产方面，而在于价值和剩余价值的实现方面。而他所说的资本主义的第二重矛盾，则是从成本角度对资本主义的生产过程构成冲击，主要表现为流动性危机，问题不在于价值和剩余价值的实现，而在于剩余价值的生产方面。在奥康纳看来，尽管两种矛盾导致的危机表现形式不一样，但是它们是相互影响、相互关联的，共同推动资本主义社会向新的社会形式的转变。

经济危机会导致生态危机。因为经济危机是与竞争过度、迷恋效率，削减成本以及与对工人的经济上和生理上的压榨的增强、成本外化力度

---

① ［美］詹姆斯·奥康纳：《自然的理由》，南京，南京大学出版社，2003，第289页。

的加大以及由此而来的环境恶化程度加剧联系在一起。生态危机会导致经济危机。比如，高额的地租，交通拥挤所带来的成本增加，能源成本的加大等因素所导致的原材料的短缺瓶颈，这势必会带来利润的减少以及通货膨胀的危机，而且由生态危机所导致的环境运动又会进一步加重经济危机的程度。经济危机会导致资本主义社会对生产力和生产关系的重构，对生产力的重构意味着走向更为社会化的生产关系，对生产关系的重构同样意味着更为社会化的生产力。生态危机会导致更为社会化的生产力维度上的生产条件形式以及更为社会化的社会关系形式，生产条件就是在这种社会关系中被再生产出来的。这些更具社会规模化的生产力、生产关系以及生产条件都为通向未来的社会主义形式准备了条件。

　　因此，有两种矛盾同时也有两种危机存在于资本主义社会，也因此，奥康纳说："'通往社会主义的道路'可能有两条而不是一条。"①

二、奥康纳生态学社会主义理论

　　奥康纳认为，传统的马克思主义理论重在通过生产力和生产关系的矛盾来阐明劳工运动实践，而生态学马克思主义要通过第二重矛盾来阐明新社会运动实践。新社会运动实践必须建立在生态学和社会主义结合的基础上。但是，这种新社会运动如何可能？

　　奥康纳结合新时代背景分析了三个可能性的条件。首先，经济全球化的趋势正在经历一个通过危机来积累的过程，这一过程使数以千万计的人口日益贫穷，破坏了各种社区，使成千上万的生物区域日益退化，而且还加剧了全球性的生态危机。其次，包括环保、城市、劳工、农民以及其他一些社会运动的兴起，这些运动的目的是为工人和农民、妇女、社区和环境等而保护生产条件和生活条件。最后，生态危机和经济危机每一方的解决都为对方的解决创造了条件。

　　尽管具备了这些可能性，但在新社会运动的很多人看来，生态学和社会主义是相互冲突的。社会主义者认为绿色主义者反对生产，偏爱禁欲主义的意识形态，而绿色主义者把社会主义看成唯生产主义，提倡无限制或盲目促进增长的意识形态。

　　在奥康纳看来，社会主义之所以受到生态学的指责主要是因为社会主义者的实践常常是由争取高工资、缩短劳动时间、充分就业、控制租金、资助小农场主等所构成的，或者说是由对分配性正义追求所构成的。

---

① 　[美]詹姆斯·奥康纳：《自然的理由》，南京，南京大学出版社，2003，第259页。

社会主义者已经对资本主义进行了某种定性的理论批判以及一种定量性的政治实践。从逻辑上来讲，传统社会主义对资本主义的批判应该导向生产性的正义。但事实上，社会主义却导向分配性正义。社会主义者对资本主义生产关系的批判，最后忙于改革资本主义的生产关系。

不仅如此，社会主义者的实践一心想完成资本主义所许诺的两件历史任务，但是都遭到了失败：一是社会主义的伦理和政治内涵，社会主义将在资本主义关于平等、自由和博爱的形式主张中填充进实实在在的社会和政治内容；二是经济方面的内涵，社会主义将实现备受危机折磨的资本主义所无力完成的达到物质富足的许诺。① 奥康纳认为这两个任务的失败都和传统历史唯物主义本身的生态思维缺陷有关，也就是说，是在完全缺乏现代生态危机意识的条件下才会坚持的社会主义"理想"。

相反，社会主义者拒绝生态学，主要是因为生态学根本不可能解决实质性的生态问题。生态学是与地方主义联系在一起，地方主义以生态学为媒介，生态学以地方主义为载体。另外，生态学还只是一种中性联盟。生态学强调人类物质活动与自然之间的交换的地方特色，因此，它既反对由资本所造成的对自然的那种抽象评价、反对关于生产的那种中央计划理念，同时也反对关于全球的问题的中心观点。在社会主义者看来，这都是些不切实际的幻想。

为纠正社会主义者对生态学的偏见，奥康纳强调我们必须把生态学这个概念加以扩充，由地方特色延伸到全球化、总体化和普遍化。一方面可以把城市环境问题进而把人类健康以及福利与环境因素之间的关系问题包括进来；另一方面可以把技术及其转移问题以及新技术和地方性的、区域性的和全球性的生态状况的关系等问题纳入生态学思考的范围。

奥康纳通过对社会主义的重新界定以及对生态学概念的扩充，试图消除生态学和社会主义之间的隔阂和冲突，同时尝试为生态学和社会主义的联盟作出努力。"社会主义和生态学根本不是相互矛盾的，也许它们恰恰是互补的。社会主义需要生态学，因为后者强调地方特色和交互性，并且它还赋予了自然内部以及与自然之间的物质交换以特别重要的地位。生态学需要社会主义，因为后者强调民主计划以及人类相互间的社会交

---

① ［美］詹姆斯·奥康纳：《自然的理由》，南京，南京大学出版社，2003，第 435 页。

换的关键作用。"①

奥康纳所提倡的生态学和社会主义的结盟所形成的生态学社会主义，既要突出新社会主义的特点，也要具有新生态学的特征。同传统的社会主义相比较，生态学社会主义一方面"希求使交换价值从属于使用价值，使抽象价值从属于具体劳动，这就是说，按照需要（包括工人的自我发展的需要）而不是利润来组织生产"②，并且在利润导向型生产从属于需要导向型生产的同时，更加关注生产条件本身的生产和再生产；另一方面激进的社会变革运动的正义诉求也将从"分配性正义"转向"生产性正义"，这意味着在生态学的背景中"复活社会主义的理念"，其首要任务在于要把它从对定量性改革实践和分配性正义的"迷恋"中拯救出来，代之以或补充进定性的改革实践和生产性正义诉求，并通过斩断它与民族主义和国家主义的关联，从而与各种为"重构生产条件"进行斗争的"新社会运动"的"普遍性"要求结合起来。③

第三节　福斯特的生态学马克思主义理论

约翰·贝拉米·福斯特是当代美国著名的生态学马克思主义者。他认为其实问题不在于马克思哲学中有没有生态学思想，关键在于如何解读马克思著作。在他看来，生态社会主义想把绿色理论同马克思主义结合的企图不会产生多少实质性的意义。"若期待用旧事物上加添和移接一些新事物的做法来在科学中取得神秘巨大的进步，这是无聊的空想。我们若是不愿意老兜圈子而仅有极微小可鄙的进步，我们就必须从基础上重新开始。"④把生态学思想同唯物主义和辩证法联系起来，同自然科学的发展联系起来，应该说，这既是福斯特对生态学思考的重大进步，也是福斯特挖掘马克思生态学思想的重要途径。通过这种新的探索，福斯特建构了马克思的生态学唯物主义理论，为他批判资本主义的生态危机奠定了历史唯物主义基础。

一、福斯特对马克思生态学思想的阐述

福斯特认为，"马克思的世界观是一种深刻的、真正系统的生态世界

---

① ［美］詹姆斯·奥康纳：《自然的理由》，南京，南京大学出版社，2003，第 434 页。
② 同上书，第 526～527 页。
③ 同上书，第 516 页。
④ ［美］福斯特：《马克思的生态学》，北京，高等教育出版社，2006，前言第 4 页。

观,而且这种生态观是来源于他的唯物主义的"①。但是一些怀有偏见的批评家拒不接受马克思的历史唯物主义理论蕴含着生态思想,甚至指责马克思是个普罗米修斯主义者,强调人类对自然的支配和占有。而一些绿色运动理论由于缺乏唯物主义哲学和辩证法的思维方式,对自然科学发展所形成的新的自然观置之不理,把生态问题简单划为价值问题,最后陷入了生态中心主义和人类中心主义二元抽象对立当中。在福斯特看来,这种抽象的二元对立思想在于他们仍以唯心主义哲学的思维方式把握人类历史和自然界之间的关系,忽视了人类历史和自然界之间共同进化的物质变换关系。

如何走出这种对立?福斯特认为,马克思主义理论对这个问题的解决具有巨大的潜在优势,因为马克思、恩格斯的唯物主义不仅强调了"物质—生产条件这个社会前提,以及这些条件如何限制人类的自由的可能性",而且"在马克思那里,至少是在恩格斯那里,这种唯物主义从来没有忽视这些物质条件与自然历史之间的必然联系,也就是与唯物主义自然观的必然联系"②。《马克思的生态学》一书的核心任务就是围绕马克思的生平与著作,来阐释"一种生态的唯物主义"或"一种辩证的自然历史观",以超出当代许多绿色理论中的唯心主义、唯灵论和二元论。

在福斯特看来,马克思生态学思想的形成一直都伴随着唯物主义哲学和自然科学的发展。正因为如此,要分析马克思的生态学思想,必须从马克思唯物主义的自然观、历史观以及自然科学观出发来理解马克思的生态学思想及其生态学思维方式。马克思的生态学思想如同他的唯物主义哲学观的变革一样,有一个由不成熟到成熟、由隐性到显性的逐渐完善的过程。福斯特根据对马克思哲学观三次转变的梳理相应地指证了马克思生态学思想和思维方式的三次转变,并旨在通过这样的整体方法来重建马克思生态学思想,而避免以片面化的方式理解马克思的著作:(1)开始阶段,马克思生态学思想的形成与其博士论文和《1844年经济学哲学手稿》中唯物主义自然观有关;(2)中期阶段,马克思生态学思想同其唯物主义历史观有不可分开的联系,主要体现在《关于费尔巴哈的提纲》《德意志意识形态》和《共产党宣言》等经典著作中;(3)成熟阶段,马克思的生态学思想与历史唯物主义自然观和唯物主义历史观在实践基础上的统一,以及与自然科学的进步所带来的自然观念的变革联系在一起,

---

① ［美］福斯特:《马克思的生态学》,北京,高等教育出版社,2006,前言第3页。
② 同上书,第22页。

主要通过马克思的《资本论》《人类学笔记》以及恩格斯的《劳动在从猿到人的转变中的作用》等著作中体现出来。

（一）马克思早期阶段的唯物主义自然观和生态学思想

根据福斯特的观点，马克思早期的唯物主义自然观和生态学思想主要接受了伊壁鸠鲁和费尔巴哈的影响。福斯特通过研究发现，古希腊伊壁鸠鲁的唯物主义自然观是近代哲学和自然科学的基础。"作为一位伟大的古代启蒙者——他著作中的观点被培根、康德、黑格尔和马克思这些各具特色的思想家所采用——伊壁鸠鲁在为世界做出一个符合辩证法定义的斗争中为我提供了一幅唯物主义生态学出现的连续画面。"①马克思在博士论文当中对伊壁鸠鲁的唯物主义自然观给予了高度评价。伊壁鸠鲁的哲学不仅驱逐了自然领域的目的论的思想，强调了一切生命和存在的有限性和暂时性，所有的物质存在都是相互依存的，自然界本身呈现出永恒变化的辩证图景和能量守恒的原则，而且伊壁鸠鲁反对一切僵化的决定论和自然宗教观，推崇偶然性、意外性和自由精神。

相比之下，费尔巴哈对马克思唯物主义自然观的影响主要体现在他对黑格尔思辨唯心主义自然观的批判。黑格尔认为自然只是绝对精神的外化，自然只是一个惰性的实体，不可能表现自身，从而将自然视为一种有缺陷的、堕落的"半存在"。费尔巴哈的《关于哲学改造的临时纲要》批判了黑格尔这种唯心主义自然观，重新赋予了自然对于绝对精神的优先权。在福斯特看来，费尔巴哈自然哲学对马克思的影响主要在于费尔巴哈对黑格尔思辨唯心主义的批判为马克思顺利从事政治经济学的研究扫清了障碍，这正好可以帮助马克思解决一直让他从黑格尔理性形而上学立场无法解释的物质利益问题。对黑格尔哲学的批判意味着马克思不再从精神的异化来看待现实劳动的异化，不再对异化问题作纯哲学的探讨，而要从生活本身出发揭示异化劳动的真相。

在福斯特看来，马克思把异化问题看成现实的异化，这种异化不仅是人类对其自身的异化，同时也是人类与自然关系的异化。这主要体现在马克思《1844年经济学哲学手稿》中。福斯特指出，马克思通过对异化劳动的分析建立了人类劳动和自然的相互关系。生产劳动不仅让人类和自然建立了历史性的联系，而且"自然因此而对人类呈现出实践的意义，

---

① ［美］福斯特：《马克思的生态学》，北京，高等教育出版社，2006，前言第4页。

因为自然作为一种生命活动的结果，也就是生产生活资料的一种结果"①。马克思认为自然的异化原因是资本主义大地产制在土地垄断过程中使土地异化、生态退化造成的。当然，马克思早期自然观和自然异化观使得马克思在生态学思想上确立了辩证的唯物主义自然观，从人的生产实践出发来理解人与自然的关系以及人类社会对自然的异化。

（二）马克思中期阶段的唯物主义历史观及其生态学思想

马克思主义唯物史观中所呈现的生态学思想主要是通过马克思和恩格斯对马尔萨斯的人口论、费尔巴哈的直观的唯物主义、真正的社会主义以及蒲鲁东机械的"普罗米修斯主义"的批判而形成的。

马尔萨斯认为人口呈几何级数增长的速度远远大于生活资料的算术级数的增长速度，这必然造成生活资料的不足而出现人口过剩现象。马克思和恩格斯首先批判了马尔萨斯用非历史的观点把人口增长和生活资料生产理解成抽象的数字关系。接着，马克思把批判的矛头指向了费尔巴哈的自然主义。虽然费尔巴哈对黑格尔的思辨哲学的批判曾经有过非常革命性的一面，但是费尔巴哈在人类历史领域一直裹足不前。马克思分别在《关于费尔巴哈的提纲》和《德意志形态批判》中完成了对费尔巴哈的批判。在马克思看来，费尔巴哈的唯物主义只是一种抽象的唯物主义，不论费尔巴哈所强调的感性的人还是感性的自然界，都不是现实的人和现实的自然界。费尔巴哈的感性直观让他一直停留在自然和历史对立之中，他看不到实践活动在人类社会和自然之间所发挥的纽带作用，根本不理解人类和自然之间的物质变换关系。

在《哲学的贫困》和《共产党宣言》中，马克思用历史唯物主义的分析方法批判了蒲鲁东机械的"普罗米修斯主义"的观点，此后形成了较为明显的生态学思想。蒲鲁东用非历史的眼光看待社会关系的历史起源，把整个人类社会历史神秘化，把机器看作是通向未来进步和天明的钥匙，从而陷入了对机器的崇拜之中。但是后来的一些环境社会主义者只抓住《共产党宣言》中的只言片语，认为马克思是个典型的反生态的普罗米修斯主义者。在福斯特看来，这是对马克思的最大误解，他们不知道马克思早已对蒲鲁东的机器崇拜论做过批判。其实，虽然马克思和恩格斯在《共产党宣言》中称赞资产阶级的文明面带来了巨大的物质财富，使农村脱离愚昧状态，但与此同时，马克思和恩格斯同样看到资本主义创造财富的特征是伴随着大多数人口贫困的增长、自然的异化、生态环境的

---

① [美]福斯特：《马克思的生态学》，北京，高等教育出版社，2006，第82页。

破坏。

福斯特指出，虽然马克思没有将生态矛盾列为资本主义向社会主义过渡的核心问题，但是马克思提出了通过实践的方式解决城乡对立矛盾、生态危机以及对未来可持续发展的思考，"作为超越人类对自然异化的关键因素"，可以说是"同时超越了资产阶级社会视野和无产阶级运动直接目标的问题"①。而且马克思这一阶段对生态问题的思考，也为他走向成熟的生态观——自然和社会之间物质变换的相互作用理论——创造了条件。

（三）马克思成熟阶段的自然观和历史观及其生态思想

福斯特认为，马克思成熟阶段生态思想的形成与马克思以实践为基础的唯物主义自然观和唯物主义历史观的统一，以及与他长期以来对自然科学发展的密切关注有关。这一时期，德国的农业化学家李比希的农业危机理论、达尔文的进化论以及美国人类学家摩尔根"生存技术"等都对马克思生态学唯物主义世界观的最终形成有着重大影响。

首先，福斯特认为，马克思关于劳动过程中的人和自然的之间"物质变换断裂"的理论是在德国农业化学家李比希的研究基础上建立起来的。1937年英国科学促进协会委托李比希写一本关于农业和化学之间关系的著作，经过两年多的研究，李比希出版了《化学在农业和生理学上的运用》一书。在书中，李比希第一次对土壤的成分进行科学的分析，初步谈到了化学肥料对植物生产的重要作用。同时，李比希认识到，资本主义农业虽然利用了土壤化学的成就，但是其发展受到更多外在性的制约：城乡对立的分离造成的远距离贸易是土壤营养流失和农业危机增长的原因，土壤的衰竭问题还与人类和动物排泄物所引起的城市污染联系在一起。② 李比希认为资本主义农业发展不可能具有可持续性，资本主义农业是一种非理性的、掠夺式的生产，必然带来土地的贫瘠和退化，只有建立在理性农业和归还原则基础上的农业才具有可持续性。

马克思肯定了李比希的功绩，认为李比希从自然科学的观点出发阐明了现代农业的消极方面。在李比希的影响下，马克思开始系统地批判资本主义农业生产以及资本对土地的剥削。福斯特大段引用了马克思在

---

① ［美］福斯特：《马克思的生态学》，北京，高等教育出版社，2006，第156页。
② 同上书，第170～171页。

《资本论》中关于资本主义农业的讨论①，指出马克思对资本主义大规模工业和大规模农业的批判的核心要素是"物质变换断裂"理论：马克思不仅认识到资本主义农业生产中对土壤的营养成分的掠夺，给人和土地之间的物质变换带来了不可弥补的裂缝，而且得出了与李比希相似的结论——建立在城乡对立基础上的资本主义农业所导致的食物和服装纤维的长距离贸易使土地的营养成分得不到有效的归还和系统性恢复；也就是说，人和土地之间的物质变换断裂是通过资本主义条件下大规模工业和大规模农业的增长而发展起来的。

在福斯特看来，"物质变换"理论是马克思表达自然异化概念以及自然异化和劳动异化关系的具体方式，而自然异化概念则是这一理论对资本主义生产方式进行批判的核心所在。针对资本主义农业生产中带来的人类和土地之间的物质变换断裂，即人类对自然的异化现象，马克思认为，资本主义农业所采用的大规模生产方式与土地的理性运用是相矛盾的，即使资本主义农业生产采用先进的科学技术改良土地，资本还是不能有效地保持土壤营养成分，所以资本主义农业生产不可能具有生态可持续性。如果要全面改变现行的人类和土地之间的关系以超越人类对自然的异化状况，不仅要消灭城乡之间劳动分工的对立，而且还要通过农业和工业的结合、合理分散人口以及恢复人类与土地之间的物质变换关系来实现。

其次，福斯特认为，达尔文的进化论同样对马克思唯物主义生态世界观的形成有着非常深远的影响。在唯物主义自然观领域，达尔文同伊壁鸠鲁的自然哲学一样，摧毁了自然的目的论和宗教自然观，坚持从进化论的观点来解释自然。而且，达尔文明确反对人类中心主义，人类既不是被假设为自然界的统治者，也不是处于有机物和上帝之间的中间位置，人类对自然的关系是长期自然选择的结果。在福斯特看来，达尔文

---

① 参见马克思：《资本论》第三卷，北京，人民出版社，2004，第918～919页："大土地所有制使农业人口减少到不断下降的最低限度，……由此产生了各种条件，这些条件在社会的以及由生活的自然规律决定的物质变换的过程中造成了一个无法弥补的裂缝，于是就造成了地力的浪费，并且这种浪费通过商业而远及国外"。以及马克思《资本论》第三卷，北京，人民出版社，2004，第579～580页："资本主义生产使它汇集在各大中心的城市人口越来越占优势，这样一来，它一方面聚集着社会的历史动力，另一方面又破坏着人和土地之间的物质变换，也就是使人以衣食形式消费掉的土地的组成部分不能回到土地，从而破坏土地持久肥力的永恒的自然条件。……资本主义农业的任何进步，都不仅是掠夺劳动者的技巧的进步，而且是掠夺土地的技巧的进步，……因此，资本主义生产发展了社会生产过程的技术和结合，只是由于它同时破坏了一切财富的源泉——土地和工人。"

的生物进化论是现代生态学的理论源头，但马克思从达尔文对唯物主义自然观的认识顺利过渡到了对人类社会的认识，从而思考了人类劳动和人类进化的关系。

关于这一点，可以从《资本论》对动植物器官形成史与人类生产器官形成史的比较论述中看出。福斯特指出，马克思肯定了达尔文在自然领域的探索，即把动植物器官（自然技术）的形成看成是动植物适应周围环境的结果。但是，动植物的生产工具毕竟是它们的躯体四肢，而人类技术（工具）不同于自然技术的地方在于：人类技术的产生代表了人对自然的能动关系，是人类的外部延伸，即人的无机的身体。因此，研究人类的进化必须追踪人类生产工具的发展。生产工具的进步代表了建立在劳动基础上的人类对自然的进化。福斯特认为，马克思正是在达尔文的研究基础上，才能够在《资本论》中运用唯物主义和进化论的术语来定义劳动过程和阐述人类与自然之间的相互作用和物质变换。①

最后，对于美国的人类学家摩尔根对马克思生态世界观的影响，福斯特从两个方面展开了论述。其一，摩尔根采用唯物主义历史学分析方法考察了人类史前时期的人类发展状况。在他的《古代社会》一书中，摩尔根按照"生存技术"标准划分人类社会。对"生存技术"的分析不仅包含着唯物主义自然观和唯物主义历史观的统一，而且还在生态意义上体现了人类生产和再生产方式的转变而表现出来的人与自然的关系。其二，受摩尔根的启发，马克思通过对人类社会不同形态的人与自然的关系以及生存方式的研究，重新思考了人与自然的关联以及人类社会的起源问题，为超越资本主义制度中人对自然的异化现实指明了方向。

二、福斯特对资本主义生态危机的批判及自然解放之路

为避免像绿色运动理论那样对生态危机作唯心主义方向的探讨，福斯特转而诉诸马克思的唯物主义方法来看待当代世界的自然和生态危机问题，建立了系统的马克思主义的生态危机理论。在他的《生态危机与资本主义》一书中，福斯特展开了对资本主义生态危机的批判，并对如何克服生态危机、如何克服人与自然的异化等问题提出了自己的观点。

福斯特认为，资本主义生态危机的真正根源，不是人类思维中"支配自然"的观念，而是资本主义的扩张逻辑。资本主义的生产不是从人们的需要出发，而是把资本积累、获取利润视为社会的最高目标。这样的生

---

① ［美］福斯特：《马克思的生态学》，北京，高等教育出版社，2006，第224页。

产方式必然带来生态危机和环境恶化。同时他对西方一些经济学家企图通过环境商品化和生态技术化等途径摆脱生态危机的思路提出了严厉批评。

环境商品化是把环境纳入市场体系之中，赋予自然以经济价值。福斯特认为，"给地球估算成本"的做法意味着把人类与从前的历史割裂开来，不仅企图按照"市场—商品"原则来构建整个社会，而且企图按照这一原则来构建整个人类生态系统。这实际上是把人类和自然的关系，蜕变为一套基于市场和迎合个体私利的公用产品，在为自然贴上价格标签的同时彻底否弃了自然本身所蕴含的内在价值。福斯特引用康德对"市场价格"与"内在价值"相区别的理论，指出事物不仅具有相对价值（价格），而且还有本质性的价值（尊严）。而本质性的价值既不能简化成市场价值，也不能用于成本效益分析。因此，"自以为一切事物都有价格"从而"试图量度不可量度的东西"是荒谬绝伦的。也许，为自然中所有事物设定商品价格并建立市场以解决污染和资源耗竭等问题的方法在短时期内可能部分地有效，但从长远来看，不仅不利于生态问题的彻底解决，而且最终还会加剧所有矛盾。所以，尽管"自然资本"的修辞极为动听，但其主要功效却掩盖了为实现商品交换而对自然极尽掠夺的现实，其结果也只是使自然进一步从属于商品交换的需要，即根据华尔街的行情变化，不断将自然转化成金钱或抽象的交换。因此，福斯特认为环境经济学这种将资本拓展到所有自然范围以作为保护自然手段的观点是荒谬的、自相矛盾的和新霸权主义的。

如果说环境问题不是一个单纯的经济问题，因而不可能通过纯粹的经济方式来解决，那么是否有可能通过科学技术来解决呢？对于那些试图把生态问题技术化的处理方式，福斯特同样给予了严厉的批评。福斯特认为，环境问题不是由科学技术本身所引起的，因而生态危机既不可能通过废除科学技术来消除，也不可能仅仅依靠科学技术来解决。因为通过技术改进与革新，虽然提高了某种自然资源的利用效率，但其结果不是减少而是增加了对这种资源的需求。之所以如此，是因为资源利用效率的改进使利润得以增加，从而导致生产规模的扩大，并导致对资源需求的增加。可见，结果与初衷是不同的，技术承担不了解决环境问题的重任。

事实上，问题的根源在于当代资本主义，它必然只是采纳和发展符合其统治的技术，即与其逻辑相一致的技术，而完全撇开或消除那些不能强化现存社会关系的、即使实际上是更加合理的技术。针对一些"自然资本主义"倡导者的观点，即认为只要采用可循环使用的技术，采取无物耗的非传统型经济增长方式，那么经济增长本身无论怎样都不会造成环境无法超越的障碍这一观点，福斯特明确指出，认为这些技术奇迹能够解决问题的想法不仅背离热力学的基本定律，而且否定了所有我们所了解的资本主义自身的运行机制，在这种机制里技术革新从属于市场需求。由之而来的结论是：解决当代生态危机的根本之点不是技术，而是社会经济制度本身；因此，将可持续发展想象为在这种制度内部开发更高效率的技术，实际上不啻与虎谋皮，是毫无意义的。生态可持续发展不能仅仅局限于技术改良，"这就好像把我们整个生产体制连同非理性、浪费和剥削进行'升级'而已"。关键在于从根本上超越现存资本积累模式，变革资本主义制度本身。①

　　与此同时，福斯特强调了自然生态观变革的重要性。自然生态观的革命旨在建立土地伦理或提倡生态价值和文化价值为一体的道德革命，以取代我们目前对待自然环境的不道德的行为。因为长期以来，我们都是把自然当作我们的私有物、当作商品看待，没有把自然视为我们的共同体。建立土地伦理的评判标准是"事物的正确与否主要看其是否有助于保持生物共同体的完整、稳定和美"②。因此自然生态观的革命必须超越资本主义当前生物圈文化和它产生的不道德行为，用生态与文化多样性的世界来取代。

　　此外，如同其他生态学马克思主义者一样，福斯特也特别强调了把生态运动与社会主义激进传统结合起来的必要性和紧迫性。一方面，福斯特指出，"过去我们对大众为物质利益而进行的斗争主要是从经济的角度去理解，而现在这种斗争则日益呈现出更加广阔而完整的环境背景"③。另一方面，他从环境主义者在为保护美国西北太平洋地区原始森林所进行斗争的失败中汲取了教训：环境主义者仅仅从环保角度出发，忽视了工人的生计问题，结果导致环境运动和林业工人的对立，政府利用劳工与环境保护主义者的矛盾让维护原始森林免遭砍伐的环保运动空手而归。因此，环境保护主义者要想真正有所作为，就必须与资本主义社会中占人口大多数的工人阶级站在统一战线上，建立工人阶级和环境运动的联盟，实现社会公正和环境公正的结合，否则生态运动就会处于孤立无援的被动状态。对于未来的社会主义社会，福斯特也提出了粗略

①　[美]福斯特：《生态危机与资本主义》，上海，上海译文出版社，2006，第95页。
②　同上书，第81页。
③　同上书，第34页。

的方案，"我们需要通过斗争来创造全球性社会，以提升整个自然与人类社会的地位，使自然与人类社会高于资本积累，公平与公正高于个体贪婪，民主制度高于市场经济"①。

第四节　生态学马克思主义的存在论视域

通过前面的阐述，我们可以看出，生态学马克思主义主要的理论目标在于通过对马克思主义重新建构以试图克服历史唯物主义与生态学理论之间存在的二元对立，并从马克思主义的基础理论中获得理解、解释和应对当代生态危机问题的重要教益。这样的基本路向及其意愿确有其重要的价值。

生态学马克思主义的倡导者为了清除马克思主义与生态学之间的理论张力，往往更多指证由于对马克思主义经典文本无知所造成的误解与偏见。例如，当马克思被指责为完全没有认识到自然对财富的作用时，反驳的一方便会指证说，马克思在《哥达纲领批判》中曾严厉地斥责了拉萨尔"劳动是财富的唯一源泉"的观点，因而是高度重视自然界作用的。诚然生态学马克思主义者作出了很大的努力，他们指望在由于对马克思主义的无知而导致的误解被清除后，马克思主义哲学便能够进入到意义重大的生态领域，从而"系统的重建马克思主义思想"②。然而，他们这些努力的理论局限也相当明显。

首先，就阿格尔来看，当他意识到当前的生态危机以及尝试克服危机时，他所期求的革命是由一种"期望破灭了的辩证法"来完成的，即某种自觉扬弃虚假消费的新的"危机意识"。但是只要这种"期望破灭了的辩证法"一旦碰到现实问题立即显示出其主观幻想及虚弱本质的一面。因为要完成这样艰难的一步必须具备内外两个条件：其一，资本主义的生产对生态资源的破坏已经严重到让生产无法开展下去，不要说一些奢侈品，就是连一般的生活必需品都难以向消费者提供；其二，要让长期以来习惯了过度消费的群体有足够的禁欲心理和道德自律，自觉放弃过度消费的方式，从而转变消费观、劳动观、幸福观。我们不难发现，这样一种"新的危机意识"的提法或许非常真诚，但依然是过分天真的，"期望破灭的辩证法"依然以纯观念的方式与资本主义现行的异化消费方式相对立。

---

① ［美］福斯特：《生态危机与资本主义》，上海，上海译文出版社，2006，第76页。
② 参见［美］福斯特：《马克思的生态学》，北京，高等教育出版社，2006，第12页。

其次，在奥康纳的理论中，他认为传统马克思主义者把自然社会化，以社会研究代替了自然的研究，从而忽视了自然的自主性。他认为，自然通过自主的方式在人类的生产劳动中构成了重要的影响。但奥康纳没有看到的是，自然的自主性如果没有人类活动或劳动的参加，那么自然的自主性对人来说只是没有任何意义的存在。也就是说，自然的自主性对人类历史的影响只能通过人类能动的生产实践来实现。自然的自主性并不会自发对人类历史构成影响，而要通过人类的生产实践活动来设定。只有这样，我们才能理解环境的改变和人的活动的一致性。奥康纳最终所强调的"自然"，其实际导致的结果是自然脱离人的存在，自然与人类社会仍然保持在某种外部对立中，而事实上，过多强调自然和文化对人类历史的影响，这诚然是足够"唯物的"，但这势必会将人类社会的发展导向某种自然决定论，即抽象的唯物主义，实质是唯心主义方向。

最后，福斯特对马克思生态学思想的开拓，主要之点在他强调若要建立彻底的历史唯物主义，则必须坚持彻底的唯物主义自然观。首先他肯定马克思的唯物主义是建立在"实践"基础上的人与自然的统一。而问题在于福斯特一方面强调马克思实践唯物主义的重要性，突出唯物主义自然观和唯物主义历史观的统一，另一方面又特意强调本体论唯物主义或物理—自然实在的重要性。那么物质（自然）本体论唯物主义中的"自然"如何才能与实践唯物主义的"实践"一致呢？为此，他突出强调了马克思理论中所谓自然和社会之间的"物质变换"过程，并由此把马克思的生态学思想追溯到伊壁鸠鲁、费尔巴哈甚至达尔文的进化论等。诚然，福斯特力图为马克思的思想添加进更多的生态学内涵，但当论及如何实际地克服生态危机时，福斯特同样寄望于某种新的自然生态观，即"建立在土地伦理或提倡生态价值和文化价值为一体的道德革命"。不难发现，这同阿格尔"期望破灭的辩证法"具有相似的浪漫主义气质，依然同现行的资本主义保持某种观念上的外部对立。

由此可见，在上述三位生态学马克思主义倡导者的思想当中，都存在着他们自身无法克服以及不自觉地恢复的某种理论张力。这种理论张力究竟具有怎样的性质呢？我们的回答是，就其基本的结构形式而言，对立的一端表现为无批判的实证主义，它的另一端表现为伦理主义的批判主义。如果采用福斯特的术语来说，前者主要表现为"功利主义的人类中心主义"，后者主要表现为"浪漫主义的生态中心主义"。对于远离哲学的生态学观念来说，上述的基本对立以不自觉的形式在其外部和内部表现出来，而对于那些较为熟谙哲学的生态思想来说，它们或能意识到并指证这样的对立，但依然无法遏制这种对立在其外部和内部不由自主地恢复起来——除非其所持哲学本身握有颠覆并瓦解这种对立之基础的能力。因此，尽管当今生态主题上的见解和观点是极其多样和纷繁交错的，但总体而言，其种种主张总是依上述的基本对立来构成并获得其主要表现的。生态学马克思主义的代表性观点也同样如此。

举例来说，当奥康纳批评马克思哲学缺乏"对土地的挚爱"，完全没有"地球中心主义的伦理学"，缺失"丰富的生态感受性"，并遗忘"自然界之本真的自主运作性"①。不难看出，这样的批评正是在伦理主义的批判主义立场上获得其意义领域的。同样，当阿格尔指望"人们对商品的过多消费的期望破灭"而产生的新的生态危机意识，并由此把"人们从虚假的异化消费的观念中解放出来"，这种生态学马克思主义的浪漫主义伦理学倾向也是一望而知的：它只是从外部对立于现行的、资本主义的功利主义残忍行为，而实际上对于这种对立本身却完全束手无策。

我们要进一步指证的是，支撑着时下"生态"主题下各种主张之间分野和论争的基本对立——以实证主义为一方，以伦理主义为另一方——是彼此补充并且共属一体的。它们从根本上来说无非是现代性意识形态之总体框架中的两极，而现代性意识形态又无非是现代世界——它往往被看作是"反生态"的世界——在观念上的表现。卢卡奇曾简要而深入阐述过这个重要问题。通过分析康德哲学所包含的二元对立，他特别指证了现代社会的本质包含在"纯规律的宿命论"和"纯意向的伦理学"彼此对立又彼此补充的困境中，并且就马克思主义哲学的内部分裂指证了"经济宿命论"和"伦理社会主义"在本质上的两极相通。在这个意义上，康德的两大批判——《纯粹理性批判》和《实践理性批判》——在方法论上的联系（原则划界、归属），乃是一种"绝对必要的和不可避免的联系"，即出自现代社会的本质并且已被意识形态化了的联系。因此，任何一个放弃了辩证方法、站在经济宿命论立场上的"马克思主义者"，一旦提出所谓行动问题，就"必然回到康德学派抽象的伦理要求上去"②。卢卡奇这一分析的重要意义在于，它指明了康德式的"原则划界"或"归属"如何从根本上联系着彼此对立的两极，而使这两极共属一体的意识形态又是如何从现代社会之异化了的本质中产生出来的。

由此，我们不难理解：只要生态主题上的各种当代主张和争论依然

① [美]詹姆斯·奥康纳：《自然的理由》，南京，南京大学出版社，2003，第5～7页。
② [匈]卢卡奇：《历史与阶级意识》，北京，商务印书馆，1992，第51、89～93页。

保持在无批判实证主义(其主要形式是信奉"纯规律的宿命论")和伦理主义的批判主义(其主要形式是倡导"纯意向的伦理学")的外部对立中,即保持在哲学上所谓"现有"与"应有"的外部对立中,那么在这里出现的当代生态思想(包括生态学马克思主义的思想)就不能不是缺乏原则高度的。之所以如此,是因为从根本上来说,纯意向的伦理学是与其对立面同一水准的东西。为了达成必要的原则高度,就必须在哲学上克服上述的根本对立。

"应有"与"现有"的对立植根于现代形而上学,植根于这种形而上学之本质上的二元论(由笛卡尔奠基并为之制定方向),因而也植根于哲学上所谓"实体"与"自我意识"的分离与对立。如果说这样的二元对立在康德哲学中获得充分表现并由费希特完成,那么黑格尔在现代形而上学范围内所提供的解决方案是:把绝对者意义上的"实体"同时理解为"主体"(即"自我意识")。而当黑格尔以思辨唯心主义的方式调和了实体与自我意识的矛盾时,他也在同样的基础上消除了应有与现有的外部对立。需要指出的是,在现代形而上学的前提下,这种矛盾和对立的解除是——并且只能是——以"神"或"上帝"为基础的。

现在要问:哲学上的"实体"和"自我意识"究竟意味着什么?这两者之间的对立意味着什么?而黑格尔对这两者的调和又意味着什么?对这些问题最为简要而清晰的回答体现在马克思的下述说法中:"在黑格尔的体系中有三个因素:斯宾诺莎的实体,费希特的自我意识以及前两个因素在黑格尔那里的必然的矛盾的统一,即绝对精神。第一个因素是形而上学地改了装的、脱离人的自然。第二个因素是形而上学地改了装的、脱离自然的精神。第三个因素是形而上学地改了装的以上两个因素的统一,即现实的人和现实的人类。"[①]因此,就所有这些因素都被保持在现代形而上学的范围之内而言,实体与自我意识的对立无非意味着人和自然的抽象对立,而黑格尔的调和则意味着通过思辨的辩证法来克服或扬弃这种抽象的对立,从而达成人和自然界的思辨的统一。这样一来,我们便从哲学上进入到一个当代生态思想不能不给予高度关注的领域,即人与自然之基本关系的领域。事实上,任何一种当代生态思想都是依循对这一基本关系的领会方式而获得决定性奠基的。

问题的核心之点必然是——并且始终是——人与自然的关系。如果说有某种生态学观点试图把人(并从而把人与自然的关系)从问题体系中

①　《马克思恩格斯全集》第 2 卷,北京,人民出版社,1957,第 177 页。

完全排除出去，那么它也许可以是某种类似于自然地理学或生物学的观点，却再也不可能就当代的生态问题有真正的言说了；因为只要当它试图对这样的问题作出判断并有所言说时，总已先行地置身于人对自然关系的特定领会之中，并按这种领会来为特定的观点和主张制订方向了。就此而言，只要当代生态思想真实地起源于目前日趋尖锐并高度紧张的生态问题，只要它把对问题的积极应答理解为自己的根本任务，那么这样的生态思想就不能不把人对自然之关系的哲学理解设定为自己的理论前提。

黑格尔之后，思考人与自然之非思辨的现实关系哲学努力仍在继续着。我们首先要提及的是由费尔巴哈开启的批判性工作。正如马克思所说，"费尔巴哈把形而上学的绝对精神归结为'以自然为基础的现实的人'，从而完成了对宗教的批判"①。费尔巴哈不再依靠形而上学化的神学依据来思考人与自然的关系，而是诉诸人的活生生的自然的"感性"，但同样值得我们引以为鉴的是，费尔巴哈自然概念所具有的"生态性"诚然令人钦羡，但恰恰是由于他在人与自然关系的哲学定向中排除了社会历史的向度②，所以他对敌视人、敌视自然的现代世界的批判就不可避免地陷入到完全空疏的伦理主义和浪漫主义中去了（"两重性的直观"）。

这也意味着，当代的生态思想只有深入到人与自然关系之社会历史的向度中，才有可能对当代的生态问题作出积极的应答，并展开一种具有原则高度的"生态学"实践。而这同时就意味着必须在哲学上放弃单纯的理论态度，放弃以为某种不同的"自然概念"就能够为问题提供真正解答的天真想法。

为此，我们必须重新思考马克思在哲学上试图消除自然和历史对立的巨大努力，从而真正解决"人对自然关系这一重要问题"。按照马克思的说法，这是一个产生了关于实体和自我意识的一切"高深莫测的创造物"的问题，而这一关系超出思辨浓雾的现实基础就是"劳动"或"工业"。③因此，"经过劳动形成的人与自然的相互作用对于马克思来说是认识历史的关键。19世纪的自然科学和工业代表了正在发展着的'人对自然的理论和实践关系'迄今为止的最高形式"④。正是在这一哲学理解的基础上，才实际地建立起马克思的社会历史理论，才深入地展开马克

---

① 《马克思恩格斯全集》第2卷，北京，人民出版社，1957，第177页。
② 《马克思恩格斯选集》第1卷，北京，人民出版社，1995，第76～78页。
③ 同上书，第76～78页。
④ ［加］莱斯：《自然的控制》，重庆，重庆出版社，2007，第74页。

思对现代世界的批判性分析，因而才使当代的生态思想能够获得始终立足于"社会现实"之上的稳固出发点。

"社会现实"的出发点是马克思主义哲学贡献给当代生态思想之最重要并且也是最可靠的财富。只要离开了"社会现实"这一出发点，当代的生态学批判就不能不是主观的、抽象的、从属于"外部反思"的和浪漫主义的。而费尔巴哈的要害恰恰在于：由于他在哲学上完全缺失历史的原则，由于他对人和自然的直观根本无力达到并触动社会现实，所以他不仅表现出对政治和社会的无知与冷漠，而且和黑格尔比较起来只是显示出"惊人的贫乏"。① 如果当代的生态思想不能满足于费尔巴哈式的对自然的单纯崇拜，如果它试图表明自己能够批判地"通过"社会和政治的区域，从而使当今严峻的生态问题在理论上和实践上获得真正的解决，它就必得在哲学上将揭示和切中社会现实的方法据为己有。

就此而言，马克思主义哲学至今仍然是罕有匹敌的。正如海德格尔所说，马克思在体会到异化的时候是深入到历史的本质性（即社会现实）中去了。"但因为胡塞尔没有，据我看萨特也没有在存在中认识到历史事物的本质性，所以现象学没有、存在主义也没有达到这样的一度中，在此一度中才有可能有资格和马克思主义交谈。"② 此外，海德格尔还指证了现代性意识形态对社会现实的强势掩盖，从而提示了马克思主义哲学的独特意义：现今的"哲学"只是满足于跟在知性科学后面亦步亦趋，而完全误解了我们这个时代的两重独特现实，即经济发展与这种发展所需要的"架构"，而马克思主义懂得这双重的现实。③

把握住"社会现实"，即深入到"历史的本质性一度"中去，才是当代生态思想能够开展出具有原则高度的理论与实践的基本前提。

尽管如此，马克思的自然概念在生态主题上的性质和趋向依然让人存在颇多疑虑。如同奥康纳所提及的，"历史唯物主义只给自然系统留下了极少的理论空间，而把主要内容放在了人类系统上面"，这种疑虑的根由，看起来主要是因为马克思将人对自然的现实关系突出地设定在"劳动""生产"和"实践"等的平面上。而这样的设定在不少生态主义者看来似乎是与"危害生态"的现代性生产一脉相承的，因而是与"反生态"的现代性观念同声共气的，并最终是与"征服自然"的现代形而上学——主体性哲学———一母同胞的。这样的怀疑、声讨和拒斥是如此普遍，以至于阿

---

① 《马克思恩格斯选集》第4卷，北京，人民出版社，1995，第236～237页。

② ［德］海德格尔：《海德格尔选集》上卷，上海，上海三联书店，1996，第383页。

③ 丁耘编译：《晚期海德格尔三天讨论纪要》，载《哲学译丛》，2001年第3期，第53页。

格尔、奥康纳等生态学马克思主义者的工作在很大程度上成为辩护性的。然而这样的辩护却往往难以奏效——主要是因为对马克思哲学的阐释缺乏必要的原则高度，并且事实上经常被锁闭在现代形而上学的视域之中。

此间的问题较少与个人的见地有关：在现代形而上学依然具有普遍支配力的状况下，对马克思哲学的阐释往往会被强制和遮蔽在这种形而上学的体制中。甚至对马克思的社会历史理论给予高度评价的海德格尔，依然对马克思的存在论基础作出完全从属于主体性哲学的评论："对于马克思来说，存在就是生产过程。这个想法是马克思从形而上学那里，从黑格尔把生命解释为过程那里接收来的。生产之实践性概念只能立足在一种源于形而上学的存在概念上。"既然如此，马克思主义就是"当今之思想"（即现代性的意识形态），因为在当今进行统治的就是人的自身生产与社会的自身生产，而"人的自身生产带来了自身毁灭的危险。"①

这样的解说看起来颇为自然：马克思哲学的存在论枢轴是"生产之实践性"概念，它一方面立足于形而上学的存在概念之上，另一方面则意味着在当今进行统治的——并且是带来毁灭危险的——生产。事实上，虽说在评价取向上或有差别，但在哲学的理解上，马克思哲学的支持者和反驳者却是基本一致的。正像前者主张"生产之实践性"概念意味着马克思主义哲学的决定性基础并因而是其优越性的标志一样，后者则认为这一概念在本质上从属于现代形而上学的主体性哲学并因而在实际上支持着主体（"我思"）对对象（事物）行使支配和统治的强权。很明显，在这里具有决定意义的核心是马克思哲学的存在论（或本体论）基础，但这个基础却似乎是晦暗的——它远未得到必要的澄清。

为了对此加以充分辨明，我们需要作出两个基本区分：（1）作为马克思存在论基础的"实践"——感性的活动和对象性的活动，区别于这一概念之通常的、一般的用法。这后一种用法在社会历史理论中包含"生产""劳动"概念；（2）社会历史理论中的生产、劳动概念，由于一个得到充分阐明的世界历史性转折，其后两端的意义在性质上具有决定性的分别。不是"对象性的活动"本身，也不是一般意义上的生产、劳动，而是生产—劳动之特定的历史形式，才开始把存在着的东西当作"单纯的素材"，而不再把它们当作"自在"。

在这一确定的意义上，作为马克思存在论基础的"实践"，即感性的活动或对象性的活动，与现代性生产的性质毋宁说是恰好相反的——这

---

① 丁耘编译：《晚期海德格尔三天讨论纪要》，载《哲学译丛》，2001年第3期，第57页。

种相反性质的实际生成，正可以用"异化"一词来表示。而那使得现代性生产成为可能并发展起来的存在论前提，即马克思所谓的"对象性活动"，却恰恰是在超出主体性哲学之际获得其意义领域的（因而与海德格尔指称现代形而上学之本质特征的"对象性"一词绝非同义）。这就是说，唯当现代形而上学的基本建制——"意识的内在性"——能够被彻底贯穿，"对象性活动"的存在论奠基才是可能的；唯当存在着的东西不是被当作"单纯的素材"，而是被当作"自在"时，"对象性的活动"才成为可能。

在马克思由"对象性活动"而建立起来的存在论视域中，马克思所揭示的根本之点就是"自然界的和人的通过自身的存在"①。用海德格尔的术语来说，这难道不是意味着"离开意识领域以及属于意识的表象之领域"，意味着"由自身而来的在场者"②吗？在这里，难道能够看出丝毫的"物种主义"或"人类中心主义"吗？恰好相反，在马克思的这一存在论视域中，人和自然界的统一直接意味着"人和自然界的实在性，即人对人来说作为自然界的存在以及自然界对人来说作为人的存在"③。因此，正像工业能够开启"自然界的人的本质，或者人的自然本质"④一样，在社会（即人类社会）中，"人的自然的存在对他来说才是自己的人的存在，并且自然界对他来说才成为人。因此，社会是人同自然界的完成了的本质的统一，是自然界的真正的复活，是人的实现了的自然主义和自然界的实现了的人道主义"⑤。这样的存在论定向，难道有可能建立在以意识的内在性为建制的形而上学之上吗？难道有可能与任何一种形式的"生态帝国主义"相表里吗？在马克思后来的思想中，难道曾经就"对象性的活动"这一基本的存在论定向作出过本质性的变更吗？

我们必须指出，马克思的生产—劳动概念，以及与之相关的人和自然的概念，无论获得怎样的表述，其存在论的根据都已本质地建基于"对象性的活动"，而绝非摩莱肖特的"物质变换"。这两者之间是存在着决定性差别的（其差别绝不亚于"对象性的直观"和"对象性的活动"之间的差别）。因此，我们只能从"对象性活动"（而不是一般的"物质变换"）的存在论定向来理解马克思的下述说法："人在生产中只能像自然本身那样发挥作用，就是说，只能改变物质的形态。"⑥之所以如此，是因为摩莱肖特

---

① 丁耘编译：《晚期海德格尔三天讨论纪要》，载《哲学译丛》，2001年第3期，第309页。
② 同上书，第56～57页。
③ 《马克思恩格斯全集》第2版第3卷，第310～311页。
④ 同上书，第307页。
⑤ 同上书，第301页。
⑥ 《马克思恩格斯全集》第23卷，北京，人民出版社，1972，第56页。

的"物质变换"至多只能为马克思的种种说法添加某些新的多少值得注意的生物学比喻，从中引申不出任何对马克思哲学来说是真正重要的独特本质，在最好的情况下，它也只能在哲学上把马克思变成另一个费尔巴哈。正是由于对马克思哲学的这种缺乏原则的退行性理解（也由于考虑到日益严重的生态威胁），我们也可以理解诸如福斯特等的生态学马克思主义者在哲学上将马克思的存在论基础一直追踪到伊壁鸠鲁那里去了。

如果说"对象性的活动"在存在论上首先意味着人和自然界的"通过自身的存在"，那么由于这种活动在本质上包含着"差别的内在发生"，所以它还意味着人和自然界之立足于自身的整个展开过程，意味着在这一展开过程中表现出来的全部丰富性，并且意味着人和自然界通过各种中介的对象化以及异化的可能性和本质发生。与此相反，现代形而上学范围内的"物质变换"真正说来却并不表示"由自身而来的在场者"，毋宁说，它倒是意味着人和自然界的存在要被还原或归结为沉寂的、了无生气的"实体"，即形而上学地改了装的脱离人的自然。关于这样的实体，黑格尔说得对，那是一种"死板的、没有运动的看法"，一切都只是被投进了这个"毁灭的深渊"，却没有任何东西能够从中积极地产生出来。①

要言之，马克思关于人和自然界的存在论立场是依循"对象性的活动"来制定方向的，而不是任何一种关于"物质变换"的形而上学思辨。进而言之，如果我们真正懂得只有在现代形而上学的范围之外才谈得上"由自身而来的在场者"，才谈得上人和自然界的"通过自身的存在"，那么为了深入阐明马克思主义具有原则高度的生态主张，就根本不是向摩莱肖特或费尔巴哈求救，而是在存在论的根基处与之批判地划清界限。

现在我们必须来谈一下人类生产—劳动的那个具有世界历史意义的转折，因为正是这个转折使得和自然的原初关联（或原初统一）被瓦解和翻转过来，并展开全部具有对立性质的"异化"现象。正像这个转折在实践上意味着现代世界之决定性的开启一样，它也在理论上构成马克思对这一世界进行批判性分析的基本前提。因此，"需要说明的，不是活的和活动的人同他们与自然界进行物质变换的自然无机条件之间的统一，以及他们因此对自然界的占有；而是人类存在的这些无机条件同这种活动的存在之间的分离，这种分离只是在雇佣劳动与资本的关系中才得到完全的发展"②。始于这种分离并且由于这种分离，抽象的劳动逐渐发展起

---

① ［德］黑格尔：《哲学史讲演录》第 4 卷，北京，商务印书馆，1978，第 102～103 页。
② 《马克思恩格斯全集》第 46 卷上册，北京，人民出版社，1979，第 488 页。

来，而与之相适应的则是抽象的自然界，也就是说，自然界不再被认为是"自为的力量"，而不过是"人的对象"，不过是"有用物"。① 正是在这样的决定性转折之中，现代性的生产开始变得敌视自然了。因此，当马克思由此而展开对现代资本主义生产的全部批判时，当这一生产被同时指认为人和自然界的双重异化时，这样的批判难道不正是建立在"对象性活动"的存在论基础之上，并依循人和自然界之立足于自身的存在而历史地筹划"人的解放"和"自然界的复活"吗？

另一方面，作为观念形态上本质重要的表现，现代形而上学从根本上来说乃是将现代社会的基本现实——首先是现代性的生产——从哲学上道说出来。因此，在《1844 年经济学哲学手稿》中，马克思指证黑格尔的"否定的辩证法"抓住了劳动——作为异化劳动的现代劳动——的本质。大约 100 年之后，海德格尔说出了同样的意思："劳动的新时代的形而上学的本质在黑格尔的《精神现象学》中已预先被思为无条件的制造之自己安排自己的过程，这就是通过作为主观性来体会的人来把现实的东西对象化的过程。"② 如果说在现代形而上学的完成形式中终于道出了现代劳动之"超自然"的抽象本质，那么马克思在 1844 年对黑格尔的批判就已经在哲学上蕴含了他在 1875 年对《哥达纲领》的批判：正是由于现代劳动的异化性质，劳动才被说成是一切财富的源泉；而"这种资产阶级的说法"在给劳动加上一种超自然的创造力时，只不过是表达了这种劳动对人和自然的强制罢了。无论如何，在现代世界由以诞生的那个转折过程中，确实同样发生着哲学观念领域的根本性变革，而当代生态思想的重要任务之一，就是将这一变革及其意义充分地并且是批判地揭示出来。在这方面，马克思无疑具有"导师"的资格，因为正是他在对资本和现代形而上学的双重批判中，深刻地分析并牢牢地把握住了现代世界在本质上对自然——无论是外部自然还是人自身的自然——的毁坏与敌视。

从上面的全部讨论中，我们不仅看不出马克思哲学具有任何一种"反生态"的立场或意向。并且，我们发现，马克思在对现代世界之推动原则和理论表现的总体批判中，从未使自己的立场仅仅与实际存在的世界抽象对立起来；恰恰相反，他始终只是在对现代世界的批判性分析中，揭示并指证这一世界的内在斗争和实际解体过程将产生出怎样的现实条件，从而使拯救——人的解放和自然界的复活——的历史性实践成为可能。

---

① 同上书，第 392～393 页。

② ［德］海德格尔：《海德格尔选集》上卷，上海，上海三联书店，1996，第 384 页。

"自我异化的扬弃同自我异化走的是一条道路"①。正是在这个意义上，马克思会谈到"资本的伟大的文明作用"，会高度赞扬科学技术的革命性质，并且会肯定现代性生产所蕴含的解放意义。所有这一切皆出自其基本的哲学立场，而这一哲学立场无疑将最坚决地拒斥一切形式的浪漫主义和伦理主义，并始终把当代问题在理论上和实践上的解决建立在社会现实的基础之上。

就此而言，切实揭示马克思主义哲学与当代生态思想的联系或者说阐发一种真正的生态学马克思主义的意义便在于：正像批判地应答当代生态问题的深度和广度将构成对马克思主义哲学的新考验一样，马克思主义哲学将成为检验当代生态思想在多大程度上能够立足于社会现实的试金石。

---

① 《马克思恩格斯全集》第 3 卷，北京，人民出版社，1995，第 294 页。

第十二章　后马克思主义及其存在论视域批判

　　对"后马克思主义"进行探讨的首要工作在于对这一概念的廓清。后马克思主义与后现代主义相伴相生。近几十年来西方学术界流行于将各个学科领域用"后……（post-）"加上原有的理论和概念来道说新的东西，各种新的主张纷纷涌现，形成了强大的后现代主义思潮。"后马克思主义"乃是"后资本主义""后工业社会""后哲学文化"等诸多提法中的一种。"后马克思主义"有广义和狭义之分。广义的"后马克思主义"，正如英国学者麦克莱伦所概括的，是"马克思之后的马克思主义"，其意更多的是"After-"（……之后），而不是"Post-"（后……）。它主要是指追随马克思、恩格斯的"马克思主义"，其范围广泛，流派众多，根据国外学者所进行的划分，最远地把伯恩斯坦的修正主义称为"第一代的后马克思主义"。狭义"后马克思主义"则主要是指在 20 世纪六七十年代，尤其是 1973 年贝尔的《后工业社会的来临——对社会预测的一项探索》发表之后出现的、以"后现代主义"为主导精神的马克思主义思潮。它是真正意义上的"后马克思主义"，是"Post-"的马克思主义①，即运用后分析哲学、后结构主义、后现代主义的方法和理论视域，来解构或解读马克思主义，并试图批判或超越马克思主义。我们所关注的正是与"后现代主义"背景紧密相关的"后马克思主义"思潮。

　　需要指出的是，即便是所谓"狭义"的"后马克思主义"，也远非是一个严格意义上的学术流派。无论是国外还是国内学术界，甚至关于究竟哪些学者和哪些著作应当归入"后马克思主义"这个术语所指称的对象也一直众说纷纭。本章主要就其中比较有定评且影响也比较大的几位所谓"后马克思主义"代表人物进行个案研究，并尝试着在存在论基础上对他们具有代表性的理论观点进行评述。在这些人物中，既包括直接提出"后马克思主义"概念的拉克劳和墨菲，同时也包括从后现代主义的立场对马克思主义进行分析批判和研究的著名学者如德里达、詹姆逊、鲍德里亚等。

---

　　① 参见曾枝盛：《后马克思主义的定义域》，载《学术研究》，2004 年第 7 期。

第一节 德里达的解构主义的马克思主义

德里达因其解构主义哲学而闻名。解构主义以结构主义为其历史的理论前提。结构主义最初是 19 世纪末 20 世纪初瑞士语言学家索绪尔提出来的语言学研究方法，德里达最初还是一个结构主义者，但很快便与结构主义分道扬镳了。他不满意那种自以为任何结构中都存在着一个中心，围绕中心又组成一个等级体系的理论，并把其归入西方传统的逻各斯中心主义之列。1967 年，他连续发表了《书写与差异》《论文字学》《声音与现象》，从而奠定了他的解构主义思想的基础。德里达在 1993 年令人吃惊地发表了《马克思的幽灵》，将解构理论同马克思主义牵涉关联起来，尝试将解构方法运用到政治社会理论的层面。

一、回应福山的历史终结论

1992 年，随着东欧和苏联的社会主义运动陷入巨大的危机之中，关于社会主义与人类历史之命运的讨论也如火如荼地展开。同年，弗朗西斯·福山出版《历史的终结》一书，引起了强烈的反响。福山将冷战的终结和社会主义阵营的瓦解看作是人类历史命运的节点，在此之后，意识形态的斗争将不复存在，西方自由制度和市场经济将成为全人类的制度，历史因而到达其完成阶段。

福山在书中多次言及科耶夫，赞许科耶夫关于将西方世界看作黑格尔"普遍意志的国家"的体现，而"历史的终结"又间接地受启发于黑格尔的历史观念，因为黑格尔在其历史哲学中明确提到过"历史进程的终极目标"，该书便似乎闪烁着黑格尔哲学的影子。福山在书中明确说道："我们可以理解为自由民主——由于以普遍平等的承认取代支配与服从的关系，可以完全解决承认的问题。人在历史过程中追求的驱动往昔'历史阶段'的是承认。人在历史世界中终于发现它，而且得到'完全的满足'。科耶夫严肃地如此主张，我们也应该严肃地加以接纳，因为人类史数千年的政治问题可以认为是解决认知问题的努力。"①

福山凭借着西方世界在冷战中的胜利这一特定历史阶段的特殊事实，拾起欧美的自由民主制度，宣传出当代福音：为自由而斗争的历史已经结束，自由国家的普遍胜利标志了其他全部历史性实践的破产，而自由

---

① ［美］福山：《历史的终结》，呼和浩特，远方出版社，1998，第 12 页。

民主制度才是全人类历史的终极天命。但人们不禁要问，历史是否真的被西方自由民主制度所完全规定？马克思主义是否完全淡出了人类发展的历史进程？

德里达正是在这个特殊的历史时刻以《马克思的幽灵》一书的问世回应了福山并为马克思辩护，力图重释马克思的批判精神，历史地拯救马克思主义的基础。以德里达为代表的解构主义一直缺乏明确的政治立场，而一贯以来，解构主义所要解构的正是像马克思主义这样的宏大历史叙事。在马克思主义浪潮和社会主义运动陷入哀歌和危机的特殊时刻，德里达以非马克思主义者的身份宣称全人类都是马克思思想的继承人，每个人继承着马克思的遗产。

马克思主义将会伴随着社会主义运动的挫折而彻底退场吗？德里达却在马克思的不在场中看见了马克思思想的回归，"在对马克思的'埋葬'中。就像通常的送葬一样，存在着一种幽灵压力下的回归，即'鬼魂'的游荡"①。他暗示道，当历史终结论这样的论调出现的时候，马克思主义实际上在悄悄地复活，它的真实性将在批判这种非历史的理论中重新拾得自身的复归。德里达援引马克思在《德意志意识形态》中对施蒂纳的批判反驳福山，他认为福山依照所谓"超历史的标准"来断言历史终结并宣称这个标准是永恒的，乃是基督教末世论的变形；福山"本质的人"更是一种"幽灵般抽象性"，"而马克思对于自然和作为人的人类的抽象概念所做的批判分析依旧可以说是深入而丰富的"②。福山的历史终结论所依托的超历史标准，放在马克思主义视野下稍加检验便显露出其抽象的、非历史的向度。

德里达同时不满意福山宣布马克思主义已经彻底退场的言论，对马克思的否定是无法摆脱马克思幽灵们的纠缠的。苏联解体和东欧剧变不仅不会让马克思主义彻底退场，相反让马克思主义从固化的状态中解放出来，回归到以批判精神为核心的丰富性中。经院哲学般理解马克思主义和将马克思主义束缚于僵化的经济政治体制中实际上扼杀了马克思主义中的批判精神，让马克思主义失去了活力。苏联解体和东欧剧变并不意味着马克思主义的死亡，反而是一种解脱，让长期被遮蔽的批判精神得以重新彰显，马克思主义从而在自身的葬礼中完成了幽灵般的复归。

---

① ［法］德里达：《德里达中国演讲集》，北京，中央编译出版社，2003，第77页。
② ［法］德里达：《马克思的幽灵》，北京，人民大学出版社，1999，第96页。

二、不在场的幽灵

解构主义作为主流的后现代话语，最为突出的特点便是对传统形而上学的逻各斯中心主义进行解构。逻各斯中心主义始终以哲学解释世界，追寻在场的根据，以此根据为中心建构在场的形而上学。这种形而上学支配了几乎整个西方形而上学传统，以德里达为首的解构主义为寻求整个形而上学的转变，强调了不以确定性概念进行分析的方法，反对解构上的总体性，动摇了西方形而上学的基础。

逻各斯中心主义另有一种基本架构，便是强调二元对立，譬如形式与内容、主体和客体等，在二元对立的关系中，有一方必定对另一方占据支配地位，并形成决定对方的力量。德里达通过重新解读形而上学文本，实际要破坏传统形而上学内部话语，让原本固定的概念变得不再固定，达到消解文本中的"逻各斯"的效用。而在他看来，那些宣布马克思主义已经死亡的理论，便是一种典型的逻各斯中心主义，在这种理论中，在场和不在场也截然对立起来，唯有在场的理论似乎才能对世界产生可见的效用。

既然德里达不以一名马克思主义者为马克思主义辩护，他便以一名解构主义者的身份为马克思主义辩护，因为马克思主义和解构主义在批评资本主义社会的同一性与批判形而上学的在场性在精神上保持了一致，德里达便借助为马克思主义辩护的同时高调表达了解构主义的政治立场。他提出的"幽灵"本身，便有着马克思主义同解构主义达成同盟的意味。

首先，马克思本人在《共产党宣言》中将共产主义比喻为飘荡在欧洲上空的幽灵，实际上暗喻了共产主义无时无刻地对资本主义制度产生着消磨不掉的威胁，共产主义不单单意指工人运动，同时也暗指其对资本主义批判的丰富性是如何全面渗入到资本主义的危机中去的。德里达巧妙地将马克思本人的暗喻转化为马克思主义本身的非实体性存在，而突出强化了"幽灵"的否定性含义，也就是马克思主义的批判精神。但最反讽的地方也来自德里达的转化，马克思本人仍然肯定地表示共产主义的幽灵将作为资本主义的掘墓人，最终成为历史真实的在场，而德里达则是在社会主义运动似乎在退场的进程中，将马克思主义定格为幽灵般的在场。因此，解构主义同马克思本人并非在同一意义下指认了幽灵的意义。

其次，德里达还借助了莎士比亚《哈姆雷特》的著名桥段，被谋杀的先王的幽灵突然出现在哈姆雷特面前，让哈姆雷特为其复仇。这个幽灵是在场的还是不在场的？显然，德里达力图让这样的发问失去其效力。如果说它是在场的，它不仅不是一具实体的血肉之躯，也不是生活逻辑中的某个现实之物；如果说它是不在场的，幽灵却发出了具有意义的指令和线索，驱使了哈姆雷特完成复仇的命运。那么这个幽灵便只能"是不可见物的隐秘的和难以把握的可见性，或者说是一种可见的未知物的不可见性"①。正是如此在与不在的间隙中，德里达为马克思主义批判精神的重新复归找到了空间。另外，在时间层面上，德里达说，幽灵在注视着我们，非共时性的存在于我们身旁，时间性的错位让幽灵介于在场和不在场之间。

最后，德里达宣称马克思的幽灵是复数的，每一次对于马克思主义的悼念活动实则是马克思主义的再度返回，而这些幽灵弥漫于政治、经济、学术等多重领域，前所未有地展示其丰富性与异质性，任何同一性武断的言论不仅无法消灭马克思主义，尤其是当作为政治实体和意识形态的马克思主义分崩离析之际，马克思主义在"脱节的时代"更加剧了对这个世界的纠缠。

幽灵消解了在场与不在场的二元对立，这才是马克思主义的大用。这种幽灵般的逻辑超越了二元逻辑和辩证逻辑，是真正有效性和现实性的逻辑。德里达还说，这个幽灵一定是复数的，而不是单一的某个幽灵，要知道，马克思主义恰恰是在被理解为一元性的时候才丧失了其活力。"那些精神把自己固定在马克思主义学说的躯干上，固定在它假定的系统的、形而上学的和本体论的总体性中（尤其是固定在它的'辩证方法'或者说'辩证唯物主义'中），固定在它的有关劳动、生产方式、社会阶级等基本概念中，并因此固定在它的国家机器（谋划的或实际的：工人运动国际、无产阶级专政、一党制国家以及最终的极权主义的残酷）的整个历史中。"②在这个意义上，马克思主义变为幽灵般的在场，也是其自我解放的结果。

这样的一种不在场的马克思主义，将始终保持开放的状态，维持着对于资本主义世界同一性的消解。马克思主义被逻各斯中心主义束缚之后，所产生的消极后果以及自身的退场，被德里达解构主义的视野所洞察，他认为，缺乏开放态度的马克思主义实则已经放弃了批判精神，缺乏否定性的马克思主义只会是意识形态或一种形而上学体系。僵化的马

① ［法］德里达：《马克思的幽灵》，北京，人民大学出版社，1999，第 12 页。
② 同上书，第 126 页。

克思主义同马克思本人的思想也是背道而驰的，马克思本人对旧的形而
上学做了明确的划分，猛烈地抨击了意识形态的抽象性和虚假性。而当
马克思揭示出商品拜物教的幻觉以及整个资本主义社会的运行规律时，
现实世界中的神秘化实际上也被马克思祛魅了。

解构主义在对传统形而上学的解构阅读中也有异曲同工之妙，德里
达通过重构传统形而上学的话语体系，最终颠覆了形而上学原有之意，
并消解了语词被形而上学所固定的价值位置。以《马克思的幽灵》为例，
德里达在该书中不断穿插马克思本人的文本，如《资本论》《共产党宣言》
《德意志意识形态》等，同时也夹杂了海德格尔、布朗肖特、科耶夫等人
的文本，通过变化文本原有的含义跳出逻各斯中心主义对于语词的意义，
反抗传统语言逻辑对于意义的限制，进而以自身独特的语言风格，富有
策略地完成了解构主义对马克思主义的辩护，同时也是解构主义自身面
对历史终结论的政治立场展现。

解构主义对文本意义同一化的解构与马克思主义对资本主义世界同
一化的祛魅，在德里达看来是一种同盟关系，换言之，只要德里达指认
马克思主义的真正遗产是永不在场的、脱离的批判精神，那么这种批判
精神实际上便已经达到了解构主义的基本立场。

三、是解构主义还是马克思主义

卢卡奇在《历史与阶级意识》中强调了马克思主义作为方法论层面的
优先性，正统的马克思主义应当坚持"具体的、历史的辩证法"以维护其
正统性，卢卡奇强调，取消辩证法的优先地位实际便是屈从于资产阶级
哲学（现代形而上学主流）进而歪曲了马克思主义。从这个标准出发，考
察《马克思的幽灵》一书，我们能清晰地察觉：德里达通过在方法上解构
马克思来为马克思主义辩护，让马克思主义变化为一种解构主义话语，
因而绝不是马克思主义。

德里达自己也明确表示自己的理论不是马克思主义，他说："解构理
论从来就不是马克思主义，也从来不是非马克思主义。……虽然它一向
忠实于马克思的精神，至少说，忠实于马克思主义许多精神中的一种，
而这个精神往往永远也不可能被重演复制，马克思主义的精神不止一种，
而且它们都是异质的。"[①]这里首先强调了马克思主义的精神的丰富性，
是绝不凝滞的开放性话语体系，而解构主义忠实于马克思的批判精神，

---

① ［法］德里达：《马克思的幽灵》，北京，中国人民大学出版社，1999，第107页。

这一精神也非固定的，意味着对一切固化的本体论的批判，以及对这类批判的不断批判。解构主义抓住了马克思主义批判性的原则，通过否定一切同一性话语，形成了激进的立场。

巧合的是，就像当年卢卡奇将以发展黑格尔辩证法和方法论来恢复马克思主义理论革命性的做法称作"或许是最激进的尝试"一样①，德里达解构马克思也毫不掩饰自己理论的激进："除了一种激进化之外，解构活动根本就没有什么意义或主旨，这也就是说，在某种马克思主义的传统中，在某种马克思主义的精神中，它至少是这样。因此，这种尝试将马克思主义激进化的做法可以被称作是一种解构。"②这种激进做法意味着双重解构。

第一，德里达不断要求用批判精神解构资本主义同一性话语。历史终结论的危害不单单在于遮蔽了自由民主和市场经济所带来的种种弊端，同时还力图宣判所有异质于资本主义话语的思想统统死亡。资本主义发展所带来的现实社会关系同质性以及其话语已经成为一种中心话语的时候，这个时代就会更加召唤马克思主义对于同一性的批判。马克思对于旧的形而上学体系作出清算，并提出以实践来超越旧哲学便是在异质于旧哲学的基础上扬弃了形而上学传统。同样，在深入市民社会内部发现剩余价值学说，马克思比任何历史哲学更切中了历史的本质，即了解到资本主义的生产模式以及这种模式所需要的基本架构。现代形而上学作为一种神话学般的虚假性，在历史唯物主义的批判面前实际被瓦解了。

解构主义巧借马克思主义对于资本及其现代形而上学的批判成果，让自身的解构话语借马克思的"幽灵"展开自身的政治立场。无疑，就其力图批判资本主义社会同质性发展以及历史终结论来看，德里达是有巨大功绩的，他不断提示着我们要保留住马克思主义"最具活力的部分"——批判精神——这个遗产是全人类的宝贵遗产。与时俱进是继承发扬遗产的重要方法，"使这种马克思主义的批判适应新的条件，不论是新的生产方式、经济和科学技术的力量与知识的占有，还是国内法或国际法的话语与实践的司法程序，或公民资格和国籍的种种新问题等，那么这种马克思主义的批判就仍然能够结出硕果"③。这一策略丰富了后马克思主义思潮的基调，要求马克思主义的研究者从文本中跳跃出来，面

---

① ［匈］卢卡奇：《历史与阶级意识》，北京，商务印书馆，1992，第32页。
② ［法］德里达：《马克思的幽灵》，北京，中国人民大学出版社，1999，第129页。
③ 同上书，第122页。

向新的社会条件变化，调整自身发展策略。相较于对马克思主义庸俗机械的解读，对马克思批判精神的弘扬在苏东剧变的特殊时刻具有重要意义。

第二，德里达要求马克思主义要不断进行自我解构。批判精神在德里达眼中又是充满解构逻辑的，他认为的批判精神是："一种随时随地准备进行自我批判的步骤。这种批判在原则上显然是自愿接受它自身的变革、价值重估和自我再阐释的。"①马克思对于商品世界神秘性的祛魅便已经是对商品世界内在逻辑的解构，德里达较之马克思更加激进的一点是，他要求摆脱任何教义和规定性理论，也就是说，任何总体性的同一化做法都该被破除，马克思主义本身对于确定性的追求也应当被批判。

自我解构的马克思主义不再是我们熟悉的马克思主义，当然，作为幽灵般不在场的马克思主义也不是我们熟悉的马克思主义。为了做出更明确地区分，他所表明的马克思主义与过往的马克思主义都要不同，作为历史唯物主义的马克思主义还是作为本体论的马克思主义，尤其是作为意识形态的马克思主义都因为其在场的性质而被德里达所抛弃。离开了历史唯物主义的批判精神，剩下的是无规定性的否定，而抛弃了科学性的批判精神，最终将导向虚无主义，马克思主义从来就不是具有单纯否定性的批判性学说。

德里达狡黠地表示，他自己以一个非马克思主义者的身份解构马克思主义是正当的，因为马克思本人都不承认自己是一个马克思主义者，马克思主义本身也应该是灵活的。我们在这里不赞同德里达以后现代主义视角解构马克思主义的思路，摒弃了历史唯物主义的基本逻辑，马克思主义才失去了其最重要的灵魂。

马克思主义的批判精神是立足于唯物史观之上的批判性视角，就其本质而言，是同唯物史观不可分离的，脱离了唯物史观的批判精神将不再具有历史性和科学性的维度，进而不可能通达社会现实。德里达将马克思的批判精神视作一种解构逻辑，力图以此超越马克思主义原有问题域的讨论，对新的历史境遇做出批判性考察，但不以唯物史观作为依据，单纯为了批判而批判，为了解构而解构的"马克思的遗产"将由于缺乏其精神内核，而滑向一种现代的弥赛亚主义，将难以逃脱虚无主义的阴影。因此，德里达只是利用马克思主义来阐述了其成熟时期的解构理论，或

---

① ［法］德里达：《马克思的幽灵》，北京，中国人民大学出版社，1999，第124页。

者说是其解构理论在政治理论的一次展开，我们因而需要特别区分解构主义同马克思主义的根本不同。

第二节　詹姆逊：文化批判理论的存在论视域及其批判

和德里达极为相似的是，当国际共产主义运动遭受严重挫折，马克思主义的发展处于低潮时，詹姆逊也表现了巨大的理论勇气和思想魄力，振聋发聩地宣布马克思主义和它的批判对象即资本主义一道获得了空前的问题性、活力和重要性。弗雷德里克·詹姆逊最初是作为当代美国著名的文学批评家的面目出现的。1971年发表的《马克思主义和形式》开辟了他自己的文学与社会特别是与生产方式相联系的新途径，在美国最早将马克思主义引入到文化批评之中。1981年詹姆逊发表了《政治无意识》一文，提出将文本同意识形态联系起来的重要观点和解释文学作品的叙事分析方法，奠定了他在文学批评领域的显著地位。在1991年发表的《后现代主义或晚期资本主义的文化逻辑》一书中，詹姆逊认为人类文化在晚期资本主义社会发生了一次革命化的变革：从以语言为中心转变为以视觉为中心，而后者将改变人们的感受和经验方式，也改变了人们的思维方式。正是在《后现代主义或晚期资本主义的文化逻辑》这本书中，詹姆逊开始从最初的文学批评转向了对资本主义的文化评判，开始研究文学、绘画、建筑、音乐、电影等文化制品和大众传媒的作用和功能，并对生产方式与文化和意识形态之间的内在关系，以及历史意识和时空变化的联系等诸多方面都进行了深刻阐述。他运用马克思主义的辩证方法来揭示资本主义文化的发展逻辑，详细分析了在一个社会内部各种文化意识中经济、政治和权力与生产方式之间的密切关联。

一、马克思主义与后现代主义

詹姆逊是否应当归属于后马克思主义实际上是充满争议的，后马克思主义作为一种独特的思潮在很大程度上依附于后现代思潮的展开，是对于马克思主义所研究的传统主题进行重构性解释。后现代话语体系逐渐成为马克思主义的替代性语言和研究方法，打破了人们对于马克思主义的传统认识。但詹姆逊坚定地认为自己是一个马克思主义理论家，他的工作是建立在马克思主义基本方法上对现代资本主义的考察，他最富有特色的研究路径是将"马克思的资本主义生产方式批判和后现代主义文

化批判之间建立起内在的关系"①。詹姆逊纠缠于马克思主义同后现代话
语之间，更加模糊了其理论立场，他坚持总体性原则让他更加接近一个
传统马克思主义者，而他大量运用后现代分析话语表述，又远离了传统
马克思主义的问题域。但他始终认为马克思主义仍然具有解释当下资本
主义的话语效力，只要资本主义还在依照其自身的原则发展，马克思主
义就仍然不会失去其固有的活力。

　　总而言之，对于 20 世纪末的马克思主义理论家来说，为马克思重新
正名总是一项不可逃避的历史任务。无论是苏东剧变还是马克思主义在
意识形态领域影响力的衰退，都加剧了世界对于马克思主义的误读。一
些理论家(比如福山)力图宣判一种二元对抗逻辑：资本主义的胜利直接
意味着社会主义(马克思主义)的终结。"每当作为马克思主义的研究对
象——资本主义——发生变化或经历出乎意料的变异时，马克思主义的
范式(paradigm)就会产生危机。由于对论争问题的旧表述不与新的现实
相适应，所以很容易得出结论说，这种范式本身被超越了和过时了。"②
按照这种推论，马克思主义对 19 世纪资本主义社会的考察原则以及科学
成果，放到今天去分析当下资本主义社会的发展是失效的。马克思主义
不再是具有现实意义的理论，而只是过时的一种理论罢了。

　　詹姆逊丝毫不认可资本主义所发生的变化意味着马克思主义的终结，
在他看来，马克思主义与资本主义本身就是一种双生的关系，因为"马克
思主义首先是关于资本主义的学说。马克思主义是唯一一个把资本主义
作为一个整体加以分析的科学体系"③。虽然资本主义的新发展对于马克
思主义原理构成了挑战，但资本主义发展到最高阶段，其内在的危机依
然体系性地存在着，马克思主义作为一种分析资本主义内在矛盾的科学
理论，仍然具有高度现实意义。

　　然而，由于这类主题远离了传统马克思主义的问题域，这考验了当
代马克思主义理论家如何从历史唯物主义出发探讨资本主义新趋势，并
发展丰富马克思主义自身。詹姆逊便基于这样的挑战，从后现代问题着
手，探讨了马克思主义同后现代主义的关涉。

　　什么是后现代主义呢？后现代主义不是一种突兀的思潮，相反，是

---

① 罗骞：《詹姆逊对"生产方式"的坚持与阐释》，载《第三届国外马克思主义论坛会议论文
集》，第 189 页。
② ［美］詹姆逊：《论现实存在的马克思主义》，载俞可平编：《全球化时代的"马克思主
义"》，北京，中央编译出版社，1998，第 70 页。
③ ［美］詹姆逊：《新马克思主义——詹姆逊文集(第 1 卷)》，北京，中国人民大学出版社，
2004，第 353 页。

紧密联系于现代主义的发展的。"后现代主义之产生，正是建基于近百年以来的现代（主义）运动之上，换句话说，后现代主义文化的'决裂性'也正是源自现代主义文化的运动的消退和破产。无论从美学或从意识形态角度来看，后现代主义表现了我们跟现代主义文明彻底决裂的结果。"①现代主义表明了普遍价值的全面应用，期望其理论所拥有的真理性能够适用于任何历史阶段。世界必须能够被普遍地把握，所有的差异性能够被把握于某种历史观或科学之中。现代主义在文学、艺术以及哲学理论中无不表现对总体的支配欲望，对于总体性和系统性的渴望，是现代主义所追求的历史性与科学性的重要动力。

在与现代主义决裂的过程中，后现代主义要让"总体性渴望"破产，它们追求"碎片化"以反对"总体性"。这在建筑和艺术领域最为突出地表现了出来，宏大叙事的主题在这个时代表现为一种不可理解的尝试，现代主义成为了保守的、压抑的反潮流主张。那么又是为什么会造成这种决裂的产生？詹姆逊由此还进一步发问道："为什么'总体性的概念'在一定的历史时期被认为是必要的和不可避免的，而相反在另一些时期则是有害的和不必考虑的。"②

詹姆逊正是在这个问题上回到了马克思主义的解释路向中。文化风向的转变意味着经济结构发生了巨大的变革，艺术思路上的变迁是受到了资本主义发展逻辑的影响。现代主义和后现代主义在时间上处于不同的资本主义发展阶段，现代主义大体是民族资本主义阶段，而后现代主义所盛行的当下则是全球化资本主义阶段。于是，对现代主义的衰落和后现代主义的兴起的考察将转变为对资本主义不同发展阶段的考察，而后现代主义则表现为全球化资本主义阶段的主导文化形式。

至少这样看来，对后现代主义的考察将是历史的考察，因为它要求从经济架构出发考察资本主义社会的整体结构，而不单单停留于描述一种风格潮流。詹姆逊将各种文化类型同历史分期相结合，"我的观点是，如果说现实主义的形式是某市场资本主义的形势，而现代主义的形势是一种超越了民族市场的界限，扩展了的世界资本主义或者说帝国主义的形势的话，那么，后现代主义的形势就必须看作一种完全不同于老的帝

---

①　[美]詹明信（詹姆逊）：《晚期资本主义的文化逻辑》，北京，生活·读书·新知三联书店，1997，第421页。

②　[美]詹姆逊：《现代性、后现代性和全球化——詹姆逊文集（第4卷）》，北京，中国人民大学出版社，2004，第208页。

国主义的、跨国资本主义的或者说失去了中心的世界资本主义的形势"①。这样一种历史分期考察，将后现代主义置于整个历史发展的总体性视野，现代主义同后现代主义对应于资本主义不同时期的经济框架和社会类型，彼此形成了连贯且又分离的辩证关系。

马克思主义毫无疑问是一种现代主义，但在这种辩证关系中将无可争议地有资格介入到对后现代主义的考察中来，那些宣称马克思主义在后现代主义面前失效的言论根本就不能成立。詹姆逊在这个问题上谈论到马克思主义的优越性，马克思对于经济和文化的辩证关系的考察放在今天仍然成立，"文化对于政治和经济越来越大的重要性并不是这些领域带有倾向性的分离或区分的结果，而恰恰是商品化本身越来越普遍的浸透和渗透的结果，……今天，文化已大部分成为商业，这个事实导致的结果是，过去被认为是经济和商业的大多数事物，现在也变成了文化"②。马克思主义关于经济基础与上层建筑的辩证关系依然闪烁在詹姆逊的理论框架内，文化问题最终还是被置放于资本主义不同时期的生产方式中得以考察。詹姆逊认为，这仍然是一种真正的辩证法，我要试图探索的是："'后现代'到底如何以晚期资本主义整体逻辑里的主导文化形式呈现于社会生活中。……我在提出解释时竭力避免让批判性的分析沦为道德性的评价，并尝试在历史中探索当前的时代意识，企图以真正的辩证法来正视问题。"③

一种作为生活方式的消费主义，是人类发展的必然阶段，就像资本主义是人类社会发展的必然阶段一样，后现代主义连同整个全球化资本主义的发展规律仍然能够被马克思主义的基本原理所掌握。詹姆逊强调，当下各种新马克思主义能够因此衔接作为现代主义的马克思主义，整体性的马克思主义得以衔接碎片化的后现代，就像后现代能够历史地贯穿于现代主义一样，作为现代主义的马克思主义的历史意义得以贯穿至今。

二、晚期资本主义的文化逻辑

晚期资本主义概念是詹姆逊对社会形态作出划分时提出的重要概念，意指当下资本主义所处的时期。这个概念援引自托派领袖欧内斯特·曼

---

① [美]詹明信：《晚期资本主义的文化逻辑》，北京，生活·读书·新知三联书店，1997，第286页。
② [美]詹姆逊：《新马克思主义——詹姆逊文集（第1卷）》，北京，中国人民大学出版社，2004，第315页。
③ [美]詹明信：《晚期资本主义的文化逻辑》，北京，生活·读书·新知三联书店，1997，第500页。

德尔在《晚期资本主义》一书中的划分，曼德尔沿用了马克思对于资本主义发展周期性的分析，依照核心生产要素的重大变革划分资本主义的三个阶段。第一个阶段是早期资本主义，也就是马克思所说的民族资本主义阶段；19 世纪末的资本主义发展为帝国主义是第二个阶段；第二次世界大战之后的资本主义则被认为是晚期资本主义。

詹姆逊在他的著作中大规模地使用了晚期资本主义的概念，然而这并非是一种严格的时间划分，在更大程度上是为了说明资本主义特征所发生的变化。詹姆逊在此特别强调了黑格尔——马克思考察社会历史中的"历时性"视角。黑格尔对于历史的理解基于一种抽象的时间性发展，历史辩证法在自我运动中不断向前推进，历史表现为精神的历时性过程。而马克思在《资本论》中对于资本主义历史的现实考察，展现了历史内容自身发展的历时性过程，即社会是具有历史延续性地向前延伸。

那么，对资本主义阶段的划分在历时性视角中便是对资本主义发展的整体图绘，资本主义发展也客观地遵循着辩证发展模式，周期性、阶段性的发展展现了资本主义社会在过往阶段基础上的革新与变化，同时也意味着资本主义内在矛盾的保留。詹姆逊说："所以，'晚期'指的就是这种时间性，而不是别的。但是另一个方面，最近的经济危机表明资本主义并没有因为里根主义、撒切尔主义和新保守主义的出现而获得胜利。其仍然十分脆弱，仍然是马克思所描述的那种充满矛盾的结构或机体。"[1]他在肯定资本主义的生命轨迹必有其终结的时候，也不认为眼下就到了资本主义的灭亡阶段，"晚期"暧昧地表明资本主义在未来没有明确的终结节点：资本主义生产方式通过不断地自我调整延续着自身的生命力，资本主义作为"最具适应力的生产方式"，通过制度的扩张和全新商品的生产，用以克服自身危机，延续其自身发展，在经济、政治和文化上表现出变局与危机并存的样式。晚期资本主义概念的提出是界定对当下资本主义世界的讨论范围，而非对资本主义做出死亡的宣判书。

詹姆逊更多地还是从文化批判角度切入了对晚期资本主义的考察，他将后现代文化的消极性（这也是资本主义的消极性）视为晚期资本主义的主导文化特征，认为后现代主义文化同晚期资本主义社会之间存在着对应关系："我相信，后现代主义文化的出现，和晚期的、消费的或跨国的资本主义这个新动向息息相关。我也相信，它的形式特点在很多方面

---

① 何卫华、朱国华：《图绘世界：弗雷德里克·詹姆逊教授访谈录》，载《文艺理论研究》，2009 年第 6 期，第 4 页。

表现出那种社会系统的内在逻辑。然而，我只能就着一个重要的题旨揭示这一点：即历史感的消失。"①詹姆逊沿用了马克思有关经济基础与上层建筑的二元辩证关系，晚期资本主义社会是后现代主义的经济基础，反之，后现代主义则是晚期资本主义社会在上层建筑层面的反映形式。

现代主义所追求的"总体性渴望"在早期资本主义时期，随着大机器生产和社会整体化趋势的加强，在文化领域现代主义力图实现对整个世界的把握，表现为对普遍化真理的追求。詹姆逊认为，后现代主义作为现代主义的继承，两者之间有着不可分割的历史发展过程，就如同资本主义发展有着彼此衔接一样，后现代主义是紧跟着现代主义的发展脉络生成的。现代主义的悄然退场是因为不适应工业社会文化，也就是阿多诺所批评的"文化工业"。其表现尤其是：现代主义在强调把握社会总体时所呈现出的历史感，被后现代主义打碎了。詹姆逊批评后现代主义的叙事方式缺乏总体性，而他则坚持历史的架构，以谋求连贯的叙事线索。

"历史感的消失"是后现代主义所处的消费社会遮蔽了历史感的结果，他说："那么这就是对消费资本主义的一个控诉——或者至少至少，是一个已变得无能处理时间和历史的社会一种惊人的和害病的表征。"②当文化完全沦陷为经济化之后，文化成了服从于文化工业的消费品，顺从并赋予于资本逻辑，文化中的历史内涵也就无从谈起了。取消了对世界总体性的追求，一方面意味着文化只能表现零散无序的社会样态，丧失了对世界的整体感受；而从另一方面来看也消解了文化历时性的发展过程，后现代主义呈现出缺乏内涵深度的浅薄。

后现代主义从上层建筑的角度展现了晚期资本主义社会的内在秩序，文化的商品属性表明了自身是市场经济的符号，多元性的追求展现了市场经济的多元渠道，失去中心了的资本主义社会也已经展现出多元发展趋势。历史意义的丧失不仅呈现在文化领域，更重要的是在资本主义社会结构中也丧失了对历史感的追求。詹姆逊在叙述文化与社会的辩证关系中，表达了资本逻辑渗透于文化领域的方方面面，后现代主义的文化逻辑与资本逻辑彼此相互依附，并遮蔽了资本逻辑对其的实际操控。詹姆逊特别强调了马克思在《资本论》的优越性，马克思科学地预言了全球劳动力将会成为商品的事实，晚期资本主义恰如马克思所说的那般展现

---

① ［美］詹明信：《晚期资本主义的文化逻辑》，北京，生活·读书·新知三联书店，1997，第 410 页。

② 同上书，第 407 页。

了资本主义的内在运动规律，因此晚期资本主义实现了马克思的科学预言，而詹姆逊所做的批判便是从文化批判出发切入晚期资本主义的发展逻辑之中。

三、关于马克思主义意识形态问题的探讨

意识形态理论被詹姆逊看作马克思关于意识理论的独创性贡献，与黑格尔"理性的狡黠"、达尔文的进化理论、尼采的权力意志以及弗洛伊德的潜意识理论并列看作思想界的"哥白尼革命"[①]。詹姆逊探讨了马克思关于意识形态理论的形式、分析模式及其发展。

首先，詹姆逊讨论了"理论与实践的统一"，在他看来，马克思在《关于费尔巴哈的提纲》第十一条中所做出的划时代的超越，意味着在理论和实践两个层次上要求取消意识形态。詹姆逊为意识形态做出了自己的定义："意识形态在某个意义上来说，是异化在意识或思想领域所采取的形式，它是异化了的思想。"[②]所以，意识形态从理论层面上来看，是可以通过分析来了解意识形态，并将其去神秘化，而在实践层面则有更高的要求，它意味着要改变客观环境以克服意识形态。马克思关于意识形态问题的伟大之处在于：它统一理论与实践两个层次，表明了完善真理同改变世界的不可分割性，因而，马克思主义所要求的解放也意味着理论与实践双重的解放。

其次，詹姆逊谈论了辩证法在意识形态问题中的作用。辩证法是"既有情境决定(具体情况)又具反省性(或者说自我意识到其自身思维诸过程)的思维方法"[③]。具体的辩证法不是超历史的方法，相反它需要不断切近具体的历史情形，具体放在意识形态问题上，意味着辩证分析的对象要不断改变。整个马克思主义发展史展现了对七种意识形态模式的变迁，意识形态成为真正的历史概念，是从马克思主义问题性中生发出来的。

这七类意识形态模式分别为：(1)错误意识；(2)领域权或阶级合法化；(3)物化；(4)日常生活意识形态，文化工业；(5)心理主体与意识形态国家机器；(6)支配权意识形态；(7)语言的异化。詹姆逊通过意识形态问题的变迁勾画出从马克思到哈贝马斯的马克思主义发展史，与之平

---

① 参见［美］杰姆逊(詹姆逊)：《后现代主义与文化理论》，北京，北京大学出版社，1997，第223页。

② 同上书，第229页。

③ 同上书，第230页。

行发展的也正是詹姆逊自己所讨论的从现代主义发展到后现代主义，从早期资本主义过渡到晚期资本主义的历史进程。意识形态理论的辩证性决定了其是一门历史科学，不同的历史阶段和历史发展水平对应了不同的意识形态问题，詹姆逊举例道，马克思本人时期的意识形态问题是对启蒙运动的理性主义作出批判，是认识论方面的意识形态模型；而到了法兰克福学派时期，他们强调商品形式对社会领域的全方面渗透，将文化领域视作意识形态斗争的主战场；哈贝马斯则远离了马克思本人讨论意识形态的出发点，着重强调了语言异化过程中的意识形态功能。马克思及其追随者们在意识形态问题上着力点的不同，植根于资本主义历史性发展过程，而在意识形态领域产生差异。

　　詹姆逊不单单在学理上考察了意识形态问题，更将这一问题同社会主义前景联系起来加以分析。他是当代社会最为积极的力图恢复乌托邦精神的思想家，认为乌托邦话语是社会主义所不能缺少的。社会主义受到了两种"意识形态威胁"，一是来自在全世界流行的关于市场体系的"散乱斗争"；二是深切的反乌托邦忧虑与对变革的恐惧。[①] 意识形态的批判同时需要与乌托邦的建构联系起来。

　　马克思一系列的意识形态的理论是为了破除资产阶级意识形态所虚构出来的神秘，不仅在经济领域也在哲学理论领域富有神秘性，"要获得这种非神秘化工作的真正的、最富创造性的成果，我们就必须把它同探索不同于资本主义的社会道路的广阔视野结合起来，我们就必须把非神秘化同某种乌托邦的因素或乌托邦冲动联系在一起"[②]。乌托邦所蕴含着将来的指向，应该贯穿于马克思主义的历史观中，马克思对于现实意识形态的批判同样包含了对于未来社会的建构。乌托邦由此不再是一个子虚乌有的空洞假设，而是包含着现实意义的愿望，意味着完成当下社会所未能完成的历史任务。乌托邦就从一个理论问题延伸到实践取向，对资本主义现实的批判从历时性角度得以延展和贯穿，达到詹姆逊所要求的总体化向度。

　　正是在这个立场上，詹姆逊认为历史终结论是一种标准的要求葬送对未来理想的理论，是后现代非历史性的理论，这种理论作为一种流行的意识形态通过话语斗争的形式，力图消灭社会主义所要达到的集体自由的美好愿景。真正的马克思主义需要同非历史的理论作出最坚决的对

---

① 参见［美］詹姆逊：《新马克思主义——詹姆逊文集（第 1 卷）》，北京，中国人民大学出版社，2004，第 310 页。

② 同上书，第 150 页。

抗，这个对抗仍然将发生在意识形态领域。马克思主义的乌托邦冲动如果不是理论幻觉，就必须坚持理论与实践相统一的原则，将乌托邦理解为"制度要求在意识形态上想象用以替代现存社会秩序的一种激进社会形式，在现行的话语斗争中，现存社会秩序已不再被视为顺理成章的或传统的遗留，而需要进行再造"①。不难看出，詹姆逊坚持了马克思主义的理论理想，对于现存不公正的社会形式所抱有的改造决心与实践魄力，正是詹姆逊重提乌托邦精神的意义所在。流行的意识形态话语，非历史地断言社会的停滞，将现存的制度视作为永恒的制度，将现有的不公正粉饰为最公正的制度，马克思主义者必须坚持破除意识形态幻觉，克服现存制度之不公正，实现未来社会的美好。

詹姆逊同时也相信马克思主义在消费社会享有理论上更广泛的优越性，马克思主义在意识形态领域最为清晰的一点是：不相信意识形态仅仅是道德的或是理论的产儿，而支撑意识形态的是作为其基础的经济结构。晚期资本主义社会的商品化趋势，只有借助马克思主义才能更清晰地洞见其本质和发展趋势。历史辩证法的逻辑限定了理论工作者需要从特定的历史阶段出发来理解历史，而历史辩证法还同时要求明确所有的历史阶段也是融于整个历史发展过程之中的。后马克思主义理论家脱离了对晚期资本主义的经济基础的讨论，以及忽视了资本主义的历史发展线索，将不可避免地受到流俗意识形态侵蚀，而丢失了马克思主义的宝贵精神。

第三节　拉克劳和墨菲：领导权和激进民主的存在论视域及其批判

拉克劳和墨菲两人较为激进的后马克思主义立场很大程度上源于二人在意识形态问题上所提出的领导权理论。这种激进的立场滋生于历史与思想的双重规定之中，从历史角度看，马克思主义在现实政治实践中所遭受到的重大挫折以及 20 世纪社会历史的巨大发展变迁，促使马克思主义理论家需要不断调整对于狭隘阶级立场的理解，从而寻找出马克思主义内部问题的原因和解决出路。从思想史内容来看，拉克劳和墨菲的研究受到了葛兰西的领导权问题、阿尔都塞的意识形态理论以及德里达

---

① ［美］詹姆逊：《新马克思主义——詹姆逊文集（第 1 卷）》，北京，中国人民大学出版社，2004，第 312 页。

解构主义的影响，通过批判结构主义转向了"消解中心"的后马克思主义的激进立场。

一、后马克思主义话语及其理论渊源

广义的后马克思主义的边界是宽泛的，这一流派基于结构主义或解构主义思潮的基础之上，对马克思主义经典重构解读，由于此种重构破除了传统的规定性解读，后马克思主义较难从宏观角度整体把握。但伴随着拉克劳和墨菲于 1985 年《领导权与社会主义策略——走向激进民主政治》一书的出版，尤其是当该书借助"领导权"这一概念，清晰地表述出一种激进的左翼理论，也第一次提出了"后马克思主义"的概念，从而使得学界对后马克思主义地把握逐渐清晰化。

1968 年"五月风暴"的失败标志了西方马克思主义在指导实践上的衰落，这意味着从早期的卢卡奇到晚期的阿多诺都寄希望对现实进行批判性的把握，再借助此种批判理论重新指导现实运动的方式已经不再可行，"五月风暴"表明了理论路向在现实实践面前的无力感。新左派以及马克思主义者们面对挫折表现出的新动向，便直接来自对西方马克思主义的重新审视。

理论的无力感并不源自理论，而是现实似乎已经不再能被具有明确中心的本质主义所把握。20 世纪社会主义运动陷入低潮的同时，全球政治经济形势也不断朝多元的、具有差异性的方向发展。传统马克思主义所强调的无产阶级作为唯一的政治实践主体，也由于社会身份的解构而成为不断变化的偶然主体。这种变化所带来的是马克思主义的危机，"从 70 年代开始的历史发展客观视角就因现实社会的发展状况失去信誉了，……而全球化时代社会政治主体的复杂性也对这一狭隘的阶级立场提出挑战"①。拉克劳和墨菲力图从"意识形态领导权"问题着手，以全新的方式来应对此般危机与挑战。"……只要我们拒绝优先化的普遍阶级本体论立场基础上的任何认识论特权，就可能真正讨论马克思主义范畴的现实有效性程度。在这一点上，我们明确地指出，现在我们正处于后马克思主义领域，不再可能去主张马克思主义阐述的主体性和阶级概念，也不可能继续那种关于资本主义发展历史过程的幻想……如果本书的认识主题是后马克思主义的（*post*-Marxist），它显然也是后马克思主义的

---

① Laclau："Ideology and post-Marxism". in *Journal of Political Ideologies*，2006，11(2)：103-104.

(post-*Marxist*)。"①如此看来，后马克思主义无论如何将后现代的概念嫁接到传统的马克思主义理论中，它形式上都是同马克思主义相关联的，并通过这样的关联性体现了对马克思主义的忠诚，面对多方对于他们的责难，他们便理直气壮地宣称自己的理论是"无须认错的后马克思主义"。

通常来看，拉克劳和墨菲理论有三个明显直接的理论来源：葛兰西的领导权理论、阿尔都塞的意识形态理论以及德里达的解构主义。葛兰西通过"市民社会"理论的分析，认为意识形态并不意味着仅仅是被经济基础所全然决定的，而是形成于不同意识形态为取得主导地位而不断斗争的过程中，某一特殊的意识形态获得了主导地位之后，便获得了"领导权"，这种领导权是广义文化上的领导权，而非列宁等人以具体阶级为主体的领导权。于是，无产阶级的政治领导权需要不断争取自身在意识形态领导权，也就是获得道德、文化领导权上的胜利。

拉克劳和墨菲强调了葛兰西的"文化领导权"的概念在他们理论中间的终结作用，"对于我们所喜爱的那种特别类型的马克思主义来说，葛兰西的中介是至关重要的，《霸权与社会主义战略》建构的所有基本范畴都起于对马克思主义历史的解构，而重新阐述、重新发挥葛兰西的范畴一直是我的作品的主旋律"②。他们直接将葛兰西的领导权概念作为后马克思主义理论的出发点，对第二国际以来领导权理论的演变做了谱系学上的考察之后，断定只有将领导权理论从传统本质论、决定论的阶级政治中分离为偶然性的建立过程，才能与社会的日益分化的现实相一致，由此建构激进多元民主的理论基础。

同时，拉克劳和墨菲受益于阿尔都塞的"多元决定论"，反对"本质主义"的马克思主义。阿尔都塞在提出"认识论断裂"明确区分出"两个马克思"，1845 年之后的科学的马克思之所以是科学的，正是因为清算了早期那些人道主义的哲学探讨：抛弃了建立于主体性视域中的人的本质问题的讨论。同样，当科学的马克思主义被理解为经济决定论时，意味着以经济作为唯一的核心，作为本质，重新以"主体"的面貌出现了。因而，阿尔都塞认为，任何单独因素决定原则支配的总体化都是意识形态的幻象，遮蔽了异质性与多元显现，从而不再是从真正的总体性视域下谈论社会历史发展的必然性，更遑论科学的马克思主义了。

---

① ［英］拉克劳、墨菲：《领导权与社会主义的策略——走向激进民主政治》，哈尔滨，黑龙江人民出版社，2003，导论第 4 页。

② Laclau：*Political，Polemies and Academics：An interview with Ernesto Laclau*，转引自周凡、李惠斌主编：《后马克思主义》，北京，中央编译出版社，2007，第 38 页。

　　拉克劳和墨菲认为马克思主义对于社会必然性的经典命题就是本质主义的，尤其是生产力决定生产关系，经济基础决定上层建筑等，仍然是将生产力或经济基础等同于某种本质，从而构造出一种本质主义的理性神话。依照此般"必然性"逻辑，社会发展基本规律自然会是本质主义的，会是矛盾的、内在的、客观的和本质的，拉克劳和墨菲与此相反地认为社会规律恰好是受外在支配的"偶然性"逻辑所决定的。① 他们两人为了解构这样的"本质主义"，以生产力问题为例，提出了"中性生产力"的概念，他们将生产力不再表述为某种自我规定的决定性力量，而是"介入生产过程中的所有要素都受生产力的决定"②，换言之，生产过程中的一切因素以及社会关系都能够影响生产力，并且在生产力中得到合理解释。通过对单一规律支配权的解构，社会背后似乎再也不存在所谓必然规律或者普遍同一性，社会就同生产力一样，将是所有要素结合而成的结构，是异质性的多元展现，而不再向本质主义那样展现出意识形态幻象。我们能够清楚地发现，拉克劳和墨菲以阿尔都塞"多元决定"为理论的支撑点，通过重构总体性概念，打碎本质主义与基础主义的简单教条，以提出多元异质性的社会理论。

　　很明显，这种区别于传统马克思主义话语的后马克思主义带有浓厚的后现代语境，这一点突出表现在对于形而上学在场论的批评。在场论是指形而上学总要为世界找到最终的根据，不同哲学家只是分别找到了不同的根据，而这种根据之所以存在的前提，便是必须"在场"而非"出离"于这个世界之外。以德里达为代表的后现代哲学就是要解构掉形而上学的在场根据，将被一元决定论所限制住的可能性解放出来。传统马克思主义"必然性概念"中那些在场的本质性概念，例如生产力、经济基础等在揭示必然性的同时封闭掉了可能性。滋生于后现代话语的后马克思主义在否定本质主义的过程中通过重新敞开被遮蔽的可能性，消解掉那些永恒的在场根据之后，拉克劳和墨菲才依托"偶然性逻辑"——一种非决定性的概念——提出多元基础上的激进民主。

　　激进民主的内涵也蕴含在这种立场之下，一方面，激进民主的建构前提是差异性的社会本身，政治认同的多样性彼此都具有自主的性质，社会对抗滋生频繁，从而多元主义是激进的；另一方面，民主表现为这

---

　　① 孔明安：《后马克思主义的政治哲学批判》，载《马克思主义哲学研究》，2004 年 00 期，第 301 页。

　　② Ernesto Laclau, Chantal Mouffe：*Hegemony and Socialist Strategy：Towards a Radical Democratic Politics*，Lonclon，Verso，1985，p. 78.

些对抗形式没有哪一个是主导的，也没有哪一种政治团体是处于绝对支配地位的，从而民主价值得以可能。墨菲在《政治的回归》中说："今天正在被诉求的那些新的权利所表达的是差异，这种差异的重要性只有在今天得以被肯定，而且它们再也不是可以被普遍化的权利了。激进民主要求我们承认的差异——特殊的、多样的、异质的——实际上包括被抽象的人的概念所排斥的所有的东西。"①

二、对领导权理论的重新阐释

领导权理论如果不单单是理论问题，同样也是实践问题的话，那么理论渊源探讨的学院化也将遮蔽领导权问题的现实维度。拉克劳和墨菲也强调领导权理论背后的历史转变，在新时期中资本主义已经发生了结构性的转变。对于资本主义社会（尤其是福利社会）而言，是"资本主义生产关系越来越深入地渗透到社会生活的每一领域"，与之相伴的结果则是"后工业国家经典意义上的工人阶级的衰落"；而对于社会主义阵营中的国家，也出现了社会模式的巨大危机，人们对经典模式下的社会主义产生了怀疑，而且是包括"人们对以无产阶级专政的名义建立起来的新型统治方式的揭露"②。

正是如此，拉克劳和墨菲的领导权理论的基本目标是：在新的社会历史条件中重新寻找社会主义斗争策略。那么传统马克思主义的领导权理论又为何失效于当下的历史境况呢？拉克劳和墨菲认为传统马克思主义在经济本质主义（经济决定论）和阶级还原主义从根本上决定了传统领导权理论的失效，注定无法同多元社会相适应。在《领导权与社会主义的策略》一书中，他们从葛兰西哲学的基地出发，谈到葛兰西的领导权理论较于列宁主义的优越性同时，也洞察到他的局限：仍保留了"最后两个本质主义因素"，第一个是"领导权主体必然在基本阶级的平面上被构筑"；第二个则是"每一个社会形态围绕着单一的领导权中心来建构它自己"③。这两个本质因素具有顺序上的先后关系，第一个因素意指寻找到某一阶级以确立领导权主体，而第二个则意味着一旦领导权主体被确定之后，社会形态的发展就会自然被这一主体带领着前进了。拉克劳和墨菲补充说明道："葛兰西仍然是在一个世界之内来思考的，在其中主体和制度都

---

① ［英］墨菲：《政治的回归》，南京，江苏人民出版社，2001，第15页。
② 周凡、李惠斌主编：《后马克思主义》，北京，中央编译出版社，2007，第102页。
③ ［英］拉克劳、墨菲：《领导权与社会主义的策略——走向激进民主政治》，哈尔滨，黑龙江人民出版社，2003，第156页。

是相对稳定的——这意味着，如果要使他的大多数术语都适应于当代环境的话，它们都必须被重新定义和激进化。"①

为领导权寻找固定的主体，尤其是寻找到某一阶级作为这一主体的政治行为其背后蕴含的是经济本质主义。简言之，传统的马克思主义在解释社会历史生发的原因时，往往将历史发展简单还原为以经济为枢轴形成的本质主义话语体系，并在特定的生产条件下寻找一元的革命主体。例如，当工人阶级被视作是社会主义运动的主体时，工人阶级对社会主义的决定性作用，是与生产力对资本主义社会的决定性作用相匹配一致的。按照这种简化的逻辑，也就是工人阶级的主体地位生成于被生产力决定的生产关系中，于是我们便发现，生产力——这个唯一的基础性概念——决定了社会所有"历史必然性实践"，于是无论我们需要解释世界还是改造世界，按照传统马克思主义，似乎只需要还原为对生产力的考察和对生产力的发展就可以了。最终经济成了解释一切的基础，并最终被本体化了，社会的多元性在还原论视角下被遮蔽为单向度的话语机制。

而当下面临的困局恰恰是，传统的马克思主义在面对现今资本主义世界时，理论和实践都充斥着无力感或者是彻底的脱节。拉克劳和墨菲反感这样一种生产力中心主义的神话，而正是这样一种神话，造就了传统马克思主义在多元社会中的危机。植根于对特殊客观性因素的绝对信仰，以及由此派生出的阶级斗争学说都不可能在多元社会中指导实践。他们再度批评了葛兰西未能在领导权理论上采取激进立场。"然而即使对于葛兰西，领导权主体同一性的根本核心是它进行链接的领域之外构成：领导权的逻辑并没有显露它对正统马克思主义的所有解构作用。"②

拉克劳和墨菲强调，领导权其实是偶然性的而非必然性的，是多元的而非一元的。本质主义认为经验事实具有同质性，由于经验事实都具有相同的属性，因此通过归纳便可以还原为某一个共有的属性，比如经济决定论者就将这一属性归结为经济（生产力基础）。但拉克劳和墨菲认为，同质性的前提恰恰是不确定性，事物之间并非存在着内在的必然联系。他们由此提出"链接"（或译接合，articulation），最基本的念义是：

① [美]巴特勒、[斯洛文尼亚]齐泽克、[英]拉克劳：《偶然性、霸权和普遍性》，南京，江苏人民出版社，2004，第48页。

② [英]拉克劳、墨菲：《领导权与社会主义的策略——走向激进民主政治》，哈尔滨，黑龙江人民出版社，2003，第96页。

"通过一种中介或活动将不同的要素或构件连接成一个整体的实践活动。"①放到两人理论的具体理论中，是指在偶然性话语中表述的建构关系。生产力这一经济决定论的核心概念，在两人看来也无非是动态的建构过程，是由多种要素相互构成的开放体系。生产力本身不但不能作为唯一的决定性力量，相反它自身也受到其他构成要素的制约。

拉克劳和墨菲展现了同传统马克思主义截然不同的特征，他们引入领导权的偶然性逻辑到马克思主义话语体系中，一来完成对经济决定论的解构，二来也完成对新领导权理论的建构。在解构和建构的张力中，提示出了领导权问题在传统马克思主义那里展现出的矛盾：一方面工人阶级的状况的不确定性决定了其自身历史偶然性的特征，工人阶级并不是被生产力所彻底决定的阶级，他们也在寻求超越自身，以多样性斗争改变同质性；而另一方面，传统马克思主义坚持的经济决定论决定了同质性不可改变，因为生产力是历史发展的必然性条件。拉克劳和墨菲表述这一矛盾时分析道："经济领域不是一个内生的自我调节的空间，那里也不存在着可以被固定在根本阶级核心上的社会代表的构造原则，更不存在由历史利益定位的阶级立场。"②

马克思主义的出路在于从丰富而彻底的多样性中生发出新的可能性，经济决定论这类本质主义理论以历史必然性封闭了可能性出路，因而分裂解构本质主义，将领导权的偶然性逻辑视作领导权同一性的前提，是他们建构自身新领导权理论的重要方法。在此之前他们总结了三点重要的结论：（1）不固定性是每一个社会同一性的条件。偶然性和必然性在他们看来是一场无谓的二元对立，同一性本身也是不固定（偶然的）关系，领导权任务不再是传统视野中的固定的历史任务，也不再同阶级有必然联系。在这个意义上，拉克劳和墨菲要求放弃无产阶级对历史的必然性要求。（2）社会主义目标与阶级立场间寻找不到必然的历史逻辑，工人阶级在这个意义上便不是社会主义唯一的主体，无论是从工人运动本身不断遭遇到挫折还是其他阶层也非彻底远离社会主义目标的双重意义上来看，去中心的领导权立场将真正有助于接合多元的社会力量。（3）拉克劳和墨菲强调领导权理论必须接受实践的检验，而不能局限于理论范围之

---

①　周凡：《霸权接合的哲学批判》，博士学位论文，复旦大学，2004，第15页。

②　[英]拉克劳、墨菲：《领导权与社会主义的策略——走向激进民主政治》，哈尔滨，黑龙江人民出版社，2003，第95页。

内。领导权概念将存在于每一个社会实践中。①

三、激进与多元民主及其局限

"回到领导权斗争中去",拉克劳和墨菲自豪地宣称了左派的座右铭。这个口号不仅是后马克思主义在哲学上对领导权问题的深化,同时也是左翼政治纲领性质的口号。于是,对座右铭的分析从这两个维度展开,才能迫近到对"激进与多元民主"的解读中去。要阐述领导权问题同激进多元民主的关系,则需要预先回答两个问题:第一,领导权斗争是在何种历史情境下展开的?第二,此般斗争是何种意义上的斗争?

阿尔都塞的"多元决定"思想深刻地影响到他们对第一个问题的解读,他们毫不怀疑的表示,话语主体的多元性已经直接解构了社会,社会表现为"不可能的社会(The Impossibility of Society)",这意味着充斥着不确定性的多元社会是领导权理论唯一能够展开的历史情境,能够被一元化理解的社会不过是本质主义的神话。"在此情形之下,经济可以体现在政治之中,也可以不体现在政治之中。反之,对政治来说也是如此。它们之间的关系不属于原原本本的区别,而是两个术语之间的不稳定的类推。"②

差异性追求代替普遍性追求是多元社会的存在方式,领导权斗争需要适应当下的历史情境,也就是说,社会主体不再是单一阶级,不同主体的话语链接便是领导权斗争的任务,而领导权斗争的任务又同"激进与多元民主"相一致,他们明确宣称:"《领导权与社会主义的策略》的核心原则之一是需要把等同的链条与各种反对从属形式的民主斗争结合起来。……左派需要应付'再分配'和'再认识'这两个问题。这就是我们的'激进与多元民主'所意味的。"③领导权通过其偶然性逻辑充分链接社会权利的差异性,是多元激进民主的前提。

第二个问题需要回答领导权斗争的实质。拉克劳和墨菲在此强调了"对抗"(antagonism)的概念。传统马克思主义理论重点是将"矛盾"这个哲学概念用于分析社会,从社会矛盾的不可调和性推演出阶级斗争理论。阶级斗争是伴随着资本主义生产关系与生俱来的对抗,因而对抗是从属

---

① 参见[英]拉克劳、墨菲:《领导权与社会主义的策略——走向激进民主政治》,哈尔滨,黑龙江人民出版社,2003,第97~99页。
② [英]拉克劳、墨菲:《领导权与社会主义的策略——走向激进民主政治》,哈尔滨,黑龙江人民出版社,2003,第135页。
③ 同上书,第二版序言第14页。

于生产关系的政治形式。拉克劳和墨菲一旦反对经济本质主义，当然拒绝接受这种政治形式，他们将对抗不再理解为一种总体性的必然决定，对抗是客观性限度。在《领导权与社会主义策略》一书中，他们将对抗定义为："客观性限度的'经验'确实具有明确的话语存在形式，它就是对抗。"[①]对抗实际上不断展现了客观性的变化过程，多元社会构成于多元对抗关系，与此同时，多元对抗和多元社会都无法还原为单一的固定意义，多元社会的不确定性和不可能性由此得以建立，拉克劳和墨菲在理论上完成了从多元对抗到社会不确定性论证上的统一。

在此基础上，一旦将对抗处理为政治问题，政治同社会便不可分的链接在了一起，并生成了"多元与激进民主"的可能。墨菲认为："政治不能局限为一种制度，也不能被构想成仅仅构成了特定的社会领域或社会阶层。它必须被构想为内在于所有人类社会，并决定我们真正的存在论条件的一个维度。"[②]既然如此，工人阶级反对资本生产方式既可以是出于阶级意识，也可能出于种族主义或女权主义等可能性，只要这些对抗方式能够内置于我们的生活方式中，根据多元决定，激进民主将根据具体的实践需要，围绕着开放的领导权理论，允许任何形式和理由的对抗方式。"多元"便意指政治形式上的多样性和偶然性，而"激进"意味着具有自主性质的政治形式都可以彻底完成社会，"民主"则表明，去中心的多元社会中不存在任何特权的对抗形式，所有的对抗都被规划在差异性中，维护着多元社会的不确定性。拉克劳和墨菲通过领导权理论的重构，最终实现的实际是社会主义目标同自由民主政体的调和。

考虑到拉克劳和墨菲曾专门澄清同伯恩斯坦修正主义的界限，以及詹姆逊曾放言伯恩斯坦是第一代后马克思主义者，拉克劳和墨菲的后马克思主义即使包裹着后现代话语以及当下资本主义世界的历史情境，但仍不妨视其理论为一种激进化的修正主义。艾伦·伍德曾尖锐地批评道："在他的分析中，阶级保留了其理论的纯洁性，但却失去了其历史性意义。"[③]其实不单单是阶级，在两人的去中心化的解构话语中，几乎所有的概念都被置放在了无历史的语境中，而唯一的语境只是当下的资本主义社会现实。

---

① ［英］拉克劳、墨菲：《领导权与社会主义的策略——走向激进民主政治》，哈尔滨，黑龙江人民出版社，2003，第137页。

② ［英］墨菲：《政治的回归》，南京，江苏人民出版社，2001，第3页。

③ Ellen Wood：*The Retreat from Class*，Verso，1986，p.50，转引自周凡：《霸权接合的哲学批判》，博士学位论文，复旦大学，2004，第27页。

即使拉克劳和墨菲强调伯恩斯坦由于没能够走上霸权接合的领导权斗争，因为他仍然将工人阶级看作无产阶级革命的中心，因而和他们有实质上的区别，但只要对他们的理论进行动机上的概览，无疑都是为了当下实践利益的需要，无所谓马克思本人所真正坚持的历史唯物主义原则，而让甚至是低于卢卡奇他们所谓"资产阶级理论"之下的"马克思主义"指导激进民主斗争。恰恰根据马克思本人的历史唯物主义原则，拉克劳和墨菲引以为傲的反本质主义的优越性并非是理论上高于历史唯物主义，从而达到了指导实践的高度，相反的是，后马克思主义相较于传统马克思主义的不同，恰好体现了当代资本主义同19世纪资本主义社会的不同，后马克思主义在理论上的"创新"只不过是资本主义社会自我创新的反映。

从这个意义上说，拉克劳和墨菲的激进民主同资本主义社会的隐秘原则相妥协，这一隐秘原则是现代形而上学利用其几乎无所不包的框架让曾经的批判者——马克思主义——也成为现代形而上学的一部分。就像以资本为原则的资本主义世界已经将无产阶级消融到各个阶层的一样，现代形而上学也在消融马克思主义本身，通过新马克思主义的自我批判完成马克思主义对资本主义社会的彻底妥协。

固然，拉克劳和墨菲在批评经济本质主义的时候，洞察到社会主义在历史实践中的巨大弊病，例如表现出单一的生产方式、与异质生产方式的全然决裂、国家主义特征等，与此同时，领导权斗争上的失势确实是当下社会主义运动所遭受到的巨大困境。而领导权斗争却又同马克思主义在背离历史唯物主义的道路上渐行渐远不无关系，这样的渐行渐远意味着彼此印证的双重性，一方面是马克思主义同历史唯物主义与科学社会主义的逐步分离，使得失去了理论武器的马克思主义者在考察资本主义社会问题上出现重大偏差；另一方面社会主义国家在马克思主义理论指导上的偏差，使得社会主义目标同全球化发展背道而驰，进而出现了重大的政治危机。

但"回到领导权斗争"这一口号为解决危机，而仅仅作为一种策略的时候，即使他们在激烈地抨击资本主义存在的不公正，但他们也为了斗争的实际无奈地认可了资本主义现实，并与马克思主义保持了一定的距离。即使他们高调地宣称，"马克思主义的理论尊严只能来自对它的局限性和历史性的认识"，只有如此，马克思主义才能历久弥新。但他们所倡导的差异的、偶然的、多元的政治文明实际上在与历史唯物主义的基本逻辑相异质的同时，也远离了马克思主义所要真正倡导的无产阶级历史性实践。他们在大规模舍弃历史唯物主义的基本逻辑的同时，也远离了马克思主义的理论内核，不自觉地屈从于现代形而上学。基于马克思主义哲学与现代形而上学是彻底异质的这一标准来看，以拉克劳和墨菲为代表的后马克思主义没有真正具有马克思主义的性质，从而很难令人信服地规划到马克思主义理论中来。

第四节　鲍德里亚：消费文化批判的符号逻辑

由于资本主义灵活积累方式的转变，文化工业大生产的逻辑主导着现代人的日常生活世界，渗透到社会政治经济生活的细微环节。进入消费时代，由交换价值所表现的商品承载了更多的社会功能和文化价值，实物层面的有用性被可交换性，特别是社会性所规定。"存在这样一种消费逻辑，它表明有一种社会性的结构方式，也即当人们消费商品的时候，社会关系也就显露出来。"①因此，以商品生产扩张为前提的消费不单单是资本主义生产过程的环节或结果，它是人们所处的社会结构、文化生活理念的直接再现。消费领域的新变化使人类的生存状况问题突出地显现出来，当代西方社会出现了符号、影像产品过剩、分层消费等新的文化现象，商品也随之具有了文化生命和自我表达的象征性功能。由于商品客观实用性的隐退和表达自身文化意义的需要，符号学方法的解码功能便具有了分析当代资本主义商品逻辑的价值。鲍德里亚将符号学与马克思的政治经济学相结合，其符号政治经济学在当代社会产生了重大的理论影响。

一、符号逻辑与当代消费文化理论的内在关联

哈维指出了现代消费领域变化的根本特点：非物质形态的商品及其逻辑在消费领域中占据了主要地位，这必然会消解作为使用价值的物质形态，并通过建构新的符号体系、意象和视觉形象的文化生产系统来实现社会控制和资本增值。

广义的符号学研究一切可以生产和传达意义的事物，人类的文明化过程也是文化意义的生成、积淀的过程，我们已经习惯了只是在事物所表达的意义层面去生活，这种自觉地文化生活已经成为成人的无意识结构。就像情人节和玫瑰花之间的关系，仅仅是文化层面的象征系统所表

---

① ［英］迈克·费瑟斯通：《消费文化和后现代主义》，南京，译林出版社，2000，第22页。

达出来的，与爱情本身却没有本质关联。人的自觉地文化生活就像人在为自己编织一套符号的表意系统，通过编码和解码来揭示事物和意义的关联，要符合人类整体的游戏规则，然而这个规则却成为人类自身越来越不能把控的无意识系统。所以法国结构主义哲学家把符号、象征、语言和数码当成有自身生命力的文化生产过程，当成一种与我们紧密联系的精神生命相关的过程。

20世纪60年代在法国兴起的"结构主义在语言学和人类学中，最适合深入分析各种象征性系统，进一步揭示人类文化的基本结构，结构主义研究的基本问题是以象征性体系建构起来的社会文化脉络"①。结构主义之于西方传统的主客二分思维模式及其主体中心原则具有根本的颠覆性，贯穿于整个西方思想文化"人"的观念、"标准化"及其"正当性"基础随之瓦解了。

结构主义发端于索绪尔的语言学，它强调语言具有任意性和差异性，词语是一个由能指和所指组成的意指关系系统，语言作为一个符号系统出现，是由语言习惯和规则所决定的深层无意识结构。一些理论家把索绪尔的语言学结构理论引入了社会批判领域。列维-施特劳斯运用这种深层结构来进行社会学和人类学的研究。列维-施特劳斯采用一个决定一切社会变体的无意识结构秩序，并扩展这个观念以把人性包括在内，即深层的、显示出来的结构层次上的人性。他在《野性的思维》中提道："先验的存在于人才心灵的无意识结构或者说是这种无意识结构的体现，它们超越作为主体的个人的认识活动，而主体本身被看作构成模式结构的复杂关系网络中的关系项，不是去构成人而是去消解人。"

罗兰·巴特一反法兰克福学派从主体层面批判大众文化的传统，特别关注资本主义意识形态支配下物的存在方式，在巴特看来，资本主义文化工业生产的运行机制下，商品本身的存在已经发生了转变，从"商品—符号"到"符号—商品"的逻辑演变。进而，巴特对大众文化进行符号学解码，并揭示了大众文化中符号的运行机制，而鲍德里亚是将结构主义的符号学方法应用于消费文化研究的标志性人物。

鲍德里亚将符号学与马克思的政治经济学相结合，其符号政治经济学在当代社会产生了重大的理论影响。在《物体系》和《消费社会》中，他秉承马克思的生产逻辑，分析了物在现代资本主义社会中如何被功能化，并形成"物—符号"的自组织系统，进而对这个充斥着符号、影像、幻觉

---

① 　高宣扬：《当代法国哲学导论》（下），上海，同济大学出版社，2004，第550页。

的现代消费社会进行解码，指出其自我意义结构又是如何主动呈现出来的。而在《生产之镜》中他的思想发生了转折，他全面否定了马克思的生产力论，认为对资本主义社会只能通过象征交换的方式进行整体性的替代。鲍德里亚在这一理论基础上，将马克思的政治经济学批判、列斐伏尔的日常生活批判与德波的景观社会理论结合起来，对以符号为中介的资本主义消费社会进行了系统的深层解构。对于马克思来说，商品是分析资本主义社会的逻辑起点和秘密所在，而对于鲍德里亚来说，符号是商品的全部秘密和目的所在，只有借助于符号学方法，才能对当代消费社会的本质做出解释。在自己的早期著作中，鲍德里亚分析了现代资本主义社会"物的功能化"特点，以及"物—符号"的自组织系统是如何形成的，进而对这个充斥着符号、影像、幻觉的现代消费社会进行符号学解码，指出其自我意义结构又是如何主动呈现出来的。在鲍德里亚看来，"消费是一种建立关系的主动模式（而且这不只是人和物品之间，也是人和集体与和世界间的关系），它是一种系统性活动的模式，也是一种全面性的回应，在它之上，建立了我们文化体系的整体"①。因此，当今社会在本质层面上属于意义逻辑、象征规则和体系范畴，对消费社会进行深层剖析，就要揭示"符号—物"的能指所指结构与消费社会内在逻辑之间的同构性。

把结构主义的符号学方法引入消费文化批判研究，把资本主义社会中的商品作为意义、象征的符号和载体来研究，对于解读当今资本主义社会内在隐性的潜规则，对于人类社会文化的内在机制研究具有重要的方法论价值。

二、物的功能化时代与使用价值的没落

鲍德里亚对商品价值的符号学分析建立在早期"物的功能化"思想基础之上。在其第一部作品《物体系》中，鲍德里亚成功地将符号逻辑运用于对物的存在方式的分析，即在物的功能化时代发生了从物到"符号—物"的转变，进而带来了使用价值的没落以及消费意识形态对人类需求的控制，关于物的符号意义的消费问题才突出地显现出来，这成为鲍德里亚对消费社会展开批判的切入点和理论依据。

鲍德里亚对消费社会中物的存在方式进行了研究，他从分析家具摆

---

① ［法］尚·布希亚（让·鲍德里亚）：《物体系》，上海，上海人民出版社，2001，第222页。

设与家庭成员的关系入手，指出物的功能并不仅仅在于发挥自身的有用性，它同时具有象征意义并能够反映出社会文化的意义结构。而在消费社会中物的存在方式发生了根本性转变，随着物在功能上的解放，其上所附载人的世界的象征意义也消解了，物变成了纯粹的、自由的功能性存在，不再与人的生存体验相关，诸多彼此毫无关联的物品出于实用性的考虑被任意堆放、组合，构成了这个中性的客体世界，这意味着物与人之间的拟人化关系结束了，物脱离了人的具体生存体验。"象征价值、使用价值，在此皆为组织价值所掩盖。老家具的实质和形式被决绝地放弃了，以便以一个极自由的功能游戏取代之。我们不再赋予物品'灵魂'，物品也不再给您象征性的临在感；关系成为客观的性质，它只是排列布置和游戏的关系。它的价值也不再属于本能或心理层面，它只是策略层面的价值。"①物与物之间仅仅是一种功能组合的关系，出于某种策略性的考虑或者按照模范的设计风格就可以把诸多物品整合到一个系统中，服从系统一致性的代价便是失去物自身的特殊有用性。功能物作为一个符号，通过在整个结构体系中与其他符号之间的位置差异来表征存在意义。

在这个祛魅的解放神话背后，鲍德里亚看到了更深层次的改变，即处于物体系中的人也随之功能化了，"只要物还只是在功能中被解放，相对的，人的解放也只停留在作为物的使用者的阶段"②。人被安置在功能化的物体系中，他不再通过物品来满足自己的需要，而是成为了技术上的操纵者。就技术层面而言，物的功能化时代倡导一种作为技术模范的自动化主义，自动化是关于技术纯粹完美形式的梦想，它"预设了一个作为组织者和诠释者的活生生的个人"，同时又把物置入了抽象化程序中。在消费社会中主体受到广告、媒体的深层控制，物品/广告体系构成了"一个符号意义的构造体系：它具有符码的贫乏和效率。它不能结构个性，只是将它指定和分级。它不能结构社会关系：它将它分割为一个等级分明的目录。它将自己形式化，成为社会身份标位的普遍体系：'地位'的符码"③。在广告所主导消费社会中，所谓的主体性不过是消费的幻觉和意向，所谓的个性风格不过是按照符号的区分逻辑被建构的。一个由技术统治的功能化物体系和作为消费者的人的身份就被创造出来了。

鲍德里亚继而指出，在这个物的功能化时代，消费不再与物品的使用价值有关，消费是把所有的物品和信息组织成具有表达意义功能的行

① [法]尚·布希亚：《物体系》，上海，上海人民出版社，2001，第18页。
② 同上书，第16页。
③ 同上书，第214页。

为，"是一种符号的系统化操控活动"。也就是说，消费不再是一种物品满足于主体自然需要的物质性实践，而是一种对文化意义的消费，消费的对象不是物的有用性，而是通过符号意指系统被赋予的功能物的符号意义。在消费社会中，商品具有了无形的符号价值，并同样被交换价值所中介。在物的功能化时代，财富的使用价值不再是对人类需求的满足，而是营造出一种消费意识形态的幻觉，其背后是使用价值的没落。

鲍德里亚认为，这个以物质产品的极大丰盛来满足人们需求的现代世界，本质上仍然处于不平等的社会秩序和特权结构中，在物质财富的丰盛与增长背后，是社会身份、地位区分与差别的普遍化。因此，在资本主义社会中，需求的满足并不是自然性的。尤其在这个消费范畴所主导的社会中，把对物质丰盛、夸示性消费的追求作为幸福的神话是资本主义的意识形态，这种消费意识形态的幻觉使人们的满足和需求抽象化了。

鲍德里亚指出，就财富的使用价值对需求的满足而言，体现了"一种客观效用性或自然的目的性关系"，这种关系与社会历史所造成的不平等无关，现代福利国家完全可以通过增加财富总量来平衡社会财富的分配。然而"福利与需求互补的神话，对不平等客观的、社会的和历史的决定性，具有一种强有力的吸收与消除意识的功能"①。因此依靠财富使用价值对需求的满足并不能消除现代社会的不平等，恰恰是这种自然主义的需求观以一种平等的假象掩盖了资本主义社会中人与人在社会身份、地位上的差异和不平等。可见，消除社会不平等的根源不在于财富的增长、物质的丰盛，"因为不管是哪种社会，不管它生产的财富与可支配的财富量是多少，都既确立在结构性过剩也确立在结构性匮乏的基础之上"②。经济学家所追求的社会平衡状态是不存在的，一个物质极大丰裕的现代社会仍然是不平等的，社会结构决定了差异的普遍存在。"消费、信息、通信、文化和丰盛，所有这一切今天都由体制本身安排，发现并组织成新的生产力，以达成最大的荣耀。不过它也从一种暴力结构向里一种非暴力结构转化（相对而言）：它以丰盛和消费替代剥削和战争。"③可见，资本主义的社会体制和结构并没有根本的改变，增长和丰裕不过是在经济和技术层面上实现的，在这种体制下的进步"不应视为客观的社会进步——也就是把所有具体的自然价值逐渐转变为生产形式，即转变为两

---

① ［法］让·波德里亚（让·鲍德里亚）：《消费社会》，南京，南京大学出版社，2000，第34页。

② 同上书，第38页。

③ 同上书，第43页。

种源泉：经济利益和社会特权"①。

　　鲍德里亚继而得出结论，现代社会中人类对财富使用价值的需求和满足不再是具体的、与人的生存体验相关联的，而是被形式化和抽象化了的，它制造了平等和民主的假象，以经济利益的平等掩盖了社会特权的差异。因此，对使用价值的消费超越了个人满足逻辑和服从于社会身份、地位的区分逻辑，并从符号意义的层面表达了社会特权和等级差异的本质。"对物品的独占是无目的的。表面上以物品和享受为轴心和导向的消费行为实际上指向的是其他完全不同的目标：即对欲望进行曲折隐喻式表达的目标、通过区别符号来生产价值社会编码的目标。因此具有决定意义的，并不是透过物品法则的利益等个体功能，而是这种透过符号法则的交换、沟通、价值分配等即时社会性功能。"②就此而言，消费社会的逻辑与符号区分逻辑便具有了同构性。

　　进而鲍德里亚指出：首先，消费使用价值的过程能够表达社会文化意义，因此就可以把消费活动作为一种交流体系从语言意指系统来对其结构进行分析。其次，物向功能物的转化，使其只能作为符号被安置于社会区分逻辑当中，并通过符号之间的结构性差异来体现这种社会等级区分，因此，由"符号—物"所组成的客体系统按照社会区分逻辑重构了符号意指系统。将符号逻辑引入对消费社会的批判，从而使消费领域作为一个建立在符号和区分的编码之上的结构性特征呈现出来。

三、使用价值拜物教与商品拜物教

　　鲍德里亚通过对现代资本主义社会所出现的丰盛和增长现象的批判，指出物质生活的极大繁荣、国民经济的普遍增长并没有改变社会性质的不平等，反而通过对物的符号意义的消费来保持社会区分的不平等结构。这说明使用价值不是物品具体的、自然属性，同样具有社会规定性，反映并表达着一定的社会关系，继而他把马克思的商品拜物教引向了使用价值拜物教。

　　在鲍德里亚看来，马克思的商品拜物教理论并没有达到逻辑上的一贯彻底性。"在对商品拜物教的这一限定性分析中，使用价值既不显现为社会关系，也不显现为拜物化场所。如此的有用性规避了阶级这一历史规定性。"③也就是说社会关系不仅仅隐藏在商品的交换价值属性中，而

①　［法］让·波德里亚：《消费社会》，南京，南京大学出版社，2000，第45页。

②　同上书，第69页。

③　［法］让·鲍德里亚：《在使用价值之外》，载罗钢主编《消费文化读本》，北京，中国社会科学出版社，2003，第26页。

且"使用价值，即有用性本身，确实是一种拜物化的社会关系，就像商品的抽象等价物一样。使用价值是一种抽象，是一种需求系统的抽象，这一系统掩盖在虚假的具体目的和用途的证据中，掩盖在物品和产品的内在终极性中。"①因此，确切说来，商品拜物教在当代社会既表现为"交换价值的拜物化"，又表现为"使用价值的拜物化"。商品的交换价值形式建立在抽象社会劳动等价交换的基础之上，而使用价值形式则建立在抽象的需求系统之上，同样服从于等价交换的逻辑。

鲍德里亚认为马克思在使用价值这一问题上具有自然主义倾向，即认为使用价值作为交换价值的物质载体是物自身的属性，是具体的、质的、不可计量的，"使用价值只是在使用或消费中实现。不论财富的社会的形式如何，使用价值总是构成财富的物质的内容"②。消费的目的仅仅在于获得这种物的有用性来满足人的基本需求，因此有用性是可交换性的物质基础。然而在鲍德里亚看来，认为人的需求与物的有用性之间仅仅是简单的满足与被满足的关系，这一观点仍然没有摆脱资产阶级经济学的意识形态。这是由于在现代社会中，物的有用性被功能化了，而人的需求也被抽象化。

一方面，物的有用性与人的具体生存体验脱离了，与传统道德的象征意义脱离了，作为使用价值具有了功能物（符号）的一般形式，便同样具有抽象的社会规定性。这一观点的提出是建立在鲍德里亚早期"物的功能化理论"基础之上的。在现代社会，由于物向功能物的转化，物自身在功能上获得了解放，只发挥自身的功能性而不再负载任何象征意义，物与人的感性生存关联消失了。"物品在功能性的支撑和运作下成为符号，这一符号仅在物品满足它的（有用性）的基础上使所有真实的和潜在的物品屈从于自身"③，通过物与物之间的任意组合、摆设来表达意义，由功能物所组成的客体系统从而遵循符号指意的逻辑。

另一方面，人被安置在由功能物构成的系统，从而人也成了官能性的人。在以获得交换价值为终极目标的资本主义社会中，"正如在交换价值中，生产者不是显现为创造者而是显现为抽象的社会劳动力；在使用价值系统中，消费者绝不显现为需求者和享受者而是显现为抽象的社会

---

① ［法］让·鲍德里亚：《在使用价值之外》，载罗钢主编《消费文化读本》，北京，中国社会科学出版社，2003，第26页。

② 《马克思恩格斯全集》第44卷，北京，人民出版社，2001，第49页。

③ ［法］让·鲍德里亚：《在使用价值之外》，载罗钢主编《消费文化读本》，北京，中国社会科学出版社，2003，第29页。

需求力"①，在由功能物所组成的客体系统中，人的需求被功能化、世俗化、合理化，同劳动活动一样都被抽象化了。抽象劳动等价交换的原则构造出了抽象的社会生产者，而抽象的需求体系也构造出了抽象的消费个体。"不是个体在经济系统中表达他的需求，而恰恰是经济系统推导出个体的功能和与之相适应得物品和需求的功能性。"②

鲍德里亚继而指出，马克思并没有从根本上走出古典政治经济学，他对使用价值的自然化理解反而使商品拜物教神秘化了，使用价值"引导主体首先考虑作为个体的自我，考虑受需求和满足制约的自我，并理想化地把自我整合到商品的结构之中"③。可见，使用价值、有用性与人之间不是透明的自然关系，而是集所有幻想于一身的交换价值的自然化形式，在现代社会，使用价值拜物化对需求的抽象化与生产的合理性共同延伸到了消费领域。因此，鲍德里亚认为自己对于有用性、需求和使用价值的形而上学性质的分析，是对传统政治经济学理论基础的颠覆，这也正是马克思理论中所缺少的。

在现代消费社会中，物的功能化带来了使用价值的没落，抽象化从生产劳动领域延伸到了需求领域。鲍德里亚将符号逻辑引入现代商品价值理论研究，是对马克思政治经济学批判的重要补充。

然而，鲍德里亚也误解了马克思，夸大了马克思在使用价值理论上的自然主义倾向。在《资本论》及其相关经济学著作中，马克思致力于对古典政治经济学进行批判而非建构自己的经济学体系。批判的立脚点就是揭示经济范畴背后人与人之间的社会关系，在马克思看来，经济范畴必须是社会范畴，是代表人与人之间关系的范畴。政治经济学应该研究人与人之间的社会关系，这完全不同于资产阶级经济学家把物品与需求之间的关系作为研究的中心和出发点。通过商品拜物教，马克思揭示了交换价值所表现出来人与人之间的异化关系。

马克思的确没有研究使用价值的社会性问题，而是将使用价值排除在了政治经济学的研究范围之外。在马克思看来，商品的使用价值就是物的自然属性，就在于它是具有有用性的物。无论是它的质还是量，它都有自己的独特性。它虽然构成社会财富的内容，是社会需要的对象，但是却不具有社会属性，处于社会关系之外，以独特的自然属性来保存

---

① ［法］让·鲍德里亚：《在使用价值之外》，载罗钢主编《消费文化读本》，北京，中国社会科学出版社，2003，第28页。

② 同上书，第28页。

③ 同上书，第35页。

自己。因而"作为使用价值的使用价值，不属于政治经济学的研究范畴。只有当使用价值本身是形式规定的时候，它才属于后者的研究范围。它直接是表现一定的经济关系即交换价值的物质基础"①。马克思同时又指出，虽然这一自然属性如何被使用、以怎样的方式来满足人类的需求具有一定的社会历史性，但是马克思认为使用价值作为人与物之间的关系，是以人与人之间的社会关系为前提的，在一定的社会关系结构中，使用价值的社会性才会显露出来。因此马克思将作为单纯满足人类需要的有用性，或者说把作为使用价值的使用价值排除在研究范围之外，就此而言，马克思与鲍德里亚的出发点是一致的，即通过经济范畴来研究人与人之间的社会关系。因此，在马克思的理论中没有发展出自己的主观价值理论，没有展开分析人的需求与物之间关系。在马克思看来，研究人与物之间的关系，前提性的工作便是澄清在商品社会中人与人之间的社会关系。

马克思的商品拜物教理论是符号价值理论的基础，鲍德里亚运用符号逻辑揭示了消费时代资本主义社会生活的深层抽象化，他使商品拜物教理论更加精致了。

第五节　后马克思主义存在论视域的多歧与局限

应当说，在当前整个哲学界目光散乱而缺乏焦点之时，以"后……"的理论来对先前的理论改弦更张，无疑具有创新性和吸引力，并得以在各种思潮的席卷中凭借自身的话语创新来占据一方立足之地。然而，许多后现代主义者声称其理论超越现代哲学的基础，这一论断仍然是可疑的，尽管前者时时刻刻把后者当作任务和目的，但是能否对现代性根基作出本质性的超越，却表现得软弱无力。事实上，后现代主义在尝试超越现代性的同时，自身种种努力的根源恰恰又根植于现代哲学之中。利奥塔对此曾经谈道："后现代性已不是一个新时代，它是对现代性所要求的某些特点的重写，首先是对建立以科学技术解放全人类计划的企图的合法性的重写。但是，我已经说过，这种重写早已经开始很久了，并且是在现代性本身中进行的。"②

就后马克思主义而言，其理论内部也同样表露出这种尝试超越却缺

---

① 《马克思恩格斯全集》第 13 卷，北京，人民出版社，1962，第 16 页。
② [法]利奥塔：《非人——时间漫谈》，北京，商务印书馆，2000，第 37 页。

乏持久性的倾向。后马克思主义在其基本批判精神上与后现代主义是一致的，主张对马克思主义进行大胆"修正"。前文选取了德里达、詹姆逊、拉克劳和墨菲、鲍德里亚等几位具有突出特点和重要贡献的思想家，来粗略勾勒出后马克思主义的基本面貌。尽管这一勾勒是粗线条的，但从中不难看出，种种对马克思主义的革新或修正并不是一块整钢。无论是从他们各自涉猎的主要论题来说，还是从他们对存在论的基本态度及其自身的存在论视域来说，都呈现出一种大道多歧的态势。乍看起来，在很多后现代思想家那里，尤其是对德里达而言，以存在论批判的方式来剖析其理论体系似乎变成了一种"过时"的样式，因为这些理论往往宣称自身是消解式的而非建构式的。这里的情形与19世纪后期颇为相似，人们普遍地以拒斥"哲学"的名义暗中屈从某一种特定类型的哲学，在那时是实证主义，在当代是所谓后现代主义。

　　在聚集于后现代阵营里的诸多学者中，德里达无疑是一位大师级的思想家。如前所述，形而上学将存在理解为在场，在场的形而上学又将逻各斯视为其意义的本源，德里达称之为逻各斯中心主义（logocentrisme），并对其不断地解构。德里达甚至对海德格尔也进行了激烈的批判，认为尽管海德格尔将存在置于哲学上的优先地位，但他的哲学并未摆脱逻各斯中心主义，仍然从属于在场哲学或者唯一哲学的范围内。海德格尔在诸多地方指责尼采是"最后一位形而上学家"，德里达认为这是有失公允的，尼采高度重视透视主义、反常与差异这些摆脱形而上学的概念和机制，但海德格尔对尼采的解读却对此基本忽视，而对在场形而上学和逻各斯中心主义的立场含混不清："海德格尔之坚持认为存在只有通过逻各斯才显现为历史并且根本不处在逻各斯之外，存在与存在者之间的区别，所有这些都清楚地表明，从根本上讲，没有什么逃脱能指的运动，并且最终，所指与能指之间的区别**什么都不是**。"①德里达对在场形而上学的解构使得一种新的存在论被道说出来，使得哲学与文学的边界模糊化。尤其值得注意的是，德里达的解构工作并不简单在理论层面上展开，他还高度关注社会现实："解构不是，也不应该仅仅是对话语、哲学陈述或概念以及语义学的分析；它必须向制度、向社会的和政治的结构、向最顽固的传统挑战。"②这样，解构就不仅仅停留在文学或者哲学的领域，还在政治、经济、社会诸多领域中得以贯穿，而这与马克思

---

① Jacques Derrida, *De la grammatologie*, Les Éditions de Minuit, Paris, 1967, p. 36.

② 包亚明主编：《一种疯狂守护着思想》，上海，上海人民出版社，1997，第21页。

的关注领域与基本研究方法遥相呼应。《马克思的幽灵》一书的问世，宣告了马克思主义在当代仍有强大的生命力。

与德里达为马克思辩护，试图让隐藏着的马克思的幽灵现身的立场相比，詹姆逊更倾向于对传统马克思主义进行一种全新的定向。此种对马克思主义的解读和发展（包括拉克劳和墨菲、鲍德里亚的贡献）与德里达不尽相同的就是其理论的存在论特征并不明显，如果说德里达的哲学总还具有某种存在论革命意义的话，詹姆逊对马克思的解读并不深入到理论的实体性或者存在论那一度中去，而毋宁说是穿梭于政治、历史或是文化等多角度的解读。马克思主义，就其作为一种不同于传统形而上学的独特哲学而言，其理论将各种学科包含于其中，马克思以一己之力将这些学科庞杂的信息聚集并清理出一些线索，这些线索在 20 世纪哲学的发展中起着重要作用，诸多学科或者流派将其与马克思主义某些论点进行理论互释，这其中就有现象学、解释学、符号学、存在主义、精神分析等多种理论话语。詹姆逊认为，后现代主义就其本质而言不过是对当前社会本质的本能反应，而这根本不能脱离马克思主义所关注的政治经济生活及其分析方法："任何对后现代主义的观点，都同时也必然地表达了论者对当前跨国资本主义社会本质的（或隐或现的）政治立场。"①在关注现实这一点上，詹姆逊和德里达都继承了马克思的衣钵，只是他们采取的路径和言说的方式不同而已。

在拉克劳和墨菲的著作《领导权与社会主义策略：走向激进的民主政治》中首次明确提出"后马克思主义"的概念，他们认为，在当代应当用具有民主精神的"后马克思主义"来取代传统的教条式的马克思主义。令人大跌眼镜的是，对于传统马克思主义的解读，他们基本采取全盘否定的立场。正如罗斯诺指出的那样，他们放弃和否认了马克思主义的许多重要原理。比如他们说："马克思主义中最决定性的东西是最唯心主义的，因为它的决定论必须把分析和语言建立在封闭的概念模式的内在逻辑之上，并且把模式变成现实的概念的本质，而不能直接地存在于客观规律的基础之上。"②他们认为就对知识与存在同一性的假定而言，马克思仍然停留在黑格尔的唯心主义范围内。对此，我们完全不能同意这种指认。不厘清马克思对黑格尔、费尔巴哈的本质性超越和存在论上的革命，就完全

---

① ［美］詹明信：《晚期资本主义文化逻辑》，北京，生活·读书·新知三联书店，1997，第 426 页。

② ［英］拉克劳、墨菲：《毋庸置疑的后马克思主义》，载《新左派评论》，1998 年第 166 期，第 405 页。

无法将马克思理解为一种当代哲学，而仅仅将马克思放在近代形而上学的框架内，拉克劳和墨菲就是极好的例子。因此，作为理论的现实化，拉克劳和墨菲强调以激进民主革命代替社会主义革命，并宣称无产阶级不再是革命的领导者，革命的目标也不再是共产主义。事实上，马克思主义从来不是某种固定不变的纯理论，而是为现实留下了充分的余地，断言马克思主义过时，并且在存在论上不加澄清就试图将共产主义等理论打入冷宫，这样的未经反思的论断其生命力究竟几何，是很可疑的。理论界中尤其是格拉斯曾对拉克劳和墨菲的理论痛加批评，这不是没有道理的。

在后马克思主义的思想阵营中，鲍德里亚是一位争议极大的人物。早期鲍德里亚倾向于将马克思主义与符号学联系起来，但晚期又与马克思主义彻底决裂。鲍德里亚涉及的领域极其宽泛，很少在其著作中探讨哲学基本问题，所关注的问题如消费社会的符号系统特征与一般哲学家思索的主题大相径庭。但他的卓越贡献正是在于拓宽了哲学的视野，其消费社会和大众传媒理论产生了广泛的影响。鲍德里亚强调的是符号生产和抽象的差异性社会关系，并将之取代马克思强调的社会物质生产。不得不承认马克思去世后一百年来世界范围内资本主义已经发生了日新月异的变化，马克思所未曾料想到的以"广告、时尚、消费"为主题的轻灵的资本主义已经到来，由计算机等现代技术产生的符号系统成为新型的理解"物"的方式，并取代了传统的以机器大工业生产为主导的"沉重的资本主义"。可以说在存在论上鲍德里亚确实领会到了这些方生方新的东西。但鲍德里亚在这方面矫枉过正，他用"能指拜物教"取代马克思的"商品拜物教"，并企图完成新的"符号政治经济学"的革命。他批评马克思只关注交换价值而忽视了使用价值的重要性，但他过分沉溺于对符号的解读而完全抛弃了马克思对资本背后社会生产机制的描绘，对马克思发动的存在论革命的不理解，最终使得自身的理论退回到了神秘主义。

因此，对后马克思主义存在论视域的解读，本质重要的是能否理解马克思发动的存在论革命。后马克思主义内部流派众多，意见纷繁，各自或多或少从马克思那里汲取某些理论营养，来反对与自身不相容纳的某些理论。这恰好如德里达所说，马克思在当代还有多种"幽灵"。事实上，马克思自身的体系和理论具有极大的丰富性和包容性，理论之间也有强大的张力。借用马克思某一理论来反对他的另一理论的做法往往是将流动的思想再度固化，这一做法并不可取。马克思主义之所以还具有强大的生命力，乃是出于他对资本的丰富性的展示性解读，这一丰富性只要今天仍在延续，马克思就仍旧为我们指引方向。

后 记

本书的最初规划，是从存在论基础出发，对严格意义上的或狭义的"西方马克思主义"进行系统性研究。其中的重点考察对象，既包括卢卡奇、柯尔施和葛兰西等"西方马克思主义"的开创者，也包括霍克海默、阿多诺、马尔库塞，以及施密特、哈贝马斯等法兰克福学派的第一代和第二代代表性人物，还包括分别以萨特和阿尔都塞为代表的法国马克思主义的两个重要理论流派——存在主义的马克思主义和结构主义的马克思主义。随着研究进展的深入，我们还尝试把存在论视域的批判性考察向当代西方马克思主义或当代国外马克思主义做适度延伸，重点考察了以柯亨为代表的分析的马克思主义，以阿格尔、奥康纳和福斯特为代表的生态学马克思主义，以及以德里达、詹姆逊、拉克劳、墨菲和鲍德里亚等人为代表的所谓"后马克思主义"。

本书在研究内容和研究方法上的创新之处在于：（1）西方马克思主义的研究领域几乎遍及人文和社会科学的各个分支，本书研究试图把握其枢机，即从存在论视域着眼，对西方马克思主义作一种全面或总体的探讨，从而批判地检审西方马克思主义的哲学前提及其理论界限；（2）从存在论的根基上探讨西方马克思主义，还将从根本上牵涉到对马克思主义哲学本身的理解，以及对马克思所发动的哲学革命及其当代意义的理解，本书关于西方马克思主义存在论基础的研究，正是着眼于与马克思主义哲学革命这样一种重要的理论关联来展开的；（3）本书研究试图真正贯彻马克思主义或历史唯物主义的社会历史观点，将西方马克思主义视为当代资本主义社会自身发展状况的一种学术表现，对西方马克思主义存在论基础及其理论界限的考察，因而也是以一种意识形态批判的方式为当代西方社会发展进程"把脉"；（4）本书在具体研究方法上采取了一种广义"对话"的方式，以重点研究西方马克思主义代表性人物、代表性思潮和代表性作品为基础，在马克思主义哲学、西方马克思主义、当代西方哲学和当代人类社会现实发展状况之间，展开全面、广泛而深入的对话，根本旨趣是在思想中把握人类社会的当代境况。

本书的突出特色和主要建树在于：（1）从存在论基础上简明扼要地探讨了马克思发动的哲学革命，并以此作为全面检审西方马克思主义理论基础的出发点，其中的核心问题是：马克思的哲学革命是否真正触动到现代形而上学的基本建制，它以何种方式并且在何种程度上触动到这一建制，此种触动究竟在存在论的基础上引导出怎样的实质性后果？我们考察的基本结论是：首先，马克思哲学的存在论基础是"后黑格尔的"而不是"前康德的"；其次，马克思哲学的存在论基础是"生存论路向的"而不是"知识论路向"的；最后，马克思哲学的存在论基础是"对象性的本质力量的主体性"而不是"主体之主体性"。总而言之，马克思哲学的存在论基础，意味着现代形而上学基本建制或意识内在性之被贯穿的思想境域。

(2)对西方马克思主义存在论基础上的初始定向，及其直接的针对物即第二国际理论家关于马克思主义哲学的基础性阐释，做出了较为透彻的澄清：第二国际理论家直接地仿照费尔巴哈来阐说马克思的哲学革命，并且退行性地经由 18 世纪的唯物主义而达于斯宾诺莎，从而最为显著地公开了其哲学基础方面的天真性和幼稚性；为了从这种天真性和幼稚性中摆脱出来，西方马克思主义的早期领袖试图撇开费尔巴哈而从"马克思与黑格尔的直接联系"中来揭示这一哲学革命的本质发生，但这一解释方案的哲学基础本身仍然是黑格尔主义的，或是其整体，或是其主观片断；因此，就事情的实质来说，对马克思主义哲学进行阐释的两个基本路向都未能真正摆脱近代哲学的主导框架，即都从属于现代形而上学的基本建制。

(3)总体而言，不仅是西方马克思主义存在论视域的初始定向，而且是西方马克思主义迄今为止对马克思哲学基础的理解和阐发，都从根本上分享着当代人类社会的现代性历史处境本身所规定着的思想背景：由于汪洋大海般的现代性意识形态的遮蔽，马克思的哲学革命所开启的存在论视域及其当代意义便时常被弄得晦暗不清；现代形而上学基本建制或意识内在性之被贯穿的那个境域，特别是导致这一境域的积极的思想线索，在西方马克思主义对马克思哲学的诸多阐释和发挥当中，并未得到充分深入的和内在巩固的阐明。当然，一般趋势的描画不能取代对西方马克思主义每一位思想家和每一部重要作品的具体剖析。我们选取了一些代表性人物和作品展开的各项专题性研究，力图一方面在总体上指证西方马克思主义存在论基础上的晦暗不明，另一方面也尽可能展示他们在存在论基础方面突破西方形而上学传统的愿望、努力和具体成就。

(4)在严格意义上的或狭义的"西方马克思主义"范围内，我们的考察发现一些惊人的相似之处：首先，这些思想家毫无例外对第二国际庸俗马克思主义，以及作为现代性最具代表性的意识形态即知性科学的实证主义展开了无情而激烈的批判，并为发掘马克思主义哲学的能动性和对社会生活进行革命性变革的可能性做出了不懈的思想努力；其次，当他们试图在存在论基础上对马克思主义哲学有所发挥或有所积极的建构时，又无一例外地或者回到所谓更加健全的理性立场(如卢卡奇、霍克海默、萨特、施密特和哈贝马斯等)，或者仅仅是与黑格尔所代表的整个西方形而上学传统保持一种既不愿和解又无能超越的尴尬地位(如柯尔施、阿多诺、马尔库塞和阿尔都塞等)。

(5)就积极的方面来说，"西方马克思主义"的最大哲学贡献在于把对马克思主义哲学的理解与阐释重新置放于德国古典哲学"之上"或"之后"，但这一贡献又往往是以过低地估价马克思主义哲学本身的性质为代价来展开的。这一点在晚年卢卡奇重建关于社会存在的本体论、萨特重建辩证理性、施密特重建马克思主义的"自然"概念、哈贝马斯重建历史唯物主义等理论努力中表现得尤其鲜明。

(6)在严格意义上的或狭义的"西方马克思主义"范围之外，我们重点考察了柯亨由分析哲学路向出发对马克思主义哲学的重新解读，生态马克思主义和所谓"后马克思主义"对晚近资本主义时代的哲学剖析。我们考察的基本结论是：分析的马克思主义试图发挥其语言分析的优势，实现对马克思主义哲学核心概念的标准化和客观化理解，从而确定一条"科学地"理解马克思主义哲学的可靠路径，但由于分析哲学与现代性的基本建制尤其是与知性科学的实证主义同宗同源，而从一开始就不可能完整而有效地把握马克思在存在论基础上发动的哲学变革；生态学马克思主义试图克服所谓历史唯物主义与生态学理论之间存在的原则对立，来获取理解、解释和应对当代生态危机问题的重要教益，但这一理论努力的重要缺陷，一方面无能发现一条真正有效克服资本主义生产方式的弊病从而在根本上解决当代生态危机的现实道路，另一方面无能在存在论基础上理解马克思主义关于人与自然关系的根本境域却自以为对马克思主义做出了重要的理论补充或发挥；"后现代马克思主义"由于丧失了从根本上设想一个真正"后现代"社会的思想能力，而沦落为"现代性"框架下的"差异政治"的组成部分，从而以一种看似无以复加的"激进"姿态成为现代性社会的"无害"补充。

本书的主要学术价值在于：作为第一部从存在论根基上全面探讨西方马克思主义重要理论成果的专门著作，既有利于深化对西方马克思主义的学术研究，也有利于深入反思西方马克思主义与西方现代性社会发展之间的内在关联，还有利于当代中国的马克思主义研究摆脱长期以来追随西方马克思主义之后亦步亦趋的"学徒状态",不仅从低于西方马克思主义理论水平的各种关于马克思哲学的近代解读中摆脱出来,也从西方马克思主义自身的理论局限中摆脱出来,"收拾精神,自作主宰",既深入把握马克思的哲学革命,同时积极开展对中国经验、中国问题和中国道路的理论研究。尚需进一步深入研究的问题在于:不仅仅是按照西方马克思主义发生发展的顺序来做编年史的梳理,而且按照马克思所说的"向后思索"的方法,从我们对马克思主义哲学的最根本的理解出发,从当代中国道路中开启出来的人类社会发展的新文明路向出发,对西方马克思主义的思潮流变和历史价值作出更加全面、深入和整体的剖析。

本书的撰写过程持续十多年之久,感谢先后参与写作和修改工作的诸多师友,感谢国家社科基金提供的后期资助,感谢北京师范大学出版社领导及本书责任编辑的支持与帮助。书稿撰写的具体分工如下:绪论(吴晓明、姜佑福),第一章(吴晓明、姜佑福),第二章(吴晓明、徐琴),第三章(叶晓璐),第四章(吴晓明、陈蓓洁),第五章(余在海),第六章(蔡剑锋),第七章(朱晓慧),第八章(罗骞),第九章(郑召利),第十章(陈伟、祁涛),第十一章(李本洲、祁涛),第十二章(户晓坤、祁涛)。全书由姜佑福统稿。由于论题本身艰深,论域又特别宽广,书中难免存在各种缺陷与不足,敬请广大读者批评指正!

著 者

2018 年 10 月